U0154020

台北清真寺譯經委員會全體委員合影（資料來源：賈福康，《台灣回教史》，頁16。）

民國84年12月28日張中復於台北拜訪馬繼援（右）時合影（張中復提供）

民國60年沙烏地阿拉伯費瑟國王訪華，於松山機場受到多位回教代表歡迎（趙錫麟提供）

民國104年亞太宣教會於台灣召開年會，馬總統英九蒞臨開幕典禮（于嘉明提供）

中國回教協會第十二屆第一次理監事聯席會議（攝於民國105年2月，于嘉明提供）

台灣穆斯林青年齋月營（攝於民國105年6月，回協保存）

歡迎亞西北非國際菁英領袖營參訪（攝於民國105年8月，趙錫麟提供）

台北清真寺（攝於民國107年，徐立真提供）

台北清真寺落成紀念木匾，由常子萱設計、柴德林撰寫阿文書法、洪淑惠雕刻。木匾取自《古蘭經》文：「服從真主，服從使者…。」為台灣回教發展的代表性文物（攝於民國107年，徐立真提供）

民國107年3月台北清真寺接待文教團體參訪（趙錫麟提供）

民國107年4月台北市長柯文哲出席台北清真寺寺慶活動（趙錫麟提供）

上左｜民國40年白崇禧將軍在高雄清真寺（林森一路）對高雄教親講話。人物自左至
　　　右：馬呈祥將軍、白崇禧將軍、王洪璽先生（時任海軍上校處長）（照片來源：
　　　中國回教協會會刊米聿紳助理編輯，原照片由王尚錚先生提供）
上右｜文化清真寺於民國73年改建完成後的外觀（取自《回教文化》70期（1984），
　　　頁14-2）
下　｜林森一路時期的高雄清真寺（攝於民國78年，取自2012年發行的《高雄清真寺
　　　新寺建寺二十週年紀念影片》，沙國強總幹事提供）

高雄清真寺落成時的外貌（民國81年，趙錫麟提供）

台中清真寺落成時的外貌（民國81年，趙錫麟提供）

民國103年4月台中清真寺舉辦歡迎全台教胞交流活動合影（臺中清真寺提供）

主麻日國內外教胞聚集在龍岡清真寺大殿外的熱鬧情景（從近年新落成的
綜合大樓拍攝，攝於民國107年，徐立真提供）

上　｜　台南清真寺外觀（民國107年，巴建國主委提供）

下左｜　大園清真寺外貌，也是台灣穆斯林協會所在地，右側即為便當店兼雜貨店（攝於民國107年，徐立真提供）

下右｜　東港清真寺是全台第一座由印尼移工自籌建造的清真寺（攝於民國107年，徐立真提供）

洗天房典禮：依照慣例由沙國國王或指派麥加總督主持（攝於民國100年，趙錫麟提供）

民國43年台灣回教朝覲團一行一由新疆省主席堯樂博士率領訪問埃及前總理納瑟合影
（資料來源：賈福康，《台灣回教史》，頁17。）

回盟首任秘書長蘇祿爾來台訪問（攝於台北清真寺，民國50年，趙錫麟提供）

駐沙大使關鏞與駐吉達總領事馮冠武轄訪塔邑府僑胞（攝於塔邑府，民國77年，趙錫麟提供）

回盟前任秘書長Dr. Ahmed Mohammad Ali任內來台訪問,晉見李總統（攝於民國84年,趙錫麟提供）

民國87年回盟副秘書長昂布迪來台訪問,拜會外交部長連戰（趙錫麟提供）

民國93年世界回盟涂奇秘書長首次訪華於台北清真寺與教胞合影（趙錫麟提供）

米納打石設施更新後不再擁擠（攝於民國101年，趙錫麟提供）

民國107年10月蔡英文總統接見回協現任理事長馬德威先生（該年朝觀團團長）及全體
團員（總統府網站資料圖片）

由中華民國朝覲團之成員看出台灣穆斯林社群中的多元樣貌（攝於民國104年，于嘉明提供）

民國104年4月14日馬英九總統接見世界回盟秘書長涂奇博士合影（總統府資料）

民國50年第一屆派往沙烏地麥地那伊斯蘭大學經生。
第一排左起：王世明、趙明遠、孫繩武、白崇禧、時子周、常子萱、謝松
濤、熊振宗。第二排左起：白均、馬含英、馬名正、丁邦粹、馬質彬、楊
貴堂、林燊圖、速泰永、馬凱南、趙錫麟、李忠堂（李忠堂先生攝影，趙
錫麟提供）

第一屆留學利比亞經生與伊斯蘭大學校長合影（攝於民國52年11月，趙錫
麟提供）

上左｜高雄清真寺穆聖行誼講座,兒童經學班教學成果展現（攝於民國103年,趙錫麟
　　　提供）
上右｜台中清真寺兒童經學班成果發表（攝於民國103年4月,趙錫麟提供）
下　｜龍岡清真寺伊斯蘭文化交流活動,兒童經學班教學成果發表（馬孝棋提供）

台北清真寺週日經學班幼兒禮拜教學（攝於民國106年，趙錫麟提供）

教長會議（攝於民國105年，趙錫麟提供）

殯葬禮儀（攝於民國89年，馬孝棋提供）

高雄覆鼎金回教公墓（取自民國101年發行的《高雄清真寺新寺建寺二十週年紀念影片》，沙國強總幹事提供）

上　宣布歸信回教儀
　　式（攝於民國
　　105年6月，趙錫
　　麟提供）
下左　觀測新月，準備
　　公布回教齋戒月
　　結束（民國105
　　年6月、趙錫麟
　　提供）
下右　台北清真寺辦理
　　穆斯林婚禮（攝
　　於民國107年，
　　趙錫麟提供）

閃耀武阿訇在台北飛頁書屋的新書發表活動（民國104年8月，趙錫麟提供）

國立政治大學伊斯蘭學生社團舉辦演講活動（民國105年3月，政大伊斯蘭學生社團提供）

民國105年6月，印尼教育部長訪台，在台北清真寺與印尼留學研究生合影（趙錫麟提供）

巴基斯坦教胞在台北歡慶巴基斯坦獨立紀念日（民國106年8月，趙錫麟提供）

印尼穆斯林在台灣舉辦社團活動（攝於民國107年，趙錫麟提供）

民國75年國際伊斯蘭青年夏令營首次在台舉行，圖為開訓典禮所有人員合影，圖正中持拐杖者為亞太宣教會主席（馬國國父）東姑拉曼，其左為名譽理事常子春（資料來源：賈福康，《台灣回教史》，頁22。）

民國75年，前東南亞及太平洋宣教會馬來西亞國父東姑拉曼先生抵華參加國際伊斯蘭青年夏令營之開訓儀式，其左為中國回協名譽理事長常子春先生、其右為活動召集人石永貴先生（資料來源：賈福康，《台灣回教史》，頁22。）

台灣穆斯林青年代表應邀參加香港穆斯林青年領袖訓練營（攝於民國95年，趙錫麟提供）

台灣穆斯林青年代表應邀參加香港青年穆斯林夏令營（攝於民國104年，趙錫麟提供）

民國104年婦女穆斯林活動（趙錫麟提供）

中國回教文化教育基金會舉辦對社會公開演講活動（民國105年，趙錫麟提供）

在龍岡清真寺新廈舉行全台穆斯林青少年夏令營（攝於民國105年，趙錫麟提供）

台灣、香港歸信穆斯林在高雄清真寺舉辦聯誼活動（攝於民國103年，趙錫麟提供）

台北與龍岡婦女穆斯林在台北舉辦聯誼活動（攝於民國105年，趙錫麟提供）

上左｜為本書作序的回教耆老石永貴先生，亦是台灣新聞傳播界的前輩（攝於民國105年，趙錫麟提供）

上右｜回協前任理事長張明峻先生與本書編寫組部分成員合影（攝於民國107年12月7日）

下　｜本書編寫組成員開會情形（攝於民國106年10月，徐立真提供）

# 目次

# 石永貴先生序

　　台灣對於我們回教人來說，原是十分陌生的地方，直到七十年前，由於中國大陸政局的劇變，各省的教胞，乃隨政府播遷台灣，定居台灣，分別居住在台北、高雄、台中等地，以軍公教商人及眷屬為多，人數有限，隨後第二波滇緬邊區的穆斯林分別由政府接運或自行申請來台定居者，雖多數居住在台北、高雄、台中都會區，還是散居各地，當時並無群居形成的條件。其後，由於台灣經濟發展，政局穩定，返回大陸故里的指望遙遙無期，自然就有定居台灣的心理與意願。

　　對於教親來說，除了衣食住行之外，宗教生活所必須，至少，每週有聚禮之會，乃有清真寺之必要。隨著大陸各省回民來台，就有清真寺的迫切需要。早期受到經濟條件與心理返回故里的限制，無論台北、高雄或台中等城市，只有在巷弄中日式民房內充作臨時清真寺，以供主麻日聚禮之用。

　　其後，隨著教胞經濟好轉，接待伊斯蘭國家元首級國賓來訪，在政府有關部門協助，教胞捐款及海外教胞解囊，乃有台北清真大寺、台中清真寺、高雄清真寺先後改建落成。如今台灣由原本對回教陌生之地，而有清真寺超過十所之多。而最令人稱奇者，若干較偏遠鄉鎮，亦有清真寺出現，更令人稱奇者，少數還靠個人每日經營小本便當出售積蓄完成。顯示教胞無所不能，只要真誠舉意。

　　台灣全省教胞，來自中國及海外各地，在中國回教協會領導下，產生「認主獨一」的大能。台灣由原幾乎沒有清真寺之地，而陸續完成十座以上的清真寺。由台北清真大寺至桃園大園清真寺，在真主指引下，從北至南，已無城鄉之分。

　　近八年來，全省回胞已不分東西南北，不分海內海外，開展為教胞服務工作，展現真主無所不在無所不能。

　　中國回教協會是代表中國回教教胞最高的決策機構，創立於八年抗戰期間。其目標在響應蔣委員長的號召，動員全中國回教教胞完成抗戰救國的使命。在台灣，回協恢復機能後，亦積極配合國策，完成興教建國之使命。回協

常務理事會，每二個星期召開全體常務理事會議一次，對有關回教重大事項，予以檢討並作成決議，付諸實施。回協常理會，選自回協理事會，其決策機能很特殊，並無嚴格上下隸屬關係，具有類似獨立性功能。

回顧過去數月以來，回協理事會，除經常工作外，亦有下列重大事項：

一、清真寺有青少年的參與，日新月盛，尤其週日講經與阿拉伯語文教學，雙管齊下，至為感人，一掃往昔「老人的清真寺錯覺」。擔任教學者為自阿拉伯國家留學歸國青年。無論阿拉伯文、國語、為人處事，均可作為青少年之表率。

二、協會專職工作人員，增聘吾教青年男女加入，展現服務活力。

三、一年一度朝覲團之組成。在內政部、外交部指導下，以及我駐沙國代表執行及有關官員全力協助，沙烏地阿拉伯教胞不分晝夜熱心籌劃下，完成朝覲功課。尤引以為榮者，在駐沙長官策劃安排下，得晉見沙國國王及有關政要。趁此良機，將中華民國政經發展現況與伊斯蘭教民在台灣豐足生活，得有所陳述良機。

今年朝覲團陣容，更具有特別意義的，就是被選出的團長馬德威哈智，青年有為，曾留學沙烏地阿拉伯大學，以優異成績，畢業後即返回台北從事外交與宗教工作，最近被全體教胞選為中國回教協會理事長。為協會成立六十年來最年輕理事長，深受全體教胞愛戴。

四、回協積極負責，極具年輕活力。除服務全體回胞外，走訪回教友好國家。前理事長張明峻哈智，為一成功事業家，行走兩岸，為教門出錢出力，並勤訪海外穆斯林，如新聞報導土耳其一從事穆斯林事業推廣團體，有意在台灣增建一座清真寺。張理事長從土國方面得知，即快速飛往伊斯坦堡與安卡拉二城市，會同中華民國駐土耳其外交館長前往拜訪，表達感謝與歡迎，並求得共同合作良機。

五、留學阿國青年學成載譽歸國。無論服務教門或加入外交界，均能展現才華，成為吾教與國家生力軍。

六、自泰緬邊區返國穆斯林，定居台灣新北、桃園新竹等地區，增強吾教

新生力量。刻苦自勵，堅守教門，成為龍岡清真寺區，另一股教親集中力量。甚至還有一對教親以打寒工賣早點，節食縮衣，興建社區清真寺，以桃園大園這對夫妻作榜樣，均有中南部、東部教友，掀起憑雙手蓋清真寺熱潮。

七、在世界地圖上台灣是一微小島嶼，如今由於政治民主、經濟發達，民生樂利，光耀寰宇。在島內，吾穆斯林教胞，為微小的少數，散居各地，如今，吸引全球特別是東南亞穆斯林教友，到台灣定居、創業，成為吾教新興的力量。

趙錫麟與張中復二位學貫中西的博士。趙博士現任台北清真寺教長、世界回教聯盟常任理事；素為中、阿穆斯林教親與阿、土學術界所敬佩。喜見二位青年攜手完成《生命的傳承與延續——回教在台灣的發揚和展望》一書。拜讀之餘，真是感悟良深。全書分成十四章，字字珠璣，值得海內外教親，用心研讀，力行實踐，必有伊斯蘭在台灣，主恩在每個人身上感受。張中復博士出身名門，學貫中西，曾任國立政治大學民族學系主任，對台灣回教活動與發展，至為熱心，兩位同心合作帶領編寫組完成大作，益增吾教之光彩。

石永貴

民國107年11月20日寫於台北寓所

# 引言

張中復

## 一、緣起

作為世界三大宗教之一的回教（亦稱伊斯蘭教），一直都是中國文明發展過程中十分重要、且極具特色的一部分。一千三百多年來，穆斯林與回教文化，不斷與華夏社會中包括漢族在內的各個群體，產生十分密切的共生關係。而隨著二十世紀中葉中華民國政府遷台，不但讓此一共生關係在台灣重新開展，同時也使得回教與穆斯林文化得到新的傳承與延續契機。不過，近年來由於國際局勢日趨複雜，加上全球化的持續衝擊，這些現象都意味著台灣的回教與穆斯林社群，勢必會面臨著更多新的挑戰。

因此，為近百年來在台灣的穆斯林群體留下一些較為充實的論述，這不但是這本專書的出發點，同時也是許多在台回教前輩們的共同心願。民國106年1月23日，時任中國回教協會理事長的張明峻先生，為達成此一心願，特邀集台灣回教界的趙錫麟博士，與剛卸任國立政治大學民族學系主任的張中復，一起商討籌畫並組織撰寫本書。經過數次的會晤與協調，張理事長表達希望由趙錫麟、張中復共同規劃並成立編寫組，同時承諾提供相關經費，在完全尊重撰寫者的前提下，完成本書。

經過詳細的籌畫與考量後，本書的編寫組亦隨之組成。成員八人均具有研究回教與穆斯林問題的專長和背景，學科領域涉及民族學、宗教學與歷史學等，年齡層涵蓋老中青三輩，身份亦包括穆斯林與非穆斯林各四人。而這種多元組成的模式，也是希望本書能藉此展現出較為多樣性的視野與不同的世代觀點。從民國106年夏季開始，編寫組前後共召開四次編撰會議，規劃各章主題與呈現特色，規範體例格式與相關進度，以凝聚共識並確認分工細節。同時，

張理事長也邀請具備編輯工作背景、同時也是編寫組成員的徐立真兼任編寫組的執行秘書，為這本書的撰寫與出版貢獻良多。

本書為國內第一本有系統、且以全方位的視野，來檢視回教這近八十年來在台灣整體發展歷程的專著。其中也特別側重中國回教協會，從投入抗戰建國開始，到隨政府遷台之後所發揮的成效及其影響。全書共十四個專章，充分展現這八十年來從大陸到台灣，回教從蓽路藍縷的艱困環境，走向成長茁壯的歷程，以及到目前所面臨的各種衝擊、挑戰與困境。全書希望藉此佈局，達到「回顧歷史、反思當代、展望未來」三者結合的目的。

在本書的編撰過程中，編寫組成員們透過資料蒐集、田野調查與深入訪談，盡量為台灣回教與穆斯林社群的發展軌跡，提供深、廣兼具的論述基礎。尤其透過研讀資料與互相討論，更能充分發揮集思廣益的效果。每當在寫作與討論的過程中，感受到回教前輩們之前在條件有限的情況下，仍然竭盡所能地在國內外，為教門事務悉心付出的堅毅精神，確實令人感動。例如像已故的耆宿賈福康先生，十多年前，他以近九十高齡之尊，還以一人之力完成《台灣回教史》一書。該書不僅對於本書的撰述助益甚大，賈老孜孜不倦的敬業態度更是讓人懷念與感佩。此外，本書若干專章，亦對當前台灣回教與穆斯林的最新發展現象，包括落實宗教教育、宗教禮俗的現代適應、外籍穆斯林來台、海外華人穆斯林現狀，以及當代多元宗教事務的創新拓展等新興議題，提出多角度的闡述與解讀。這一點，也希望為關注今後台灣回教與穆斯林社群何去何從的讀者，無論是穆斯林還是非穆斯林，提供具有一定的參考價值與反思意義。同時，本書也希望藉由拋磚引玉，期盼世人能透過台灣多元化的穆斯林經驗，來理解回教給人類文明所提供的正道思維，及其「兩世吉慶」的實踐意義。

本書為研究回教與穆斯林的專著，為方便參照回教經典原義與相關專有名詞，特別在各專章中與書末，詳細標註並整理呈現阿拉伯語詞彙。這方面都是由趙錫麟博士和趙秋蒂老師一併完成的。除再次感謝張明峻理事長致力於本書的出版，並提供必要的協助之外，也感謝秀威公司對本書的編排、印製提供相當專業的協助，以及政大出版社慨允接續並完成出版工作。最後，我們還相當感謝回教耆宿、新聞界前輩、並曾任中國回教文化教育基金會董事長的石永貴

先生，不但在百忙中為本書賜序，同時還不斷對本書的進度與內容表達關切之意。石老對教門薪火相傳、樹立典範之行誼，確實令人由衷敬佩。


## 二、撰寫人簡歷與負責專章

**趙錫麟／本書主編，撰寫：緒論（部分）、第六章、第七章、結論**

　　出身山東青州穆斯林家庭，早年以經生身份赴利比亞求學，獲利比亞大學回教律法學院回教法學士。之後繼續前往沙烏地阿拉伯麥加大學回教律法學院研究所深造，獲教法學碩士、博士。現任台北清真寺教長、中國回教協會顧問、國立交通大學兼任助理教授、世界回教聯盟最高會議理事。曾任中華民國駐沙烏地阿拉伯代表、駐利比亞代表。


**張中復／本書主編，撰寫：引言、緒論（部分）、第一章、第十章**

　　國立台灣大學歷史學系學士、國立政治大學邊政研究所碩士，國立政治大學歷史學系博士。現任國立政治大學民族學系副教授、北京中央民族大學特聘教授。曾任政大民族學系主任、台灣人類學與民族學學會秘書長。主要研究領域為中國穆斯林民族史、西北穆斯林社會與文化、穆斯林民族志。著有專書《清代西北回民事變—社會文化適應與民族認同的省思》（2001）與多篇論文。


（以下依姓氏筆劃排列）

**于嘉明／撰寫：第十一章、第十二章、第十四章**

　　出身山東泰安穆斯林家庭，為在台第四代穆斯林。國立政治大學阿拉伯語文學系學士、國立政治大學民族學系碩士、博士。研究與關注領域為台灣穆斯林社群、中國穆斯林少數民族、海外華人穆斯林移民等相關議題。曾任中國回教協會會刊主編，目前在美國加州舊金山灣區任職於美超微（Supermicro）電腦公司。

**包修平╱撰寫：第二章、第三章（第一節）、第十三章**

出身在台第三代穆斯林。國立政治大學歷史學系學士、國立政治大學外交學系國際關係組碩士、英國埃克塞特大學（University of Exeter）巴勒斯坦研究博士。主要研究方向為現代巴勒斯坦問題、當代伊斯蘭運動與西方穆斯林等議題。曾在香港中文大學伊斯蘭研究中心進行研究工作，現任國立政治大學歷史系專案助理教授（2018-2019）。

**徐立真╱本書編寫組執行秘書，撰寫：第五章**

國立暨南國際大學歷史學系學士、國立政治大學民族學系碩士。研究及關注領域為中國青海跨族群的花兒集會，及其背後的社會變遷與現代化影響。於就學期間，多次前往青海海東地區，以歷史學為基礎，結合田野民族志資料，進行相關研究。曾任出版社編輯、紀錄片執行製作，並承接政府出版品及人物口述影像紀錄等工作。現為自由文化工作者。

**高　磊╱撰寫：第三章（第二、三節）、第八章**

出身北京穆斯林家庭，回族。北京中央民族大學宗教學學士、國立政治大學宗教研究所碩士，現就讀於國立政治大學宗教研究所博士班。曾擔任政大伊斯蘭文化研究社社長、並服務於中國回教協會，負責協會歷史資料之彙集與數位化項目。主要學術關注為：明清穆斯林漢文著述、伊斯蘭與儒、釋、道交涉、台灣回教史等議題。

**楊慧娟╱撰寫：第四章**

國立台灣大學歷史學系學士、國立政治大學民族學系碩士，現就讀於國立政治大學民族學系博士班。現任台北市北一女中教師，高中歷史科教學輔導教師。主要研究方向議題為當代中國多元化伊斯蘭教育、當代中國西北穆斯林文化復振運動、中國西北穆斯林NGO組織活動等。撰有碩士論文〈回族伊斯蘭教育的多元變遷與適應—以當代蘭州「穆斯林文化復振運動」為例〉以及數篇論文。

**趙秋蒂／撰寫：第九章**

國立政治大學阿拉伯語系學士、國立政治大學民族學系碩士、博士。曾任政治大學阿拉伯語文學系專任助理教授，現任政治大學民族學系兼任助理教授。主要研究中國西北穆斯林社會宗派現象、穆斯林民族問題與中東問題。著有專書《臨夏宗派—中國穆斯林的宗教民族學》（2012年）。另於阿拉伯民族、歷史、語言以及中國穆斯林民族與宗教相關研究領域發表數篇論文。

# 回教的基本內涵及其傳入中國的歷史背景與軌跡

趙錫麟、張中復

「不分回漢」，1936年美國基督教聖公會傳教士畢敬士
（Claude L. Pickens）攝於甘肅東部化平縣（今寧夏涇源）蒿
店鎮東關，現藏於美國哈佛大學。引用自：Jonathan Lipman,
*Familiar Strangers: A History of Muslims in Northwest China*
(Seattle: University of Washington Press), 1997. Illustration 21.

# 第一節　回教的基本內涵

　　我們傳統上通稱為「回教」的信仰，也被稱為伊斯蘭教，而伊斯蘭（Islam）這個外來字，是阿拉伯字الاسلام的音譯，原義是「順服」，[1]也有平安、和平與皈依的意思。歸信回教（伊斯蘭）的信眾稱為Muslim，原文是阿拉伯字المسلم，意思是歸順、和平，信仰伊斯蘭的人；中文音譯「穆斯林」又稱為「穆民」。

　　回教能夠從信仰改變人類生活，發展成固有的文化，進而躍升成為影響全球長達十餘世紀，造福全人類的文明，必然有它的深厚內涵。西元七世紀初期，聖人穆罕默德（Mohammad ﷺ محمد）奉命傳達真主的旨意，引導世人遵循天啟，從阿拉伯半島的麥加開始，逐漸傳播給全人類的宗教。回教切實的將信仰融入日常生活，使人類發自內心的崇敬造物主，感謝生命的美好，自省負責，尊重他人。

　　信仰：回教信奉唯一的造物主，歸信的人崇拜與服從這一位唯一的主宰，稱祂為「真主」，阿拉伯文稱為الله中文音譯「安拉」。這位真主造化了宇宙與人類，掌控著宇宙，我們世界裡的一切，都有條不紊按照真主的意旨運轉。

　　清真言與作證詞：「清真言」是每一位歸信的穆斯林必須牢記的一段阿拉伯文字，這也是信仰的真諦：لا إله إلا الله محمد رسول الله 這段文字的中文意義是：「萬物非主 唯有真主 穆罕默德 是真主的使者。」

　　作證詞則是將上述的字句加上「我作證」也就是內心堅信，表裡一致的表達自己的信仰：أشهد أن لا إله إلا الله و أشهد أن محمدا رسول الله「我作證萬物非主 唯有真主，我也作證穆罕默德　是真主的使者。」清真言的意義就是澄清：除了真主，我們不承認還有其他的主宰，穆罕默德是真主派給世人的使者。穆斯林敬拜真主，以使者穆罕默德為生活的典範，穆斯林必須牢記清真言，了解它的意

---

[1]　「照此阿拉伯字之原義可訓為和平與順從。和平言回教之目的，順從言達到此目的之方法…。」引用自：傳統先，《中國回教史（臺一版）》（台北：台灣商務印書館，1969），頁5。

義，並且將它的含義與真諦表現在我們的日常生活裡；因此，我們必須口誦、領會並且貫徹執行清真言。

　　五功與六件信德：唸誦清真言是穆斯林的「五功」[2]裡的第一件功課，也是另外四件功課的基礎。回教主張信仰是必須融入人類日常生活，宗教信仰的生活化是回教的特色。學者們也將回教的主要元素，列舉出六件信德，又稱為「分信」，意即從歸信真主的「總信」裡，分出六件必須學習與熟悉其含義的內在功修與信德：[3]信真主、信天使、信經典、信使者、信末日（復活、審判日）、信前定。

　　真主安拉派遣使者穆罕默德作為全人類的模範，傳達正信，不分種族、膚色、跨越時空，是為了慈憫全人類。因此，回教是給全體世人的宗教信仰。因為真主的慈憫，穆斯林堅信全人類都是真主的僕人，因此回教尊重不同種族或信仰，更不會歧視其他不同信仰的非穆斯林。回教對於人類責任的闡釋：真主給全人類的生活目標與使命，不會有雙重的標準或特例，更不會讓人類擔負起他們所不能承擔的使命。回教的宇宙觀念明確突顯了人類的自主與因此而負起的責任，以及可以因此分享的義務與權利。[4]

　　回教信仰明確指出負責人的資格：必須是成年、正常、自由人。因此，未成年者並不需要與成年者負起相同的責任，身心不正常者也無須與正常人負擔一樣的責任，被限制自由者不能與自由人負擔相同的責任。這裡面包括了被逼迫者、神智不清者、遺忘者、因病無法履行者等等。

　　回教律法對於責任的規範，還區分為每一個人自行負擔的個人責任（*Fardh `Iin* فرض عيني），與團體必須承擔的團體責任（*Fardh Kifaa'ii* فرض كفائي）。每一個人的責任必須自己負責，無法推卸或轉讓。團體責任更明確的指出：只

---

[2]　回教的五功是指教規五項基本的功修：唸清真言作證、每日五次禮拜、每年一個月的齋戒、施濟天課、朝覲等五項；可以簡述為「唸、禮、齋、課、朝」。

[3]　الإيمان بالله وملائكته و كتبه ورسله واليوم الآخر والقدر خيره وشره من الله تعالى

[4]　可以參考下列的《古蘭經》文：「有正信的人們啊！你們要敬畏安拉，應該看一看，他為明天做了些什麼？你們要敬畏安拉，安拉徹知你們所做的一切。」（《古蘭經》第59章18節）「你們是為世人而產生的最優秀民族，你們命人行善，止人作惡，並歸信安拉…。」（《古蘭經》第3章110節）本章《古蘭經》之中文譯註均引用自：謝赫・艾尤卜・宰克里雅翻譯，《明燈（伊本・凱希爾古蘭經註修訂本）》（沙烏地阿拉伯王國：法赫德國王古蘭經印製廠），2010。

要有一部分人士出面執行，就可以免除全體的責任。

　　團體責任的範例：救助患難、撲滅火災，只要有一些人出面滅火救災，就可以完成團體責任，否則任由火災延燒，患難坐大而無人出面負責，這些災難將是社會全體人類無法推卸的責任。這一類責任甚至包括：求取新知、急難救助、勸人行善、阻止惡行等等。

　　人類平等的觀念：回教教義倡導「全人類的利益」，是基於人類不分種族、地區、時空，一律平等。但是，在顧及大眾利益的同時，也寬容尊重與區別不同的習俗、語言、種族，儘量保留包括信仰、習俗等文化特色。《古蘭經》提到人類的來源：「世人啊！你們要敬畏你們的主，他由一個人造化了你們，並由他造化了他的配偶。再由他倆繁衍了許多男女…。」（《古蘭經》第4章1節）

　　回教的寬容共存：回教教義明確指出，人類社會是多元寬容的社會，倡導全人類的共同利益，是不分種族、地區、時空，在顧及大眾利益的同時，也應當寬容的尊重與區別不同的習俗、語言、種族，並且儘量保留包括信仰、習俗等文化特色。人類文化多元是真主的大能創造，真主派遣了眾多的使者和聖人，頒降經典，明確宣告只有回教，才是祂的宗教。[5]

　　真主沒有讓全體世人歸信，而僅有一部分人歸信：「如果安拉意欲，大地上所有的人都已歸信了！」（《古蘭經》第10章99節）另有部分世人忤逆了真主的旨意，背棄他的恩惠，違反他的規律，挑釁真主派遣的使者。「是他曾造化你們，然後你們當中就有隱昧者和歸信者，安拉是全觀你們的行為的。」（《古蘭經》第64章2節）

　　雖然真主指定回教是唯一的正信，但宗教信仰絕無強迫，人類族群各異，社會必然是多元共存。「正教中沒有強迫，正道和迷誤已經明確…。」（《古蘭經》第2章256節）因此，非穆斯林在回教律法的管轄範圍內，是與穆斯林同享人類的基本權益。

　　真主命令他的使者們只負責善盡告知，宣揚回教信仰的真諦，至於人們

---

5　「安拉那裡的宗教只是伊斯蘭…。」（《古蘭經》第3章19節）「捨伊斯蘭教而追求其他宗教的人，他絕不會被接受。在後世，他在虧者之列。」（《古蘭經》第3章85節）

是否歸信，並不是使者或聖人的職責。[6]自從穆聖抵達麥地那以後，直到近代的回教世界，各地穆斯林一直秉奉多元寬容的原則，處理不同文化族群的社會事務。至於回教與不同信仰者往來的法源可從這方面來理解：雖然《古蘭經》與《聖訓》明確闡述「歸信者」（穆斯林）與「隱昧者」（*Kaafir* كافر），[7]兩者涇渭分明。[8]但是，安拉明言：每一個人將在後世的審判時，為自己的行為負責。因此，穆斯林必須尊重任何已經承諾的協議或條約，[9]回教國家與其他國家的關係，是和平互惠的正常邦誼，而非敵對緊張的關係。雙方或多方可以互相通商以及進行各種互利的合作，民眾也可以自由旅行與交流。

維繫社稷的要素：回教律法學家們綜合上述各項基礎，將人類社會的基本權益，做出下列規範：回教律法的宗旨，在於實現人類追求的遠近目標。而律法的責任訴求，則在於保障人類遵行律法的宗旨。

回教律法學家明確主張，[10]必須確保下列五件基本需求（生活五大要素）：

1.信仰（並非僅止保護回教信仰，而是所有合法信仰皆受到保護）
2.生命（保護所有人類生命與身體）
3.智慧（保護人類的思考辨識、創作等能力不受侵害）
4.倫常或名譽（保護人類的名節）
5.財產

---

6　請參考下列經文依據：「使者只負責傳達，安拉知道你們公開的和你們隱瞞的。」（《古蘭經》第5章99節）「…難道你要強迫人們都成為歸信者嗎？」（《古蘭經》第10章99節）「你當勸誡，你只是一位勸誡者。你不是他們的監護者。」（《古蘭經》第88章21-22節）

7　隱昧者又從阿拉伯文音譯成「卡菲爾」，馬堅等回教學者在撰述《古蘭經》中文譯解時採用「隱昧」或許是強調這些反對穆聖的人隱昧了真主安拉的信仰與恩惠，而強調他們自己的利益。

8　請參考下列經文依據：「你說：隱昧者們啊！我不拜你們所拜的，你們也不拜我所拜的。我不會拜你們所拜的，你們也不會拜我所拜的。你們有你們的宗教，我也有我的宗教。」（《古蘭經》第109章）「如果他們和你爭論，你說：安拉最清楚你們的作為。安拉將在復生日，在你們當中裁判你們所爭論的事情。」（《古蘭經》第22章68-69節）

9　請參考下列經文依據：「有正信的人們啊！你們要履行約言…。」（《古蘭經》第5章1節）「…你們要履行諾言，因為諾言是要被審問的。」（《古蘭經》第17章34節）對於並非敵對者，更須公平：「那些在你們的宗教中不跟你們作戰，也未曾把你們逐出你們家園的人，安拉不禁止你們善待他們，且公平對待他們。安拉喜愛公平的人。」（《古蘭經》第60章8節）

10　最著名的是西元十四世紀的安達路西亞（現今西班牙境內）穆斯林學者Al-Shatibi الإمام أبو اسحق الشاطبي 在他的著名法學著作《الموافقات》裡闡揚的這五件重要基礎。

　　以上五種都是人類社會安定的重要因素，不可分割。而任何制度能夠保障這五件需求，就能夠維持社稷安定發展。這與我們熟悉的傳統中華儒家文化思想所倡導的綱常：格物、致知、修身、齊家、治國、平天下；幾乎是相同的道理。信仰與崇敬唯一的造物主，就必須認清與建立在格物致知的階段。事實上，回教教義主張跨越種族、疆域，與時空等傳統藩籬，或許因此千餘年來，回教文化能夠與中華文化交融，並且在中土持續發展。

　　面對展望台灣穆斯林將來發展問題，在這個瞬間萬變的當代，同樣也是精神層面與物質層面的比較與競爭。有人說科學昌盛的今天，豐富了人類的生活，因此現代的人類不會像先前的世代那樣執著於宗教信仰。更多的人則是仍然強調必須維持人類社會精神與物質的平衡。因此，回教將來可能在台灣蓬勃發展，或是台灣的回教將會像百年前台灣彰化、雲林的回教，逐漸凋零與消失。依據回教教義的解釋，是否我們每個人都已經盡了應盡的責任，就像台灣的一句格言：「人在做，天在看。」只問我們為自己、家庭、宗族、群體，以至為社會、國家、全人類做了什麼。只問耕耘，不問收穫，而我們作為的功過成敗，則是在真主安拉的掌握與安排，固然必須全力以赴，但亦無須我們過度的擔憂。

# 第二節　回教傳入中國的歷史背景與軌跡

　　從歷史的發展進程看來，外來宗教在形塑中國文明的過程中一直扮演著十分重要的角色。一般人對於東漢傳入的佛教及其影響應該都不陌生，同時也知悉祆教（Zoroastrianism）、摩尼教（Manichaeism）、景教（Nestorianism）與猶太教（Judaism）也曾在中國歷史上有著不同程度的流傳。相較之下，回教雖然傳入較晚，但與佛教一樣，兩者不但在中國持續發展到現今，同時也都展現明顯的「在地化」（localization）過程，而成為中國社會文化中相當重要的一個特色。而回教更因為特殊的歷史背景，其在地化過程中還發展出「族群化」（ethnicization）的事實。一千多年來，穆斯林在中國分別以表音的「回」[11]與表意的「清真」這兩個專屬的詞彙及其概念，來作為在華夏社會中與漢人為主的群體互動下，強調以適應機制為依歸的我群意識以及遵循信仰實踐的重要憑藉。其中具有穆斯林族群概念的「回回」與「回回人」，在元代已普遍出現；[12]而用來指稱回教一神教信仰內涵的「清真」語意，至少自明代以來亦開始流用。因此，自元代以降，「回回教」、「回教」或偶爾出現的「清真教」，便成為中國伊斯蘭的自主性稱謂。但其中「回教」一詞使用最為普及，而其信奉者「回民」（或「回教徒」）便成為中國穆斯林的同義語。

---

11　按「回」最初是以「回回」來呈現。「回回」一詞，學界基本上已確認最早係出自北宋沈括所著的《夢溪筆談》，書中有所謂的「銀裝背嵬打回回」一語。該詞句為當時沈括所採收的西北地區民間歌謠，其全句為：「旗隊渾如錦繡堆，銀裝背嵬打回回；先教淨掃安西路，待向河源飲馬來。」〔宋〕沈括，《夢溪筆談》（台北：台灣商務印書館，1955），卷5・〈樂律〉，頁29。依據當代學者楊志玖等人的考證，沈括所載記之回回，指的是唐代回紇（回鶻）的後裔，且回回即為回紇（回鶻）一詞的音轉。但當時回回一詞所涵蓋的只是對西北邊族的泛稱，並未包括任何宗教的含義。參考：楊志玖，〈回回一詞的起源和演變〉，收入氏著，《元史三論》（北京：人民出版社，1985），頁147-150；李松茂，〈回回一詞和伊斯蘭教〉，收入氏著，《回族伊斯蘭教研究》（銀川：寧夏人民出版社，1993），頁45-48。近年來，亦有學者反對《夢溪筆談》中回回一詞所指為北宋時代的回鶻，而指其應為當時的西夏。參考：湯開健，〈夢溪筆談中回回一詞再釋〉，《民族研究》，1期（1984），頁69-74。以上參看：張中復，《清代西北回民事變－社會文化適應與民族認同的省思》（台北：聯經出版事業公司，2001），頁11。

12　詳細內容可參看本書第一章第一節。

　　另一方面，中華人民共和國在上世紀五〇年代初，經由「民族識別」工作，將說漢語的回民歸屬於少數民族化的「回族」。依據2010年大陸第六次人口普查結果，回族人口已達一千零五十萬人，為僅次於壯族的人口第二多的少數民族。除回族外，其他還認定出包括維吾爾、哈薩克、柯爾克孜、烏茲別克、塔塔爾、塔吉克、撒拉、東鄉、保安等另外九個穆斯林少數民族。為強調「伊斯蘭」為國際用語，且不致產生「回教」是回族專屬信仰的解讀，中國大陸國務院於1956年正式下令將「回教」改稱「伊斯蘭教」。[13]但在民國38年以後的台灣，仍然延續民國前期的傳統，至今仍使用回教這個名稱。

　　按回教最早傳入中國的時間應在盛唐時期。由於在西元七世紀以前，中國與阿拉伯半島即有直接的海、陸貿易管道。因此，依據史學家考據，回教早在唐高宗永徽二年（651年）即傳入中國，[14]並就此展開密切的互動關係。而這也說明了早期的阿拉伯回教文明與盛唐文明同時並存且東西相互輝映的史實。隨著回教信仰逐漸在中國土地上的傳播，這些來到中國的穆斯林，以及後來接受回教信仰的中國本地人士，都仍然堅持著他們的信仰就是生活的方式，過著特殊習慣的生活。而且他們因為信仰所帶來的特殊語言與文化，也逐漸納入了中國本地的因素，因而產生了在地化意義下的「華化」（如陳垣之論）[15]及其社會適應的事實。同時，回教在與中國接觸的各個過程中所開展的積極性，則使穆斯林宗教與族群一體兩面的發展模式更趨定型。早在唐、宋兩代，來華穆斯林的持續繁衍，及其定居化的發展趨勢，已在中國分別形成具有初期族

---

[13] 〈國務院關於「伊斯蘭教」名稱問題的通知〉（1956年6月2日），收入：國務院法制局編，《中華人民共和國現行法規匯編：教科文衛卷，1949-1985》（北京：人民出版社，1987），頁405。

[14] 一般都以此一年代為主，主要是依據〔後晉〕劉昫，《舊唐書》卷198，列傳第148，〈西戎·大食國〉條所載：「永徽二年，始遣使朝貢。其王姓大食氏，名噉密莫末膩，自云有國已三十四年，歷三主矣。」有關《舊唐書》等相關史料之記載與考證，參看：張星烺，《中西交通史料彙編（第三冊）》（台北：世界書局，1983），《古代中國與阿拉伯之交通》，頁9-80。除此唐永徽二年說之外，尚有隋開皇年間說、隋大業年間說、唐武德年間說、唐貞觀二年說、唐貞觀六年說等。參考：陳援庵，〈回回教入中國史略〉，收入氏著，《援庵史學論著選》（台北：木鐸出版社，1982），頁219-221；〔日〕田坂興道，《中國における回教の傳來とその弘通》（東京：東洋文庫，1964），上卷，頁144-260；傅統先，《中國回教史（台二版）》（台北：台灣商務印書館，1996），頁15-22。

[15] 陳氏言：「華化之意義，則以後天所獲，華人所獨者為斷。故忠義孝友、政治事功之屬，或出於先天所賦，或本為人類所同，均不得謂之華化。」參看：陳垣，〈元西域人華化考〉，收入氏著，《元史研究》（台北：九思出版社，1977），頁3。

群化意涵與社群現象的「蕃客」以及「蕃坊」，顯然這已為日後回教在中土扎根奠定了基礎。而唐代著名的大食國人李彥昇，他以「蕃客」後代的背景，在唐宣宗大中二年（848年）進士及第，也可視為穆斯林「華化」的一個特殊案例。[16]到了元代，隨著大批以西域穆斯林身份為主的「色目人」繼續遷入中土之後，不但形成前面所提到的「回回」群體，同時還出現「元時回回遍天下」、「元時中國回教徒大盛」的發展態勢。[17]因此，元代在華夏社會中廣泛出現的「回回人」群體，便成為當前回民穆斯林最主要的先民來源。[18]

　　繼元之後的明代，一般都認為是回回或回民以「華化」形式融入華夏社會的關鍵時期。而此時穆斯林「清真」的生活範式與信仰實踐亦在各個方面更趨於成熟。另一方面，也意味著回民穆斯林對於回教律法（*Sharii`a* الشريعة）及其認知，亦與傳統中國以天朝為中心的世界秩序觀密切結合。[19]由於明代對蒙古人一直有所顧忌，因此對元代時與蒙古人保持合作關係的回民穆斯林亦有所防範。甚至隨著推動改土歸流政策等方面的考量，部分江南等內地回民還被遷往西部與西南雲貴等省份。因而日後在其族譜或歷史記憶中，時常會出現其先來自「南京應天府」這類的祖源意識。不過，在民國初期的穆斯林學者眼中，明代皇帝仍然推崇回教，這其中以朱元璋於洪武元年（1368年）在南京敕建禮拜寺（即今日之淨覺寺）並御書〈至聖百字讚〉之事最具代表性。[20]此外，雖然鄭和下西洋與「回回曆法」的發達等也可看作明代穆斯林的重要貢獻。但嚴格說來，明代真正對之後中國回教發展產生重大影響者，應為以下兩個史實的出現：其一，嘉靖至萬曆年間陝西咸陽的胡登洲（或名胡普照，或稱胡太師，1522-1597），[21]倡導經堂教育，為回教的宗教傳承與學習制度，奠定了以

---

[16] 傅統先，《中國回教史》，頁27。

[17] 張星烺，《中西交通史料彙編（第三冊）》，《古代中國與阿拉伯之交通》，頁91；傅統先，《中國回教史》，頁57。

[18] 張中復，〈從「蕃客」到「回族」：泉州地區穆斯林族群意識變遷的歷史省察〉，收入：洪麗完主編，《國家與原住民：亞太地區族群歷史研究》（台北：中央研究院台灣史研究所，2009），頁301。

[19] Matthew S. Erie, *China and Islam: The Prophet, the Party, and Law* ( Cambridge: Cambridge University Press, 2016), p. 44.

[20] 傅統先，《中國回教史》，頁94-96。

[21] 關於胡登洲的生平事蹟及其影響，參看：李興華、秦惠彬、馮今源、沙秋真合著，《中國伊斯蘭教史》（北京：中國社會科學出版社），頁505-507；丁士仁，〈緒論：中國經堂教育溯源〉，收入氏

清真寺為中心，並系統化教授重要經籍的規範性基礎。其二，明末清初出身南京的穆斯林著名學者王岱輿，強調回教「其理真久不偏」，故嘗試以回教典籍的教義與哲學思想，來和傳統儒學義理和佛、道觀點進行融會與闡述，開創出近代以來中國回教知識體系中「以儒詮經」的典範性思潮。王岱輿所撰述的《正教真詮》、《清真大學》、與《希真正答》等名著，[22] 成為之後此一思潮延續與發揚的重要基石。

　　無論是經堂教育還是「以儒詮經」，日後都在清代得以擴大傳承與發揚深化。康熙年間師承著名經師舍蘊善的趙燦，編纂《經學系傳譜》一書，撰述自胡登洲以來近百年間著名經堂教育經師之行狀與經學思想，這對於理解回教經堂教育的傳衍與派別特色，提供了相當可貴的資料內容與認知價值。該書的出現，不僅說明自明末以來，經堂教育無論就分佈地區、發展規模與思想內容而言，已具備一定的基礎條件並漸趨成熟。同時，趙燦深感於明清嬗遞所引發的社會動盪，為不影響經堂教育的傳承，故須立傳譜以為典範憑證。[23] 但也就此對釐清經堂教育的根脈流傳，產生著正本清源的積極效應。至於在「以儒詮經」方面，清代著名的劉智、馬注、馬德新等人的著作，更是將此一思潮發揚光大，成為清代回教思想史中最重要也最具啟發性的部分。直到當代，哲學思想領域中仍有不少人，企圖就此明清以來「以儒詮經」的實質內涵，來努力闡揚「回儒對話」的時代精神與反思意義。[24]

　　除此之外，回教的思想與宗教體系清代出現結構性的衝擊與改變。那就是自清初以來，來自西亞與中亞的蘇非派思想（Sufism, *Suufiyyah, at-Tasawuf* 、الصوفية 、التصوّف）傳入西北地區，形成在地化的蘇非教團（Sufi Orders），這便是一般常被論及的門宦現象。而到了清末，同樣受到西亞新興的現代改革主義思潮的影響，

---

編，《中國伊斯蘭經堂教育（上冊）》（蘭州：甘肅人民出版社，2013），頁10-13。

22　有關這三部著作的內容介紹，參看：《正教真詮》、《清真大學》、《希真正答》等條目，收入：余振貴、楊懷中，《中國伊斯蘭文獻著譯提要》（銀川：寧夏人民出版社，1993），頁69-73。

23　Zvi Ben-Dor Benite, *The Dao of Muhammad: A Cultural History of Muslims in Late Imperial China* ( Cambridge: Harvard University Asia Center, 2005), p. 33.

24　除此之外，有學者認為，「回儒對話」的背景就是漢文化與回教文化的對話，其經歷著禮俗化、學說化與民族化三個階段。參看：納麒，〈文明對話「三步曲」：差異、碰撞與整合：兼論中國「回儒」對話的歷史軌跡〉，收入：華濤、姚繼德主編，《回儒文明對話論文選集》（昆明：雲南大學出版社，2017），頁18-22。

於是出現了中國以「尊經思想」為理念的現代改革主義的派別（即「伊赫瓦尼」*Ikhwaan* الإخوان，或稱「新教」）。這種無論是門宦、依赫瓦尼及其分支，都是在自唐代以來即在中國生根發展的傳統回教「格底木」（*Qadiim* القديم，即遵古或稱「老教」）[25]的基礎上轉變而來的新興宗派。這種受到外來思潮所引發回教宗派化的現象，傳統先將之稱為「回化」，以區別穆斯林在中國已近千年的「華化」傳統。[26]而這種宗派化多元化的現象，及其對傳統回教結構所產生的衝擊與變遷，近年來亦成為西方學界觀察中國回教歷史發展及其分期的重要憑藉。例如美國學者如佛萊徹（Joseph F. Fletcher）、杜磊（Dru C. Gladney）等人，便以此「回化」的趨勢來作為回教傳入中土不同時期的歷史「高潮」（tides）主要認定標準，此即為：（一）傳統中國回教的格底木制度（Gedimu traditional Chinese Islam）；（二）蘇非教派的形成與系統性的發展（Sufi communities and national networks，）；（三）尊經思潮與現代主義改革（scripturalist concerns and modernist reforms）。至於（四）則為族國體制時期下的民族主義（ethnic nationalism in an age of nation-state）。[27]

　　然而，清代雖然在闡述回教思想與經堂教育方面有著重要的發展，但在政治環境的影響下，反而對回民穆斯林社群產生更大且複雜的衝擊。乾隆25年（1760年）因解決準噶爾問題讓清朝統領天山南路，自此當地主要的突厥語系穆斯林及其領域，便以「回疆」（或「回部」）之名納入清廷的勢力範圍。這也說明了此後「回民」在中國的概念便出現了多元化的意涵。清代所泛稱的回民，依民族成份、文化型態與聚居地的不同，可分為兩個系統。一般將居於陝甘、中原、雲南等內地，說漢語的回民稱為「漢（裝）回」，而把分佈在天山

---

[25] 在西北地區，門宦與「格底木」都是「老教」，「依赫瓦尼」及其分支「賽萊菲耶」（*Salafiyyah* السلفية）則被視為「新教」。

[26] 傳統先，《中國回教史》，頁119-120。

[27] 參看：Dru C. Gladney, *Muslim Chinese: Ethnic Nationalism in the People's Republic* (Cambridge: Harvard University Press, 1991), pp. 36-63. 此外，大陸著名學者楊懷中亦有其所界定的「四高潮論」，即：（一）突厥伊斯蘭文化的形成（十至十三世紀初）、（二）多種文化交相輝映中的元代伊斯蘭文化（1271-1268）、（三）明清之際伊斯蘭精神文化的建設（1368-1911），以及（四）近代中國穆斯林的新文化運動（1911-1949）。參看：楊懷中，〈中國歷史上伊斯蘭文化的四次高潮〉，《回族研究》，1期（1994），頁15。可以看出，楊先生的四高潮說，是以朝代更迭所展現的歷史特徵，及其與回教文化的互動關係為解釋重點；而杜磊等美國學者的「四高潮論」，則是強調以回教宗派多元化的變遷，與現代穆斯林民族意識的出現為立論基礎。

南北路說突厥語（屬阿爾泰語系）為主的中亞穆斯林稱為「纏（頭）回」或「白帽回」。[28]相較於西藏與內、外蒙古，回疆則是清朝治理邊疆（藩部）現象中最為動盪與複雜的地區。[29]

　　事實上，清朝經由開疆闢土所建立的天朝式的盛世觀，並未明顯地展現出對於族群與文化的多元包容力。加上朝廷對思想的箝制，以及為查禁民間具有抗清主旨的秘密宗教與會黨，連帶也讓內地強調「爭教不爭國」的回民穆斯林受到波及。影響所及，回教與回民祖源的域外傳入特質，再加上內地回民就是唐代回紇（鶻）直接後裔的誤解，[30]使得清代部分漢人士大階層，對於早已「華化」的回民穆斯林產生排他性的「異類」觀點。[31]而在這種認知差異下，

---

[28] 參看：〔清〕祁韻士，《皇朝藩部要略（下冊）》（台北：文海出版社，1965），卷15，〈回部要略一〉，頁1；〔清〕陶保廉，《辛卯侍行記》（台北：中華叢書委員會，1957），卷6，頁28。

[29] 清朝治理回疆的方式與思維與處理內外蒙古和西藏不同。且乾隆之後，境外原大小和卓勢力不斷侵擾回疆，影響清廷在當地的有效統治。加上清朝對回教的強勢態度與對藏傳佛教的懷柔策略明顯有所差異，所以說新疆是清代治理邊疆中最為特殊的案例也不為過。近年來，美國學界中的「新清史」學者，一直以重新檢視清朝統領「內陸亞洲」的成效，來為清朝作為「滿洲帝國」勢力中的一個部分提出解釋。在這方面有關清代新疆的研究成果也比較顯著。參看：James A. Millward（米華健）, *Beyond the Pass: Economy, Ethnicity, and the Empire in Qing Central Asia1759-1864* (Stanford: Stanford University Press, 1998); Peter C. Perdue（濮德培）, *China Marches West: The Qing Conquest of Central Asia* (Cambridge: The Belknap Press of Harvard University Press, 2005); James A. Millward and Peter C. Perdue, " Political and Cultural History of the Xinjiang Region through the Late Nineteenth Century," James A. Millward and Nabijan Tursan, "Political History and Strategies of Control, 1884-1978", in Frederick Starr ed., *Xinjiang: China's Muslim Borderland* (Armonk: M. E. Sharpe, 2004), pp. 27-62, 63-100; James A. Millward and Laura J. Newby, "The Qing and Islam in West Frontier," In Pamela K. Crossley, Helen F. Siu and Donald S. Sutton ed., *Empire at the Margins: Culture, Ethnicity, and Frontier in Early Modern China* (Berkeley: University of California Press), 2006, pp. 113-134.

[30] 但並非當時所有學者都把回回與回紇混為一談。例如錢大昕治元史時，提出「回鶻今畏兀兒，與回回不同種」的說法，參看：〔清〕錢大昕，《十駕齋養新錄》（台北：台灣商務印書館，民67），上冊，卷9，〈雍古〉條，頁212。錢氏甚至於認為回回有其族屬，且與大食關係密切。之後陳垣亦支持錢氏的觀點。對於回回與回紇的問題，陳氏曾歸納為：「五代時回鶻既衰，漸有改奉伊斯蘭教者。元初諸人對此等外教多不能辨別，故統目之為回紇。長春《西遊記》、劉郁《西使記》之所謂回紇者，皆指伊斯蘭教國也。其後漸覺有不同，於是以畏吾、偉兀等代表昔日之回鶻，以回回代表奉伊斯蘭教之回紇。凡《元史》所謂畏吾兒者回鶻也，其稱回紇者回回也。」參看：陳垣，〈元西域人華化考〉，頁6465。其他更多論述請參看：參看：張中復，〈論元朝在當代回族形成過程中的地位－以民族史建構為中心的探討〉，收入，蕭啟慶主編，《蒙元的歷史與文化：蒙元史學術研討會論文集（下冊）》（台北：學生書局，2001），頁833-865。

[31] 例如顧炎武對於回民「殺牛為膳」的飲食習俗不能理解之外，還言：「惟（回回）自守其國俗，終不肯變。結成黨夥，為暴閭閻。以累朝之德化，而不能馴其頑獷之習。所謂鐵中錚錚，庸中佼佼者乎？」參看氏著，《原抄本日知錄》（台北：文史出版社，民68），〈吐蕃回紇〉，頁845。又如魏源亦提到回民除「雠怨狠驁」的本性外，「內地敓攘、越貨、亡命、鬭狠之事，無一不出於花門（按原意指唐代回紇，此處借來指稱回民）」。參看氏著，《聖武記（下冊）》（北京：中華

隨著鴉片戰爭後清朝衰敗現象的擴大，以及社會矛盾的激化，因此導致咸同年間雲南、陝甘、新疆接連爆發大規模的回民抗清事變。在朝廷隨之而來的嚴酷鎮壓措施下，除了中原與江南等地之外，都造成抗清事件地區回民穆斯林在人口、社會文化資源等方面的嚴重損失。嚴格說來，回民穆斯林是清代歷次民變事件中的主要勢力。[32]「回變」使得原本在中國穩定發展一千二百年的回教與穆斯林社群，出現罕見大規模的失序現象，其原因與背景確實值得令人深思。但隨著二十世紀初清朝的結束，讓回教與穆斯林社群在中國再次找到新的發展契機。

自清末至民國初期，回民穆斯林由於受到辛亥革命與共和體制的影響，便開始思考其回教信仰為核心的社會文化特點，以及游移於華夏與非華夏之間的族群屬性定位，如何在新興的現代民族國家（nation-state）範式中找到合理且能發揮積極適應效應的共存機制。在這整個過程中，從早期的「五族共和」意識到之後的「中華民族觀」，與五四新文化運動的出現及其特殊的時代背景，不僅讓穆斯林強化其族、教意識的自覺效應，與民國體制之間產生必要的連接意義；同時也隨著眾多宗教與社會活動的開展，使得五四新文化運動中，亦呈現出一條屬於穆斯林特有的族群文化復振的發展脈絡。其間回民穆斯林菁英們紛紛發行報刊雜誌、開展新式學校教育事業與籌組回教的社會組織，使得中國的回教文化自清末民初以來，開始走向前所未有的現代振興一途。著名的歷史學者顧頡剛，則將此一現代振興現象稱為「回教的文化運動」。[33]近年來，中外研究者把此「回教的文化運動」改稱為「中國穆斯林新文化運動」、「中國

---

書局，1984），〈國朝甘肅再征叛回記〉，頁313。相關討論請參看：張中復，《清代西北回民事變－社會文化適應與民族認同的省思》，頁11-13。

[32] 在清代近五十部有關平定內部動亂與對外武功的方略、紀略中，其中涉及穆斯林的部分就占了十一部，幾乎超過全數的五分之一。在這十一部書是：《欽定平定準噶爾方略》、《欽定蘭州紀略》、《欽定石峰堡紀略》、《欽定平定回疆剿擒逆裔方略》、《欽定平定陝甘新疆回匪方略》、《欽定平定雲南回匪方略》、《湘軍記》、《平定關隴紀略》、《平回志》、《戡定新疆紀》、《秦隴回務紀略》。參看：馮爾康，《清史史料學》（台北：台灣商務印書館，民82），頁385-387；張中復，《清代西北回民事變－社會文化適應與民族認同的省思》，頁3。

[33] 顧頡剛，〈回教的文化運動〉，《大公報》星期論文（1937年3月7日）。按這篇文章事實上是由白壽彝代筆。參看：白壽彝，《白壽彝民族宗教論集》（北京：北京師範大學出版社，1992年），頁77-80；王柯，《20世紀中国の国家建設と「民族」》（東京：東京大學出版会，2006），頁137-138。

伊斯蘭新文化運動」或「中國穆斯林五四新文化運動」，[34]使之成為研究現代中國回教思想史，與穆斯林族群史的重要關注議題。前面提到，當代美國與大陸學者在研究中國回教史的分期（高潮論）上，都把此一時期及其特色，視為現代中國回教最重要的時代展現意義。換句話說，回民穆斯林的族、教自覺，及其追求現代民族國家中所應具有的平等的國民身份，從清末辛亥革命開始，歷經五四新文化運動，到抗戰時期救亡圖存的努力，基本上都有著一脈相承的延續性與影響力。而這之中最重要的核心意識，就是積極落實「愛國」與「興教」這兩個具體的理念。

另一方面，1949年中共建政後，直接將說漢語的穆斯林歸類於少數民族身份的「回族」。此舉看似已將民初以來穆斯林族、教意識及其族群身份爭議予以總結，並成為構建現代中國回教史中必要的論述核心。但在中共無神論的社會主義體制下，回教在大陸的發展明顯受到政治力量的制約。甚至在上世紀六〇到七〇年代間的各種政治運動中，回教與穆斯林文化受到罕見且全面性的破壞。雖然自1978年「改革開放」以來，回教與穆斯林文化再次有限度地走上振興之途。但隨著國際間局勢的變化，以及近年來新疆問題的嚴重激化，都使得中國大陸狹隘的漢族民族主義者，公然呼應當代西方「伊斯蘭仇恐情結」（Islamophobia），[35]對回教與穆斯林進行惡意攻訐等脫序性現象。而中共當局不但看似默許此一態勢，近三年來卻在寧夏等「回漢民族團結典範」的地區，以「伊斯蘭中國化」為理由，強行推動「清三化」（即清除阿拉伯化、沙特化、清真泛化），讓中國回教與穆斯林社群，納入到以偏執的漢族中心論為核心的集權國家體制及其政治意識形態之內。同時在「愛國愛教」的前提下，所有的宗教展現必須以「中國式」的特色來呈現。原本回民穆斯林的傳統國家

---

[34] 「中國穆斯林五四新文化運動」，或「中國穆斯林新文化運動」一詞很早就被學界使用，例如：王柯，〈「祖國」的發現與民族、宗教、傳統文化的再認識──中國穆斯林的五四與新文化運動〉，「五四運動八十週年學術研討會」論文，台北：國立政治大學文學院，1999年4月，頁1-27；楊桂萍，〈中國穆斯林新文化運動〉，《回族研究》，4期（1999），頁32-36；安藤潤一郎，〈中華民国期における「中国イスラーム新文化運動」の思想と構造〉，《中国のイスラーム思想と文化》（東京：勉誠出版，2009），頁123-145。

[35] 按此一新詞彙約1997年左右在歐洲出現，其係指從種族、政治、社會文化與心理等層面所產生的一種反穆斯林情結下的刻板印象，主要特徵包括對伊斯蘭與穆斯林欠缺包容、排外、暴力、偏見與歧視。參看：*Islamophobia: A Challenge for Us all* ( London: Runnymede Trust, 1997 ), "Summary", p. 1.

意識中，就是以「爭教不爭國」為最高原則。但在當代漢族本位思維下的「中國化」及其產生的制約效應，不但讓回民傳統的「興教」觀出現政治的寒蟬效應，同時更讓「爭教不爭國」的古訓修正為「爭教即爭國」的自我設限意識。由此看來，如果中國大陸一再強調「中華民族的偉大復興」的中心思想，[36]最終是要走向這種二十一世紀的天朝復辟論，那對於數千年以來，形塑中國文明多元性的歷史發展進程及其結果而言，不啻為最大的諷刺。

---

36　自1990年代中期以來，中共為「中華秩序」（China Order）而決定的當前版本是爭取「中華民族／中華文明的偉大復興」。1997年，中共確定其目標為在中共領導下至少奮鬥一百年。此一目標在2007年和2012年得到再確認與再闡發。2013年習近平上任後，繼續強調此一目標，並使之與「中國夢」相結合，成為其任內意識形態宣傳的核心內容。參看：王飛凌著，王飛凌、劉驥譯校，《中華秩序：中原、世界帝國與中國力量的本質》（台北：八旗文化，2018），頁294。

# 第三節　理解回教在台灣發展延續的當代意義

　　明清以前，台灣與傳統中國回教之間並沒有直接的關係。即使唐、宋時期，以泉州為重心的東南沿海地區的穆斯林勢力與經濟現象相當發達，但其影響均未涉及隔海的台灣。自元代末期以後，東南沿海的回教勢力逐漸式微。明清之際，隨著泉州移民渡海來台的移民中，即有當地已明顯漢化的回民穆斯林。這可以說是回教在台灣最早的發展現象。但移民社會的適應機制，讓來台的泉州「百崎郭」與「陳埭丁」回民及其後裔持續漢化的趨勢。所謂的「祖教」意識與回民祖源，僅成為宗族歷史記憶的殘留痕跡，其群體最終幾乎完全融入到周遭以閩南漢人為主的大環境之中。[37]直到民國38年前後，隨國民政府遷台的外省人群體中，即有為數不少的大陸各省回民穆斯林，加上中國回教協會等組織亦在台復會，這些特殊的歷史轉折都讓回教在台灣出現新的生機。無論是泉州「百崎郭」與「陳埭丁」來台，還是民國38年之後出現的大陸回民來台避難定居，這些都可以看作回教與穆斯林社群在中國整體發展過程中的特例。同時，這也說明了以移民現象為重心的近代台灣史，回教與穆斯林在不同時期的移民來台過程中都扮演著一定的角色。因此，當人們嘗試以多元的面向，來詮釋並展現台灣的歷史傳承、宗教發展、文化變遷、社會適應與族群關係時，回教與穆斯林及其所代表的特殊意義，確實不應被忽視。

　　值得注意的是，從二十世紀中葉開始，國共內戰的延續讓台灣與回教從此結下了不解之緣。雖然在整體外省人中，來自大陸各省的回民穆斯林人數不多，但其中有不少是經歷過民初以來穆斯林新文化運動的知識菁英與宗教上層人士。在感受此一難得的啟蒙思潮與抗戰建國的歷練下，他們延續回民穆斯林傳統的「愛國興教」意識，讓冷戰初期的台灣，儼然成為「自由中國回教」的新生地，意外地承擔起傳統中國回教與穆斯林社群發展傳承，以及必須協助政

---

[37] 至少到了日據時期，台灣已沒有具體的回教信仰與穆斯林社群現象。詳細內容請參看本書第一章第二節。

府完成「反攻復國」的特殊責任。

　　雖然在此特殊的政治氣氛下，來台的第一代與第二代穆斯林前輩們，仍然繼續發展回教組織，推展教門工作，並聯繫教胞情誼與照顧生活。同時也開始規劃修建各地清真寺，出版內容多元的回教經書，讓回教文化能在台落地生根。為了達到宗教教育的傳承與培育人才，因此還建立了選拔經生海外學習的制度。此外，穆斯林還透過朝覲等措施，以協助政府強化與回教國家的外交關係。雖然台灣傳統的文化環境與回教關聯甚少，但穆斯林仍堅持並完備各種宗教禮俗，以規範符合教規意義的實踐內容。另一方面，部分穆斯林學者還協助創建大學中的阿拉伯語文與土耳其語文的學習環境，倡導並推廣學院式的回教知識。凡此都說明了，短短的十數年間，中國回教的傳統與穆斯林文化，在原本沒有任何具體回教基礎與條件的台灣，竟能發展出如此特殊且多元的樣貌，這個「前定」式的歷史機遇，必然會讓台灣成為中國回教史上一個相當有意義、且帶有「復振奇蹟」意涵的案例。

　　然而，隨著時間的延續與早先來台穆斯林前輩們的凋零，世代交替中的台灣回教與穆斯林社群，在大環境的現代化與世俗化的快速衝擊下，也不可避免地會面臨信仰傳承的斷層，與穆斯林我群意識淡化等方面的挑戰。上世紀末，台灣解除戒嚴，並邁向民主化的發展之途，同時兩岸關係也從過去的隔離對立，走向前所未有的互動交流。但這些變化，都沒有讓這些造成「信仰弱化」的挑戰，及其逐漸產生的負面效應明顯地有所舒緩。而這種穆斯林必須面對來自非回教的大環境所產生的我群適應壓力，原本就是傳統中國散雜居地區穆斯林，在以漢人為主的華夏社會中所不可避免的生存法則。

　　但近年來，隨著經濟發展與全球化的趨勢，以東南亞國家為主的大量外籍穆斯林來台工作、求學與定居。這不但讓台灣回教與穆斯林社群出現結構性的改變，同時也讓回教的特徵展現與穆斯林的信仰實踐，開始進入到另一種意義下的「國際化」情境。這個新興現象，伴隨著資訊發達以及對世界各地回教現象的持續關注，也讓一般的台灣人感覺到回教與穆斯林，並不是如此地陌生與遙不可及。而這也說明了，今後「台灣穆斯林」的概念，勢必會從傳統的一元格局走向多元發展的新內涵。無論如何，台灣在持續以華人社會及其文化為主

體發展態勢的前提下，未來的「台灣穆斯林」，應該會是從原本來自中國大陸背景的「回回」、「回民穆斯林」與「回族」的基本結構，轉變成結合部分留存中國「回」特徵與祖源脈絡的傳統穆斯林，與台灣本土化的華人穆斯林，以及境外多樣性穆斯林，三者並存且共生的結合性形態。[38]

　　值得注意的是，無論「台灣穆斯林」的結構內涵如何改變，它都必須在民主與自由的體制中，才能真正落實回教的宗教信仰及其實踐，並充分保障穆斯林的社會地位與尊嚴。換言之，當人們檢證台灣的民主化成效時，成熟的公民意識與多元尊重的文化包容力，兩者皆不可或缺，這一點已成為不容質疑的普世價值。因此，台灣的回教與穆斯林及其處境，也勢必會在這個檢證過程中，成為一個重要的觀察指標。相對的，穆斯林本身也必須在信仰與此一普世價值的思維下，對非穆斯林產生必要的同理心、尊重感與包容性。如此互動，不但能展現台灣民主與自由體制的正面意義，同時也是穆斯林達到「兩世吉慶」境界的必經之途。

---

[38]　關於此一部分，本書第十三章第三節及結論中，將會以「新台灣穆斯林」的概念再予以闡述。

# 第一章

# 早期台灣回教的存續與當代
# 大陸各省穆斯林來台定居

張中復

民國44年麗水街時期伊拉克議長賈瑪黎博士訪華陪同招待者均
係大陸來台回協元老（資料來源：賈福康，《台灣回教史》，
頁15。）

# 前言

　　早在一千四百年前回教便傳入中國，但近四百年前台灣歷史上才出現與回教及穆斯林社群文化有關的現象。這其中以福建泉州惠安地區百崎郭姓與陳埭丁姓回民，自明末起隨著閩南漢人移民潮亦遷徙至台灣中部的史實，乃成為台灣史上出現回教與穆斯林現象的重要起源。雖然亦有論述提及隨鄭成功來台的軍民中亦包括少數的回民穆斯林，但至今彰化鹿港的「百崎郭」與雲林台西的「陳埭丁」（部分陳埭丁亦居於鹿港），一般都被視為早期台灣漢人移墾社會中具有回民穆斯林祖源身份的代表性案例。不過，從清代到日據時期，無論是官方史料還是民間資料，台灣都已沒有關於回教或穆斯林社群的記載，可見來台的百崎郭與陳埭丁的後裔，已隨著時代的發展而融入到當地閩南漢人社會中。不過，泉州地區百崎郭與陳埭丁雖然也面臨強勢漢文化的影響，其回教信仰與穆斯林意識亦逐漸消失；但由於一直保持著以修建宗祠與纂修族譜為中心的宗族現象，因此其得以展現以家系延續下的社群化事實。而上世紀末經由中共的民族識別，泉州百崎郭與陳埭丁的回民後裔又被恢復具有少數民族意涵的「回族」。其間因「以族載教」，所以又再度出現強化穆斯林祖源意識與部分宗教回歸的片段現象。從觀察泉州百崎郭與陳埭丁的現象，多少對於其台灣後代為何最終走向全面融入當地漢人社會的歷史過程，能提供出一定程度的原因解讀與詮釋意義。

　　而現代台灣重新傳入回教並出現穆斯林社群的現象，則是民國38年因國共內戰失利導致國民政府遷台，及其一同撤退的軍民中，尚包括一批來自中國大陸各省的回民。這批回民身份多為軍公教，其中還有不少民國前期回民知識份子與宗教上層人士，以及制憲後的中央民意代表和黨政要員。在當時政治地位與社會經濟條件參差不齊的外省人勢力中，「回教人」是一個具有同僑菁英特色的特殊群體。與當年抗日戰爭退守西南地區不同的是，從民國38年之後遷台的內地回民其來自的省份不僅更為多元，同時亦含括新疆突厥語系的邊疆地區

穆斯林。而這群第一代的回教前輩中，不僅日後在台灣以較長的時間為回教的
發展與扎根奠定基礎，同時也幾乎隨著歲月流淌而凋零殆盡。但在這個特殊時
代背景下，使得台灣這原本在歷史上與中國穆斯林及回教文化沒有直接發展關
係的地區，近七十年來反而成為中國回教在大陸本土以外另一個最有代表的延
續性案例。

# 第一節　回教傳入中國東南沿海的歷史背景與變遷

　　中國東南沿海以閩、粵兩地為中心的地區，自東漢以降即與來自海上的境外文明產生密切的接觸與互動，這在以陸權思想為重心的古代中國史而言，無疑是一個特殊的現象。在明、清時期新興的西方海洋強權未直接向中國叩關前，來自海上的境外文明影響中國最深遠者，即為以阿拉伯與波斯為核心的回教文明。按自七世紀開始，回教先從海路後從陸路傳入中國的過程中，無論從宗教文化的發展適應，與穆斯林的在地化（localization）和族群化（ethnicization）過程看來，東南沿海地帶的重要性是不容忽視的。

　　按回教自唐代初期傳入中國應該是以海上絲路為主要路線，其盛況一直延續至宋元時期。至今無論是從文獻記載或現址考證，當時重要的清真寺（如廣州懷聖寺、泉州清淨寺、杭州鳳凰寺）與先賢墓（如泉州靈山聖墓）等都分佈於東南沿海地區。盛唐時路上絲路的對外貿易與文化交流亦十分興盛，但關中、中原與西北地區並未像東南沿海一帶有如此頻繁的境外穆斯林出現與回教發展的事蹟。事實上，當時阿拉伯哈里發帝國勢力雖統治波斯，但仍未立即北上進入中亞。另一方面，依據多年前本章作者與北京大學榮新江教授討論此一問題時，他認為自魏晉南北朝到唐代中期，掌握並壟斷中國與西域陸上絲路貿易者，多為中亞信奉祆教（Zoroastrianism）與摩尼教（Manichaeism）的粟特人（Sogdians，史料上亦稱「昭武九姓」或「九姓胡」），[1]這些多少也可以說明為何自盛唐時期開始，回教傳入中國的主要地區，是集中在海上絲路貿易甚為發達的東南沿海一帶，而不是在北方陸上絲路的重點區域。後來直到十三世紀的蒙元時期，以阿拉伯人、波斯人與中亞突厥人所組成的境外穆斯林群體，從陸路大量來到中國並被冠上「色目人」的統稱。而色目人之後隨著探馬赤軍等制度或其他經濟需要又遷徙至中國內地各水陸要衝，使得回教與穆斯林無論

---

[1]　關於此一議題請參看：荒川正晴，〈唐代粟特商人與漢族商人〉，收入：榮新江、華瀾、張志清主編，《粟特人在中國：歷史、考古、語言的新探索》（北京：中華書局，2005），頁101-112。

是分佈與數量，及其在地化與族群化的持續發展態勢，都逐漸採用「回」或「回回」這個新名稱，進而為其日後在中國族群版圖中奠定不可或缺的基礎。[2]

其中，福建泉州地區自唐代初期以來，便是具有上述特色的重要據點之一。當時來華之西域穆斯林，無論背景是阿拉伯人或波斯人，以其特有之宗教文化與聚居社群形態，被稱為帶有域外僑居者意涵的「蕃客」，其聚居區為「蕃坊」。[3]自唐末至宋代，隨著「世居蕃客」現象的延續發展，都意味著包括泉州在內的中土穆斯林，其在文化特徵與社會互動形式上，都開始與周邊的漢族人群產生密切的交流關係。隨著蒙元時期域外期穆斯林大量遷居中國的高潮，以及明、清時期穆斯林「族」、「教」社會發展的定型化，泉州穆斯林亦納入到以「回回」與「回民」等具有我群認同意涵的族群範疇之中。[4]

無論從中外文獻或是古蹟遺留資料而言，泉州在解讀早期回教的入華過程中，一直都扮演著相當重要的角色。過去研究中國回教史的重要中外學者，如陳援庵與田坂興道等人，在討論回教傳入中國的各種時間說法時，「唐武德年間說」即是以泉州史料為主要的論述依據。[5]此外，南宋時期泉州不但發展成

---

[2] 目前對於色目人與蒙元時期的族屬多元性質，主要依據元末陶宗儀所撰的《南村輟耕錄》中，將元代氏族分為「蒙古七十二種、色目三十一種、漢人八種與金人姓氏」，其中把「回回」的氏族身份列入「色目三十一種」之內，可見回回在元代的色目人集團中，具有明顯的族性內涵與社會位階的群體。參看：〔元〕陶宗儀，《南村輟耕錄》（北京：中華書局，1958），卷1〈氏族〉，頁13。不過，依據大陸學者楊志玖的研究，元代的色目人中，有一些中亞突厥系的民族，雖然信奉回教，但卻不稱回回，而是以原來的部族名稱知名。像七河（按即Semirechye，今伊犁河流域和巴爾喀什湖以南的中亞地區）的阿兒渾人（Arghun），擄有原西突厥十姓可汗故地的哈剌魯人（Qarluq，按即唐代突厥汗國的葛邏祿），以及部分居住在天山南路的畏兀兒人等均是。這些人實際上應是回回人的一部分，也是當代回族的一個來源。參看：楊志玖，〈關於元代回族的幾個問題〉，收入：元史研究會編，《元史論叢（第四輯）》（北京：中華書局，1992），頁35。

[3] 唐代以來，對於來華的外國商賈以及周邊外族商人多統稱為蕃商，亦做番商。「蕃」或「番」實際上是一個泛稱，常無具體的國家及民族所指，但凡外國都可用此稱謂。一般《冊府元龜》等史料中常見「蕃官」、「蕃人」、「蕃婦」、「蕃客」與「蕃舶」等名稱。在1965年泉州東郊東岳山出土一石碑，上刻有阿拉伯文與漢文銘文，漢文為「蕃客墓」三字，是阿拉伯人墓地的標誌碑，亦說明「蕃客」多指阿拉伯人。參看：邱樹森主編，《中國回族史（上冊）》（銀川：寧夏人民出版社，1996），頁19-20。有關「蕃客」與「蕃坊」的討論，亦可參看本書第七章第二節。

[4] 張中復，〈從「蕃客」到「回族」：泉州地區穆斯林族群意識變遷的歷史省察〉，收入：洪麗完主編，《國家與原住民：亞太地區族群歷史研究》（台北：中央研究院台灣史研究所，2009），頁285。

[5] 除武德年間說之外，尚有隋開皇年間說、隋大業年間說、唐貞觀二年說、唐貞觀六年說與唐永徽二年說等。參考：陳援庵，〈回回教入中國史略〉，收入氏著，《援庵史學論著選》（台北：木鐸出版社，1982），頁219-221；〔日〕田坂興道，《中國における回教の傳來とその弘通（上卷）》（東京：東洋文庫，1964），頁144-260。並參考：張中復，〈從「蕃客」到「回族」：泉州地區穆斯林

---

亞洲最大的對外貿易口岸,而阿拉伯人後裔蒲壽庚任泉州市舶使及其家族之著名事蹟,亦成為宋元時期在華穆斯林與中外貿易發展論述中的最具代表性的史實。[6]然而,自元末以降,泉州穆斯林的政治與社會影響力便已明顯衰退。造成此一現象的因素很多,諸如元末始於泉州,蔓延至福州、莆田、仙遊,歷時十年(元順帝至元17至26年,1357-1366)的「亦思巴奚」戰亂,即是重要因素之一。[7]至於外部因素方面,依據民國時期穆斯林本身的觀點,尚包括以下三點:[8](一)明太祖驅元胡而有天下,當時排除異族思想之盛,像蒲壽庚因有「傾宋導元」之罪,因此詔禁蒲氏子孫不得讀書入仕,造成當地穆斯林鉅族沒落。[9](二)明代中業以來,回教世界海上商業主控權不復存在,由葡萄牙人取而代之,泉州穆斯林漸失其海外活動力。[10](三)明成祖遷都北京,「徙江南殷實大戶以實之」,江南穆斯林受其牽連者亦不在少數。這些原因固然都有其重要性,但泉州回教勢力由盛轉衰,當地穆斯林其與漢人社會之間文化適應與調合,應該還是重要的觀察背景之一。[11]

　　所以嚴格說來,中古時期中國東南沿海以境外穆斯林社群為主的回教發展現象,自元代以降便產生很大的結構性變化,其與現代泉州一帶的穆斯林或「回族」的存在事實之間並非直線式的延續結果。雖然自元代以來「回」或「回回」已成為在地化穆斯林的新的族、教身份,但回-穆斯林人群在中國本

　　族群意識變遷的歷史省察〉,收入:洪麗完主編,《國家與原住民:亞太地區族群歷史研究》,頁286-287。

6　關於蒲壽庚的阿拉伯祖源與回教信仰,及其先世是由廣州或四川遷入泉州的考證與討論,參考:羅香林,《蒲壽庚研究》(香港:中國學社,1949),頁11-38。

7　「亦思巴奚」為波斯語Isbah的音譯,其意為「軍隊」,此處為泉州以穆斯林為首和主要組成部分的軍隊的專稱。此次戰亂起因於泉州穆斯林內部教派與政治利益衝突,其獲勝者最後為福建反元主力陳友定所消滅。參考:努爾:〈亦思巴奚〉、陳達生:〈泉州伊斯蘭教派與元末亦思巴奚戰亂性質試探〉,分別收入:福建省泉州海外交通史博物館、泉州市泉州歷史研究會編,《泉州伊斯蘭教論文選》(福州:福建人民出版社,1983),頁48-52、53-64。

8　此三點見於:希哈倫丁,〈泉州回教徒之今昔觀〉,《月華》,3卷15期(1931),頁12-13。

9　民國25年,北平成達師範學校派人至泉州宣教,在福建德化縣意外發現《蒲壽庚家譜》。該譜擁有者蒲振宗自稱為蒲壽庚後人,其先世雖為來自泉州的穆斯林,但其本人當時已「反教」,不復為穆斯林了。參考:金德寶、張玉光,〈報告發現《蒲壽庚家譜》經過〉,《月華》,12卷1-3期(1937),頁10-13。

10　其中尚涉及朝貢制度與海禁政策,以及泉州港之淤淺等背景因素。參考:李東華,《泉州與我國中古的海上交通》(台北:台灣學生書局,1986),頁226-244。

11　以上內容,引自:張中復,〈從「蕃客」到「回族」:泉州地區穆斯林族群意識變遷的歷史省察〉,收入:洪麗完主編,《國家與原住民:亞太地區族群歷史研究》,頁307-308。

土開展族群化的過程中，祖源的西域背景、體貌特徵，及回教文化的特殊性等都與傳統華夏社會有所區隔。元代陶宗儀在《南村輟耕錄》中就曾收入以杭州為背景的〈嘲回回〉一文，[12]顯示出在族群文化差異及其認知下，當時的中國社會仍不時把這群剛定居中土的域外回－穆斯林仍視為非華夏、非我群的的異質性（heterogeneity）群體。然而，不光是在東南沿海一帶，經過長期定居後的回－穆斯林接受一定程度的在地化乃是不可避免的趨勢。在堅持回教信仰之餘，其他文化的選則與社會適應亦發展成如陳垣（援庵）所論述的「華化（或漢化）」（Sinicization）過程及其定向化的結果，這讓「回」成為明清以來的中國社會中兼具華夏與非華夏兩元特徵的特殊社群。[13]

因此，在歷史變遷與「華化」這個背景下，已經不再屬於中國穆斯林社群與回教現象重點地區的泉州，當地已與漢人社會互動頻繁，甚至已逐漸放棄穆斯林信仰實踐的回民後裔，於明代中後期開始隨著閩南居民移墾台灣，這才使得台灣的歷史與回教產生一定的關聯性。但在此之前，必須先檢視一下，當唐宋至元初，東南沿海一帶已成為回教最早傳入中國，且已形成「蕃坊」這類穆斯林社群的同時（包括海南島），[14]離泉州約兩百公里外的台灣卻明顯沒有受到此一外來文明的影響。這主要的原因，是因為當時台灣並沒有正式納入到中原王朝政治勢力所直接管轄的範圍內，傳統治理邊區及對新領域所實施的郡縣

---

[12] 該原文如下：「杭州薦橋側首，有高樓八間，俗謂八間樓，皆富實回回所居。一日，娶婦，其婚絕與中國殊，雖伯叔姊妹有所不顧。街巷之人，肩摩踵接，咸來窺視。至有攀緣簷闥窗牖者，踏翻樓屋，賓主娶婦咸死。此亦一大怪事也。郡人王梅谷戲作下火文云：『賓主滿堂歡，闔裏盈門看。洞房忽崩摧，喜樂成禍患。壓落瓦碎兮，倒落沙泥。幣都釘析兮，木屑飛揚。玉山摧坦腹之郎，金谷墮落花之相。難以乘龍兮，魄散魂消。不能跨鳳兮，筋斷骨折。毯絲脫兮塵土昏，頭袖碎兮珠翠黯。壓倒象鼻塌，不見貓睛亮。嗚呼！守白頭未及一朝，賞黃花卻在半餉。移廚聚景園中，歇馬飛來峰上。阿剌一聲絕無聞，哀哉樹倒猢猻散。』阿老瓦、倒剌沙、別都丁、木偰非，皆回回小名，故借音及之。象鼻、貓睛，其貌；毯絲、頭袖，其服色也。阿剌，其語也。聚景園，回回叢塚在焉。飛來峰，猿猴來往之處。」收入：〔元〕陶宗儀，《南村輟耕錄》，卷28〈嘲回回〉，頁348。

[13] 陳氏言：「華化之意義，則以後天所獲，華人所獨着為斷。故忠義孝友、政治事功之屬，或出於先天所賦，或本為人類所同，均不得謂之華化。」參見：陳垣，《元西域人華化考》，收入氏著，《元史研究》（台北：九思出版社，1977），頁3；張中復，〈論中國南方地區穆斯林宗族社會特徵與當代回族意象建構的互動意義：以漢化論為中心的探討〉，「中國南方ムスリム宗族の社会学的特徴と意義国際学術シンポジウム」論文，神戶：神戶大學（2015年11月18-19日），頁1-2。

[14] 如《太平廣記》卷286等史料，有記載唐代時期的海南島（瓊州）已出現「西域賈船」、「波斯船」等相關情形。參看：張星烺，《中西交通史料彙編（第三冊）》（台北：世界書局，1983），《古代中國與阿拉伯之交通》，頁99-100。

制與漢人社群在台灣也並未出現。因此，無論從貿易需求、外僑移住和朝廷治理等角度看來，中古時期以阿拉伯－波斯為特色的回教文明，在東南沿海地區與中國文明產生互動影響的各種背景，及其發展因素都不曾涉及於台灣。事實上，一直要到十七世紀歐洲早期航海國家開始自東南亞向東亞的擴張過程中，台灣的歷史和文化才真正受到這波來自海上的外來文明的衝擊與影響。由此可見，原本東南沿海地區的回教與穆斯林社群，在經歷了近九個世紀由盛轉衰的過程後，從十七世紀開始藉由閩南移民中尚保存回教背景淵源者的遷徙來台，才會在台灣早期的歷史中出現關於回教現象的論述。

# 第二節　早期台灣回教的發展與在地化下的式微

　　早期台灣以百崎郭與陳埭丁為代表的泉州回教和穆斯林後裔及其發展的事蹟幾乎不見於史冊，因此之後相關論述大都是從歷史記憶的整理與爬梳來作為「史實」的依據。以陳漢光於民國49年在《台灣風物》上所發表的〈台灣回教與大陸〉一文為例，曾提及民國45年台灣省文獻會擬定調查台灣回教文獻，並先從本省的馬姓與白姓氏族著手，但結果都與回教無關。但確定鹿港郭姓氏族其先祖為回教人，同時經訪談得知在日據中葉，曾邀請泉州「回教師父」（即阿訇）東渡鹿港做過誦唸阿拉伯文《古蘭經》的回教喪禮儀式，以及當時部分郭姓耆宿多少還知道些回教上的道理。但該文文末將部分漳州移民處理亡人遺體以白布纏身，並在其胸前紮蓮花（「殮祖」）等習俗視為與回教有關聯，則已實屬臆測；而作者接著把南部平埔族原住民（按應為西拉雅族）以拜壺為主的「阿立祖」祖先崇拜現象，說成是平埔族受回教信仰的證明，顯然已是穿鑿附會之論。[15]而相關鹿港郭姓回民後裔的歷史記憶，包括日本時期福建阿訇來台（於民國19年返回大陸）、當地可能曾建有清真寺、親人亡故後家中必須四十日不食豬肉等，也曾在三十多年前地方修纂方志時略微提及。[16]

　　雖然近年來大陸學者范景鵬等人的研究曾將1945年前回教在台灣的發展進行相關文獻的整理和解讀，其中除包括泉州陳埭丁與百崎郭的後裔外，還提及最早鄭和的船隊曾來台，甚至是清代其他省份出身的穆斯林官員（如咸豐年間祖籍山東、後任台灣知府的洪毓琛）等來台任職者的記載等，來說明清代台

---

[15] 文中指稱拜壺信仰的壺可能與回教洗小淨的湯瓶有關。而「阿立祖」之「阿立」一詞，其揣測為民國初年回教學者馬以愚所論及的四大哈里發之一的阿力（Ali，按一般譯阿里）。參看：陳漢光，〈台灣回教與大陸〉，《台灣風物》，10卷4期（1960），頁3-4。

[16] 仇德哉主修，《雲林縣志稿（第8冊）》（台北：志文出版社，1983），卷2〈人民志・宗教篇〉，頁202。該部分亦引用前註之陳漢光文之內容。此外，在重修的《台灣省通志》亦有類似這些日據時期殘留回教現象的歷史記憶與傳說，但其大都轉載自方豪纂修之《台北市志稿》一書中的〈社會志・宗教篇〉，與《回教文化》4卷5、6期士凱所著之〈自由中國回教概稱〉一文等內容。參看：劉寧顏總纂，《重修台灣省通志（第2冊）》（南投：台灣省文獻委員會，1992），卷3〈住民志・宗教篇〉，頁873-874。

灣仍有回教與回族的論證。[17]但嚴格說來，這些都只能說是早期回教在台灣片斷接觸而非整體發展下的結果。但值得注意的是，清代除具有回民穆斯林身份的官員來台任職之外，亦有台灣人以功名入仕，並前往大陸重要回民穆斯林聚居地區擔任當地父母官者的例子。按清末噶瑪蘭（今宜蘭）出身的舉人李望洋（1829-1901），於同治、光緒時期赴甘肅任地方官達十三年之久，並於光緒3年（1877）經左宗棠拔擢出任河州（今臨夏）知州一職。[18]按李望洋赴任甘肅時適逢西北回民抗清事變後期，河州又是西北穆斯林社會文化與回教宗派最為集中的地區之一。以擔任知州此一重要的身份與襄助左宗棠處理事變後的「善後」工作看來，李望洋應該是清代台灣人中與大陸回教（尤其是西北地區）接觸最多、且應最有見識者。只可惜在他留下的文集和紀錄中與回教、穆斯林直接相關者十分有限。這一點，與日後出身雲南，亦曾擔任過河州知州，最後成為新疆都督、省長的楊增新（1864-1928）及其對回教的積極認知明顯不同。[19]

　　整體說來，明末以降遷居來台的泉州回民穆斯林及其後裔，因逐漸放棄回教信仰及其宗教文化的實踐，因此從清代以來台灣的地方史籍與民間紀錄中已無回教與穆斯林社群的具體內容。不僅於此，在西方國家的有關早期台灣的典籍中，亦無與回教相關的論述。如1903年由甘為霖（William Campbell）牧師譯自荷蘭文獻的英文資料《荷蘭時代的福爾摩沙》（*Formosa under the Dutch*），其中不僅有許多荷屬東印度公司檔案，也有諸如《早期荷蘭海外宣教檔案》中涉及台灣的部分。當時對於台灣宗教現象的描述中也僅有原來（平埔族）的原始宗教與後來由荷蘭人所傳入的基督新教。[20]依據近代西方基督宗教傳教士在中國傳教的經驗與紀錄，他們對於與漢人社群互動頻仍的回教與

---

[17] 范景鵬、馬世英合著之〈1945年之前台灣回教研究〉載於《西北師大學報》（社會科學版），49卷1期（2012），頁67-73；此外，類似相關的論述尚有：范景鵬，〈清末台灣回族知府洪毓琛與近代台灣建設〉，《北方民族大學學報（哲學社會科學版）》，2期（2011）；王曉云，〈論台灣穆斯林後裔丁氏與日本殖民者的抗爭〉，《武漢理工大學學報（社會科學版）》，5期（2015）。

[18] 有關李望洋生平及其任官甘肅的經歷與處境，參看：陳家煌，〈晚清臺灣人李望洋宦遊甘肅的處境及心境〉，《中央大學人文學報》，58期（2014），頁49-89。

[19] 從楊增新任官河州知州到後來主政新疆，他對於西北回民社會與回教宗派現象一直很關注。尤其在河州接觸回教宗派及其相互衝突對立的經歷，使他對於日後處理新疆的回教事務都發揮著重要的參考價值，這些都在其個人文集《補過齋文牘續編》多有記述。參看：張中復，《清代西北回民事變：社會文化適應與民族認同的省思》（台北：聯經出版事業公司，2001），頁35-36。

[20] 甘為霖牧師英譯，李雄揮漢譯，《荷蘭時代的福爾摩沙》（台北：前衛出版社，2017），頁152-155。

回民穆斯林亦十分注意。這不僅是因為回教與基督宗教皆為教義相近的一神教（monotheism）信仰，同時這些回民穆斯林亦是其傳佈福音並企圖使之皈依入教的對象。[21]因此，如果當時台灣的原、漢社會中已存在具體的回教與穆斯林社群現象，勢必會被這些基督新教的傳教士所注意。類似的情況，當清末台灣因不平等條約被迫對西方開放口岸後，來台考察的西方人紀錄中亦無涉及回教與穆斯林社群現象的內容。例如：1875年美國駐廈門領事李仙得（Charles William Le Gendre）完成他實地探查台灣的《台灣記行》（*Notes of Travel in Formosa*）一書，其中還包括鹿港廳等地的詳細紀錄，其間都沒有涉及回教或穆斯林的觀察所得。[22]而首位美國駐台領事達飛聲（James W. Davidson）於1903年出版他之前來台，並以記者身份完成的訪察心得《福爾摩沙島的過去與現在》（*The Island of Formosa, Past and Present*）一書，[23]也都沒有關於回教或穆斯林的記載。事實上，無論是在清代的官方典籍或私人撰述，以及西方人接觸後所記錄的台灣族群文化現象中，真正引起關注的「異類」，並留下大量描述資料的，反而是原住民屬性的南島民族及其「蕃俗」。至於少數的回教文化或回民穆斯林後裔的殘存現象，則已隨著時間的流逝並漸漸融入到一般閩南漢人社會裡，而無任何異質性的社會文化特徵得以突顯。

　　至於在日本統治期間，無論是殖民政府為方便統治所主導的舊慣調查，或是日本新興的民族學、人類學對台灣的民族志實證研究資料中，泉州穆斯林與其漢化的後裔以及台灣本地的回教現象都已不復存在。以台灣臨時舊慣調查會[24]於明治36年（1903）出版的《臨時台灣舊慣調查會第一部調查第一回報告書》而論，[25]當時以習慣法為主的調查資料中很難看到宗教與民俗的部分。其

[21] 有關此一議題，參看：張中復，〈民國前期基督教對於回民的宣教成效及其反思：以《友穆季刊》為中心的探討〉，《近代中國的宗教發展論文集》（台北：國史館，2015），頁239-274。

[22] 參看：費德廉‧蘇約翰主編，羅效德‧費德廉中譯，《李仙得台灣記行》（台南：台灣歷史博物館，2013），頁93-110。

[23] 達飛生原著，陳政三譯註，《福爾摩沙島的過去與現在（上、下冊）》（台南：台灣歷史博物館，2014）。

[24] 該調查會是明治34年（1901年）10月依同期發佈的《臨時台灣舊慣調查會規則》所成立的一個官方組織，由當時的民政長官後藤新平擔任會長，並聘請京都帝國大學教授岡松參太郎和織田萬主持大規模的舊慣調查，兩人皆為法學背景。後藤新平於1906年離開台灣後，由岡松主持會務（陳由瑋整理提供，以下亦同）。

[25] 台灣臨時台灣舊慣調查會編《臨時台灣舊慣調查會第一部調查第一回報告書（上、下卷附錄參考

後該調查會於大正8年（1919）出版關於華南地區地方民情資料《南支二於ケル教育及ヒ宗教ノ變遷》，書中雖有涉及泉州的民俗與宗教，但對回教的描述僅寥寥數語，亦未提及當地穆斯林遷台之事。[26]但值得注意的是，隨著中日戰爭與太平洋戰爭的爆發，在日本本土的「大日本回教研究會」[27]的主導下亦成立了「台灣回教研究會」。該會主要在台灣總督府特許成立的台灣拓殖株式會社重要成員長野政來的主持下，分別於昭和14年（1939）在台出版《南方回教史》（台北福大公司發行）。其後亦於昭和17年（1942）出版《現下回教の諸問題》一書。從後者的序論與內文中可看出，台灣回教研究會是配合其母國「大東亞戰爭」下的南進路線，以了解亞洲回教情勢的發展。其中更著眼於明顯已處於新占領區的海洋東南亞的回教現況。[28]按二戰期間日本以台灣的資源與統治經驗來作為南進前哨基地的戰略企圖相當明顯。其間雖組成「台灣回教研究會」這類的團體，但其論述卻無台灣當地回教或穆斯林相關事務予之參考佐證。雖然民間仍殘存著部分與回教相關的傳說式零散記憶（如前述註16內容），但具體存在的證據至少到二十世紀前期都已不復見。由此多少可以看出，日本時期回教文化與穆斯林族群在台灣已無明顯的存在事實。對於此點，

---

書）》（京都：經濟時報社，明治36年／1903）。

26 台灣臨時台灣舊慣調查會編，《南支二於ケル教育及ヒ宗教ノ變遷》（台北：盛文社，大正8年／1919），頁169、271。

27 「大日本回教研究會」是日本作為戰爭目標的「回教工作」中的代表，其由外務省、陸軍省、海軍省有關人員組成的（又稱「三省回教研究會」或「三省回教問題研究會」），與其業務相關者尚有決定「對回教政策」的「回教及猶太問題委員會」（簡稱「回教問題委員會」）。將中國的回教作為主要的滲透目標，是這兩個組織的共同特徵。這些官方組織同時還指導具有民間色彩的「回教圈研究所」（1938年3月成立）與「大日本回教協會」（1938年8月成立）。其中回教圈研究所在二戰期間發行著名的刊物《回教圈》，而大日本回教協會主要組成的調查部，其任務即為「有關回教的調查與研究」，「調查回教圈各地方的事情：民族、語言、政治、經濟、產業、文化等」。參看：王柯，《民族主義與近代中日關係：「民族國家」、「邊疆」與歷史認識》（香港：中文大學出版社，2015），頁211。有關日本的「回教工作」與對外發動中日戰爭的論述，可參看本書第二章一節之相關內容。

28 長野政來編，《現下回教の諸問題》（台北：台灣回教研究會編，昭和17年／1942）。另一方面，在前註「回教工作」的背景之下，在抗戰爆發前，日本早已將回教視為其對外擴張必須正視的國際事務之一。日本學術界與軍部都相當重視與中國大陸、東南亞，以及西亞等回教穆斯林地區的交流工作，並積極搜集亞洲各地回教相關資料與推動田野調查，以有利於日後發動對外戰爭的準備。因此有日本學者認為，「大東亞戰爭」時期是日本人對回教認知最深入的時代。參看：坂本勉，〈戰時日本の対イスラーム政策〉，收入：坂本勉，《日中戰爭とイスラーム：滿蒙・アジア地域における統治・懷柔政策》（東京：慶応義塾大學出版会，2008年），頁I-XI；張中復，〈回教與抗戰〉，收入：呂芳上主編，《中國抗日戰爭史新編：全民抗戰》（台北：國史館，2015），頁518。

美國學者杜磊（Dru C. Gladney）認為台灣在日本殖民統治下並不鼓勵發展「外國宗教」，是導致清代以來從泉州傳來的回教與穆斯林現象在台灣最後走向消亡的主因。[29]此說實有待商榷，因為從一般整體性的研究資料中顯示，除太平洋戰爭期間的皇民化運動外，日據時期基督教在台灣則並未受到明顯的制約，其在原、漢社會中的組織傳佈與教育醫療事業依然持續發展。[30]

　　因此，泉州來台的穆斯林後裔及其所面臨的文化變遷、社會適應與族群認同等面向的挑戰和衝擊，其過程無論是被稱為華化、同化或漢化，這些可歸屬於在地化概念下的結果與意義，可說是觀察早期台灣回教現象及其歷史進程的重要切入點。其實，早期泉州穆斯林及其移民台灣的案例，就是一千年來回教在中國社會中面對在地化與族群化過程，及其認同建構或轉變下的一個縮影。然而，對於中國內地的穆斯林而言，與漢人社會並存共生的模式，就如同其他在歷史發展過程中融入「華夏」的邊族一樣，其自身文化與漢文化接觸與適應的結果，會形成「夷夏雜揉」式的多元性格。[31]這種情形在近代中國內地穆斯林身上，很明顯地就會出現不同的互動模式。有學者將之歸納為「穆斯林的漢化」（Muslim Sinicizing）與「中國的伊斯蘭化」（Chinese Islamizing）這兩種趨勢及其相互消長，[32]至於其說是否完備仍有待商榷。

　　在穆斯林的華化過程中，儘管在語言、服飾與姓氏等文化特徵上幾乎同化於漢人，但回教信仰及其宗教實踐卻成為不可動搖的底線。尤其穆斯林處於漢人社會佛、道教為主的強勢環境中，維持回教一神信仰與清真的文化樣式，乃是避免產生同化結果的最終原則，正所謂：「雜居三教之間，濡染流俗，同化是懼，兢兢保守，唯恐不及。」[33]而在清代的漢人士大夫眼中，「清真一教，來自天方，衣冠言貌，炯岸異人。予向疑其立教，在吾儒之外，而或亦等

[29] Dru C. Gladney, *Muslim Chinese: Ethnic Nationalism in the People's Republic* (Cambridge: Harvard University Press, 1991), p. 281.
[30] 有關日本時期台灣基督教的發展，參看：林金水主編，《台灣基督教史》（北京：九州出版社，2003），頁177-244。
[31] 張中復，〈從「蕃客」到「回族」：泉州地區穆斯林族群意識變遷的歷史省察〉，收入：洪麗完主編，《國家與原住民：亞太地區族群歷史研究》，頁308。
[32] Raphael Israeli, "Established Islam and Marginal Islam in China from Eclecticism to Syncretism." *Journal of the Economic and Social History of the Orient*, 21(1), 1978, p. 99.
[33] 金吉堂，《中國回教史研究》（台北：珪庭出版社，1971），頁1。

於老佛之流也」。[34]這種對於回教的陌生認知，也讓漢人社會不至於過度干涉穆斯林的信仰與生活。儘管內地回、漢社群形成互為比鄰而居的共處形態，但傳統漢族知識份子也未把回教或穆斯林社會視為「華夏」的一個必然的組成要素。[35]換句話說，基於「同化是懼，兢兢保守」，面臨周遭強勢漢文化的同化壓力，散雜居且人數較少的穆斯林社群為求自保，有時亦會採取效法漢人社會維繫自生凝聚力的做法，來成為其尋求自保延續意識的憑藉，這其中則以編修家譜最為顯著。

按編修家譜是傳統中國宗族現象中以單一父系姓氏血胤的祖先源流為依據，用來記錄同一世系血脈及其分支、繁衍、播遷的文獻憑藉，其目的是為了強化並鞏固同姓宗支的家族意識，以作為延續傳承父系祖胤血脈的正當性表徵。從人類學的角度看來，漢人宗族從聚落家庭，發展成類似世系群（lineage）與氏族（clan）組織的過程中，[36]修纂家譜或譜牒，就成為其中帶有追溯性、假設性，附會性與具實性等意涵的當代紀錄。中國傳統宗族社會自姓氏合而為一後，「皆所以別婚姻，而以地望明貴賤」，因此「家之婚姻必由於譜系」。[37]而這種以姓氏標記、父系婚姻繁衍的世系現象來強化宗族意識，原本就是漢人社會內部形成血胤組織結構的必要因素，以達到凝聚家族社會發展資源的目的。事實上，早在回教傳入中國與回民穆斯林形成族群化現象之前，部分入居中土的非華夏人群也改從漢姓或自改新創漢姓，以作為其自身宗族社會發展並繁衍後代的標記。因此，從元代至明、清以來，華夏社會中的回民穆斯林也藉由漢姓與相關的宗族意識，並擴展家族血脈的群體意識來建立本身的我群認同觀，來作為其華化過程中另一種特殊的適應機制。值得注意的是，從清代開始，編修家譜乃成回民穆斯林其詮釋自身族群溯源（ethnogenesis）、家族遷徙，以及結合漢人宗族意識並予以合理化的必要手

---

34 〔清〕鹿祐，《天方典禮·序》，收入：〔清〕劉智，《天方典禮擇要解》（台北：重印未著出版，1953），頁1。

35 張中復，〈論中國南方地區穆斯林宗族社會特徵與當代回族意象建構的互動意義：以漢化論為中心的探討〉，「中国南方ムスリム宗族の社会学的特徴と意義国際学術シンポジウム」論文，頁2。

36 關於此一人類學觀點的論述，參考：Maurice Freedman, *Chinese Lineage and Society: Fukien and Kwangtung* (London: The Athlone Press), 1966, pp. 1-42。

37 〔宋〕鄭樵著，何天馬校，〈氏族略第一〉，《通志略（台一版）》（台北：里仁書局，1982），頁1。

段，而此一漢化現象又以南方地區為特別顯著。[38]

　　而泉州的百崎郭與的陳埭丁也在此背景下，以修纂保留家譜與修建宗祠，藉由祖先崇拜及其歷史記憶的凝聚，來作為延續宗族家支的正當性表徵。也因為這些資料的留存，也讓其回教淵源、宗教傳承與流失、穆斯林與漢人身份的消長等現象，得以展現其自我詮釋觀下的各種論述。如《陳埭丁氏回族宗譜》即載有明代中葉丁姓十世祖丁衍夏（1518-?）的〈祖教說〉：

> 吾家自節齋公而上，其遷所自出，俱不得而詳也。由其教而觀之，敦乎若上古風氣之未開然也？斂不重衣，殯不以木，葬不過三日，封若馬鬣而淺，衰以木棉；祀不設主，祭不列品，爲會期面相率西向以拜天；歲月一齋，晨昏見星而後食，竟日則枵腹；薦神惟香花，不設酒菓，不焚楮帛錢；誦清經，倣所傳夷音，不解文義，亦不求其曉，吉凶皆用之；牲殺必自其徒而後食；肉食不以豚；恆沐浴，不清不以交於神明；衣崇木棉不以帛，大率明潔爲尚也，夏稚年之所習見矣，…今則祀先有焚楮錢帛者，牲殺不必自殺與其徒者，衰皆以麻無用綿者，葬有逾十餘年者，吉凶有用黃冠浮屠者，食有以豚者。雖漸變以比於禮，而於非禮之所出者有之，於明潔之尚，吾見其皆莫之省也。[39]

此一內容可以看出陳埭丁的先祖早期奉行一般的回教生活，諸如速葬習俗、禮拜、封齋、不食豬肉等清真規範，但到明代中期以後便受到漢文化明顯的影響而開始有所轉變。按陳埭丁的開基祖大概在北宋末年由蘇州遷到泉州經商。至十四世紀中葉，即元順帝至正年間，因前述泉州爆發「亦思巴奚」戰亂後才遷到現居地。從該族譜資料中仍可看到其族人中仍有遵行回教信仰的情形。但至後來明世宗嘉靖年間因倭寇侵擾，社會動盪對於陳埭丁的回教信仰亦會產生衝擊。甚至有研究指出，在「倭患」結束後的地方重建工作中，丁姓內部的士紳

---

[38] 張中復，〈論中國南方地區穆斯林宗族社會特徵與當代回族意象建構的互動意義：以漢化論為中心的探討〉，「中国南方ムスリム宗族の社会学的特徴と意義国際学術シンポジウム」論文，頁2-3。
[39] 莊景輝編，《陳埭丁氏回族宗譜》（香港：綠葉教育出版社，1996），頁29。

集團充分利用此一機會，將所有的儀式活動以儒家的禮制定於一尊。以禮定制
實質上是通過族中權威，把儒家的倫理信條直接灌輸到回民社會生活之中。用
儒家的行為準則來框定儀式過程，正是整合經歷戰亂後的社區之有效手段，但
這也從此導致回教在當地幾無重振的可能。[40]

而丁衍夏一生經歷嘉靖與萬曆前期，此一〈祖教說〉應該可以視為對其
族人由回轉漢的信仰變遷，以懷舊祖制的心境為此所作為見證。事實上，丁氏
也在他另一篇〈感紀舊聞〉中提到，他對於年輕時理解元代回回代表人物、雲
南平章政事賽典赤‧瞻思丁事蹟的領悟，即：「夫以瞻思丁之寬仁，而膺子孫
之貴盛，豈有不眾多？及入我朝，散處，去夷姓，而以其名末字為氏，未可知
也。元前中華雖有丁姓，未必有祖回回之教。吾家既教宗回回，而列祖世載寬
仁，所謂似其祖者非耶？」[41]可見在丁衍夏看來，原本回教祖制的世系傳承應
可成為繁衍、興旺宗族的重要憑藉。可是一旦面臨必要的「去祖制」情況以順
應社會發展時，仍應秉持不忘本的歷史記憶原則，來強化所有的適應機制及其
衍生的各種情境。

除陳埭丁的〈祖教說〉之外，百崎郭的族譜中亦留下更多這類先祖回教信
仰的紀錄，例如清初時郭氏第十代郭夢祥便譔有《復遵回回教序》寫道：

> 我祖自開基百崎以來，曾儲天經三十部，創建禮拜寺，尊重經教，認主為
> 本。溯斯教之傳，…名曰回回，始於天房國。…其教極務實理，不尚虛
> 文，能摒斥邪魔，面向清真，我祖由是遵教焉。…孰意傳至第五世，遭兵
> 燹之間關，掌教失傳，遂至迷染外教之風，竟朦昧正教之則。但子孫罔有
> 他岐之惑，幸祖宗猶存教規之迹。迨及八世孫思致公，十世孫志全公，先
> 得莊師之啟導，復得葛師之化成，於是我族之重遵此教者，至是有百餘人
> 矣。聆葛師之摯意，感真主之厚恩，追溯祖宗誠齋禮拜之風，曉喻養豕食
> 肉之謬。余恐後來子孫仍墮外教，故略陳梗概，以勉將來。[42]

---

[40] 范可，〈泉州回民宗族與伊斯蘭：一個歷史與人類學的案例〉，「中国南方ムスリム宗族の社会学
的特徴と意義國際学術シンポジウム」論文，神戶：神戶大學，2015年11月18-19日，頁4、7。

[41] 莊景輝編，《陳埭丁氏回族宗譜》，頁27-28。

[42] 重修《百琦郭氏回族宗譜》編委會編，《百琦郭氏回族宗譜（上冊）》（未註明出版地點，2000），

依族譜所載，百崎郭（又稱「九鄉郭」）回民開基祖郭仲遠（1348-1422）於明洪武9年（1376）從泉州法石率妻兒遷居惠安，卜居螺陽二十三都白崎鋪，安家創業，生五男三女。六百餘年來，其子孫繁衍二十二世，至今已發展為一萬多人的百崎回族鄉。[43]按郭氏的先祖，是西域穆斯林（一說是波斯人）伊本‧庫斯‧德廣貢，後改從漢名郭廣德。其先落籍杭州府富陽縣，元武宗至大年間（1308-1331）來到泉州法石，郭仲遠即為其孫。而郭仲遠至百崎開基時，因「雜處民間」且時局艱困，為求達到「久之則相忘相化」的境地，遂藉傳統姓氏郡望，將其共祖假託為唐代與回紇、大食有關的名將郭子儀（封汾陽郡王）。至此百崎郭除回回先祖外，亦強調其「系出汾陽」的祖脈傳承。[44]即便有此背景，但如前述陳埭丁一樣，明代以來泉州的變化與周遭漢文化的強勢影響，從第五世起則因「遭兵燹之間關，掌教失傳，遂至迷染外教之風」，讓百崎郭產生「祖教廢弛」的衝擊。但這篇郭夢祥的《復遵回回教序》，則是強調當地回教信仰雖一度失傳，但至清初第十世郭志全時，則在外來阿訇的協助下，讓回教信仰與教規實踐等現象在百崎復振重現。這在近代泉州回教與穆斯林及其後裔不斷被漢化的過程中，實屬特殊且難得的現象。而至嘉慶初年郭肇汾撰〈適回辯〉一文，為之前第十世先祖「重興教門」的改變提出解釋。其中論及在儒釋道三教的渲染下，百崎重拾回教信仰者「不背乎教，亦不泥乎教」，[45]似乎也讓這種回歸祖教的作為，在日後面對各種社會適應與挑戰時能得以展現其彈性，以充分達到子孫繁衍、宗族興旺的目的。

雖然百崎郭一度回歸回教祖制的做法曾產生一定的影響，但清代以來泉州地區整體大環境，對百崎郭、陳埭丁這些散雜居回民後裔欲繼續保持回教信仰很難提供直接與正面的推動力。前面已提及，回民穆斯林在和漢文化的互動中之所以「同化是懼」，甚至要避免更積極的「漢化」，主要還是須保持回教及

---

頁14。

[43] 陳國強、郭家齊，〈泉州惠安百崎回族來源和伊斯蘭教古墓〉，收入：陳國強、陳清發主編，《百崎回族研究》（廈門：廈門大學出版社，1993），頁45。

[44] 秋君，〈惠安回族：白奇郭〉，《惠安文史資料》，收錄於：重修《百琦郭氏回族宗譜》編委會編，《百琦郭氏回族宗譜（上冊）》，頁25。

[45] 重修《百琦郭氏回族宗譜》編委會編，《百琦郭氏回族宗譜（上冊）》，頁16。

其信仰實踐來作為其族群性不可或缺的本質。可是,部分在中國南方地區散雜居的傳統穆斯林社群,不但深受周遭強勢漢文化長期的影響,漢化的趨勢及同化效應明顯成為其最終「由回轉漢」的不可避免的發展結果。換句話說,這些處於傳統回、漢兩大區塊間依然保留穆斯林殘存意象、屬於「同而未化、融而未合」歷史進程邊緣的社群,原本就會逐漸融入到漢人社會中。泉州百崎郭與陳埭丁及其移民台灣的後代最後完全漢化的歷程就是明顯的例子。但從這類南方穆斯林受到漢化衝擊的過程中可以看到,藉由漢人宗族社會所特有的血胤延續的象徵機制,諸如修纂譜牒與建立宗祠,卻讓此「同而未化、融而未合」的漢化趨勢,展現出另一種保存其穆斯林祖源或文化傳承的歷史記憶。從另一個角度來看,家譜與祠堂的漢人宗族文化象徵,反而成為某些「去回就漢」的邊緣性社群的特殊社會適應機制。[46]

從上述對於近代以來泉州百崎郭與陳埭丁的信仰變遷,及其擺盪在回教與漢文化之間的選擇與適應機制,可以看出此一模式對於觀察早期台灣回教現象,以及解讀泉州來台穆斯林最終被周遭閩南漢人社會同化的發展脈絡所具有的意義。換言之,原本就處於漢化中的百崎郭與陳埭丁,其成員來台後更缺乏發展或振興「祖教」的有利因素與環境。因此,延續原鄉時期已存在的漢化模式,全盤接受漢文化以融入當地社會,終究還是移民群體中讓宗族得以繁衍發展的必要選擇。但在這個在地化的過程中,某些對於回教「祖教」的特殊歷史記憶與自我詮釋,至今仍然展現出十分有意義的社會適應內涵。像是早期遷到台灣彰化鹿港一帶的泉州百崎郭姓穆斯林的後代,目前還傳有其祖先曾「喝豬母乳」而得以存活的說法。[47]值得注意的是,此說其原生的意義乃是與「報恩」意識(即祖先因豬而得救,故後人不食豬肉)有關,而不是如民國初期辱教案如《南華文藝》、《小豬八戒》這類純粹基於戲謔性與歧視性的謬誤解讀(回民不食豬肉係因豬八戒為其祖)。可以理解的是,鹿港「喝豬母乳」說可能形成的背景應可歸納為以下的說法,即台灣早期來自泉州的回民後裔,在漢

---

46 張中復,〈論中國南方地區穆斯林宗族社會特徵與當代回族意象建構的互動意義:以漢化論為中心的探討〉,「中國南方ムスリム宗族の社会学的特徴と意義國際学術シンポジウム」論文,頁3-4。

47 郭雅瑜,〈歷史記憶與社群建構:以鹿港郭姓為例〉(國立清華大學人類學研究所碩士論文,2001),頁85-105。

化的過程中，以報恩的善意解釋來將祖先曾經堅守過、但至今已不再遵行的飲食原則，或其他的行為規範予以合理化的一種附會式的歷史記憶。雖然這個例子，仍須在泉州穆斯林族群身份認同與漢化過程的互動關係中，去結合更多的民間傳說式的歷史記憶與民族志資料以為佐證。[48]

　　除此之外，另一個值得注意的現象，則是經過上世紀中葉中國大陸的民族識別工作後，目前百崎與陳埭的回民後裔都已重新賦予具有「回族」的少數民族身份，而在身份與族屬上與漢族正式區隔。按百崎穆斯林的回族身份，是早在1958年第一波民族識別工作結束後便予以「恢復」並確定。[49]而陳埭的丁姓回族身份則是遲到1979年才予以「重申」的，理由是其被確定為「回回人的後裔」。[50]基本上，民國時期的較無爭議的「回民」、「回教徒」，在上世紀五〇年代的民族識別中很自然地被認定為回族。而百崎的「回民」在抗戰期間雖然曾被視為整體中國穆斯林的一支，[51]但直到1958年才被「恢復」為回族。[52]事實上，百崎郭與陳埭丁的「現代回族」的族屬意義，一直都被中外學界視為解讀中國回教與穆斯林現象中的特例，尤其是討論到回民與漢文化的互動關係時更是聚焦點之一，甚至還引發這個「民族化」是否具備真正成效的爭議。[53]但以陳埭丁為例，這種經中共民族識別下，對回教與穆斯林祖源所產生的當代建構式認同，其所產生的社會適應效益中，亦包括新的回族身份及其少數民族

---

48　這方面的背景與討論，參看：張中復，〈從「蕃客」到「回族」：泉州地區穆斯林族群意識變遷的歷史省察〉，收入：洪麗完主編，《國家與原住民－亞太地區族群歷史研究》，頁309-318。

49　1958年2月，依據惠安縣〈關於加強少數民族工作的指示〉，白奇（百崎）郭姓居民「恢復」回族成分。參考：林曦，〈百崎回族的「民族自我意識」〉，收入：陳國強、陳清發主編，《百崎回族研究》，頁321。

50　參看：〈關於重申陳埭公社七個大隊丁姓回族問題的批復〉（福建省晉江縣革命委員會文件，1979年1月19日），收入：莊景輝編校，《陳埭丁氏回族宗譜》，頁600。

51　按1930年代百崎不僅保留著一座清真寺，而且還有一位郭姓阿訇主持教務。1940年6月，位於重慶的中國回教救國協會（按：即今日台灣的中國回教協會的前身），還曾於福建分會下成立惠安白奇分會。參看：沈玉水，〈百崎回族的形成和發展〉，收入：陳國強、陳清發主編，《百崎回族研究》，頁118。

52　張中復，〈從「蕃客」到「回族」：泉州地區穆斯林族群意識變遷的歷史省察〉，收入：洪麗完主編，《國家與原住民－亞太地區族群歷史研究》，頁311。

53　類似較新的討論案例，可參看：王柯，〈「宗族」與「民族」：「民族化」的誘惑與挫折〉收入氏著，《消失的國民：近代中國的民族話語與少數民族的國家認同》（香港：香港中文大學出版社，2017），頁201-230。

優惠政策，這些自然會對其宗族發展產生有利的因素。[54]

因此，歷經數百年漢化衝擊的泉州回民的其後裔，現因回族的新身份而得以產生「以族載教」的可能性。尤其自上世紀八〇年代末改革開放以來，包括西北地區的穆斯林都陸續前往泉州地區協助當地的「回族」恢復教門信仰，以落實穆斯林生活規範，但其效果不彰。而類似的情況，在國民政府剛遷台之際，中國回教協會亦嘗試將鹿港等地的泉州回民後裔重拾回教教門信仰，但其成效依然有限。[55]事實上，一千多年來回教在中國在地化過程中所連帶產生的族群化現象，及其產生「回民」、「回回」我群認同意識的結果，都是基於「寓教於族」與「寓族於教」這兩個互相影響的過程。可是當代中國大陸部分如泉州這類散雜居地區的回族雖具有「民族」身份，但並不能被視為穆斯林群體。而在這種族、教分離的情況下，尚可以從特有的宗族凝聚力及其地域性的特徵來彰顯其「少數民族」的族群性（ethnicity），並藉此來強化其家支血胤延續的正當性與我群認同意識。但相對於在台灣的泉州回民後裔，即使自1949年之後台灣成為中國回教重要的延續地區，可是在與穆斯林的宗教生活與意識早已切割的前提下，加上沒有少數民族身份可能帶來的有利因素，其自然繼續成為台灣閩南漢人社群中的一個分支，其今後必然與對岸泉州的「漢化」回族分別走向不同在地化的發展範式。

---

[54] 依據本章作者2013年在陳埭的觀察，由於必須落實國家的少數民族政策，當地長期漢化且生活水平不低的丁姓回族，在其願意接受相關民族優惠措施中，一個有吸引力的選項是可以合法土葬。從過去保存下來的先塋墳塋，到當代不斷擴增修建的家族墓地，其樣貌都因為恢復的回族身份而呈現一定的民族風格，雖然其中仍不時出現與穆斯林文化相牴觸的局部現象。而這種集中式的延續性家族墓地，很自然地結合當地特有以丁姓宗祠為中心的聚居形態、家族組織與祭祀功能等內容，並加上附近靈山聖墓等可以輝映祖胤的史蹟，讓回族的陳埭丁及其宗族結構的存續事實，得以不斷強化其祖源意識的合理性，以及社會適應發展機制的正當性。而這種牢不可破的祖源意識，不論是否為附會或帶有遷徙史實的論述，原本就是宗族社會中家支血胤傳承最核心的基礎。此外，漢化的宗族社會及其適應發展機制，也因為當代回族身份的重建，在面對經濟快速成長下各種現代化挑戰時，反而能提供出更為多樣性的選擇與因應之道。參看：張中復，〈論中國南方地區穆斯林宗族社會特徵與當代回族意象建構的互動意義：以漢化論為中心的探討〉，「中國南方ムスリム宗族の社会学的特徴と意義国際学術シンポジウム」論文，頁10。

[55] 依據1958年時該協會至鹿港等地協助宣教的人士指出，該地有近六百戶穆斯林，雖然當時他們在飲食、信仰儀式等方面已不符合回教規範，但從其祭祀方式、生活習慣，以及長者對於先人的記憶中，仍可追尋出穆斯林早年在台灣所留下的蹤跡。參看：李忠堂，〈台灣鹿港鎮回教教胞現況〉，《中國回教協會會報》，74期（1960），第3版；于嘉明，〈多元共生下的當代台灣穆斯林社群〉（國立政治大學民族學系博士論文，2018），頁23。

# 第三節　當代大陸各省穆斯林來台定居

　　當1945年8月14日日本因連續遭受美國原子彈攻擊突然宣佈無條件投降時，在重慶的國民政府還未及時做好戰後的規劃與恢復後方的準備。在突然接受抗戰勝利事實之餘，困難重重的復原工作尚未進行完備，隨之而來的則是中共趁機引發內戰。從民國36年到37年，國軍在東北、華北、華中各主要戰場接連戰敗。到38年1月21日蔣中正總統宣告引退以利國共和談，但效果不彰，戰火繼續向長江以南地區擴大。同年12月5日，代總統李宗仁不顧大局前往美國。7日，行政院會議決定中央政府遷設台北。[56] 在這場歷時近四年的內戰中，不少追隨國民政府的軍民離鄉背井，一路跟著政府與部隊逃難和轉進，其間陸續都有以不同方式抵台者。其中單是民國38年一年就有三十多萬人，進而形成日後所謂的「外省人」群體。整體外省人人數說法不一，自五十四萬到二百五十萬都有。但據客觀的分析，從35年到41年間，來台的外省人約一百二十萬人。其中公務人員、學生與一般群眾六十萬人，部隊軍人總數約六十萬人。按當時全台總人口數約八百餘萬人，所以外省人占當時人口的百分之十五，大約七分之一左右。[57]

　　而在這一百二十萬的外省人中，亦包括來自大陸各省的回民穆斯林，其人數約一萬餘人至兩萬人。[58] 雖然本章前一節中已提及，台灣早期移民史上有來自泉州的穆斯林及其後裔，但至一九五〇年代時已無相關明顯的回教社群與信仰文化的跡象。雖然連橫於一九二〇年代撰寫《台灣通史》曾提及：「回教之

---

[56] 此一過程請參看：吳淑鳳，〈國共和戰〉，收入：呂芳上主編，《中國抗日戰爭史新編》（台北：國史館，2015），第6冊《戰後中國》，頁149-153。至於國民政府遷台的考量經過以及美國在這方面的影響，參看：林孝庭著・校訂，黃中憲譯，《意外的國度：蔣介石、美國、與近代台灣的形塑》（台北：遠足文化，2017），頁33-60。

[57] 林桶法，《1949大撤退》（台北：聯經出版事業公司，2009），頁323-336。

[58] 于嘉明，〈多元共生下的當代台灣穆斯林社群〉，頁31；Peter G. Gowing, "Islam in Taiwan," *Saudi Aramco World*, 21:4 (July/August, 1970), pp. 22-27. 參考自：〈Islam in Taiwan〉，《Aramco World》，http://archive.aramcoworld.com/issue/197004/islam.in.taiwan.htm（2018年10月18日檢索）。

傳，台灣絕少，其信奉者僅為外省之人，故台灣尚無之清真寺也。」[59]很明顯地，此處所謂的「外省之人」，應指清代派遣來台任職文官或武官具有穆斯林身份者，或單獨來台發展之少數個案（詳情請參看本章第一節）。因此無論就人數、組成特色與後續發展影響而言，它與民國38年之後外省人群體中的各省回民穆斯林應有著明顯的區隔。

另一方面，之前已在大陸成立的重要回教組織，如中國回教協會（以下簡稱回協）與中國回教青年會等亦遷來台灣，繼續在國民政府主導下推動教務。[60]隨後，回協也前往彰化、雲林等縣，嘗試將當地原本泉州「百崎郭」與「陳埭丁」的後裔、但已明顯不具有穆斯林身份者恢復回教信仰，以擴大台灣回民人數與勢力。雖稱「其已取得連繫而願返還祖教者，亦逾一萬人」，但實際效果有限。[61]而隨政府遷台的中國大陸回民穆斯林，主要來自北平（京）、山東、河南、江蘇、湖南、雲南、廣東等地與西北、東北各省，身份大多數屬於外省人群體中最主要的軍公教人員及其眷屬。其中除一般軍隊與公務機關之基層成員外，值得注意的是還有不少黨政要員、國大代表、立法委員、與宗教上層人士。按這批回民的社會菁英們經歷過訓政初期與抗戰建國，同時也多屬於民國前期重要的穆斯林知識份子與回協的骨幹成員。國共內戰時期他們一直追隨國民政府並輾轉來台，其所屬範圍與人數甚至超過八年抗戰期間遷往四川與西南大後方者。而這種涵蓋社會各階層的特殊族群與宗教上層人士匯聚台灣，在一九五〇年代初的外省人群體中是相當罕見的一個現象。

同時，因為來台回民穆斯林來源較廣，加上抵台時間與方式不一，所以在整個外省人遷台的過程中，也和許多當時重要的歷史事件有所牽連，這其中較

---

[59] 連橫，《台灣通史》（台北：黎明文化事業公司，民74），下冊，頁558。

[60] 有關這兩個組織在台恢復工作及其細節，請分別參看本書第三章第一節與第四章第一、二節。

[61] 孫繩武於民國49年4月10日在《中央日報》發表〈中國回教之過去與現在〉一文中提到：「光復後，回胞逐漸來台，足跡遍及全省。政府撤離大陸，以台灣為反攻基地，回胞軍公教暨各界忠貞人士隨同而來者，與日俱增，截至目前為止，已近三萬人，失迷宗教之閩南同胞，其已取得連繫而願返還祖教者，亦逾一萬人，是以台灣回教人數約在四萬人以上。」收入氏著，《回教論叢》（台北：中國文化研究所，1963），頁146。按此一現象，在屬於第三代台灣穆斯林的于嘉明眼中，回協並非為了吹噓或誇耀，而將居於鹿港、台西等地之閩南穆斯林後裔列入其會員名單（或是台灣穆斯林人口統計）中，而是回協將在台的所有穆斯林均視為該會會員，儘管這些「台灣人」已喪失回教信仰，但因為祖先是穆斯林的事實，仍被當時的回協主事者認為是需要拉回教門的一群人。參看：于嘉明，《多元共生下的當代台灣穆斯林社群》，頁32。

引起關注的即是太平輪事件。[62]按此一意外實為政府遷台初期，外省人傷亡最為嚴重的民間事故，同時也是台灣海難史上的一大悲劇。[63]在太平輪的遇難者中，有不少文化與軍政界名人。[64]但一般人較鮮為人知的，尚有不少著名的回教家族成員。其中包括之前在台創建清真寺、北平「永寶齋」創辦人常子春先生（教內尊稱常三爺）的八弟常松森（字蔚然）、子春的妻子王世廉、子春的四子三女、學徒楊汝勤、以及國大代表趙明遠哈智之哲嗣趙襄基先生（本書主編趙錫麟博士之尊翁）等共十一人也一同遇難歸真。[65]按常、趙兩家雖逢此巨變，但其家族與後人依然繼續努力貢獻國家社會，並在台灣熱心致力於推廣教門的工作，實屬難能可貴。

　　儘管如此，在較為客觀研究外省人遷台對台灣文化教育與社會經濟所產生的影響中，回教與穆斯林的部分往往被忽略。[66]即使如此，在這個大量的中國大陸各地回民在台定居，及其持續發展衍生的穆斯林社群現象出現之後，因此也讓原本已經沒有具體的回教社會與文化現象的台灣，從此成為回教與回民穆斯林社群，在中國大陸之外的另一個中華文化地區傳承並延續的一個特殊事實。從此「回教在台灣」或「台灣穆斯林」，便成為觀察中華民國宗教史與台灣社會文化史中一個不可或缺的組成部分。

---

[62] 按太平輪（客貨輪）為上海中聯公司所屬，往返於上海與台灣之間的固定航路。該船於1949年1月21日繼續擔任載送難民與物資的任務自上海出港，準備航向基隆。當日深夜抵達舟山群島外海時，不幸與另一貨輪建元輪相撞，不久兩艘船相繼沉沒。當時太平輪上共載乘客約八百多人，加上船員近一百三十人，總人數約九百三十人。而事故發生後所展開的救援最後僅救起三十八人，其餘近九百人全數罹難。參看：林桶法，《1949大撤退》，頁291-295。

[63] 太平輪罹難乘客中尚包括三十四名台籍人士，其多為赴大陸經商的個人，與大陸來台的罹難者攜家帶眷不同。參看：同前註，頁297。如果說太平輪事件是台灣海難史上外省人的傷痛記憶，那發生在1943年3月19日年的高千穗丸事件則是本省人的悲痛歷史。當天，大阪商船高千穗丸從九州北部門司港出發前往基隆途中，於基隆外海遭美軍潛艇擊沉，一千零八十九名乘客中，只有二百四十五人獲救，八百四十四人罹難。其中罹難者中多為台、日民間人士，為太平洋戰爭期間台灣平民海上傷亡最嚴重之海上事故。

[64] 像是刑事鑑定專家李昌鈺的父親李浩民、國立音樂院院長吳伯超、海南島受降代表王毅將軍、山西籍國大代表邱濬等。參看：林桶法，《1949大撤退》，頁295。

[65] 參看：常子春，〈生平自述〉，收入：中國回教文化教育基金會編，《常子春先生與中國回教》（台北：中國回教文化教育基金會，1990），頁3；蘇怡文，〈伊斯蘭教在台灣的發展與變遷〉（國立政治大學民族學系碩士論文，2002），頁46；賈福康編著，《台灣回教史》，頁112-113、387；張典婉，《太平輪一九四九：航向台灣的故事（增修版）》（台北：商周出版社，2014），頁104-106。

[66] 例如在前面引用林桶法所撰的《1949大撤退》一書中，有〈外省人遷台對文化教育的影響〉與〈外省人對社會經濟的衝擊與影響〉等兩節（頁406-415），但其中都沒論及回教與穆斯林的相關部分。

　　值得注意的是，一九五〇年代來台的回民穆斯林的知識菁英與宗教上層人士，不少人從民國初期穆斯林的新文化運動以來，便持續秉持並履行「愛國興教」的理念及其具體實踐，以提升其在現代國家體制內的族、教身份與地位。按「愛國」與「興教」原本就是回民穆斯林自覺啟蒙意識的核心，兩者透過各種具體方式來展現其「體用合一」、「互為表裡」的共存形態，進而尋求回教在現代中國的合理定位與發展適應之道。換言之，如果沒有「愛國」的理想依託，且無法藉此納入現代民族國家的範式中，那麼與漢族生存空間唇齒互依的回民穆斯林的族、教地位，會在以漢族為主的大社會中容易被邊緣化與弱勢化；同樣地，假使欠缺「興教」的目標導引，和華夏社會形態互動共生的回教及其信仰實踐，將會受限於傳統「貧困愚昧」的窠臼，而無法成為現代國家中的正面文化力量。另一方面，自穆斯林新文化運動以來，「愛國」與「興教」的具體理念，在回民穆斯林眼中也是應該以傳統中國文化來作為基礎的，[67]以藉此來強調其實踐意義的正當性。所以，從某些意義看來，早期來台的回民穆斯林菁英，不僅將回教在台灣重新復振，同時也把民國前期穆斯林新文化運動的精神，得以藉由政府遷台與各地教胞匯聚而得以延續。因此，當日後國民政府以中國文化的傳承者與捍衛者自居，來對抗中共藉社會主義改革的名義與推動政治運動來制約回教與穆斯林，並進而破壞傳統中國文化時，在台灣的回民穆斯林菁英們，更強調其捍衛「自由中國回教」以對抗「迫害回教」的中共政權的立場，並成為「反共抗俄」陣營中立場相當鮮明的一個群體。[68]

　　在政府遷台之初，回教事務在回協的領導組織下獲得更有系統的發展。事實上，早在1947年12月23日，南京中國回教協會為發展回教在台灣的教務，聘定常子春、王靜齋、鄭厚仁三人為台灣省回協支會籌備員。[69]常子春來台後先於台北開設「永寶齋」台灣分號，延續該家族在大陸的珠寶玉器事業。而在更多穆斯林渡海來台之後，深覺急需聚禮禮拜之處，便覓得台北市麗水街的一座

---

042

日式平房，並由常子春、鄭厚仁集資買下後作為清真寺之用，故該寺即為台灣光復後創立的首座清真寺。當時麗水街清真寺原本聘請王靜齋（1879-1949）阿訇擔任教長，但在其短暫來台即返回大陸後，即由虎紹林阿訇繼任該寺教長。[70]

　　在民國38年前後來台的著名回教學者中，王靜齋的事蹟頗值得注意。他可以說是清末到民國前期穆斯林文化運動中的代表性人物之一，並與馬松亭、哈德成與達浦生一同被尊稱為「四大阿訇」而知名。出身天津的王靜齋早年師承於勉齋、海思福等著名阿訇。學成後繼續鑽研《古蘭經》經注學、聖訓學、教法學、教義學與回教史，並在1923年完成朝觀功修並赴埃及留學。在返國後的第二年（1925），王靜齋開始進行他那膾炙人口的《古蘭經譯解》。至1927年秋他又創辦著名的《伊光》月刊。[71]事實上，除這些著名的學術文化貢獻外，早在1914年王靜齋就翻譯了印度宗教家賴哈麥圖拉（*Rahmatullah Kairanvi*, 1818-1891）的阿拉伯文專著《抑祝哈爾漢各》（*Izhaarul Haqq* الحق اظهار，原意為「闡揚真理」，英譯本書名為*The Truth Revealed*）為中文，並於1921年以《回耶辨真》之名正式出版。該書被視為印度在英國殖民期間反擊宗教矛盾與殖民主義的重要論著。書中有系統地引證回教與基督教的經典教義並做詳實的對照闡述，並以答辯方式提出基督教對回教解讀的五項駁斥。其中第四章更直接題為〈駁三位一體說〉，[72]將此一穆斯林最排斥、但又難以深入理解的新教教義，加以分析並提供完整的辯駁思路，成為民國前期回教學者因應基督教教義挑戰的重要憑藉。[73]

　　然而，王靜齋於民國37年下半年以六十九歲之齡受邀至台北麗水街清真寺開學，但不及一年於隔年春便返回大陸。之後在旅居西南地區期間，不幸於5

---

[70] 于嘉明，《多元共生下的當代台灣穆斯林社群》，頁23。有關早期台北清真寺詳細的發展沿革將在本書第五章中予以詳述。

[71] 馮今源，〈王靜齋〉，收入白壽彝主編，《中國回回民族史》（北京：中華書局，2003），下冊，頁1433-1438。

[72] 王靜齋，《回耶辨真》（北京：北京牛街清真書報社，1921）。收入：吳海鷹主編，《回族典藏全書（第46冊）》（蘭州‧銀川：甘肅文化出版社‧寧夏人民出版社，2008），頁123-134。

[73] 按王靜齋翻譯此書的最終目的，就誠如馬孟常給該書序言中所言，是希望達到「假令（回耶）兩教教士專就特異之點各是其是，各非其非，據理力爭，當仁不讓，使世人了然於兩教之真諦。此則忠於宗教者應盡之天職，而亦大雅所樂聞也。至於毛舉細故，搞發陰私，雖極淋漓痛快之能，未免有傷忠厚之道，是亦不可已乎？」參看：張中復，〈民國前期基督教對於回民的宣教成效及其反思：以《友穆季刊》為中心的探討〉，頁267。

月25日在貴陽因病歸真，享年七十歲。關於王靜齋短暫旅台其間的記載相當有限，似乎當時也沒有進行重要的書寫工作。至於他自台灣返回大陸的原因，一般也多揣測為「不慣於當地生活習慣和各種環境」[74]而沒有其他更為明確之動機。而類似的情況，同為「四大阿訇」的馬松亭亦於民國37年應聘到台北麗水街清真寺，[75]前後在台停留約一年後，至39年才前往馬來西亞與埃及。然而，馬松亭41年卻自海外返回中國大陸，隨即擔任北京中國伊斯蘭教經學院副院長等職，但在之後的政治運動中飽受迫害。「改革開放」後他獲得平反，並繼續在中國伊斯蘭教協會與中國伊斯蘭教經學院擔任要職，直到民國81年以九十七歲高齡歸真。[76]按馬松亭為民初「四大阿訇」中最為高壽、且與文革前後的中共政權都保持著密切的關係，但在中國大陸一般介紹其生平的論述中，卻很少提及他民國38年前後與台灣回教界的短暫的互動歷史。[77]與王靜齋的情況相同，馬松亭在台灣的事蹟也都沒有留下較為詳細的紀錄。按民初「四大阿訇」中，就有兩位因戰亂和時局劇變而與台灣回教結緣，[78]但也因政治情勢不穩、社會動盪，致使王、馬這兩位著名的穆斯林社會菁英與宗教教育家未能在台灣久留，這對整個現代台灣回教史而言，不能不說是一個遺憾。

　　除此之外，在38年左右亦曾在台短暫停留的著名穆斯林知識份子還有馬宗融，但其事蹟日後較少被論及。按馬宗融為民國初期的文學家與翻譯家，1890年出生於四川成都。他曾留學日本，1919年前往法國里昂大學留學，1933年學成回到中國，之後任教於上海復旦大學等院校。抗戰爆發後馬宗融遷往重慶，繼續在遷校四川的復旦大學執教，並擔任中華全國文藝界抗敵協會理事，投身於抗戰宣傳文化工作。[79]迨抗日勝利復原，馬宗融即返回上海復旦大學。

---

[74] 馮今源，〈王靜齋〉，收入白壽彝主編，《中國回回民族史》，頁1439-1440。
[75] 一說馬松亭係麗水街清真寺創建人之一常子春的妹夫。
[76] 賈福康編著，《台灣回教史》，頁121。
[77] 例如說他「1949年因避戰亂而暫居香港」。參看：馮今源，〈馬松亭〉，收入白壽彝主編，《中國回回民族史》，頁1446。
[78] 出身陝西的哈德成，早先於抗前期間的1943年10月25日在雲南沙甸因病歸真，享年五十六歲。而出身江蘇的達浦生，曾於1928年創建上海伊斯蘭師範學校，1949年之後留在中國大陸，1965年以九十歲高齡在北京歸真。
[79] 巴金，〈關於馬宗融、羅世彌、馬小彌、馬少彌的材料〉（完成於1969年6月24日），《現代中文學刊》，2期（2012），頁29。

當國共內戰爆發後，被稱為「回教唯一名作家」、「復旦回教同學褓姆」的馬宗融，因性格剛烈且對學生「反飢餓、反內戰」運動表示同情，竟遭學校辭退。不久，民國36年8月馬宗融應友人之邀，獲聘前往台灣大學文學院任教。當時媒體報導上海文藝界名人如巴金與茅盾等人還為他舉行盛大的歡送會。[80]馬宗融的政治立場一般被視為左傾的自由主義者，因思想接近，所以與巴金、黎烈文等著名文人有著深厚的友情。[81]但隨著國共內戰持續擴大、二二八事件導致政治控制日益嚴厲，加上與魯迅、陳儀交往密切的台大中文系第一任系主任許壽裳於37年2月18日被謀害去世，這些都讓思想左傾、且對時局持續不滿的馬宗融不願久留台灣。[82]他於是在民國38年初返回上海，但不久之後即於4月10日因病逝世，享年59歲。至於馬宗融在台時期與回教有關的記載，目前只知道37年5月28日在台北麗水街清真寺，由王靜齋主持大陸來台穆斯林第一次的主麻聚禮中，十五位參與者中便有馬宗融。[83]此外，他的妻子羅淑（原名羅世彌，1903-1938），亦為著名留法的作家與翻譯家。由於羅淑較早過世，所以馬宗融歸真後，與他們夫妻交情匪淺的巴金繼續照顧其子女馬小彌與馬少彌。[84]從歷史的不同面向看來，馬宗融在國共內戰期間的擺盪與徬徨，也是當時許多知識份子共同的時代寫照。而馬宗融雖然出身回民，但他的學術投入與成就大都集中在外國文學翻譯與文學思想的引介，[85]而不是像大多數當時回民穆斯林知識份子都以從事回教相關的研究與論述為己任。可能是因為在台時間不長，以及沒有涉及回教事務，加上思想左傾與早逝，所以後來關於台灣回教歷史的論述中，便很少出現與馬宗融有關的部分。

　　在民國38年前後大陸各省回民穆斯林的遷台史中，還有一個值得注意的部分，就是西北馬家成員以及新疆穆斯林所扮演的角色。在早期國共抗爭的歷

---

80　《民意日報》1948年10月14日，第2版。

81　許俊雅，〈1946年之後的黎烈文：兼論其翻譯活動〉，《成大中文學報》，38期（2012），頁154。

82　巴金，〈懷念馬宗融大哥〉，《新觀察》5期（1982），參考自：http://xinhuawz.com/knReader/Default.aspx?type=11&issue=05&year=1982&page=192（2018年11月18日檢索）。

83　賈福康編著，《台灣回教史》，頁6。

84　有關巴金與馬宗融一家交往互動的情況，參看：巴金，〈關於馬宗融、羅世彌、馬小彌、馬少彌的材料〉，頁29-30。

85　目前在這方面，寧夏大學回族文學研究所曾進行比較有系統的整理，參看：李存光、李樹江編選，《馬宗融專集》（銀川：寧夏人民出版社，1992）。

史中，中共因「長征」北上導致與西北馬家穆斯林地方勢力間出現過重大的衝突，這其中的關鍵就是1936年著名的西路紅軍遭馬步芳部截堵消滅事件。[86]而隨後當1949年8月國共內戰已進入到尾聲時，時任西北行政長官兼青海省政府主席的馬步芳集中「青馬」力量，並由其子馬繼援指揮固守蘭州，讓欲攻城並完成「解放大西北」的彭德懷「一野」部隊損失慘重，此在國共戰爭的省垣爭奪戰中實屬罕見之例。在蘭州戰役前，馬步芳曾從廣州短暫來台，但不久即返回西寧。等到蘭州與西寧相繼失守後，馬步芳與馬繼援、高文遠等親屬部眾多人輾轉自廣州抵達香港。據其舊部下馬得清所述，1949年9月過後，馬步芳攜重要眷屬與少數部眾分批輾轉自香港等地前往沙烏地阿拉伯。[87]

　　一般資料都稱馬步芳是以朝覲的名義赴沙國，在完成朝覲後他便轉往埃及開羅。後因埃及革命後，於1956年承認中共政權，馬氏率家人前往沙國定居。到了1957年中華民國駐沙領館升格為大使館，馬步芳被任命為首任大使，在任三年後因故辭職。[88]馬步芳於1975年7月31日在沙國因病歸真，享年七十五歲。但其子馬繼援將軍與高文遠等人於一九五〇、六〇年代先後在台定居，並都熱心推動台灣回教事務。馬繼援後來自國防部副部長任內退休，高文遠則投入學術研究，完成其著名之《清末西北回民之反清運動》（1988）一書。[89]按

---

[86] 1936年10月由中共中央下令徐向前等人率領約兩萬部眾的西路紅軍西渡黃河作戰，企圖打通前往新疆與蘇聯的路線。但這支幾乎占當時紅軍總數四成的部隊，在突入河西走廊後遭到「青馬」馬步芳為主的地方武力的截擊，一直陷入孤軍作戰的困境，最後幾乎全軍覆沒，成為中共早期革命史上罕見的損失慘重的單一軍事行動。由於西路紅軍被馬家殲滅的史實並不光彩，其中還涉及決策錯誤與歷史責任問題，所以長久以來在中共黨史與軍事史的研究領域中一向都屬於較為敏感的議題。參看：張中復，〈回教與抗戰〉，收入：呂芳上主編，《中國抗日戰爭史新編：全民抗戰》（台北：國史館，2015），頁528。

[87] 依據實際協助馬步芳家屬、部眾遷往廣州和香港的馬得清之描述，當時抵達香港除馬步芳外，還包括趙佩（按：應為趙珮）、馬紹武、馬步瀛、馬步康、馬步鑾、馬步鰲、馬祿、詹世安、馬慶（馬呈祥之父）、馬朝選（馬步芳的岳父）、馬繼援、高文遠、趙瓏、馬璋、馬子英（青海省地政局長）、馬世俊（馬步芳的親信管家）、馬耀宗與冶成榮等人。參看：馬得清口述、李玉成整理，〈我隨從馬步芳在國外情況點滴〉，收入：谷風，《馬步芳全傳》（銀川：寧夏人民出版社，2012），頁510-511。按：此說與當時實際情況仍有出入，待考。

[88] 賈福康編著，《台灣回教史》，頁167-168。有關馬步芳辭去駐沙大使一事之緣由，台灣的資料如《台灣回教史》中未說明。中國大陸的論述則多說是「腐化不稱職」。此說都係引用美國學者亨斯博格（Merrill Ruth Hunsberger）的博士論文"Ma Pu-Fang in Chinghai Province, 1931-1949"（馬步芳在青海1931-1949）的中譯本─〔美〕默利爾‧亨斯博格著，崔永紅譯，《馬步芳在青海1931-1949》（西寧：青海人民出版社，1994），頁158。但嚴格說來此說並未取得明確的證據。

[89] 有關高文遠與回教事務的論述，可參看本書第三章第二節。

圖1-1　馬步芳大使與旅沙僑胞在麥加郊外阿拉法特山合影（趙錫麟提供）

馬繼援與高文遠晚年都前往約旦與沙國等地僑居，數年前相繼在沙國歸真。近年來，僑居沙國「青馬」後人在沙國編纂完成《馬興旺家譜》，其中不但釐清以馬海晏（馬步芳祖父）及其兄弟為主宗族譜系的發展脈絡，同時也看出近七十多年來其後代在各地繁衍興盛的情況。[90]然而，除家譜之外，來台或赴沙的「青馬」後人，對其家族在歷史上影響深遠的事蹟並未進行有系統的整理與論述。[91]連高文遠晚年窮畢生之力，所關注的也只集中在清代西北回民事變的歷史。按「青馬」在民國西北諸馬中，無論從政治史、軍事史、經濟史、宗教文

---

圖1-2　民國84年張中復拜訪馬繼援時留影（張中復提供）

化史、教育史與地方史等方面看來都有其值得重視的部分。但台灣學界畢竟關注此一領域者有限，加上大部分中國大陸學界的相關論述，也因為歷史情結而未能給予較為客觀的正面評價，因此看來，日後對於「青馬」的研究應該還有很大的開創空間。[92]

對國民黨而言，蘭州戰役後西北情勢已不可逆轉。以寧夏銀川為根據地，同時也兼任甘肅省政府主席的「寧馬」馬鴻逵（字少雲）及其子馬敦靜、馬敦厚等人隨即經重慶遷往台灣。數年後馬鴻逵前往美國就醫，並於1960年1月14日在洛杉磯病逝，享年七十八歲。馬鴻逵歸真後，家人依其生前所囑將遺體運回台灣安葬，並將原本收藏之若干珍貴古物捐贈台北故宮博物院。[93]馬鴻逵在1962年曾書寫回憶錄，但直到他過世後才於1984年在香港出版。[94]而該書篇幅不多，也未提出特別具有關鍵性的資料或觀點，但卻是民國初期西北諸馬重要人物中唯一撰述回憶錄資料者，並為其所經歷過的這個特殊的時代機遇，留下了主要當事人的見證。

當1949年下半年甘、寧、青各省紛紛被中共解放軍占領後，新疆則成為國

---

[92] 近來在中國大陸學界對於西北諸馬的歷史研究中，雖然還是不能逾越傳統意識形態「主旋律」中的「軍閥」解釋界限，但回族學者許憲隆的論述還是有所突破。尤其是他採取多元視野並強調諸馬勢力的「現代化」成果，確實是值得注意。參看：許憲隆，《諸馬軍閥集團與西北穆斯林社會》（銀川：寧夏人民出版社，2001），頁82-125、206-240。

[93] 同前註，頁243；賈福康編著，《台灣回教史》，頁107-109。按從抗戰到遷台，馬鴻逵與國民政府的關係較為密切。事實上，其父馬福祥（1976-1932）於北伐後與蔣中正合作，並曾任安徽省長與蒙藏委員會委員長。

[94] 馬鴻逵，《馬少雲回憶錄》（香港：文藝書屋，1984）。馬鴻逵主政寧夏期間曾出版《十年來寧夏省政述要》，任教台灣大學的中國現代史學者胡平生曾就此資料寫成《民國時期的寧夏省1929-1949》（台北：台灣學生書局，1988）一書。該書目前還是此一領域中重要的代表性論著。

民政府在西北最後的屏障。但隨著共軍王震部隊自河西走廊進入新疆後，戰局急轉直下，部分國民黨軍政人員紛紛循著不同的方式前來台灣。其中著名的穆斯林人物包括維吾爾族的堯樂博士（*Yulbas khan* 或稱堯樂博斯，漢名黃景福）、立法委員阿不都拉（*Abdullah Timan Eimil Oghul* عبد الله تيمه ن ئيمل ئوغلى），以及「青馬」騎兵第五軍軍長馬呈祥等人。堯樂博士出身南疆巴楚縣（或說是哈密縣），早年在哈密發展，曾任哈密行政督察專員。後於1950年被任命為新疆省政府主席，並在第二年輾轉來台，政府特別為此成立「新疆省主席辦公處」。民國60年堯樂博士在台去世，政府將原辦公處改為「新疆省政府辦事處」，並由其長子堯道宏擔任主任一職。[95]直到民國81年該辦事處才被裁撤，部分業務併入內政部。阿不都拉委員為伊寧人，早年畢業於新疆學院，來台前就已參與多項文化教育與新聞工作，為來台新疆維族在文教方面的代表性人物。來台後曾在國立政治大學邊政學系（今民族學系前身）講授維吾爾語文與新疆文化，為當代台灣新疆文化、語言研究奠定重要的基礎。[96]至於馬呈祥的情況則較特殊。當民國38年底新疆省政府主席包爾漢（*Burhan al-Shahidi*）與警備司令陶峙岳等人投共後，中共部隊基本上已掌控大部分的新疆局勢。在此情形下，原新疆部分不願投共的國民黨軍政人員，以及因內戰無法隨國民政府南遷而轉進新疆的一些內地省份的人士，開始從南疆地區穿過帕米爾高原越境進入喀什米爾、巴基斯坦與印度，然後再由海路，其中部分前往沙烏地，部分途經東南亞、香港抵達台灣。而這批經此一方式來台者約三百餘人，他們在民國39年4月於台北成立「帕米爾嚙雪同志會」，而馬呈祥即為其中之一員。[97]

---

[95]　參看：賈福康編著，《台灣回教史》，頁100-102。堯樂博士生前曾留下回憶錄，為研究現代新疆史的重要材料，參看：堯樂博士著，《堯樂博士回憶錄》（台北：傳記文學出版社，1993）。

[96]　其他相關重要事蹟可參看：賈福康編著，《台灣回教史》，頁301-303。民國七〇年代初，「新疆省政府辦事處」曾請阿不都拉委員主編《維吾爾語詞典》，後改為出版阿拉伯字母的維吾爾語學習教材。

[97]　帕米爾嚙雪同志會後在台北市外雙溪建立帕米爾公園，與該公園隔道相望的原有一所帕米爾文物館。按「嚙雪」的意思就是喝雪水，形容翻越高原雪山之艱辛，這也是該會會名的由來。該名譽會長是于右任，會長是國大代表韓克溫。公園內有于右任的書法石刻題詞與韓克溫的銅像。早期該會定期開會員大會，並出版刊物文章。除韓克溫與馬呈祥之外，該會中較重要，者尚有後任蒙藏委員會委員長的周昆田、新疆省民政廳長王曾善、國大代表王孔安、國大代表海玉祥、馬恕基、胡恩鈞、張大軍（著名《新疆風暴七十年》之作者）、中央社蘭州分社唐雄、蘭州《國民日報》社長關潔民、葉成、羅恕人、林興智與騎五軍部屬馬次伯、祁尚勇、馬崇義等人。參看：賈福康編著，《台灣回教史》，頁214-215；〈帕米爾嚙雪同志會〉，《北平的博客》，參考自：http://blog.sina.

依據較新的研究資料顯示，民國37年美國駐新疆迪化（今烏魯木齊）領事包懋勳（John Hall Paxton）與具有中情局背景的副領事馬克南（Douglas Mackiernan），向美國當局提出美國可以合作和援助的西北少數民族實力派的人物清單中，就包括寧夏的馬鴻逵、青海的馬步芳、河西走廊的馬繼援與新疆的馬呈祥等西北諸馬的要員。然而，隨著戰局的持續惡化，美國駐華大使司徒雷登（John Leighton Stuart）力促華府對這些西北反共的回民人物與其武裝力量加以援助，以助其抵禦共軍的進逼。[98]事實上，最後這批西北馬家的要員大都隨著國民黨遷往台灣。而真正在38年中共占領新疆後，持續在北疆地區與共軍進行大規模敵後游擊戰者反而是哈薩克族領袖烏斯滿（Osman Batur）。一年多後，烏斯滿在南疆兵敗被俘，40年4月29日在迪化被處決。[99]至今台北忠烈祠中仍有供奉其為「烈士」的牌位與事蹟介紹。

此外，除上述這些一般人較熟悉的西北情勢外，早期盛世才主政新疆時因對遊牧民採取較苛刻的政策，導致一批哈薩克人逃往印度西部（後來的巴基斯坦一帶）。而1949年中共占領新疆後，更多的當地維吾爾人與哈薩克人越界進入喀什米爾與巴基斯坦。在一九五〇年代初，在台灣的國民政府將其視為西北穆斯林難民，並透過新成立「中國大陸災胞救濟總會」以及前述之「新疆省主席辦公處」（後改名「新疆省政府辦事處」）進行救濟措施。在最初時期，此一工作係由原新疆省民政廳長王曾善（前述「帕米爾嚙雪同志會」成員），與同樣撤離到巴基斯坦的原新疆省政府祕書長艾沙（Eysa Yusup Alptekin）以及新

---

com.cn/s/blog_8165409f0101ba23.html（2018年11月18日檢索）。

[98] 參看：林孝庭著‧校訂，黃中憲譯，《意外的國度：蔣介石、美國、與近代台灣的形塑》，頁108-110。

[99] 烏斯滿遭處決後，當時台灣主要媒體《中央日報》曾大幅報導其愛國與殉國事蹟。按頗富傳奇色彩的烏斯滿係北疆哈薩克牧民出身，之前曾參與民國33年北疆「東突厥斯坦共和國」事件。民國34年在承化擔任阿山區專員，其任內堅持回教教規，但處置過嚴，例如：凡轄地內穆斯林不做禮拜、不禁酒，不封齋者皆處以鞭刑。民國35年5月，烏斯滿因反對蘇聯依據之前與新疆省主席盛世才於1940年的合作協議，準備在其家鄉可可托海縣開採鎢礦而與之衝突，但這也造成阿山地區哈薩克人分裂成親蘇聯與親國民政府兩派。參看：王柯，《東突厥斯坦獨立運動：1930年代至1940年代》（香港：香港中文大學出版社，2013），頁297-298。而中共占領新疆後烏斯滿隨即發展反共游擊抗爭。事實上，前述美國駐新疆副領事馬克南在1947年左右，已注意到烏斯滿可能成為美國協助下的反共領袖。參看：林孝庭著‧校訂，黃中憲譯，《意外的國度：蔣介石、美國、與近代台灣的形塑》，頁108-109。

疆省政府建設廳長伊敏（Muhammad Amin Bughra）等人負責。其中出身穆斯林世家且與土耳其淵源密切的王曾善在這方面出力甚大。[100]他們透過外交途徑把這批人數約四千的難民遣送到土耳其，之後部分難民亦前往沙烏地阿拉伯。然而，相關情勢的轉變，例如1951年巴基斯坦與中共建交，以及1954年艾沙與伊敏在泛突厥主義（Pan-Turkism）的思想影響下，與中華民國劃清界線，並在土耳其開始推動新疆獨立運動（或稱東突厥斯坦獨立運動，簡稱「東突」）等，都讓原本的難民救濟工作倍增困難。然而在此情況下，日後仍有一批新疆穆斯林難民在政府安排下，從土耳其與沙國回到台灣升學和生活。1959年西藏抗暴發生後，亦有部分拉薩當地西藏穆斯林輾轉逃往印度，其中有數十戶再轉往沙國定居，當年政府曾經輔導部分青年學生回國升學就業。近年也有少數西藏穆斯林再由沙國來台灣定居。

　　事實上，這段歷史亦可視作民國38年前後，整個中國大陸穆斯林遷往台灣過程中的一個特殊案例。只可惜過去學界對此關注甚少，但近年來專研現代中國穆斯林問題的日本歷史學者平山光將，卻將之有系統地加以研究，其成果值得注意。[101]

---

[100] 有關王曾善之生平與事蹟，參看：賈福康編著，《台灣回教史》，頁181-183。
[101] 參看：平山光將，〈邊政或僑務？中華民國政府遷台後對中東地區西北穆斯林難民的政策〉，中央研究院近代史研究所學術討論會（2014年7月10日）。本文中有關部分係參考該篇論文。至於平山光將對台灣回教研究的成果與討論，請參看本書第十章第二節。

# 結論

　　無論是明清之際，福建泉州「百崎郭」與「陳埭丁」回民在台灣的發展及其日後被當地閩南漢人社會同化的結果，還是民國38年前後隨國民政府遷台的大批外省人群體中的各省回民穆斯林，以及因此讓回教在台灣出現新的生機，這些都可以看作回教與穆斯林社群在中國整體發展過程中的特例。一個原本是散雜居地區的回民因長期與漢人社群互動後，以漢化來作為社會適應的發展趨勢，這在中國回、漢共生的大環境中應有不同程度的存續事實。而「百崎郭」與「陳埭丁」的例子，卻把這個存續事實，延展到與之前和傳統中國回教與穆斯林社群幾乎沒有直接關係的台灣。但值得注意的是，近代以來，泉州穆斯林在原鄉的在地化發展中，已經將「宗族化」的漢化模式視為必然的生存機制。而被視為「祖教」的回教及其穆斯林文化的殘存，已成為凝聚宗族歷史記憶的選擇性內涵。在此前提下，渡海來台的「百崎郭」與「陳埭丁」後人，面對比泉州更為有利於漢化的環境與條件，「祖教」的意識與回民祖源的認同性自然更會趨於式微。可是民國38年國民政府遷台後，來自大陸各省的回民穆斯林雖然在整個外省人群體中人數有限，但其中不少是歷經民國前期穆斯林新文化運動的知識份子與宗教菁英，同時如回協這類重要性的組織也在台恢復運作。在傳統「愛國興教」意識的強化下，冷戰初期的台灣儼然成為「自由中國回教」的新生地，意外地承擔起傳統中國回教與穆斯林社群發展傳承的特殊責任。值得玩味的是，從唐代到元代，當回教與穆斯林社群在中國東南沿海蓬勃發展之際，對岸的台灣似乎沒有受其影響。反而從明代以來，泉州回民及其後代在台灣持續漢化的結果，明顯地見證了此一歷史上東南沿海回教由盛而衰的現實。但就從二十世紀中葉開始，國共內戰的延續不但從此讓台灣與回教結下了不解之緣，同時還須肩負起回教在中國完成「中興大業」的時代使命。雖然往後各種大環境的變化及發展之快速與多元，遠非當時第一代來台的回民穆斯林前輩們所能想像。但這個「前定」的歷史契機，註定會讓台灣成為中國回教史上不容忽略的一個「奇蹟式」的重要篇章。

# 第二章

# 中國回教協會的創建及其發展
（民國27至38年）

包修平

中國回教協會理事長白崇禧將軍抗戰時期在陪都重慶歡迎埃及
留學經升學成返國（趙錫麟提供）

# 前言

　　中國回教協會（以下簡稱回協）可謂大陸民國時期最具代表性的中國回教團體之一，雖在大陸僅短短十一年的時間，卻可視為凝聚全國回民力量的中樞。[1]民國成立之後，中國各地紛紛出現回民組織，雖有全國性質的團體，如中國回教俱進會與中華回教公會，但無法有效整合全國回民。一直到民國26年七七事變後，日本展開全面侵華行動，分別在東北、華北與內蒙古一帶扶植親日回民團體，企圖引誘具有愛國意識的回民青年。他們聚集在一起商討如何凝聚全國回民力量，抵抗日本的分化與利誘，於是回協便在這個特殊的背景下成立。

　　按回協的前身為「中國回民救國協會」，係由時子周、王靜齋與劉鐵菴等人於民國26年冬天在河南鄭州成立的臨時組織。該協會的成立宗旨為：「以發揚教義增強回民之國家觀念，擁護中央、擁護統一、擁護蔣委員長、擁護抗戰到底，並實行參加抗戰工作為宗旨。」[2]民國27年夏天，任職軍事委員會副參謀總長的白崇禧奉軍事委員會委員長蔣中正的指示，來到湖北武漢領導回民運動。原本已計畫參與回教組織整合工作的回民菁英們，決定擴大組織規模，沿用中國回民救國協會名稱，並推舉白崇禧擔任理事長一職。民國28年7月，第一次全體會員代表大會於重慶召開，會議決定將中國回民救國協會改名為中國回教救國協會。民國31年3月，中國回教救國協會於重慶召開第二屆全體會員代表大會，會議決議將中國回教救國協會更名為中國回教協會，該名稱沿用至今。

　　回協的成立與抗日有關，且與政府保持密切的關係，但其組織內部仍保有相當大的自主權。參與回協的人員皆為當時一時之選，包含知名阿訇（達浦

---

1　宛磊，〈回族在河南抗戰事蹟論述〉，《許昌學院學報》，32卷3期（2013），頁88；張中復，〈回教與抗戰〉，收入呂芳上（主編），《中國抗日戰爭史新篇（陸）戰後中國》（台北：國史館，2015），頁523-526。

2　〈中國回民救國協會臨時簡章〉，《中國回民救國協會通告》，第1號（1938年1月10日），頁4。

生、王靜齋、哈德成、馬松亭、虎嵩山等）、知識份子（白壽彝、馬宗融、王孟揚、李廷弼等）、黨政人員（唐柯三、時子周、孫繩武、王曾善、馬天英、薛文波等）、西北青海與寧夏的統治者（馬步芳與馬鴻逵）以及宗教青年學子（馬堅、納忠、王世明、海維諒等）。在回協尚未成立之前，這些人士多半已相互認識，在各地有參與回教活動的豐富經驗，如成立回教組織、運作新式回教學校與發行回教報刊。回協的成立可謂有效整合這些回民菁英的力量，配合政府抵制日本對回民的分化。在大陸時期的回協發展大致分成兩個階段：第一階段為對日抗戰時期。當時回協配合政府政策，一方面派遣人員到西北的回民聚集區，阻止日本對回民內部的分化；同時回協並派遣代表團遠赴中東、東南亞與南亞地區，宣傳日本侵略中國的暴行，以爭取當地穆斯林道義的支持。第二階段則為抗戰勝利之後到政府遷台之前。抗戰結束後，回協擴大組織規模，在過去日軍占領的東北、華北、華南與台灣各地成立回協分會，成為當時中國最具規模與代表性的回教組織。此外，回協十分關注回民參政議題，如民國35年冬天，南京召開的制憲國民大會中，回民國大代表大聲呼籲政府保障回民大眾的參政權利。回協在大陸的運作停擺與民國38年政府在內戰中失利有關。過半數的回協高層來到台灣，回協在台灣重新運作，為日後台灣回教的發展奠定基礎。

# 第一節　回協創建的歷史因素

中國回教協會的創建與後續的運作深受兩個重要歷史因素的影響：第一，主要是日本「回教工作」對回民內部的分化，導致回民菁英決定成立具有全國規模性質的回教組織與之抗衡。第二，則為近代回民社會網絡的成形，有助於回協在抗戰階段配合政府政策，在國內與國外從事推動回教團體的整合力量與愛國宣傳工作。

## 一、日本「回教工作」的衝擊

回協及其前身組織的成立宗旨主要是回應日本的「回教工作」。回教工作是指在1930年代起，日本軍方有計畫扶持東北、華北與內蒙古的回民，協助他們建立親日的回教機構，藉此配合日本分裂中國國土。[3]依據回協第一任理事長白崇禧的回憶，他表示回協的成立與日本對回民的分化政策有關：

> （民國）二十七年，政府遷到了漢口，當時日本人想分化西北的回教，西北有馬鴻逵和馬步芳都是主席，日本人派了個在瀋陽做教長的姓張的去說服馬鴻逵，張不敢去，遂寫一封信，用飛機以通訊袋投下去，大致要他聯絡西北回教，在西北成立一回教國，馬鴻逵即將這封信送至漢

---

[3] 有關日本的回教工作研究請參閱：Masumi Matsumoto, "Hui Muslims' Attention to Palestinian/Middle Eastern Problems under the Japanese Occupation (1938-1945): An Analysis of the Descriptions from *Huijiao Zhoubao*." in Ma Haiyun, Chai Shaojin and Ngeow Chow Bing, eds., *Connecting China and the Muslim World* (Kuala Lumpur: Institute of China Studies, 2016), pp. 139-145. Atsuko Shimbo, "Muslims in Japan and China during the Second Sino-Japanese War," 《早稻田大學大學院教育學研究科紀要》第26號（2016年3月），頁85-93；澤井充生編著，《日本の回教工作とムスリム・コミュニティの 歷史人類學的研究》，平成25-27年度科學研究費補助金，《基盤研究（C）研究成果報告書》，2016年；王柯，〈宗教共同體的邊界與民族國家的疆界：「回教工作」與侵略戰爭〉，《民族主義與近代中日關係：「民族國家」、「邊疆」與歷史認識》（香港：中文大學出版社，2015），頁194-205；王柯，〈宗教與戰爭──1930年代日本「回教圈」話語的建構〉，《二十一世紀》雙月刊，154期（2016），頁61-78。

口中央政府。有一天，（蔣）委員長見我，把日本軍閥分化我民族回教
等事同我談，問我中國回教有無組織…。委員長認為有組織的必要，組
織起來可以防止敵人的分化，進一步也可產生力量。同時，時子周和另
外幾個先生組織了一個回民報國協會，意在團結教胞在政府領導之下，
發揮同胞的力量。當時我就打電報請唐柯三、達浦生、哈德成、馬松亭
四位有名的教長及孫繩武、王靜齋同另外一些先生，來武昌開會交換意
見，並成立中國回民救國協會…。[4]

白崇禧提到，由於日本軍方企圖在以回民為多數的西北地區繼滿洲國與內蒙古
自治政府後續成立回教國，當時中國最高軍事機關領導人蔣中正已察覺到日本
瓜分中國國土的野心，於是找具有回民身份的白崇禧主持全國回教工作。日本
分化回民的野心不僅存在於抗戰階段，早在民國20年，日本關東軍占領東北之
後，已開始從事一系列的回民親善政策。日本軍方看似關心東北的回民，但並
非出於對回教信仰的喜好，而是基於戰略利益的整體考量。依據土耳其學者
Cemil Aydin的考證，從1920年代起，幾位長期遊歷穆斯林世界的日本浪人，認
為唯有日本與穆斯林世界合作，才能擊敗主導世界秩序的西方白人集團。[5]這
些日本浪人的理念逐漸受到日本軍方重視，特別在1930年代，日本占領中國東
北與退出國際聯盟（League of Nations）後，在國際社會孤立的環境下，日本
軍方轉為尋求海外廣大穆斯林世界的支持。[6]王柯在〈宗教與戰爭—1930年代
日本「回教圈」話語的建構〉一文提到，日本軍方在1930年代建立一套「回教
圈」的話語，就是為了在東亞地區創造一個以日本為中心的「回教空間」。這
個回教空間包含整個穆斯林世界，如土耳其、阿拉伯與中亞各國，但日本軍方

[4] 郭廷以校閱，賈廷詩等訪問紀錄，《白崇禧先生訪問紀錄（下冊）》（台北：中央研究院近代史研究所，1989），頁573。白崇禧提到部分人物的身份不盡準確，如將唐柯三與王靜齋的身份混淆。王靜齋是當時知名的教長，唐柯三則是國民政府的官員。

[5] 例如若林半（Wakabayashi Han）、佐久間貞次郎（Sakuma Teijiro）與有賀文八郎（Ariga Bunpachiro）鼓吹這種說法。請參見Cemil Aydin, "Islam and the European Empires in Japanese Imperial Thought," in David Motadel ed., *Islam and the European Empires* (Oxford: Oxford University Press, 2016), pp. 289-292.

[6] Cemil Aydin, "Islam and the European Empires in Japanese Imperial Thought," p. 292.

將關注的重點放在滿洲境內的韃靼人[7]與回民兩個穆斯林群體，為了日後的侵略活動尋找正當化的根源，藉以軟化當地民眾的反抗心理。[8]

民國23年，日本軍方協助一位有穆斯林身份的日本浪人川村狂堂在東北成立「滿洲伊斯蘭協會」。在川村狂堂的運作下，該協會會員達一萬多人，鼓吹滿洲國的「王道立國精神」與「讚揚友邦日本的仗義援助」。當中國各地出現反日運動時，該協會則發布通告，闡明回民不得反日，以及強調回教教義與共產主義兩者無法相容的道理。[9]在民國26年七七事變發生後，該協會向東北的穆斯林發出「諭告」，宣稱日本在中國出兵「不外是友邦日本為了維護東亞和平大義，而帶出了正義之師」。[10]

然而，在占領區外的回民並沒有受到日本軍方的回教圈論述吸引。相反地，由於日本軍方在中國的侵略與殺戮，激發回民大眾的愛國意識。如薛文波於民國21年在知名的回民報刊《月華》分別發表〈關於抗日〉與〈回族救國〉的文章。薛文波一方面提醒回民大眾，日本政府侵略中國的野心，譴責日本政府背棄過去中日親善的說法，占領中國領土與殺害中國人民；[11]另一方面，薛文波呼籲統一回民組織並成立回族抗日救國會，建議各地清真寺的阿訇在宣揚回教之時，同時向回民大眾灌輸抗日的民族與愛國意識。[12]值得一提的是，在抗戰全面爆發之前，一位具有回民身份、時任東北軍第九旅626團的安德馨營長，不幸在民國22年1月的山海關戰役中，因抵禦日軍的侵略而陣亡。安德馨的歸真曾引起北平、上海與湖南常德回民的集體悼念。如北平的回民公會、四十四座清真寺的阿訇與其他回民代表，在笤掃胡同清真寺舉行追悼大會。穆斯林宗教學生唸誦讚詞，祈求真主賜予安德馨後世天園的等級。另一方面，北平

[7] 王柯依據日本官方解密的文件，指出日本官方在1920年代已經注意到穆斯林在滿洲的動向，只是日本最早關注的穆斯林群體是來自俄羅斯的韃靼人。這些韃靼人受到蘇聯政府的迫害，最終來到中國滿洲地區發展。日本官方察覺到這些韃靼人有利於日本的回教政策，幫助日本政府牽制蘇聯，因此協助在滿洲與日本的韃靼人建立清真寺、開設回教學校與回教印刷廠。請參見王柯，〈宗教與戰爭——1930年代日本「回教圈」話語的建構〉，頁70-72。
[8] 王柯，〈宗教與戰爭——1930年代日本「回教圈」話語的建構〉，頁75。
[9] 王柯，《民族主義與近代中日關係：「民族國家」、「邊疆」與歷史認識》，頁198。
[10] 王柯，《民族主義與近代中日關係：「民族國家」、「邊疆」與歷史認識》，頁198。
[11] 薛文波，〈關於抗日〉，《月華》，4卷6期（1932），頁5-7。
[12] 薛文波，〈回族救國〉，《月華》，4卷22、23、24期合刊（1932），頁9-11。

的回民領導人談到安德馨的生平事蹟，提到安德馨在生前經常到清真寺禮拜，與阿訇及教友們關係融洽。在上戰場之前，安德馨曾請阿訇誦經，表示以身許國的意念。[13]在上海的回民也舉行追掉大會，參與人員達兩千餘人。參與會議的致詞者紛紛表揚安德馨英勇殉國的決心，強調大敵當前，若每個中國人有安德馨不畏死的精神，中國必不會亡。[14]至於在湖南常德的回民則發表文章悼念安德馨，引用《古蘭經》抵抗敵人的經文，讚譽安德馨實踐回教的真諦。[15]

　　由上述可知，日本軍方從事的回教工作，不但無法得到全國回民的廣泛支持，反而凝聚回民各階層力量，並在日後組成中國回教協會予以反制。[16]

表2-1：日本軍方在中國成立的回教組織[17]

| 成立年代 | 名稱 | 備註 |
|---|---|---|
| 民國23年底 | 滿洲伊斯蘭協會 | 川村狂堂為協會的總裁。該協會的會員達一萬人以上，在滿洲設有166個分會。[18] |
| 民國26年11月 | 西北回教民族文化協會 | 成立於察哈爾的張家口。 |
| 民國27年2月 | 中國回教總聯合會 | 總部設在北京，之後擴張到天津、濟南、太原、張家口、包頭與河南，旗下共有389個分會。 |
| 民國27年5月 | 防共回教徒同盟 | 成立於熱河的承德。 |
| 民國27年12月 | 西北回教聯合總會 | 成立於內蒙綏遠歸化。 |

---

[13] 佚名，〈北平市回教同仁追悼安營長德馨紀錄〉，《月華》，5卷3期（1933），頁18-19；佚名，〈北平市回教同仁追悼安營長德馨紀錄（續）〉，《月華》，5卷5期（1933），頁20-21；孫繩武，《回教論叢》（台北：中國文化研究所，1963），頁331。

[14] 佚名，〈追悼安德馨決議要案六件〉，《月華》，5卷5期（1933），頁24。

[15] 艾布白克倫，〈安德馨之死〉，《穆音》，1卷4期（1933），頁12-13；艾布白克倫，〈安德馨之死（續）〉，《穆音》，1卷5期（1933），頁16-17。

[16] 王柯指出1930年代的日本軍方推動的回教工作受到許多中國回教徒的抵制。他引用當時一位日本外交官的觀察，指出日本軍方在中國成立的回教機構只是一個宣傳機構，沒有太多回民的參與。請參見王柯，《民族主義與近代中日關係：「民族國家」、「邊疆」與歷史認識》，頁218。

[17] 參考資料：王柯，〈宗教與戰爭—1930年代日本「回教圈」話語的建構〉，頁69；王柯，〈宗教共同體的邊界與民族國家的疆界：「回教工作」與侵略戰爭〉，頁198-206。

[18] 王柯，〈宗教共同體的邊界與民族國家的疆界：「回教工作」與侵略戰爭〉，頁198。

## 二、近代回民社會網絡的成形

　　回協從民國27年成立以來，能夠在極短的時間內凝聚全國各地回民的力量，配合政府抗日活動，這與回民社會網絡的有效整合密切相關。因此，在探討回協發展的歷史之前，必須先探究這個回民內部的社會網絡如何形成。回民內部社會網絡的形成又與近代回民自覺運動有關。所謂回民自覺運動主要是指以漢語為母語的穆斯林（通稱回民），在受到外部與內部環境的衝擊之後，懷有強烈的危機感與使命感，一方面致力提升回民群體在中國的整體地位，另一方面也積極參與現代民族國家的形塑。一般認為，近代回民運動最早可追溯到晚清末年。

　　依據王柯與張中復的研究，清光緒33年（1907年），在日本念書的十一名中國回民留學生於東京成立「留東清真教育會」，並在隔年出版近代中國第一部回民專刊《醒回篇》，可視為中國穆斯林近代新文化運動的先驅。[19]王柯指出，清真教育會與過去中國回民團體組織不同之處，在於勇於提出宗教改良與普及教育的口號。這些留學日本的回民青年們，看到當時回民群體整體文化水準低於漢人社會，對於當時中國政治與社會的劇烈變動也無動於衷，因而提出宗教改革與普及現代化教育的倡議。[20]然而，這些回民青年並非挑戰回教根本信仰，而是強調回民必須效法先知穆罕默德改革的精神，擺脫過去回民的陋習。[21]如一位回民青年保廷樑在《醒回篇》發表兩篇文章，感嘆那時中國回民群體食古不化，無法了解回教的真諦，甚至曲解《古蘭經》，導致回民無法順應時代的潮流，遠遠落後其他群體。保廷樑表示，為了革除這些積年累月的陋

---

19 張中復，〈論族國體制與少數民族族群意識形塑的互動意義：以海峽兩岸「回族」認定為例的探討〉，「冷戰時期海峽兩岸的社會與文化學術研討會」，台北：中央研究院近代史研究所，2008年6月5-6日，頁9-10；王柯，《民族主義與近代中日關係：「民族國家」、「邊疆」與歷史認識》，頁112-131。

20 王柯，《民族主義與近代中日關係：「民族國家」、「邊疆」與歷史認識》，頁119-123。

21 黃鎮磐，〈宗教與教育之關繫〉，《醒回篇》，收入余振貴、楊懷中（主編），《中國伊斯蘭歷史報刊萃編》，頁18。

習，回民必須成立宗教改良調查機關、組織清真月報與設立宗教學會。[22]另外一名回民青年趙鍾奇則呼籲回民大眾除了接受回教基本教育外，也必須學習現代化的國民教育，為社會與國家貢獻一份心力。[23]

　　從上述可知，近代回民自覺運動的展現主要與宗教改良與普及現代化教育有關。事實上，除了清真教育會回民青年在海外的呼籲外，那個時候中國內地已有回民宗教學者實際參與相關的改革活動。依據民國前期趙振武的考證，他認為王寬是近代從事中國回教文化教育的先驅者。[24]王寬，字浩然，生於清道光28年（1848年），卒於民國8年（1919年）。當時華北地區的回民對於回教信仰的認知與儀式出現偏差，同時排斥非伊斯蘭的知識，導致回民普遍在政治、經濟、社會與文化地位落後他人。出生於北京知名宗教世家的王寬於1906年，帶領弟子馬善亭到麥加朝覲之便，造訪鄂圖曼帝國各領地，觀摩當地現代化的教育體制。[25]依據王寬學生孫繩武的記載，王寬在朝覲完畢後，前往伊斯坦堡晉見當時鄂圖曼帝國最高統治者阿布都・哈密德二世（`Abdul Hamiid II, Sultaan`, 1842-1918 السلطان عبد الحميد الثاني）。哈密德二世在王寬的請求下，贈送大批經典書籍與派遣兩位穆斯林學者到北京教導回民誦讀《古蘭經》。[26]王寬1907年回國之後，在北京從事一連串的回教教育制度改革，設立回教師範學校與基礎學校，從此各地回民莫不聞風興起。[27]

　　清末回民的宗教改革呼聲與普及現代化教育的集體意識一直延續到民國時期。辛亥革命爆發後，滿清皇室退位，民國肇建，新政府頒布《臨時約法》，明定民族平等，信仰自由，集會結社得到法律的保障。[28]在抗戰全面爆發之

[22] 保廷樑，〈宗教改良論〉，《醒回篇》，收入余振貴、楊懷中（主編），《中國伊斯蘭歷史報刊萃編》，頁32-40；保廷樑，〈勸同人負興教育之責任說〉，《醒回篇》，收入余振貴、楊懷中（主編），《中國伊斯蘭歷史報刊萃編》，頁44。
[23] 趙鍾奇，〈論中國回教之國民教育〉，《醒回篇》，收入余振貴、楊懷中（主編），《中國伊斯蘭歷史報刊萃編》，頁75-79。
[24] 趙振武，〈三十年來之中國回教文化概況〉，《禹貢》半月刊，5卷11期（1936），頁15。
[25] 趙振武，〈三十年來之中國回教文化概況〉，《禹貢》半月刊，5卷11期（1936），頁15；孫繩武，〈王浩然阿衡之生平〉，收入氏著，《回教論叢》（台北市：中華文化出版事業社，1963），頁272-276。
[26] 孫繩武，〈王浩然阿衡之生平〉，頁276。
[27] 趙振武，〈三十年來之中國回教文化概況〉，頁16。
[28] 孫繩武，〈民國建立與回教復興〉，收入氏著，《回教論叢》，頁172。

前，全國各地陸續出現新興回民團體，一方面推廣新式回教教育，另一方面鼓勵回民大眾與主流社會接觸，擺脫長期遭到邊緣化的困境。

大陸民國時期參與回民自覺運動的人員大致分成兩大類：第一類是出生於傳統經堂教育的宗教學者，[29]他們不但學習清末王寬的改革模式，並參與新式回教學校的教學與管理工作，如北平的成達師範學校、雲南的明德中學以及上海的伊斯蘭師範學校，進而培育不少具有現代意識的回民青年。這些回民青年接受回教高等教育與現代化的知識，在之後的對日戰爭時期成為回協的第一線人員，反制日本的宣傳工作。另外一類則是回民知識份子與黨政人員。雖然這些人士不見得如宗教學者一般，對伊斯蘭有深入的理解與實踐，但他們具有強烈的回民意識，以改善回民整體地位為使命。[30]在抗戰之前，中國的回民團體多半各行其是與力量分散，導致回民內部的社會關係與聯繫網絡無法有效整合，也沒有一位公認的回民領導人。[31]一直到抗戰全面爆發，受日本「回教工作」對回民分化的刺激，回民宗教學人、知識份子與黨政人士在白崇禧的領導下，成立中國回教救國協會，從此回民自覺運動走向了一體化。

---

[29] 如有民國四大阿訇之稱的哈德成（1988-1943）、王靜齋（1879-1949）、達浦生（1874-1965）與馬松亭（1895-1992）等人，他們不排斥現代化的科技知識，同時願意與不同身份背景的穆斯林與非穆斯林交流與合作。

[30] 有關參與近代回民運動的人員分類，請參閱毓麟，〈民國穆斯林的「伊斯蘭文化」初探（1928-1949）〉，《端莊文藝週刊》2017年1月10日，http://www.sohu.com/a/123911796_488827（2018年4月10日檢索）。

[31] 在民國27年白崇禧將軍接任回協理事長之前，中國回民並沒有一位公認的領導人。如民國25年的一份回民報刊《突崛》曾提到需要回民領導者帶領全國回民渡過國難的呼聲。該文章的內容如下：「1936年之難關，已降臨於吾人之前就今日中國之對外對內情勢論，危機殆益趨嚴重…。吾回族雖占中國人民總數八分之一，而宗教情緒雖云熱烈，但未有統一之聯合，與領袖之領導，精神上實為散漫，各為所為若此能望發生力量也耶？能望興教救國也耶？」請參見佚名，〈如何領導全國回民〉，《突崛》，3卷3期（1936），頁6。

## 第二節　興教救國的回協
## （民國27至34年）

　　七七事變之後，受全國各地反日本入侵的高漲情緒影響，回民菁英陸續成立抗日性質的回民組織。民國26年8月，孫繩武、王曾善與唐柯三籌組抗敵救國會回教分會，號召全國回民共赴國難。民國26年12月，時子周、馬亮與王靜齋在鄭州發起中國回民救國協會。民國27年初，這些回民菁英們跟隨國民政府匯聚於武漢，商討如何組織全國性質的回教組織，以抵抗日本對各地回民的分化活動。這些回民菁英在歷經半年的協商後，最終在6月25日召開大會，沿用民國26年12月時子周等人所用的中國回民救國協會的名號，並合併其他回民抗戰組織，由白崇禧將軍擔任理事長，時子周與唐柯三擔任副理事長。[32]

　　民國27年7月，中國回民救國協會遷往重慶張家花園六十二號（十八梯清真寺）掛牌辦公，並在各省與院轄市設分會，各縣與省轄市設支會，凡有清真寺或回民居住之鄉鎮設區會，不到一年的時間內，分會成立十餘市，支會成立兩百餘市，區會成立三千餘處，回協成為戰時全國最高的回民機構。[33]民國28年7月，中國回民救國協會在重慶十八梯清真寺召開第一屆全國會員代表大會，白崇禧理事長邀請蔣中正以中國最高領導人的身份參與大會。[34]

　　依據薛文波的記載，會議一開始，達浦生阿訇在恭讀《古蘭經》祈禱抗戰勝利時，全場肅穆。蔣委員長亦斂神閉目，心有所會，顯示對回教信仰的尊重。[35]在大會閉幕之後的茶會中，蔣委員長期許參與會議的回教代表們在國難當

---

32　有關回協成立經過請參見，孫繩武，〈中國回教協會之過去與最近一年之工作〉，收入氏著，《回教論叢》，頁4-5；郭廷以校閱，賈廷詩等訪問記錄，《白崇禧先生訪問紀錄（下冊）》，頁573。李廷弼，〈籌組中國回教協會紀略〉，《中國回教》，184期（1984），頁30-32。

33　孫繩武，〈中國回教協會之過去與最近一年之工作〉，頁4；《中國回教救國協會會刊》，1卷1期（1939），頁12。

34　郭廷以校閱，賈廷詩等訪問記錄，《白崇禧先生訪問紀錄（下冊）》，頁576。

35　薛文波，〈本會第一屆全體會員代表大會會場特寫〉，《中國回教救國協會會刊》，1卷1期（1939），頁17。

前必須負起責任，與非回教人合作，推動社會和自身的進展，這樣才能顯示出回教博大的精神。[36]在會議進行當中，白崇禧以理事長的身份發表〈中國回教今後的展望〉演講，提到中國回民救國協會是基於國家民族危難而成立。在面對日本帝國主義的入侵，白崇禧指出：「回教同胞同是中華民族的一份子，是中華民族的一個國民，故我們應該團結起來，一致地參加民族解放的鬥爭，以盡國民的責任。」[37]副理事長唐柯三在會中則表示，由於過去回教民眾沒有健全的組織，故一切事業未能推進。他鼓勵回民大眾在國難之時，必須負起救國與救教的雙重責任，「救國乃能救教，愛教必先愛國。《古蘭經》所昭示吾人愛國衛教之訓言，與為人做事之標準，不可殆述，吾人反躬自問，既為國民，是否已盡抗戰救國之義務，既為回民，是否已盡愛教護國之天職…。」[38]從白崇禧與唐柯三的演講內容，便可了解回協不是單純的宗教團體而是負有政治任務的團體。參與回協的人員響應國民政府的號召，帶有強烈的愛國意識投入抗日活動。

各代表在大會中制定組織章程，將中國回民救國協會改成中國回教救國協會，並改組內部機構，分為理事會、常務理事會、監事會、常務監事會。協會旗下設立五個工作小組，第一組負責文書、會計、登記等事宜。第二組負責計畫、組訓、選舉與調查等事宜。第三組負責教務、教育、救濟、宣傳、刊物等事宜。第四組負責經濟、生產等事宜。第五組負責婦女工作。馬景認為中國回教救國協會的創立，調動中國穆斯林參與抗戰的積極性和主動性，有力地抵制日本的回教工作。[39]

回協在抗戰時期的工作乃依據「興教」與「救國」兩大原則。[40]或許回協的興教救國與今日回族學者們所提倡的「愛國愛教」相似，不過若了解回協的興教救國內容，便可發現仍有程度上的差異。[41]本章作者耙梳大陸民國時期

36 薛文波（記錄），〈蔣總裁在招待本會各省代表茶會時訓詞〉，《中國回教救國協會會刊》，1卷1期（1939），頁5。
37 白崇禧，〈中國回教今後的展望──在本會第一屆全體會員代表大會席上之講詞〉，《中國回教救國協會會刊》，1卷1期（1939），頁7。
38 唐柯三，〈今日之回教組織〉，《中國回教救國協會會刊》，1卷1期（1939），頁13。
39 馬景，〈中國穆斯林與日本侵華時期的「回教工作」〉，澤井充生編著，《日本の回教工作とムスリム・コミュニティの歷史人類學的研究》，平成25-27年度科學研究費補助金《基盤研究（C）研究成果報告書》（2016），頁136。
40 除了「興教救國」一詞，當時也有引用「興教建國」一詞。
41 本章作者尚未對1949年之後的「愛國愛教」一詞進行通盤考證。經中國大陸回族學者指正，「愛國愛教」一詞在1980年代改革開放之後才廣為使用，主要是當時中國各地穆斯林積極辦報，響應中共

的穆斯林期刊，發現「興教救國」一詞在抗戰之前已經出現，而且並非來自政府的宣傳口號。如民國23年一位北平成達師範學生金德寶在該校月刊上發表一篇〈興教與救國〉的文章。金德寶在文章中先強調興教的必要性。他認為假如穆斯林沒有辦法復興伊斯蘭，外人將會以錯誤觀念看待伊斯蘭，甚至攻擊伊斯蘭。他另外強調興教必須與救國相輔相成，在外敵入侵之下，穆斯林必須保衛家園，否則國破家亡將難以復興宗教。[42]

「興教與救國」該詞彙在抗戰時期成為回協推動回教工作的兩大主軸。回協理事長白崇禧在民國30年對成達師範師生談話時提到：「我們現在負擔著兩種任務：一方面是挽救國家，另一方面是復興宗教…。換句話說，我們必須認清唯有國家能獨立，人民的宗教自由才有保障。唯有國家能強盛，教義的發揚光大才有可能。我們要在救國的工作中復興宗教，努力爭取國家強盛和宗教發展的目的。」[43]白崇禧的救國與興教論不僅是口號，更落實在回民的日常生活中。如當時在西北回民聚集區流傳的〈中國穆斯林進行曲〉將興教與救國的元素結合在一起，一方面鼓勵穆斯林發揚穆罕默德聖人的精神，另一方面強調對祖國的熱愛，抵禦敵人的入侵。[44]

綜合上述，興教與救國可說是回協在抗戰期間的主要指導方針。從民國27年6月成立到民國34年8月日本宣布無條件投降期間，回協主要工作大致可分為三個面向：

## 一、抵制日本回教工作

為了抵制日本對回民的分化政策，回協從事以下的反制工作：

---

的改革開放政策。

[42] 金德寶，〈興教與救國〉，《成師月刊》，（1934），頁5-6。
[43] 白崇禧，〈如何完成救國與興教的使命〉，《建設研究》，6卷4期（1941），頁120。
[44] 〈中國穆斯林進行曲〉的全文為：「我們是青年人，中國的青年人。青年要領導大眾，向前邁進，我們愛教，更愛祖國。青年的穆斯林勇敢前進，侵略者進攻，把他打回去。侵略者進攻，大家起來拚，用我們的熱血發揚穆聖精神。用我們的熱血教訓敵人。我們是青年人，中國的青年人。青年要領導者大眾向前邁進。用我們熱血捍衛祖國，青年的穆斯林勇敢前進。」〈中國穆斯林進行曲〉，收入《中國回教救國協會會刊》，1卷1期（1939），頁6。

## （一）呼籲西北諸馬參與抗戰

回協成立之初的重點工作便是與西北諸馬建立聯繫管道。西北諸馬從清末以來，便是甘肅、寧夏與青海等地區最重要的地方軍政勢力。西北諸馬不僅具有地方軍閥特徵，同時是信仰回教的馬姓穆斯林家族。[45]日本在占領東北與華北之後，計畫利用西北諸馬與國民政府若即若離的關係，號召「五馬聯盟」[46]脫離國民政府管轄，另行在甘肅、寧夏與青海地區成立「回回國」（回教國）以成為日本的附庸。[47]民國27年2月，中國回民救國協會發表〈貢獻於西北各位將領〉，一方面呼籲西北諸馬趁著與日本尚未接觸之前，「應當和中央詳細籌畫，何物應補充，何處應加強，預定把根基底定，將來才可萬無一失」；另一方面，提醒西北諸馬組織回民大眾，「以回民護教的精神起來衛國」，同時與漢族同心協力，「才能發揮民族抗戰的真實力量」。[48]

抗戰全面爆發之前，國民政府已相當重視西北地區的重要戰略地位，嘗

---

[45] 馬景，〈中國穆斯林與日本侵華時期的「回教工作」〉，頁137。

[46] 一般稱大陸民國時期，西北地區的統治者為「五馬」，即五位重要的馬氏統治者。但隨著時空轉變，五馬指的人物也有所不同。如民初五馬指甘肅省督軍馬福祥、寧夏護軍使馬鴻賓、甘邊寧夏鎮守使馬麒、涼州鎮守使馬襄廷與甘州鎮守使馬麟。在民國二〇年代，五馬則指寧夏省主席馬鴻逵、青海省主席馬步芳、以臨河地區為中心的中央軍新編第三十五師師長馬鴻賓、以涼州為根據地的中央新編騎兵第5師師長馬步青，以及在甘肅西部的新編第三十六師師長馬仲英。請參見王柯，《民族主義與近代中日關係：「民族國家」、「邊疆」與歷史認識》，頁206。

[47] 馬景，〈中國穆斯林與日本侵華時期的「回教工作」〉，頁136。另外，王柯依據日本軍方檔案，指出在抗戰爆發前後，日軍與外務省對於西北馬家有完整的評估，他們認為西北馬家先天地「極端厭惡共產主義，具有親日感情」、利用馬步芳可「阻擋經由新疆東漸的赤化勢力」、「切斷由哈密經蘭州到西安的、蘇聯供給漢口政府武器的通道」等評價。王柯發現，在抗戰全面爆發之前，西北馬家與日本軍方有所聯繫。如民國25年12月馬步芳與馬步青通過駐紮在天津的日軍，提出購買三八式步槍一千支、步槍子彈一百萬發（馬步芳）、三八式步槍一千支（馬步青）。日軍考慮可以利用西北馬家勢力，因此同意將武器賣給兩馬。請參見王柯，《民族主義與近代中日關係：「民族國家」、「邊疆」與歷史認識》，頁209。

不過，張中復認為西北諸馬沒有與日本合作的動機。張中復之〈回教抗戰〉篇有這一段評述：「事實上，西北馬家與日本合作的可能性並不高。作為清末以來甘寧青地方穆斯林勢力的實際掌權者，即使與北洋政府或國民政府有利害衝突，但也沒有需要或誘因，必須成為日本這個與伊斯蘭並無關係的國家的附庸與傀儡。同時，馬步芳的祖父馬海晏、族人馬福祿等人清末都效力於董福祥的甘軍，並曾參與北京庚子之役，與包括日本在內的八國聯軍作戰。家族中包括馬海晏等多人都直接或間接在該役中遇難犧牲，這就是西北諸馬認為與日本人存有「國恨家仇」情結的由來。」請參見張中復，〈回教與抗戰〉，頁528。

[48] 佚名，〈貢獻於西北各位將領〉，《中國回民救國協會通告》，第4號（1938），頁14。

試透過各種方式將西北諸馬納入行政控制之下，但遲遲無法有實質進展。[49]直到日軍攻陷首都南京後，國民政府擔憂西北諸馬對中央政府的向心力不足，易受到日本的引誘而脫離中央，於是提升西北諸馬政治地位，如將馬麒升格為國府委員、馬步芳任青海省主席、馬鴻逵任寧夏省主席。其次，國民政府派出具有回民身份的重要政治高層如白崇禧與孫繩武等人遠赴西北各省「側重軍事視察」與「慰問西北軍政長官」，與西北諸馬建立實質關係。[50]

　　民國27年2月，回協在武漢組織「甘寧青抗敵救國宣傳團」，特別向西北地區的廣大回民宣揚愛國與抗戰的意識。該宣傳團在3月9日發表〈告全國回教同胞書〉，強調全中國的所有回民在「民族危機日迫的關頭，我們要尊奉真經的指示，穆聖的遺訓，爭取我們的自由解放與生存」；同時，宣傳團提醒各地回民也是「中華民族一份子，便要服從我們的最高領袖蔣委員長不屈不饒的告誡，以回族固有的大無畏精神，擔負起神聖的抗敵救亡工作，與仇敵暴日作殊死戰…」。[51]甘寧青抗敵救國宣傳團一行十三人於3月11日從武漢正式出發，先後造訪陝西西安、甘肅蘭州與河西、青海西寧與寧夏銀川。宣傳團所到之處，聚集上千名回民參與歡迎大會。青海省主席馬步芳與寧夏省主席馬鴻逵對於宣傳團的到來也極度重視，紛紛表示堅決響應國民政府抗日政策與拒絕敵人的分化。馬景認為，甘寧青抗敵宣傳團成功地使西北諸馬不為日本威脅利誘所動搖，給予日軍以嚴厲的抗擊，使日本建立「回回國」的企圖最終化為泡影。[52]

　　的確，西北諸馬在對日抗戰中有著做出重大的軍事貢獻。西北諸馬被編入第八戰區的戰鬥序列中。寧夏馬鴻逵的第十五路軍和馬鴻賓的第三十五師合編為第十七集團軍，由馬鴻逵任司令、馬鴻賓為副司令兼八十一軍軍長與綏西防守司令。從民國27年5月到民國32年間，第十七集團軍長期在綏西的沙漠地帶與日軍周旋。特別在民國31年5月的五原之戰中，馬鴻賓的第八十一軍與傅作

---

49　林孝庭著，盧雲譯，〈共產主義中國之前的國民黨、穆斯林軍閥和「開發大西北」運動〉，《民族社會學研究通訊》，119期（2012年9月），頁28-29。

50　白崇禧，〈遵守穆聖訓示反抗侵略〉，《回教大眾》，創刊號（1938），頁3；孫繩武，〈寫給回教大眾半月刊—在伊斯蘭教反侵略祈禱大會演講詞〉，《回教大眾》，創刊號（1938），頁6-8。

51　〈甘寧青抗敵救國宣傳團告全國回教同胞書〉，《回教大眾》，2期（1938），頁24-29。

52　馬景，〈中國穆斯林與日本侵華時期的「回教工作」〉，頁139。

義合作，收復伊克昭盟東北地區。[53]至於在青海方面，國民政府將馬步芳的部隊編入第八十二軍，其中以騎五師與騎一師為主幹。值得一提的是，馬步芳的堂叔馬彪率領的騎一師由民國26年9月起，在陝西、河南與安徽等地與日軍多次激戰，是西北諸馬參與抗戰中投入最多與犧牲最重，但也是重創日軍最深的一股力量。[54]張中復評價抗戰期間的西北諸馬回教部隊並未保留實力，且多次出兵關內抗敵犧牲重大，具體實踐抗戰救國、共赴國難的愛國精神。[55]

## （二）各地區的回民抵抗活動

除了西北諸馬派出正規軍隊外，中國各地也陸續出現回民抵抗勢力。依據宛磊的研究，河南省回協分會下屬的中國回民青年戰地服務團協助國軍作戰，以及參與游擊隊武裝抗日。民國30年1月6日，戰地服務隊的二十八名回民青年在開封炸毀一輛裝載敵軍的火車，造成敵方九十人死傷。[56]約在同個時間，河南南陽的五十名回民青年戰地服務團配合國軍阻擊日軍侵犯。依據記載：「回民青年戰地服務團三十餘人，堅守寨垣，與敵巷戰，白刃相接，斃敵兵六名…分隊長陳德行率隊員二十多名，協助國軍，轉戰杏花山、龍王溝一帶，後敵軍經南陽東竄，分隊奪取敵輕機槍一挺，步槍兩隻，贈交國軍第三十九師。」[57]

---

[53] 張中復，〈回教與抗戰〉，頁529；吳啟納，〈對抗戰的一點思考：抗戰洗禮下的少數民族的中華民族化〉，收入黃自進（編著），《國共關係與中日戰爭》（新北市：稻鄉出版社，2016），頁365。

[54] 張中復，〈回教與抗戰〉，頁530。

[55] 西北馬家在抗戰時期的活動似乎沒有受到兩岸歷史學界的正視。台灣歷史學界除了張中復在〈回教與抗戰〉一文提到西北馬家的抗戰事蹟外，本章作者目前僅查到鄭國良的碩士論文略提及西北馬家參與抗戰的經過。請參見張中復，〈回教與抗戰〉，頁527-531。鄭國良，〈中央與地方—國民政府與青海馬家關係研究（1928-1945）〉（國立政治大學歷史研究所碩士論文，2008），頁117-119。至於大陸歷史學界對於西北馬家的歷史評價都相當刻板。張中復在〈回教與抗戰〉一文中指出：「西北馬家與早期中共歷史關係相當特殊，並影響日後中共建政後對其歷史評價問題。這其中的關鍵就是中共『長征』史上著名的西路紅軍事件。1936年10月由中共中央下令徐向前等人率領約兩萬部眾的西路紅軍西渡黃河作戰，企圖打通前往新疆與蘇聯的路線。但這支幾乎占當時紅軍總數四成的部隊，在突入河西走廊後遭到以青海為主的地方武力的截擊，一直陷入孤軍作戰的困境，最後幾乎全軍覆沒，成為中共早期革命史上罕見的損失慘重的單一軍事行動。由於西路紅軍被馬家殲滅的史實並不光彩，其中還涉及決策錯誤與歷史責任問題，所以長久以來在中共黨史與軍事史的研究領域中一向都未受到重視。此一情況直到近幾年才有所改善。」請參見張中復，〈回教與抗戰〉，頁528。

[56] 宛磊，〈回族在河南抗戰事蹟論述〉，頁89。

[57] 宛磊，〈回族在河南抗戰事蹟論述〉，頁90。

　　日本占領的華北地區，也有回協支持的地下抗日工作。依據白崇禧在民國27年10月給蔣中正的報告中，白崇禧表示已派遣蒙藏委員孫繩武負責北平、天津、察哈爾與綏遠各地等祕密偵察工作，監視日本在華北扶植的「中國回教聯合總會」。白崇禧同時建議國民政府另行撥款辦理淪陷區回教祕密工作，因為隨著淪陷區域增加，「不肖回民份子亦隨之增多，如濟南、鎮江等地相繼有回教偽團體出現，如馬良出任偽山東省長，亟應慎選回教忠勇青年分別祕赴各淪陷區域，設法予不肖者以懲儆，一面聯絡各地回教愛國份子，嚴密組織潛伏敵人後方，以抵制敵人之活動。」[58]另外，依據中研院近史所館藏的一份檔案顯示，民國29年回協副理事長時子周寫信給中國國民黨中央執行委員會祕書長朱家驊，請求金援在天津從事回教祕密工作的兩位回民同志。[59]

　　除了上述西北諸馬派遣正規部隊以及回協在各地指導的回民抗日活動外，淪陷區也有自發性的回民組成的武裝勢力。如山西馬君圖的抗日事蹟成為戰後回協表揚的楷模。馬君圖早年在英國求學期間參與同盟會活動。民國成立後，馬君圖在山西閻錫山手下擔任教育廳長、實業廳長與山西省政府委員等重要職位。馬君圖除了參與政務工作外，也投入教門事業與其他回民菁英成立中國伊斯蘭布道會，從事宣揚教義、興建清真寺與學校（崇實中學），以及協助《古蘭經》漢譯出版等工作。[60]抗戰爆發後，日軍占領山西太原，馬君圖退到山西晉城與太行山一帶組成游擊隊與日軍周旋數年之久。民國32年，日軍進攻太行山俘擄馬君圖。民國34年7月，日軍在抗戰結束前夕撤離山西時，馬君圖遭日軍注射毒劑導致身亡。抗戰結束後，回協的《中國回教協會會刊》特別出版《紀念馬君圖先生專號》以表揚馬君圖抗日精神。[61]

　　另外，在華北地區，冀魯邊區回民大隊與河北游擊軍回教隊，透過游擊戰的

---

[58]　「白崇禧呈蔣中正處理回教團體經過情形及今後應辦事項文電日報表」（1938年10月21日），《蔣中正總統文物》，國史館藏，數位典藏號：002-080200-00503-211。

[59]　中央執行委員會為國民黨的最高執行機關。抗戰時期，不少回民菁英曾與中央執行委員會祕書長朱家驊通信，請求協助回教工作事宜。請參見「平津黨務：天津回教黨務」（1940年3月28日），《朱家驊檔案》，中研院近史所檔案館藏，館藏號：301-01-06-197。

[60]　佚名，〈馬君圖先生行狀〉，《中國回教協會會報》，7卷2期（1946年12月），頁1-2。

[61]　佚名，〈共赴國難　馬君圖母子兩代英雄〉，《抗日戰爭紀念網》，2016年7月6日，http://www.krzzjn.com/html/33071.html（2018年9月10日檢索）；《紀念馬君圖先生專號》，《中國回教協會會報》，7卷2期（1946年12月），頁1-9。

方式抵禦日軍的入侵。這些回民民間武裝勢力後來由中共整合，成為今日中共宣傳回民抗戰的代表性團體。[62]由上得知，日本在抗戰時期所宣傳的回教工作並非得到絕大多數回民的支持。相反地，日軍中下階軍官與士兵並未真正落實日本的回教工作，由於他們對回民生活習慣毫無所知，甚至出現強迫回民殺豬勞軍或是破壞清真寺的行徑，導致回民憤而抵抗使得日本對回教的親善工作難以真正實踐。[63]

### （三）黃埔軍校回民大隊

抗戰時期，中央政府組織兩支以回民為主體的部隊：一是在西北設立的步兵分校，專門招募西北地區的回民青年，[64]另一則是在黃埔軍校體系內設置回民大隊，專門培育回民軍事將才。目前尚未有專門探討西北步兵分校回民部隊的文獻，但已有部分史料、當事人回憶錄與二手文獻談論黃埔軍校的回民大隊。黃埔軍校回民大隊是抗戰時期特殊的產物，是近代中國以來，中央政府首次培育以回民為主體的軍事大隊。抗戰爆發之初，回協理事長白崇禧向蔣中正建議培養回教軍事幹部人才，以中央陸軍軍官第六分校為名義，招收西北及各地回教高初中學生，施以正式軍官教育，在畢業後，即以充任。[65]中央陸軍軍官第六分校前身是民國15年在廣西南寧成立的中央軍事政治學校第一分校，簡稱南寧軍校，由桂系的李宗仁與白崇禧管理。南寧軍校可視為桂系培育軍事新血的基地，擁有自己的校訓與校歌，藉此與蔣中正管理掌控的黃埔軍校區別。白崇禧曾任南寧軍校第四到第八期的校長，不過在民國26年七七事變後，白崇禧將南寧軍校交由國民政府直接管轄，改名為中央陸軍軍官學校南寧軍校，後來再改名為中央陸軍軍官第六分校，正式納入黃埔軍校體系。[66]抗戰爆發後，第六分校從第十五期到第二十二期之間，專設回民大隊，估計培養兩到三千多位回民青年成為軍隊幹部。[67]

---

62　最著名的代表人物為馬本齋。張中復，〈回教與抗戰〉，頁532-533。

63　吳啟訥，〈對抗戰的一點思考：抗戰洗禮下的少數民族的中華民族化〉，頁335。

64　孫繩武，〈五十年來回教團體之組織及活動〉，收入氏著，《回教論叢》，頁161-162。

65　「白崇禧呈蔣中正處理回教團體經過情形及今後應辦事項文電日報表」（1938年10月21日），《蔣中正總統文物》，國史館藏，數位典藏號：002-080200-00503-211。

66　鳳介生，〈黃埔軍校（桂林）第六分校考略〉，《搜狐》2017年11月23日，http://www.sohu.com/a/206011347_523187（2018年4月4日檢索）。

67　郭廷以校閱，賈廷詩等訪問記錄，《白崇禧先生訪問紀錄（下冊）》，頁585；李華，〈回漢民族關係論述──基於歷史、民俗互動的視角〉，「伊斯蘭與西北回民社會：歷史人類學視野下的譜系、

　　曾參與第六分校第十五期回民大隊的朱雲峯與脫思鑄分別回憶，到民國26年底，有志加入第六分校回民大隊的各省回民青年學子來到漢口民權路清真寺報到。之後，回民青年先到廣西柳州營區接受基本軍事訓練，再移到桂林近郊的李華村受訓。[68]回民大隊的學生除了接受嚴格的軍事訓練外，平時仍有執行宗教功課的空間。如參與第二十期回民大隊的王立志表示，每逢週五的「主麻」舉行聚禮，回民大隊必定停止操課，由政治教官尹光宇帶領學生舉行禮拜。[69]朱雲峯表示尹光宇教官是千餘位回民受訓學生的精神領導，宛如「隨軍阿訇」，平常在課堂上灌輸回民學生回教知識，闡明愛教必先保國的真諦，同時也會跟學生們分享他在海外遊歷穆斯林地區的經驗，讓學生大開眼界。[70]可惜的是，黃埔回民大隊僅存在短短幾年的時間，隨著民國31年後，桂林戰局逆轉，軍校疏散到四川後，國民政府不再特別招募以回民為主體的大隊。[71]

## 二、塑造全國回民的一體化

　　由於中國對日抗戰是總體戰，除了軍事活動外，背後必須由全體國民的動員與支持，回民自然也不例外。然而，整體而言回民在中國主要呈現出的是大分散與小集中的特色，即回民遍佈於全國各地，但以「補綴式社群」（patchwork　communities）形態散布在漢人為主體的社會中。[72]傳統以來，各地回民除了經堂教育體系與商業網絡外，並沒有太多共同處，也不是一個同質性的群體，如歷史上中國東部和南部城市的回民知識共同體與西北和西南那些較為保守的鄉村共同體，很少有聯繫關係。[73]民國成立之後，各地的回民雖從事自

---

拱北和清真寺研討會」，香港：香港中文大學，2016年6月16日，頁93。

[68] 朱雲峯，〈抗戰時期回教軍官的搖籃地—李家村〉，《中國回教》，192期（1986），頁41-42。脫思鑄，〈黃埔軍校的回族大隊〉，《中國回教》，226期（1993），頁32-33。

[69] 王立志，〈伊斯蘭教在黃埔〉，收入《中國伊斯蘭的傳統以及將來》（台北：中國回教文化教育基金會，1998），頁130-133。

[70] 朱雲峯，〈軍校生活回憶—懷念兩位敬愛的回教老師〉，《中國回教》，195期（1986），頁36。

[71] 朱雲峯，〈抗戰時期回教軍官的搖籃地—李家村〉，頁42。

[72] Dru C. Gladney, "The Hui, Islam, and the State: A Sufi Community in China's North-west Corner," in Jo-Ann Gross, eds., *Muslim in Central Asia* (Durham: Duke University Press, 1992), p. 91.

[73] 丁克家、馬雪峰，《世界視野中的回族》（銀川：寧夏人民出版社，2008），頁59。

發性的文化與宗教復興活動，但缺乏一個強而有力的領導中心整合各地回民的力量。如馬松亭阿訇在抗戰前曾提到全國各地的回民缺乏實質的聯繫與合作：

> 吾國教胞不下五六千萬，全國大小地方，差不多都普遍了，一個最完善的宗教，在吾國教胞的眾多，遍及這樣的廣大，並且有千餘年的歷史，然而在社會上的地位卻是如此落伍，這是什麼緣故呢？就是沒有團體，因為教親們都本者「凡事穆民都是兄弟」的精神，皆立在平等地位，各自努力地奮進，所以不免有演出不能相協的狀態來…。[74]

回民一盤散沙的局面在抗戰爆發之後出現了轉變。回協嘗試將各地的回民團體納入其組織旗下，如民國29年4月，在白崇禧強力運作下，要求內政部取締「非法回教組織」，否定任何與回協競爭的回教團體，以確保回協的主導優勢。[75]當時回協針對的「非法回教組織」為日本人在占領區扶持的回教團體，如山東的馬良、天津的王曉岩與東北的張子文成立的回教組織。另一方面，回協自我定位為中國所有回民的代表，如章程的第三章第五條「凡中國回教人民均得為本會會員」、第六條「會員有服從本會決議案及認捐本會經費之義務」的規定。[76]孫繩武認為，即使在日本占領區內的回民，雖然無法實際參與回協會務，但精神上均有遵守章程之義務。[77]回協整合全國回民的具體方式可分成三個層面：

## （一）調查全國回民整體情況

回協在成立之初，亟須掌握各地回民的整體情況，因此下令各地的分會從事調查工作。回協的調查工作包含各地回協分部會務調查、青年服務團調查、各地清真寺調查與戶口調查等。這些工作中又以回民人口調查最為重要，白崇禧在回協第一屆全國會員代表大會中提到：

---

[74] 馬壽齡，〈宗教師範教育與理想的阿衡〉，《月華》，2卷20期（1930），第1版，收入余振貴、楊懷中主編，《中國伊斯蘭歷史報刊萃編第二輯》（寧夏：寧夏人民出版社，1993），頁155。

[75] 「中國回教救國協會呈請取締非法回教民眾組織經定辦法三項」（1940年4月24日），《內政部檔案》，國史館藏，入藏登錄號：026000013229A。

[76] 白崇禧，〈中國回教今後的展望──在本會第一屆全體會員代表大會席上之講詞〉，頁25-26。

[77] 孫繩武，〈五十年來的回教團體之組織及活動〉，收入氏著，《回教論叢》，頁158。

本會成立以來，首先著手調查教胞的人口與分布狀況，因為我們不知道
有教胞多少，就無法知道教內的力量，過去有些人說過，回教的教胞人
數五千萬，其實此數確實與否，誰也不敢肯定。中國對於人口多寡，向
來就籠籠統統的，不僅我們回教教胞確實人數沒有確切的統計，就以全
國的人口而論，雖然大家都說是四萬萬五千萬，可是也沒有經過縝密的
統計，處處都表現我們的國家，組織鬆懈。所以，本會成立之初，就感
到調查工作是非常重要的，著手製就人口調查表，由各分會支會督率各
清真寺，詳為調查。[78]

大陸民國時期，以漢語為母語的回民，將「回民」範疇擴及到其他信仰回教的
各個民族，因此那個時期的回民也包含新疆的維吾爾穆斯林與今日中共民族識
別下的非回族穆斯林（如保安、東鄉與撒拉族）。[79]民國29年起，回協委託內
政部調查全國各地回教寺院與回教徒概況。[80]內政部向各省政府發布公文，要
求調查所轄境內有無回教徒及清真寺院的存在。這項調查工作是一項巨大的工
程，遍及二十個省份。[81]各省政府收到內政部的公文後，另發文通知下屬縣市
政府調查當地回民與清真寺數量。內政部提供的調查統計表分成兩類：第一類
是「回教徒概況調查表」，調查回民在各縣市的分布區域、男女人口數量、職
業類別、經濟收入、教育背景與生活習俗等事項。第二類是「回教寺院概況調
查表」，調查內容包含清真寺的名稱與歷史沿革、教長與負責人名稱與清真寺
擁有的土地面積與價值等。[82]

---

[78] 白崇禧，〈中國回教今後的展望─在本會第一屆全體會員代表大會席上之講詞〉，頁7-8。

[79] 孫繩武，〈中國回教與世界回教〉，收入氏著，《回教論叢》，頁71。

[80] 「中國回教救國協會呈擬派員來蒐集有關回民材料〉（1940年3月11日），《內政部檔案》，國史
館藏，入藏登錄號：026000013144A。

[81] 調查的省份包含浙江、江西、湖北、湖南、四川、河南、陝西、甘肅、青海、福建、廣東、廣西、
雲南、貴州、山西、綏遠、安徽、西康、江蘇與河北。請參見「回教寺院及回教徒概況調查表」
（1940年1月9日），《內政部檔案》，國史館藏，入藏登錄號：026000012611A。

[82] 目前這些調查資料收錄於國史館，但多半僅留存各省政府發給各縣級政府的公文，筆者並未完整看
到實際的調查內容，目前僅收集到安徽、陝西與河南省的回民與清真寺調查紀錄，未來仍須進行全
盤的檔案梳理。

民國33年，國民政府主計處正式發表中國回民人口數字為48,104,240人，與抗戰前回民內部流傳的五千萬人相差不遠。[83]但有關回民的實際數量仍有待考證。如民國29年，回協雖透過內政部的協助，調查全國回民動態與清真寺的數量，但無法真正掌握具體數據，這可能與兩個因素有關：第一，內政部無法在淪陷區如日本占領的東北、華北與華中南等地區，調查回民的實際情況。第二，因戰亂的關係，不少回民成為難民流離失所，不易掌握各地回民實際數量。或許因為調查方法與戰亂原因，回協與國民政府始終無法確切掌握全國回民的數量，僅能暫時以回民內部流傳發布的五千萬人口作為官方說法。[84]

## （二）救濟工作

救濟回民是回協的重點工作之一。長期以來，多數回民的經濟條件不佳，且受到國內政治動盪與列強在中國的侵略，原本生計情況非常脆弱的回民大眾更成為弱勢中的弱勢。[85]民國19年，知名的回民雜誌《月華》曾提到抗戰前的回民整體生活情況：

> 回民的產業在中國又占什麼地位？毫不諱言地說吧！不祇夠不到小資產階級，簡直是無產階級了！在中國回民中，很少有富擁巨萬的大資本家，沒有要地屯糧的大地主。十之八九都是朝販夕食的小市民，及專憑兩隻胳膊掙錢討飯的小工人，他們的生活簡直是痛苦極了，……今年西北陝甘鬧荒災，被難者大多數又是我們回教的同胞！現在讓你走遍中國的回民住地吧！「窮回回」三個字是時常聽到的，……。朋友們，我們要拿出回教固有的互助的精神，來想法提高他們的生活，來解決他們的「生計問題」。[86]

---

[83] 孫繩武，〈中國回教與世界回教〉，頁71。

[84] 據稱回民五千萬的說法最早來自1906年，王寬遊歷鄂圖曼土耳其時向蘇丹報告的數字。至於首次有回民五千萬的文字記載，來自民國15年中國回教學會月刊中的發刊詞。請參見守愚，〈發刊詞〉，《中國回教學會月刊》，1卷1號（1926），頁8。

[85] 陸敬忠，〈近代回族師範教育的發展—《月華》旬刊之研究（1929-1937）〉（國立中央大學歷史研究所碩士論文，2008），頁123。

[86] 莊稼人，〈中國回民的生計問題〉，《月華》，2卷15期（1930），第1版，收入余振貴、楊懷中主編，《中國伊斯蘭歷史報刊萃編第二輯》（寧夏：寧夏人民出版社，1993年），頁135。

抗戰之前，回民生活條件普遍不佳。抗戰爆發之後，時常有敵軍破壞清真寺與殺害回民的消息，回民亟須物資與精神上的援助。對此，回協在各地成立賑濟委員會與生產合作社，救濟赤貧的回民大眾。[87]如抗戰時期的回民大省河南可謂重災區，除戰爭破壞外，天災人禍亦頻繁，導致許多河南回民亟須援助。在河南的回協分會其具體措施則包括負責協助救濟難民、提供小額貸款與設法保障回民飲食與信仰的基本權益等。[88]

## （三）推廣回民教育

回協不單將工作放在對日抗戰與援助回民等業務，同樣也重視回民教育的推廣，如成立回教文化研究會、[89]制定發展回民教育計畫、[90]在國立大學設立回民職業專班[91]與伊斯蘭文化講座、[92]統一編輯回民小學教義課程教材，[93]以及協助《古蘭經》譯經等工作。[94]普及回民教育是當時回民有識之士的共同心聲。長期以來，各地回民菁英認為回民整體地位的低落，主要是缺乏教育的關係。

---

[87] 佚名，〈一年來的工作報告〉，《中國回教救國協會第一屆全體會員代表大會特刊》（1939年8月），頁20；克行，〈抗戰四年的回教〉，《中國回教救國協會會報》，3卷9期（1941），頁4。

[88] 有關回協在河南的援助內容，請參見宛磊，〈中國回教救國協會對回族利益之維護—以河南的情況為例證〉，《濮陽職業技術學院學報》，26卷5期（2013），頁67-68。

[89] 回教文化研究會由馬宗融理事任總幹事，舉行相關回教文化座談會與出版回教文化刊物。請參見佚名，〈一年來的工作報告〉，頁17。

[90] 回協計畫建立全盤式的回民教育體系，分成大學、中學、小學及社會教育各層次，呈請教育部採擇施行。另外，回協推動在清真寺內設置小學及提供回教中學生獎學金的工作。請參見佚名，〈一年來的工作報告〉，頁19。

[91] 為了培育回民生產技術人才，回協與教育部商討復旦大學內設置墾殖專修班，全數招收回教學生。請參見，佚名，〈一年來的工作報告〉，頁19。

[92] 在回協相關人員的努力下，民國37年，教育部同意在國立中央大學、國立西北聯合大學與國立雲南大學先行籌設「伊斯蘭文化及阿拉伯語文講座」。請參見「行政院長孔祥熙呈國民政府為遵令設置阿拉伯語文及伊斯蘭文化講座」（1938年11月16日），《國民政府》，國史館藏，入藏登錄號：001000006087A；「三屆一次參政會建議國立各大學添設伊斯蘭文化暨阿拉伯語文講座」（1942年12月），《國防檔案》，中國國民黨文化傳播委員會黨史館藏，館藏號：防003/2214。孫繩武，〈敬悼回教之友朱家驊先生〉，收入氏著，《回教論叢》，頁449。

[93] 回協委託成達師範學校小學教義教材編輯委員會，負責編輯適用之全國小學教義課程標準。請參見佚名，〈一年來的工作報告〉，頁19；佚名，〈論編輯小學教義課程標準及教材〉，《月華》，11卷17期至22期合刊（1939），頁1。

[94] 《中國回教學會月刊》，1卷1號（1926），頁17-19；孫繩武，〈回教傳入中國的過程提要〉，收入氏著，《回教論叢》，頁162。

　　民國22年，來自雲南的沙儒誠曾發表一篇〈埃及艾資哈爾大學中國學生部部長沙儒誠敬告中國同教書〉，他提到：

> 迄至二十世紀以來，凡我穆民關心聖教者，莫不憂憂於懷的。當時嘆說到，「聖教衰微已達極點」，…。現在欲解決宗教問題，須先解決教育問題。欲解決教育問題，須先明瞭教育的設施，…。試觀中國穆民對於這些教育問題，尚未有滿足的解決。雖然教內熱心宗教的賢達也屬不少。或從事開辦學校，以教化青年為責任者。或從事宗教刊物以言語宣傳為己任者，都感有經濟困難的痛苦。[95]

普及教育必須要有穩定資金的支持。沙儒誠提到回民辦教育缺乏資金的問題確實存在。如知名回教學校成達師範的創辦人馬松亭阿訇，曾提到他成立成達師範之初，面臨資金與師資嚴重缺乏等問題，即使經過十餘年的運作，「仍慘淡經營，艱難備歷，終以經費艱窘，更加以事屬初創，故無若何驚人之發展」。[96]抗戰全面爆發之後，回協協助這些新式回教學校遷移至大後方，如原本在北平的西北公學與成達師範分別遷移蘭州與桂林。原位於上海的伊斯蘭師範則遷移到甘肅平涼，以確保回教教育工作的延續。[97]

　　由於回協自認是全中國的回民代表，過去推廣回教教育的宗教學者與知識青年紛紛加入回協行列，如從事新式教育工作的四大阿訇哈德成、王靜齋、達浦生與馬松亭，皆與回協保持密切的聯繫與合作關係。另外，回協資助當時在埃及已經完成學業的回民青年們回國，並介紹他們進入政府體制與從事外交等工作。[98]這些留學埃及的回民青年們，不僅具備精湛的阿拉伯語文能力，更懷

---

95　沙儒誠，〈埃及愛資哈爾大學中國學生部部長沙儒誠敬告中國同教書〉，《月華》，5卷33、34期（1933），頁23-24。

96　馬松亭，〈中國回教與成達師範學校〉，《禹貢》半月刊，5卷11期（1936），頁13。

97　「白崇禧呈蔣中正處理回教團體經過情形及今後應辦事項文電日報表」（1938年10月21日），《蔣中正總統文物》，國史館藏，數位典藏號：002-080200-00503-211。

98　克行，〈抗戰四年的回教〉，頁7；佚名，〈第四十次常務理事會議紀錄〉，《中國回教救國協會會報》，6卷3-5期（1944），頁13；「留埃學生救濟」（1943年），《外交部檔案》，國史館藏，數位典藏號：020-990900-0166。

有強烈的救國熱忱，在抗戰期間參與國民外交活動，向海外的穆斯林國家宣傳國民政府抗日決心。[99]

## 三、國民外交活動

　　回協除了在國內凝聚回民群體的抗戰意識與協助國民政府從事後勤工作外，對外則多次派遣代表團，向海外的穆斯林宣揚政府抗日的決心與爭取道義上的聲援。回協派遣代表團的主要任務，是為了抵制日本在海外穆斯林地區的宣傳活動。雖然日本將回教工作的重點放在中國回民身上，但仍十分關注其他海外地區的穆斯林動態。即使日本國內信仰伊斯蘭的日本人數並不多，約三百人左右，[100]但在民國27年5月與民國28年1月，日本軍方與學界分別成立「伊斯蘭文化協會」與「回教圈研究所」。其中，回教圈研究發行的《回教圈》月刊，內容多半鼓吹日本與世界各地穆斯林親善的訊息。由於當時世界各地的穆斯林地區多半受到歐洲殖民的統治，日本積極拉攏海外的穆斯林，強調有責任帶領世界三億穆斯林重生，脫離歐洲列強的殖民。[101]如民國27年5月12日，東京清真寺舉行落成典禮，日本政府邀請世界各地五百多名的穆斯林代表出席。王柯認為，日本此次活動是要讓海外的穆斯林相信，日本「同情」與「寬容地理解」回教徒，並提供經濟援助，藉此成為穆斯林世界的聲援者甚至是保護

---

[99] 這些留學埃及的回民青年，在民國38年之後，分別在中國大陸與台灣兩地成為少數精通阿拉伯文與中東事務的專家。如留在中國大陸的馬堅是北京大學阿拉伯語專業創始人、納忠是北京外交學院的阿拉伯語專業創始人、林仲明為北京外國語學院副教授、馬金鵬擔任北京大學東方語系所阿拉伯語副教授、馬宏毅為北京外貿學院阿拉伯語專業創始人、劉麟瑞任職北京大學阿語系教授、范好古為上海外國語大學阿拉伯語專業的創始人、楊有漪與金茂荃為中國人民解放軍外國語學院的阿拉伯語專業創始人、王世清為北京大學阿拉伯語教研室的講師、李鴻清為北京外國語學校的阿拉伯語教師、馬繼高擔任外交人員。至於到台灣的留埃回民青年，王世明、定中明與馬維諒從事外交工作外，也在政治大學擔任阿拉伯文教學。熊振宗擔任台北清真寺教長與政治大學阿語系前身東方語文學系的第一任系主任。定中明在卸下外交一職後，擔任政大阿語系第一任系主任（民國）。林興智則長期在中華民國駐沙烏地大使館工作。
　　相關內容請參見本書第九章第一、二節。另請參見馬博忠、納家瑞、李建工，《歷程：民國留埃回族學生派遣史研究》（銀川：黃河出版傳媒集團，2011），頁10-43。

[100] 王柯，〈宗教與戰爭—1930年代日本「回教圈」話語的建構〉，頁70。

[101] 羽田正著，劉麗嬌與朱莉麗譯，《伊斯蘭世界概念的形成》（上海：上海古籍出版社，2012），頁146-148。

者。[102]民國28年11月，日本政府在東京舉行「大回教展覽會」，邀請四十一位海外穆斯林代表，其目的也是要讓穆斯林貴賓感受到日本政府對回教的親善，深化與日本之間的關係。[103]

從民國27年到30年之間，回協共派遣四個代表團到東南亞、南亞與中東穆斯林地區從事國民外交。這四個代表團其中又以「中國回教近東訪問團」最具代表。鑑於日本在海外的政治宣傳工作不利於國民政府，民國26年10月，國內各回民團體經由國民政府的許可，共同發起組織「中國回教近東訪問團」，其成立宗旨為以民眾團體之立場，作國民外交之活動，宣傳政府抗戰之意義與敵人侵略之種種暴行。[104]近東訪問團共有五位人員，由立法委員王曾善（擅長土耳其文）擔任團長，至於其他四位團員分別為薛文波（中文祕書）、馬天英（法文翻譯）、張兆理（英文翻譯）與當時已在埃及的王世明（阿文翻譯）。該團於民國27年1月從香港出發，民國28年1月回到重慶。近東訪問團在這一年的旅程中，分別拜會阿拉伯、土耳其、伊朗與印度的政治領導人[105]、部長、國會議員、民間重要人士、大學校長、教授與其他伊斯蘭民間組織。同時，訪問團參加各地舉辦的歡迎大會與茶會，並參與二十一次公開演講以及在清真寺聚禮後舉行十六場講座，估計聽眾達上萬人。該團所到之處，將事前準備的〈告世界回民書〉、國民黨黨綱、三民主義要義、蔣委員長言論集與日本侵略中國歷史等文宣刊物譯成阿拉伯文、土耳其文、法文與英文版本，隨地散發與刊登在各國報紙，駁斥日本政府不利於國民政府的宣傳。[106]

當時中國的穆斯林報刊記載近東訪問團的即時訊息，如知名的《月華》從

---

[102] 王柯，〈宗教與戰爭──1930年代日本「回教圈」話語的建構〉，頁68-69。

[103] 王柯，〈宗教與戰爭──1930年代日本「回教圈」話語的建構〉，頁69。

[104] 「中國回教近東訪問團建議書」（1939年5月），收入《國防檔案》，中國國民黨文化傳播委員會黨史館藏，館藏號：會5.2/241，頁2。

[105] 中國近東訪問團拜會中東地區重要的政治領導人，如沙烏地阿拉伯的阿布都·阿濟茲國王（'Abdul Aziiz Aal Sa`uud，1875-1953 الملك عبد العزيز آل سعود）、埃及王國法魯克一世（Malik Faaruuk Awal，1920-1965 الملك فاروق الأول）、巴勒斯坦大教長阿敏·侯賽尼（Amiin al-Hussaini, ash-Shaikh, 1897-1974 الشيخ）、敘利亞總統哈希姆·阿塔西（Ra'iis Haashim at-Taassi，1875-1960 الرئيس هاشم الأتاسي）等。請參見馬景，〈中國穆斯林與日本侵華時期的「回教工作」〉，頁144-145。

[106] 王曾善主編，《中國回教近東訪問團日記》（重慶：中國文化服務社，1943），頁1-557；馬景，〈中國穆斯林與日本侵華時期的「回教工作」〉，頁144-145；「中國回教近東訪問團建議書」（1939年5月），收入《國防檔案》，中國國民黨文化傳播委員會黨史館藏，館藏號：會5.2/241。

民國27年6月到28年的9月期間，幾乎每期皆有記載代表團訪問埃及、伊拉克、伊朗與土耳其的消息。代表團的成員們在訪問期間，還擔任通信員的角色，不辭辛勞將訪問所見所聞記載下來，透過《月華》向國內的讀者分享第一手資訊。[107]

表2-2：近東訪問團演講題目[108]

| 地點 | 演講題目 | 主要聽眾 | 日期<br>（民國27年） |
|---|---|---|---|
| 沙烏地阿拉伯麥加 | 中國回民與全民抗戰 | 各國朝覲代表 | 2月11日 |
| 沙烏地阿拉伯麥加 | 我國回民為什麼要參加抗戰 | 新疆僑胞 | 2月24日 |
| 沙烏地阿拉伯阿爾發特（Mount Arafat） | 回教與世界和平 | 留學埃及的回民學生朝覲團 | 3月9日 |
| 埃及開羅 | 中國回教 | 埃及教育界俱樂部 | 3月17日 |
| 埃及吉薩（Giza） | 中國民族革命運動 | 埃及大學學生 | 3月22日 |
| 埃及開羅 | 中國全民抗戰與亞洲和平 | 阿拉伯聯合會會員 | 3月31日 |
| 埃及開羅 | 近年日本在近東的政治陰謀 | 埃及穆斯林兄弟會會員 | 4月6日 |
| 埃及開羅 | 現代的中國 | 埃及公務員協會會員 | 4月7日 |
| 埃及開羅 | 中國回教青年的革命運動 | 各國留埃學生 | 4月17日 |
| 埃及開羅 | 中國文化與回教 | 中埃文化協會會員 | 4月20日 |
| 埃及亞歷山大 | 中國抗戰與世界和平 | 世界和平會亞歷山大分會 | 4月23日 |
| 黎巴嫩貝魯特 | 中國抗戰與世界和平 | 貝魯特美國大學學生 | 5月21日 |
| 敘利亞大馬士革 | 中國回教與本團之使命 | 阿拉伯民族會會員及民眾 | 5月26日 |
| 敘利亞大馬士革 | 中國之文化 | 阿拉伯民族會會員及民眾 | 5月27日 |
| 敘利亞大馬士革 | 中國回民對於中國之貢獻 | 阿拉伯民族會會員及民眾 | 5月29日 |
| 伊拉克巴格達 | 中國回民與抗日戰爭 | 中學及鄉村師範學生 | 6月6日 |
| 伊朗德黑蘭 | 中國抗戰與亞洲和平 | 大學哲學院學生 | 6月14日 |
| 印度孟買 | 中國抗戰與世界和平 | 孟買印度國會黨黨員 | 7月7日 |

---

[107] 如馬天英，〈中國現在之局勢與中國之回教〉，《月華》，10卷22、23、24期（1938），頁2-3。薛溪村，〈近東見聞瑣記〉，《月華》，11卷10、11、12、13、14、15期（1939），頁4；張兆理，〈由土耳其派遣公使來華談到土人對我抗戰的觀察〉，《月華》，11卷34、35、36期（1939），頁5。王曾善，〈吉達設領與近東外交〉，《月華》，11卷34、35、36期（1939），頁6；沙儒誠，〈埃及愛資哈爾大學中國學生部部長沙儒誠敬告中國同教書〉，《月華》，5卷33、34期（1933），頁23-24。

[108] 「中國回教近東訪問團建議書」（1939年5月），收入《國防檔案》，中國國民黨文化傳播委員會黨史館藏，館藏號：會5.2/241。

| 地點 | 演講題目 | 主要聽眾 | 日期<br>(民國27年) |
|---|---|---|---|
| 印度拉胡爾 | 中國回民對於印度回民的要求 | 拉胡爾回民協會 | 7月15日 |
| 印度拉克諾<br>（Lucknow） | 中印兩國回民的關係 | 拉克諾省回民茶會 | 7月16日 |
| 印度拉克諾<br>（Lucknow） | 中國抗戰的策略 | 拉克諾省政教界 | 7月18日 |

　　近東訪問團回國後，呈交國民政府〈中國回教近東訪問團建議書〉，該建議書強調訪問團此行廣泛地得到各地穆斯林政治人物與民間團體的聲援與支持。[109]不過，Yufeng Mao認為近東訪問團並未扭轉中東穆斯林國家對日本的既有正面形象。因為從1905年日本打敗俄國以來，以及日本在海外的泛亞洲主義與回教工作的宣傳影響下，中東地區穆斯林菁英普遍對日本有不錯的印象。[110]即使如此，近東訪問團可謂是開啟日後中國與中東地區的重要聯繫橋樑。回國後，訪問團向國民政府建議充實中東各國使領館的規模、培植回教外交人才、保護與安撫在沙烏地阿拉伯的新疆旅外僑民、准予設立近東文化協會，出版阿拉伯文刊物作聯絡宣傳之工作、派送留學生與設立阿拉伯文廣播等具體建議。[111]國民政府多半採納這些建議，如民國28年，國民政府決定在沙烏地阿拉伯的吉達設立領事館，由曾經參與近東訪問團的王世明負責領事工作。[112]在此之前，中華民國僅在土耳其設立大使館與埃及設立領事館。至於其他的建議事

---

[109] 如在〈中國回教近東訪問團建議書〉有一則記載，訪問團在參訪埃及亞歷山大時，一位土耳其籍的將領瓦西布·巴沙（Washib Pasha）在聽到日本轟炸中國各地的清真寺之後，表示願以軍事經驗前來中國協助抗戰。另外，訪問團在敘利亞與伊拉克時，有非洲籍的退伍軍官克頓可（Carek）與其他數位醫生要求來華參戰。請參見「中國回教近東訪問團建議書」（1939年5月），收入《國防檔案》，中國國民黨文化傳播委員會黨史館藏，館藏號：會5.2/241。

[110] Yufeng Mao, "A Muslim Vision for the Chinese Nation: Chinese Pilgrimage Missions to Mecca during World War II," *The Journal of Asian Studies*, 70:2 (May, 2011), p. 388. 平山光將也有類似的觀點，請參見平山光將，〈延續與斷裂—現代中國回民知識份子的國民外交〉，《民族學界》，34期（2014年5月），頁113。

[111] 「中國回教近東訪問團建議書」（1939年5月），收入《國防檔案》，中國國民黨文化傳播委員會黨史館藏，館藏號：會5.2/241。

[112] 克行，〈抗戰四年的回教〉，頁7。

項，即使在民國38年政府遷台後，政府仍沿用近東訪問團的建議內容，強化與中東穆斯林國家的外交關係。

表2-3：抗戰時期的國民外交訪問團

| 出訪時間 | 團名與成員 | 訪問國家 |
|---|---|---|
| 民國27年1月到<br>民國28年1月 | 中國回教近東訪問團：[113]<br>王曾善、薛文波、張兆理、<br>王世明、馬天英 | 馬來聯邦、埃及、沙烏地、黎巴嫩、敘利亞、伊拉克、伊朗、印度、土耳其等 |
| 民國28年1月 | 28名留埃回民學生朝觀團[114] | 沙烏地阿拉伯的吉達、麥加、麥地那等地 |
| 民國28年9月到<br>民國30年1月 | 中國回教南洋訪問團：[115]<br>馬天英、吳建勳、馬達五 | 馬來聯邦、馬來屬邦、海峽殖民地、汶萊、砂勞越等地 |
| 民國28年10月 | 兩位維吾爾代表：<br>艾沙與馬賦良。[116] | 新加坡、印度、沙烏地、埃及、土耳其、伊拉克與伊朗等 |

　　回協成立背景與中國全面抗日有關。回協遵照國民政府政策，抵禦日本對回民的分化。回協成立不久後，在回民最高政治領袖白崇禧的號召下，全國各地的回民菁英紛紛投入興教與救國的行列。回民菁英對於提升回民大眾的整體社會地位有強烈的急迫感，他們認為信仰伊斯蘭與配合政府的民族主義及抗日政策並行不悖，因此鼓吹回民大眾實際參與對日抗戰與後勤等工作。民國34年8月15日，日本宣布無條件投降，回協抗日的階段性任務告一段落，進入戰後復員的新階段。

---

[113] 王曾善主編，《中國回教近東訪問團日記》，頁1-557；馬景，〈中國穆斯林與日本侵華時期的「回教工作」〉，頁144-145。「中國回教近東訪問團建議書」（1939年5月），收入《國防檔案》，中國國民黨文化傳播委員會黨史館藏，館藏號：會5.2/241；馬積廉，〈到麥加去：民國時期到中東去的旅行記述研究〉，（新加坡：新加坡國立大學中文系碩士學位論文，2012年），頁80-81。

[114] 「回教朝聖團」（1939年），《外交部檔案》，中央研究院近代史檔案館藏，館藏號：11-WAA-00049。

[115] 參考資料：John Chen, "'Just Like Old Friends': The Significance of Southeast Asia to Modern Chinese Islam," *Journal of Social Issues in Southeast Asia,* 31:3 (2016), pp. 718-719; 馬景，〈中國穆斯林與日本侵華時期的「回教工作」〉，頁145-146；克行，〈抗戰四年的回教〉，頁3-4。

[116] 平山光將，〈延續與斷裂—現代中國回民知識份子的國民外交〉，頁115-117。

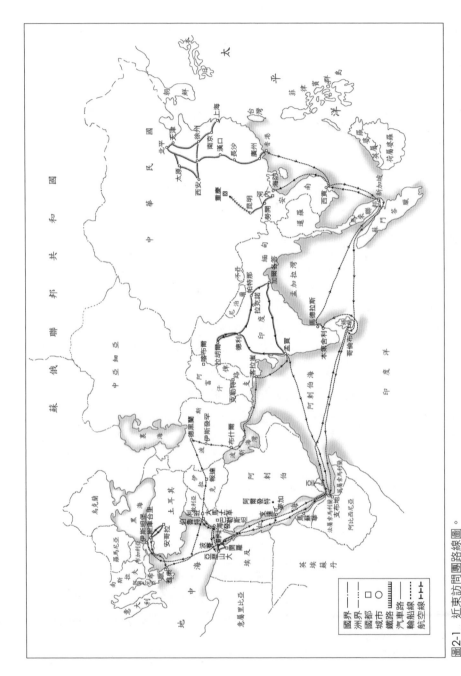

圖2-1 近東訪問團路線圖。

資料來源：王曾善主編，《中國回教近東訪問團日記》（重慶：中國文化服務社，1943），頁1-557。（繪圖：葉雯娟）

## 第三節　投入抗戰勝利後復員工作的回協
## （民國34至38年）

　　抗戰勝利後，回協配合政府復員工作，從重慶遷回首都南京。民國35年10月，在一場由回協舉辦的茶會上，各回民代表紛紛表達對未來回民工作的期盼。回協副理事長唐柯三跟參與茶會的學生們說，他過去創辦成達師範「完全是為了宗教」。他警惕學生們：「為了宗教才造就你們，為了宗教你們才來學習，那麼將來服務，亦得堅守住宗教的崗位。」[117]另外一位回協代表馬天英表示：「復興宗教還是每個人的神聖天職」，藉此鼓勵在場的青年學子勇往向前。[118]剛從埃及留學回國的代表龐士謙則說：

> 全回教世界是普遍地覺醒了，…。我有幾點意見貢獻給協會。在中國，我們應該把力量集中起來創辦一所回民大學，並且應該普遍地設立回民職業學校。同時發揚宗教應該以清真寺為中心，為據點，所以應該把海里凡（註：宗教學校經學院的學生）教育來徹底的予以革新和改良，像創辦回民銀行，這都是急不可緩的課題，而且是治貧的有效良策。[119]

的確，當時的回協仍延續清末以來，回民菁英與團體企圖振興全國回民素質以提升其整體地位的基本想法與期待。在對日抗戰工作告一段落後，回協推動兩項重要工作可分為以下兩大重點：第一，為了確保回協的全國最高與唯一合法回民組織的地位，回協改組各地區的分會，並派遣代表到過去日本占領的東北、華北、華中南與剛光復的台灣各省設立分會。從民國34年10月起，回協定期跟內政部報告在全國各地設立分會的情況。[120]民國36年12月，回協派遣常子

---

[117] 綠楊，〈復員後回協首次盛會記〉，《中國回教協會會報》，7卷1期（1946），頁4。
[118] 綠楊，〈復員後回協首次盛會記〉，頁5。
[119] 綠楊，〈復員後回協首次盛會記〉，頁5。
[120] 「中國回教救國協會案」（1947年），《內政部檔案》，國史館藏，入藏登錄號：026000013206A。

春、王靜齋與鄭厚仁三人到台灣發展教務，這可視為回協最早推動與台灣的聯繫關係。[121]

回協推動的第二項重點工作是保障回民的參政權益。民初以來，雖有少數個案如馬福祥或白崇禧等人曾參與中央要職，但整體而言回民在政治上缺乏一定的影響能力，故難以保障其自身權益，因此回協對於回民在進入憲政時期後的政治參與格外重視。[122]曾參與民國35年制憲國民大會的回民代表孫繩武表示，在抗戰末期，回協組織五五憲草研究委員會，集會數十次，以研究所得彙成一鉅策，建議政府多注重回民參政權利。民國35年冬天，為了完成制定中華民國憲法與實行憲政，國民政府於南京召開制憲國民大會，參與國民大會的代表一千兩百餘人，回民代表占十七人。[123]會議過程中，各專家代表紛紛討論建都、婦女、蒙古與西藏邊疆的重要議題，但卻忽略同樣屬於少數群體的回民參政權。[124]至於為何回民參政問題未成為國民大會討論的焦點，這可能與過去國民政府對回民的身份地位認知差異有關。

就問題的本質而言，回民在近代中國建構民族國家的過程中處於一個族群屬性認知較為尷尬的位置。中華民國雖然號稱「五族共和」，但基本上仍是以漢民族為主導下，但又無法將清代遺留下來各個民族與現代共同體制有效納為一體的現代國家。民國8年，孫中山提出建構中華民族是「漢族與滿、蒙、回、藏之人民相見以誠，合為一爐而治之，以成中華民族之新主義」。[125]他另外又提到：

> 講到五族的人數，藏人不過四五百萬，蒙古人不到百萬，滿人只數百萬，回教雖眾，大多數都是漢人，……。漢人向來號稱四萬萬，或者不止

---

121 佚名，〈新疆台灣籌組分支會〉，《中國回教協會會報》，7卷8-12期（1948），頁27；賈福康，《台灣回教史》（新北市：伊斯蘭文化服務社，2005），頁6。

122 抗戰前，國民政府曾計劃召開國民大會制定憲法。民國25年5月5日，國民政府頒布憲法草案，簡稱五五憲草，是中華民國憲法的雛形，但因抗日戰爭爆發的關係，制憲工作中斷。直到抗戰後，國民大會於民國35年11月15日到12月25日召開制憲會議，制定中華民國憲法。

123 孫繩武，〈回民參政運動之今昔〉，收入氏著，《回教論叢》，頁339。

124 趙明遠，〈回民對憲法之願望〉，《清真鐸報》，新30期（1947年1月16日），第3版。

125 孫中山，〈三民主義〉（1919），《國父全集全文檢索系統》，http://sunology.culture.tw/cgi-bin/gs32/s1gsweb.cgi?o=dcorpus&s=id=%22TR0000000091%22.&searchmode=basic （2018年4月15日檢索）。

此數。用這麼多的民族，還不能夠真正獨立，組織一個漢族的國家，這實在是我們漢族莫大的羞恥。本黨的民族主義還沒有徹底的大成功，由此可知本黨還要在民族主義上做工夫。必要滿、蒙、回、藏，都同化於我們漢族，成一個大民族主義的國家。[126]

馬雪峰表示，孫中山的中華民族概念是一種以漢族為中心的同化主義，透過同化滿、蒙、回、藏等民族，建構一個統一的中華民族。[127]王柯也指出，孫中山提出中華民族的目的是要將少數民族同化，使一個民族喪失其原有的本民族特徵，單向地接受其他某個民族的文化，並且最終變成這個民族的一部分。[128]

國民政府高層將上述的孫中山的中華民族概念套用於回民身上，認為大多數信仰回教的為漢人，而非少數族群。[129]民國28年7月，蔣中正在中國回教救國協會第一屆全國代表大會開幕典禮中談到：

一般普通人對於回教、回民和回教幾個名次分不清，一般人不明瞭真義，認為回教即回族。這種觀念對於整個中華民族影響甚大，…。中國有許多佛教、基督教、基督教，可以說是漢族信仰宗教，佛教不能稱佛民，耶教不能稱耶民，那麼回教也不能稱回民。

宗教傳布之目的，在於普遍。若回教之信仰，回民和回族始有信仰資格，未免將本身資格變得狹小，不是宗教之本意。若回教即回族，難道非回族人不能信仰回教嗎？過去我和馬雲亭先生談過這個問題，他很明白這個道理，他認為中國的回教，多半是漢族信仰回教。[130]

---

[126] 孫中山，〈三民主義之具體辦法，民國十年六月在廣州中國國民黨特設辦事處演講〉，轉引自王柯，《中國，從天下到民族國家》（台北：政大出版社，2014），頁226。

[127] 馬雪峰，《從教門到民族：西南邊地一個少數社群的民族史》（北京：社會科學文獻出版社，2013），頁160-161。

[128] 王柯，《中國，從天下到民族國家》，頁224-225。

[129] 如蔣中正於民國31年到青海省西寧視察時，延續孫中山對民族主義的說法，向當地少數民族提到漢、滿、蒙、回、藏五個「宗族」是中華民族的一份子，彼此榮辱與共，休戚相關，抵禦外敵的入侵。馬雪峰，《從教門到民族：西南邊地一個少數社群的民族史》，頁165-167。

[130] 薛文波記錄，〈蔣總裁開幕典禮訓詞〉，《中國回教救國協會第一屆全體會員代表大會特刊》（1939），頁5-6。

　　蔣中正等國民政府高層不僅否認回族這種說法，就連傳統中國穆斯林自稱的「回民」一詞也予以否定，或許這與國民政府繼承孫中山的民族主義理論有關。此外，在抗戰期間，日本鼓吹在西北建立「回回國」，蔣中正等人不願中國陷入四分五裂的局面，自然不會將回民視為一個族群，而僅視為一個單純的宗教群體。

　　至於回民內部，對於國民政府的「漢人回教說」出現分歧。回民高層多半呼應國民政府的說法。如統治寧夏的馬福祥與馬鴻逵父子先後呼應蔣中正的漢人回教說，主張「回漢同源」。回協理事長白崇禧也時常在公開場合否定「回教就是回族」、「回族才能信奉回教」的觀念。此外，白崇禧也不主張使用「回民」這一個詞彙，因為他認為該詞彙過於含糊，回民易解讀為「回教人民」或是「回教民族」，與國民政府的民族政策相違背。[131]即使白崇禧來到台灣，在接受中研院的口述歷史採訪時，仍不贊成將信仰與民族綁在一起的這種說法。[132]回民高層呼應國民政府的漢人回教說曾引起回民內部的爭論。曾參與民國27年中國回教近東訪問團的薛文波十分反對這種說法，他認為回民對於自身民族地位沒有確切認知，是一件很危險的事，因為回民在歷代王朝的統治下，受到統治集團的羈縻、軟化、挑撥、離間、凌辱、歧視，以至於殘酷鎮壓。薛文波認為唯有具有濃厚的民族意識和表現出的民族特點，爭取民族地位才能達到理想。[133]

　　目前學界研究大陸民國時期的回民，時常將「回教與回族之爭」視為主要的討論焦點。[134]的確，大陸民國時期不少回民知識菁英參與這項爭論，界定回

---

[131] 馬雪峰，《從教門到民族：西南邊地一個少數社群的民族史》，頁177-179。

[132] 郭廷以校閱，賈廷詩等訪問記錄，《白崇禧先生訪問紀錄（下冊）》，頁574。

[133] 依據薛文波的回憶，白崇禧曾召集他與其他青年，詢問為何他們支持回族的說法。白崇禧私下跟他們說：「國民黨高層不給我們說，我們就不要說了。說起根源來，我們白姓來自南京，是元代在廣西為官的白篤魯丁的後人！」請參見薛文波，《雪嶺重澤（卷一）》（蘭州：欣達膠印場，1999），頁102。

[134] 相關討論請參見：Dru Gladney, *Muslim Chinese: Ethnic Nationalism in the People's Republic* (Cambridge: Council on East Asian Studies, Harvard University, 1991); Wlodzimierz Cieciura, "Ethnicity or Religion? Republican-Era Chinese Debates on Islam and Muslims," in Jonathan Lipman, eds., *Islamic Thought in China: Sino-Muslim Intellectual Evolution from the 17th to the 21st Century* (Edinburgh: Edinburgh University Press, 2016), pp. 108-146. 王柯，〈『回教』與『回民』含義不同：白壽彝與開封的故事〉，

民到底是信仰伊斯蘭的漢人或是另外一個民族，這項爭辯在大陸民國時期始終沒有定論。[135]此外，國民政府因抗戰之故，特別強化中華民族一體的概念，將回民納入為中華民族的一員，排斥其他民族意識的存在。回民高層雖然附和國民政府的漢人回教之說，但也深知回民本身是一個特殊的群體，並非是漢人信仰伊斯蘭這種表面說法，如回協的會刊經常出現「回民」或是「回教民族」的字眼。回民高層也聽取各地回民的意見，在國民政府許可的範圍內，爭取回民參政的基本權益。

由於國民政府將回民視為一般漢人信仰回教者，不承認回族或是回民的說法，以至於回民無法與邊疆民族如藏人與蒙古人一般，享有特殊性質的參政權益的基本保障。例如在西北與雲南的回民聚集區，回民在該區域的比例占絕大多數，但沒有參政保障名額。[136]即使如此，在民國35年底，回協做了許多保障回民參政權益的工作。在制憲國民大會正式三讀通過憲法之前，回協共召開四次對內座談會，回民代表們商討如何確保回民參政的權益。[137]此外，回協與婦女代表以及職業團體合作，共同爭取參政地位，並特別邀請中外新聞記者出席茶會，期盼記者主持公道，代為宣傳回民參政權益的保障。[138]

回民國大代表趙明遠南京制憲會議期間，曾提案主張國民大會、立法院與監察院皆需有回民保障名額。[139]他另外發表一篇〈回民對憲法之願望〉，期盼各界聽到回民參政權益的心聲。該文章內容談到回民在中國歷朝的貢獻與付出，但到了清代，由於清廷的壓迫導致各地回民紛紛反抗，以至回民生命犧牲眾多。直到民國以後，回民復興出現一線曙光，然回民的經濟與教育落後，需要政府的特殊扶持以及憲法必須明定扶掖辦法，回民才能與各民族享有真正平等之權。[140]然而，趙明遠的保障回民參政提案，並未得到非回民代表們的

---

《消失的「國民」：近代中國的「民族」話語與少數民族的國家認同》（香港：香港中文大學出版社，2017），頁39-66；張中復，〈論族國體制與少數民族族群意識形塑的互動意義—以海峽兩岸「回族」認定為例的探討〉，頁1-17。

[135] 馬雪峰，《從教門到民族：西南邊地一個少數社群的民族史》，頁174-182。
[136] 佚名，〈五千萬回民的呼籲〉，《清真鐸報》，新30期（1947年1月16日），第4版。
[137] 大丹，〈緊張的鏡頭〉，《清真鐸報》，新31期（1947年2月28日），第9版。
[138] 佚名，〈會務報告：憲法已明定回民政治權利〉，《中國回教協會會報》，7卷2期（1946），頁14。
[139] 孫繩武，〈回民參政運動之今昔〉，頁339。
[140] 趙明遠，〈回民對憲法之願望〉，《清真鐸報》，新30期（民國36年1月16日），第3版；趙明遠，

響應，在制憲國民大會內部審查會時遭到否決。[141]至於另外一位回民代表孫繩武，深知國民黨與政府不承認回族與回民的民族地位，故反覆思索最終向大會提案建議將〈內地生活習慣特殊之國民代表名額及選舉，其辦法以法律定之〉此文放進憲法內，作為回民參政保障的條文。孫繩武的提案經過一番波折，最終通過制憲大會的內部審查，成為憲法第一百三十五條，作為保障回民參政的重要條文。[142]

民國35年12月25日，《中華民國憲法》三讀正式通過，中華民國進入憲政時期。然而，回協並不滿意憲法第一百三十五條保障回民參政的條文內容。該條文雖是為回民量身訂做，如國民大會代表選舉罷免法施行條例的第五十二條說，「內地生活習慣特殊之國民」係指「內地回民」。[143]但回民並沒有如藏人與蒙古人一樣，在憲法中有明文的保障參政名額。憲法通過後隔天，12月26日，回協理事長白崇禧召開理監事聯席會議，共計三十餘人參加。會議決議組織「中國回民憲政實施促進會」，以專責回民參政之各種任務，另外向中央爭取立法委員、監察委員與地方議員等回民名額。[144]民國36年2月，回協理事長白崇禧正式發文給國民政府主席蔣中正，陳述立法機關並未十分明瞭回民整體情況，不免影響未來憲政前途，因此向政府提出具體參考事項。回協建議政府依照回民在全國人口比例，回民在國民大會應有十分之一（約三百人）的國大席次，或是依照國大區域代表規定，最低限度應產生九十餘回民國大代表。例

---

〈回民對憲法之願望〉，收入趙錫麟口述、張中復訪問，《天方學涯：趙錫麟先生訪談錄》（台北：國史館，2014），頁302-306。

[141] 孫繩武，〈回民參政運動之今昔〉，頁340。另外，依據當時其他回民的記載，孫繩武的提案曾在內部審查時遭到刪除，後來趙明遠在會場中大聲疾呼，強硬地表示：「如果憲法不給我們權利，我們五千萬回民就否認這部憲法。」結果驚動了蔣中正，派人詢問怎麼回事。最終，因趙明遠的堅持下，孫繩武的提案總算通過。請參見大丹，〈緊張的鏡頭〉，第9版。為了確認歷史的可信度，本章作者特此與趙明遠孫子趙錫麟博士求證，雖然部分細節沒有完全符合大丹的描述，但內容大致相符。趙錫麟博士表示：「家祖父（趙明遠）在制憲國民大會期間，大聲疾呼向各代表宣達憲法對回民權益保障的重要性。家祖父表示說，如果沒有對回民的保護條款，那我們怎麼對中華民國各地的回民交代呢？家祖父的聲音驚動了蔣中正主席，最終經過一番波折，才催生上述的條文。」（2018年9月4日，台北：趙錫麟訪談紀錄。）

[142] 孫繩武，〈「內地生活習慣特殊之國民」的釋名〉，收入氏著，《回教論叢》，頁141-143。

[143] 〈國民大會代表選舉罷免法施行條例〉，《植根法律網》，http://www.rootlaw.com.tw/LawArticle.aspx?LawID=A040040030000200-0920611（2018年4月15日檢索）。

[144] 佚名，〈會務報告〉，《中國回教協會會報》，7卷3、4期（1947），頁4-5。

外，回協強調依據憲法第一百三十五條之精神，應保障四十名回民立法委員與八名回民監察委員。[145]

　　或許對於不熟悉當時回民整體狀況的人來說，回協的要求是獅子大開口，漫天叫價。不過，就事實而言，回民代表的憂慮並非毫無依據。民國36年3月，立法院公告國民大會選舉罷免法，僅提供十名回民國大代表保障名額，遠不及蒙古與西藏的保障名額數量。[146]此外，立法院在制定相關法律時，並未保障回民在立法委員與監察委員的席次，甚至立法院長孫科反諷回民搞特權，認為如果此例一開，天主教及其他宗教勢必也要求保障名額，未來立法院將成為「教門大會」，成為下一個印度。[147]

　　當知道只有十名回民國大代表保障名額的消息後，各省的回協分會群情激憤，紛紛上書向國民政府等行政與立法機關表達抗議。回民代表對於政府相當失望，雲南知名的《清真鐸報》發表一篇〈立法院與教門大會〉社論，一方面譴責立法院長孫科不了解回教的實質，將回教與天主教混在一起看，壓制少數民族的後代。另一方面，該社論強烈反對國民政府的同化主義，甚至有批判政府「只想天天用強力去限制與同化少數民族的，必然會引起糾紛與分裂，甚至亡國」的強烈措詞。[148]

　　對於各省回民無法接受國大代表名額過少，以及沒有保障立委與監委名額的事實，回協組成「回民憲政實施促進會」，一行十二人到國民黨三中全會再次請願，呼籲至少保障回民國大代表名額至三十四席、立法委員十二席與監察委員六席。[149]然而，政府最終僅同意將原本十席的回民國大代表增加到十七席。民國37年3月29日，第一屆國民大會於南京開幕，除了憲法保障的十七席回民代表之外，[150]仍有透過各省選出的四十多位回民代表，以及來自新疆地區

---

[145] 「中國回教協會理事長白崇禧呈國民政府主席蔣中正為擬訂國民大會回民代表及其他各項選舉辦法參考資料」（1947年2月8日），《國民政府檔案》，國史館藏，數位典藏號：001-01142-00070-007。

[146] 在回民代表遊說下，後來回民國大代表保障名額增加到十七名。請參見佚名，〈伊斯蘭消息：接受憲法一三五條結果回胞參加普選竟遭拒絕〉，《清真鐸報》，新35期（1947），第18版。

[147] 達烏德，〈我對「孫科院長所表示」的表示〉，《清真鐸報》，新33期（1947），第8版。

[148] 佚名，〈立法院與教門大會〉，《清真鐸報》，新34期（1947），第1版。

[149] 佚名，〈會務報告：國大代表名額過少，全國回胞深表憤慨〉，《中國回教協會會報》，7卷5期（1947），頁3。

[150] 受憲法保障參與國民大會的十七名回民代表分別為馬紹武、馬鴻逵、張永順、馬步青、閔湘帆、冀

的四十多位回民與維吾爾代表出席，共計有百位回教教胞在國會殿堂上參與政事，約占國大代表總數的三十分之一弱。即使回民代表參與國民大會的總席次與原先期盼有所差距，但與過去回民參政的歷史相比，可謂是回民自覺運動史上前所未有的紀錄。[151]議場中，回民國大代表紛紛提案，提請政府推廣回民教育與在各縣市普設回民女子中小學。另外，過去制定憲法第一百三十五條「內地生活習慣特殊之國民代表名額及選舉，其辦法以法律定之」的提案人孫繩武，得到六百二十二位國大代表的連署，向大會提出第一百三十五條內容修正案，內容改為「內地回民國民大會代表立法委員名額及選舉，其辦法以法律定之」，藉此擴大回民的參政權。[152]

國民大會可說是回民參政的新頁，其背後可說是都由當時的回協進行幕後統籌規劃。然而，隨著國共內戰的加劇，第一屆國民大會通過《動員戡亂時期臨時條款》，授與總統緊急處分權，不受憲法制約。在戡亂的大前提下，憲政運作難以正常運作，回民代表在國民大會提出的振興回民教育與參政保障的提案，自然未受到重視。另一方面，除了討論重大回民問題之外，回協主要幹部與代表平時分散各地，聯繫管道並不順暢。再者，又因內戰之故，經濟陷入崩潰邊緣，回協缺乏資金運作，僅能雇用幾名正職員工，勉強維持組織運作。[153]

抗戰結束之後的回協，除了擴大回協在各省的分會規模以及協助回民參政的工作外，另外一項重要工作則是配合政府的反共政策。第一屆國民大會閉幕後，5月2日，回協於南京召開第三屆全體會員代表大會。此次會議的重點著重在配合政府動員戡亂與修改組織章程。理事長白崇禧在大會閉幕式中談到：

---

御眾、孫繩武、馬伯安、吳九如、古希賢、常子春、丁正熙、楊震清、馬啟邦、安舜、穆道厚。但是，第一屆國民大會閉幕，穆道厚未出席，實際參與會議的只有十六名回民代表。請參見孫繩武，〈回民參政運動之今昔〉，頁347。

151 孫繩武，〈回民參政運動之今昔〉，頁347-348；〈三個月以來的伊斯蘭圈子〉，《清真鐸報》，新37期（1948），第2版。

152 孫繩武，〈回民參政運動之今昔〉，頁349；〈三個月以來的伊斯蘭圈子〉，《清真鐸報》，新37期（1948），第2版。

153 孫繩武，〈斥讕言〉，收入氏著，《回教論叢》，頁58-59。

> 本會使命即為興教建國，當過去八年神聖抗戰中，我全國回胞一致在本
> 會領導下，服膺國策，輸財出力，犧牲奮鬥，對國家民族曾有相當之貢
> 獻。今替行憲伊始，戡亂方殷，舉國上下，應以戡亂剿匪為中心任務，
> 始能安定國家，…。共匪不僅是破壞國家統一，更是反對宗教信仰，我
> 全國數千萬回胞，應一致提高警覺，發揚忠勇剛毅之精神，加強團結，
> 與全國同胞一致在蔣主席領導下，為維護國家發揚宗教共同努力，以完
> 成戡亂建國之責任。[154]

從白崇禧的言論可得知，因國家危難之故，回協必須配合政府政策，動員各地
回民反共。然而，回協此次無法與抗日時期一般，再度成為凝聚各地回民力量
的中樞，其主要原因在於國共內戰爆發後不久便出現難以預料的逆轉情勢。民
國36年起，共產黨人民解放軍展開整體攻勢，與國軍正面對決，最後分別在遼
瀋會戰、徐蚌會戰與平津會戰中，快速取得關鍵性的勝利。儘管三大會戰的結
束，中共控制大部分的領土，在中華人民共和國宣布成立的一個月前，回協仍
計畫再度派遣回教代表團訪問中東各國，嘗試與中東穆斯林建立反共陣線，但
最終政府以經費缺乏為由，終止此計畫的進行。[155]不過，回協在跟隨政府遷台
後，延續政府反共政策的基調，在台灣重新開展相關教務工作。

---

[154] 佚名，〈白理事長閉幕詞〉，《中國回教協會會報》，8卷1期（1948），頁9。
[155] 「三十八年籌組回教國家訪問團事」（1949年），《外交部檔案》，中央研究院近代史檔案館藏，
　　檔號：112.21/0001。

# 結論

　　綜合以上所述，在大陸時期的回協並不是一個單純的宗教團體，而是受到抗戰影響下帶有政治任務的組織。由於日本策畫在西北回民聚集區成立回回國，蔣中正派遣具有回民身份的白崇禧整合回教組織，成立回協抵禦日本對回民的分化工作。抗戰期間的回協成為全國最高回教組織，在全國各地設立分會，吸引各地的回民知識菁英、黨政要員與宗教師生的參與，共同為興教建國盡一份心力。回協雖然配合國民政府政策，但仍享有頗大的自主空間，為散居各地的廣大回民提供救濟與教育資源等服務。抗戰結束之後，回協嘗試將全國回民納入組織旗下，同時也為回民參政權益做了不少工作。然而，抗戰結束沒有多久，中國再次爆發全面戰爭，但這次不再是外敵的入侵，而是政府與中共之間的較量。回協再次配合政府政策，向各地回民灌輸反共意識，但由於國軍節節敗退，回協的影響不如以往，未能如抗戰時期一般，再度凝聚各地回民力量。民國38年10月1日，毛澤東在北京宣告中華人民共和國正式成立，中共控制大部分中國領土，從此回協在大陸時期的歷史劃下了休止符。此後回教公眾事務，以及傳統回民被納入到少數民族化的「回族」身份範疇，則在大陸中華人民共和國以另外一個前所未有的樣貌展現。

# 附錄

## 早期回協年表

| 年代 | 內容 |
| --- | --- |
| 民國26年12月 | 時子周、馬亮與王靜齋在鄭州發起中國回民救國協會。 |
| 民國27年2月 | 甘寧青抗敵救國宣傳團在武漢發表〈告全國回教同胞書〉宣言。3月從武漢出發，到西北回民各聚集區宣傳抗戰與愛國意識。 |
| 民國27年6月 | 白崇禧奉軍事委員會委員長蔣中正的指示，到湖北武漢領導回民運動並召開大會，沿用時子周等人使用的中國回民救國協會稱號。 |
| 民國27年7月 | 中國回民救國協會遷往重慶張家花園六十二號（十八梯清真寺）掛牌辦公，在各省與院轄市設立分會、各縣與省轄市設支會。 |
| 民國28年7月 | 重慶召開第一次全國會員代表大會。會議決定將中國回民救國協會改名為中國回教救國協會。 |
| 民國31年3月 | 重慶召開第二次全國會員代表大會。中國回教救國協會改名為中國回教協會。 |
| 民國35年9月 | 回協遷至首都南京，以太平路清真寺為會址。 |
| 民國35年12月12日 | 制憲國民大會三讀通過中華民國憲法。憲法第135條「內地生活習慣特殊之國民代表名額及選舉，其辦法以法律定之」保障回民參與國民大會的權益。 |
| 民國36年12月 | 回協派遣常子春、王靜齋與鄭厚仁三人到台灣發展教務。 |
| 民國37年5月 | 南京召開第三次全國會員代表大會。 |

# 第三章

## 中國回教協會在台灣的延續與拓展

包修平、高磊

民國60年中國回教協會趙明遠代理事長接待費瑟國王與嚴家淦副總統（趙錫麟提供）

# 前言

　　民國38年，中國回教協會（以下簡稱回協）隨國民政府播遷台灣，隨之而來的還有兩萬餘名以軍、公、教為主體的大陸各省穆斯林，他們背井離鄉，歷經坎坷與艱辛來到了台灣。而當時已幾乎沒有本土穆斯林的台灣島給這批大陸穆斯林移民的生活帶來了重重困難，回教教規對於穆斯林飲食、婚姻、喪葬等日常生活內容有著嚴格而明確的規定，而台灣當時的條件根本不能滿足上述生活需求，宗教實踐的履行則更為困難。面對艱苦的條件，台灣穆斯林並沒有退縮，在回教信仰的感召下，他們在過去的六十八年中不但延續與傳承了代代堅守的信仰，亦逐漸改善了台灣穆斯林的生活條件，使得台灣從一個只有些許回教遺跡的「被遺忘之地」變成了適宜穆斯林生活、觀光、留學與工作的「友善之邦」。

　　台灣回教的傳承與發展，離不開回協在台的會務開展，作為全國回民的領導機構，回協繼承了大陸時期團結回民、闡揚教義、組織外交等職能，成為台灣回教發展的引領者。回協伴隨著島內與國際局勢的變化，不斷調整戰略，改造組織，順應時代的發展變化。雖然近年台灣回教樣貌隨著外籍穆斯林移民的大幅增加而隨之轉變，各種回教組織亦層出不窮，但回協至今仍為台灣回教最重要的回教組織之一，持續發揮著其不可替代的功能。

　　回首回協在台灣的延續與發展，大致可以分為三個階段：其一，遷徙與適應：早期發展中的回協（民國38至64年）；其二，凋零與新生：薪火傳承中的回協（民國65至76年）；其三，改革與開放：多元互動中的回協（民國77至106年）

　　第一階段，回協首先恢復了其會務職能，在建設方面，進行了清真寺的修建、回教公墓的勘定等項目；在教育方面，派遣留學生赴中東學習、恢復回協會刊印行、恢復青年會務；在宗教實踐方面，宣揚教義、組織朝覲團事務；在政治方面，積極配合「反共抗俄」的國策，與中東穆斯林國家進行國民外交；

在社會民生方面，團結回民、舉辦聯誼活動、監管清真飲食。經過二十六年之努力，使穆斯林在台灣扎根，並對當時台灣的政治、外交起到了不可抹滅的貢獻。不過，處在戒嚴背景下的回協難以脫離政治干涉而進行獨立自主的會務運作。

第二階段，雖然時間短暫，但卻是一重要的承前啟後時期。隨著第一代來台回協前輩先進們相繼歸真，以及「反攻大陸」遙不可及，接續任務的回教菁英們開始思考在台灣永續發展的長久之計，透過遷台後二十六年的第一次會員代表大會，重新選拔人才，為組織提供了充足的活力。更在宗教教育與學術方面，深耕不輟，成立中國回教文化教育基金會、回教經書整印社等組織，力圖繼承回教經典、培養回教人才，讓回教深根於台灣。

第三階段，解嚴後台灣政治變化對回協產生了雙重影響，一方面，政府對回協的政經扶持大幅削減，使原有的回協運作難以維繫；另方面，政治鬆綁的回協有機會自主決定未來的發展道路，因此，回協重整組織以應對上述變化。而開放兩岸探親使得台灣穆斯林得以返回原鄉，時隔三十八年的重聚使兩岸穆斯林的敵意得以消除。隨後，國際穆斯林的大量湧入與在台回教組織的多元發展，一方面，使回協統領台灣回教的地位受到衝擊；另方面，多元格局也增強了回協的競爭與改革意識。為此，回協積極開展國際合作，使其成為更加多元更加國際化的回教組織。以下，則分節對上述三個階段中的回協進行探討。

# 第一節　遷徙與適應：早期發展中的回協
## （民國38至64年）

　　回協首次在台灣設立分會，與民國34年8月日本宣佈無條件投降後，國民
政府接收台灣有關。前章已論及，民國36年12月，回協派遣常子春、王靜齋與
鄭厚仁三人到台灣成立分會，這是回協在台灣發展回教教務的開端。當時已有
部分大陸回民來台工作與定居，由於沒有適當的聚禮之地，於是便集資購買位
於台北市麗水街的一座日式房舍改造成清真寺之用。民國37年5月28日，十五
位回民在麗水街清真寺舉行第一次聚禮，由民國四大阿訇之一的王靜齋阿訇主
持。麗水街清真寺另設有董事會，由常子春擔任董事長，推廣在台的回教工
作。[1]當時從大陸來台的回民並不多，多半是生意人與回協指派來台的人員。
一直到民國38年，由於國共內戰局勢逆轉與惡化，國民黨總裁蔣中正將台灣定
位為未來反共復國的主要根據地，把首都從四川遷往台北，並將二百萬軍民撤
移台灣，其中亦包含人數更多且與政府有關的回民。

　　跟隨政府來台的回民估計約兩萬多人，多半從事軍職與黨政工作，另外也
有教師、公職人員、商人與一般平民百姓。[2]這兩萬多的回民並非具有單一地
域同質性的群體，他們來自中國大陸各個省份，絕大多數的回民來台灣之前除
家族成員或工作接觸外彼此並不相識。回民來台之初，因逃難關係散居在台灣
各地，沒有形成一個專屬回民聚集區，清真寺與清真餐館成為少數可以讓回民

---

[1] 〈新疆台灣籌組分支會〉，《中國回教協會會報》，7卷8至12期（1948），頁27；賈福康，《台灣
　　回教史》（新北市：伊斯蘭文化服務社，2005年），頁6-7。
[2] 民國38年從中國來台的回民人數未有正式官方統計。根據本章作者的訪談調查，有兩萬、四萬、七
　　萬、十萬甚至二十萬人的說法。回民來台人口總數無法精確估計，可能受當時政治氣氛與社會嚴屬
　　管制的影響，不刻意向外界顯示回民的身份認同。有關回民來台人數的討論，請參見孫繩武，《回
　　教論叢》（台北：中華文化出版事業社，1963），頁406；馬孝棋，〈殯葬文化對宗教意識與族群
　　認同的影響—以臺灣北部地區穆斯林為例〉（國立政治大學民族學系碩士論文，2011），頁47；馬
　　欣，〈龍岡清真寺社群的形成和其在全球化脈絡下的發展〉（國立交通大學社會與文化研究所碩士
　　論文，2011），頁1；林長寬，〈臺灣伊斯蘭何去何從：現代漢語穆斯林遷徙（Hijrah）之困境〉，
　　《新世紀宗教研究》，12卷1期（2013），頁24。

集會與交流的場所。[3]除了少數回民菁英攜家帶眷來台外，多數回民則隻身來台。即使如此，來自中國各地的回民，在回協復會以及台灣各地建立清真寺之後，在台灣逐漸形成一個具有相同信仰依歸的共生群體。民國41年，回協在台復會，延續在大陸時期的運作架構，主導回教在台灣的發展，如協助清真寺的建立、開設教義講習班、發行穆斯林報刊、派遣留學生到中東國家學習回教知識，以及配合政府政策從事國民外交活動。

從民國38至80年國民大會廢除《動員戡亂臨時條款》之前，回協在台灣發展的教務工作皆與政府「反共抗俄」與「光復大陸」的政策有關，即支持蔣中正總統與蔣經國總統領導的中華民國政府是中國唯一合法政府，否認中共建立的中華人民共和國政權。本節主要探討蔣中正總統在台灣統治時期（民國38至民國64年），回協在「反共抗俄」的大纛下，如何推動與振興在台的回教工作。

回協在台灣的早期發展，深受政府的反共抗俄政策與國際局勢的雙重影響。民國39年12月10日，蔣中正搭乘專機從成都飛往台北。中華民國政府僅剩下台灣、澎湖、海南島、康滇兩省南部數縣，以及浙、閩、粵沿海的外島。[4]美國政府宣佈不再提供軍事援助保衛台灣，同時中共的軍隊準備渡海佔領台灣，蔣中正統治的中華民國政府風雨飄搖，隨時有崩解的可能。韓戰爆發後，美國政府擔憂共產勢力全面赤化東亞，於是重新檢討對華政策，在國際場合支持蔣中正領導的政府為全中國唯一合法政府。美國並以實際行動，保護台灣免於中共的軍事佔領，先是派遣第七艦隊協防台灣海峽，使政府轉危為安，並在民國43年，美國與政府簽署《中美共同防禦條約》，使蔣中正領導的中華民國政府在台灣獲得堅實的安全與外交保障。[5]在這個背景下，回協積極響應政府政策，認為台灣只是暫時性的權宜之地，終有一天將會跟隨政府光復大陸，重回故土重組回教工作。回協在這段期間從事的工作大致可分成三大類。

---

[3]　趙錫麟口述、張中復訪問，《天方學涯：趙錫麟先生訪談錄》（台北：國史館，2014），頁14。2015年9月3日，台北，馬孝棋訪談紀錄。
[4]　林孝庭著，林中憲譯，《意外的國度：蔣介石、美國、與近代台灣的形塑》（台北：國史館，2014），頁176。
[5]　林孝庭著，林中憲譯，《意外的國度：蔣介石、美國、與近代台灣的形塑》，頁21-31。

## 一、推動各類教務工作

　　大陸回民來台之前，台灣雖曾有來自福建泉州的穆斯林移民，但在周遭閩南漢人勢力的同化影響，並經歷日本統治五十餘年後，基本上已沒有穆斯林社群的存在。[6]因此，回協復會後的首要任務，便是為遷徙來台的回民們提供一個方便信仰與實踐清真生活的環境，例如解決飲食、回教教育、聚會場所與墓地等實際問題。然而，回協缺乏足夠的資源來處理上述眾教胞急迫的問題，因此必須配合政府既定的反共復國政策，才能有持續發展的空間。民國41年7月27日，回協在台發行《中國回教協會會刊》復刊第1期，將近八成的文章內容與反共復國有關，僅有幾篇文章論及教義與回民的生活情況。復刊第1期登載白崇禧理事長參與高雄回協青年會分部的演講詞。白理事長說：

> 今天是本會青年部台灣省南部分部成立的一天，同時也是本會會刊在台復刊，本人特草此文以誌紀念並代發刊詞。中國回教協會自追隨政府播遷台灣以來，即配合反共抗俄國策，展開會務，諸如：一、宗教教義宣傳。二、恢復在大陸時期之青年會務工作。三、登記自由中國教胞。四、回教世界之連繫。今年為動員年，我們亟需動員全國回胞，加強組織，統一意志，集中力量，在總統領導之下，為反共抗俄，反攻大陸而努力。[7]

白理事長提出的綱要內容，可以說是回協日後二十多年所推動的工作重點。從民國41年回協復會以來，到民國64年蔣中正總統的過世，回協推動的教務工作便與反共復國大業密不可分。

　　民國45年，由於敘利亞與埃及相繼承認中華人民共和國，政府擔心其他阿拉伯國家紛紛投入共產集團的陣營，不利我國的國際地位。為了拉攏中東國

---

6　此一歷史變遷請參看本書第一章第一節相關內容。
7　白崇禧，〈回協今後的任務〉，《中國回教協會會刊》，復刊第1期（1952）。

家與我國的外交關係，外交部長葉公超於民國46年11月訪問中東五國（沙烏地阿拉伯、伊拉克、伊朗、黎巴嫩與約旦），強化雙邊外交關係，並邀請中東各國政要來台訪問。[8]葉公超回國後，看到當時台北僅有一座日式房舍改建而成的清真寺，平時僅能容納兩百多人。葉公超認為若清真寺要接待中東來的貴賓並不符合外交禮節，於是向行政院建議撥款與提供適當場地，協助回民興建具有規模的清真寺。[9]事實上，在葉公超提出建議之前，在台回民已由回協成立「台北清真寺擴建委員會」，由時子周擔任主任，專責與政府部門聯繫。[10]回協理事長白崇禧曾於民國47年1月3日以回協建字第0004號函，敦聘外交部葉部長公超為台北清真寺擴建委員會贊助委員。[11]當時建寺的經費估計約四百多萬，原計畫透過教胞捐獻、海外穆斯林團體捐贈與政府補助等多方管道取得籌建資金，但海外募款不順，僅募得六十多萬，[12]剩下四百萬的經費最後由外交

---

8 有關民國46年11月外交部長葉公超訪問中東五國的檔案文件，可參見「外交部長葉公超訪問中東」（民國46年4月至民國47年9月），《外交部檔案》，中研院近史所檔案館藏，檔號：112.21/0010、112.21/0011、112.21/0012與112.21/0013。

9 葉公超給行政院的建議內容如下：「二年來我與中東各回教國家之關係益臻密切。新近建交派使者有沙烏地阿拉伯及約旦二國，各回教國家政府委員來台訪問者絡繹不絕。明年春夏之交，沙烏地阿拉伯、伊朗兩國國王以及土耳其總理復均將來台訪問。按回教教規每日必須祈禱五次，每逢星期五則必禮拜於清真寺，但台北現有之清真寺狹隘簡陋實有礙觀瞻，為使來台訪問之回教國家領袖確信我國回教亦受有尊重，以博其對我好感計，似應促使回教人士在台北建造一所規模較大之清真寺，以應急需…。上月間伊拉克親王訪台期間，曾為擴建清真寺捐助中國回教協會及台北清真寺新台幣三萬四千元，已由該會保管。該會及其他回教人士已合組台北清真寺擴建委員，從事募集…。惟國內回教教胞，財力有限，恐難募足。故職擬另函駐沙馬步芳大使及僑居美國之馬鴻逵先生，請其慨捐鉅款。但該項工程浩大，恐政府另須予以補助。亦以距沙伊兩王來台之期已不及半載，如俟各方募款繳齊始行動工，實屬緩不濟急，為此擬請鈞院先行撥款該擴建委員會新台幣貳百萬元並指撥市區內適當公地一塊以便剋日興工。」請參見：「外交部長葉公超訪問中東」（民國46年4月至民國47年9月），《外交部檔案》，中研院近史所檔案館藏，檔號：112.21/0013；郭廷以校閱，賈廷詩等訪問紀錄，《白崇禧先生訪問紀錄（下冊）》（台北：中央研究院近代史研究所，1989），頁600-601；石永貴，《台灣回教之地位與環境》（台北：中國回教協會出版，未列出版年份），頁24-25。

10 請參見：「興建台北清真寺」（民國46年12月至民國60年2月），《外交部檔案》，中研院近史所檔案館藏，檔號：152.1/0002。其他成員名單請參閱本書第五章第一節。

11 公文原件影本係由回協秘書處提供。

12 海外募捐的部分，伊拉克王儲阿布都拉捐贈台幣三萬四千元、伊朗國王巴勒維捐二千美金、約旦胡笙國王捐贈美金二百元。請參見：「興建台北清真寺」（民國46年12月至民國60年2月），《外交部檔案》，中研院近史所檔案館藏，檔號：152.1/0002。佚名，〈約王參觀清真寺〉，《中國回教協會會報》，66期（1959）。依據行政院民國47年2月12日台四十七內0743號致內政部公文，限制台北清真寺募捐僅能向民營事業募捐，而不得向公營事業機構勸募（該公文影本係由回協秘書處提供）。

部向台灣銀行擔保後，清真寺才得以順利完工。[13]

　　台北清真大寺從興建到完工歷時一年多，在民國49年4月13日舉行落成典禮。政府邀請亞洲回教國家代表、駐華使節與我國政府首長出席，中外來賓估計六百餘人。《中國回教協會會報》第73期描繪當時落成典禮的場景：

> 陳副總統（陳誠）十時正，抵達清真寺，這個時候，司儀丁秉燧先生高唱典禮開始，主席團時子周、白崇禧、堯樂博士三人，陪同來賓上殿、大家都依回教規例脫鞋入坐。誦禮詞是由王世明阿洪擔任，他嘹亮的聲音，在清真寺的大殿上，震起激昂的回響，而且是阿拉伯的音調，使每個來賓都傾耳而聽。因此「真主至大（四句）我證萬物非主，惟有真主（重句）我證穆罕默德是主差使（重句）速來祈禱（重句）速來成功（重句）真主至大（重句）萬物非主，惟有真主」的詞句，深印人們的腦海…。[14]

清真寺落成典禮遵循傳統的回教儀式。[15]在落成典禮結束後，理事長白崇禧隨即舉行各國代表會議，與汶萊、日本與菲律賓三國代表共同簽署一項備忘錄，以增進東亞與東南亞地區回教人民的緊密聯繫為目標，藉此反抗「無神論邪說」並「設法予以摧毀」。[16]

　　除了清真寺落成典禮強調反共色彩外，回協與台北清真寺分別將反共精神與教義講解結合。早期回協與台北清真寺大體上具有互信基礎，不少台北清真寺董監事同樣擔任回協的理監事成員。因此，回協舉辦活動時，多數也以台北清真寺為活動場地，這種互惠和諧的模式之後一直延續。近幾年來由於部分教

---

[13] 「興建台北清真寺」（民國46年12月至民國60年2月），《外交部檔案》，中研院近史所檔案館藏，檔號：152.1/0002。

[14] 佚名，〈台北清真寺落成 六百餘人參加盛典〉，《中國回教協會會報》，73期（1960）。

[15] 如台北清真大寺教長熊振宗在典禮中領導大眾祈禱。該祈禱文在讚頌真主與祝福聖人穆罕默德之外，另外多加「真主！你榮耀伊斯蘭和穆斯林，你豎起正義和宗教的旗，賜我們長官幸福，增加他們力量，以消滅迷信和壞人，也消滅異端邪說和共產主義的暴虐，以拯救穆斯林和中國人，脫離魔掌」的反共字眼。請參見佚名，〈台北清真寺落成 六百餘人參加盛典〉。

[16] 佚名，〈中汶菲日回教代表共同發表協議事項〉，《中國回教協會會刊》，73期（1960）。

胞之間種種因素糾紛頻起，以致此一互信基礎已不如從前。

　　從民國47年起，中共推動「宗教制度民主改革」運動，以「廢除宗教封建特權」與「廢除宗教剝削制度」為由，將大量的阿訇與積極參與宗教事務的人士下放勞改、思想再改造與禁止部分回教儀式。[17]對此，台北清真寺教長熊振宗在民國48年的齋戒月期間，透過空軍電台向大陸地區的回民喊話。他表示在台灣的回民十分同情大陸回民在中共統治下，失去宗教自由的處境，因而鼓勵大陸回民以「封齋的精神起來抗暴」。[18]另外，回協在青年學子們的暑假期間，借用清真寺場地舉辦教義講座，除了傳授宗教知識外，有時也會灌輸參與講座的青年反共意識，才不至於「為邪說所惑，而誤入歧途」。[19]當其後文化大革命在大陸如火如荼的進行時，大陸回民的宗教實踐受到更大、更全面的打壓，絕大多數的清真寺與相關宗教場域被破壞拆毀，沒拆除的清真寺則成為各式倉庫，甚至還有回民被強迫養豬與吃豬肉的消息。在民國56年的宰牲節（`Iid Adhhaa عيد الأضحى）當天，回協發表〈告大陸回教同胞書〉，向大陸回民信心喊話：「不久（國軍）就要揮師反攻大陸，解救苦難的同胞」、「我們要把握當前有利時機，加緊擴大抗暴行動，把分佈廣大和潛在深厚的穆斯林反共力量團結起來，發揚伊斯蘭犧牲精神，維護伊斯蘭光榮傳統，同心協力，一致推翻暴政，消滅惡魔，以完成護教救國的神聖使命！」[20]

## 二、響應政府反共復國政策

　　回協從民國27年成立以來，一直是全國最高的回教組織，統籌各地區的回民事務。民國38年，負責回協會務的重要幹部來到台灣持續推動回教工作。[21]回協在台復會之後，仍為中國回教唯一合法團體，因此回協除推廣教務工作之

---

17 相關文獻可參見1958至1960年，中國伊斯蘭協會出版的《中國穆斯林》期刊。
18 教義研究委員會稿，〈對大陸同胞廣播〉，《中國回教協會會報》，67期（1959）。
19 佚名，〈回協青年部舉辦暑期講習會〉，《中國回教協會會報》，70期（1959）。
20 中國回教協會全體理監事，〈中國回教協會發表告大陸回教同胞書〉，《中國回教協會會刊》，119期（1967）。
21 孫繩武，〈中國回教協會之過去與最近一年之工作〉，收入氏著，《回教論叢》，頁6。

外，也積極參與政府各項反共復國的宣傳措施，例如參與每年定期舉辦的雙十國慶大遊行與不定期參與各項政府舉辦的聲援反共活動。民國48年4月24日，因西藏剛爆發生大規模的抗暴運動（即中共所稱的西藏叛亂），回協下屬的青年部舉行「支援西藏反共抗暴大會」，聲援藏人抵抗中共的鎮壓。這場會議約有二百餘人參加，回協高層如白崇禧、許曉初、常子萱、馬繼援、鐵寶亭、王世明等人也參與其中。[22]當1960年初中國大陸發生嚴重的大饑荒（即中共所稱的三年自然災害），中共仍不斷向外輸出糧食時，回協響應「中國大陸災胞救濟總會」[23]的號召，代收教胞捐款。台北清真大寺教長熊振宗並恭讀《古蘭經》，為大陸災胞祈禱，免於饑荒的苦痛。回協理事長時子周另發電文給回教世界各政治與宗教領袖，代請向中共呼籲開放救濟港口，以及不要再向外輸出糧食等要求。[24]

事實上，當時回協並非是唯一響應政府反共復國的宗教組織，其他宗教組織如天主教、基督教與佛教團體也加入其中。這些宗教組織聯合成立「中國宗教徒聯誼會」，由天主教于斌樞機主教主持。中國宗教徒聯誼會定期聚會，數十名回協代表參與，在會議中與其他宗教團體發表決議案，聲援新疆、甘肅、蒙古、西藏等地區回教徒與佛教的抗暴運動。[25]

## 三、協助拓展外交活動

回協配合政府的反共復國政策正值冷戰高峰時期。當時國際分成美蘇兩大陣營。我國與美國站在同一陣線，同聲反對共產主義在全球的赤化行動。從民

---

[22] 佚名，〈本會青年部舉行支援西藏抗暴大會〉，《中國回教協會會報》，67期（1959），第一版。

[23] 中國大陸災胞救濟總會由民國39年4月4日成立，其兩大目標為「以胞愛發揚民族精神」與「以救濟團結反共力量」配合政府反攻復國的基本國策。該會的主要工作內容包含到大陸空投救濟、海外流亡難胞救濟、來台災胞就業輔導、國際救濟合作等工作。請參見中國大陸災胞救濟總會編印，《救總十年》（台北：1960）。

[24] 時子周，〈回教協會響應總統救濟大陸災胞仁慈號召〉，《中國回教協會會報》，82期（1960），第一版。

[25] 佚名，〈中國宗教徒聯誼會召開四屆會員大會〉，《中國回教協會會刊》，66期（1959）；佚名，〈中國宗教徒聯誼會集會控訴共匪迫害宗教信仰〉，《中國回教協會會報》，94期（1963），第一版。

國49年起，中共與中華民國在聯合國開啟二十多年來的「中國代表權」之爭。中共要求聯合國「驅逐國民黨集團之非法代表」，並「恢復中華人民共和國在聯合國組織中的合法權利」。[26]為了維護在聯合國的中國代表權，我國十分重視各國的動向。回協在抗戰期間，曾派出數個代表團到中東各國從事國民外交活動，因此政府遷台之後，回協再度受到政府的重視，成為我國與中東之間的聯繫橋樑。[27]

政府遷台後，回協首次參與的國民外交活動是民國40年2月在巴基斯坦舉行的第一屆世界回教大會。世界回教大會原由南亞的穆斯林政治人物所成立。該大會依據《古蘭經》所提的「天下穆斯林皆兄弟」為宗旨，在各國設立分會，倡導世界穆斯林之精神團結，形成堅強陣線對抗帝國主義及共產主義。[28]當時已在巴基斯坦的王曾善為回協指派參與大會的代表。[29]王曾善向與會代表一百餘人提到中共如何迫害大陸的回民，呼籲各方否認中共政權，並援助流亡海外的回教同胞。[30]不過，王曾善的國民外交活動並未得到政府重視，因為同年5月，巴基斯坦與中共建立正式外交關係。蔣中正認為該大會在巴國舉辦，並在台灣設立分會的計畫並不妥當。[31]此外，在第一屆世界回教大會召開之後，巴基斯坦與其他回教家國家在諸多國際事務上意見不一，該大會後來流為形式，在穆斯林世界的影響力逐漸式微。[32]

回協參與的國民外交活動還包含「世界回教聯盟」（Muslim World League，

---

[26] 周煦，〈聯合國〉，收入《中華民國史外交志》（台北：國史館編印，2002），頁1068-1075。

[27] 有關抗戰時期，回協派出到中東國家的代表團內容，請參見本書第二章第二節。

[28] 「1949年籌組回教國家訪問團事」（民國38年9月至民國40年6月），《外交部檔案》，中研院近史所檔案館藏，檔號11-04-01-06-02-001。

[29] 王曾善（1905-1962），字孝先，山東臨清人，畢業於燕京大學，之後到土耳其伊斯坦堡大學求學。學成歸國後，任國民黨中央黨部，之後擔任立法委員、中國回教近東訪問團的團長與新疆省的民政廳長等職位。民國38年新疆淪陷之後，王曾善與三千人橫越帕米爾高原輾轉來到巴基斯坦，之後受巴基斯坦外交部聘任擔任中文教授與翻譯官。請參見郭廷以校閱，賈廷詩等訪問紀錄，《白崇禧先生訪問紀錄（下冊）》，頁603；「接濟前新疆省民政廳長王曾善」（民國39年），《外交部檔案》，中研院近史所檔案館藏，檔號：11-30-19-04-008。

[30] 郭廷以校閱，賈廷詩等訪問紀錄，《白崇禧先生訪問紀錄（下冊）》，頁604-605；孫繩武，〈王增善先生傳略〉，收入孫繩武，《回教論叢》，頁414。

[31] 「1949年籌組回教國家訪問團事」（民國38年9月至民國40年6月），《外交部檔案》，中研院近史所檔案館藏，檔號11-04-01-06-02-001。

[32] 郭廷以校閱，賈廷詩等訪問紀錄，《白崇禧先生訪問紀錄（下冊）》，頁604-605；Cemil Aydin, *The Idea of the Muslim World: A Global Intellectual History* (Cambridge: Harvard University Press, 2017), pp. 183-184.

以下簡稱回盟）以及每年一次的朝覲官方訪問。回盟是非政府國際組織，總部設在麥加，由沙烏地阿拉伯費瑟國王（King *Faisal bin Abdul Aziz Aal Sa`uud, 1906-1975* الملك فيصل بن عبد العزيز آل سعود）所成立。該組織的宗旨為：「根據《古蘭經》與聖行的指導，對穆斯林各項議題形成伊斯蘭公眾意見、對抗（非伊斯蘭）意識形態與異端思想的入侵、倡導宣教自由、保護伊斯蘭公共財以及捍衛穆斯林少數權益。」[33]回協常務理事孫繩武為回盟六十位創始理事之一，在每次參與大會時，皆代表政府向與會者控訴中共迫害回民的種種行徑。[34]另外，每年一次的回教朝覲活動也是回協幫助政府向穆斯林各國代表宣揚反共抗俄的重要場合。民國43年起，回協派出的回教朝覲代表團到沙烏地阿拉伯，除了執行朝覲宗教功課與宣慰在沙國的僑胞之外，代表團更重要的工作便是晉見沙王，向沙王闡述政府反對共產主義的政策，並請沙王為我國受難的回民同胞祈禱，脫離共黨製造的災難。[35]

整體而言，回協在蔣中正總統時期，積極配合政府政策從事國民外交，然而其成效有其局限性，這問題並不在於回協對國民外交工作的推動不力，而是受制於國際冷戰結構局勢的影響。由於過去歐洲國家在阿拉伯世界的百年殖民歷史與支持以色列的關係，當時多數阿拉伯國家認為俄國與中國並無直接威脅，反而警惕以美國為首的歐美國家。[36]中共則掌握多數阿拉伯國家反對歐美大國的氛圍，向這些國家表達中共對於穆斯林世界的友善態度，提升中共在阿拉伯國家的形象。[37]受限於國際冷戰局勢，當時來台訪問的穆斯林領導人皆

---

[33] *Muslim World League*, http://en.themwl.org/about-mwl（2018年4月21日檢閱）；趙錫麟口述、張中復訪問，《天方學涯：趙錫麟先生訪談錄》，頁263-273。

[34] 「世界回教聯盟」（民國54至57年），《外交部檔案》，中研院近史所檔案館藏，檔號152.11/0044。

[35] 《中華民國五十四年回教朝覲團報告書》（出版機構未載，1964），頁18-19。有關朝覲團的詳細內容，請參見本書第六章。

[36] 民國四〇至五〇年代正是阿拉伯民族主義高漲的時代，其中又以埃及總統納瑟（Gamal Abdel Nasser）領導下的埃及是那個時代阿拉伯世界的中心，在伊拉克、敘利亞、約旦、葉門與利比亞等國家皆有大量支持納瑟的政治人物與群眾。納瑟於民國45年正式承認中華人民共和國，被美國認為是向共產陣營靠攏。相關文獻請見Adeeb Dawisha, *Arab Nationalism in the Twentieth Century: From Triumph to Despair* (Princeton: Princeton University Press, 2003), pp. 135-213; Cemil Aydin, *The Idea of the Muslim World: A Global Intellectual History*, pp. 186-187.

[37] 李廷弼，〈中國回教協會第一次朝覲紀事〉，《中國回教》，191期（1985），頁42；John Chen, "When Islam was an ally: China's Changing Concepts of Islamic State and Islamic World," *Middle East Institute*, 13 March 2015, http://www.mei.edu/content/map/when-islam-was-ally-china%E2%80%99s-changing-concepts-

與歐美國家關係密切，如民國46年來台訪問的伊拉克王儲艾布都伊拉（Crown Prince *Abdul Ilah* الإله عبد）、民國47年的伊朗國王穆罕莫德・李查・巴勒維（*Mohammad Reza Pahlavi* بهلوي رضا محمد شاهنشاه）、民國48年的約旦胡笙・賓・塔拉勒（*Malik Hussain bin Talaal* , King of Jordan طلال بن حسين الملك）與民國60年的沙烏地阿拉伯費瑟國王。

　　這些來台訪問的穆斯林領導人當中，以沙烏地阿拉伯的費瑟國王最值得記錄。回協在阿拉伯國家的國民外交活動中，特別側重國力較為雄厚且同樣持反共立場的沙烏地阿拉伯。[38]按沙國是少數與我國關係密切的阿拉伯國家，長期支持我國在聯合國的中國代表權地位。[39]民國60年5月17至20日，沙王費瑟受邀訪問台灣。這是回教在台灣歷史以來最值得紀念的一刻，也是中華民國外交史上相當重要的一頁。當沙王抵達台北松山機場時，蔣中正親自蒞臨迎接。5月19日，沙王費瑟由副總統嚴家淦陪同下，參訪台北清真大寺。回協代理事長趙明遠、回協全體理監事、清真寺董事長常子萱、教長馬吉祥、清真寺全體董監事、青年學生與教胞們，在大寺的玄關內列隊恭候歡迎。[40]沙王停留清真寺的時間約一個小時，包含在大殿內禮拜、接受回協代表的致意與紀念品，以及向教胞們致詞與合影。當沙王準備登車離去時，列隊的青年們用阿語高喊：「沙王費瑟萬歲」、「蔣總統萬歲」、「中沙友誼萬歲」與「打倒共產主義」等口號。[41]此次沙王訪台之行，正值中華民國遷台以來外交最為艱困的時期。雖然

---

islamic-state-and-islamic-world（2018年4月21日檢閱）。

[38] 沙國反共的理由是沙國政府認為共產主義意識形態與伊斯蘭無法相容。另外，沙國境內與周邊地區阿拉伯共產主義者的武裝叛亂，也導致沙國的反共意志堅定。相關文獻請參見Makio Yamada, "Islam, Energy, and Development: Taiwan and China in Saudi Arabia, 1949-2013" *American Journal of Chinese Studies*, 22:1 (2015), pp.79-80.

[39] 沙烏地阿拉伯是唯一在民國60年聯合國大會的2758號決議案中投下反對票，反對「恢復中華人民共和國在聯合國組織中的合法權利問題」提案的阿拉伯國家。即使中華民國退出聯合國後，面臨雪崩式斷交危機，沙國仍與我國維繫密切的正式外交關係。直到民國79年，沙國因中東戰略利益考量，與中共建交，結束與我國的正式外交關係。即使沒有正式外交關係，我國與沙國仍有各項經貿與科技等合作計畫。請參見Makio Yamada, "Islam, Energy, and Development: Taiwan and China in Saudi Arabia, 1949-2013" p.89. 李登科，〈我國與中東關係〉，《中華民國史外交志》，頁902-904；趙錫麟口述、張中復訪問，《天方學涯：趙錫麟先生訪談錄》，頁199-205。

[40] 〈沙烏地國王費瑟訪華〉，《外交部檔案》，中研院近史所檔案館藏，民國59至60年，檔號112.22/0024。

[41] 定中明，〈沙王訪華側記〉，《中國回教》，157期（1974），頁43。

當年10月中華民國仍在現實環境下被迫退出聯合國,但中沙兩國領袖實現史上第一次正式的外交會晤,實屬難得。

　　另外,民國62年因第四次中東戰爭(又稱贖罪日戰爭)的緣故,世界爆發石油危機時,沙國宣佈石油禁運政策,藉此懲罰與美國親善及支持以色列的國家。原本沙國視台灣為美國盟邦而擬列入禁運名單,後來經濟部長孫運璿以總統特使名義前訪沙國交涉。當時擔任孫部長阿文傳譯工作的為定中明公使,[42]沙王在聆聽孫部長的解釋之後,立即下令將我國從不友好名單除名,批示以「優惠價格充分供應」原油,使我國免於石油匱乏的恐慌。沙國對我國供輸穩定的油源,為日後政府十大建設的順利推動起了一定的作用。[43]此一事蹟,不僅為上世紀下半葉台灣經濟自轉型到起飛的過程,提供出一個不應忽視的解讀視角,同時也說明政府自遷台後,在因應亞非伊斯蘭國家的外交戰線上,穆斯林菁英在幕前與幕後所扮演的積極角色,及其所產生的貢獻是不容抹煞的。

　　民國38至64年,回協在台灣的組織架構與運作方式大致延續大陸時期的規格,以中國唯一合法代表的回教組織。雖然回協在台復會之後,依舊響應政府國策發展回教工作,不過受到各種外在因素的制約,尤其是日漸困頓的外交處境,使回協在台發展不如大陸時期。回協發展不如預期大致可歸納四點原因。第一,回協總會來到台灣是因國共內戰的關係,跟隨國民黨政府撤退到台灣。雖然回協的不少高層幹部來到台灣,但過去在大陸時期撐起回協運作的絕大多數回民青年們仍留在大陸,並未跟隨政府遷台,這導致回協在台缺乏具有大量實務工作經驗的人才。第二,早期在台灣的回民並非一個同質性的群體,而且來自大陸各個區域,身份背景差異頗大。回民來到台灣之後分散各地,除了沒有形成一個回民社群外,多數回民的經濟條件也不佳,因此生存與適應環境成為回民們最為迫切的共同問題,直到生活稍微安定下來後,才有餘力從事回教公共事務。第三,由於回協理事長白崇禧過去在大陸時期享有極為崇高的政治

---

[42] 定中明,《回憶錄》(作者敬贈,2002),頁534-535;丁迺忻,〈看過去 談清真寺未來的展望〉,《中國回教》,271期(2001),頁4-6。按定中明早期為抗戰時期赴埃及學習之留學生,沙國費瑟國王訪華期間,定公使亦擔任雙方領袖的傳譯工作。其後並出任台北清真寺教長與政治大學阿拉伯語系主任。

[43] 定中明,《回憶錄》,頁534-535;丁迺忻,〈看過去談清真寺未來的展望〉,頁4-6。

與軍事地位，在近代中國歷史中也佔有重要的一席之地。抗戰期間，各地優秀的回民菁英在白理事長領導下，辦了不少有利於回民大眾的工作。然而，國共內戰尾聲，屬於桂系的白崇禧與蔣中正因諸多議題意見不一，導致兩人的關係十分緊張。日後，蔣中正甚至在日記指責白崇禧是「黨國敗壞內亂中之一大罪人」的字眼。白崇禧來到台灣之後，不再擁有過去政治與軍事大權。民國41年回協復會，白崇禧雖續任理事長，但受制於黨國幕後的分化活動，最終白崇禧於民國47年2月以「健康因素」請辭理事長一職，這也導致日後回協在推動教務工作時，與黨國協商這一方面並不如大陸時期順暢。第四，回協雖號稱代表全中國所有回民，但民國42年在中共扶持之下的「中國伊斯蘭教協會」實際取代回協的角色，成為大陸境內掌管回教事務的最高機構。儘管回協不斷向外聲稱其正統地位，聲稱將配合政府的反共復國政策，重回大陸建立根據地，但實際管轄僅限於在台灣地區的回民。[44]隨者民國64年4月蔣中正的逝世以及在台第一代回民的逐漸凋零，反共復國似乎成為遙不可及的夢想。[45]

---

[44] 請參見孫繩武，《回教論叢》，頁23-24；陳宛茜，〈民國兩冤家　蔣介石為何記恨白崇禧一輩子〉，《聯合報》，2017年10月1日，https://theme.udn.com/theme/story/6773/2732450（2018年4月22日檢閱）。馬漢，「為白崇禧論相（新聞天地）」（1958年3月15日），〈白崇禧〉，《軍事委員會委員長侍從室檔》，國史館藏，入藏登錄號：129000098581A；白崇禧，〈沙烏地阿拉伯留學生講習會〉，《中國回教協會會報》，86期（1962）；林孝庭著，林中憲譯，《意外的國度：蔣介石、美國、與近代台灣的形塑》，頁30-31、293。

[45] 不過，根據歷史學家林孝庭長期的檔案梳理，他認為蔣中正雖然在官方聲明裡不斷提到準備光復大陸與推翻共產黨政權的決心，但實際卻是以「防禦台灣」而非「光復大陸」作為主軸。原因在於民國43年我國與美國締結軍事防衛同盟，這代表蔣中正對大陸的軍事行動將受到美方強烈的影響與掣制，中華民國領土範圍僅局限於台、澎一隅，逐漸走向永久化與固定化。林孝庭著，林中憲譯，《意外的國度：蔣介石、美國、與近代台灣的形塑》，頁30-31、293。

## 第二節　凋零與新生：薪火傳承中的回協
## （民國65至77年）

　　民國65年4月5日蔣中正的去世，給抱著「光復大陸」幻想的各省穆斯林帶來了又一沉重的打擊，雖然此一幻想早已流於口號宣傳而無實際行動，但「領袖」的去世無疑更加劇了幻想的破滅。一心想回到原鄉的各省穆斯林起初並未將台灣視作久居之地，故其雖曾興建清真寺、規劃回教公墓、維持教務，但主要為滿足日常的宗教生活，而對於使回教深耕扎根台灣的宗教文教事業則並未著力。然而，國際政經形勢的巨變，使中華民國在軍事、國際政治上的地位每況愈下，遷台第一代的穆斯林耆老亦紛紛凋謝，所剩無多。為了讓回教在台灣深深扎根，傳承教門成為此時回協所面臨的最大難題與挑戰。幸好，當時在台灣尚有一批深受民國回教新文化運動影響的穆斯林菁英深刻意識到上述問題的迫切，因此他們著力於回教文教事業，透過回協直接或間接地完成了重要的傳承使命。

### 一、組織再造：重開會員代表大會

　　民國37年5月，回協於南京召開第三屆全體會員代表大會，選舉理監事，成為其在大陸時期最後的一次全體會員代表大會。民國38年4月，回協隨國民政府南遷，輾轉來台，其隨行人員中有將近四分之三的理、監事，其中「常務理事」[46]均一同南渡。可見，「中國回教協會及其前身組織，都成為政府黨國體制運作與愛國主義驅使下，極力與國民政府配合的重要民間宗教團體」。[47]

---

[46] 回協第三屆常務理監事包括：白崇禧、馬亮、全道雲、馬步芳、馬煥文、李廷弼、趙明遠、馬策、安舜等九人。參見孫繩武，〈中國回教協會之過去與最近一年之工作〉，收入氏著，《回教論叢》，頁4-5。

[47] 呂芳上主編，張中復等著，《中國戰爭史新編（第六冊）：戰後中國》（台北：國史館，2015），頁9。

遷台後的回協，作為全台回教的最高領導機構，仍保持了其與國民政府的高度一致性，回協之理監事、常務理事與理事長，均延續了大陸時期的編制與人員。

　　然而，隨著時光流逝，老成凋謝，回協領導人員已出現嚴重的缺額。民國63年，回協時任代理事長趙明遠歸真，「理事會缺額十七人，監事四人，在未增補缺額前，暫不選任理事長」，[48]因此暫由常務理事輪值，而當時（民國63至66年8月）由於經費、人員之不足，導致回協日常之運行幾乎陷入停滯，更遑論會務之推展。

　　至民國65年，來台二十七年的回協領導核心嚴重缺額，會務活動難以維繫，加之當時約旦、利比亞、科威特、阿曼、黎巴嫩、摩洛哥等中東回教國家雖與中華民國已無正式邦交，但回協仍與上述國家聯繫密切，在國民外交上起著十分重要的作用。因此，時任回協常務理事的許曉初從美國返台，「即奉中央社工會轉達九月間中常會決議案，為輔導中國回教協會辦理補選缺額理監事一事，指派余主持之」。[49]

　　許曉初返台後，即刻著手選舉籌備工作，於民國65年10月12日成立籌備小組。選聘四十九名籌備委員，並於同年12月5日成立籌備委員會（以下簡稱「籌委會」），「並由中央社工會及內政部派員指導」。[50]又設常務委員會，三個專門委員會及五個工作小組負責專項事務。「經過了八個多月，共召開籌備大會兩次、常務委員會七次、選舉監察人會二次、通訊選舉開票大會一次。」[51]

　　早期隨國民政府遷台之回民，並無明確的人數統計，加之二十八年的發展變化使得確定教胞人數以及能夠出席會議的人數成為首先要明確的事務。為此籌委會專設「會員登記審查委員會」，負責登記散居各地的教胞人數，該會遂張佈公告並派員分赴各縣市，配合當地清真寺，登記會員，人數超過五千，並於民國66年印行《中國回教協會在台教胞登記名冊》，每名教胞的籍貫、姓名、生年、學歷、職業、通訊地址均一一備載，首次完成了對台灣穆斯林人數

---

[48] 賈福康，《台灣回教史（第二版）》（台北：伊斯蘭文化服務社，2005），頁17。

[49] 許曉初，〈奉派主持回協補選〉，收入編輯小組編，《許故代表曉初先生紀念文集》（台北：《許故代表曉初先生紀念文集》編輯小組，1996），頁182。

[50] 王文中，〈回協調整後的回顧與展望〉，《中國回教》，167期（1977），頁20。

[51] 賈福康，〈回協缺額理監事補選—回協全國會員代表大會紀實〉，《中國回教》，166期（1977），頁28。

圖3-1　民國69年回協會員代表
大會選舉過程（童隆
城攝）

的準確詳實之統計。

　　同時，籌委會專設「會章修訂委員會」，其修改後的《中國回教協會章程》以大陸時期的會章為藍本進行修訂，最終於民國79年8月26日經第四屆會員代表大會通過，成為此後回協會章的重要範本。此外，亦專設「會員代表產生辦法草擬委員會」，依據「內政部人民團體選舉罷免辦法」，採用通訊選舉方式，以各省為單位（名額一至五名不等）進行會員代表選舉。

　　民國66年8月14日下午三時，中國回教協會召開會員代表大會，與會者為九十位會員代表（包括二十八省及九直轄市在內的三十七個單位）、六位團體會員代表（中國回教文化教育基金會、中國回教青年會各三位）以及十餘位中央社工會、內政部等上級指導人員。此次大會由許曉初主持，其致詞中首先回顧了中華民族憲法中對回民參政的保障與中國回教的歷史，其次介紹了回民現有分佈狀況與人口數量，最後，其在會務報告中總結了回協自創始以來在宣揚教義、配合國策、國民外交、文化教育等方面所做的貢獻。[52]在會議上通過投票選舉選出缺額理事十七名、監事四名，使回協恢復了原有理事三十一位、監

---

[52] 許曉初，〈中國回教協會理事監事暨所屬會員代表會議致辭〉，《中國回教》，166期（1977），頁31-35。

事九位的規模。本次大會還確立了每三年一屆的換屆選舉制度，使得遷台後的
回協在組織架構上得以完善，會務工作得以正常運轉。

　　民國66年9月18日，回協於台北清真寺大禮堂召開理監事聯席會議，由理
事會互選出常務理事九位，並繼續舉行常務理事會，互推許曉初為理事長，[53]
正式結束了由常務理事輪流代理理事長的集體領導時代。此後，許曉初連續連
任四屆理事長，總計十二年之久，為回協之承先啟後貢獻良多。


## 二、文化教育

　　應對第一代移民的相繼凋零與回歸大陸的遙遙無期，外省穆斯林開始思考
年輕人的宗教文化教育與傳承，在以往經生制度基礎上，設立更為多元的回教
獎學金、創立中國回教文化教育基金會、設立回教經書研究整印社、強化北中
南地區宗教與阿拉伯語經學班教育、改版《中國回教》會刊、試圖興建伊斯蘭
文化中心與恢復國立成達師範等等。


### （一）創設中國回教文化教育基金會

　　民國65年3月26日，常子春八秩華誕於中山堂堡壘廳舉行慶祝茶話會，會
間常子萱、常子春昆仲將捐款、募款各一百五十萬台幣作為成立中國回教文化
教育基金會的基金，「希望能以此來啟發回教青年奮發向上，弘揚教義，使回
教文化在中國及世界各地永垂不朽」。[54]同年4月18日捐資者常氏昆仲將三百
萬元捐款一次存入台灣第一商業銀行，並聘請十七位教胞，召開發起人會議，
研擬初步計畫，並成立董事會，與會者一致公推常子春為董事長，其兄常子萱
為名譽董事長，並向教育部申請財團法人登記。該會以闡揚伊斯蘭文化，傳播
伊斯蘭教教義，舉辦清寒獎助學金，廣譯伊斯蘭教經典，促進國際伊斯蘭教文
化交流與合作為宗旨。

　　該會自成立後便開始運作，其主要業務為辦理回教青年獎助學金，民國65

---

53　中國回教協會，〈會務概況報告〉，《中國回教》，167期（1977），頁34。
54　李如發，〈國大代表常子春先生八秩壽慶大會紀盛〉，《中國回教》，162至163期（1976），頁24。

圖3-2　民國65年中國回教文化教育基金會頒獎典禮（台北清真寺保存）

年7月通過並公佈獎助學金授予辦法，「至七十八年學年度止，十一年十九次獎助學活動，其工作之順利，每期申請人數平均為六十餘人，而每次獎助學金發放金額約在十一萬元之譜，累計結果，人數約有一千八百人次之多，發放總金額新台幣貳佰三十萬餘元」。[55]不僅如此，該會針對回協考選、保送至利比亞、沙烏地阿拉伯以及馬來西亞的留學生亦頒發出國進修獎學金，足見該會在獎助回教青年學習宗教文化知識方面的重要作用。

　　中國回教文化教育基金會在保存回教文化方面亦不遺餘力，其成立之初便附設圖書館，收藏回教書刊千餘冊，並在創辦人常氏昆仲的倡議下捐印了數十種書籍，以利學術研究之用，並於民國75年將所存書刊副本一套贈送中央圖書

---

[55] 馬名正，〈常子春與中國回教文化教育基金會〉，收入中國回教文化教育基金會編，《常子春先生與中國回教》（台北：中國回教文化教育基金會，1990），頁17。

館收藏，以廣傳播。對此，中國回教文化教育基金會亦專門舉辦典禮以表彰高文遠將藏書捐贈圖書館一事。

### （二）回教經書整印研究社

為了傳承回教歷史與文化，發展回教文化之學術研究，謝松濤、馬明道、高文遠與楊達鑫等人依託回協與回教文化教育基金會，於民國67年成立了回教經書整印研究社（以下簡稱整印社）。該社對民國早期成達師範、商務印書館、北平清真書報社以及海外匯集之回教文獻進行系統整理與重印，並成立伊斯蘭圖書館以便讀者使用。更在這些資料的基礎上，結合教學、研究實踐，於此一時期出版若干學術著作，為台灣回教學術著作創作之巔峰時代。

整印社共收集清代至民國六〇年代回教書籍共計一百一十四種，重新影印成書並免費贈閱的有四十一種，這些書籍涉及了古蘭經學、聖訓學、教義學、教法學、歷史學、伊斯蘭哲學等諸多學科領域，涵蓋了明清穆斯林漢文譯著、回教新文化運動以及遷台穆斯林著作等三個歷史階段的重要著作，較為全面地反映了民國穆斯林知識份子的宗教文化思想，為在台灣繼承和弘揚中國傳統伊斯蘭文化起到了承先啟後的接續作用。

在個人著述方面，此一時期以整印社負責人馬明道先生的研究成果最為引人注目，馬先生出身北平牛街回教世家，其父馬魁麟阿訇為近代北平清真書報社創始人，其兄馬宏道為伊斯蘭教育及中華民國與土耳其建交均貢獻良多。馬明道受其父兄影響，早年於土耳其留學，曾經擔任駐外武官，並為政大土文系元老，可謂家學淵博、學貫中西。其於十年之內先後出版六部專書，涉及伊斯蘭教義、教法、阿拉伯文學與中國伊斯蘭史，在學界有深遠之影響。其關於明朝皇家信仰伊斯蘭的觀點，雖在史學界有不少爭論，但確是成一家之言的重要論斷，為研究明代伊斯蘭史提供了多元的視角與觀點。

此外，曾任國立成達師範首任校長的謝松濤教授，在台擔任中華學術院回教文化研究所所長，長期負責回教文化的宣傳與研究工作，其專著《回教概論》於民國81年由中國文化大學出版，其歸真後，謝氏後人將其歷年發表之回教研究論文整理為《謝松濤教授論文集》以廣流傳。

　　更為值得一提的是高文遠哈智，其為青海西寧回民，歷任青海省政府文官要職，民國37年曾任職青海省政府秘書長，他在宗教方面十分推崇馬萬福開創的伊赫瓦尼，強調「憑經立教」。熱心回教教育與學術事業的高哈智曾為整印社提供大量珍貴書籍、史料亦依託整印社編著《朝覲手冊》、《禮拜儀則》以闡明回教功修儀則與內涵，更著有《清末西北回民之反清運動》、《菓園哈智（遵經革俗的倡導者）》等專書論述近代西北回教歷史，在史學界亦有重要影響。

## （三）回協之書刊編印

### 1.會刊發行

　　民國41年7月27日，《中國回教協會會刊》在台復刊，先後與由孫繩武、謝松濤負責主編，會刊第3期更名為《中國回教協會會報》，通訊處為「台北市麗水街十七巷二號」[56]，後台北新生南路清真寺建成，通訊處亦隨之轉移。會報原則上為每月一期，但因經費短缺、稿源不足等原因經常脫期，民國45年1月1日以降，改為半月一期，至民國59年1月16日更名為《中國回教》，改報紙為雙月期刊，民國63年6月起，因孫氏年邁多病，改由定中明任總編輯。民國41至64年之會刊共計一百六十一期，其中報紙形式一百三十五期，期刊形式二十六期。內容主要為配合國民政府反共抗俄的政策，對內宣傳教義、團結教胞配合國策，對外透過國民外交聯絡中東穆斯林國家。

　　民國65至77年，回協發行會刊從162、163期合刊，到203期，共計四十期。定中明繼續擔任會刊總編輯一職，並於170期大幅改版，將原有白色封面改為彩色，封面配圖亦由黑白改為彩色；增加了英文目錄及大篇幅的外文文章（英文及阿拉伯文）。民國69年，定中明自覺「近來由於公務益加繁重，身體精神漸感疲乏」，[57]遂辭去總編輯一職，改由劉恩霖繼任，並於175期取消英文目錄與外文文章部分。177期改由馬錫珺任總編並將英文目錄恢復，置於文

---

56　中國回教協會，《中國回教協會會報》，3期（1952），頁1。
57　定中明，《雪泥鴻爪》（台北：鼎新文具印刷有限公司，1992），頁532。

章最後，180期開始由定治中任代總編輯，182期將封底黑白圖片改為彩色。可見，此一階段會刊形式在印刷技術與贊助經費提升的基礎上，愈來愈精緻，封面、封底均已變為全彩圖片。內容方面，在國際關係上由原來以中東各國政經形勢的報導轉向對非政府組織NGO組織的介紹，尤其是回教宣教機構；在兩岸問題上，雖仍保持強烈的反共意識，但已由強調反攻大陸轉向了對「大陸災胞」的同情以及對中共國際統戰的控訴；在教義宣傳方面對於回教歷史的比重增加，更刊載一些較為學術性的研究文章，如馬明道、宋名材、袁昌賢等人的文章。此外，回憶性文章亦明顯增多，多為對故鄉的風俗、教門與逝去親友的懷念，這方面可以北平沙錚先生的文章為代表。總體而言，回協會刊在此一時期其「政治傳聲筒」的效果有所減弱，更重視在教義與生活方面為教胞服務。

## 2.書籍編印

　　民國43年7月16日，白崇禧、時子周等人曾成立「台北清真寺譯經委員會」，進行《古蘭經》涵義的中文翻譯，由時子周口述，隋承禮速記，定中明、熊振宗及常子萱校對，歷時五年，[58]最終以《古蘭經國語譯解》之名出版，並數次再版重印，後又有常子萱於民國61年用正楷抄錄之版本三種，以廣流傳，至此台灣穆斯林對《古蘭經》漢譯本的需求基本上得到了解決。民國77年，許曉初理事長針對《古蘭經》漢譯本已有六、七種，卻無系統的聖訓譯本之情況，主持校對、翻印陳克禮阿訇翻譯的《聖訓之冠》，參照阿文本進行校對，將原有簡體中文改為正體中文，並由回協出資印刷二千冊免費發放教胞閱覽，彌補了台灣聖訓中文譯本的不足，為瞭解穆聖行儀提供了詳實的資料。此外，回協還集定中明、海維諒、王立志、馬凱達、王春山等學者之力，編纂《穆士林手冊》印發贈閱，為宗教信仰與生活中的具體細則提供了可靠地參考依據。至此，台灣穆斯林在回教漢語譯著方面已有經、訓、教義與教法等多方面的著作問世，為台灣穆斯林的宗教生活提供了較為全面的指導手冊。

---

[58]　時子周譯述，《古蘭經國語譯解・自序》（香港：香港伊斯蘭聯會，1958），頁2。

圖3-3　台北清真寺譯經委員會成立會留影紀念（台北清真寺保存）

## 三、其他會務

### （一）清真寺整建

　　許理事長任內在繼承原有會務的基礎上，積極推動清真寺的整建事務，針對台中清真寺、高雄清真寺以及中壢龍岡清真寺原有建築年久失修、空間狹窄不敷使用之狀況，回協積極推動該項事務，並於民國76年底向海內外教胞、沙烏地阿拉伯政府等處共募得新台幣一千三百萬元，[59]並於民國78年動工。此事為台灣清真寺整建之大事件，故在本書第五章進行專章探討，此處不加贅述。

---

[59] 《中華民國高雄、台中、龍岡清真寺落成紀念專輯》，頁10。

## （二）國際交流合作

　　此一時期之國際交流，由於中美關係的緩和，台灣國際地位下降，尤其是中東穆斯林國家在此時只有沙烏地阿拉伯等數國仍與中華民國保有邦交，故回協此時之國際交流亦由原有的政治外交轉向宗教交流，且愈來愈重視與國際回教組織尤其是與各國穆斯林青年組織的交流。由於沙烏地阿拉伯與中華民國的友好關係，「因此後來也在沙國麥加促成了世界回教聯盟（World Muslim League）[60]與總部設在利雅德的世界回教青年會議組織（World Assembly of Muslim Youth）[61]與中國回教協會的多年密切合作」，[62]回協曾多次受邀，派員出席回盟會議；回協亦曾多次邀請回盟秘書長哈爾康（*Muhammad Harkaan* محمد الحركان）及相關工作人員來台訪問，洽談合作事宜。在北美方面，回協與回教留美學生聯合總會（Muslim Students Association）密切合作，參加其年會及美加回教社區發展會議等活動，共同探討如何解決美加穆斯林移民大幅增長後帶來的相關問題。更為值得一提的是回協與「伊斯蘭亞太宣教會」（Regional Islamic Da'wah Council of Southeast Asia & the Pacific, RISEAP，以下簡稱亞太宣教會）[63]合作。台灣作為亞太宣教會創始會員之一，始終與該機構保持密切的聯繫，第二屆亞太宣教會年會回協派定中明、王保新、李忠堂等三人赴會，此行專程訪問了「馬來西亞國父」東姑拉曼會長，向其介紹了台灣回教的近期發展，會議過程中定中明致詞，論述了台灣在東亞宣教中的重要地位以及現在台灣穆斯林面臨的經濟基礎薄弱、清真寺設施簡陋的困難。[64]

---

[60] 世界伊斯蘭聯盟即世界回教聯盟的不同譯名。

[61] 世界回教青年會議組織：民國61年在沙國利雅德舉辦國際穆斯林青年學生會議，促成費瑟國王支持創建本組織，總部秘書處設於利雅德，會員組織分佈全球超過四十個國家。

[62] 趙錫麟口述，張中復訪問，《天方學涯：趙錫麟先生訪談錄》，頁205-206。

[63] 發起人為東姑拉曼（Tunku Abdul Rahman Putra Al-Haj ibni Almarhum Sultan Abdul Hamid Halim Shah, 1903-1990），創始會員包括：日本、韓國、台灣、香港、緬甸、馬來西亞、泰國、菲律賓、汶萊達魯薩蘭國、新加坡、印度尼西亞、巴布亞紐幾內亞、新喀里多尼亞、澳大利亞、斐濟、紐西蘭。翻譯自：RISEAP, *About the service of Muslim minorities*，https://www.riseap.org/#about（2018年4月23日檢閱）。

[64] 本次大會具體內容請參見：王保新，〈參加第二屆東南亞暨太平洋地區回教宣教組織大會經過情形〉，《中國回教》，182期（1983），頁18-19。

## （三）「內地生活習慣特殊之國民」之爭

　　此一條款載於民國36年1月1日頒佈的《中華民國憲法》之第135條：「內地生活習慣特殊之國民代表名額及選舉，其辦法以法律定之。」[65]其主要提議人為孫繩武與趙明遠等回民代表。[66]民國36年5月1日公佈的《國民大會代表選舉罷免法施行條例》第52條：「所稱內地生活習慣特殊之國民，係指居住各地之回民。」[67]可見上述條原為保障回民在國民大會代表選舉中的少數席位。然而，民國69年初，內政部擬具之選舉罷免法草案第40條，即為民國69年5月14日頒佈的《動員戡亂時期公職人員選舉罷免法（民國69年）》之第41條稱：「一、國民大會代表、立法委員，省（市）議員由生活習慣特殊國民選出者，以山胞為選舉區，並得劃分平地山胞、山地山胞選舉區。」[68]此處當時所稱「山胞」係指今日之原住民，即是說該法條將「生活習慣特殊之國民」指稱原住民，以保障原住民在選舉國民大會代表、立法委員與省（市）議員方面的少數名額。此「生活習慣特殊國民」與指稱回民之「內地生活習慣特殊之國民」其差別僅在於「內地」兩字，且《動員戡亂時期公職人員選舉罷免法（民國69年）》並未另行規定回民之保障名額（即回民在參選過程中再無原有的十七名保障名額，而憲法之第135條亦形同虛設），遂引起回民國大代表及絕大多數回胞之抗議。「我中國回教協會，代表全國回教教胞，亦即致函立法院，重視此案選舉，維護教胞選舉權益。…並未獲得立法院復知。」[69]時身患重病的立法委員與回協常務理事全道雲亦對此法頗有意見：

　　　　（一）現行法有效之時，不能另訂新法而置現行法於不顧，…（二）政

---

65　《中華民國憲法》，全國法規資料庫，http://law.moj.gov.tw/LawClass/LawAll.aspx?PCode=A0000001（2018年4月23日檢閱）。

66　有關此一條款之形成過程已備載於本書第二章第三節，此處不再贅述。

67　〈國民大會代表選舉罷免法施行條例〉，維基文庫，https://zh.wikisource.org/zh-hant/國民大會代表選舉罷免法施行條例（民國36年4月立法，5月公佈）（2018年4月23日檢閱）。

68　《動員戡亂時期公職人員選舉罷免法（民國69年）》，維基文庫，https://zh.wikisource.org/zh/動員戡亂時期公職人員選舉罷免法（民國69年）（2018年4月25日檢閱）。

69　全道雲，〈當前選舉罷免法對我教胞的影響〉，《中國回教》，175期（1980年10月），頁4。

府制定法律，先由立法機關審議草案，經過一讀二讀三讀，慎重審議通過，然後送請政府公布施行。凡是由立法機關制定之法律，不能由行政機關自行單獨廢止。…（三）或謂憲法第一百三十五條上，有「內地」二字，故為「內地生活習慣特殊之國民」，本法上未冠「內地」故為「生活習慣特殊國民」。因此二者並無牴觸，筆者亦未敢苟同，…並且將來對於生活習慣特殊國民辦理選舉或增補選之時，究竟何所指乎。回胞乎？山胞乎？名額十七名乎？或若干名乎？豈不更增困擾乎？[70]

時任回協常務理事、總幹事的王農村針對上述事件，爬梳了「憲法第一百三十五條」的歷史脈絡，以強調「內地生活習慣特殊之國民」專指「回民」的重要性與必要性。一方面，大陸時期全國人口四萬萬人的情況下，回民有五千萬之眾，但在當時制憲大會三千多名代表中回民代表僅十數位，與八分之一的人口比相去甚遠。另方面，回民在國民革命中貢獻良多，且為國父「五族共和」理念的重要組成部分，因此其選舉權益應予以保障。此外，回民的生活習俗確與漢民不同，故有必要對其特殊習俗予以適當照顧。在這樣的歷史脈絡下，王氏認為切不可以「生活習慣特殊國民」指代「山胞」。[71]

　　而身為國人代表的回協許理事長許曉初更邀集五十位國大代表於第一屆第七次國民大會會議上提案要求：「若本案通過後，請交內政部將選舉罷免法草案第四十條內『內地生活習慣特殊』字句刪除，至山地同胞選舉區另以明顯字句，專條列出。」[72]「大會原案通過：『送政府儘速改正』。」[73]然而，事情卻並未如此順利，在正式公佈施行的《動員戡亂時期公職人員選舉罷免法（民國69年）》第41條中，仍用「生活習慣特殊國民」指稱「山胞」，回協與回胞代表的努力亦前功盡棄，此後歷次《動員戡亂時期公職人員選舉罷免法》的修訂版本均將原住民視作選舉保障的少數民族，而未論及回民。至此，回民在選

---

70 仝道雲，〈當前選舉罷免法對我教胞的影響〉，頁4。

71 王農村，〈爭取憲法第一百三十五條之經過〉，《中國回教》，185期（1984），頁5-6、14。

72 許曉初等，〈憲法中的「生活習慣特殊」字句不宜濫用—國民大會代表許曉初等五十人提案糾正〉，《中國回教》，184期（1984），頁2。

73 王農村，〈爭取憲法第一百三十五條之經過〉，頁5-6、14。

舉上的保障權益已基本喪失。

　　分析此一轉變的原因，首先，隨著早期來台大老的相繼歸真，在黨政軍中的回教領袖已幾乎凋零殆盡，自然也缺乏了對中央政府政策的實質影響能力；其次，雖然回民號稱在大陸地區有五千萬回胞，但著眼於台灣的實際，則是不到兩萬人的現實，而根據民國66年回協的教胞登記，僅剩下四千四百六十五人，故人口數量不足以引起政府的重視；最後，民國69年與中華民國仍保持外交關係的重要回教國家只剩下沙烏地阿拉伯一國，因而借助以回協為領導的回民進行國民外交的手段亦困難重重，台灣回民在政治外交上的可利用價值亦不復當年。此外，「回民在選舉上的保障權益已基本喪失」亦可能與台灣民主化過程中，中央民意代表走向全面改選與法統延續論爭議的時代背景相關。

# 第三節　改革與開放：多元互動中的回協
## （民國77至106年）

　　民國76年7月15日蔣經國總統正式宣佈解嚴，結束了持續三十八年的戒嚴時代，此事對以往與國民政府關係密切的回協有著重要的雙重影響。一方面，解嚴後國民政府對回協的政治、經濟扶持大幅削減，這使得原有的回協組織難以維繫；另方面，政治解綁使得政治對於宗教的干涉大為減弱，使得回協有機會自主的決定未來的發展道路。就在不久之前，中國大陸亦進入後文革的「改革開放」時期，伊斯蘭宗教事務亦開始從原本破壞殆盡的環境中恢復生機。而同年開放兩岸探親，亦使兩岸回教無論在個人還是組織層面都有了密切而深入的交流，一方面回協對中國大陸回教的態度產生很大的變化，由過去的封閉對立轉變為交流合作；另方面，回協也積極參與到大陸回教的發展過程中，為兩岸回教的共同發展，提供經濟、文化方面的支持與指導。

　　此後，隨著海外穆斯林移工的大量湧入與其他在台穆斯林組織的相繼成立，回協原有的全台穆斯林領導地位受到衝擊，但回協也抓住了穆斯林來台觀光的無限商機，在清真產業方面開創新局，順應了時代的發展，至今仍為台灣回教最重要的組織機構。鑑於上述情況，回協開始調整原有組織架構，不斷改革以適應新的社會環境。

　　此外，有關穆斯林青年事務與清真產業發展的議題，詳見本書第十四章，本章不再贅述。

## 一、組織沿革

　　民國78年1月27日公佈之《人民團體法》第二十條規定：「人民團體理事、監事之任期不得超過四年，除法律另有規定或章程另有限制外，連選得連

任。理事長連任，以一次為限。」[74]另據上法第十七條規定：

> 三、中央直轄人民團體之理事不得逾三十五人。四、各級人民團體之監
> 事名額不得超過該團體理事名額三分之一。…前項各款理事、監事名額
> 在三人以上者，得分別互選常務理事及常務監事，其名額不得超過理事
> 或監事總額之三分之一；並由理事就常務理事中選舉一人為理事長，其
> 不設常務理事者，就理事中互選之。常務監事在三人以上時，應互推一
> 人為監事會召集人。[75]

回協依上述法令於民國79年8月26日第四屆會員代表大會修訂通過《中國回教
協會章程》，[76]確立了回協理事三十五名；監事十一名；常務理事十一名；常
務監事三名；由常務理事推選理事長一名；由常務監事推選常務監事召集人一
名；且理事長任期為三年得連任一次的規定。雖然，此後該章程於民國82年9
月5日與民國90年9月29日經回協第五屆與第七屆會員代表大會修訂，但上述理
監事之任期與名額，未嘗變更，沿用至今，回協理監事之改選亦在此章程指導
下下有條不紊的進行。[77]

　　除了應對《中國回教協會章程》的修訂，針對會員代表選舉辦法回協亦不
斷調整變化，不斷增強選舉的公平性。在第三屆回協時期，選舉理監事，只以
補選缺額的方式進行。而從民國79年，第四屆回協選舉開始，在理監事的選舉
問題上更為開放，雖然人選仍按中華民國在大陸時期的省籍分配名額並由內部
提名決定，但「原有全體資深之理監事及常務理監事均成功身退」[78]，補充年

---

[74] 《動員戡亂時期人民團體法》，維基文庫，https://zh.wikisource.org/zh-hant/動員戡亂時期人民團體法（2018年4月29日檢閱）。

[75] 《動員戡亂時期人民團體法》，維基文庫，https://zh.wikisource.org/zh-hant/動員戡亂時期人民團體法（2018年4月29日檢閱）。

[76] 中國回教協會，《中國回教協會章程》（台北：中國回教協會，2001）。

[77] 由此選出歷任理事長及其任期分別為：武宣宏（1990年9月至1996年8月）、馬家珍（1996年9月至2002年8月）、倪國安（2002年9月至2005年11月）、趙錫麟（2005年12月至2006年1月）、馬如虎（2006年2月至2008年7月）、朱雲清（2008年8月至2010年10月）、包嘉源（2010年11月至2011年10月）、張明峻（2011年11月至2018年2月）、馬德威（2018年3月至今）。

[78] 本刊，〈中國回教協會辦理改選理、監事情形〉，《中國回教》，208期（1990），頁2。

輕新血加入回協管理層級，告別了以往「萬年理監事」的狀態。

　　民國91年，回協第八屆會員代表選舉過程中，以「區域劃分」[79]取代了原有的「省籍分配」選舉方式，各地教胞按區域進行參選報名與投票，使得名額分配與選舉更為公平公開，選舉制度基本完善，此後雖仍有些許更改，但大體上以此次選舉辦法為基準。

　　原則上，回協的會議分為三個層級，會員代表大會由七十名會員代表組成，每年召開一次；理監事會議由三十五名理事與十一名監事共同召開，絕大多數理監事會議為理監事聯席召開，有時亦分別召開；常務理監事會議，由十一名常務理事與三名常務監事共同召開，每兩月一次。此外，回協理事長有權任命秘書長，籌組秘書處以處理日常工作事務。

　　就具體選舉結果而言，民國79年8月26日，回協召開第四屆第一次會員代表大會選出理事三十五名、監事十一名，同年9月2日，召開第四屆第一次理監事會議，選出常務理事十一名，常務監事三名，由武宦宏接任理事長，鐵廣濤接任常務監事召集人，前屆全體資深之理監事全部功成身退，原任許曉初理事長被聘為名譽理事長，五位資深常務理事被聘為顧問。

　　民國82年9月5日，回協召開第五屆第一次會員代表大會選出理事三十五名（改換十四名）、監事十一名（改換七名），同年9月11日，召開第五屆第一次理監事會議，選出常務理事十一名（改換五名），常務監事三名（改換兩名），由武宦宏續任理事長，梁真光接任常務監事召集人。第五屆全體理監事亦透過任務分組來推展會務，包括教義組、文宣組、活動組、生活服務組、國際事務組、財經福利組、婦女組等七個部分。

　　民國85年9月8日，回協召開第六屆第一次會員代表大會選出理事三十五名（改換十八名）、監事十一名（改換五名），同年9月8日，召開第五屆第一次理監事會議，選出常務理事十一名（改換六名），常務監事三名（改換一名），由馬家珍接任理事長，梁真光續任常務監事召集人。

---

[79]　區域劃分為：北區、台中、台南、高雄等。

　　民國88年9月8日，回協召開第七屆第一次會員代表大會，「首次改依台北、龍崗、台中、高雄（含台南）各清真寺所在地區，舉辦區域選舉」。[80]選出理事三十五名（改換十二名）、監事十一名（改換五名），同年9月18日，召開第五屆第一次理監事會議，選出常務理事十一名（改換四名），常務監事三名（改換一名），由馬家珍續任理事長，梁真光續任常務監事召集人。

　　民國91年8月31日，回協召開第八屆第一次會員代表大會，選出理事三十五名（改換十八名）、監事十一名（改換九名），同年9月14日，召開第五屆第一次理監事會議，選出常務理事十一名（改換八名），常務監事三名（改換兩名），由倪國安接任理事長，馬凱南接任常務監事召集人。

　　民國94年8月6日，回協召開第九屆第一次會員代表大會，選出理事三十五名（改換十七名）、監事十一名（改換九名），同年8月20日，召開第五屆第一次理監事會議，選出常務理事十一名（改換八名），常務監事三名（改換一名），由趙錫麟接任理事長，于正台接任常務監事召集人，「惟趙博士一再婉謝接任新職」，[81]後經協商由趙錫麟擔任理事長至民國95年1月，後再改由馬如虎接任理事長。

　　民國97年8月9日，回協召開第十屆第一次會員代表大會，選出理事三十五名（改換十五名）、監事十一名（改換十名），同年8月23日，召開第五屆第一次理監事會議，選出常務理事十一名（改換八名），常務監事三名（改換三名），由朱雲清接任理事長，馬國昌接任常務監事召集人。民國99年，朱雲清理事長因病請辭，第十屆理事會第五次理監事會議補選包嘉源為第十屆理事長。

　　民國100年10月29日，回協召開第十一屆第一次會員代表大會，選出理事三十五名（改換二十七名）、監事十一名（改換九名），同年11月12日，召開第五屆第一次理監事會議，選出常務理事十一名（改換八名），常務監事三名（改換兩名），由張明峻接任理事長，于正台接任常務監事召集人。

　　民國104年1月31日，回協召開第十二屆第一次會員代表大會，選出理事三

80　王立志，〈中國回教協改選〉，《中國回教》，261期（1999），頁41。
81　馮同瑜，〈本會召開第九屆第一次會員代表大會及理監事聯席會〉，《中國回教》，296期（2005），頁2。

十五名（改換十八名）、監事十一名（改換四名），同年2月14日，召開第五屆
第一次理監事會議，選出常務理事十一名（改換兩名），常務監事三名（改換兩
名），由張明峻續任理事長，于正台續任常務監事召集人。民國107年1月改選，
由馬德威出任理事長，于正台續任常務監事召集人。近年來因為受到社會大環境
的影響，相關選舉亦因部分教胞之間的爭議，引發對於回協事務的不同看法與解
讀。期盼回協今後在積極拓展各項事務之際，亦能獲得更多的共識與理解。

## 二、兩岸交流

　　民國76年11月2日正式開放兩岸探親，來自中國大陸的回教教胞紛紛返回
闊別已久的故鄉與親人相聚，兩岸以往的敵對關係大為改善，台灣回民對故鄉
的思念見於回協會刊的每一期中，而對於大陸改革開放以來的巨大變化，他們
也表示了熱切的關注。針對上述狀況，回協專門為兩岸穆斯林尋親服務、加強
兩岸交流，並為台灣穆斯林赴大陸探親提供各種衣食住行上的便利。隨著開放
的深入，以回協與伊協為代表的兩岸回教組織亦開啟互相交流訪問的兩岸和平
之旅，以下則分別進行介紹。

### （一）個人交流

　　開放探親之初，由於兩岸並未開放直航，必須在第三地（通常為港、澳等
地）轉乘，方可往返大陸，一些教胞在轉乘過程中因為人生地不熟，經常會出
現各種狀況，以致不能順利返鄉探親。回協為了服務廣大教胞，特聯繫香港教
胞全樂夫婦在中轉地為教胞們提供接送機、食宿及車票代訂服務，極大地便利
了探親的行程。

　　由於兩岸隔絕甚久，加之經歷了許多社會變局，親人失散，杳無音信的
情況屢見不鮮。回協藉由已赴大陸探親的教胞之手，傳遞兩岸穆斯林親屬的消
息，並由回協負責兩岸尋親服務，以便重新構建起親人間已失散的聯繫橋樑。

　　民國78年1月14日，「『中國回教文化教育基金會』為了讓大陸探親歸來的
教胞，將他們返鄉之行的見聞和經驗，提供給更多尚未成行者以及有興趣得知

其詳的相鄉佬們分享」，[82]特舉辦一場「探親歸來座談會」，共邀集十餘位返鄉探親的教胞分享經驗。他們有的抒發與親友相聚的喜悅，有的同情大陸教胞在「文革」中的遭遇，有的肯定改革開放以來中共對回族的重視，有的呼籲在經濟、教育方面對大陸教胞提供援助，有的則提供探親之行的注意事項，還有的強調兩岸回教交流的重要性。[83]從他們的言論可以看出，他們對中國大陸的態度已大為轉變，與大陸教胞的關係也從原來勢不兩立的仇敵，變成了互敬互愛的親人。此後，屢有返鄉歸來之教胞抒發兩岸情誼與返鄉感想，見載於回協會刊各期。此後，隨著往返大陸探親次數與規模的提升，台灣教胞原以探親為主的大陸之行逐漸發展成為以探親、觀光、交流、聯姻與經商為目標的多元之旅。

　　隨著兩岸回民接觸的日益增多，台灣教胞們對大陸回教的發展亦逐漸重視。台灣回民一方面強調中國大陸改革開放政策對回教的益處；另方面，也在保障大陸回族宗教信仰自由與權益方面，呼籲政府應該有更多作為。除了對大陸回教發展資訊的關注與評論，當時無論宗教與經濟基礎均優於大陸的台灣回民，亦對大陸教胞伸出援手，從清真寺修建捐款、回教書籍捐贈、婚姻介紹、災難救助等方面幫助他們改善其宗教與生活狀況。值得一提的是，包括伊朗大地震、敘利亞和羅興亞難民、南亞海嘯、汶川地震、八八風災等國內外大型災害急難救助，台灣穆斯林教胞皆深切關注並積極參與救助。其中，民國97年汶川大地震週年之際，台灣穆斯林深切關注受災教胞，曾募集專款救災。當時台中清真寺張明峻董事長曾經號召並踴躍捐輸，且另以家族名義捐款，協助災區青川縣重建工作。[84]此外，時任回協馬孝棋秘書長一行三人曾親赴災區，協助災區重建與捐助傷亡教胞家屬，危難當頭方深刻體現了兩岸教胞患難與共的親情，尤其是台灣穆斯林對大陸同胞的關注與關懷。[85]

　　此外，雙方在回教學術領域的交流亦不斷深入，一方面，台灣穆斯林針對大陸回教的歷史、清真寺建築、人物述評等內容進行學術研究，以增進教胞

---

[82] 馬凱南，〈大陸探親歸來教胞發抒感懷─記一次意味深長的座談會〉，《中國回教》，204期（1989），頁22。

[83] 馬凱南，〈大陸探親歸來教胞發抒感懷─記一次意味深長的座談會〉，頁22-24。

[84] 台中清真寺現任董事長馬景仁等教親當時亦曾多次奔波，參與上述救災及當地數處清真寺重建工作。（2018年12月19日，馬景仁訪談紀錄）

[85] 李罕默，〈川震賑災行紀〉，《中國回教》，318期（2009），頁19-22。

們對於大陸回教的了解；另方面，大陸學者的回教研究成果亦刊載在《中國回教》上，以便台灣穆斯林參考。民國85年，大陸著名學者李松茂[86]對兩岸開放七年來的學術交流成果進行總結，列舉了超過四十五篇兩岸學者對大陸回教的研究文章。[87]此後，延續此一交流傳統，不斷有兩岸回教研究師生透過文章、訪學、求學而展開的學術交流活動。

## （二）團體互訪

民國81年10月22日，回協「應雲南省宗教局邀請，協同張秉南、周立人、王立志與馬文元等組團前往訪問」。[88]由武宦宏理事長為團長，組織了「旅台回民大陸訪問團」，此為首次以團體名義展開的大陸回教訪問活動，期間訪問了昆明、西安、北京、南京與上海等地的清真寺與各地伊斯蘭教協會（以下簡稱伊協），開啟了兩岸回教組織交往的先河。

民國91年12月10日，江蘇省伊斯蘭教協會（以下簡稱江蘇伊協）副會長沙啓玉等六位江蘇伊協人員，在出身鎮江的回教耆老賈福康先生的熱心牽線下，來台進行為期一週的宗教文化交流，此一活動使台灣教胞對於江蘇回教的歷史、清真寺古蹟、信仰狀況以及江蘇伊協的會務開展有了較為全面與深入的瞭解，亦使江蘇伊協對台灣回教的歷史與發展現狀有了最為詳實的體認。民國92年回協亦組團答訪江蘇伊協，[89]形成了當時兩岸回教交流互訪的固定模式。

民國93年，兩岸回教組織交流更上層樓，中國伊協劉書詳副會長等六位中國伊協負責人應回協倪國安理事長之邀訪問台灣。[90]此次訪問乃作為兩岸最高回教領導機構的回協與伊協五十五年未有之會晤。訪問期間，除例行的拜會、參訪與觀光外，雙方訂立了「互相尊重、互不干涉、互不隸屬」[91]的交往原則，並針對兩岸教務的開展與回顧，進行了深入的討論。尤其針對台灣回教的歷史與現狀，王立志首先回顧了早期回協大老的諸多貢獻；其次，描述了新

---

86　漢族學者，中央民族大學歷史系教授（1957-1994），中國著名的回族史、伊斯蘭教史研究專家。
87　李松茂，〈「中國回教」在臺灣〉，《中國回教》，241期（1996），頁27-28。
88　賈福康，《台灣回教史》，頁308。
89　馬智明，〈參訪大陸伊斯蘭宗教之旅略記〉，《中國回教》，285期（1989），頁14-15。
90　本刊，〈中國大陸伊斯蘭教協會貴賓初次訪台〉，《中國回教》，289期（2004），頁2-3。
91　本刊，〈中國大陸伊斯蘭教協會貴賓初次訪台〉，頁2-3。

生代穆斯林的國際化、專業化與多元化趨勢；再次，分析了九一一事件以來穆斯林所面對的問題與挑戰；接著，總結了回教與儒家文明結合的歷史與現實價值；最後，強調了台灣可作為回教文化、經貿示範中心的戰略地緣位置，其想法博得了兩岸回教領導人的一致贊同，為今後兩岸回教的發展與合作提供了有益的借鑑。[92]

民國94年4月26日，中國國民黨開啟了一場為期八天的兩岸和平之旅，時任國民黨黨主席連戰訪問中國大陸，與時任中共中央總書記胡錦濤會晤，雙方同意在「九二共識」基礎上推動兩岸談判。此次會面為國共內戰以來，共產黨與國民黨間最高層次的會晤。同年5月5日，時任親民黨黨主席宋楚瑜訪問中國大陸，亦強調在「九二共識」的基礎上，加強兩岸連結，兩岸政治對話有了前所未有的進展。因應上述政治進展，回協亦於同年5月22至31日在倪理事長的帶領下訪問中國大陸，先到北京拜會了中國國家宗教局、中國伊協與北京伊協，再先後前往銀川、蘭州、臨夏與西安等地，參訪清真寺與名勝古蹟，並與各地清真寺、伊協交流。其中最重要的活動便是與中國伊協陳廣元會長及相關工作人員的座談會，會間雙方針對以下九大議題進行討論並達成共識：

> 一、兩岸教親互訪、旅遊服務及尋親、上墳協助；二、各地清真寺對外募款認證程序；三、清真食品合作計劃；四、學術研究、經書翻印合作計劃；五、開發大西北之商業投資計劃；六、希望工程計劃參與；七、回民婚姻介紹，兩岸教胞通婚；八、落葉歸根計劃；九、台灣教胞持回協會員可比照回民身份處理身後事宜。[93]

此後，回協與中國伊協及各地方伊協在達成上述共識，形成合作默契的基礎上密切交流合作，雙方往還多次，不勝枚舉。其中最值得一提的是民國99年，耄耋之年的中國伊協陳會長親自訪問台灣，此為兩岸回教最高領導人首次在台會面。期間，一行人至台北故宮博物院參閱回協交由故宮代為保管的王靜齋阿訇

---

[92] 王立志，〈豈伊異借昆仲舅甥〉，《中國回教》，289期（2004），頁5-7。

[93] 馬超彥，〈大陸訪問札記—觀摩與學習之旅〉，《中國回教》，295期（2005），頁5-8。

圖3-4　中國伊協陳廣元會
　　　　長與回協張明峻理
　　　　事長互贈禮品（攝
　　　　於民國102年，回
　　　　協提供）

手抄《古蘭經》三本。此外，還參加了於台北世貿三館舉辦的海峽兩岸宗教出
版物圖書展，陳會長與台灣五大宗教（佛、道、回、天、基）領導人一起剪綵
開幕，共同促進兩岸宗教文化的和平對話。[94]

　　民國100年底張明峻理事長上任後，更在以往基礎上深化兩岸交流合作，
「先於101年9月6日同馬秘書長應邀赴中國大陸寧夏回族自治區參加第七屆寧
台經貿合作洽談會，於10日出席第五屆世界回商大會，於12日參加國際清真認
證標準研討會。與中國大陸及國際友人共商『清真產業』之大事，加強了兩岸
的經貿與文化往來」。[95]民國102年9月，張理事長應中國伊協陳會長之邀，率
團訪問北京、上海等地，除例行拜會外，主要針對新興的清真認證產業，與伊
協洽談經貿合作事宜。民國103年10月，中國伊協副會長兼秘書長郭承真一行
八人回訪回協，繼續洽談清真產業合作項目，並參觀回協認證的工廠，以瞭解
學習回協的認證機制與經驗。[96]

[94] 馬孝棋，〈中國伊斯蘭教協會陳會長廣元大阿訇一行首訪台灣側記〉，《中國回教》，326期
（2010），頁22-26。
[95] 中國回教協會秘書處編著，《「承先啟後，開創新局」中國回教協會11、12屆會務回顧》（台北：
中國回教協會，2017），頁27。
[96] 中國回教協會秘書處編著，《「承先啟後，開創新局」中國回教協會11、12屆會務回顧》，頁27-28。

## 三、國際交流合作

　　隨著中華民國的外交地位與國際處境持續陷入困境，回協將國際合作的重點完全轉向了與國際回教組織及世界宗教組織的交流合作。在國際回教組織方面，中華民國是回盟的創始理事，依據趙錫麟博士回憶：「當時是孫繩武先生首先擔任該職位，而接下來由定中明先生繼任，目前則由本人擔任。」[97]各位理事均有出席每兩年一次的回盟大會。回協與回盟以保持密切合作。民國84年，時任回盟秘書長阿罕邁德（Ahmad Muhammad Ali علي محمد أحمد）博士訪問台灣，回協武理事長熱情接待，並感謝其以往對台灣回教的諸多支援與貢獻。[98]雙方在學術領域亦深入合作：「分別於民國92、100年，和國立政治大學等單位合辦學術研討會，涂奇（`Abdullah bin `Abdul Muhsin at-Turki عبد الله بن عبد المحسن التركي）秘書長均親自出席盛會。」[99]民國104年，回協協辦「穆斯林少數族群及當前挑戰」國際研討會，「回盟秘書長涂奇博士親臨主持，並廣邀世界各地之穆斯林學者專家與會堪稱一頗具特色之國際學術研討會」[100]。在亞太宣教會方面，依據馬超彥秘書長回憶，亞太宣教會，我們是創始會員國，馬凱達擔任了十幾年執行委員，每年參加執行委員會議，他自2015年起擔任執行委員。民國104在台舉辦伊斯蘭亞太宣教會第十六屆大會，此為該會第一次在台舉辦年會，且進行的十分順利，殊為難得。

　　在與世界宗教組織的交流中，隨著宗教多元，宗教對話的興起，回協亦參與到與其他宗教的交流之中。早在民國79年，定中明教長就在第二屆世界宗教徒聯誼會上強調回教的正義與和平是各大宗教的普世價值。[101]民國90年，九一一事件後，回協與各清真寺均為死難者進行祈禱，並強調回教的和平原則，

---

[97] 趙錫麟口述、張中復訪問，《天方學涯：趙錫麟先生訪談錄》，頁269。

[98] 本刊，〈世界回教聯盟秘書長阿罕邁德來華訪問中國回教協會武理事長在晚宴上致歡迎詞〉，《中國回教》，237期（1995），頁1。

[99] 趙錫麟口述、張中復訪問，《天方學涯：趙錫麟先生訪談錄》，頁270。

[100] 中國回教協會秘書處，《「承先啟後，開創新局」中國回教協會11、12屆會務回顧》，頁24。

[101] 定中明，〈世界宗教徒聯誼會第二屆大會致詞〉，《中國回教》，209期（1990），頁12-13。

圖3-5　穆斯林少數族群及當前挑戰國際研討會（于嘉明保存）

向國內外民眾發聲，傳播中正的回教理念。[102]民國94年，致力於宗教和解的梵蒂岡天主教教宗若望‧保祿二世（Sanctus Ioannes Paulus PP.II）去世，時任陳水扁總統邀請馬孝棋教長同往，「是為了響應教眾在美國九一一事件或推動的『宗教和解』」，[103]馬教長在隨行期間，亦曾向陳總統說明回教的教義與生活，對於提升回教在台灣與國際的地位均有重要影響。不過，此行也面臨少數教胞的質疑，對此馬教長回覆道：「回國後雖然有些教親對我此行有不同的解讀與看法，但這終不會改變我對教門的關心和對教外人士從善如流的態度。」[104]可見其為了宗教和解所做出的不懈努力。民國102年，回協榮譽理事長倪國安將軍亦為回教發聲，出席全球和平聯盟台灣總會主辦的「聯合國國際和平日跨宗教

---

[102] 本刊，〈我們的立場與態度──國內回教界對美國九一一事件的幾點看法〉，《中國回教》，209期（1990），頁2。

[103] 本刊，〈陳總統飛梵蒂岡悼教宗邀馬孝棋阿訇加入代表團同行〉，《中國回教》，294期（2005），頁7。

[104] 馬孝棋，〈追憶教宗葬禮側記和平與理性的召喚〉，《中國回教》，294期（2005），頁10。

論壇」，並發表回教和平議題之演講，呼籲宗教對話與和解。[105]

## 四、會刊編印

　　民國77年，伴隨著兩岸開放探親，時任會刊主編的定治中在會刊第200期上開設「尋找親人服務」專欄，從民國77至88年，另針對第一代遷台教胞陸續歸真，特設「教胞歸真訊息」專欄。209期至242期由買德麟任總編，從第209期開始，專門增設大陸回教內容的報導。230期開始專設「健康養生」專欄。243期至278由倪國安擔任總編，257期開始，省去中華民國紀年，僅用西洋曆和伊斯蘭曆紀年。258期因倪國安就任回協理事長，改由馬忠堯繼任總編至294期，此後不再設總編輯一職位。馬如虎理事長時期，會刊只有理事長作為發行人並不顯示編輯為何人。朱雲清理事長上任後，重新組織編輯委員會，任命林長寬為召集人，馬孝棋為主編，並設有執行編輯與網路期刊負責人，並於316期改版，封面由以往的各國清真寺照片變為固定圖案的Logo，每期只以背景顏色作為區分標準。320期會刊時值回協七十週年紀念，故設計特刊以示紀念，將具有重要歷史意義的往期內容及歷史照片彙集成刊，僅設有執行編輯與網路期刊負責人兩人負責。張明峻理事長兩屆任內，第333期開始由于嘉明擔任執行編輯並負責網路期刊，358期起增設助理編輯，聘請米聿紳擔任，後因于嘉明赴美，自362期開始，由助理編輯米聿紳一人承擔編輯任務。此外，民106年，時值回協成立八十週年紀念，回協秘書處特將張理事長任內11、12屆回協之會務回顧製成紀念特刊，[106]並以張理事長個人名義發行，是近年會刊發行方式較為特別的一次嘗試。

　　民國77至106年，《中國回教》雙月刊共發行一百六十六期，內容較以往更為豐富，在政治、外交內容大幅減少後，大量增加兩岸回教動態、社會民生服務方面的內容，在民國100年以降，更大量報導回協在清真產業方面的發展與變化，期刊之內容與風格加強與當代多元化的發展潮流結合，使之繼續成為台灣穆斯林發展變遷的重要紀錄。

---

[105] 倪國安演講，http://youtu.be/GkuHEUPBDWI（2018年3月18日檢閱）。
[106] 中國回教協會秘書處，《「承先啟後，開創新局」中國回教協會11、12屆會務回顧》，頁1-32。

# 結論

　　綜觀回協在台灣的發展，可謂機遇與挑戰並存，回協抓到了許多寶貴的發展機會，因此能夠使回教深耕扎根於台灣；但也曾錯失許多良機，加上開創性前輩世代的凋零，使得不少遷台各省回民及其後代中與回教的信仰及其實踐漸行漸遠，致使今日台灣穆斯林仍處於整體社會經濟地位不低、但政治參與有限、且宗教文化向心力與我群意識持續式微的少數族群地位。

　　第一階段，回協立足於回民在台灣的生存，著重於宗教與日常生活設施的規劃與營建，雖然舉步維艱，但也慘淡經營出一片天地，有了自己的清真寺、公墓與清真飲食。依託於回教黨政菁英的政經優勢，尤其在與中東回教國家的交流合作上，台灣回民曾大展身手，為台灣的政經發展貢獻良多。然而，這群大陸遷台的回民，早期始終堅信著反攻大陸的理念，並未將台灣視作久居之地，將自己視作回民在台灣而非必須根植於台灣的穆斯林的他們，在許多事務的開展方面便顯得較為保守，以至於錯失了不少發展機會。而部分的年輕回民軍人隻身來台，自身生計尚難保證，遑論堅守信仰、發展教門，而其後代亦隨之與回教漸漸疏離。

　　第二階段，意識到老成凋謝、反攻復國無望的回民菁英們，不得不在台灣長久生存下去的他們，開始意識到其所處的尷尬境地，曾經藉由黨政關係可輕而易舉做到的許多事，沒有了回教政治高層的庇護便顯得力不從心，甚至連「內地生活習慣特殊之國民」的權益保障也被剝奪；而缺乏宗教教育的後代亦使得他們對回教在台灣的未來感到憂心忡忡。不過，危機也正是轉機的開始，為此他們重新召開會員大會，補充新血，積極拓展會務，尤其在文化教育方面為回教在台灣的永續發展打下了堅實的基礎。

　　第三階段，面對台灣社會解嚴，政治鬆綁的回協，不斷順應政治變化，改革組織架構與選舉辦法，使回協的組織形態日趨年輕化、專業化、公平化與制度化，發展出了既有在地化特徵，又與國際接軌的新形態，為其今後的發展提

供了良好的制度保障。面對兩岸開放的新格局，回協與伊協領導人一改兩岸對峙時期的敵對狀態，雙方由民間的個人的探親、觀光與投資，逐漸發展為團體的參訪、拜會與合作，為兩岸和平與和解助力不少，亦為兩岸回教的再連結與共同發展提供了一個前所未有的交流平台。在全球化、國際化的浪潮中，回協亦走在了前面，積極與國際回教組織及世界宗教組織交流，為台灣回教的多元發展貢獻良多。

《中國回教》會刊作為回協的機關刊物，自民國41年恢復出刊至民國107年末（以最新的期數為準），總共發行三百六十六期，並曾於106年發行八十週年特刊一期，詳細記錄了回協遷台以後六十五年的發展變化，雖歷經種種困難，卻終能一以貫之，將台灣回教的光輝與失意展現在讀者面前，並將繼續訴說著回協與台灣回教的不解之緣！

# 第四章

## 中國回教青年會會務的
## 延續與變遷

楊慧娟

由中國回教青年會發行的《回教文化》，於第70期中刊載了民
國73年文化清真寺重建落成的詳細紀錄。

# 前言

　　民國34年台灣回歸國民政府後因中國各省穆斯林遷台，回教在臺灣的薪火也於斷裂後再度延續。當時來台的中國回教組織，除回協外，尚有中國回教青年會（本文又稱「回青」）。回青，原稱「中國回民青年反共建國大同盟」（本文又稱「回盟」），民國38年7月28日於廣州發起，未及立案，政府遷台後，在蕭永泰阿訇積極推動下，終在46年6月24日獲准立案，並改稱「中國回教青年會」。回盟／回青來台後積極開展會務，成員幹部不乏政府官員、公務員和各界菁英，並有不少穆斯林青年加入。民國四〇年代以來，一因明清時期入台之回教已於日據時期式微，二因中共於中國大陸迫害回教，故回青結合回教文化社（本文又稱「回文社」）與文化清真寺（本文又稱「文化寺」），以一體三面模式，以多元化回教教育為核心，積極推動台灣穆斯林文化復振工作，以復興回教為鵠的，多元推動回教文化發展，活動成果甚夥。[1]

　　原則上回協為台灣回教組織中之最高指導機構，但回青理事長蕭永泰，早年認為回青與回協應是對等機構，而非上下位階關係。回青會址設於文化寺，以之為工作基地。回協領有台灣各清真寺，各寺為其團體會員，而文化寺長期以來非回協團體會員，非受其統屬。文化寺實與回青緊密相結而相輔相成。但隨時間流逝和整體內外在環境變遷，民國66年4月10日回青舉行理監事聯席會議，一致決議「遵奉有關當局之指示，加強團結，為主道致力教務之發展，申請加入中國回教協會為團體會員」[2]。此後回青加入回協而為其團體會員，但

---

[1]　一是《回教文化》期刊的發行，及回教相關典籍的出版，服務穆斯林社群；二是辦理阿文教育班／經學班，研習教義功修深化信仰；三是協助推動穆斯林留學教育，幫助穆斯林青年赴海外回教國家留學；四是推動回教文化研討及相關考察活動，深化回教文化探究；五是提供清真飲食驗證服務，為穆民飲食把關；六是協助中華民國外交工作，主要是參與國際社會的穆斯林青年相關活動，也藉由回青活動來進行對外宗教交流。此外，回青具愛國愛教特質，冷戰時期尤其反共色彩，藉由活動或刊物等途徑與形式進行配合時局需要的反共宣傳。要言之，回青以復興回教為標的，以愛國愛教為基調，以穆斯林文化復振為方向，以多元化回教教育為核心，以團結回教青年為號召，推動回教教務，推展回教文化，並進行國際文化、回教國家交流。

[2]　佚名，〈新聞集錦—中國回教青年會加入回教協會為團體會員〉，《回教文化》，56期（1977），頁30。

回青各項會務仍持續獨立運作。民國79年蕭永泰歸真後，回青會務漸沉寂，今其並未撤銷立案，但暫停運作，而文化寺則持續運作。

# 第一節　根基脈絡─創建由來、宗旨與組織架構

## 一、創建由來

### （一）創建歷程

　　光復後台灣穆斯林文化復振工作之推動者主要有回協與回青兩組織。回青，原稱「中國回民青年反共建國大同盟」，曾是僅次於回協的台灣回教第二大社團，[3]民國38年7月28日於廣州發起，愛國護教、反共抗俄為當初創立的重要初衷，但未及立案。[4]

> 　　回想八年前的今天，正是國內局勢逆轉，反共情緒低落，同仁等本著愛國護教的精神，義之所在，不問成敗利鈍，毅然在廣州召開第一次全國回教青年代表大會，並定名為「中國回民青年反共建國大同盟」，以示反共抗俄之決心。不久，大陸撤守，本盟同志除少數來台者外，其他流亡西南及東南一帶同志，均先後遭共匪殺害。[5]

中央政府遷台後，在蕭永泰阿訇積極推動下，終在民國46年6月24日獲准立案，並改稱「中國回教青年會」，[6]以文化寺為會址，蕭氏被選為常務理事，並在第一次理監事聯席會議被公推為理事長。[7]

---

[3]　定中明，〈台灣的回教〉，收入氏著，《雪泥鴻爪》（台北：頂新文具印刷有限公司，1992），頁153-164。

[4]　佚名，〈社論─八年來的艱苦奮鬥〉，《回教文化》，2卷1期（1957），頁1-2。

[5]　佚名，〈社論─八年來的艱苦奮鬥〉，頁1-2。

[6]　英文稱Chinese Muslim Youth League。

[7]　〈要聞拾錦─回盟改組為中國回教青年會已奉准立案〉，《回教文化》，2卷1期（1957），頁19；〈台北市文化清真寺簡介（單張）〉。

「在『回教文化』發行一周年的今天，有一件值得慶幸的消息奉告我教
的青年朋友們，中國回教青年同盟自今日起已奉准立案了！並正式命名
為中國回教青年會。中國回教青年會經過八年的艱苦奮鬥，總算拿到了
內政部頒發內社字第一四九號立案證書。」[8]

中國回教青年會結合回教文化社與文化清真寺，[9]以一體三面形式與架構，以
團結回教青年為號召，以回教教育為主要途徑，積極推動台灣穆斯林文化復振
工作，期振興回教；對教內外宣揚教義文化，創《回教文化》期刊，印行回教
書籍，推動回教教務，服務教胞，爭取回民福利，並考察台灣回教先民遺跡和
進行國際相關交流。

## （二）主事者—理事長蕭永泰事略

　　中國回教青年會理事長蕭永泰，亦兼任台北文化清真寺教長，經名伊斯哈
克（Ishaq），熱河省綏東縣人，民國8年3月18日生，79年1月23日歸真，享年七
十二歲。[10]中國國民黨籍，滿洲國時期即入黨，[11]學、經歷豐富，一生「愛國愛
黨愛教」。[12]在學歷和訓練方面，先後就學於私立中國大學政經系、私立奉天回
教文化學院阿文系。[13]在經歷方面，曾任私立瀋陽伊光中學校校長、第一屆國民

---

8　〈社論—八年來的艱苦奮鬥〉，頁1-2。

9　「回教文化社」為回青會刊《回教文化》的編輯委員會，將於本章第二節進一步說明。

10　「蕭永泰」，《總統府人事登記卷》、《國民政府文官處人事登記補充片》，國史館藏，總統府檔
　　案編號：52872，國史館典藏號：129000105907A；賈福康，《台灣回教史》（台北：伊斯蘭文化服
　　務社，2005），頁235。

11　蕭永泰於於民國30年1月入黨。參見「蕭永泰」，《總統府人事登記卷》、《國民政府文官處人事
　　登記補充片》，國史館藏，總統府檔案編號：52872，國史館典藏號：129000105907A。

12　此處所謂「愛國愛黨愛教」非涉褒貶，而是就資料所呈現，所做之評述。

13　在「蕭永泰」，《總統府人事登記卷》、《國民政府文官處人事登記補充片》，國史館藏，總統府
　　檔案編號：52872，國史館典藏號：129000105907A中，記載蕭永泰曾就學於「奉天回教文學院阿文
　　系」，經筆者查證，應為「奉天回教文化學院阿文系」。參見張巨齡，〈讀《偽滿洲國統治時期日
　　寇鐵蹄下的回族》一文之補注—兼述「文化學院發展三階段」〉，收入氏著，《綠苑鉤沉—張巨齡
　　回族史論選》（北京：民族出版社，2001），頁147。嵐峰，〈受人尊敬的—張德純阿訇〉，《回
　　教文化》，1期（1956），頁27-28；「中華資源庫」瀋陽市回民中學官網之「學校簡介」，http://
　　www.ziyuanku.com/xuexiao/about/2103.html（2018年2月2日檢索）。

大會代表（熱河公會）、戡亂動員委員會委員、光復大陸設計委員會委員、[14]中國回教青年會理事長、中國國民黨第十一屆中央委員會黨務顧問等職務。[15]

圖4-1　民國73年蕭永泰阿訇於新建落成的文化清真寺留影[16]

綜觀蕭氏學、經歷，可知其，一則具有宗教、阿文、政經等相關專業知識

---

[14]　光復大陸設計委員會，全稱為光復大陸設計研究委員會，成立於民國43年11月25日。第一屆國民大會第二次會議（民國43年2月在台北市舉行）決議，於大會閉幕後，在總統府設置光復大陸設計研究性機構，延攬國民大會代表參加，俾對反共抗俄之復國大業，仍有參與策畫，報效國家之機會。案經政府接受，決定將原有行政院設計委員會裁併，設置光復大陸設計研究委員會。民國43年11月1日開始籌備，25日召開成立大會，亦即第一次全體委員會議。當時蔣中正總統蒞會致詞說，本會的成立，就是明白的告訴大陸上的同胞，我們正在同心一德，研究如何打倒共匪的各種暴行，解除大陸人民的痛苦，並為他們復仇雪恨，爭取真正的自由，這就是我們進行光復大陸設計研究工作的目的。該會對光復大陸方案之設計研究，採分區分組研究辦法。即依委員住地分佈區域，設台北、台中、台南三個研究區，每研究區設內政、國際關係、軍事、財政、經濟、教育文化、交通、司法、邊疆、僑務等組，每一委員按照個人專長和興趣，自行認定一組，參加研究。〈光復大陸設計研究委員會〉，《中華百科全書》典藏版多媒體版，http://ap6.pccu.edu.tw/Encyclopedia/introduction.asp（2018年2月2日檢索）。
[15]　「蕭永泰」，《總統府人事登記卷》、《國民政府文官處人事登記補充片》，國史館藏，總統府檔案編號：52872，國史館典藏號：129000105907A。
[16]　圖片來源：《回教文化》70期（1984），頁14。

背景；二則積極參與教務、政務和黨務，[17]而教務也常與政務在某種程度、形式上相結合；三則熱心投入教務與政務，為「愛國愛教」之具體實踐者。[18]值得一提的是，其曾任私立瀋陽伊光中學校校長。[19]該校前身為私立奉天回教文化學院，為知名大阿訇張德純（張子文）於民國25年創辦，[20]當時東北正值日治之滿洲國時期。[21]校址最早設於瀋陽文化清真寺內。[22]在教育上，張德純是中國回教教育改革的先行者；[23]但在政治上，其言行則具爭議性。[24]

---

[17] 蕭永泰積極參與政務、教務和黨務，工作繁忙，據其長子蕭美君表示，其父在時間、精力的分配上，是宗教80%、家人10%、政治10%。2014年4月12日，新北市，蕭雅雲和蕭美君訪談紀錄。

[18] 蕭永泰學經歷中可見其愛國愛教之行事作風，另，蕭永泰長子蕭美君表示，其父早年在滿洲國時期的東北，曾參與過當地的「大刀隊」，即抗日地下組織，顯見其愛國意識與精神。2014年4月12日，新北市，蕭雅雲和蕭美君訪談紀錄。

[19] 嵐峰，〈受人尊敬的—張德純阿訇〉，《回教文化》，1期（1956），頁27-28。

[20] 張德純，字子文，以字行，經名艾布.伯克爾，遼寧本溪人。張德純之子張巨齡強調：「當年在日偽統治的情況下，不少學校都被當局控制了，『張子文』反將原校名沒有標出的『私立』二字，又特別標出了。這無疑表明了他要堅持獨立自主辦學的方向。」參見張巨齡，〈讀《偽滿洲國統治時期日寇鐵蹄下的回族》一文之補注—兼述「文化學院發展三階段」〉，收入氏著，《綠苑鉤沉—張巨齡回族史論選》，頁147；馮今源，〈馬松亭〉，收入白壽彝主編，《中國回回民族史》（北京：中華書局，2003），頁1441。

[21] 嵐峰，〈受人尊敬的—張德純阿訇〉，頁27-28；張巨齡，〈讀《偽滿洲國統治時期日寇鐵蹄下的回族》一文之補注—兼述「文化學院發展三階段」〉，收入氏著，《綠苑鉤沉—張巨齡回族史論選》，頁139-156。〈瀋陽市回民中學學校簡介〉，《中華資源庫》，http://www.ziyuanku.com/xuexiao/about/2103.html（2018年2月2日檢索）。

[22] 劉大可，〈中國回族教育概論〉，《回教文化》，38期（1968），頁44-52。

[23] 張德純學識淵博，通曉阿拉伯、波斯、俄、德等多種外語，現代中國回教知名大阿訇、教育家。馬松亭、馬善亭、楊明遠、李廷相、趙明周等一批知名阿訇俱曾在其門下習經。馬松亭學從民國前4年始，即到北京牛肉灣清真寺跟從張子文阿訇，以後又隨他到馬甸、花市等寺，前後長達七年之久。張德純推動中國回教教育改革，主要有三面向：其一是改革舊經堂教育制度，早在民國前13年即開始清真寺中阿文兼授的教育實踐活動。其二，又與王浩然阿訇等共同創辦清真教育會，積極倡導清真小學、師範教育等回教教育改革。民國元年在花市寺任教長時，他改第五清真小學為「清真文化小學校」，實行培養回組織會長、清真寺教長、回民學校校長的「三合一」教育體制。此種教育體制使馬松亭大受其益，後馬松亭將此種體制概括為新式經院「三長制」的教育體系，並納入其教育實踐活動中。其三，在經學教育中，加入漢語文、自然科學等內容及編唱「校歌」的教育實踐活動，對馬松亭創辦成達師範也應有相當的示範意義。參見馮今源，〈馬松亭〉，收入白壽彝主編，《中國回回民族史》（北京：中華書局，2003），頁1441-1442。張巨齡，〈民族教育家張子文及其教育思想〉，收入氏著，《綠苑鉤沉—張巨齡回族史論選》（北京：民族出版社，2001），頁135-138。

[24] 在政治上，張德純在九一八事變後頗具爭議性，一視其「回奸」、與日本滿洲國合作之通敵者或論說其與日本滿洲國互動密切之實；一則反駁「回奸」之說而為其辯護。參見：民族問題研究會編，《回回民族問題》（北京：民族出版社，1980），頁84；田島大輔，〈滿洲國的穆斯林〉，頁7-8；以及張巨齡撰述的《綠苑鉤沉—張巨齡回族史論選》文集，包含〈20世紀初中國回族伊斯蘭研究補述及評〉，頁14-64；〈「二王一張」說之答客難〉，頁120-124；〈《問題》一書之討論以及關於回族史研究的再思考〉，頁157-188；〈中國回教俱進會初創記評〉，頁64-119；〈民族教育事業家張子文及其教育思想〉，頁135-138；〈為《中國民族百科全書·回族卷》所撰詞條〉，頁263-286；

　　曾就讀私立奉天回教文化學院阿文系的蕭永泰，協助張德純創校。抗戰勝利後，蕭氏接收鍋山女子中學，擴充校地，將私立奉天回教文化學院改組為私立伊光高級中學校，並任校長。[25]

　　蕭氏師承張德純，為其再傳弟子，[26]一定程度上繼承其回教教育改革精神，在宗教事務上可從以下四面向見其相似性與關聯性：

　　其一，二者先後分別於兩岸兩地創建文化清真寺。民國一〇年代張德純於瀋陽創建文化清真寺，以「文化」為名，或因其想用文化教育來啟迪教民。[27]而師承張德純之蕭氏，曾於瀋陽文化寺學過幾年經，擔任四阿訇，後於民國39年在台北創立文化清真寺，[28]二者間頗有先後相承之意。

　　其二，兩人先後擔任私立奉天回教文化學院／私立伊光高級中學校校長。民國25年張德純於滿洲國時期的瀋陽創辦私立奉天回教文化學院，被譽為東北第一個屬於回教的最高學府，兼重宗教與科學教育。[29]曾協助張德純創奉天回教文化學院之蕭氏，[30]抗戰勝利後，將該學院改組為私立伊光高級中學校，並任校長。二人先後接掌該校校務，亦是先後相承。[31]

---

　　　〈馬松亭縱情憶恩師〉，頁318-321；〈從「四大阿訇」的定位看科研的嚴謹準確〉，頁258-262；〈硯邊隨記〉，頁290-317；〈著名伊斯蘭學者張子文〉，頁125-134；〈關於馬松亭大阿訇投學及相關史實的信—致台灣多斯提艾布伯克·賈福康先生〉，頁200-205；〈關於「成達師範」初創時期的史料—在紀念「成達師範學校」成立76周年座談會上的發言〉，頁322-331；〈讀《偽滿洲國統治時期日寇鐵蹄下的回族》一文之補注—兼述「文化學院發展三階段」〉，頁139-156等多篇專文。

[25] 「蕭永泰」，《總統府人事登記卷》、《國民政府文官處人事登記補充片》，國史館藏，總統府檔案編號：52872，國史館典藏號：129000105907A；嵐峰，〈受人尊敬的—張德純阿訇〉，頁27-28。「現在台的蕭永泰先生，即是彼時協助創校，辦學人之一，勝利後，再將鍋山女子中學接收，改組文化學院為私立伊光高級中學校，這一現代化的巨廈，環境優美，設備完善，由蕭永泰先生接長該校，它，這個理想的發揚宗教的所在，正要大有做為時，不意奸匪叛亂。」參見嵐峰，〈受人尊敬的—張德純阿訇〉，頁27-28。

[26] 參見張巨齡，〈著名伊斯蘭學者張子文〉，《綠苑鉤沉—張巨齡回族史論選》，頁130。

[27] 張德純認為，漢族文化在中國所有民族文化中處於領先地位，作為中華民族成員之一的回民，要想改變經濟、文化的落後狀況，必須破除只學阿文經典的狹隘觀念，兼重漢文化教育；所以，他辦小學、中學，均以「文化」命名，甚至創辦清真寺，也一反各地以地點、方位命名的舊習，稱作「文化清真寺」。參見張巨齡，〈民族教育事業家張子文及其教育思想〉，收入氏著，《綠苑鉤沉—張巨齡回族史論選》，頁135-136；嵐峰，〈受人尊敬的—張德純阿訇〉，頁27-28。

[28] 〈台北市文化清真寺簡介（單張）〉；賈福康，《台灣回教史》，頁235；2018年2月8日，台北，D1訪談紀錄。

[29] 嵐峰，〈受人尊敬的—張德純阿訇〉，頁27-28。

[30] 在嵐峰，〈受人尊敬的—張德純阿訇〉一文中，稱蕭永泰曾協助張德純建立私立奉天回教文化學院，為「辦學人之一」，但當時蕭氏年僅十七歲，筆者認為可能是從旁協助居多。

[31] 嵐峰，〈受人尊敬的—張德純阿訇〉，頁27-28。

其三,均重視回教教育。張德純重視回教教育,例如創建文化清真寺,又如創辦奉天回教文化學院。[32]蕭氏亦重視回教教育,一則協助張德純創辦奉天回教文化學院,戰後並將之改組為伊光高級中學校,並任校長;二則創辦台北文化清真寺;三則將成立於廣州、未及立案之回盟於台灣立案並改稱「中國回教青年會」,在台推動多元化回教教育。[33]

其四,均重視清真寺中阿文兼授之教育實踐活動,均重視以中文宣講教義。張德純「在瀋陽著手創建文化清真寺…開始用白話來翻譯古蘭經,這是為了便於教民奉讀的原因」。[34]蕭氏亦重視中文宣講教義。

蕭氏熱心教門,在朝覲方面,曾參與民國42、43、54及65年朝覲,並擔任65年朝覲團團長。在教長工作方面,於台北麗水街清真寺成立後,曾繼王靜齋、馬松亭兩位大阿訇之後,一度擔任該寺教長並推動相關教務;爾後蕭氏則於民國39年10月12日另創文化寺並任教長。[35]

以回青為核心,結合回文社與文化寺,形成三面一體運作模式,蕭永泰為整體運作核心人物,馬品孝[36]與于國棟[37],為早年協助開創與推動會務的重要

---

[32] 前述張德純認為,漢族文化在中國所有民族文化中處於領先地位,作為中華民族成員之一的回民,要想改變經濟、文化的落後狀況,必須破除只學阿文經典的狹隘觀念,兼重漢文化教育。參見張巨齡,〈民族教育事業家張子文及其教育思想〉,頁135-136;嵐峰,〈受人尊敬的—張德純阿訇〉,頁27-28。

[33] 〈社論—八年來的艱苦奮鬥〉,頁1-2。

[34] 嵐峰,〈受人尊敬的—張德純阿訇〉,頁27-28。

[35] 〈台北市文化清真寺簡介(單張)〉;賈福康,《台灣回教史》,頁235。

[36] 馬品孝,曾任「回教文化社」社長,回青常務理事,文化寺董事,被視為蕭永泰的文膽。經名尤素夫,為河南洛陽市塔西回族世家,生於民國14年10月10日,於民國80年12月9日在台中寓所歸真,享年八十六歲。在大陸中央陸地測量學校第一分校第二期畢業後,民國38年隨國軍來台,在聯勤所屬台中製圖廠任工程官等職,於民國55年高考及格,是專業的工程測量官,並擅長英文,對教門極為熱心虔誠,參與文化清真寺各種宗教活動,主編《回教文化》期刊,也從事翻譯教義書籍,如《伊斯蘭教義》、《回教復興論》等,熱心回教教育和宣傳工作,並曾擔任台中清真寺董事長。此外,曾協助文化寺爭取獲得回盟通過補助款美金二十萬二千四百二十四元,文化寺從而能順利於民國71年再行擴建為五層大樓,歷時一年半,終於民國72年落成。2018年2月8日,台北,D1訪談紀錄;賈福康,《台灣回教史》,頁253-254;〈台北市文化清真寺簡介(單張)〉。

[37] 于國棟,曾任回青常務理事,多次在《回教文化》中撰文。生於民國11年10月10日,祖籍山東省泰安縣,經名穆罕默德,畢業於北平中國大學政經系。曾擔任台中清真寺董事長。在接任董事長後,率同全體董監事和各個員工出錢出力,加以政府及沙國政府和中外教胞鼎力支援,終於民國80年新寺落成。新寺完成後,深感年齡日增,力不從心,乃辭去董事長職務,由馬品孝繼任董事長。賈福康,《台灣回教史》,頁332-333。

人物，[38]而王英傑[39]與楊龍江[40]，則為後期協助推展各項業務的重要左右手。[41]

　　支持、協助與參與回青、文化寺等工作者，來自中國各省，其中不少來自西北地區，包括新疆和甘肅等地，黨政軍界具重要影響力教胞，曾支持或參與回青、文化寺事務，如堯樂博士、阿不都拉、馬步芳和馬步援[42]等。

## 二、成立宗旨與組織架構

### （一）成立宗旨

　　回青／回盟，成立宗旨為「團結回教青年」，「愛國護教」、「反共抗俄」、「光復神州、重整教門」，謀「回教復興」。[43]在政治上，強調「反共抗俄」的立場。在宗教上，為重整教門、復興回教，重視「結合對宗教有熱忱之男女青年，推展教務，宣揚教義，並與國際回教青年組織發生聯繫，加強關係，共同為穆斯林青年服務。」[44]此外，中國回教青年會的「青年」二字，非指年齡而言，「凡是具有正義感，熱誠為謀回教復興的教胞，都是青年」。[45]

---

[38] 2018年2月10日，台北，D3訪談紀錄。

[39] 王英傑，曾任回青常務理事，嘗為《回教文化》撰稿，山東人，乃韓戰時期來台的一萬四千多名「反共義士」其中一位，當時在戰俘營中為表達堅決反共立場，遂於手臂刻上「反共抗俄，殺朱拔毛」等字樣。後因曾被派往「敵後」（中國大陸）工作，以及身為穆斯林，刺青在生活上多有不便，便塗去刺青。後於政工幹校畢業後，曾於龜山中學（初中）任教，之後離開教職進入力霸集團工作，曾任財務最高主管職位。參見王英傑，〈馬來亞穆斯林遠涉重洋來本寺舉行婚禮〉，《回教文化》，71期（1984），頁32-33；〈中國回教青年會第五屆會員大會紀錄〉，《回教文化》，71期（1984），頁34-41；2018年5月3日，台北，報導人D4訪談紀錄。2018年2月10日，台北，D3訪談紀錄。

[40] 楊龍江，曾任文化寺總幹事及回青常務理事及理事長，早年為自東北來台之流亡學生，之後在內政部工作，曾協助蕭永泰阿訇於內政部完成回青之正式立案。在民國79年蕭阿訇歸真後，回青選出楊哈智為新任理事長，但與繼蕭阿訇之後任文化寺教長的蕭偉君阿訇在看法、意見上不盡相同，蕭偉君阿訇後於SARS流行期間歸真。另楊龍江與王英傑曾代表回青於民國71年5月22日赴美出席美國加拿大伊斯蘭學生第二十屆大會，圓滿達成外交任務。2018年2月8日，台北，D1訪談紀錄；佚名，〈新聞集錦—楊龍江、王英傑代表回教青年會赴美參加美加伊斯蘭學生會議〉，《回教文化》，66期（1982），頁36。

[41] 2018年2月8日，台北，D1訪談紀錄。

[42] 馬步援為知名穆斯林將領。賈福康，《台灣回教史》，頁383-386；2018年2月8日，台北，D1訪談紀錄；2014年4月11日，台北，D2訪談紀錄。

[43] 佚名，〈社論—八年來的艱苦奮鬥〉，頁1-2；以士凱，〈回教世界—自由中國回教概觀〉，《回教文化》，4卷5、6期合刊（1960），頁24-29。

[44] 定中明，〈台灣的回教〉，頁153-164。

[45] 佚名，〈社論—八年來的艱苦奮鬥〉，頁1-2。

　　值得一提的是，回青在青年運動與反共抗俄工作上，與「中國青年反共救國團」有著密切聯繫與互動。部分教胞認為此即反映蕭永泰與蔣經國間存在互動。[46]救國團胡副主任在〈十年來的台灣青年運動〉文中說：「在台灣的青年，首先第一標明反共為團體的名稱的，那是中國回民青年反共建國大同盟。中國青年反共抗俄聯合會的成立，[47]這回盟也是十五理事之一，中國青年反共救國團成立，回盟在每一件活動上，均密切參加。」[48]

　　一位曾於回青任事的穆斯林長者回憶說：「當年我曾隨中國回教青年會長輩到救國團開會。」[49]救國團乃中央政府遷台後推動設立的青年工作組織。[50]涉及國民黨在台學生／青年運動、政黨與青年組織的關係、校園內政黨的組織及活動，及青年組織與台灣休閒活動之發展等。[51]

　　救國團宗旨為「團結愛國青年，完成中興大業」，以實現「我們為青年服務，青年為國家服務」為工作任務。[52]曾任救國團主任的蔣經國多次指出「本團的工作應以發掘人才、培養人才為主」，救國團則強調自成立以來，始終以「服務青年、輔導青年、幫助青年建立自立自強的觀念與反共救國的共識為工作目標」。[53]

　　回青與救國團均重視反共抗俄、愛國救國、團結青年、服務青年、輔導青年、幫助青年。[54]關於回青成立宗旨，有一說法，值得一探與說明。在筆者訪談過程中，部分教胞表示，曾聽聞回青，乃由蔣經國，一說李煥，授意蕭永泰

[46] 2014年12月12日，台北，D5訪談紀錄；2018年2月8日，台北，D1訪談紀錄。
[47] 「中國青年反共抗俄聯合會」，簡稱「青聯會」。參見李泰翰，〈中國青年反救國團的動員與組訓（1953-1960）─以寒暑假青年訓練活動為中心〉（國立台灣師範大學歷史學系博士論文，2014），頁285。
[48] 佚名，〈社論─八年來的艱苦奮鬥〉，頁1-2。
[49] 2017年12月23日，台北，報導人D4訪談紀錄。
[50] 民國41年3月29日青年節，蔣中正「為因應當時反共情勢」、「衡察青年與時代的需要，提出組織『中國青年反共救國團』的號召」，於同年10月31日在台北成立中國青年反共救國團。參見佚名，〈本團（救國團）第一次團員大會資料〉，2014年4月3日於國史館取得複印資料。
[51] 李泰翰，〈中國青年反救國團的動員與組訓（1953-1960）─以寒暑假青年訓練活動為中心〉，頁285-288。
[52] 蔣中正曾指示救國團應具有「教育性、群眾性、戰鬥性」的特性。
[53] 佚名，〈本團（救國團）第一次團員大會資料〉，2014年4月3日於國史館取得複印資料。
[54] 救國團強調「團的精神與作風」，從未改變，「始終基於『團結愛國青年，完成中興大業』的前提下予以規劃。

創立，另一說為蔣經國授意李煥，李煥再授意蕭永泰創立，目的在於制衡以白崇禧為理事長的回協。[55]並有報導人表示，「李、白」──李宗仁與白崇禧均桂系軍閥，蔣中正為「矛盾制衡」，乃以蕭永泰領導之回青監視白崇禧。[56]有關蔣中正與白崇禧之間長達四十年之互動脈絡，在此不另贅述。[57]至於有關部分教胞所聽聞之，回青之創立乃為抵制以白崇禧為首之回協或監視白崇禧一事，筆者則就所見資料，做一扼要陳述。

關於此種說法，回青曾在《回教文化》中做出某種程度的公開回應與否認：

> 我們對於回教協會中大多數的先生們一向素極敬重，尤其許多老先生們的意見，尤為我們所重視，至於有人說「回盟的成立就是專打某一方面的」這完全是無的放矢，有意散佈的流言。回盟是一個人民團體，我們深知什麼是我們的權利義務，回盟有他自己要擔負的時代使命，回盟也深知復興回教的根本所在，回盟也正在向復興回教的途程上邁進！回盟的成立迄今八年，這八年的奮鬥是艱苦的，神聖的。我們不需要自己來吹噓八年來回盟對國家對回教的貢獻，我們要教胞們自己去評判。[58]

回青／回盟否認其成立乃為「專打某一方面」，而是有其作為人民團體的權利義務、擔負的時代使命，同時深知復興回教的根本所在，也正向復興回教的途程邁進，並請教胞們自己評判。回青與回文社均為多人參與之人民團體或組織，因此這篇聲明應為集思廣益之發言與陳述，也表達其立場。

若從各期《回教文化》發表的文章內容觀之，與白崇禧直接相關之文字，

---

[55] 2014年12月12日，台北，D5訪談紀錄；2017年12月23日，台北，D6訪談紀錄；2018年2月8日，台北，D1訪談紀錄。

[56] 2018年2月8日，台北，D1訪談紀錄。

[57] 白崇禧與執政中央蔣介石間，自清黨、中原大戰、國共內戰、二二八事件處理至戰後來台，二者間逐漸存在一些微妙的矛盾；楊卸俗，〈白崇禧的毀譽〉，收入汪公紀等著，《中外人物專輯（第一輯）》（台北：中外圖書出版社，1974），頁49-58；程思遠，《白崇禧傳》（台北：曉園出版社，1989），頁333-346。關於白、蔣間之互動關係，請參見本書第三章第一節。

[58] 佚名，〈社論─回教復興之契機所在〉，《回教文化》，10期（1957），頁1-4。此期《回教文化》為民國46年6月1日出版，當時「中國回民青年反共建國大同盟」尚未在台正式立案，尚未改稱「中國回教青年會」。

主要為下列二處：其一為《回教文化》第一期〈短評〉中提及，回協「會報」第33期第四版回協44年度工作報告第十三項中提及「白理事長致埃及埃資哈爾大學中國學生部長胡恩鈞函為請伊向該校交涉仍准我國續派學生往愛資哈爾大學留學事」，《回教文化》則質疑胡恩鈞為「匪諜」，並舉回協「會報」第42期第一版即曾提及胡為匪諜—「翁毅胡恩鈞不皆『回盟』國際委員乎？那個不是匪諜」為證，故《回教文化》對此事（白致函胡）提出批評。[59]其二為《回教文化》第39期，關於白崇禧將軍歸真後之殯禮事宜，曾引發一些教胞疑慮，《回教文化》曾接獲投書，即表達對白將軍殯禮事宜之疑慮，並囑託《回教文化》刊登投書。但最初《回教文化》認為「在台教胞有加強團結之必要，未即照辦」；[60]但該投書者再度來函指責《回教文化》「應對教負責等語」，[61]《回教文化》因此頗感責任重大，「並為推崇彼等維護教門及仗義直言之善舉」，[62]乃回覆該投書者曰：「故特擬對囑刊以往有關違背吾教葬禮之函件下期（筆者註：即《回教文化》第39期）摘要刊載。」「台端所囑正慎重研究中，知關錦注特此致復。敬道色蘭回教文化社致啟九月十三日。」[63]因此，第39期乃將「有關各函一併摘要刊出」[64]，該期並刊出一篇相關專文〈伊斯蘭教喪葬之制〉。故綜上觀之，此二例應為就事論事性質居多，第一例為《回教文化》主動刊登；而第二例則相對為被動刊登。而《回教文化》直書之風格，則或有不同之回饋。

## （二）組織架構

民國73年2月19日回青第五屆會員大會曾對回青章程進行部分修訂，根據修訂的章程，回青設理事長一人，為機構最高負責人，對外代表回青，由常務理事互選之，理事長出缺時得由理監事聯席會議決議，改為常務理事輪值制，

---

[59] 佚名，〈短評〉，《回教文化》，1期（1956），頁3。

[60] 佚名，〈婦女會理事長洪淑惠致函本社〉，《回教文化》，39期（1968），頁11；佚名，〈本社覆洪理事長函〉，《回教文化》，39期（1968），頁11。

[61] 佚名，〈本社覆洪理事長函〉，頁11。

[62] 佚名，〈社論—千秋正義，肝膽照人〉，《回教文化》，39期（1968），頁1。

[63] 佚名，〈本社覆洪理事長函〉，頁11。

[64] 佚名，〈社論—千秋正義，肝膽照人〉，頁1。

對外代表回青。[65]

理事長下設常務理事若干人、常務監事若干人,常務理事由理事相互推選產生,常務監事由監事相互推選產生。理事和監事乃分別經由會員大會投票推選產生。理事共推選出三十一人,監事共推選出九人。[66]

理事會得決議對回青之財產進行處分或變更:「本會財產之處分或變更,由理事會決議之,如解散後剩餘財產不得屬於私人所有,應歸屬主管機關指定之回教團體。」[67]

此外,回青「得設顧問、名譽顧問若干人,由理事會聘任之」。早年除顧問、名譽顧問外,也曾聘請指導委員和名譽理事等。[68]回青曾聘請之指導委員和顧問,不乏黨政界知名人士。[69]理事長下設正、副總幹事,總理庶務,下設各工作組,如總務組等,分工合作,相輔相成。另因工作所需,回青曾於理事會下,設若干委員會,如民國51年回青理監事會議通過重要提案多件而在理事會下成立「國際委員會」、「大陸工作委員會」與「學生委員會」。[70]關於

---

[65] 在中國回教青年會第五屆會員大會之前,原中國回教青年會章程第四章第十三條部分條文為:「本會設理事長一人,對外代表本會,由常務理事互選之。本會得設顧問及名譽理事若干人,由理事長聘任之。」在中國回教青年會第五屆會員大會中,將之修訂為:「本會設理事長一人,由常務理事互選之,理事長出缺時得由監事聯席會議決議,改為常務理事輪值制,對外代表本會。本會得設顧問及名譽理事若干名,由理事會聘任之。」〈中國回教青年會第五屆會員大會紀錄〉,頁34-41。

[66] 〈中國回教青年會第五屆會員大會紀錄〉,頁34-41。

[67] 此為中國回教青年會第五屆會員大會修訂章程第六章第二十三條條文後之新條文內容,原條文為:「本會之所得,除依章程對會員舉辦服務之必須支付費用外,不以任何方式或對特定人給予特殊利益。如本會解散或撤銷時,其剩餘財產,應依法處理,不得以任何方式歸屬個人或私人所有,應歸屬回教團體(清真寺)所有。」參見:佚名,〈回教青年會召開會員大會改選理監事〉,《回教文化》40期(1969),頁20。

[68] 中國回教青年會章程第四章第十三條原條文中提及:「本會得設顧問及名譽理事若干人,由理事長聘任之。」在回青第五屆會員大會中修訂第四章第十三條部分條文,新條文則提及:「本會得設顧問及名譽理事若干名,由理事會聘任之。」參見:佚名,〈中國回教青年會第五屆會員大會紀錄〉,頁34-41。

[69] 例如曾任中華民國駐沙烏地阿拉伯大使馬步芳將軍、國大代表許曉初、救國團副主任李煥、新疆省政府主席堯樂博士、交通部顧問劉景山、監察委員康玉書和立法委員劉煥文等。參見佚名,〈新聞拾錦──中華民國回教朝覲團啟程 本會顧問許曉初氏任團長 常務理事買漢璧等參加盛典〉,《回教文化》,29期(1964),頁10;佚名,〈社論──賀本會顧問馬步芳將軍榮膺駐沙烏地阿拉伯國大使〉,《回教文化》,2卷1期(1957),頁3-4;佚名,〈回教青年會召開會員大會改選理監事〉,《回教文化》40期(1969),頁20。

[70] 這三個委員會分別從國際互動、大陸工作、學生工作三面向來落實其「愛國愛教」,反共抗俄、復興回教的宗旨。參見佚名,〈新聞拾錦──回教青年會理監事會議〉,《回教文化》,26期(1962),頁21-22。

理事工作內容，一位曾任第五屆理事的教胞表示，一方面要招募新會員，另一方面則要辦理教義講習，讓大學以下的青年和兒童接受訓練，希望信仰能父傳子、子傳孫，代代相沿。[71]

　　至於回青會員人數，據統計，民國46年時，約有五百六十名成員。[72]民國57年12月舉行開齋節典禮，於拜後召開會員大會到會教友三百餘人，[73]可見至少有三百餘人，但可能未全數到齊，故三百餘應非總數。此外，民國66年回青曾辦理會員登記，經一個月期間會員登記五百五十七人，後報請內政部核定，於該年10月31日上午在文化寺召開會員大會，出席會員三百二十六人。[74]故從民國四〇到六〇年代，回青會員人數，很可能均維持在五百餘人左右。

　　在回青第五屆會員大會中，蕭永泰於主席報告時，特別強調，本屆理監事選舉，希望能多產生青年理監事，藉以共同開拓會務。[75]一位曾任回青理事的女性教胞回憶說，民國62、63年時青年擔任回青理事者約已有十來位，蕭阿訇特別重視青年的想法和意見，希望青年多參與回青事務，也盼望多選出青年為理監事，同時鼓勵回教女青年投入回青工作，「蕭阿訇不會重男輕女」這位女性教胞強調。[76]

[71]　2014年5月16日，台北，D2訪談紀錄。
[72]　彼得・基・高英著，努爾譯，〈伊斯蘭教在台灣〉，《阿拉伯世界》，4期（1986），頁71。
[73]　佚名，〈回教青年會召開會員大會改選理監事〉，《回教文化》，40期（1969），頁20。
[74]　佚名，〈新聞集錦—中國回教青年會召開第三屆會員大會〉，《回教文化》，57期（1977），頁19-20。
[75]　佚名，〈新聞集錦—中國回教青年會召開第三屆會員大會〉，頁19-20。
[76]　2018年2月10日，台北，D3訪談紀錄。

# 第二節 相關會務—文化復振工作及其發展與變遷

## 一、文化復振工作

回青宗旨為：「團結回教青年，愛國護教、反共抗俄、光復神州、重整教門，謀回教復興。」其工作方針包括兩面向：宗教上「愛教」—重整教門、復興回教，及政治上「愛國」—反共抗俄、光復神州。政治上工作是政府領導，回青作為民間團體，是遵行與配合；但宗教上工作是回青主動推導，回青作為台灣重要回教組織，是籌畫與執行。回青會務主要以復興回教為標的，以推展台灣穆斯林文化復振工作為核心。

鑑於明清時期來台之回教信仰已流失，加以中共建政後在中國大陸制約回教，因此回青力圖振興回教，以多元化回教教育為核心，積極推動台灣穆斯林文化復振工作。回青結合文化寺與回文社，一體三面共構運作，就其整體推動之工作觀之，其相關會務—即其穆斯林文化復振工作內涵，主要包含下列諸面相：

### （一）回教相關組織團體之建立與發展

回青積極推動回教相關組織團體之建立，並助其逐步發展—例如「台北市回教會」與「台灣省回教會」，以利其推展穆斯林文化復振工作。

蕭永泰曾分別申請設立「台北市回教會」與「台灣省回教會」。「台北市回教會」於民國45年奉准依法成立，並奉市府頒發北市社字第一六〇號立案證書及圖記。[77]而「台灣省回教會」則於民國46年設立，本已完成立案，領有證書與圖記，但後卻因監察院函，內政部又將之撤銷。對此，「台灣省回教會」曾於《回教文化》二卷二期社論〈法律尊嚴的考驗—兼論台灣省回教會的合法

---

[77] 佚名，〈要聞拾錦—台北市回教會奉准立案〉，《回教文化》，5期（1957），頁15。

性〉中強調，台灣省回教會自發起至籌備成立，先後均有省社會處派員出席指導，3月17日假台北市民眾團體活動中心召開成立大會，依法選出理監事及通過章程，中間亦無任何糾紛發生，4月10日又奉社會處頒發社字八十四號立案證書及圖記到會。[78]然主管機關內政部又准監察院監台院機字第一三四九號函以台灣省回教會組織與「非常時期人民團體組織法」第八條相牴觸而撤銷。按該第八條原文為：「人民團體在同一地區內除法令另有規定外，共同性質同級者以一個為限」。[79]客觀論之，政府之行政處置值得商榷。以當時相關法規觀之，確實台灣省回教會是省級唯一合法設立的回教團體，之前並無其他合法成立的省級回教組織。畢竟民國39年回協所呈請的台灣省分會籌備會，並未在限期三個月內籌備完成，故未正式成立，而省社會處竟未依照「人民團體發起籌組集會及管理事項」第一條之規定將之撤銷，故社會處之行政處置似有不妥。此外，主管機關內政部又准監察院監台院機字第一三四九號函以台灣省回教會組織與「非常時期人民團體組織法」第八條相牴觸而將之撤銷，此為另一疑慮。由於以上過程，終致「台灣省回教會」被撤銷。

## （二）「回教文化社」之創立與回青會刊《回教文化》及回教文化叢書之出版

二十世紀上半葉中國穆斯林新文化運動時期興起的新式回民教育，除藉由平面媒體之圖書外，並首次藉由報紙期刊等媒體來推動回教知識文化的傳播。[80]此後，報紙期刊一直是海峽兩岸華人穆斯林傳揚及振興回教的重要工具與途徑。二十世紀下半葉，不論是中國大陸的穆斯林文化復振運動，還是台灣為振興回教而推動的穆斯林文化復振工作，均以報紙期刊之發行為重要管道。回青以愛國愛教、反共抗俄及振興回教為鵠的，創立「回教文化社」—即其會刊《回教文化》之編輯委員會，此外，該社並曾出版一系列回教文化叢書。期刊與圖書等出版品，正是回青推動台灣穆斯林文化復振工作、邁向愛國振教的重要利器。

---

[78] 佚名，〈社論：法律尊嚴的考驗─兼論台灣省回教會的合法性〉，《回教文化》，2卷2期（1957），頁1-2。

[79] 佚名，〈社論：法律尊嚴的考驗─兼論台灣省回教會的合法性〉，頁1-2。

[80] 楊慧娟，〈回族伊斯蘭教育的多元變遷與適應─以當代蘭州「穆斯林文化復振運動」為例〉，（國立政治大學民族學系研究所碩士論文，2009），頁353。

## 1.《回教文化》期刊

　　《回教文化》[81]，創刊於民國45年7月19日「古爾邦（忠孝）」節，在創刊號社論中，清楚說明了回青的理想與標的，也是《回教文化》的目標──復興回教、光復國土。[82]而其辦刊宗旨，在其「徵稿簡則」中，則清楚強調：「本刊以宣揚回教文化，研究伊斯蘭教義為宗旨。」[83]《回教文化》於民國47年3月登記奉准。早年回文社社長馬品孝，被視為蕭永泰的文膽，[84]除主編《回教文化》外，也為該刊撰中、英文稿或譯稿；理事長蕭永泰和理監事們，也是主要撰稿人，如于國棟、馬嵐峰、保國富、王英傑、楊龍江等。[85]隨來台第二代成長茁壯，回文社加入新生力軍，後期主編為蕭美君、楊龍江和李詩亮等。[86]

　　《回教文化》係免費贈閱，其出版、印刷和發行經費乃由國內外教胞的乜貼捐款和贊助而來。因經費有限，即使無法每月刊行，但盡量至少維持季刊的出刊率。贈閱對象主為國內外教胞、學術團體和圖書館等，同時也歡迎教內外讀者踴躍索取。至於發行量，每期約發行一千三百冊。[87]此外，關於出版起訖時程，有教胞表示，乃自民國45至82年，[88]但據本章作者在文化寺圖書室及台大圖書館、國家圖書館所見，則是自民國45年7月19日創刊至73年2月第71期出版止。

　　各欄目為《回教文化》之經緯，可藉此窺其內容。其欄目大體有一脈絡，但各期間多少有些更動。在創刊號後，至第4期，欄目設計與內容包括各種議題在內，已相當豐富，並各具特色，反映編輯群之用心。[89]

---

81　英文名稱為THE ISLAMIC REVIEW。
82　佚名，〈社論─人生、氣節、是非〉，《回教文化》，1期（1956），頁1。
83　佚名，〈徵稿簡則〉，《回教文化》4期（1956），封底內頁。
84　2018年2月8日，台北，D1訪談紀錄。
85　其中蕭永泰也譯阿文稿，王英傑等也譯英文稿。
86　蕭美君和李詩亮皆為回教文化社後期新生力軍。2014年12月12日，台北，D2訪談紀錄。
87　定中明，〈台灣的回教〉，頁159。
88　2014年3月28日，台北，D7訪談紀錄。
89　以第四期為本，再結合其他期為補充，《回教文化》常見的十六個欄目，請參見：2014年4月11日，台北，D2訪談紀錄；佚名，〈賢哲語錄〉，《回教文化》，2卷1期（1957），封面內頁；馬品孝，〈*Islam in Free China*〉，《回教文化》，2卷1期（1957），頁22-24；佚名，〈徵稿簡則〉，《回教文化》，4期（1956），封底內頁；佚名，〈古蘭經選讀本（*The Quran Reader Digest*）〉，《回教文

作為光復後台灣兩大回教刊物之一，[90]《回教文化》具下列特色：

其一，興倡回教復興，積極闡揚回教。《回教文化》重要目標是復興回教，而宗旨則是宣揚回教文化和研究回教教義。[91]有關回教教義之闡釋、回教之學術研究、信仰功修之實踐、回教世界之報導、古今回教名人之研究，及國內外回教名勝古蹟之介紹，均《回教文化》努力書寫方向，尤其有關教義闡釋、信仰功修實踐與回教學術研究之文章，關乎穆民邊界維繫與信仰深化，十分常見。

其二，宣揚反共抗俄，期望光復大陸。光復後來台穆民，多軍公教及其家眷，積極支持反共抗俄國策，冀早日光復大陸。回青／回盟強調反共抗俄、光復大陸，《回教文化》也積極宣揚反共抗俄理念，強調反攻復國必勝信念。

其三，重視回教「青年」，報導青年動態。《回教文化》為回青發聲，說明中國回教青年會之「青年」，非指年齡而言，凡具正義感、熱誠為謀回教復興的教胞，都是青年，強調回教事務就是回教同胞每個人的事，歡迎每位教胞來管理屬於自己的事。此外，即使回青定義的青年是廣義的青年，但也十分關心「年齡上」的青年，時常報導青年或青年團體動態，如報導蕭永泰於國民大會提案籌畫成達師範學校在台復校，嘉惠回教青年，培育回教人才；[92]又如報導中華民國青年團體聯合會成立訊息，再如報導回青與青聯會之互動訊息及報導回盟與救國團的互動等。[93]

---

化》，4期（1956），頁31-32；佚名，〈*The Truth About Islam in Communist China (From The Muslim Digest)*〉，《回教文化》，5卷3期（1960），頁1-5（英文專欄自行編碼）；佚名，〈*Idd Speech of Imam Ishaque Shiao Yun Tai In the Taipei Wen-hua Mosque*〉，《回教文化》5卷4期（1960），頁1-4（英文專欄自行編碼）。至於「要聞拾錦」欄目為時事新聞報導，有些是回教文化社自行撰稿報導，有些則是國內外新聞媒體訊息轉載，例如中央社、合眾社、美聯社等。報導內容則多為與兩岸回教、世界回教或時局政治相關者，其中常見回青、文化寺和回教文化社及其相關人員的活動訊息。過去的新聞，即今日的歷史。此欄目留下許多寶貴的歷史訊息。

90　戰後台灣兩大回教刊物，一為中國回教協會出版的《中國回教》，另一則是中國回教青年會出版的《回教文化》。

91　佚名，〈社論─人生、氣節、是非〉，《回教文化》，1期（1956），頁1。

92　佚名，〈蕭永泰阿衡以代表身份向國民大會 第六次會議提案如下〉，《回教文化》，58期（1978），頁33-34。

93　佚名，〈社論─八年來的艱苦奮鬥〉，頁1-2。〈中華民國青年團體聯合會之成立〉，《回教文化》，第1期（1956），頁24-25。佚名，〈要聞拾錦─中國回教青年會 連任亞盟及青聯會理事〉，《回教文化》，3卷1期（1958），頁27。

其四,報導獨家新聞,關心回教世界。《回教文化》一大特色,即其常報導獨家新聞,內容多與回青、文化寺或回文社及其成員相關訊息。此外,即使非獨家新聞,也常自行撰述新聞稿,內容多為與兩岸回教、世界回教相關訊息。另也有編譯自各通訊社之訊息。回青刊載大量國際相關訊息,顯見其具國際觀,引領讀者具備鉅視視野。

其五,穆民公民視角,群眾參與辦刊。《回教文化》站在穆民與公民視角辦刊,除關心回教動態,也關心國政時局。此外,幾乎各欄目均開放並歡迎讀者投稿。[94]甚至教胞之謀事、徵友、尋人等啟事,[95]都積極代為刊登。[96]《回教文化》實為群眾共同參與辦理之期刊。[97]

其六,深具政教特色,宣揚愛國愛教。回青成立目標為「團結回教青年」,「愛國護教」、「反共抗俄」、「光復神州、重整教門」,謀「回教復興」;而其核心精神,即愛國愛教。《回教文化》呼應回青目標,宣揚愛國愛教,深具政、教特色。愛國的積極表現即強調反共抗俄、光復神州,愛教的積極表現即強調復興回教、重整教門。

其七,早期批評犀利,後期筆鋒溫和。《回教文化》早期筆鋒犀利,勇於批判;但後期相對收斂,筆鋒溫和。早期筆鋒犀利,勇於應事,卻易有口舌之爭。例如第1期「短評」中,即批評回協某教胞應知當時埃及艾資哈爾大學中國學生部長胡恩鈞為匪諜,卻函請胡向該校交涉中華民國續派學生往該校留學事。又如第八期社論曾引發回協某二教胞與回文社間口舌之爭,回文社則於第10期中,將對方來函刊出,並公開做出回應。但後期筆鋒相對收斂,溫和應事。期刊中已不見早年慷慨陳詞、公開論辯之情形。回文社筆鋒之轉變,主要可能原因有三:一是早期諸公年輕氣盛,勇於批判;[98]二是隨內外環境變遷,

---

[94] 舉凡有關回教學術研究、回教世界報導、古今回教名人研究、國內外回教名勝古蹟介紹、有益世道人心之文藝創作等,都歡迎投稿。

[95] 關於尋人啟事,民國38年後來台教胞,散居台灣各地,《回教文化》提供一平台,讓失聯親友可藉此獲得聯繫。

[96] 佚名,〈徵稿簡則〉,《回教文化》,4期(1956),封底內頁。

[97] 所謂教胞共同參與辦理,主要有兩層意涵,一為其經費來自教胞奉獻,二為期刊內文亦得力於各地穆斯林共同參與撰稿。

[98] 早期回教文化社諸公,年輕氣盛,勇於批判,據理力爭,而雙方或考量不同,因此而有不同論述。

考量較圓融；[99]三是蔣經國期勉和諧、安定的社會。[100]

　　其八，教內外同宣傳，入教者受關注。《回教文化》既重教內宣傳，也重教外宣傳。為振興回教，《回教文化》重視教內宣傳，包括教義研究、五功實踐、回教歷史、世界回教動態等，都是宣傳的內容，但教義闡釋與五功實踐，無疑是最關鍵的，關係穆斯林族群邊界的根基維繫。而教外宣傳，則在於讓教外人士理解回教，增進其對回教之認知與尊重，避免不必要之誤解與矛盾。若教外人士因此對回教產生信仰動機，則亦有宣教之效。

　　《回教文化》十分重視歸信穆斯林，常可見相關報導，甚至為新穆斯林列表，刊登於期刊上；此一則表達熱誠歡迎之意，二則促進教胞對新穆斯林的瞭解，有助雙方交流，同時也強化了宗教自信，三則或有助於提升非穆斯林瞭解回教之動機。

## 2.中國回教青年會之出版品

　　回青除出版《回教文化》期刊外，並發行回教文化叢書。「因為穆斯林散居台灣各地為著生活而忙碌，事實上無法經常到清真寺來禮拜和學習教義，更無暇照顧子女們研究教義，這些實際問題，因限於環境及種種其他因素，不無困難之處」，[101]因此回青「煞費苦心，為維繫穆斯林精神上的聯絡及研究教義起見」，[102]乃發行回教文化叢書。該叢書均免費贈閱，即使經費有限。[103]

　　回教文化叢書共刊行九種／冊，其中三種是馬品孝編譯，包括《伊斯蘭教義》上下兩冊、《回教復興論》乙冊，另六種為蕭永泰編譯，包括《穆罕默德聖人傳略》、《至聖穆罕默德思想》、《回教婚姻論》、《回教齋戒制度論》、

[99] 隨內外環境變遷，早期筆爭之人或已不在，或雙方隨年紀漸長，考量較圓融，或雙方互動增加，關係較友好，因此雙方較能互相包容。蕭美君表示，曾聽其父親（蕭永泰）對友人說，之所以晚年蓄鬍，是因為早年話說得多，晚年之所以蓄鬍，代表要少講。2014年4月12日，新北市，蕭雅雲和蕭美君訪談紀錄。

[100] 蔣經國就任總統之後，曾約見宗教代表十一人，期勉宗教界以宗教的理想和虔誠，共同努力來造成和諧、安定、進步的社會，而被約見代表一致表示要加強團結；因此教內和諧亦更獲重視。參見佚名，〈社論—宗教界面臨的莊嚴使命〉，《回教文化》，60期（1979），頁1-3。

[101] 佚名，〈回教為什麼禁食豬肉—編譯者序言〉，《回教文化》，49期（1973），頁1。

[102] 佚名，〈回教為什麼禁食豬肉—編譯者序言〉，頁1。

[103] 「我們的經濟極端艱困，可以說一點經濟來源都沒有，我們為服務主道苦撐下去，免費贈閱。」參見佚名，〈回教為什麼禁食豬肉—編譯者序言〉，頁1。

157

《回教對人類經濟問題解決之道》及《回教為什麼禁食豬肉》。[104]

此外，回青並曾復印王靜齋本《古蘭經》與陳克禮本《穆罕默德聖訓集》。復印動機，在於鞏固穆斯林之信仰；復印目的，則因對教內外均有益處。

## （三）清真寺之興建

蕭永泰阿訇以個人積蓄於民國39年建起台北第二座清真寺──文化清真寺（文化寺數十年之因革變遷歷史將於本節第二單元、第五章第一節詳述）。教胞表示，蕭阿訇最大貢獻，即其建立了一座清真寺。[105]

文化寺於民國62年2月25日舉行該寺董事會成立會並召開第一次董事會議。該會負有「研究《古蘭經》真諦弘揚教義」等六大任務。[106]董事會設董事三十一人，董事長一人，副董事長一至三人，常務董事九人，總幹事一人，副總幹事一人，顧問、名譽董事，幹事若干人。[107]

文化寺是教胞之宗教、教育、生活與社交中心，也是回青與回文社所在地。在回教重要節日，文化寺會舉辦會禮等相關活動，教胞多積極共同籌備與參與。以開齋節和古爾邦節為例，教胞回憶「小寺（文化寺）準備了一大鍋牛肉／羊肉湯，肉量多，湯濃郁，還加了粉絲和白菜」，[108]「滿滿一大鍋，那味道，真是香啊，還有炸油香等」，[109]「但大寺（台北清真寺）通常準備炸麻花、小油香和椰棗，和小寺不同」。[110]教胞並提及蓋德雷夜「以前二十七晚上蓋德雷夜，小寺有很多人參與」。[111]值得一提的是，教胞們一般將台北清真寺稱「大寺」，將文化寺稱「小寺」。從教胞眼中看大寺與小寺之別，教胞表示：「大寺老人多，規規矩矩；小寺較親切」[112]、「大寺多為長輩，年紀大，

---

[104] 佚名，〈回教為什麼禁食豬肉──編譯者序言〉，頁1；Maulana Muhanmmad' Ali，蕭永泰譯，馬品孝校訂，《回教婚姻論》（台北：中國回教青年會），1958。

[105] 2017年12月23日，台北，D6訪談紀錄。

[106] 參見佚名，〈台北文化清真寺成立董事會〉，《回教文化》，48期（1973），頁25。
佚名，〈台北文化清真寺成立董事會〉，頁25。

[107] 佚名，〈台北文化清真寺成立董事會〉，頁25。

[108] 2018年2月10日，台北，D3訪談紀錄。

[109] 2018年5月3日，台北，D4訪談紀錄。

[110] 2018年2月10日，台北，D3訪談紀錄。

[111] 2018年2月10日，台北，D3訪談紀錄。

[112] 2018年2月8日，台北，D1訪談紀錄。

地位高」[113]、「大寺將級將領多，較年長；小寺校、尉級軍官多，較年輕」。[114]

　　回青曾與文化寺聯名印製一精美單張印刷品—「回教重要節日表」，夾附於《回教文化》6卷2期中，隨刊贈送讀者，如下列圖4-2所示：

圖4-2　民國51年中國回教青年會台北文化清真寺印
製之「回教重要節日表」[115]

---

[113] 2018年2月10日，台北，D3訪談紀錄。

[114] 2018年2月8日，台北，D1訪談紀錄。

[115] 資料來源：「回教重要節日表」，《回教文化》，6卷2期（1962），夾附於期刊中，隨期刊贈送給讀者。此表中列出回教各重要節日，並註明國曆、回曆及農曆日期，並概說各節日由來與意義。

　　此表列出當時文化寺重視的節日，主要包括：齋月、蓋德雷、開齋節（爾德費特雷）、朝覲節、古爾巴尼節（爾德艾祖哈）、回教新年和至聖誕辰等。光復後來台穆斯林與其在中國大陸時一樣，重視三大回教節日：開齋節、古爾邦節和聖紀。但隨各省穆斯林來台時日漸長，台灣逐漸開放與回教世界接軌等影響，台北清真寺漸已不再過傳統「聖紀」，[116]台灣其他各寺對過聖紀看法和做法雖不盡一致，但愈來愈多台灣穆斯林不再過傳統「聖紀」。至於文化寺，目前也不像早期那樣盛大地辦理過傳統「聖紀」相關活動了。在白培莉的觀察和研究中，民國六〇年代文化寺曾與台北清真寺因過聖紀與否問題而有不同看法與做法。台北清真寺認為過聖紀，可能讓穆斯林誤以為紀念先知誕辰即宛如漢民紀念中國古代聖人誕辰一樣，恐教胞將穆罕默德先知當作聖人一樣地崇敬；而文化寺則強調此為良好習俗，並可讓穆斯林共聚一堂，認為前一說法為無稽之論。[117]《回教文化》曾登載由馬品孝譯、Mo. Seepye著之〈伊斯蘭教義上有關聖紀的若干問題〉一文，分三期連載，[118]此文以問答方式探討過聖紀相關問題。[119]若與中國大陸相較，從中國回教宗派視角觀之，目前大陸各省穆斯林仍過傳統「聖紀」者，主要是格底目與各門宦。[120]

---

[116] 林長寬認為，由於台灣經生多赴沙烏地阿拉伯和利比亞留學，以及二戰後台灣與沙國維持較長久的邦誼等因素影響，台北清真寺漸已不再過聖紀。參見林長寬，〈台灣伊斯蘭何去何從：中國穆斯林遷徙（Hijrah）之困境〉，《新世紀宗教研究》，12卷1期（2013），頁39。但此論述不盡符合事實。相關討論請參考本書第八章第三節。

[117] Barbara Linné Kroll Pillsbury, Cohesion and Cleavage in a Chinese Muslim Minority, Dissertation of Columbia University, 1973, p. 179. 此外，民國51年回青文化寺印製的「回教重要節日表」中在節日「至聖誕辰」之「概說」中寫道：「至聖穆罕默德誕生於公元571年回曆3月12日清辰。自偏撒聖人歸真後，正道中斷了六百一十年，在此時期人類信仰複雜，社會秩序素亂，整個世界黑暗重重，阿拉伯人稱此為矇昧時代，至聖誕生後奉主命闡揚真理，破除迷信，受盡艱辛終致社會於正道，引人類於坦途，穆罕默德之偉大猶如旭日東昇，其人格當為萬世師表永垂不朽。」參見〈回教重要節日表〉，夾於《回教文化》，6卷2期（1962）中。

[118] 馬品孝譯、Mo. Seepye著，〈伊斯蘭教義上有關聖紀的若干問題（一）〉，《回教文化》，45期（1971），頁2-4；馬品孝譯、Mo. Seepye著，〈伊斯蘭教義上有關聖紀的若干問題（二）〉，《回教文化》，46期（1972），頁6-10；馬品孝譯、Mo. Seepye著，〈伊斯蘭教義上有關聖紀的若干問題（三）〉，《回教文化》，47期（1972），頁8-12。

[119] 例如：「一、何謂聖紀　答：所謂聖紀，有兩種含義：（1）是慶祝至聖穆罕默德（祈主賜其安寧與幸福。以下提到至聖時敬請讀者為至聖作此祈禱，不再重複，以節省篇幅。）誕生的週年。（2）是為至聖的誕生而歡欣來慶賀。」參考：馬品孝譯、Mo. Seepye著，〈伊斯蘭教義上有關聖紀的若干問題（一）〉，頁2-4。

[120] 台灣穆斯林源自中國大陸，中國大陸學者馬通將中國伊斯蘭教分為三大宗派──格底目、伊赫瓦尼、西道堂，以及四大門宦──嘎德林耶、哲赫忍耶、虎夫耶、庫布忍耶。其中分佈最廣、人數最多的是

## （四）多元化回教教育之推展

回青重視回教復興與發展，蕭永泰強調「教育」是重要關鍵：「要想求回教發展，勿老勿幼，必須從「研究《古蘭經》和《聖訓》」建立起我們的信心，從堅強的信仰上發揮我們的勇氣。這一個基本條件具備之後，則回教之發展自然是指日可期。」[121]馬品孝也強調，教門根基在教育，挽救回教危機之法，在於阿訇學者之教義研究與穆斯林之教育：「要想挽救目前我教的危機，一方面要鼓勵阿訇和學者，對回教的教義做有系統的研究，另一方面對年輕一代的穆士林教育，也要做有系統，有興趣和合乎理則的啟導，才能將信德深植於人心，對教門發展有重大貢獻。」[122]

回青開展穆斯林文化復振工作，乃以多元化回教教育為核心，其內涵包括以民間力量推展的多元化回教社會教育、回教相關研究、各種會禮與考察活動、清真飲食認證、穆斯林留學教育以及國際回教活動之參與等。以下分別說明之。

### 1.多元化回教社會教育

多元化回教社會教育主要包括回教經學班／阿文班、教義研究會、穆斯林民辦圖書館、穆斯林民辦刊物以及回教相關圖書之出版等。以回教經學班／阿文班和教義研究會而言，都是聚眾授課或研討，差別在於，前者主要是定期授課或研討，而後者則包括定期或不定期授課或研討。就回教經學班／阿文班來說，授課內容主要以教導阿文、讀經和教義為主，學生則各年齡層都有，「也有奶奶帶著孫子來上課」，[123]一般是共同聚集男、女學生定期授課。如據《回教文化》第50期報導，當時（民國63年）回青與文化寺曾聯名舉辦阿文研究

---

格底目，而目前中國大陸仍過傳統「聖紀」的，主要是格底目與各門宦。參考馬通，《中國伊斯蘭教派與門宦制度史略》（銀川：寧夏人民出版社，2000），頁73-74。參見：勉維霖主編，余振貴、納國昌副主編，王永亮等著，《中國回族伊斯蘭宗教制度概論》（銀川：寧夏人民出版社，1997），頁437-438。

[121] 蕭永泰，〈日本歸來述懷〉，《回教文化》，6卷2期（1962），頁2-4。
[122] 馬品孝，〈教門的根基在教育〉，《回教文化》，50期（1974），頁4-6。
[123] 2014年4月12日，新北市，蕭雅雲、蕭美君訪談紀錄。

班，由約旦學生莫和爾任教師，學生則由男、女學生共組，參加學生十分踴躍。[124]至於教義研究會，回青曾多次辦理各種形式的教義研究會。關於其辦理動機、方向和辦法，《回教文化》第48期曾有如下報導：

> 鑒於穆斯林為工作忙碌，至為辛勞，青年子弟們，學校功課，負擔甚重，大家都有意研究教義，在事實上不無困難，該會寺（按：即回青和文化寺董事會）的願望，就是輔導穆斯林研究古蘭經真諦，奉行五功，願就穆斯林青年普遍的需要，從淺近的教義基本常識，有關洗大淨、小淨、及禮拜容易學習的簡明項目開始研究，利用星期假日每月舉行教義研究會，第一次研究會特請馬吉祥阿衡主講、第二次研究會由該會理事長蕭永泰阿衡主講，參加者極為踴躍。[125]

回青也曾將教義研習與「自強郊遊會」相結合，寓教於樂，也讓穆斯林青年獲得聯誼機會。「在活動展開前，即恭誦《古蘭經》首章，並講解教義、教念清真言。」[126]關於民辦圖書館，自文化寺於民國72年擴建為五層樓後，四樓即闢為圖書室。目前保存有《回教文化》期刊合訂本、回青出版書刊、蒐集與獲贈的書刊等。[127]蕭永泰除推動回教社會教育外，也積極推動在台設立體制內的回教師範學校—即在台恢復設置曾在中國大陸設立的成達師範學校。成達師範學校由馬松亭、唐柯三等於民國14年在山東濟南創建，校名取「成德達才」之意，學校訂有「成達師範總章」，明確規定藉由師範教育，以造就健全師資、啟發回民知識和闡揚回教文化為宗旨，並以教育興教、宗教救國為目的，而其

---

[124] 《回教文化》，50期（1974）之封底照片對中國回教青年會與台北文化清真寺聯名辦理之阿文教育班的報導。

[125] 佚名，〈新聞集錦—回教青年會 文化清真寺 舉辦教義研究會〉，《回教文化》，48期（1973），頁25-26。教義研究會乃由回青與文化寺董事會聯合辦理。

[126] 佚名，〈回教青年會加強回族青年聯繫 舉行擴大自強郊遊活動〉，《回教文化》，48期（1973），頁22-24。

[127] 在民國71年6月出刊之《回教文化》第66期中，文化清真寺發佈一公告：「本寺面積狹小而簡陋，不惟大典節日無法容納教胞禮拜之需要，而且有礙國際觀瞻，以應實需要，改建為五樓以作為禮拜殿、辦公室及圖書室之用途，業已開始興建中。」可見在興建五層樓新寺時，早已規劃好設置圖書室。參見自：〈財團法人台北市文化清真寺公告〉，《回教文化》，66期（1982），頁40。

課程將宗教教育與體制內學校教育相結合，突破純宗教教育藩籬，在中國回教文化發展史和教育史上具重要意義。[128]

　　蕭永泰曾於民國67年第一屆國民大會第六次會議提案，即第二九五號提案，籌畫成達師範學校在台復校。「提案說明」中強調成達師範學校，既關乎培育回民師資人才，又關乎培育拓展阿拉伯回教國家外交的阿語人才，故應積極籌劃該校之復校。提案付諸公決，公決前，青海省國大代表朱文明曾以書面意見，敬請諸位國大代表予以支持通過。最後「決議：送請政府迅速切實辦理」。[129]但可惜的是，可能因某些因素，成達師範學校未能於台灣復校。也因台灣缺乏回教師資養成教育，故回教師資通常須經由穆斯林留學教育養成。

## 2.回教相關研究

　　藉由期刊及圖書之出版，及教義研究會之辦理等形式，回青致力推展回教相關研究。民國四〇年代以來，回青與回協陸續編輯出版與回教相關之圖書與期刊等出版品，[130]裨益於教內、外相關回教研究。此外，回青也常辦理相關研究會，如回青聯合文化寺曾多次舉辦「教義研究會」，以青年子弟為主要對象，共同研究教義。[131]而文化寺曾成立「中華民國回教服務處」，設有教義研究組，除辦理教義研究活動外，並於《回教文化》刊登與教義探究相關之文章。[132]《回教文化》更是自創刊以來，幾乎每期均刊登與回教研究相關文章。如在創刊號中，社長馬品孝在「學術研究」專欄發表了以「古蘭」為題的研究

[128] 丁俊，《中國阿拉伯語教育史綱》（北京：中國社會科學出版社，2006），頁45、51。

[129] 佚名，〈蕭永泰阿衡以代表身份向國民大會 第六次會議提案如下〉，《回教文化》，58期（1978），頁33-34；佚名，〈青海省國大代表朱文明書面意見如下〉，《回教文化》，58期（1978），頁34。

[130] 例如回青出版之《回教文化》期刊與圖書等，以圖書而言，回青先後出版了多種回教文化叢書，包括《穆罕默德聖人傳略》、《回教婚姻論》、《穆罕默德聖人思想》等。這些出版品之發行，一方面滿足了穆斯林之需要並提升其對宗教知識、穆斯林社群之認知，二方面也有助於非穆斯林對回教文化之了解，三方面則裨益於教內、外相關回教研究。

[131] 佚名，〈回教青年會文化清真寺舉辦教義研究會〉，《回教文化》，48期（1973），頁25；佚名，〈新聞集錦—回教青年會舉辦教義研究會〉，《回教文化》，56期（1977），頁27-28。

[132] 佚名，〈（台北文化清真寺）中華民國回教服務處簡則〉，《回教文化》，46期（1972），頁17-18；中國回教服務處研究組，〈回教朝覲的旨趣〉，《回教文化》，47期（1972），頁24-28；中國回教服務處研究組，〈教義研究資料（五）宇宙三體位「天」「人」「物」〉，《回教文化》，50期（1974），頁9-17。

文章。[133]此外，回教期刊和圖書之出版，為系統性介紹和認識回教文化及穆斯林群體提供更多管道，並對提升台灣回教研究風氣與水平，都有一定貢獻。

### 3.各種會禮、考察活動之推展

回青重視各種會禮與考察活動，以實踐或復興回教，以會禮而言，回教重要節日，均舉行會禮，以古爾邦節為例：「在台北市羅斯福路清真寺舉行慶祝典禮，由該會理事長蕭永泰教長主持，並請香港回教僑領買靜安阿洪講述犧牲節是由回教史上一個最著名的易卜拉欣（亞卜拉罕）聖人忠於主命，其子人以斯瑪依孝於父的宗教故事而來的…繼由高雄清真寺教長馬扶安高誦古蘭經首章…。」[134]從資料中，可看出當年回青慶祝古爾邦節盛況。

在考察活動方面，民國47年1月11日蕭永泰協同台灣省文獻會與彰化文獻會到鹿港考察已失去回教信仰的郭姓教胞，這是光復後自中國大陸來台穆斯林首次探視當地教胞，冀能助其恢復回教信仰，及改善其生活。[135]蕭氏強調「如何使這些教胞的後裔，恢復純潔的信仰—伊斯蘭」，[136]是今日台灣回教當務之急，未來台灣至少「應使之保持現在回教的活動情形」，是大陸來台回胞最低限度的責任與義務。

### 4.規範清真飲食

恪守「清真」飲食規範，是穆斯林重要的宗教實踐，且是穆斯林表達認同的關鍵符號。[137]回青／文化寺原即提供清真產業服務，其中亦包括清真食品規範等服務，核發清真牛肉證（時稱牛票）及清真餐廳、食品證書等。[138]回青重

---

[133] 此篇以「古蘭」為題的研究文章，除了概論與結論外，分別從「古蘭簡史」、「古蘭經內容簡介」、「古蘭經的哲學基礎」、「古蘭經的理論體系」等面向進行分析。有素福馬（馬品孝），〈古蘭〉，《回教文化》，1期（1956），頁4-19。

[134] 佚名，〈新聞拾錦—回教青年擴大集會 慶祝本年古雷邦節〉，《回教文化》，34期（1966），頁13。

[135] 佚名，〈社論—今日台灣回教當務之急〉，《回教文化》，2卷4期（1958），頁1-2；佚名，〈要聞拾錦—台灣省文獻會重視 本省回教之發祥地〉，《回教文化》，2卷4期（1958），頁30。相關內容請參考本書第一章第三節。

[136] 佚名，〈社論—今日台灣回教當務之急〉，頁2。

[137] 楊文炯，《互動 調適與重構—西北城市社區及其文化變遷研究》（北京：民族出版社，2007），頁168。

[138] 佚名，〈台北市文化清真寺簡介（單張）〉。

視回教教義宣揚，包括清真飲食規範的宣導。《回教文化》曾多次刊載有關飲食規範的文章，例如第五期曾登載〈回教為什麼不吃豬肉〉，而其出版之「回教文化叢書」第九種即《回教為什麼禁食豬肉》。[139]同時《回教文化》第49期更以專刊方式發行，該期內容即《回教為什麼禁食豬肉》全冊內容。[140]

尤有甚者，為照顧軍中回胞能落實清真飲食之規範與需求，蕭永泰曾於民國43年第一屆國民大會第二次會議提案，即提案第一五四號。提案內容提及「為擬請建議政府，對回教官兵膳食特予便利，酌予集中編組以安彼等生活，而示政府尊重宗教信仰自由之德意；俾資擴大政治號召，增強反共力量案。」[141]

因該提案日後之執行未徹底，故之後蕭永泰、楊卻俗、楊震清等國大代表共一百三十一人在民國49年第一屆國民大會第三次會議提案，擬請政府徹底執行國大第二次大會決議案。[142]

此提案繼續為軍中回胞爭取符合回教規範之生活膳食，並強調，在為回教官兵生活飲食提供便利之時，也有助於鞏固軍中團結，對政府及國家亦有利。此外，也可窺知，有關清真飲食在部隊中之實施，曾出現執行面未徹底落實之問題。[143]

此後之執行情形，《回教文化》第34期曾經報導國防部回覆：「為顧及回教官兵生活，經規定，本島單位，對回教官兵之膳食，可分別飲饌，單獨進食，外島單位，由聯勤糧秣廠，製有牛肉、魚、蔬菜等罐頭撥補。」[144]由蕭氏自第一屆國大第二次會議提案、追蹤辦理情形、再於第三次會議提案請求落實，到國防部回覆辦理情形，可看出蕭氏對軍中回胞清真飲食宗教規範之實踐十分重視，積極為教胞爭取福澤。

---

[139] 克禮，〈回教為什麼不吃豬肉〉，《回教文化》，5期（1957），頁30；蕭永泰編譯，《回教為什麼禁食豬肉》（台北：中國回教青年會，1983再版）。

[140] 蕭永泰編譯，〈回教為什麼禁食豬肉〉，《回教文化》，49期（1973），頁1-31。

[141] 佚名，〈提案第一五四號〉，〈第一屆國民大會第二次會議提案〉，目錄統一編號：050，案卷編號：004-2，國史館，120000000131A。

[142] 佚名，〈新聞什錦：關心軍中回胞生活一案 國民大會決議送請政府確實辦理〉，《回教文化》，4卷3、4期（1960），頁25-27。

[143] 佚名，〈新聞什錦：關心軍中回胞生活一案 國民大會決議送請政府確實辦理〉，頁25-27。

[144] 佚名，〈行政院第一屆國民大會第三次會議議決案辦理情形〉，《回教文化》，34期（1966），頁14。

## 5.穆斯林留學教育

光復後台灣並無阿訇養成教育，而以穆斯林留學教育取代，一因台灣雖陸續成立幾所清真寺，但因相關條件缺乏，較難自主培育阿訇；[145]二因雖蕭永泰於國大提案於台復設成達師範學校，但因故未能落實；三因回教中土和其宗教文化吸引力。台灣回教界相當重視派遣教胞到海外回教國家留學，以培育宗教或其他專業人才。

回青曾積極協助教胞至海外回教國家留學，培養穆斯林相關人才。在政府相關管理辦法上，民國57年內政部曾修改宗教團體派員出國進修辦法，[146]據此，每年「阿衡、經生」以選派五名為限，「名額分配回教協會四名中國回教青年會一名」。[147]回青可考選五分之一的經生名額，乃積極選派教胞出國留學。蕭阿訇曾選派白連澤至巴基斯坦學習阿拉伯語。[148]但也曾遭挫折。例如民國48年12月2日為回青會員丁邦粹向巴基斯坦申請獎學金成功，但因受到少數人之蓄意阻撓，丁君未能成行。[149]

## 6.國際回教活動之參與

回青積極參與朝觀與其他國際回教活動。以朝觀而言，回青與回協均可按一定比例選派穆斯林參與朝觀。民國63年前，台灣每年選派五名穆斯林到麥加朝觀，其中回青推派一名，即五分之一名額，回協推派四名，即五分之四名額。如民國51年台灣朝觀團五名團員之一的于國棟，即由回青推派。[150]民國64年始，台灣朝觀總名額由五位增加至十位，69年增至十五位，76年後增至

---

[145] 中國以清真寺為基地的經堂教育，一般分為三種形式，即大學、中學和小學；大學是「造就阿衡之學府」，中學是「中年失學者之受教處」，小學是「兒童之教育機關」。戰後台灣清真寺因相關條件之缺乏，並無「大學」，但有一定形式上的「中學」和「小學」。參見自：馬景，〈民國穆斯林精英與經堂教育改良思想〉，收入丁士仁主編，《中國伊斯蘭經堂教育（上冊）》（蘭州：甘肅人民出版社，2013），頁276。

[146] 佚名，〈政府修改宗教團體派員出國進修辦法〉，《回教文化》，40期（1969），頁21。

[147] 佚名，〈政府修改宗教團體派員出國進修辦法〉，頁21。

[148] 2014年4月11日，台北，D8訪談紀錄。

[149] 佚名，〈十多年來中國回教青年會作了些什麼？〉，《回教文化》，7卷1期（1962），頁3-4。

[150] 2018年2月10日，台北，D3訪談紀錄。

二十位以上。[151]透過朝覲，不僅利於與國際穆斯林交流來往，增進國際外交，同時，也可開闊本地穆斯林眼界及增長見聞。此外，其他形式的國際友好往來和學術文化交流也不少。如本地與世界各地穆斯林代表團的互訪，或圖書及學術文化的交流等。藉由友好往來和文化交流，不僅強化本地穆斯林與各國穆斯林之友誼，同時也為日後雙方在經濟、科技、文化等方面之互動與合作打下基礎。回青參與多項國際回教活動，如民國48年4月13日曾參與在貝魯特阿拉伯大學舉行之世界回教書刊展覽。[152]同時，蕭永泰曾與沙烏地阿拉伯、印度、巴基斯坦和馬來西亞等國人士交往，有助於國際回教活動的推展與參與。[153]

## （五）「愛國愛教」之具體實踐

回青宗旨強調「愛國愛教」。[154]冷戰時期，回青素強調「反共」、「抗俄」，此與其政、教立場相關：政治上「反共」、「抗俄」與「復國」相關，宗教上「反共」、「抗俄」則與對抗共黨無神論及中共制約回教相關。《回教文化》曾刊登〈掀掉蘇俄的假面具〉及〈反攻復國的動力〉等文。[155]此外曾發行「國慶紀念特刊」及「紀念國父百年誕辰特刊」。[156]凡此，均其「愛國」之表現。至於「愛教」，不勝枚舉，創立文化寺，發行《回教文化》期刊，出版回教文化叢書，及積極推動台灣穆斯林文化復振工作，致力復興回教等，都是愛教之實踐。

---

[151] 賈福康，《台灣回教史》，頁34-39；2018年2月8日，台北，D1訪談紀錄。

[152] 民國48年4月13日，假黎巴嫩首都貝魯特、阿拉伯大學舉行世界回教書刊展覽，參加者有三十二國。回青自接到該會邀請後，積極籌備參加，並將所發行之《回教文化》期刊及回教文化基本叢書共三十六冊寄往該會參加展覽。參見〈新聞拾錦──世界回教書刊展覽 青年會代表中國回胞參加〉，《回教文化》，3卷2期（1959），頁24。此外，民國62年利比亞曾邀請蕭永泰參加回教青年國際會議外；民國70年12月17至19日蕭阿訇以回青理事長的身份代表中華民國參加在倫敦附近舉行的世界回教學生組織聯合會冬季大會，並發表演說。參見佚名，〈蕭永泰參加國際回教青年大會〉，《回教文化》，66期（1982），頁36。

[153] 2014年4月11日，台北，D2訪談紀錄。

[154] 起於二十世紀初而延展至整個二十世紀上半葉的中國穆斯林新文化運動時期，「愛國愛教」即當時中國穆斯林的政教立場，二十世紀下半葉興起於台灣的穆斯林文化復振現象，亦是以「愛國愛教」為其政治、宗教之基本態度。

[155] Ismail Ege著，田樹培譯，〈掀掉蘇俄的假面具（一）〉，《回教文化》，2卷3期（1957），頁26。忠武，〈反攻復國的動力（記馬祖前哨勞軍團）〉，《回教文化》，2卷3期（1957），頁29-30。

[156] 《回教文化》，6卷1期（1961）即「國慶紀念特刊」；《回教文化》33期（1965）即「紀念國父百年誕辰特刊」。

## （六）致力回教青年之團結、回教教務之推動及教民之服務

回青以團結回教青年為號召，推動教務，服務教民，為教胞爭取福利。

「回青重視年輕人，團結回教青年，即在於往下紮根」，[157]鞏固下一代的回教信仰。回青致力青年工作，主要包括四面向：一是辦理活動，團結回教青年研習教義及加強聯誼；二是促成回教男女青年婚姻，以利鞏固信仰邊界；三是鼓勵回教男女青年積極參與宗教工作；四是積極吸引年輕人進寺。

回青曾創作一首〈穆斯林青年歌〉，請參看圖4-3，可看出其對青年的重視與用心，歌詞中期勉回教青年「弘揚回教精神」、「精誠團結」。[158]

圖4-3　回青創作的〈穆斯林青年歌〉[159]

---

[157] 2014年4月18日，台北，D9訪談紀錄。

[158] 佚名，〈穆斯林青年歌〉，《回教文化》，49期（1973），封面內頁。

[159] 資料來源：〈穆斯林青年歌〉，《回教文化》，49期（1973），封面內頁。

　　回青十分重視教務之推展與教民之服務。如多元化回教教育各項工作均是。又如以文化寺而言，自成立以來，服務教胞不遺餘力，並於民國61年成立「中華民國回教服務處」，自其所訂之「中華民國回教服務處簡則」中可看出其工作方針，在於服務穆民，「向主道邁進，振興教門」[160]，從各面向積極推展其工作。[161]

### （七）重視教外宣傳和新歸信穆斯林之報導

　　傳統以來，回教信仰通過家傳口授，幾乎成為中國穆斯林共同遵守的信仰體系。[162]對內的傳承通過家庭教育和清真寺的經堂教育來完成，而對外向來缺乏宣傳。[163]回青則突破長期來中國穆斯林缺乏教外宣傳的傳統，在某種程度上，相對較積極地宣傳。蕭永泰曾語重心長地鼓勵穆斯林勇於與非穆斯林接近：「首先，我們回教本身要有勇氣，有信心，主動地與教外朋友接近，我們不求人家信教，我們卻希望人家了解回教，認識回教，至於人家信與不信，《古蘭經》曾經曉諭我們說：『真理是主的恩賜，所以讓那些願意信仰的人相信，不相信的人也不必勉強。』（第18章29節）」[164]

　　他並分析老輩穆斯林反對子弟和教外人士接近之因，乃在於對子弟缺乏信心，而關鍵則是教育問題。[165]至於化解此種困境之法，蕭氏認為是教育，從研究《古蘭經》和聖訓，建立起信仰的信心：「今後要想求回教發展，勿老勿

---

[160] 佚名，〈（台北文化清真寺）中華民國回教服務處簡則〉，頁17-18。

[161] 佚名，〈（台北文化清真寺）中華民國回教服務處簡則〉中提及其精神：「本服務處之精神，本真主的慈憫用於主道，輔助回教子弟在學業上進修及救濟貧困之教胞，以期達成穆民一家，不分派別，不分畛域、不分男女老幼、有力出力、有錢出錢，皆向主道邁進，振興教門，共同協力，必須秉承主命聖訓之原則行之。」並提及其工作方針：「本服務處以目前之情況及能力試辦左列事宜。1.辦理獎助學金。2.辦理教義研究。3.辦理貧困之救濟事宜。4.辦理婚喪喜慶之協助與設計。5.其他有關宗教之服務事宜。」參見佚名，〈（台北文化清真寺）中華民國回教服務處簡則〉，《回教文化》，46期（1972），頁17-18。

[162] 在中國大陸「民族識別」政策下，今日「中國穆斯林」，包括回、維吾爾、哈薩克、烏茲別克、塔塔爾、塔吉克、柯爾克孜、東鄉、保安和撒拉等十九個穆斯林少數民族。參考：黃光學、黃聯朱主編，《中國的民族識別：56個民族的來歷》（北京：民族出版社，2005），頁104-106。

[163] 馬強，《流動的精神社區—人類學視野下的廣州穆斯林哲瑪提研究》（北京：中國社會科學出版社，2006），頁250。

[164] 蕭永泰，〈日本歸來述懷〉，《回教文化》，6卷2期（1962），頁2-4。

[165] 蕭永泰，〈日本歸來述懷〉，頁2-4。

幼，必須從「研究古蘭經和聖訓」建立起我們的信心，從堅強的信仰上發揮我們的勇氣。這一個基本條件具備之後，則回教之發展自然是指日可期。」[166]

回青如何對教外宣傳？例如其會刊《回教文化》即樂於寄贈非穆斯林閱讀，民國46年世界紅十字會台灣省分會曾主動來函索閱，回青也樂於寄奉。[167]又如，回青也積極關心與回教相關之社會論述是否正確妥適，如發現誤解或失真者，則積極聯繫對方改正。例如民國50年回青即曾去函復興廣播電台，告知白克先生編著之三思英語廣播教材第三十一課「對穆聖之報導不實」請其停播該課，復興廣播電台龔台長則覆函告之，電台決定，該教材第三十一課不予播出，而白克先生也來函致歉，並「本人保證此後絕無詆毀貴教會宗旨之言論再次發生」。[168]

此外，回青也曾報導外教改宗信仰回教案例，此則一來可加強穆斯林的信仰信心，二來或可提高非穆斯林對回教信仰的認知與興趣。例如《回教文化》6卷2期即曾刊登，美以美教派牧師弗樂爾夫婦（R. J. Flowers）改宗回教而現身說法的文章—〈我為何改信回教〉。[169]又如《回教文化》第28期也曾報導，前英國渥京唯靈派教會主席富勒先生（Geonge Fowler），也是美以美教會傳教士之子，改宗回教而現身說法的文章—〈我選擇了回教〉。[170]

除重視教外宣傳，回青並重視歸信穆斯林及相關報導。例如《回教文化》第10期曾報導台中清真寺新人入教，同期中也報導文化寺結婚、進教不斷舉行自報導中也可窺知進教儀式過程—包括講授「伊瑪尼」及五功大義，並對回教儀禮詳加解說等。[171]

---

166 蕭永泰，〈日本歸來述懷〉，頁2-4。
167 參見佚名，〈要聞拾錦—世界紅十字會台灣省分會來函〉，《回教文化》，10期（1957），頁18-19；佚名，〈簡覆〉，《回教文化》，10期（1957），頁19。在世界紅十字會來函中提及：「貴社出版回教文化第八期一冊，敬讀之下，得悉貴教教義之宏大，且內容極為豐富，本會同人極為佩仰，惟不悉教外之人是否能蒙　賜予，如荷俯允，謹擬由第一期至現在出版之期每期賜贈貳本，並望日後出版時陸續贈閱」。
168 佚名，〈新聞拾錦—白克對穆聖之報導不實〉，《回教文化》，6卷1期（1961），頁23-24；佚名，〈新聞拾錦—復興廣播電台 龔台長覆函〉，《回教文化》，6卷1期（1961），頁24；佚名，〈新聞拾錦—白克先生覆函〉，《回教文化》，6卷1期（1961），頁24。事實上，根據趙錫麟口述，說明當時本案係由回協主導交涉，並曾見到該批英語教材送達台北清真寺，參與銷毀詆毀穆聖部分。
169 The Reverend R. J. Flowers，〈我為何改信回教〉，收入《回教文化》，6卷2期（1962），頁35。
170 Geonge Fowler著，馬駬譯，〈我選擇了回教〉，收入《回教文化》，28期（1963），頁18。
171 佚名，〈要聞拾錦—開齋佳日迎新人 龐超群先生進教〉，《回教文化》，10期（1957），頁18。

教胞表示，對於欲入教者，尤其因婚姻而入教者，定中明阿訇較為慎重，會問對方許多問題，以確認對方入教相關條件是否具備；而蕭阿訇，對於欲入教者，尤其因婚姻而入教者，也會詢問對方，但「蕭阿訇比較願意幫忙」。[172]關於新歸信穆斯林人數，以民國46年而言，回青約五百六十名成員中，歸信穆斯林有五十五名。[173]此外，為使教胞認識歸信穆斯林，促進交往互動，《回教文化》也會列表介紹新穆斯林，如表4-1所示，在此表前有一段歡迎新穆斯林的文字：「歡迎新入教的教友，光榮的歸信主而得正道，宣誓願終身虔誠信仰真主是獨一無偶，並尊崇穆罕默德是真主的僕人，是真主的使者，是最後的聖人。」[174]

表4-1　《回教文化》第66期列表介紹新歸信穆斯林[175]

| 姓名 | 性別 | 年齡 | 籍貫 | 學歷 | 職業 |
|---|---|---|---|---|---|
| 莊○○ | 女 | 廿三 | 湖南 | 中興大學 | 學生 |
| 藏○○ | 女 | 四十 | 山東 | 淡江大學 | 銀行行員 |
| 葉○○ | 女 | 四十 | 台北市 | 初中 | 商 |
| 莊○○ | 男 | 廿七 | 台灣 | 高中 | 商 |

---

172　2018年2月10日，台北，D3訪談紀錄。
173　彼得・基・高英著，努爾譯，〈伊斯蘭教在台灣〉，收入《阿拉伯世界》，4期（1986），頁71。
174　佚名，〈新歸信穆斯林列表〉，《回教文化》，66期（1982），頁39。
175　參見來源：〈新歸信穆斯林列表〉，頁39。由於為保護個資，因此表中姓名欄只書寫姓氏，但原《回教文化》上乃登載完整姓名。

## 二、中國回教青年會發展與變遷歷程

回青創立迄今，即自民國38至107年，將近七十年的時間，其發展與變遷歷程，可分為下列三階段：草創奠基期、成長茁壯期和沉潛待興期。[176]茲將之扼要說明如後：

### （一）草創奠基期：自民國38年7月28日至46年6月24日（尚未立案）

#### 1.發展大要

此時期以回盟為名，回盟、回文社[177]與文化寺已開始共構運作。[178]三者緊密相結、相輔相成，三面一體，共組穆斯林文化復振工作架構，共同推動多元化回教教育。文化寺草創於民國39年10月12日，後因都市建設而遷建。民國41年經多方籌措而遷建於現址辛亥路一段25巷3號。新址之建設於民國44年7月30日竣工。作為回青會刊的《回教文化》則於民國45年正式創刊，為回青重要傳媒。

#### 2.運作模式與特色

回盟、文化寺與回文社均以蕭永泰為共同領導，強調愛國愛教、反共抗俄，致力團結回教青年，推動台灣穆斯林文化復振工作，以振興回教為職志。在實踐上，重視及致力於團結台灣回教青年，共同推動愛國振教各項工作。在文化寺教胞結構上，此時期乃以光復後來台之中國各省穆斯林為主要組成成員。

#### 3.與回協關係

在此階段，回青與回協互不統屬，各自獨立運作，回青領有自己的清真寺—文化清真寺與傳播媒體—回教文化社。

---

[176] 此三階段即「奠基期」、「高峰期」、「低盪期」。

[177] 《回教文化》創刊於民國45年7月19日。

[178] 一體三面的架構在民國45年《回教文化》創刊後，正式成型並運作。

4.重要工作

　　回盟在政教、青年事務方面推動多項工作。[179]例如於國民大會提案落實軍中清真伙食、成立回教相關組織、參與各類青年團體，及參與國際穆斯林互動等。

（二）成長茁壯期：自民國46年6月至79年1月（已於內政部立案）

1.發展大要

　　民國46年回盟於內政部正式立案，並決議改稱「中國回教青年會」。此時期回青、回文社與文化寺仍穩固運作，開展更多工作。文化寺曾於民國60年進行整修擴建，並於62年9月辦理財團法人登記，63年始由台北市政府核准設立，台北地方法院於63年11月2日公告，並發給財團法人登記證書。此外，文化寺曾得世界回教聯盟義助修葺經費一筆，經董事會商酌，乃以此為擴建五層大樓經費之基礎，於民國71年8月20日開工興建，於73年完工落成。[180]

圖4-4　民國73年完工落成的文化清真寺[181]

---

179　請參考本章第一節。
180　賈福康，《台灣回教史》，頁51-52。〈台北市文化清真寺簡介（單張）〉。
181　圖片來源：《回教文化》70期（1984），頁14。

## 2.運作模式與特色

回青、文化寺與回文社持續落實青年工作，在原來基礎上，擴大推動台灣穆斯林文化復振工作，以愛國振教為職志。在文化寺教胞結構上，並未改變，仍以光復後跟隨政府來台的中國各地穆斯林為主要組成成員。

## 3.與回協關係

回青與回協關係，出現重大變化。原先兩會互不統屬，各自獨立運作，但民國66年4月10日回青舉行理監事聯席會議，「一致決議遵奉有關當局之指示，加強團結，為主道致力教務之發展」，[182]回青乃申請加入回協為團體會員，從此兩會互動日益密切。其實，在回青正式加入回協成為團體會員前後，兩會互動已日益熱絡。例如民國65年回協為健全組織，成立補選理監事籌備委員會──「整理補充籌備委員會」，蕭永泰即為十一位常務委員之一。[183]但即使成為回協團體會員，回青工作與業務並無太大改變，仍有其獨立運作空間。例如文化寺原屬回青統轄，不受回協管轄，在此時期亦如是。

## 4.重要工作

回青持續推動多項政教、青年工作，其要者包括於國大提案持續呼籲政府落實軍中回胞清真飲食及提案成達師範在台復校、探視失去信仰的鹿港教胞、積極與國際回教界互動等。[184]其中在國際互動上，值得一提的是，民國55年回

---

[182] 〈新聞集錦──中國回教青年會加入回教協會為團體會員〉，《回教文化》，56期（1977），頁30。
[183] 〈回教協會健全組織 成立補選理監事籌委會〉，《回教文化》，55期（1976），頁29-30；賈福康，《台灣回教史》，頁17。
[184] 參考佚名，〈新聞什錦：關心軍中回胞生活一案 國民大會決議送請政府確實辦理〉，《回教文化》，4卷3、4期（1960），頁25-27；佚名，〈行政院第一屆國民大會第三次會議決案辦理情形〉，《回教文化》，34期（1966），頁14；佚名，〈蕭永泰阿衡以代表身份向國民大會 第六次會議提案如下〉，《回教文化》，58期（1978），頁33-34；以士凱，〈自由中國回教概觀〉，《回教文化》，4卷5、6期（1960），頁28；佚名，〈要聞拾錦──中國回教青年會 連任亞盟及青聯會理事〉，《回教文化》，3卷1期（1958），頁27；佚名，〈新聞集錦──世界回教書刊展覽 青年會代表中國回胞參加〉，《回教文化》，3卷2期（1959），頁24；佚名，〈新聞集錦──印尼回教復興運動會主席致函蕭理事長呼籲加強聯繫〉，《回教文化》，36期（1967），頁16。

青理事長蕭永泰「致函沙烏地阿拉伯國王費瑟爾陛下，對於致力團結世界回教及英明領導回教教日益興盛之卓越成就，表示致敬和誠懇擁護之意，並表達我回教青年歡迎蒞臨我國訪問之熱望」。後接獲費瑟爾國王陛下覆函致謝，並對蕭氏之誠摯美意及認識表示敬重。[185]

## （三）沉潛待興期：自民國79年1月迄今

### 1.發展大要

　　自民國79年蕭永泰歸真迄今為沉潛待興期。此時期以回青為名之活動及回文社各項工作均逐漸進入沉寂階段，唯文化寺仍正常運作。蕭氏歸真後，回青新任理事長為楊龍江，因人民團體法及其身體健康因素等限制，最多只能任六年理事長。[186]文化寺教長則由蕭氏次子蕭偉君繼任，一人身兼總幹事與教長二職。楊龍江與蕭偉君之間，意見難免不一定一致。[187]後回青與回文社漸入沉寂階段。蕭偉君於民國95年歸真後，後繼無人，教務乏人主持，財務益艱，自95至98年間，文化寺阿訇多為兼職，先後有三十多位，直至沙葆琚阿訇、馬超興阿訇始，[188]才有較長期專職阿訇。此外，文化寺於民國73年竣工後，至九〇年代後期，經二十餘年，寺產老舊，屋頂漏水，樑柱腐蝕，損壞嚴重。民國98年新任董事長張明峻籌款整修，11月開工，於100年4月竣工，內外煥然一新，並選聘教長與工作人員，聘請桃園龍岡清真寺董事長馬子誠任文化寺總幹事，並聘馬超興任教長兼清真認證稽查。新任工作人員將寺、教務恢復正常運作。張明峻曾有意恢復回青之運作，發揮其應有功能。[189]

[185] 參考佚名，〈新聞集錦—沙烏地阿拉伯國王費瑟爾陛下函謝本會理事長蕭永泰阿洪〉，《回教文化》36期（1967），頁12。

[186] 2014年4月12日，新北市，蕭美君與蕭雅雲訪談紀錄。

[187] 2018年2月8日，台北，D1訪談紀錄。

[188] 馬超興阿訇於民國99年到任。

[189] 佚名，〈台北市文化清真寺簡介（單張）〉（於張明峻先生任文化清真寺董事長時任內印製，未註明印製時間），2014年3月21日於台北清真大寺取得。2014年4月18日，台北，台北文化清真寺常務董事林茂（2015年9月14日始任董事長）訪談紀錄。2014年5月18日，台北，台北文化清真寺前教長馬超興訪談紀錄。2014年12月6日，桃園，台北文化清真寺總幹事馬子誠訪談紀錄；2015年1月4日，桃園，台北文化清真寺董事長（中國回教協會理事長、台中清真寺董事長）張明峻訪談紀錄。

## 2.運作模式與特色

原「會」、「寺」、「社」一體三面、以蕭永泰為共同領導模式已不在。在「會」、「社」工作漸沉寂後，文化寺事務一度乏人主持，直至張明峻與馬子誠接手文化寺工作後，寺、教務才恢復正常運行。因內外環境變遷，今文化寺在實踐上，致力辦好寺務，在鞏固及維護台灣回教工作上盡心盡力。台灣於民國78年先後解嚴與開放大陸探親，兩岸互動漸頻繁，此時期不再強調反共抗俄，而愛國愛教仍是台灣穆斯林的基調，隨兩岸破冰，文化寺也與中國大陸回教團體進行交流。

在文化寺教胞結構上，此時期來寺禮拜的南亞及東南亞籍穆斯林及雲南泰緬裔穆斯林漸增，[190]反映本坊教胞結構發生改變，從以光復後來台的中國各省穆斯林為主，轉變成以外籍與泰緬籍雲南穆斯林為主。此項轉變之關鍵，乃與泰緬籍雲南穆斯林及外籍穆斯林陸續來台有關。此項轉變之關鍵如下：其一，為泰緬籍雲南裔穆斯林來台。始於民國40年，而以民國五〇年代至民國七〇年代為主，因政府照料異域國民政府孤軍而有雲南泰國、緬甸籍穆斯林來台。其二，為外籍穆斯林來台。隨著全球化、國際化趨勢日漸普及，民國八〇年代以來，政府政策更為開放，更多外籍人士來台，其中也包括穆斯林來自馬來西亞、孟加拉、巴基斯坦、印尼、約旦、土耳其、埃及、摩洛哥與甘比亞等地。他們來台就學、經商、觀光、工作等，也使台灣穆斯林族群更加多元化。[191]

值得一提的是，在民國95至98年間，文化寺寺務乏人主持，曾有不少南亞及東南亞籍穆斯林長期聚宿於寺內，直至98年文化寺整修時，才將其請走。關

---

[190] 南亞及東南亞籍穆斯林主要包括印尼、孟加拉、巴基斯坦等國穆斯林。
[191] 參見定中明，〈台灣的回教〉，收入氏著，《雪泥鴻爪》，台北：鼎新文具印刷有限公司，1992，頁153-164；定中明，〈台灣回教現況及傳教工作〉，收入氏著，《雪泥鴻爪》，台北：鼎新文具印刷有限公司，1992，頁165-173；蘇怡文，〈伊斯蘭教在台灣的發展與變遷〉（國立政治大學民族學系研究所碩士學位論文，2002），頁29-55；馬孝祺，〈殯葬文化對宗教意識與族群認同的影響──以台灣北部地區穆斯林為例〉（國立政治大學民族學系研究所碩士學位論文，2011），頁47-60；于嘉明，〈在台泰緬雲南籍穆斯林的族群認同〉（國立政治大學民族學系研究所碩士學位論文，2009），頁1-27；桃園縣政府工商發展局編印，〈魅力忠貞（摺頁）〉（未註明印製時間），2014年12月19日於台北文化清真寺取得，由馬子誠總幹事所提供。

於南亞及東南亞籍穆斯林長期聚宿寺內現象，其可能原因如下：其一，文化寺本即具有多元文化包容性；蕭永泰過去與沙烏地阿拉伯、印尼、巴基斯坦和馬來西亞互動和諧而友好，也曾有馬來西亞穆斯林特地飛來文化寺舉行婚禮，因此文化寺向與外籍穆斯林互動良好。[192]其二，當時寺務乏人主持，同時又曾有兩百多名印尼交換學生借住寺裡之先例。[193]凡此，均可能影響外籍穆斯林逐漸聚宿於寺中，形成「鳩占鵲巢」局面。[194]

### 3.與回協關係

因回青漸處沉寂階段，故與回協間自然不存在互動關係。至於文化寺，回青運作時，該寺由回青統轄，不屬回協統轄；回青不運作時，該寺仍不屬回協管轄。

### 4.重要工作

雖「會」與「社」暫不運作，文化寺則仍繼續推動工作。在蕭偉君任教長與總幹事時，接手推動寺、教務，服務教胞。民國98年後，馬子誠總幹事及馬超興、王柱良等教長，持續推展寺、教務。此階段重要工作包括：其一，持續推動回教教育，辦理阿文班、經學班等。例如馬超興任教長時，曾辦理阿語班、經學班，又分為基礎班、進階班（中階）及高階班。時間上有週末兒童與學生經學班、週末成人班等。齋月則辦理兒童齋戒營，暑假則辦理住寺夏令營；此外，也曾以全台穆斯林為對象，辦理過《古蘭經》比賽—包括朗誦及背誦等項，一年辦一次，至少辦理過兩次。[195]其二，持續推動與外界穆斯林交流，例如中國東北文化清真寺也曾來台拜訪台北文化清真寺，兩岸交流。[196]

---

[192] 參見2014年4月11日，台北，D2訪談紀錄。王英傑，〈馬來亞穆斯林遠涉重洋來本寺舉行婚禮〉，《回教文化》，71期（1984），頁32-33。

[193] 2014年4月25日，台北，D9訪談紀錄。

[194] 2014年5月15日，台北，D10訪談紀錄。

[195] 2014年5月18日，台北，台北文化清真寺前教長馬超興訪談紀錄。

[196] 2018年4月5日，台北，D11訪談紀錄。

# 第三節 回顧與前瞻─穆斯林文化復振現象的思考

## 一、回青推動文化復振工作大要

　　二十世紀後期，台灣穆斯林文化復振現象之興起，顯示台灣回教邁進新的歷史發展階段。[197]為實現復興回教目標，回青以多元化回教教育為核心，開展穆斯林文化復振路徑。有關回青各項會務，即其推展之台灣穆斯林文化復振工作內涵，請參閱表4-2，而其詳情，已於本章第二節詳述，請參閱第二節，此則不再重述。

表4-2　光復後回青以多元化回教教育為核心之穆斯林文化復振工作一覽表[198]

| 類別 | 項目 |
|---|---|
| （一）與回教相關組織團體之建立與發展 | 1. 回教文化社 |
| | 2. 台北市回教會 |
| | 3. 台灣省回教會 |
| （二）「回教文化社」之創立與回青會刊─《回教文化》及回教文化叢書之出版 | 1. 「回教文化社」之創立 |
| | 2. 《回教文化》之出版 |
| | 3. 回教文化叢書之出版 |
| （三）清真寺之興建 | 台北文化清真寺 |

---

[197] 光復後遷台之大陸各省穆斯林，一方面希望能幫助失去信仰的台灣「穆斯林先人」後裔恢復信仰，繼則有感於殷鑑不遠，擔心剛遷台教胞之回教信仰，日後是否會受主流文化的影響而式微；二方面則因倡無神論的中共迫害回教，因此回青乃思積極振興、鞏固與發揚台灣回教信仰，致力推動台灣穆斯林文化復振工作。

[198] 參考來源：除依據筆者田野調查所得資料外，並參考：佚名，〈台北市文化清真寺簡介（單張）〉（於張明峻先生任文化清真寺董事長任內印製，未註明印製時間），2014年3月21日於台北清真大寺取得；各期《回教文化》。

| 類別 | 項目 | |
|---|---|---|
| （四）多元化回教教育之推展 | 1. 多元化回教社會教育 | (1) 回教經學班／阿文班 |
| | | (2) 教義研究會 |
| | | (3) 穆斯林民辦圖書館 |
| | | (4) 穆斯林民辦刊物以及伊斯蘭相關圖書之出版 |
| | 2. 回教相關研究 | (1) 回教相關研究 |
| | | (2) 穆斯林相關研究 |
| | 3. 各種會禮與考察活動 | (1) 會禮活動 |
| | | (2) 考察活動 |
| | 4. 清真飲食認證 | (1) 清真飲食認證 |
| | | (2) 相關活動 |
| | 5. 穆斯林留學教育 | (1) 阿訇的養成 |
| | | (2) 其他專業人才的養成 |
| | 6. 國際回教活動之參與 | (1) 朝覲 |
| | | (2) 相關交流與宣傳活動 |
| （五）「愛國愛教」之具體實踐 | 1. 愛國的具體實踐 | |
| | 2. 愛教的具體實踐 | |
| （六）致力回教青年之團結、回教教務之推動及教民之服務 | 1. 致力回教青年之團結 | |
| | 2. 致力回教教務之推動及教民之服務 | |
| （七）重視教外宣傳和新歸信穆斯林之報導 | 1. 重視教外宣傳 | |
| | 2. 重視新歸信穆斯林之報導 | |

　　為推動台灣穆斯林文化復振工作，回青以回教組織與清真寺為基地，推展多元化回教教育，而此教育之實踐，則利於回教青年之團結、回教教務之推動、愛國愛教之實踐及教內外宣傳之進行。回青推動之台灣穆斯林文化復振工作，一則有助於鞏固與強化教胞及年輕一代信仰，二則亦有助於教外人士對回教之了解，甚至影響其改宗回教。

## 二、回青穆斯林文化復振成效分析

　　光復後台灣出現的，以多元化回教教育為核心的穆斯林文化復振現象，是台灣史上首次出現的回教復興運動。而回青於其中所展現的積極性與企圖心，及其扮演的角色與影響，不容忽視。關於回青穆斯林文化復振工作之成效，以下將從正向意涵與負向意涵兩面向進行分析。

### （一）正向意涵

　　回青多元化回教教育與台灣穆斯林文化復振工作的正向意涵，可從以下幾個角度來思考：

　　其一，多元化回教教育，繼承和延續中國穆斯林以教育傳播回教信仰和擴展穆斯林畛域的途徑和傳統。回教教育一直是傳遞與傳播回教信仰的重要途徑。不論是穆斯林傳統以來即存在的家庭教育、明中葉以來以清真寺為中心的經堂教育、光復後台灣的阿文教育班／經學班、穆斯林圖書館，以及穆斯林報刊，無不以教育形式，來傳延回教文化。多元化回教教育，具有承續舊傳統之意涵，並對振興台灣回教文化具一定貢獻。

　　其二，多元化回教教育在內容和形態上，順應新時代與本地環境而有創新、調適的新發展，呈現多元並進特色，回教文化傳播面向比以往更廣闊；多管齊下的經營，使回教教育有更多途徑與機會接近穆民，也使教胞有更多機會對回教文化有更深的認知與認同。傳統回教教育主要為經堂教育，以清真寺為陣地，以培養「奉天行道，服從人道」[199]的宗教職業者宗教接班人、宗教專業人才為標的；[200]而回青推展回教教育，則將教育面向加廣面對所有穆斯林，甚至非穆斯林，形式也更多元阿文學習班／經學班、教義研究會、結合教義研究

---

[199] 王靜齋，〈中國回教經堂教育的檢討〉，李興華、馮今源編，《中國伊斯蘭教史參考資料選編，1911-1949（下冊）》（銀川：寧夏人民出版社，1985），頁1019。
[200] 高占福，〈民國時期的甘肅回族教育〉，收入氏著，《西北穆斯林社會問題研究》（蘭州：甘肅民族出版社，1991），頁259。

與聯誼的自強郊遊會、實踐教義的「祝福團」[201]、穆斯林民辦圖書館，以及穆斯林報刊和圖書等。

其三，不分男女老幼，穆民均可於多元化回教教育中找著其接觸、學習回教文化的安身之地，也符合回教教育觀求知和終身學習的理想。阿文教育班／經學班為各年齡層與性別穆斯林開放；穆斯林民辦圖書館為所有追求知識者開辦；穆斯林報刊為所有關心回教和穆斯林者設立。多元化回教教育提供不同條件、背景的穆斯林均有接觸、學習與推展回教文化的空間。

其四，多元化回教教育同時向穆斯林與非穆斯林開展；不僅擴大回教文化傳播面，也促進不同族群間的了解、尊重與和融。特別是期刊與圖書等媒體，提供非穆斯林了解回教文化的管道。歷史上非穆斯林對回教的曲解曾造成誤解、矛盾，甚至對立、衝突的遺憾，在現代開放的多元化回教教育下，此種遺憾應可減少和避免。

其五，多元化回教教育重視與社會公益相結合。一則呈現其深入穆斯林社會生活的特色，二則展現其對人世社會關懷的特質，三則顯現其欲改善穆斯林物質與精神生活以提升穆民素質的企圖。多元化回教教育推動的社會公益以扶貧病助孤寡為主，例如經濟扶貧、病患探視與殯葬協助等。蕭永泰曾協助在台歸真孤老教胞料理後事。[202]而回青「祝福團」問候穆斯林病患，表達穆民兄弟親切關懷之意。凡此於改善弱勢穆民貧弱之短以促進穆民哲瑪提之發展，具一定貢獻。

其六，長期以來，少數中國穆斯林曾形成抵制和排斥現代知識文化的觀念，認為現代知識文化的學習會影響回教文化的弱化。但光復後來台穆斯林，尤其是穆斯林知識份子多無此類觀念。此種觀念的調適也反映在多元化回教教育上，其已某程度地推動了與現代知識文化初步連結。而此一理念，亦是回青的發展目標。

---

[201] 所謂「祝福團」，是指組團問候穆斯林病患，表達穆民兄弟親切關懷之意。「祝福團」源於民國62年，中國回教青年會、台北文化清真寺董事會，舉行理監事及寺董事聯席會議，通過理事兼常務董事陳康華哈智建議成立祝福團。參見佚名，〈新聞集錦—中國回教青年會台北文化清真寺成立祝福團〉，《回教文化》，48期（1973），頁26。

[202] 〈異鄉飄零應共憐 劉滌生教友病逝宜蘭〉，《回教文化》，2卷1期（1957），頁19-20。

## （二）負向意涵

回青推動的多元化回教教育與穆斯林文化復振工作間亦存在負向意涵，茲分析如下：

其一，從宗教教育角度考量，多元化回教教育雖具多種教育形態與管道，但其能否使穆斯林對回教有更深入的認知、領會與實踐，二者間未必成正相關關係。例如阿文教育班／經學班，基本上教導學生以阿文「誦」經的能力，及基礎教義與宗教實踐，但在阿文聽、說、寫能力的培養及《古蘭經》經義、教理或教法等範疇的深入理解與認知方面，未見得有明顯成效。易言之，回教教育多只停留在「口能誦經」的初級階級，與基礎宗教知識階段，如何提升宗教教育深度，是值得思考的問題。

其二，光復後台灣回教教育，多停留在以一般穆斯林為對象的初階宗教知識階段，並無進階培育回教經師的高等回教教育機制。故欲學習高階回教神學者，則須出國留學，但留學所費不貲，並可能還有諸多內外在條件限制。二十世紀上半葉，中國有傳統經堂教育與成達師範等新式回民教育培育相關師資；而二十世紀下半葉以來，在中國大陸一則有傳統經堂教育，二則有現代回教經學院與中阿學校等，均可培育師資。台灣則處境尷尬，不論傳統經堂教育、現代回教經學院、中阿學校或早期成達師範式學校，均不存在。[203]

其三，台灣穆民住居多非圍寺而居形態，亦即具濃厚回教氛圍的傳統寺坊制已不存在。故在傳統以清真寺為核心的寺坊中，回教信仰本可互相學習、砥礪或敦促的情況不再。即使回青以多元形式積極推動回教教育，但分散居住的穆民，在主流大傳統文化中，要維繫回教小傳統文化，實較圍寺而居的舊社會更困難。

其四，升學壓力下，現代學童課業壓力重，除上學外，還要補習、上才藝班，時間被嚴重壓縮。能挪出時間上經學班／阿語班的學童不多，而即使能挪出時間上經學班／阿語班，但假日班或寒暑假班，久久上一次課，效果相當有限。

---

[203] 蕭永泰雖曾於國民大會提案，建議政府於台灣復設成達師範學校，可惜最後並未成真。

## 三、回青多元化回教教育與台灣穆斯林文化復振工作前瞻

　　回青藉由多元化回教教育，推展台灣穆斯林文化復振工作，以振興回教信仰與文化，也期盼能讓「出教」的中部丁、郭姓教胞恢復信仰。光復後台灣多元化回教教育興起，反映台灣穆斯林主體意識的產生和宗教意識的覺知，穆斯林關注自我群體文化的復振、維護與延續，並有表達自己聲音的需要和企圖。蕭永泰歸真後，回青與回文社漸步入沉寂階段，而文化寺則不再高舉復興回教口號，但其寺務繼續推展，仍持續鞏固回教信仰邊界。[204]

　　穆斯林文化的內涵乃藉由回教文化的形式表現、傳播和傳承；而回教文化也藉由穆斯林而得以傳揚、擴展和延續。穆斯林的思想意識、倫理觀念、行為規範、價值取向與風俗習慣等，均深受回教文化影響；回教文化則凝聚了穆斯林的智慧和創造力，反映了他們認識世界的方法和途徑，表達了他們對社會生活的理想和願望。透過回教文化的存在形式，可以認識穆斯林的精神淵源、性格特徵，和思想趨向。[205]因此，談論當代台灣穆斯林文化復振工作的發展趨向，自然離不開以穆斯林，和以回教文化為觀探視角；例如可根據台灣穆斯林踐行回教文化的現實狀況，來分析和評估復振工作的未來趨勢。整體而言，台灣穆斯林文化復振的前景，基本上是憂喜參半，需要台灣穆斯林群體與所有關心台灣回教文化者共同關注與努力才能竟功。茲將回青多元化回教教育與台灣穆斯林文化復振工作的發展趨向及評估分述於後：

### （一）善用媒體力量，提高復振成效

　　在回青多元化回教教育中，平面媒體《回教文化》期刊與回教圖書，具有無遠弗屆的傳播效能。藉由傳媒，一來可表達穆斯林心聲／意見，二來可凝聚穆斯林共識，三來可傳播弘揚回教文化，四來可宣傳現代新知予穆斯林教胞，

---

[204] 目前台灣各回教組織與清真寺，仍默默推展回教文化，鞏固回教信仰邊界。
[205] 楊啟辰、楊華主編，《中國伊斯蘭教的歷史發展和現況》（銀川：寧夏人民出版社，1999），頁415。

五來可促成穆斯林族群內部，以及穆斯林與非穆斯林間的交流和溝通，六來還可登高一呼推動社會公益。未來若能善用各類「媒體」力量，可望凝結更多關注台灣回教的穆斯林與非穆斯林，共同為台灣穆斯林文化發展而努力。[206]

## （二）素質可再提升，改善不利制約

台灣回教教育，自戰後推動迄今已逾一甲子，但穆斯林宗教邊界仍出現滑坡現象，即戰後來台穆斯林後裔，出現信仰鬆動現象，愈年輕一代，鬆動愈明顯。例如，近來部分歸真教胞子嗣，已不清楚回教殯葬規矩與要求，令有識之士憂心。[207]究其問題為何？可能關鍵如下：一是已非圍寺而居形態，[208]二是宗教教育出現缺口，[209]三是多重現代思潮衝擊，[210]四是家庭宗教教育弱化，[211]五是宗教教育有待提升。[212]至於如何提升台灣穆民信仰水平與層次，以及更重要的，如何維護信仰邊界，則須積極思考，並改善制約其發展的各項不利因素。這些問題若未能有效處理，則台灣穆斯林文化復振前景仍存在隱憂。

## （三）雙元文化失衡，求並進相輔成

穆斯林為雙元文化—回教文化與現代文化的載體，前者利於其在現實社會建構安身立命人生哲學，後者則利於其適應現代社會及開創新局。二者相輔相成，缺一不可。過去部分穆斯林存有「讀書即遠教之由」之想法，今日台灣穆斯林多無此觀念。唯在當代台灣，升學主義至上的社會文化結構下，壓縮年輕

---

[206] 文化清真寺總幹事馬子誠與文化清真寺前阿訇馬超興均曾接受平面或電子媒體之訪問。即其能善用媒體為回教宣傳。

[207] 2014年12月12日，台北，D12訪談紀錄。

[208] 今日台灣穆斯林並非傳統圍寺而居之形態，因此既缺乏穆斯林教胞相互砥勵學習之情境與氛圍，又遭受大傳統主流文化對穆斯林小傳統較弱勢文化之包夾，邊界游移很難避免。

[209] 各寺之回教教育，真正用心參與或曾參與者，都只是一部分，而各穆斯林家庭之宗教教育傳承與實踐亦存在差異，信仰邊界之維繫難免出現缺口與鬆動。

[210] 台灣是較開放而自由的社會，亦深受歐美自由主義影響，亦強調個人主義與理性主義，在多重現代思維衝擊下，台灣人多強調信仰自由，在如此思想背景中，要求穆斯林第二、三代謹遵回教信仰與文化，並不容易。

[211] 過去在傳統華人穆斯林家庭中，母親多為家庭主婦，多有時間與空間可督導孩子的回教信仰與功修；但在今日工業社會，母親多為職業婦女，在體力、腦力與時間被壓縮的條件下，自身回教信仰功修的堅持可能已經不容易，對子女宗教教育的監督與教導，可能就更難貫徹了。

[212] 光復後台灣回教教育形式及管道雖多元，但如前述，其素質還可提升，否則成效仍有限。

一輩穆斯林接受回教教育的腦力、時間與空間。[213]雙元文化浮現失衡危機，故信仰邊界如何在年輕一輩穆斯林身上鞏固，為當務之急。

台灣穆斯林文化復振，最重要關鍵之一，即如何維護年輕一輩信仰邊界，若能鞏固年輕一輩的信仰，穆斯林文化復振應已成功一半了。當年回青已積極推動兒童與青年之回教教育工作，重視往下扎根，但大環境制約力甚大。

### （四）「本地」阿訇有限，養成教育把脈

阿訇是回教教育關鍵人物，優質阿訇的培育，關係台灣穆斯林文化復振前景。在宗教專才養成教育方面，因諸多因素制約，目前台灣並無培育阿訇的條件，必須藉由留學教育以完成相關培育。當前台灣各清真寺教長，出現一特殊現象，即多非光復後隨政府來台之穆斯林及其後裔，除極少數為外籍教長外，多是泰緬雲南裔穆斯林阿訇。其中可能關鍵如下：

一是泰緬地區維持圍寺而居之寺坊制。因他們成長於海外泰緬地區，當地仍維持圍寺而居之住居形式，有較濃郁之寺坊回教氛圍與相對較嚴謹之回教家庭教育，故其回教信仰知識與功修均較為紮實與嚴謹。[214]

二是當地具備進階宗教教育機會與空間。當地設有回教中專教育，可有進階之宗教教育機會與空間（台灣則無）。而在當地回教經學基礎深厚者，還可出國至近東阿拉伯國家留學，成為訓練完整的宗教師阿訇。目前文化寺王柱良阿訇、台中清真寺閃耀武阿訇及高雄清真寺陳永武阿訇等，均是泰緬雲南裔穆斯林至近東回教國家留學的宗教人才。[215]

其實，光復後來台穆斯林及其後裔，亦不乏至近東回教國家留學者，但選擇擔任阿訇者甚少。其主要原因如下：

一是阿訇薪資有限，在台養家活口較困難。本地穆斯林考量阿訇薪資有限，在台灣要養家活口較困難，因此多不會選擇宗教師工作。

---

[213] 當代台灣學生學習壓力甚大，除了學校課業負擔外，還有課外補習以及才藝的學習，幾乎已無多餘時間再做其他學習。因此，能參與清真寺阿文班／經學班的只是極少數，並且阿文班／經學班多為一週、半年（一學期），甚至一年（一學年）上課一次。在此情況下，要求他們具備很好的回教信仰知識與功修，似乎也不容易。

[214] 2014年12月16日，台北，D12訪談紀錄。

[215] 2014年12月16日，台北，D12訪談紀錄。

二是泰緬消費水平較低，阿訇薪資較能接受。泰緬雲南裔穆斯林，一來宗教知識與功修底蘊好，並具宗教熱誠，二來其妻小家人仍在泰緬地區者不少，當地消費水平較低，因此阿訇薪資對其而言，相對較能接受。[216]

以文化寺而言，民國79年蕭永泰歸真，蕭偉君接任阿訇。但民國95年蕭偉君歸真，此後直至98年，曾多人擔任或兼任阿訇，但無長期且固定任職教長者。民國98年張明峻任該寺董事長，[217]將軟硬設施重新整頓，此後聘任的兩位專職阿訇馬超興與王柱良均為泰緬雲南裔穆斯林，該寺教務才逐步穩定。此二阿訇均為留學近東回教國家的宗教人才，為近年文化寺回教教育推展之重要生力軍。

### （五）泰緬穆民接力，文化寺生力軍

戰後幾波來台華人穆斯林中，來台時間愈早、居台時間愈久者，則信仰流失愈明顯。泰緬雲南裔穆斯林來台時間較晚、居台時間不如光復後初期來台穆斯林長久，其信仰邊界較之後者相對更穩固。[218]目前回青處「沉潛待興期」「一體三面」架構中，僅文化寺仍運作。其未來可能發展，與目前主持寺、教務之泰緬雲南裔穆斯林關係密切，可從以下面向思考：

一是專職教長接手，穩定教務發展。民國98年以來，兩位泰緬雲南裔穆斯林先後擔任文化寺教長，對該寺回教教育推動，甚具貢獻。

二是文化寺龍岡寺相連結，效能加倍。自民國98年迄今任文化總幹事的馬子誠即泰緬雲南裔穆斯林，其亦是桃園龍岡清真寺董事長。龍岡寺附近是台灣雲南穆斯林聚集最密集的區域，龍岡寺也是台灣較多雲南穆斯林聚會的宗教場域。該寺回教教育甚有特色與成就。由於馬子誠身兼兩寺要職，在一定程度上，將兩寺回教資源與活力有機結合，是文化寺又一利多。兩寺常共同辦理回教相關活動，使活動效能倍增。

三是影響雲南穆斯林，前來本寺禮拜。因文化寺教長與總幹事均為泰緬雲

---

[216] 2014年5月18日，台北，D13訪談紀錄。
[217] 張明峻董事長，當時也是中國回教協會理事長及台中清真寺董事長。
[218] 唯近年來，雲南穆斯林年輕一輩也開始出現信仰鬆動跡象，應要特別留意。

南裔穆斯林，因此也吸引更多泰緬雲南裔穆斯林來此禮拜，以及參與相關回教活動，讓一度因乏人主持而略顯沉寂的文化寺逐漸恢復往日回教「生機」。

　　四是是否承續文化復振大志，尚待觀察。目前教務與寺務工作團隊不再強調台灣穆斯林文化復振工作，唯仍默默以文化寺為基地，善盡為教胞服務、固守回教信仰與文化的本分。至於未來是否接續以往的穆斯林文化復振大志，則待觀察。

　　總之，因緣際會下，泰緬雲南裔穆斯林在蕭永泰與蕭偉君歸真後「接力」、接手任文化寺總幹事與教長，讓該寺恢復正常運作，並注入新活力，且持續穩定發展。至於未來能否再現戰後回青推動台灣穆斯林文化復振工作之雄心與「大業」，則再觀之。

# 結論

　　隨政府遷台的中國回教青年會，原稱中國回民青年反共建國大同盟，結合回教文化社及文化清真寺，以三面一體模式，以多元化回教教育為核心，以「愛國愛教」為底蘊，共構及實踐其台灣穆斯林文化復振工作藍圖。數十年來，篳路藍縷，一步一腳印，往其標的邁進。

　　在回青發展的三階段脈絡中，歷程起伏跌宕。第一階段草創奠基期（民國38至46年），尚未立案，以回盟之名，建起文化寺與回文社，三面一體架構形成，台灣穆斯林文化復振工作已然啟動。第二階段成長茁壯期（民國46至79年），正式立案且改稱回青，進入台灣穆斯林文化復振工作發展高潮：文化寺擴建為五層大樓、於國民大會提案以照顧軍中回胞清真飲食及復設成達師範（惜未復校）、協同文獻會察訪鹿港郭姓教胞、對教內外積極宣揚回教文化及推展各類回教教育，以及推動和參與國內外回教青年工作等。第三階段沉潛待興期（民國79年迄今），領導回青推動台灣穆斯林文化復振工作的蕭永泰歸真，回青與回文社工作漸沉寂，僅文化寺運作，唯接掌寺、教務的蕭偉君歸真後，寺、教務乏人主持及財務益艱而現危機，直至民國98年新任董事長張明峻與總幹事馬子誠上任，寺、教務始漸步上正軌，現階段雖不再強調穆斯林文化復振工作，但仍默默持續為鞏固台灣回教信仰與文化而努力。

　　台灣回教源自中國大陸，但日據時期漸式微；光復後入台穆斯林，再度挹注回教活水。回青，為振教興國，有意識、有組織、有計畫地逐步推展台灣穆斯林文化復振工作，歷經立基、高峰、低盪之變遷。低盪之因，乃在於人事變化、社會變遷和現代文化之挑戰。無論如何，回青過去數十年中，曾完成時代挑戰，有助於回教在台灣的鞏固與擴延。

　　以回青為視角，可見光復後遷台回教組織，對於台灣穆斯林文化復振工作的積極投入，以蕭永泰而言，可謂鞠躬盡瘁、死而後已。而其所一手推動、作為文化復振主要途徑的多元化回教教育，也的確為台灣回教發展奠下一定

根基。但穆斯林文化復振與回教教育是長期的工作，關係信仰邊界的維繫與拓展。台灣穆斯林文化復振的關鍵之一是，如何鞏固年輕一輩穆斯林信仰邊界，藉由回教教育，讓其由內而外地悅納信仰，可能是最有力的信仰保護套─而這也是當初回青念茲在茲的往下扎根工作。台灣穆斯林文化復振工作已逾一甲子，在台灣土地上紮下了回教信仰的「根」，但其能否長成大樹，開枝散葉，或是維持小而美的小樹格局，抑或逐漸枯萎，則視此後台灣穆斯林的後續努力了。

　　本章所提蕭永泰阿訇與回青及文化寺在推動教務上的各種構思與貢獻，大部分係協同回協與台灣各地清真寺共同推展，而非僅由回青或文化寺單獨推動，由此可見台灣穆斯林對於信仰及相關事務是一體關心的。從本章各節內容顯見，當時參與推動事務者並非僅限於回青成員，但蕭阿訇熱心積極教務及其對台灣回教之貢獻仍值得肯定。

# 第五章

# 清真寺的修建、沿革與
# 當代適應

徐立真

民國107年2月16日農曆大年初一，正好是每週五的主麻禮
拜，來自國內外的在台穆斯林教胞，從台北清真寺大殿延伸至
新生南路上的人行道（Siti Juwariyah拍攝／提供）

# 前言

> 凡有穆斯林聚居之地，便有一座相當堂皇的清真寺，它與穆斯林具有一
> 種歸屬與密切關係的意識。所以清真寺無論與穆斯林個人或團體生活，
> 都具有重要地位。⋯。清真寺與穆斯林社團是同時並存，二者僅有其
> 一，便難以存在。⋯，它對整個社團具有一種制衡作用。[1]

清真寺（*Masjid* مسجد）對穆斯林而言，是「安拉的家」、「安拉的房子」，不僅
有宗教功能，而兼有教育、社會及政治等多種複合功能。在台灣，雖鹿港、基
隆、淡水等處曾留有穆斯林生活的記載，但清真寺的遺跡與紀錄已不復存。當
代台灣的清真寺，皆為近七十年來穆斯林移民群體在台實踐宗教生活的具體場
域。而該群體的主要來源有二：首先是民國34至38年前後，即二次世界大戰結
束，至國共內戰後隨國民政府來台的中國大陸各省回民。其次為民國81年通過
《就業服務法》後，逐年放寬民間引進的外籍移工，其中穆斯林移工又以印尼
籍為主。

　民國34年後來台的穆斯林群體，有高比例的政府要員、軍公教及其相關雇
員，於此背景下先後成立台北清真寺、高雄清真寺、文化清真寺（台北）、台
中清真寺、龍岡清真寺（桃園）、台南清真寺等六座清真寺。其中除了台南清
真寺受限於成立背景與規模，隸屬於高雄清真寺董事會管理外，另五座皆為登
記有案的財團法人團體。而81年開放的外籍勞工，以及少數新移民配偶，雖人
數眾多，但因生活、工作空間分散各地，且流動性高，直到近十年，才陸續在
各鄉鎮、漁村成立清真寺，目前以外籍移工、配偶為主體的清真寺有：大園、
東港、南方澳、花蓮等四座，其中後面三座皆為近兩年內成立，目前台灣各處
亦有籌備中的清真寺禮拜點，囿於本書撰寫出版時程，本章僅收入大園、東港

---

[1]　謝松濤，〈台北清真大寺建寺三十週年抒感〉，《中國回教》，208期（1990），頁8。

兩寺的建置過程及內容。

　　清真寺無論規模大小、座落何處，都共同地提供穆斯林落實信仰、體現清真生活中縱向的個體生命歷程與橫向的群體人際網絡，以及完善內在需求的精神層次等基本功能。因此，理解台灣七十年來回教重振的史實，亦應以清真寺作為重要的觀察現象之一。因本章作者的非穆斯林身份，本章期盼將清真寺作為台灣各地的宗教文化地景，以非穆斯林的角度，透過刊物、報章與訪談，跟讀者一同認識台灣穆斯林的信仰生活主要場域，因此相對於寺務管理的組織人事，或教務經學教育的內涵，將更著重於八座清真寺的建設沿革、空間地景、內部變遷、對外互動等面向。依建寺時間順序，分別撰述各寺發展歷程，以梳理當代台灣清真寺的共同時代社會背景，也同時呈現各清真寺在地發展過程中所展現的獨特樣貌。

# 第一節　台灣光復：回教在台復甦的起點
## （民國34至39年）

　　隨著民國34年二次世界大戰結束，該年10月起，一萬兩千多名官員與軍隊，跟隨台灣省行政長官公署、台灣警備司令部，陸續搭乘三十餘艘軍艦、十多架飛機抵達台灣，其中包含了來自中國大陸各省的青壯年穆斯林。隔年（35年）開啟的第二次國共內戰，則因為戰爭情勢逐漸改變，36至37年前後，國民政府部隊陸續來台，許多具政商背景的穆斯林菁英如：常子春、鐵寶亭、鄭厚仁、洪兆庚、許曉初，也透過不同管道先後來台，開啟穆斯林群體在台灣發展的濫觴。[2]

## 一、台北清真寺：台灣回教的信仰與推廣中心

### （一）麗水街時期：奠定台灣回教復興的基礎

　　為了服務戰後來台的穆斯林，並在台發展回教事務，民國37年春天，常子春、鄭厚仁合資，在當時台北市麗水街17巷2號的地址上，租下占地三百多坪的日式平房，權作清真寺之用，並於5月28日舉辦首次主麻聚禮，[3]是為台灣近代史記載以來第一座清真寺：

　　　　麗水街位於臺北市和平東路，國立臺灣師範大學附近。清真寺設於十七巷口，是日治時代的新社區、環境幽靜，除卻房屋已顯老舊而外，並無受到二次世界大戰毀損的痕跡，入門一段矮牆，門內有一帶庭園，草

---

[2]　蘇怡文，〈伊斯蘭教在台灣的發展與變遷〉（國立政治大學民族學系碩士論文，2002），頁44-48。

[3]　民國37年5月28日來台首次主麻聚禮的參與者有：常子春、王靜齋、鄭厚仁、馬宗融、馬永泉、馬天澤、白今愚、陳仲芳、陳禮英、白懷民、鄭厚祺、白君瑞、張智良、張史北等人。

木扶疏，寺址是日式平房住宅臨時改裝的，拜殿上仍用日本人傳統的疊蓆－塔塔米、平軟清涼，很適合亞熱帶地方做禮拜之用。屋外還有一方空院，起初臺北教胞不多，起坐十分舒暢。…。左近人家，家家椰樹，戶戶庭花，沒有車馬的喧囂。[4]

台北清真寺建寺之初即成立董事會，首任董事長為常子春，有董監事三十七人，前五任教長先後為王靜齋、馬松亭、蕭永泰、定中明與熊振宗。[5]民國44年10月12日，《聯合報》甚至刊載了熊振宗阿訇的赴任消息：「台北清真寺新聘教長熊振宗，於十一日上午八時由香港乘四川輪抵台，在基隆二號碼頭上岸，即赴台北。」[6]在寥寥的報紙版面中，新聞方塊中能留下此一紀錄，可見回教界的影響力與重要性。不僅如此，麗水街清真寺也承載了回教在台灣的傳承：

而哈吉王靜齋阿訇和哈吉時子周老夫子他們卻在麗水街寺分別完成了《古蘭經譯解》和《國語古蘭經》的譯作和講述；出版和發行。這兩大文化工程，已成為中國回教文化史中，兩大重要的斷代事件，前者已使伊斯蘭教義與支配中國文化五千年的理學溶和，深獲中國是大夫知識階層人士的尊崇；而後者在為全世界約三分之一的華語人口，打開了人人可以瞭解伊斯蘭教教義的入德之門！[7]

事實上，王靜齋已於1946年於大陸完成且出版了《古蘭經譯解》，而時子周譯著的《國語古蘭經》是在台灣完成，為台灣甚至全世界的華人社會，提供了透過中文文本宣揚回教教育的另一個重要參考資料。麗水街清真寺不僅是近代台灣史上第一個回教空間，更是回教在台灣系統化發展的濫觴。

---

4　袁昌賢，〈從南京三山街談到台北麗水街—中國天方學人譯經工作紀實〉，《中國回教》，171期（1979），頁38。

5　賈福康，《台灣回教史》（台北：伊斯蘭文化服務社，2005），頁45-46；沙啟玉，〈台灣伊斯蘭教一瞥〉，《教史長河攬珍》，2期（2004），頁43；蘇怡文，〈伊斯蘭教在台灣的發展與變遷〉，頁46。

6　佚名，〈清真寺教長換人・士林有示範里民會〉，《聯合報》，1955年10月22日，5版。

7　袁昌賢，〈從南京三山街談到台北麗水街－中國天方學人譯經工作紀實〉，頁39。

民國38年12月，中華民國政府全面撤退來台，白崇禧、馬繼援、閔湘帆、全道雲等政軍高層，以及為數不少的各級軍公教、一般教胞皆陸續來到台灣，麗水街清真寺自然不敷負荷，另覓新址勢在必行。[8]

## （二）從麗水街到新生南路：建設沿革過程

民國38年中華人民共和國成立後，中華民國的外交環境與國際空間愈顯艱困，而擔任政府要員的穆斯林教胞，自然肩負了中華民國與回教國家的外交使命。為接待穆斯林國家貴賓來訪，回協理事長白崇禧、外交部長葉公超，以及各政府部會的教胞積極斡旋，終得到政府大力協助，決議擴建台北清真寺，「以爭取中東回教國家之友誼」，中國回教協會（以下稱作回協）於民國46年12月17日發函行政院，期盼撥一空地並撥款新台幣四百萬，才能趕在民國47年5月中東各國首長來台前，將清真寺建造完成。[9]

台北清真寺擴建委員會的參與者為：主委時子周、勸募組召委馬繼援、工務組召委鐵寶亭、財務組召委閔湘帆、總務組召委孫繩武，以及清真寺董事長常子萱等人。[10]擴建委員會與外交部希望在麗水街清真寺旁的台北地方法院監獄空地為擴建地址，[11]而後回協、擴建委員會經過與外交部、財政部、行政院秘書處等各單位多次公文往返，討論清真寺的擴建地點、經費及來源等具體細節：

> 因我政府之發動與邀請，一年之間，訪問我國之回教國家貴賓，已有十餘起。其中以伊拉克王儲艾布都伊拉親王最為重要，…。王儲原擬至台北清真寺禮拜，我因該寺係由民房改建，規模不宏，未便邀往參觀。觀其臨行自動以新台幣參萬肆千元捐助該寺作修建費，可覘關心我國回教

---

8  蘇怡文，〈伊斯蘭教在台灣的發展與變遷〉，頁47-48、51。
9  「台北清真寺擴建委員會」（1957年12月17日），《興建台北清真寺》，外交部檔案，檔號：152.1/002，影像號11-WAA-00275。
10 「台北清真寺擴建委員會」（1957年12月17日），《興建台北清真寺》，外交部檔案，檔號：152.1/002，影像號11-WAA-00275。（按：常子萱先生時任麗水街清真寺董事長。）
11 「台北清真寺擴建委員會」（1957年12月17日），《興建台北清真寺》，外交部檔案，檔號：152.1/002，影像號11-WAA-00275。

之殷切，實亦王儲訪問程序美中不足之一事。[12]

關於建寺地址事，查台北麗水街清真寺原址確實狹小，該會擬以另購地皮建寺，核尚可行，惟為減少擴建費用，擬請鈞院令飭台北市政府在市區內撥贈該會一千坪左右地皮一方，如不可能，則祇有該會另行購地建寺。[13]

最終，透過向國內外教胞勸募，以及來訪的中東國家元首、代表等捐款，並由時任外交部長葉公超代為擔保，向台灣銀行貸款四百萬元新台幣，民國47年11月，在新生南路二段62號正式動土興建新寺，並於49年1月完工落成。

據趙錫麟回憶，兩寺交接期間，民國50至51年的宰牲節，他與馬凱南等人曾在麗水街寺幫忙，協助寺裡庶務工作，還向教胞募捐了一台洗衣機。[14]由此可知，在新生南路的新寺落成後一兩年間，麗水街清真寺仍持續運作，且重要節日亦有活動。

## （三）新生南路時期：天堂路上的回教文化風景[15]

### 1.肩負外交使命

台北清真大寺土地面積二千七百九十七平方公尺，建地面積近一千二百平方公尺，除面積最大的正殿外，設置貴賓室、男子沐浴室、女子沐浴室、禮堂暨中國回教協會辦公室、清真寺辦公室、中國回教文化教育基金會圖書館等空間。[16]

---

[12] 「台北清真寺擴建委員會」（1957年12月17日），《興建台北清真寺》，外交部檔案，檔號：152.1/002，影像號11-WAA-00275。
[13] 「為呈請資助擴建台北清真寺事」（1958年9月26日），《興建台北清真寺》，外交部檔案，檔號152.1/002，影像號11-WAA-00275。
[14] 2018年9月12日，台北，趙錫麟訪談紀錄。
[15] 新生南路上，矗立著伊斯蘭教、天主教、基督教、摩門教等六座宗教建築，為台北市宗教建築最集中的地區，因而有「天堂路」之稱。引用自：黃福其，〈宗教建築齊聚 大安也有天堂路〉，《聯合報》，2014年4月10日，B2版（北市綜合新聞）。
[16] 賈福康，《台灣回教史》，頁46。

新落成的台北清真寺，正中有三個銅片製的扁圓形殿頂，經過若干年的
櫛風沐雨後，將會變成古樸的黑綠色，亦能顯出濃郁的宗教氣氛。殿頂
的頂端，…，上面鑲有金黃色的月牙，是為回教的標誌。

正殿兩旁，有兩個尖拱型的圓頂，像工廠大烟囪般矗立著，這是回教寺
院特有的「邦客樓」，為昔時在樓上吶喊附近居民前來禮拜之用。

大殿上面，是深邃的圓頂，仰之彌高，…。頂之圓壁，印製著各色花
紋，回教徒用以裝飾的花紋，…，多用幾何形體。…，台北清真寺設計
人楊卓成，在花紋設計上，化繁為簡，僅在必要處做一些象徵的代表，
而以東方誠樸清幽的花紋為主，以適應國人的審美觀念。[17]

民國49年1月，可容納六百人的台北清真大寺正式落成，規模為當時東亞清真
寺之冠。落成典禮舉行於4月13日上午十時，由副總統陳誠主持，國內外來賓
達兩千多人，邀請汶萊國王代表誦讀《古蘭經》首章內容，菲律賓參議員、日
本國際回教協會會長、馬來西亞聯邦副總理兼國防部長，以及泰國、澳洲、香
港等國家、地區的政教領袖，美國、韓國、土耳其、菲律賓巴西、多明尼加、
約旦、委內瑞拉等國的大使，皆為座上賓，典禮歷時五十分鐘完成。[18]

　　民國五〇至六〇年代，台北清真寺成為中華民國與伊斯蘭國家外交工作
的交流場所，除了前述49年4月13日落成典禮時參與的貴賓，還有在擴建期間
即來台並參與捐款的：伊拉克王儲艾布都伊拉親王（Crown Prince *Abdul Ilah*
عبد الإله）（46年11月）、土耳其總理孟德斯（*Sulaiman Mandaris*）（47年4月）、
伊朗國王穆罕莫德・李查・巴勒維（*Mohammad Reza Pahlavi* شاهنشاه محمد رضا
بهلوي）（47年5月）、約旦國王胡笙・賓・塔拉勒（*Malik Hussain bin Talaal,*

---

[17] 〈回教清真寺落成 阿拉伯建築巍然壯觀 宗教特色裝銅質圓頂〉，《聯合報》，1960年1月18日，2版。

[18] 參見佚名，〈中汶菲日回教代表共同發表協議事項〉，《中國回教協會會報》，73期（1960），1
版；佚名，〈台北清真寺落成 六百餘人參加盛典〉，《中國回教協會會報》，73期（1960），2版；
佚名，〈參加清真寺落成禮 數國回教領袖 近中即將來台 馬來西亞副總理十二（日）到達〉，《聯
合報》，1960年4月1日，1版；佚名，〈清真寺慶落成 昨行莊嚴典禮 儀式進行悉依回俗 中外貴賓誦
詞禮讚〉，《徵信新聞報》，1960年4月14日，2版；謝松濤，〈台北清真大寺建寺三十週年抒感〉，
頁9；佚名，〈陳副總統籲回教界人士 一致團結奮鬥 消滅共黨罪惡 台北清真寺昨行落成禮〉，《聯合
報》，1960年4月14日，2版。

King of Jordan الملك حسين بن طلال）（48年3月）等人。[19]以及隨後數十多年之間陸續來台訪問的：馬來西亞農業訪問團（49年5月）、索馬利亞訪問團（49年5月）、菲律賓藍諾州長阿倫圖（Ahmad Alonto）（49年11月）、伊朗農林部次長（53年1月）、馬來西亞吉隆坡市長伊斯邁爾（53年4月）、尼日總統狄奧里（Hamani Diori）（58年10月）、沙烏地阿拉伯國王費瑟（King *Faisal bin Abdul Aziz Aal Sa`uud* الملك فيصل بن عبد العزيز آل سعود）（60年5月）等代表與國家領袖，皆到清真寺拜訪會晤與禮拜。[20]

　　民國64年沙烏地阿拉伯交通部長陶費克（*Muhammad Omar Taufiiq* محمد عمر توفيق）訪台時，察覺台灣各地的清真寺規模稍嫌遜色，不似其他宗教，台北市為首都所在，應興建一回教文化中心，即費瑟國王紀念圖書館，因此與我國經濟部、交通部長共同商定：「由我國政府設法給與（按：予）相當面積土地，沙國政府願捐助建築費用，並由孫、高二部長會簽院長。」經同年5月6日批示核可，66年12月21日會議決議，該建築建地定於台北市第七號公園預定地（今大安森林公園）將挪出一千坪，作為該建築預定地。可惜後來因種種因素，費瑟國王紀念圖書館興建計畫並未完成。[21]但由此可知，在當時日益萎縮的國際外交空間下，台北清真寺成為中華民國政府與伊斯蘭國家重要的互動溝通的橋樑。[22]穆斯林在此時期所扮演的外交角色，本書第三章第一節已有深刻討論。

---

[19] 參見佚名，〈籌建清真寺 推定負責人 葉外長盼明春竣工 以配合回教外賓來訪〉，《聯合報》，1957年12月15日，3版；佚名，〈土總理捐款 助建清真寺〉，《聯合報》，1958年5月1日，3版；佚名，〈陷身大陸我回胞 伊王祈禱早獲拯救 並捐款建清真寺〉，《徵信新聞報》，1958年5月19日，1版；佚名，〈約王接見回教人士 昨參觀清真寺 贈美金二千作建寺基金 並為爭取反共勝利祈禱〉，《中國時報》，1959年3月11日，3版。

[20] 佚名，〈馬來亞訪問團蒞華 農業部長伊氏率領考察我國農業現況 並與回教人士晤談〉，《中國回教協會會報》，74期（1960），1版；佚名，〈索馬利亞訪問團 參觀清真寺 盛讚我回教發達〉，《聯合報》，1960年5月21日，3版；佚名，〈阿倫圖州長 蒞臨清真寺禮拜〉，《中國回教協會會報》，80期（1960），1版；佚名，〈伊朗農林部次長 參觀台北清真寺〉，《中國回教協會會報》，100期（1964），1版。佚名，〈吉隆坡市長 參觀清真寺〉，《徵信新聞報》，1964年4月28日，2版；佚名，〈尼日總統狄奧里 昨至清真寺禱告〉，《聯合報》，1969年10月25日，2版；佚名，〈沙王昨至清真寺禮拜 勉勵教友團結合作 為真理與正義奮鬥〉，《中央日報》，1971年5月20日，1版。

[21] 相關資料由中國回教協會秘書處提供。

[22] 丁迺忻，〈看過去 談清真寺未來的展望〉，《中國回教》，271期（2001），頁4。

## 2.在地發展與內部轉型

　　台北清真寺落成初期，前院還包含了目前新生南路南向側的人行道，因當時新生南路僅為一條二線道的馬路，雙向間僅隔著一條日本殖民時期所建造，具防災、防洪功能的「特一號排水溝」。[23]民國61年，市府拓寬新生南路、進行特一號排水溝加蓋工程，新生南路成為雙向六線道，清真寺也退縮至今日範圍。除此之外，清真寺也見證了大安森林公園從陸軍理工學院、國防部憲兵新南營區、眷村、國際學舍，到83年改建為公園的過程。[24]

　　民國76年，已落成近三十年的台北清真寺面臨土地官司糾紛。此糾紛源於47年回協購地建寺時並沒有辦理土地過戶，不僅過了十五年期限，76年原地主更向法院提告，要求歸還土地；雖然清真寺勝訴，但仍未辦理過戶。民國82年原地主過世，子女繼承後轉賣土地給嘉新水泥企業，清真寺被要求「拆寺還地」。到85年，民間開始出現買寺、留寺的聲浪，並有清真寺是否為歷史建物的討論。[25]民國86年台北清真寺辦理第一次董事會選舉，87年9月通過定名為「財團法人中國回教協會台北清真大寺」，正式成為獨立運作的宗教法人組織。[26]當時擔任台北清真寺總幹事的馬孝棋回憶，清真寺一度被列為非古蹟之認定，經新任董事會四處奔走，以及新上任的民政局林正修局長積極協助，邀請專家學者多次會勘，同為穆斯林的立法委員劉文雄亦於立法院召開公聽會，民間也有古蹟協會、建築、城鄉發展等各領域專家投書，表達支持保留清真寺。[27]

　　民國88年3月29日，台北市政府市政會議決議，將台北清真寺與另五處建物一併增列為市定古蹟，並於同年6月29日公告通過，清真寺得免於拆除的命

---

[23] 許多文獻及訪談描述，流經新生南路的水流是清代為灌溉所需而建置的瑠公圳。但事實上瑠公圳並未流經此處，而是日治時期政府整治新建，作為都市排水用途的「特一號排水溝」，又稱「堀川」。參考自：〈瑠公圳相關圖籍〉，《台灣水圳文化網》，2009，http://gis.rchss.sinica.edu.tw/canal/?p=53（2018年3月20日檢索）。

[24] 佚名，〈走讀大安文化　森林公園見觀音〉，《人間福報》，2014年4月15日，http://www.merit-times.com.tw/NewsPage.aspx?Unid=345811（2018年1月5日檢索）。

[25] 黃慧娟，〈清真寺具保留價值 發展局呼籲信徒爭取比照歷史建築物保存〉，《中國時報》，1996年7月25日，13版（台北焦點）。

[26] 蘇怡文，〈伊斯蘭教在台灣的發展與變遷〉，頁67。（按：此說後續仍有發展，此處不再贅述。）

[27] 2018年9月17日，台北，馬孝棋訪談紀錄。

圖5-1　民國九〇年代的台北清真寺外貌

運，成為當時最「年輕」的台北市市定古蹟。[28]長達二十年的風波與列為市定古蹟的過程，重新凝聚台灣穆斯林群體，開啟與世俗的互動，也提供社會討論文化資產與宗教文化的契機。[29]至於土地纏訟的另一方嘉新水泥，最終則同意以「容積移轉」的方式捐出土地。[30]

---

[28] 〈清真寺〉，《國家文化資產網》，2017，https://nchdb.boch.gov.tw/assets/overview/monument/ 19990629000001（2018年1月5日檢索）。

[29] 洪茗馨，〈民政局與學者會勘九處老建物〉，《中國時報》，1998年5月22日，18版（台北萬象）；洪茗馨〈清真寺能不能留住你？光復後第一座回教建物　面臨拆除命運〉，《中國時報》，1999年2月1日，18版（台北都會）；徐孝慈，〈清真寺拆不拆　各界關切〉，《中國時報》，1999年3月23日，18版（台北都會）；洪茗馨，〈清真寺列為古蹟〉，《中國時報》，1999年3月30日，17版（台北焦點）。

[30] 楊正敏，〈清真寺土地嘉新水泥同意捐出〉，《聯合報》，2003年11月04日，B2版（北市生活）。袁延壽，〈嘉泥資產移轉2.5億落袋〉，《工商時報》，2011年1月28日，B6版。

### 3.對外互動的多元樣貌

> 既然已經成為市定古蹟，我們必須要開放參觀。它也有幾種功能：一、
> 提醒我們必需要調整我們保寺的心態和立場，我們要逐步揚棄我們過去
> 若干古步自封的做法，…。二、增加了清真寺大門內外的互動。這正是
> 宣揚伊斯蘭很好的機會，…，三、它使得我們重新思考我們的定位，台
> 北清真寺的定位、台北清真寺董事會的定位，…。[31]

上述內容為民國90年新任董事長丁迺忻的就任致詞，這段話也反映了民國八〇
至九〇年代清真寺與台灣穆斯林所面臨的挑戰與轉機。

　　隨著民國81年政府開放外籍勞工來台，原本參與活動人數不斷減少的台
北清真寺，又開始熱絡起來，印尼的移工，奈及利亞、迦納的學生與商人…全
台的外籍穆斯林，藉著節日集合台北清真寺，與朋友相聚，每週日下午，也都
會有印尼勞工團體使用清真寺空間辦活動，成為北部穆斯林群體的聯誼與宗教
活動的空間。[32]列為古蹟後，民國88年9月清真寺參與由民政局舉辦的「回儒
兒童文化交流」，促成清真寺穆斯林兒童與台北孔廟《論語》讀經班互訪。[33]
同年10月，清真寺舉辦「市定古蹟暨回教文物特展」，為九二一地震祈禱、捐
款，並展示回教相關文物，供民眾參觀。[34]每個星期五，清真寺開始出現「主
麻茶會」，而後逐漸成為今日眾人所熟知的「週五清真市集」，不僅是穆斯林
每週難得的交流互動場合，也成為台北市民週末的獨特宗教體驗。[35]民國90年
忠孝節，清真寺同時舉辦「援助印尼災區及巴勒斯坦難民義賣活動」，邀請北
市府民政局長林正修、勞工局長鄭村棋、大安區長余興華等人參與。[36]民國91

---

[31] 佚名，〈〈台北清真大寺新舊任董事長交接典禮—丁迺忻董事長致詞〉，《中國回教》，269期（2001），頁36。

[32] 包修平，〈「隱身的穆斯林」：伊斯蘭在台灣的發展與變遷簡史（1949-2015）〉，《回族歷史》，3期（2016），頁62；陳如嬌，〈伊斯蘭教「忠孝節」在台北 清真寺中外穆斯林聚集做禮拜猶如聯合國〉，《中國時報》，1994年5月22日，5版；2018年3月6日，台北，馬孝棋訪談紀錄。

[33] 洪茗馨，〈回儒交流擦出火花〉，《中國時報》，1999年9月20日，17版（台北焦點）。

[34] 洪茗馨，〈清真寺古蹟揭幕 不忘苦難災民〉，《中國時報》，1999年10月3日，19版（台北萬象）。

[35] 2018年1月13日，台北，馬希哲訪談紀錄；2018年3月6日，台北，馬孝棋訪談紀錄。

[36] 張治平，〈中國回教協會、台北清真大寺簡訊〉，《中國回教》，270期（2001），頁47。

年6月16日為配合民政局社區環境改造計畫，由時任台北市長馬英九主持「清真寺夜間點燈活動」。[37]同年，還有教育局主辦的「人文社會及歷史科輔導團」、金甌女中師生，分別到清真寺參觀。[38]民國91年，大安老人服務中心長青學苑的高齡團員、龍安國小師生，分別參觀清真寺及舉辦伊斯蘭文物展，台北清真寺的對外連結愈加多樣。[39]

民國90年發生震驚世界的九一一事件，原本對回教不是相當理解與關注的部分非穆斯林國家，卻因此事件以及媒體的過度渲染，逐漸對回教轉為誤解與恐懼，而台灣亦受此影響。石永貴先生寫道：「伊斯蘭的發展需要『借力使力』來發揚光大，勿讓九一一事件加深外界對伊斯蘭的誤解，用各種機會向外人勇於說明伊斯蘭對九一一的立場。」[40]回協與各清真寺藉此機會敞開大門，歡迎民眾走入清真寺，主其事者也主動面對大眾，闡述伊斯蘭的真實面貌。例如時任台北清真寺教長馬孝棋，便先後接受媒體採訪、參加新聞節目以達到正向導引的目的。[41]

近年隨著大眾關注移工、伊斯蘭、新南向等議題，清真寺的政治外交功能已逐漸由國民外交的需求取代，是呈現多元文化尊重共榮的重要媒介與場域。[42]民國105年開始，清真寺進行網站整體更新，使用介面更為友善，隨時彙整更新相關新聞及活動；清真寺參訪導覽不僅可以線上申請，更有標準化的導覽流程，且依導覽內容分為一般導覽與專業導覽，已是國內外各級團體認識台灣伊斯蘭的重要途徑。[43]新移民不僅可在清真寺辦活動，也開設了國語班，讓本國籍與外國籍的穆斯林，都能使用分配到清真寺的資源；102年台北清真

---

[37] 市府新聞稿，〈清真寺夜間照明週日由馬市長正式點燈〉，《臺北市政府全球資訊網》，2002年6月14日，https://www.gov.taipei/News_Content.aspx?n=F0DDAF49B89E9413&sms=72544237BBE4C5F6&s=E4475C74D7F3FFC0（2018年3月20日檢索）。

[38] 張治平、丁樂生，〈中國回教協會、台北清真大寺、文化教育基金會簡訊〉，《中國回教》，269期（2001），頁47。

[39] 馬孝棋，〈憶龍安國小　伊斯蘭文物展〉，《中國回教》，275期（2002），頁28；馬孝棋，〈歡迎走進台北清真寺〉，《中國回教》，276期（2002），頁34。

[40] 石永貴，〈「九一一」事件—回協及台北清真寺所作的反應〉，《中國回教》，273期（2001），頁5。

[41] 2018年3月6日馬孝棋，台北，訪談紀錄；《中國回教》，273期（2001）。

[42] 2018年2月23日馮同瑜，台北，訪談紀錄。

[43] 2018年2月23日馮同瑜，台北，訪談紀錄。

寺被票選為「臺灣宗教百景」[44]之一；民國106年清真寺代表安哲立亦參與世大運的「聖火傳遞」活動。而每年的開齋節、寺慶，都有各式各樣的異國美食攤位、文化講座展覽，吸引民眾參與，成為台北市民重要的週末活動。台北清真寺逐漸從具有政治外交意義的景點，成為國民外交、市民觀光的景點，成為台灣移民史、宗教發展史中難以忽視的風景。

## 二、高雄清真寺：七十年不輟的南台灣穆民記憶

### （一）建設沿革過程

今日位於高雄市苓雅區建軍路11號的高雄清真寺，緣起於民國34年開始跟政府來台，居住於高雄的穆斯林群體。該群體主要集中在左營海軍、岡山空軍、鳳山陸軍，以及前鎮兵工專家職員所居住的眷村。為了實踐宗教的禮拜需求，眾人倡議募款集資，打造禮拜空間。民國37年之後，來台教胞人數漸增，各都市皆有回民足跡，因此台北麗水街清真寺創立後不久，38年1月，高雄清真寺在當時地址五福四路117號成立，為全台第二座清真寺，台北、高雄兩座姐妹寺，成為台灣回教教門發展的起點。[45]

高雄清真寺的前身為一禮拜殿，隨著社會變遷，高雄及南台灣教胞的需求，建寺之後也遷建了三次。最初的禮拜殿，位於當時鹽埕區五福四路上北聲照相館二樓，當時是一間餡餅粥清真館，這裡便是高雄穆斯林最早進行主麻聚禮之處。根據高雄清真寺民國90年出版的影像紀錄，趙明遠、王鴻璽、以光第、宗伯盈、宗才元、馬國恆、童隆城、白兆豐、常家寶、馬扶安、馬思聰、楊寶智、張智良、白敬宇、隋承禮、火光森、朱伯龍、張世祥、穆成相等人，皆是當時積極推動高雄清真寺禮拜堂的參與者。民國38年1月，眾人將當時五福四路117號的日式商業樓房頂租下來，裝修為「高雄回教禮拜堂」，此即從

[44] 黃福其，〈宗教百景票選 北市29處建築之美〉，《聯合報》，2013年10月16日，A11版。
[45] 中國回教協會會刊社，〈高雄清真寺債務糾紛解決的經過〉，《中國回教》，154期（1973），頁31。

圖5-2　五福四路禮拜堂時期的高雄清真寺（取自民國101年發行的《高雄清真寺新寺建寺二十週年紀念影片》，沙國強總幹事提供）

禮拜殿轉變為高雄清真寺的開始。先後由馬學文、馬扶安兩位阿訇帶領眾人做禮拜。[46]

　　隨著每週積極參與主麻聚禮的教胞日漸增多，五福四路上的清真寺很快便不敷使用，加上寺址位處於當時最熱鬧的鹽埕區，工商業發展繁榮，高雄最新潮的百貨公司與店家聚集於此，地價也隨之高漲。民國40年，眾人便另行在三民區典租當時地址為林森路196號，約一百四十二坪大的日式房舍。因為日式房屋有一半皆為戶外庭園空間，庭園便成為教胞上課、開會的空間。[47]典租期間，經過回協協助號召集資、募款，清真寺購置了林森路196號的土地，自此奠定高雄清真寺自產、自業的基礎。[48]經多次修繕改建，清真寺在林森路屹立二十年。期間曾發行《伊斯蘭之光》刊物兩年，馬國樑也向高雄市政府爭取一片回教公墓，為南台灣的穆斯林確定了歸真後的安葬處。

　　民國64年4月，沙烏地阿拉伯交通部長陶費克訪台時發現，除了台北新生南路的清真寺之外，台灣各地的清真寺都太過狹小，因此返回沙國後，便向該

---

46　蘇怡文，〈伊斯蘭教在台灣的發展與變遷〉，頁50-51。高雄清真寺，《高雄清真寺建寺53週年（新寺10週年）紀念影片—走過半世紀》，2002。

47　高雄清真寺，《高雄清真寺建寺53週年（新寺10週年）紀念影片—走過半世紀》，2002。

48　蘇怡文，〈伊斯蘭教在台灣的發展與變遷〉，頁51；高雄清真寺董事會，〈財團法人中國回教協會高雄清真寺簡介〉，收入《中華民國高雄、台中、龍岡清真寺落成紀念專輯》，頁23。

國政府提出在高雄、台中二地捐資建寺的想法，也獲得該國政府同意。[49]在外交關係驅動下，我國政府協助覓地，經歷多次協調，終於選定在原規劃為公教人員宿舍的高雄衛武營946地號（即今清真寺所在地）建造新寺。[50]民國69年，回協向台糖公司購買土地，但建造經費不足，於是在時任董事長朱雲峰、副董事長馬如虎、總幹事馬永寬任內，民國78年決議出售林森一路舊寺的土地，將所得三分之一建寺，三分之二用來購置周邊土地。民國79年2月，眾人已開始在臨時工地內進行禮拜，同年12月17日正式動工。[51]

民國80年12月底新寺結構體完全竣工，為一占地八百餘坪，地下一層，地上三層的建築，包含大殿、女子禮拜殿、辦公室、貴賓室、教長室、圖書室、教室、廚房、埋體房等空間。81年2月7日，落成後的首次主麻聚禮共有一百七十多人參與。[52]同年4月18日，來自約旦、阿拉伯聯合大公國、世界回盟等中東地區宗教部首長與國際貴賓，應中國回教協會邀請，參與高雄清真寺的落成啟用典禮，聯合剪綵。[53]惟原曾規劃興建穆斯林社區尚未完成。

自林森一路時期奠定的自產自業基礎，高雄清真寺不僅得順利購置新寺土地並支應興建寺體費用，新寺竣工落成後仍有充足經費進行長期規劃，逐步增建、完善、修建寺內外的硬體設施，如：廚房修建、全棟空調、洗手間冷熱水換洗設施、無障礙空間與電梯等，以及清真寺後方圍牆與公園綠美化。[54]

## （二）內部傳承與延續

高雄清真寺於民國39年成立時即組成董事會，首任董事長為王洪璽。民國78年新寺成立後，成立「財團法人中國回教協會高雄清真寺」，時任為第十

---

[49] 佚名，〈沙國決定捐贈鉅款　在台北建回教中心　并在台中高雄建清真寺〉，《聯合報》，1975年6月9日，3版。

[50] 高雄清真寺，《高雄清真寺建寺53週年（新寺10週年）紀念影片──走過半世紀》，2002。

[51] 佚名，〈高雄清真寺明日落成　圓拱屋頂外觀綠色　佔地八百多坪〉，《中國時報》，1992年4月17日，14版（高市澎縣新聞）；高雄清真寺，《高雄清真寺新寺落成二十週年紀錄影片》，2002。

[52] 朱雲峰，〈高雄清真寺簡訊〉，《中國回教》，209期（1990），頁36；高雄清真寺董事會，〈財團法人中國回教協會高雄清真寺簡介〉，頁23-24；高雄清真寺，《高雄清真寺建寺53週年（新寺10週年）紀念影片──走過半世紀》，2002；高雄清真寺，《高雄清真寺新寺落成二十週年紀錄影片》，2002。

[53] 佚名，〈高雄清真寺落成啟用 回教國家官員教長剪綵裝扮奇特受人注目〉，《中國時報》，1992年4月19日，14版（高市澎縣新聞）。

[54] 高雄清真寺，《高雄清真寺新寺落成二十週年紀錄影片》，2012。

四屆董事長朱雲峰，現任董事長為金豐鄉。[55]教務方面，陳永武教長於民國81年來此服務至今，期間曾有馬超興、馬永堅、楊茂銀等人先後來寺擔任阿訇，但高雄清真寺的教務推行，仍以陳永武教長為主。[56]清真寺的服務範圍包含九個縣市，北起嘉義，南至屏東，東至花蓮及澎湖，早期多為軍公教及眷屬，約一萬多人[57]；而高雄的教胞中，則主要為兵工廠的雇員、眷屬，大約三十至四十戶左右，現任董事長金豐鄉、總幹事沙國強，皆是從小生長於眷村的兵工廠雇員子弟。[58]來自緬甸的陳永武教長，經由緬甸在台教胞的推薦下來到高雄，民國81年就帶著教胞在臨時工地內進行禮拜。他回憶，當時來此做禮拜的外國穆斯林中，有在左營進行訓練的沙烏地阿拉伯海軍、在屏東進行訓練的約旦空軍，也已經有少數與台灣女性結婚的巴基斯坦人。[59]

　　近二十年來，高雄清真寺面臨著本地教胞明顯凋零、參與活動人數減少的發展瓶頸。目前每週平常主麻日的參與人數為兩百人左右，本地教胞的人數不到五分之一，其中女性的參與度又高於男性；來自印尼的學生、移工則占了整體的一半以上；另外也有少數來台經商的中東、巴基斯坦、土耳其、印度與南非穆斯林，包含約二十至三十位與台灣女性結婚、就此生根高雄的外籍人士。至於新入教的人數，近二十年來每年約增加三至四位，多是為婚姻入教。[60]因原本作為主力的本地穆斯林，現在都只剩下少數長輩保有虔誠的信仰，因此沙國強描述，近十年來本地「隱形穆斯林」的現身，多是因為家裡老人家歸真，需要處理後事；陳永武教長的看法則是「老的走了，小的沒有進來」，[61]或是舉家遷外，此皆道盡高雄以至於全台穆斯林家庭的當代困境。

　　處理教胞後事，成為高雄清真寺近年的重要業務。自政府遷台後，南部

---

55　高雄清真寺，《高雄清真寺新寺落成二十周年紀錄影片》，2012。2018年3月9日，高雄，沙國強訪談紀錄。

56　2018年3月9日陳永武，高雄，訪談紀錄。

57　佚名，〈高雄清真寺明日落成　圓拱屋頂外觀綠色　佔地八百多坪〉，《中國時報》，1992年4月17日，14版（高市澎縣新聞）。

58　2018年3月9日，高雄，金豐鄉、沙國強訪談紀錄。

59　2018年3月9日，高雄，陳永武訪談紀錄。

60　高雄清真寺，《高雄清真寺新寺落成二十周年紀錄影片》，2012；2018年3月9日，高雄，金豐鄉、沙國強訪談紀錄。

61　2018年3月9日，高雄，陳永武訪談紀錄。

教胞歸真後幾乎葬在高雄的「覆鼎金公墓」，這是台灣少數幾個歷史悠久、具多元宗教文化代表性的墓園。然而，隨著空間逐漸減少，加上民國104年高雄市政府公告，覆鼎金公墓將變更為公園用地，墓區須分批進行遷葬。因此民國106年6月起，歸真穆斯林已改葬至近年規劃完成，位於杉林區的「回教歸真園區」，該園區共1.7公頃，包含歸真區、土葬區，原葬在覆鼎金公墓的三百多具穆斯林遺骸，亦於民國107年遷葬至此。[62]

其他提供教胞的生活協助，還有清真肉品、舉辦旅遊活動等。清真寺會向雲林台西的雞農購買雞肉，宰殺時，清真寺的寺師傅會到現場遵照回教教規唸誦「台思咪」（*Tasmiyyah* التسمية）[63]屠宰，以確保雞肉的處理合乎清真規範；牛肉部分，過去清真寺會自行屠宰，現在則進口有認證的澳洲冷凍牛肉，教胞便可到清真寺直接購買肉品。旅遊部分，清真寺每年會舉辦兩次旅遊活動，其中一次是與台中、龍岡兩寺輪流舉辦的聯誼活動，大約在每年3至5月之間，另一次則是高雄清真寺獨立舉辦的旅遊活動，每次活動參與教胞約有一百人。[64]

教育部分，經學班課程有阿拉伯文、《古蘭經》課程，每個月最後一個星期日下午開設讀經班。經學班的學生約二十人左右，以小孩、婦女為主，小孩多為台灣人與外籍配偶的下一代，居住區域分散各地，因此寺方也會特別開車，接送住在偏鄉的孩子到清真寺上課。民國105年開始，清真寺設置獎學金，只要是在校成績達七十五分以上的穆斯林學生，高中職生可有五千元，大學生有八千元的獎學金作為鼓勵。[65]另外，新寺完工後，馬如虎董事長任內再次將婦女會組織起來，婦女會設有一位組長、一位總務，成員四十至五十人，參與者皆為出身眷村的第二、三代女性，主要工作為訪視年長、生病的教胞，協助受剝削移工轉至社會局尋求協助，以及組織每週日下午的讀經班等等，兼具橫向服務教胞與縱向教育紮根的功能。[66]

---

[62] 2018年3月9日，高雄，沙國強訪談紀錄。王榮祥，〈覆鼎金最後墓區回教公墓 啟動遷葬〉，《自由時報》，2018年3月28日，http://news.ltn.com.tw/news/local/paper/1187717。

[63] 台思咪（*Tasmiyyah*），即屠宰牲畜時，以阿拉伯語唸誦：「奉真主尊名，真主至大」，然後下刀屠宰。

[64] 2018年3月9日，高雄，金豐鄉、沙國強訪談紀錄。

[65] 2018年3月9日，高雄，沙國強、陳永武訪談紀錄。

[66] 2018年3月9日，高雄，沙國強、馬慧芳訪談紀錄。

## （三）對外互動的多元樣貌

　　只要與南台灣相關的回教、清真事務，高雄清真寺幾乎都會參與，舉凡南台灣各地餐廳或義大世界[67]的清真認證，翻譯、聯繫安置、移工開齋節等穆斯林移工事務，重大災害的聯合祈福活動與捐款（如：九二一大地震、八八風災、四川地震、泰緬邊境難民、日本海嘯與南亞海嘯等），以及民國98年高雄世大運時，高雄清真寺負責「萬民接『嘟哇』祈福活動」。種種社會參與，讓高雄穆斯林有更多被大眾認識的機會。民國99年後，先後接待大陸的中國伊斯蘭協會訪問人士，以及來自西安、寧夏、甘肅、江蘇、雲南、江西、上海、南京與新疆等地的穆斯林訪問團。[68]隨著台灣民眾逐漸關心回教議題，近年時常接待各級國高中的團體教育參訪，以及到寺訪談的大學生、研究生。[69]

　　因清真寺座落於正義里，鄰近衛武里，鄰里社區的互助亦十分頻繁，舉凡開齋節等重大節日，皆會邀請鄰里參與，清真寺也會出借場地供社區活動使用，亦曾發放鄰里低收入戶補助。[70]近年清真寺與正義里、市政府合作，進行公園綠美化，並製作宣教燈牆，介紹伊斯蘭教的淵源、朝覲等知識，增進一般民眾對伊斯蘭的理解。隨著時代發展，衛武營捷運站出現，原營區轉型為都會公園、藝術文化中心，高雄清真寺與該區的各個景點，一併成為苓雅區的獨特風景。[71]

---

[67] 王昭月，〈南台灣唯一 義大皇冠飯店 獲穆斯林認證〉，《聯合報》，2012年3月8日，B2版（大高雄綜合新聞）。
[68] 高雄清真寺，《高雄清真寺新寺落成二十周年紀錄影片》，2012。
[69] 高雄清真寺，《高雄清真寺新寺落成二十周年紀錄影片》，2012。2018年3月9日沙國強訪談紀錄。
[70] 2018年3月9日，高雄，沙國強訪談紀錄。
[71] 高雄清真寺，《高雄清真寺新寺落成二十周年紀錄影片》，2012。2018年3月9日，高雄，沙國強訪談紀錄。

## 三、文化清真寺：古亭巷弄中的宗教大家庭

### （一）建設沿革過程

　　文化清真寺初建於民國39年，是繼台北麗水街清真寺、高雄五福四路清真寺之後，第三座因應大陸移民潮而出現的清真寺。當時，國大代表蕭永泰阿訇甫接任台北清真寺教長，便已覺既有空間不敷使用，且難以照料所有教胞的宗教需求。因此，在台北清真寺準備從麗水街移至他處之前，蕭阿訇便已使用個人積蓄新台幣一萬兩千五百元，另行購置台北市古亭區羅斯福路三段86號一棟日式民房，經簡單修葺便開始使用，期盼該寺以發揚回教文化為要務，因此定名為「台北回教文化清真寺」。[72]

　　民國43年，清真寺配合市府都市規劃與道路拓寬，賣掉既有房舍，並獲市府補助四萬元，得向土地銀行租用占地七十坪的辛亥路三段178巷18弄3號，新建文化清真寺，44年7月的竣工典禮由時任新疆省主席堯樂主持。[73]當時台北、台中、高雄等清真寺，皆仍是日式民房改建，反倒文化清真寺改建後已粗具規模，「曾被《台灣畫報》譽為唯一之清真寺」。[74]文化清真寺自此屹立至今，目前地址為辛亥路一段25巷3號。民國44年新寺落成同時，這裡也是「中國回教青年會」[75]的會址，該會於45年開始發行《回教文化》刊物。[76]

　　隨著寺務運作漸上軌道，僅一層樓的清真寺空間漸顯不足，房舍亦因氣候蟲蝕而有毀壞。民國60年，由中國回教青年會理事會決議改建為兩層樓，以供女性穆斯林禮拜，同年11月20日舉行竣工開齋大典。62年2月25日，文化清

---

圖5-3　民國60年文化清真寺改建後的大門及正面（取自《回教文化》，45期（1971），頁13）

真寺董事會成立並召開第一次董事會議，同年9月辦理財團法人登記，次年10月14日台北市政府核准成立，11月2日台北地方法院核發登記證書。二十載過去，清真寺運作穩定，蕭氏亦將屬於個人的清真寺產權捐贈財團法人。[77]

　　十年後，因馬品孝先生在沙烏地阿拉伯工作的契機，為文化清真寺爭取到世界回教聯盟撥款。[78]經過董事會討論決議，決定以此筆經費為基礎，擴建為一棟五層樓高的大樓，加上教胞捐款，向台灣土地銀行租用六筆土地，由建築師黃模春設計藍圖，民國70年12月31日啟動改建工作，經過一年半，72年8月20日，全新的文化清真寺落成。[79]

　　蕭永泰阿訇自行籌資、獨立建寺的做法，曾受到多方討論臆測，文化清真寺的紀念碑文上也寫道：「彼時內既困於財力支絀，外更遭受逆流橫勢之

[77]　佚名，〈台北文化清真寺成立董事會〉，《回教文化》，48期（1973），頁25；佚名，〈台北文化清真寺禮拜殿改建工程完成〉，《回教文化》，45期（1971），頁13；文化清真寺董事會，〈財團法人台北市文化清真寺沿革〉，頁50-51。賈福康，《台灣回教史》，頁52；蘇怡文，〈伊斯蘭教在台灣的發展與變遷〉，頁52。
[78]　2018年9月12日，台北，趙錫麟訪談紀錄。
[79]　賈福康，《台灣回教史》，頁52；蘇怡文，〈伊斯蘭教在台灣的發展與變遷〉，頁52。

圖5-4　位於台北市巷弄內的文化清真寺（攝於民國107年，徐立真提供）

阻援，幸以教長初志，永矢不渝。忍辱負重。幸以恪遵。」[80]根據蘇怡文的研究整理，可能因為身份階層地位產生群體間嫌隙、宗教禮儀實踐方式不同…這些意見都有人闡述。[81]關於蕭阿訇、文化寺與青年會的討論，本書第四章有詳盡的分析。

## （二）內部傳承與延續

蕭永泰阿訇身兼教長與董事長長達四十年，一人親力親為，維持清真寺運作，直到民國79年3月18日歸真，[82]至此文化清真寺的前期發展也告一段落。由於少了主其事者，加上沒有穩定的經費來源，文化清真寺隨後沒落了一段時間，期間僅由蕭家後人固定請一位阿訇，來帶每週五的主麻禮拜，以維持基本的宗教功能。依據現任總幹事馬子誠表示，十年前文化清真寺的經費僅剩不到十萬元，非常拮据，當時跟隨蕭阿訇來此的群體也逐漸凋零，隨之填補的是來自印尼的學生、移工，少數巴基斯坦人，以及民國70至80年之間陸續來台定居的泰緬穆斯林。[83]根據徐峰堯民國96年的研究，文化清真寺允許並支持印尼移工使用禮拜空間、廚房、辦公室，並在此舉辦電腦、語言、烹飪等課程活動，加上印尼駐台北經貿代表處會提供經費，協助清真寺改善軟硬體設施，文化清真寺更成為穆斯林移工在台北的重要活動空間，「建構出屬於印尼客工們在異地的

---

80　文化清真寺董事會，〈財團法人台北市文化清真寺沿革〉，頁50。
81　蘇怡文，〈伊斯蘭教在台灣的發展與變遷〉，頁52、72。
82　卞鳳奎等，《臺北市大安區志》（台北：台北市大安區公所，2011），頁353。
83　2018年3月27日，台北，馬子誠訪談紀錄。

宗群」。[84]

　　民國98年第十一屆董事會上任後，張明峻董事長出資近千萬，重新整頓清真寺，進行外觀拉皮、翻修，有計畫的重建環境與硬體設備。先前清真寺建體所在的六筆租用土地，也陸續購買完成，僅剩一小塊由私人所有的畸零地，目前無償提供給清真寺使用，並由清真寺繳交地價稅。至於清真寺旁的接待室、辦公室、廚房，則皆屬於蕭家後人所有，也無償提供清真寺使用。[85]由此可知，即便文化清真寺占地並不大，但仍反映了建造時大環境的限制，在有限資源內，僅能走一步算一步，而難以做長遠整體的完善規劃，今日仍能看到過去半世紀以來的遺存。在內部組織運作部分，董事會初上任時，也面臨了逃逸或逾期滯台，因而躲藏在寺裡的孟加拉、巴基斯坦外籍穆斯林，多年來慢慢也與地方警察單位建立起聯繫合作默契，寺務逐漸重上軌道。為了找回教胞並強化向心力，張明峻董事長找了原本在龍岡清真寺服務的馬超興阿訇來此住寺，每天帶教胞做五番拜，而後又找了台北清真寺的教長王柱良，擔任住寺阿訇直至今日。[86]

　　目前文化寺平日主麻參與人數約一百五十至一百八十人左右，九成是印尼的移工與學生，剩下的十分之一有來自阿拉伯、土耳其、馬來西亞、非洲穆斯林，以及祖籍大陸各省或泰緬的台灣當地教胞。其中女性占三分之一，男性占三分之二，除一樓大殿外，也開放地下室進行禮拜。[87]寺方會在主麻日免費提供主麻餐，比起氣勢恢宏的台北清真寺，位在辛亥路巷弄內的文化清真寺，反倒多了人與人之間的溫馨緊密感，現任董事長林茂是從蕭阿訇建寺初期，就時常參與寺內活動的前輩。他表示，文化寺一直有大家庭的氛圍，尤其近年來許多業務合併至回協，活動也與台北清真寺互相支援，沒有太多制式、對外複雜的業務。而文化寺負責寺務的群體，也有不少來自泰緬的移民，又因為知道寺的運作經費有限，因此總有許多義工，主動參與準備膳食、庶務等工作，成立

---

[84] 徐峰堯，〈來台印尼移工宗教認同之研究──以台北文化清真寺之印尼客工為例〉（國立政治大學宗教研究所碩士論文，2007），頁51、54。
[85] 2018年3月26日，台北，馬子誠訪談紀錄。
[86] 2018年3月26、27日，台北，馬子誠訪談紀錄。
[87] 2018年4月27日，台北，高磊訪談紀錄。

於104年的婦女會,也是在此基礎下組成。[88]

　　文化清真寺婦女會從民國103年開始籌備,至104年正式運作,由馬富翠女士號召,從最初的二十至三十人參與,至今已有一百六十位成員,皆為中華民國國籍的女性穆斯林。其中包含二十多位因婚姻入教的女性,期盼透過婦女的聯誼,讓身為母親者知道如何在家庭中扮演傳承穆斯林知識的教育功能。[89]婦女會雖然並未納入正式組織編制內,但協助清真寺辦理宗教活動、探望年邁的教胞,以及幫助貧困的教胞家庭,無疑協助了文化清真寺近幾年的運作。民國105年前後,婦女會劃歸回協,同時支援台北清真寺的各項活動,例如齋月、開齋節、忠孝節、寺慶與接待外賓等。至於婦女會內部的運作,每月會安排一個週日下午舉辦才藝課程。[90]

　　文化清真寺創寺至今已近七十年,經歷遷寺與多次改建,以及參與群體的洗牌,近十年逐漸摸索出穩定的組織架構,參與者也共同支撐起文化寺的互助氛圍,自發組成的婦女會、志工,以及來自印尼的移工、學生群體,都讓這間隱身在台北市小巷弄內的清真寺,有更緊密的運作與傳承。近年清真寺的三樓也出租給「台灣清真產業品質保證推廣協會」作為辦公室,是國內外相關單位的互動所在,若以清真食品推廣的角度出發,文化清真寺亦不失為成為清真業務、觀念推廣的據點。

---

[88] 2018年4月27日,台北,林茂訪談紀錄。
[89] 2018年4月27日,台北,馬富翠訪談紀錄。
[90] 2018年4月27日,台北,林茂、馬富翠訪談紀錄。

# 第二節　在地發展生根：逐地落實的宗教場域
## （民國39至81年）

　　民國38年12月，國民政府全面撤退來台，跟隨政府來台定居的人數大增。隨後數十年間，台中、桃園龍岡、台南先後建置清真寺，反映了各地穆斯林的宗教需求。值得注意的是，民國80年前後，台中、龍岡二寺與高雄寺同時，完成了寺體建築的後續遷建、改建，三寺的遷建落成典禮，名為「吉慶專案」，[91]為該時期台灣回教界的大事。此一落成紀念，意味著各寺過去長時間的籌資、改建、尋址等艱辛過程已過去，至此硬體空間塵埃落定，邁入穩健的發展階段。

## 一、台中清真寺：中台灣伊斯蘭中心的出現

### （一）建設沿革過程

　　台中清真寺現址為台中市南屯區大墩南路457號，自民國64年4月即開始籌建。但民國78年5月才動工，直到隔年8月竣工，中台灣才終於有一座具規模的清真寺。[92]最初，中台灣的教胞僅能借用國大代表于樂亭先生在三民路98號的日式宅邸進行聚禮，然空間有限，加上教胞陸續成家立業，人口逐漸增長。[93]民國40年，教胞便集資承租位於台中後車站，現忠孝路165巷12號的日式平房（現為餐廳「清真館」），加以修繕、改建，就簡使用。[94]

　　民國64年4月，沙國交通部長陶費克訪台參訪台中忠孝路清真寺時，由董事長馬煥文偕同董事會成員接待，陶費克表示，沙國願出資為台中、高雄建新

---

[91]　佚名，〈回教信仰在台受到重視〉，《中國回教》，218期（1992），頁32。
[92]　台中清真寺董事會，〈中國回教協會台中清真寺興建新寺簡介〉，收入《中華民國高雄、台中、龍岡清真寺落成紀念專輯》，頁33-35。
[93]　2018年4月13日，台中，馬景仁訪談紀錄。
[94]　台中清真寺董事會，〈中國回教協會台中清真寺興建新寺簡介〉，頁33。

寺，並由我國政府提供土地，回協「當即將經過情形呈報內政部，並曾蒙經濟部孫部長、交通部長高部長會簽院長請由我政府提供土地奉院長核可。」[95]根據于樂亭先生之子、台中清真寺第五任董事長于國棟先生的回憶錄中所述：

> 新寺之建立，…最初由馬委員煥文，馬代表紹武負責籌畫，後由國棟繼續努力，以及董事諸位同仁及熱心教親所協助，回教協會前理事長曉初先生、定教長中明先生、王總幹事農村先生、哈主任啟材先生，對於建寺亦多有貢獻。[96]

在上述主其事者之外，教胞們亦積極響應，總計捐款二十二萬七千多元以購買土地。[97]但直至民國71年，在接任的董事長馬紹武（時任國大代表）任內，政府才同意劃撥「南屯區田心段地817號建地」，作為台中清真寺的新寺興建所在地。

隨後回協便組織籌建委員會，準備起建新寺，向各方募款，國內外教胞捐款約六百萬元，而友邦沙烏地阿拉伯資助當時的沙幣一百萬元。新寺工程於民國78年5月開始，施工期間也有世界回盟秘書長納綏夫、前沙國大使舒海爾、馬爾地夫司法部長樂施德夫婦等人參訪。民國79年8月，占地七百八十二坪[98]的新建台中清真寺完工，81年4月19日上午九點舉行落成啟用典禮，約旦宗教部長塔米尼、世界回教聯盟副秘書長阿吉爾、台中市長林柏榕、回協理事長武宦宏等人剪綵，共五百多人參與。[99]

事實上，台中清真寺的籌建過程波折，不僅經費拮据，每個階段都須倚賴各方募款，雖由政府劃撥，土地取得過程及衍伸問題皆十分迂迴複雜，因台中新寺建設契機源於與沙國的外交關係，所以當時由中央出資，省政府提供學產

95 佚名，〈國內教務活動〉，《中國回教》，161期（1975），頁23。
96 于國棟，〈新寺興建簡述〉，收入《往事堪回憶 盡在懷念中》（未出版，2011），頁24。該資料于國棟之子于正台提供。
97 佚名，〈臺中清真寺購買寺地鄉老捐款芳名錄〉，《中國回教》，159期（1975），頁35。
98 閃耀武，〈台中清真寺簡介〉，《中國回教》，270期（2001），頁37。
99 佚名，〈中部首座清真寺落成 五百多名回教徒參加 約旦宗教部長應邀剪綵〉，《中國時報》，1992年4月20日，14版（中彰投縣市新聞）。

圖5-5　民國81年台中清真寺落成剪綵（趙錫麟提供）

地興建，並於民國74年完成土地移轉為回協所有。但台中市政府隨後將其納入第八期重劃保存區範圍，因而要求回協繳納差額地價一千兩百萬元。省政府與市政府對於台中清真寺新寺的意見產生分歧：

其一：

　　依規定，參與重劃範圍內土地，均應負擔公共設施用地及費用負擔。[100]

其二：

　　（市府）原欲以不辦理移轉登記的方式，逼使回教協會繳款，可是，請

<hr>

[100] 佚名，〈列入第八期重劃區參與土地分配 清真寺應繳土地差額地價〉，《中國時報》，1991年9月10日，14版（台中市新聞）。

示省府後，地政處表示，回教協會在重劃前擁有所有權，重劃後，依規
定應逕行辦理登記，因此，市府的想法欠缺法令依據。[101]

台中清真寺的建築興建、土地產權與地價問題，恰恰反映了該時期的社會變
遷，對內遇到都市發展、產業變遷與法規轉變，對外則肩負外交使命、親歷國
際局勢劇變。也因此，其土地及產權問題，因積欠土地重劃費，又逢實施精
簡省政府計畫，導致清真寺建築落成後遲遲無法取得產權，直到張明峻董事長
任內，經過多次陳情、往返協調，台中清真寺土地及建築產權等問題終告解
決。[102]

## （二）內部傳承與延續

從老寺到新寺，台中清真寺先後有四位阿訇。第一位虎紹林阿訇從忠孝路
寺時期就擔任教長，在他長達三十年的教學生涯中，並沒有對外宣教的環境，
主要延續中國經堂教育的脈絡。民國72年虎教長歸真，回協安排從利比亞學成
歸國的金玉泉阿訇，兼任台北、台中二寺的教長，因此每週僅有主麻日及前後
兩日在台中，但從那時開始，金教長已帶進了專業的伊斯蘭知識系統。[103]同時
期亦有張智良、馬景仁分別講授教義與阿文課程。[104]新寺落成後，出身緬甸、
留學埃及的阿訇閃耀武，86年經由在台緬甸親友的介紹來到台中，就此開啟至
今二十二年的教長生涯。92年，出身泰國，留學沙烏地阿拉伯的保孝廉阿訇也
來到台中清真寺擔任副教長。閃、保兩位阿訇的加入，無疑為硬體建設完善的
清真寺，提供進一步的軟體服務，以專業伊斯蘭知識，帶著身份、需求皆趨於
多樣的穆斯林教胞，共同因應時代的變遷。[105]

---

[101] 〈回教協會欠帳 市府催討無門 清真寺未繳重劃差額地價千餘萬元 恐機列入呆帳〉，《中國時報》，1992
年10月14日，14版（台中市新聞）。

[102] 台中清真寺為中國回教協會主導籌建，因此土地產權、建築皆為中國回教協會所有，但由台中清真
寺全權使用。而台中清真寺的財產，僅有忠孝路舊寺的房屋（2018年4月13日，台中，馬景仁訪談
紀錄；2018年12月29日，台北，張明峻訪談紀錄）。

[103] 〈少小離家遠赴利比亞 台中清真寺教長金玉泉的故事〉，《中國時報》，1991年4月29日，19版；2018
年4月13日馬景仁訪談紀錄。

[104] 于國棟，〈老寺義工簡介〉，收入氏著《往事堪回憶 盡在懷念中》，由其子于正台提供。

[105] 2018年4月13日，台中，保孝廉、閃耀武訪談紀錄。

在寺務行政方面，歷任主其事者對台中寺的用心，或許可借于國棟先生為例：民國70年他選擇從教職退休後，為完成于樂亭先生期盼在台中建寺的遺願，婉拒擔任致理商專副校長一職，全心投入建設台中新寺的工作。[106]台中清真寺從最初籌建、尋地、動土到完工，歷經了五屆董事長的任期，包含第一至三屆馬煥文、第四屆馬紹武，與第五屆于國棟。在當時大環境下，安頓來台第一、二代的穆斯林，並建立合適的宗教聚禮空間，是該時期最主要的任務。

新寺落成之初，附近仍是一片田地，並無其他大型建物、地標，因此于國棟、馬品孝、馬志堅、買漢璧等多任董事長任內，著重於打造更適合聚禮的空間，包括硬體建設、奔波土地產權等事務工作。隨著南屯成為愈受矚目的八期重劃區，甚至近年大型量販店進駐，清真寺周圍的地景才出現明顯改變。隨後於民國89年接任董事長的張明峻，以及107年甫上任的馬景仁，面對的則是更為多元的社會環境，清真寺的功能亦需隨之拓展調整。[107]

近二十年來，巴基斯坦、印度、土耳其等國的學生與商人在台定居成家，也有更多東南亞籍的穆斯林配偶和移工的遷入，使得原本趨於冷清的台中清真寺轉而熱鬧紛陳。目前主麻日有約兩百人參與，若遇連假則會多達兩千人，教胞從寺內大殿溢出至大墩南路上，為中台灣穆斯林的聚集中心。[108]最近兩三年，台中清真寺每年都有大約十位自主入教的新穆斯林，人數逐漸追上原生的第二、第三代穆斯林。而在新入教的教胞之間，也會相互輔導協助，分享入教歷程與生活適應的改變，信仰亦更為鞏固。而新住民家庭的小孩也在近十年來顯著增長。兒童經學班的學生中，幾乎都是新住民家庭的孩子。[109]

經學班教務目前由保孝廉副教長負責，參與人數約為四十人。每週六、日為兒童班，學生約十人，有阿拉伯語文、《古蘭經》、教義等課程，由基礎到進階，紮實積累回教知識；為兼顧穆斯林小孩的世俗成績與技藝，每月最後一個星期日則有例行的兒童營，加強輔導英文、美術等課程，參與人數約二十至三十人。每週一至四則是成人班，課程時間與內容偏功能導向亦較彈性，主要

[106] 于國棟，〈長者風範〉，收入氏著，《往事堪回憶 盡在懷念中》，頁10。
[107] 2018年4月13日，台中，馬景仁訪談紀錄。
[108] 2018年4月13日，台中，保孝廉、閃耀武、馬景仁訪談紀錄。
[109] 2018年4月13日，台中，保孝廉、閃耀武訪談紀錄。

教導禮拜的行為儀式、阿拉伯語詞彙，以及解釋入教者對教義的疑義。

### （三）對外互動的多元樣貌

目前台中清真寺常務董事會下轄六個單位：教務處、外事服務處、清真認證小組、秘書處、總務處，以及財務處。財務處由常務監事直接負責，另五處皆由五位常務董事分別負責；並另成立義工隊、訪視小組，前者成員包含各國籍與族群，主要負責協助舉辦活動，後者則是探望、慰問生病或年長的教胞。[110]

台中清真寺服務範圍包含：苗栗、台中、南投、彰化、雲林、嘉義，早期確有凝聚教胞不易的困擾，[111]但因中台灣的產業結構與交通樞紐特色，而擁有不同的發展空間，僅僅沙鹿、六輕工業區內，就包含許多穆斯林移工與配偶。而台中也有許多製造精密儀器的工廠，吸引中東業者來此洽公，這些長、短期待在台灣的穆斯林，都是台中清真寺服務的對象。同時，中台灣也有許多食品工廠，很早就有清真認證的需求，因此在清真推廣協會成立之前，台中清真寺即有相關業務，清真認證業務主要由閃耀武教長負責。[112]

在觀光旅遊方面，因日月潭的景點效應，來自各地的穆斯林旅遊團、自由行旅客，幾乎都有順路拜訪台中清真寺的行程。而高鐵、清水休息站、日月潭，甚至豐原戶政事務所等地所設置的穆斯林祈禱室，台中清真寺皆提供專業協助。像是台中市政府於106與107年舉辦的開齋節、國安單位和移民局處理移工逃逸或遭不當對待時的翻譯資源、以及印尼移工社團在台中公園舉辦的萬人聚會等，這些都是台中清真寺提供支援協助的重要事項。另一方面，駐台北印尼經濟貿易代表處也在寺中設置據點，為移工辦理簽證與護照，相關單位亦在各地印尼商店提供印尼文的《古蘭經》，建議資方在工廠設置禮拜點，以便移工每日順利進行五番拜等。另外，在新寺落成後才分配穴位給穆斯林的大肚山公墓，台中清真寺近年考量穆斯林移工可能遇到工殤意外而歸真，因此於107年再次爭取到四十五個穴位，以備國內外教胞的不時之需。[113]

---

[110] 2018年4月13日，台中，馬景仁訪談紀錄。
[111] 2018年4月13日，台中，保孝廉訪談紀錄。
[112] 2018年4月13日，台中，閃耀武訪談紀錄。
[113] 2018年4月13日，台中，馬景仁訪談紀錄。

在社區互動與對外互動方面，清真寺也是政府的避難工作協作點，包含消防演練、急難救助、物資發放等。在九一一事件過後，寺方更加主動接納對回教有疑惑或好奇的參觀民眾，並進行導覽。推廣學校教育方面，舉凡鄰近國、中小的團體參訪、高中大學的個人作業與訪談等，都會以台中清真寺作為主要的互動對象。而閃耀武教長近年也常受邀至中部地區東海、靜宜、逢甲等大專院校，進行回教文化生活、清真食品相關與回教生命觀的通識演講。[114]

台中清真寺正在逐步拓展影響力，透過多元機動的服務，讓中台灣人群進一步了解回教，促進不同穆斯林群體之間的融合互動，不僅是單純發揮信仰功能的空間，更是兼顧社會公益、國民外交的場域與組織。這所位於中台灣唯一的一座清真寺，目前正規劃成立中台灣的伊斯蘭中心為其未來的重點發展目標，值得各方持續關注。

## 二、龍岡清真寺：從鄉鎮清真寺看到多元東南亞

### （一）建設沿革過程

現址位於桃園市中壢區龍東路216號的龍岡清真寺，建寺淵源主要與民國43年自滇緬邊區來台的「雲南反共救國軍193師」游擊隊部眾有關。按這支部隊在國共內戰後，一路從雲南，撤往緬甸北部與泰國，最後終於抵達台灣。為了安置這批孤軍，政府在桃園中壢、平鎮交界處新建數百戶「忠貞新村」，其中便包含了十幾戶穆斯林，他們的宗教聚禮需求，開啟了龍岡清真寺的起建契機。[115]

最初，軍眷薩李如桂女士與馬侯美鳳女士商請楊繼武、李忠貴、王立志等人，欲在忠貞新村內覓一空地，搭建禮拜堂，但丈量時遭村內非穆民的反對，引發衝突。民國51年，薩李如桂在現址以每坪台幣十五元購置一片茶園，但憑個人之力不足負擔，與馬侯美鳳女士在每週辛勤前往台北參與主麻，並號召教

---

[114] 2018年4月13日，台中，閃耀武訪談紀錄。

[115] 蘇怡文，〈伊斯蘭教在台灣的發展與變遷〉，頁53；龍岡清真寺董事會，〈中國回教協會龍岡清真寺簡介〉，收入《中華民國高雄、台中、龍岡清真寺落成紀念專輯》，頁41。

胞募捐，[116]同時尋求王文中、馬興之等人共同發起各地勸募以建寺，得到回協常子萱、鐵廣濤、石靜波等人積極支持，購置三百九十二坪土地。當時身為建築師的鐵廣濤更捐贈木材門窗，由楊繼武派軍車、技術兵工支援，偰家興、王鍾仁駕駛機械，在有限的資源下，自力完成可供一百五十位教胞禮拜的清真寺大殿。[117]該寺於民國53年2月23日正式舉行落成典禮，參與人數約兩百人。

而後三年之間，眾人續建客廳、宿舍、廚房與水房等空間，清真寺的基礎得以確立，為台灣第一座鄉鎮清真寺，提供桃園與新竹等地穆斯林就近聚禮。[118]民國71年，既有的建物已逐漸遭風雨侵蝕，勢必須再次整修，因此再次發起重建募捐，經過五年一共募得四百四十多萬元。由於經費仍不足，便將重建工程分為兩期進行，第一期包含可容納四百人的禮拜大殿、地下室公共活動中心，於78年完工，花費八百萬元。第二期工程自81年開始，陸續完成水房、宿舍、廚房、辦公室與美體房等設施，於84年8月20日舉行竣工落成典禮。民國86至88年間，又陸續完成女性禮拜殿、地下室與大殿天花板等，至此禮拜設施更加完善。

隨著龍岡地區的穆斯林群體呈穩定成長，加上吸納了周邊工業區的穆斯林移工，清真寺的大殿建築與辦公室與教室空間漸顯擁擠和老舊，致使既有建築勢必要再次翻新，也須擴展原有空間。民國100年，清真寺大殿旁的獨棟民宅，原為一對老夫婦所有，迨其雙雙離世後後人欲售出，清真寺便再度發動募款，以二百七十萬元購買整棟樓。目前該建築不只漆上了伊斯蘭的綠色外觀，內部也改建為大空間的廚房，每週主麻日提供免費餐點，平時活動或婚禮時也提供教胞料理之用。[119]民國103年，為提供一百多位學生的經學班教學需求，須重建一棟綜合大樓，作為經學班教室與行政辦公室，回協應允出資。經歷一年多工程，民國105年10月，五層高的「台灣桃園龍岡清真寺綜合大樓」落

---

[116] 2018年9月12日，台北，趙錫麟訪談紀錄。

[117] 王立志，〈龍岡清真寺前董事長王文中哈志〉，《中國回教》，229期（1994），頁21-22。

[118] 2018年3月23日，桃園龍岡，馬子誠訪談紀錄；劉昱生撰，龍岡清真寺董事會立，〈龍岡清真寺大殿落成紀念〉，1989；龍岡清真寺印，〈財團法人臺灣省桃園縣龍岡清真寺〉簡介，2015；蘇怡文，〈伊斯蘭教在台灣的發展與變遷〉，頁53。

[119] 2018年3月23日，桃園龍岡，馬子誠訪談紀錄；龍岡清真寺印，〈財團法人臺灣省桃園縣龍岡清真寺〉簡介，2015年。

成，[120]除了完善的硬體教學設施，也提供回教國際會議與穆斯林背包客住宿等社會交流功能。[121]

## （二）內部傳承與延續

　　龍岡清真寺於民國53年落成後，由馬興之阿訇負責寺務。民國54年馬阿訇歸真，由王文中接手寺務，並積極進行清真寺法制化工作。民國60年，龍岡清真寺正式成立董事會，並辦理財團法人登記。當時龍岡清真寺服務的教胞約三百多人。[122]民國76年王文中歸真，保健臣承接董事長一職，並於其任內完成清真寺第一期重建工程。民國70年前後，緬甸華僑陸續透過依親來台定居龍岡，使得當地「哲瑪提（*Jamaa'at* الجماعة）」社區[123]的樣貌逐漸浮現。到了民國80年前後，當地教胞人數已達兩千多人。[124]在台灣回教現象中，伊斯蘭社區已成為龍岡清真寺獨樹一格的特色。在這已發展的三十年間，此一特色不僅沒有褪去，反而愈加鮮明。關於雲泰緬穆斯林群體在台的論述，請參見本書十一章。

　　龍岡穆斯林社群同時也展現出多元特色的東南亞樣貌。首先是民國四〇至五〇年代跟隨國民政府的滇緬孤軍及其後代，原本人數僅十戶左右。但隨著時間發展，第二、三代亦逐漸減少，與台北、台中與高雄清真寺目前所面臨的狀況相似。其次是民國七〇至八〇年代，經由求學、依親與婚姻等途徑來此定居的緬甸和泰國華僑，經過二十年的在地化過程，已是今日龍岡清真寺最主要的群體。最後是民國八〇年代後來台，以印尼籍為主東南亞穆斯林移工，主要聚集於中壢、平鎮、幼獅等工業區，這些人數眾多的外籍移工，豐富了原本已深具「異域風情」的龍岡清真寺及其社區內涵。依據柳根榮教長的描述，他自民

---

[120] 根據〈龍岡清真寺簡介〉：「經由馬董事長子誠向中國回教協會張理事長明峻提及此事，張理事長毫不猶豫地就答應了，許諾願意出資並大力支持，並指名新建大樓必須歸屬財團中國回協名下，以利整合全台清真寺以示全台穆斯林團結一致。」（取自：龍岡清真寺印，〈財團法人臺灣省桃園縣龍岡清真寺〉簡介，2015）

[121] 李容萍，〈創建半世紀地標「龍岡清真寺」綜合大樓落成〉，《自由時報》，2016年10月23日，http://news.ltn.com.tw/news/life/breakingnews/1864838（2018年3月2日檢索）；楊則峰，〈龍岡清真寺綜合大樓落成〉《中時電子報》，2016年10月23日，http://www.chinatimes.com/realtimenews/20161023003044-260405（2018年3月2日檢索）。

[122] 保健成，〈龍岡清真寺簡介〉，《中國回教》，271期（2001），頁15-16。

[123] 哲瑪提，由阿拉伯語音譯而來，意指穆斯林社群。

[124] 龍岡清真寺董事會，〈中國回教協會龍岡清真寺簡介〉，頁41-43。

圖5-6 龍岡清真寺入口處外觀（攝於民國107年，徐立真提供）

國86年剛到任時，街道店家寥寥幾間，雖然教胞人數可觀，但泰緬教胞多在附近的工廠工作，因此主麻日的人數仍不多。但隨著移工人數增長，忠貞市場發展出豐沛的美食商業機能，每週五主麻日的人數也漸漸增長，直至今日，主麻日的教胞人數，已填滿整個禮拜殿。[125]

現任龍岡清真寺董事長為馬子誠，教長為柳根榮，副教長馬秉華並兼職寺總幹事。依據他們的觀察，目前清真寺的教胞主體為緬甸來台的華僑，與台灣人結婚的外籍配偶及其下一代，人數正逐漸增長，目前清真寺登記的家庭數量約在二百八十至二百九十戶之間，且每個月幾乎都有新入教的教胞。除了正式編制的行政職仍以華人為主之外，寺內各種事務，不同群體皆會參與協助，每週主麻日的午餐，則由寺方免費提供。因此以目前發展來看，龍岡清真寺並不會遇到人力缺乏或傳承的困境，甚至可以繼續培養下一代主持及參與寺務的人才。[126]

龍岡清真寺有完善的成人班與兒童班經學教育，柳教長負責《古蘭經》課程，馬副教長則教導阿拉伯文。成人班主要學生為新入教的教胞，課程因應大人的工作，並沒有固定上課時間，課程也會隨學生實際情況而調整。[127]每週六、日上午十至十二點是兒童班，有阿拉伯語、《古蘭經》、《聖訓》、作證詞等課程，依學童程度又分為幼幼班、中班、一年級、二年級，每個月最後一

[125] 2018年3月23日，桃園龍岡，柳根榮、馬秉華訪談紀錄。
[126] 2018年3月23日，桃園龍岡，柳根榮、馬秉華訪談紀錄；2018年3月27日，台北，馬子誠訪談紀錄。
[127] 2018年3月23日，桃園龍岡，馬秉華訪談紀錄。

個星期日，則有親子共學的課程。除了教長、副教長外，也有具專業回教知識背景的志工上課。若課程時間寺裡正好有婚、喪等活動，便會彈性帶小孩理解相關禮儀與規範。龍岡清真寺因具以下特色，更有助於推行「如何在非回教的社會中立足？」的教學目標：[128]

1. 馬秉華副教長與許多民國70至80年來台依親定居的緬甸教胞為相同背景，得以延續原鄉的人際網絡、價值觀與互動模式。
2. 小孩所就讀富台國小、忠貞國小，以及龍岡國中，家長方便接送，加上同儕效應，到清真寺上課或生活，成為一件自然的事。
3. 當地的社區與校園環境，已習慣與清真寺、穆斯林共處，學生更能勇於在校園中表達自己的穆斯林身份。

## （三）對外互動的多元樣貌

龍岡清真寺的教學與生活環境，不只奠基於穆斯林社區，也與龍岡整個環境氛圍有關。平時有穆斯林學生會向學校反映五番拜的需求，校方也予以同意。而龍潭高中近年也設置了禮拜點，提供穆斯林學生使用。各級學校與清真寺的互動也在近幾年間密集舉行，例如龍岡國中與大園高中的教師都曾組團參訪清真寺，其間也都曾邀請馬秉華阿訇向教職員進行演講，讓老師進一步理解穆斯林的生活樣貌。至於像桃園地區附近的中原、中央、元智等大專院校，也都舉辦清真寺參訪以及相關的主題的研習營，其中又以元智大學互動最為密切，例如107年2月便舉辦了四天三夜的「異域歲月工作坊」，學生居住在清真寺內，學習田野調查課程與在地文化知識，並體驗當地雲南傈僳、擺夷（傣）等少數民族與穆斯林的家庭生活，以親身經歷不同於台灣主流文化的生活樣貌。[129]近十年多來，清真寺也歡迎非穆斯林走進清真寺，透過團體導覽與直接接觸，甚至是服裝體驗，以消除大眾對回教的誤解。除一般學校團體之外，社

---

[128] 2018年3月23日，桃園龍岡，柳根榮、馬秉華訪談紀錄。
[129] 2018年3月23日，桃園龍岡，馬秉華訪談紀錄；元智電子報編輯群，〈元智「異域歲月工作坊」深入龍岡體驗滇緬民族文化〉，《元智大學電子報》850期，2018年2月9日，http://yzunews.yzu.edu.tw/yzugototatsuokatounderstandotherculure/（2018年3月2日檢索）。

區大學與各級政府單位（例如觀光局）亦皆多次來該寺與社區參觀。[130]

以清真寺為中心所逐漸形成的宗教生活圈，社區群體亦更為凝聚。民國105年綜合大樓落成後，完善硬體設施，更為軟體教學工作提供助力。相對地，穆斯林社區的在地文化氛圍，也更有助於清真寺傳承宗教實踐的功能。而龍岡、中壢與平鎮各地區的穆斯林友善環境與校園之間的互動，更為年輕的穆斯林學子提供自我認同的助力，同時也促進了在地非穆斯林家庭更進一步地了解穆斯林生活的可能性。而當地獨特的族群宗教文化下的多樣飲食環境，不但吸引外地遊客來此觀光，也更有助於讓一般大眾走入清真寺，正面認識穆斯林及其文化，因此，龍岡清真寺與桃園市政府民政局、觀光局的合作也更趨於密切。可以說，從清真寺到穆斯林哲瑪提社區、龍岡與中壢的社會環境，三者之間形成相輔相成的正向互動，這在當前台灣社會中可說是僅有且珍貴的一個案例。目前龍岡清真寺也逐漸從桃竹苗的地方性宗教場域，轉變為兼具社教公益意義的伊斯蘭文化傳承與推廣中心，其後續發展及成效值得關注。[131]

## 三、台南清真寺：隱身府城市區的聚禮空間

### （一）建設沿革過程

現座落在台南市中華東路二段77巷4弄12號的台南清真寺，係由一棟四層樓的獨立樓房改建，成立於民國八〇年代，為南台灣第二座清真寺。[132]在建寺之前，台南穆斯林若遇主麻禮拜、節日，一律只能前往高雄清真寺，因此總是要出了台南，才有與同鄉人相聚往來的機會。有鑑於此，民國69年開始，由白鶴雲、蘇鳳林、張毅之、邵明堂、丁士奇、馬顯厚與白先福等人，發起組織「台南市穆民聯誼會」，以連結當時台南既有的四十多戶穆斯林。該年9月，聯誼會正式成立，為配合眾人時間，台南的穆斯林將每月第二個星期日訂為

[130] 2018年3月23日，桃園龍岡，馬秉華訪談紀錄。
[131] 2018年3月23日，桃園龍岡，柳根榮、馬秉華訪談紀錄；2018年3月27日，台北，馬子誠訪談紀錄。
[132] 賈福康，《台灣回教史》，頁59-60。

聚會日，並請高雄清真寺的馬扶安阿訇帶大家做禮拜。其間馬明道教授亦曾主動到台南，參與講授教義，並捐贈二萬元作為聯誼會的活動基金。短短兩年之間，聯誼會不僅穩定運作，加入禮拜的人也逐漸增加，為日後台南清真寺的出現打下良好基礎。[133]

當時台南教眾最初在蘇鳳林服務的「海外技術合作委員會台南農技合作中心」，借用合作大樓作為禮拜地點，但持續幾次後便遭該單位婉拒。因此，眾人經會議決定，每月聚會輪流在一位教胞家中做家庭式禮拜，一方面解決場地問題，同時也能透過互相走訪，加強穆斯林家庭間連結紐帶，帶動下一代接近教門。雖然之後阿訇因時間不克參與，

圖5-7　台南清真寺（取自《台灣回教史》照片頁36）

但張毅之、朱子玉兩位前輩具深厚的禮拜根基，聯誼會的活動得以持續多年，並希望終有一日能建立一座立基於台南地方的清真寺。[134]

民國70年前後，旅居美國的王美煥教胞將位於台南竹篙厝的三十四坪土地捐給回協處理使用，經由高雄的宗才元積極協助，說明清真寺對台南穆斯林重要性，該地因而同意作為建造台南清真寺使用。經過教胞楊達鑫多次南下勘查處理行政作業，於72年4月完成土地過戶，同年底由時任高雄清真寺董事長白玉琪發起募款，由高雄清真寺董事會專案管理，協助台南建清真寺，但可惜募得款項有限。次年欲再度發起募款時，發現該地位於工業區內，僅有工廠得申請建照，土地短時間內無法改變。因此，先請約旦籍穆斯林顏明光（*Abdul*

---

[133] 丁士奇，〈台南穆民聯誼會概況〉，《中國回教》，180期（1983），頁19；蘇怡文，《伊斯蘭在台灣的發展與變遷》，頁54。

[134] 丁士奇，〈台南穆民聯誼會概況〉，頁19；蘇怡文，《伊斯蘭在台灣的發展與變遷》，頁54。

*Haadi* عبد الهادي）設計建築，經申請設立工廠後再變更為清真寺。高雄清真寺新寺落成後，民國82年4月朱雲峰、馬如虎、宗才元、王志強與白鶴雲等五人，再次組成台南建寺小組，並經由高雄寺總幹事沙葆珺從中協調，終於在同年獲得建照。至此規劃十年的建築藍圖終於動工，三年後，這棟四層樓高，包含店鋪、會議室、男女水房、大殿、辦公室等設施的台南清真寺，終於在85年9月完工，11月3日落成啟用。[135]

## （二）內部傳承與延續

　　台南清真寺首任教長為約旦籍的顏明光。他擔任全職教長，清真寺全天開放。一般固定參與禮拜的教胞多為外籍人士，為來自巴基斯坦、伊朗、埃及與沙烏地阿拉伯等國的在台穆斯林，台南本地教胞僅十位左右。[136]加上當時台灣已開放外籍移工來台，許多印尼籍穆斯林在台南參與工程營建，因此顏阿訇也致力於協助印尼移工的在台生活，也讓台灣人更正確地了解穆斯林的生活習慣，甚至發動台南本地教胞捐贈舊衣到台南清真寺，再透過海運寄至印尼，一年之間，就郵寄了十幾次，總重量達一千公斤的衣服。[137]

　　民國93年間，顏明光離開台南清真寺，由高雄的沙葆珺接任阿訇。沙阿訇因身兼台南、高雄兩寺職務，兩地往返無法同時兼顧，所以台南清真寺只在週五主麻日開放，提供台南當地教胞最基本的禮拜需求。期間雖然高雄清真寺也先後派了副教長馬超興、馬永堅與楊茂銀等人擔任阿訇，曾短期每天開放清真寺，但並不持久。按台南清真寺的教胞人數本就不多，加上開放時間有限，與外籍穆斯林的語言溝通也不似顏明光阿訇時期來得方便，因此外籍穆斯林也漸少參與清真寺的事務。與此同時，來此服務的巴建國，與高雄清真寺時任董事長金豐鄉研議關於台南清真寺的正式立案問題。但受限規模及人力等問題，因此在96年，台南清真寺正式為「財團法人中華民國高雄清真寺董事會轄台南清

---

[135] 賈福康，《台灣回教史》，頁59-60；蘇怡文，《伊斯蘭在台灣的發展與變遷》，頁54。

[136] 2018年4月25日，台南，巴建國訪談紀錄。

[137] 詹伯望，〈接納外勞　先了解回教　清真寺教長揭開特殊生活習性　有助溝通〉，《中國時報》（1998年2月4日），16版（台南市新聞）；詹伯望，〈顏明光　送愛到印尼　清真寺教友募舊衣捐給孤兒院　獲回贈模型船〉，《中國時報》（1998年5月26日），19版（台南人物／生活）。

真寺管理委員會」，由巴建國擔任主委，並經高雄清真寺同意，由出身泰緬邊境的張志豪擔任主麻阿訇，財務則央請白鶴雲先生的兒子白超民擔任。該寺曾設有婦女會，後則併入高雄清真寺婦女會一同運作。[138]

　　近十年來，因張志豪阿訇仍有正職工作，台南清真寺始終維持每週五主麻日運作的模式。由於張阿訇具英語溝通能力，加上外籍穆斯林結婚定居來台發展，使得外籍穆斯林逐漸回流。目前一般主麻日的禮拜人數，維持在二十人左右，若遇開齋節、忠孝節，則有約八十多位教胞共襄盛舉。[139]

　　台南清真寺近年另一任務，則是台南回教公墓的相關事宜。全台各地回教公墓的滿葬問題已久，是各地穆斯林、清真寺與地方政府須共同面對與解決的重點問題。民國102年經台南市議會審議，通過「台南市回教公墓興建案」工程費九百九十八萬元，將位於安南區青砂街二段914號的「青草崙第一示範公墓」作為「台南市回教公墓」使用。[140]規劃的三百多個穴位，105年起已開放使用，目前正向民政局爭取，讓其他縣市穆斯林也可使用，以紓解全台回教公墓吃緊的問題。[141]

　　與前五座清真寺相比，台南清真寺不僅較晚成立，規模也小得多，主要維持清真寺最基本核心的聚禮功能，並提供台南當地穆斯林主麻禮拜的便利。該寺持續與台南社會局、警察單位保持聯繫，以協助處理外籍移工在台遇到的勞資待遇問題。近年因台灣對回教、外籍移工等議題的關注日與俱增，許多學校與社會團體都主動與台南清真寺聯繫，希望能進一步了解回教或參訪清真寺。目前該寺已接待過南華大學與長榮大學關注宗教議題的教授及研究者；台南二中亦曾在主辦的「宗教學習營」活動中，邀請巴主委演講，以傳達正確的回教知識，消除學生過去對回教可能產生的刻板印象。巴建國表示，期盼未來能透過多元背景的穆斯林參與，讓清真寺能每日開放，進而累積台南清真寺的社會教育與宣教資源。[142]

---

[138] 2018年4月25日，台南，巴建國訪談紀錄。
[139] 2018年4月25日，台南，巴建國訪談紀錄。
[140] 〈府民自第1020820011號〉，《臺南市議會議案管理檢索系統（2013）》，http://www.tncc.gov.tw/motions/page.asp?mainid=AB79DA9B-ED76-4006-8643-33AED7BC8C5E（2018年4月12日檢索）。
[141] 2018年4月25日，台南，巴建國訪談紀錄。
[142] 2018年4月25日，台南，巴建國訪談紀錄。

## 第三節　東南亞移工來台：當代跨國移動中的信仰展現（民國81年－）

　　本章前兩節已介紹台灣傳統上所認知的六座清真寺，建寺背景皆與民國34年之後來台的中國大陸穆斯林移民，以及少數從滇緬泰邊境的游擊隊孤軍有關。隨著來台第一代逐漸凋零，具有教門意識的第二、三代持續減少，因此近二十年來，清真寺的日常或特定活動中幾乎半數以上出現的都是外籍人士，而該群體又以民國81年正式開放引入的外籍移工為大宗。至民國106年為止，在台的東南亞移工人數已達六十五萬人，其中即有二十四萬為印尼籍，是目前在台穆斯林人數最多的群體。[143]這些穆斯林移工有廠工、漁工與看護工等，他（她）們的工作身影遍佈台灣各都會區、郊區、鄉村與漁村。由於既有六座清真寺的交通區位與環境空間，並不能完全滿足上述外國穆斯林群體的交通需求，因此大約從十年前開始，就有印尼移工及組織，發起募款建清真寺。其中大園清真寺與東港清真寺即為首要兩間已正常運作的宗教空間。到了106至107年之間，亦先後有宜蘭南方澳[144]與花蓮[145]兩寺開幕運作，至此台灣的清真寺數量已達十間。

### 一、大園清真寺：工業區中的移工宗教據點

#### （一）興建過程

　　大園清真寺的興建肇始於民國100年，由一對台灣與印尼結合的夫妻所推

---

[143] 有關當代外籍穆斯林在台灣的發展現況，請見本書第十二章。

[144] 南方澳清真寺位於宜蘭南方澳南安路上，自104年開始集資承租，參與者幾乎是在南方澳當地工作的漁工，約有一千三百人。資料來源：張議晨，〈印尼移工集資 打造宜縣唯一清真寺〉，《自由時報》，2017年12月12日，http://news.ltn.com.tw/news/local/paper/1159356。

[145] 花蓮清真寺位在花蓮縣花蓮市富吉路78號，於2018年3月23日開幕（2018年3月16日，桃園大園，黃金來訪談紀錄）。

動。出身於桃園大溪的黃金來，原是大園工業區一間染整廠的員工，民國92年工廠倒閉後，因熱心協助其他失業移工處理返國事宜，與其中一名女性移工Rachmatul Chasanah（黃麗珊）維持聯繫，因而牽起兩人的姻緣。[146]民國93年，黃金來因婚姻關係入教，夫妻二人繼續回到大園的工廠。民國97年起黃麗珊提議自己創業賣便當，兼做印尼雜貨商店，於是租下一小片土地開始做生意。由於大園工業區原本就缺乏令穆斯林移工放心的清真飲食，他們所販售的印尼家鄉風味便當大受歡迎，也吸引了當地許多工廠大量訂購，便當店穩定經營至今。[147]

　　民國100年，夫妻倆已有幾十萬存款，黃麗珊希望能花費約八十萬蓋一座禮拜殿，以感謝真主眷顧並回饋當地移工的信仰需求。消息傳出後，移工們皆希望能直接蓋一座清真寺，夫妻倆於是硬著頭皮，先承租便當店旁的土地，並簽了十年租約，希望最終能將土地買下。消息傳出，台灣各地教胞與外籍移工們熱烈響應捐款，兩年間便籌到了五百萬元，順利購買土地。而預計開支八百萬的工程建造經費，則是透過「未來的便當」費用來支應，移工們預先支付多筆買便當的費用，以協助籌措工程款，印尼辦事處也給予支援。舉凡辦活動與集會，就跟黃金來夫婦團購，且連同未來多次的團購費用一併支付。[148]因此大園清真寺就在眾人「預購便當」的支持，以及龍岡與台北清真寺部分教胞鼎力支援下，於102年6月在大園區自立一街8-2號開幕，成為台灣第七座清真寺。[149]

## （二）運作現況及展望

　　大園清真寺為一棟三層樓高的平房，一樓為男性禮拜殿，二樓為女性禮拜殿、教室與辦公室，三樓是經學班師生的宿舍，是台灣第一座由印尼穆斯林群體參與建立的清真寺。落成之初，清真寺即發函給附近工廠，期盼給予移工彈性的時間實踐宗教儀式，當時雇主多與移工有數年接觸，因此也可理解廠工、

---

[146] 2018年3月16日，桃園大園，黃金來、黃麗珊訪談紀錄。
[147] 蔡依珍，〈賣便當 蓋清真寺〉，《中國時報》，2013年9月8日，http://www.chinatimes.com/newspapers/20130908000358-260102（2018年3月2日檢索）。
[148] 2018年3月16日，桃園大園，黃金來、黃麗珊訪談紀錄。
[149] 蔡依珍，〈賣便當 蓋清真寺〉，2013年9月8日；2018年9月12日趙錫麟訪談紀錄。

圖5-8　大園清真寺集體禮拜（攝於民國103年，趙錫麟提供）

看護工的宗教需求，並發現信仰的實踐，更有助於工作效率。加上清真寺位於工業區內，因此每天的五番拜，幾乎都有在此禮拜的外籍人士。整體而言，男女性別比例約為三比一，除了最大宗的印尼籍以外，也有少數來自巴基斯坦、孟加拉與埃及等國的穆斯林。當地的印尼男性移工，幾乎都在工廠，從事電子業、衣服業、包裝業等；女性則多為看護或外籍配偶，每到禮拜時間或星期五主麻日，就會看到騎著自行車、機車的移工，以及開著車的外籍配偶來此禮拜。每週五參加主麻聚禮的人數約有一百人，有時移工會輪流領導禮拜，近期則主要由一位印尼籍的阿訇，同時為兒童經學班的老師負責。若遇開齋節、宰牲節等大節日，參與人數則會多達九百多人，須分為兩梯次做禮拜。即便如此，位於小巷弄中的清真寺，雖然與旁邊既有的便當店、雜貨店相連，可供停車、用餐、聊天，但遇數百人同時聚禮，腹地仍極為有限，總會溢出至巷弄，影響到街坊鄰居。建寺時即有鄰居反彈，節日時也不了解穆斯林在此禮拜聚會

的意義及重要性，因此清真寺花了許多心力敦親睦鄰，隨著時間的延續，附近的鄰居的態度也漸漸轉為友善。[150]

　　清真寺的經學班有大人班與兒童班，主要教授《古蘭經》、禮拜等課程，大人班開設在星期六。因為學生皆為移工，也有開設華語課程。[151]兒童班則是以集體住寺的模式運行，從107年年初開始，有七位小學生住在清真寺三樓宿舍，他們皆來自台灣與外籍配偶所共組的家庭，又以印尼、巴基斯坦為主。家長希望小孩能在回教的環境成長，因此孩子的戶口皆遷到清真寺，就讀附近的潮音國小。目前有兩位住寺的老師，分別來自土耳其與印尼，教導禮拜與《古蘭經》。每天上學前，孩子要跟老師一起做晨拜，中午須回清真寺用午餐、做晌禮，再回學校上課，放學後回到清真寺進行晡禮，並完成學校作業、上經學班。[152]每天多趟的接送，皆是黃金來董事長或住寺老師負責。然而，雖然住寺有了更多時間教導孩子回教知識，但義務教育的課業壓力並不小，所以經學班的傳授其實仍受限制；加上校園內其他同學皆非穆斯林，回教環境的營造、教育推動相對困難。但值得欣慰的是，小學生之間並沒有刻板印象，同時一般社會存在的宗教或族群矛盾，這幾位孩子並沒有遇到。[153]民國107年1月來到大園清真寺的土耳其老師Huseyin認為，這裡的小孩能在多元的宗教與族群文化環境成長，是件很好的事，希望透過目前的經學班，傳遞真正的回教知識，這群小孩若能深入學習、內化並向外推廣，就能化解外界對穆斯林的誤解與刻板印象。然而他也擔心，這幾位目前住在寺裡，不到十二歲的國小生，當他們繼續升學，國高中身處的同儕環境、清真寺的空間資源，是否能維持下去，皆有待考驗。[154]

　　因為黃麗珊外籍配偶的身份，移工的訊息、問題與困境，皆會以便當店為反映據點，猶如最初建寺的需求一樣，清真寺與便當店這幾年間依舊是印尼移工的避風港，舉凡遇到性騷擾、性侵或積欠薪資等不平等對待而逃逸的，甚至

---

[150] 2018年3月16日，桃園大園，黃金來訪談紀錄。
[151] Kelas Mandarin At-Taqwa-Dayuan，2014年2月14日，https://www.youtube.com/watch?v=55PQkp35BSg（2018年3月20日檢索）。
[152] 2018年3月16日，桃園大園，黃金來訪談紀錄。
[153] 2018年3月16日，桃園大園，Huseyin訪談紀錄。
[154] 2018年3月16日，桃園大園，Huseyin訪談紀錄。

是懷孕的移工，大園清真寺皆予以接納。除了免費提供食宿，也協助聯繫負責單位，並購買回國機票。這些台灣人生活經驗中不曾聽聞過的困難，卻是大園清真寺時常面對的業務，因此清真寺也有成立婦女會，作為婦女之間相互協助的平台，負責人即為黃麗珊。為了服務更多分散各地的移工，民國105年黃金來夫婦也號召成立了「社團法人台灣穆斯林輔導協會」，會址即設於清真寺，在各個印尼商店、餐廳設置禮拜點，禮拜點遍及台北、新北、桃園、宜蘭、花蓮、新竹與嘉義等各縣市，其中又以桃園數量最多，包含蘆竹、觀音和大園等區。目前全台共有二十三個禮拜點，且陸續增加中。

舉凡工業區的移工、附近家庭的看護工、攜家帶眷來台的留學生、與台灣人結婚的外籍穆斯林，以及他們的下一代等，都是大園清真寺的服務對象。除了協助移工處理工作遇到的困境，大家也希望能建立一個制度化的回教學院，提供小孩完善的回教教育資源，並在台語、國語、印尼語與阿拉伯語的多語言環境中，協助小孩在伊斯蘭與台灣的環境中取得平衡，讓孩子長大後能帶著堅實的知識背景，對外傳達回教的意義，有效地來傳承台灣的回教文化。然而，回教學院須克服的工作還有很多，像是興辦義務教育的學校組織、建校土地、運作資金與師資來源等，每項工作都極具挑戰性，因此大園清真寺的未來發展仍值得觀察與期待。


## 二、東港清真寺：首座移工自力興建的漁村清真寺

### （一）興建過程

東港清真寺位於屏東縣東港鎮興漁街115號，從民國96年開始發起募款，107年順利開幕，為台灣第八座清真寺，也是台灣第一座完全由印尼移工自發集資完成的清真寺。[155]

民國96年，印尼籍穆斯林漁工Muksin Rand與幾位友人，希望屏東地區能有

---

[155] 2018年3月16日，桃園大園，黃金來訪談紀錄。

一個禮拜點，讓離鄉背井的印尼同胞有個慰藉心靈的地方，因此發起募款，並受到東港當地的印尼漁工響應。當時漁工們若要進行禮拜，只能趁休息時間前往船隻加油站進行，不然就只能在船上找一乾淨角落進行。民國97年，由於已募得了一些經費，眾人便先行租用一間位於東港高級海事水產職業學校旁的小民宅，權作祈禱室之用。隨著募款工作持續進行，屏東各鄉鎮的漁工與廠工，甚至漁船船東都參與捐款。隨著前往祈禱室的人也逐漸增加，原本窄小的民宅空間不敷使用。民國106年4月27日，眾人以五百八十萬元買下興漁街115號的房子，並花費一百多萬元加以修繕完成。原訂於106年7月30舉辦開幕典禮，因遇颱風而暫緩。[156]半年多後，東港清真寺於107年2月18日正式開幕，在東港鎮共和里108號附近廣場，舉辦「東港清真寺開寺及認證典禮活動」，透過東港印尼移工團體FOSPI（Forum Silaturahmi Pelaut Indonesia）號召，吸引全台一千五百位穆斯林共襄盛舉，且有印尼當地清真寺代表、印尼駐台北經濟貿易代表處、台北清真寺、移民署南區事務大隊、屏東縣專勤隊、屏東縣服務站、屏東縣政府勞工處、東港鎮鎮長、東港鎮鎮民代表會與屏東縣議員等各級相關單位代表出席參與。[157]

## （二）運作現況及展望

　　東港與龍岡、大園清真寺，依所在地點皆屬於鄉鎮清真寺。但與其他七座清真寺不同之處在於，東港清真寺是完全由印尼籍移工與配偶集資興建，並以服務印尼籍穆斯林為主要對象的宗教場域。大園清真寺雖然也以服務印尼等外籍穆斯林為主，但主要發起人為台灣人，其具有中華民國身份，因此成立申請成立清真寺的行政工作流程，只須依循法律規範進行即可。但東港清真寺從發起、集資興建到行政申請作業，每個環節都是外國人士負責，凡涉及購地與立案皆有困難。加上經過十年募款，幾位發起人陸續回國，因此106年決定購

---

[156] 2018年3月9日，屏東東港，許燕珍訪談紀錄；〈東港清真寺基本資料簡介（Sejarah Masjid d Tangkang）〉，許燕珍提供。

[157] 屏東縣觀光傳播處，〈屏縣第一座清真寺在東港開幕 全國印尼移工大聚會〉，《屏東新聞》，2018年2月21日，https://www.pthg.gov.tw/News_Content.aspx?n=EC690F93E81FF22D&s=03DAEEBF49E27CB6（2018年4月28日檢索）。

買興漁街上的房子時，便尋求大園「台灣穆斯林輔導協會」的協助，希望以該協會的名義購置。而該協會購買後也特別發函說明，東港清真寺為全台印尼穆斯林移工募款所建，東港清真寺可永久使用，所有財產皆屬東港清真寺自行管理，不受台灣穆斯林輔導協會的管轄與任責。[158]

依當地印尼籍翻譯許燕珍小姐[159]提供的〈東港清真寺基本資料簡介〉，[160]目前東港清真寺負責人為Sugiri與Alifan Fatoni，兩位皆為東港的漁船工，還有另外四位寺內幹部，負責人由眾人共同選出。但因為漁工在台時間限制，負責人及幹部任期並不固定，最終依在台居留證效期交替擔任。截至107年3月止，已有三屆負責人，第一任即為發起募款的Muksini Rand，第二任為Soin，第三任為現任的Sugiri與Alifan Fatoni兩位。教務部分，目前有七位曾在印尼接受專業伊斯蘭教育的漁工，擔任阿訇職務。[161]目前東港清真寺希望能達到以下目標：（一）提供聚禮膜拜；（二）傳達伊斯蘭教教義；（三）招募志工訓練，擴大推展教務；（四）成為印尼籍穆斯林的信仰中心，協助在台漁工生活適應，提供情緒疏導服務；（五）新移民服務，提供新移民穆斯林女性在台生活資訊、人身安全、教義宣導教育，並協助婦女適應在台生活、社會民情與家庭關係，了解配偶雙方的價值觀與生活習慣，以消弭文化差異及偏見。

依據本章作者至現場觀察，清真寺位在東港郊區，離鬧區有一段距離，其所在地址興漁街是條蜿蜒小巷，若非在當地生活，實難知曉確實地點。加上東港為港口漁村，大小宮廟眾多，清真寺周圍就有三四間廟宇。在尚未抵達之前，清真寺可說是個低調而隱形的存在，即使經過風光開幕，熟知其位置的當地人也不多。但當抵達清真寺，其鮮綠色、鮮黃色的外觀，在巷弄中又顯得十分醒目。街坊鄰居並不排斥這邊出現一座清真寺，亦不反對移工在此聚集，只要求入夜不要有噪音而已。[162]進入寺內，一樓前方是供眾人聊天、休息的大廳，後方為水房，二樓才是禮拜大殿。一樓不時有漁工休息、聊天，寺內的佈

---

[158] 2018年3月16日，桃園大園，黃金來訪談紀錄。
[159] 許燕珍小姐為印尼籍華僑，曾在台灣短暫讀過小學，生長時期多在印尼。民國89年來台，與東港在地的台灣人結婚。目前工作為翻譯，負責東港當地漁船東家與漁工的溝通翻譯，為漁港特有的職業。
[160] 〈東港清真寺基本資料簡介（Sejarah Masjid d Tangkang）〉，許燕珍提供。
[161] 2018年3月9日，屏東東港，許燕珍訪談紀錄。
[162] 2018年3月9日，屏東東港，許燕珍訪談紀錄。

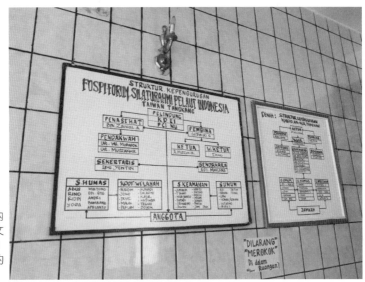

圖5-9　東港清真寺內皆是以印尼文寫成的標示，圖為清真寺的職務分工表

告、白板、溝通語言皆為印尼語，本章作者前去訪問時，只得到移工用幾個字回應：「國語袂曉，講台語（kok-gí buēhiáu, kóng tâi-gí）」時，才恍然大悟，因直接學習雇主的慣用語言閩南話，所以國語、英語皆不在溝通媒介之內。

　　據許燕珍描述，因漁船是半夜出港，待船回港卸魚貨後，漁工才有時間到清真寺休息與做禮拜。也因為職業類別關係，東港清真寺出入的幾乎都是男性，女性極少。若包含小琉球，東港地區的雇用漁工就高達三千五百多人，再加上屏東縣其他地區的印尼籍產業移工兩千四百多人，[163]東港清真寺潛在服務的外國穆斯林人數就有六千人，甚至包括了高雄林園、大寮等工業區，因此清真寺確實不僅是個宗教空間，更扮演了當地印尼籍人口的生活與心靈寄託功能。

　　在開放外籍移工這二十六年來，直到近兩年才在移工聚集處（工業區、漁港等）陸續出現新建立的清真寺。而東港清真寺則是第一個具體落實穆斯林移工群體在台宗教與生活需求的專屬宗教環境，其運作方式、參與者，及其在地

---

[163] 〈東港清真寺基本資料簡介（Sejarah Masjid d Tangkang）〉，許燕珍提供。

的互動等,皆與台灣傳統既有的宗教場所不同。隨著這種類型的清真寺數量逐漸增加,相關法規制度勢必也會面臨新的需求而有所調整。而東港清真寺與大園清真寺這種特殊社會經濟環境下所產生的新興現象,不僅說明當代台灣回教的社會文化正面臨局部結構性變遷的事實,同時穆斯林族群的多樣性及其發展適應,也正考驗著民主化的台灣是否能落實文明社會所必須具備的包容力與同理心。這些都是值得台灣學術界與社會大眾持續予以關心的議題。

# 結論

　　自民國34年以來，清真寺在台灣的建置、沿革軌跡，就是穆斯林在台灣落實信仰的具體表徵，此過程大致又可分為三個階段觀察，三者間並無確切時間斷點，而是漸進的過程。第一階段為草創就簡的扎根時期，伴隨著大陸民眾撤退來台與政治動盪，清真寺僅能隱身在台灣各大都市中的日式房舍，以滿足最基本的聚禮需求，今日台北、文化、台中、高雄清真寺的前身，皆由此而來。

　　第二階段則是從民國五〇年代一直持續至民國100年前後的半個世紀，該時期政治情勢漸趨穩定，穆斯林群體在各政府部門貢獻一己之力，甚至在國際地位險峻時，扮演中華民國與回教國家互動的橋樑，而清真寺便為外賓訪台時的重要場域，台北、台中、高雄清真寺有了另建新寺的契機，成為外交工作的延展。在這半世紀之間，大環境逐漸穩定，穆斯林在規律的生活與禮拜之中，漸漸發展出增加清真寺數量的想法，以盡量滿足各地教胞的交通需求，龍岡、台南二座清真寺便先後出現。

　　近十多年，則漸漸邁入第三階段，清真寺走向更多元的樣貌，原來的六間清真寺，幾乎都從「政治外交」轉而走向「國民外交」，外交對象有國際上的伊斯蘭組織團體，也有不熟悉回教的一般民眾，清真寺不再只是聚禮、學習經學的場所，也是大眾的宗教文化教室。另一方面，以東南亞印尼移工為主體的清真寺如春筍般出現。

　　台灣開放外籍移工來台已逾二十年，直至近兩年才出現以移工為主體的清真寺，在法令趕不上人群移動腳步的時候，他們誠心踏實的集資，或租或買，修建透天厝民房為清真寺，猶如各省穆斯林在七十年前，就簡修葺日據時期遺留的日式民房，在陌生的環境裡，堅持延續信仰的火種。

　　在過去特殊的政治氛圍中，前六座清真寺建新寺的過程，或多或少得到了政治力的支持協助，但近二十年來，亦仍遇到不同程度的產權或土地糾紛，這正是台灣在政治、法規、政策三者間，尋求平衡的體現。然而，在法令規範更

為嚴謹的今日，政治外交的色彩日漸淡薄，卻有更多來自東南亞及世界各地的穆斯林群體，在台灣各處生活、工作，他們對清真寺的需求該如何滿足？我們的法規該如何因應？都成為台灣社會應共同嚴肅面對的問題。

　　清真寺是穆斯林群體在地化過程的具體展現，我們看到早年來自中國大陸各省的回民，重新在台灣尋找信仰據點，並以自身宗教使命，為國家開拓各種外交的可能性；我們看到來自泰緬邊境的軍隊，以及一批批來台的緬甸移民，以龍岡清真寺為中心，逐漸打造出獨具回教特色的社區；我們也看到來自印尼的移工與配偶，在台灣付出勞力，或開啟一段新人生。不同文化背景的穆斯林在適應當地的過程中，與同鄉教胞共同打造一座在異鄉的宗教空間。這些都是台灣多元文化中，不斷蛻變、豐富的一部分，值得所有非穆斯林大眾的關注與理解。

# 第六章

## 朝覲團與推動西亞回教國家外交及其成效

趙錫麟

回協前任理事長張明峻先生與朝覲團員合影（民國101年）

# 前言

「朝覲」是阿拉伯文（*Hajj*الحج）的中文專有名詞，是回教五功（唸清真言、禮拜、齋戒、天課、朝覲）之一。有些學者們認為朝覲是最貴重的功課，因為這項功課包括了金錢及體力的負擔。與另外四項「唸、禮、齋、課」有明顯差異，朝覲僅限於有能力符合條件的穆斯林前往麥加（*Makkah Mukarramah* مكة المكرمة）觀謁天房[1]的功課。

朝覲也有學者們譯稱為「正朝」，以區分另一項類似的功課。「副朝」阿拉伯文是（`Umrah عمرة）。對於朝覲和副朝的簡單區分可以說：「朝覲」每年只有一次，而「副朝」就是在非正式朝覲期間觀謁天房的功課。「副朝」有許多類似朝覲的儀式，但沒有必須進駐「阿拉法」（*Arafah* عرفة）和宿營「米納」（*Minah* منى）兩地的功課。

世界各地的穆斯林自古至今都謹遵教規，渴望能夠前往麥加朝覲，親自面對著天房禮拜，瞻仰雄偉的天房，追隨著先聖先賢們的腳步，體認與加深自己的信仰。在朝覲期間，來自各地的穆斯林透過集體禮拜、參訪、學習以及日常生活裡的多種接觸觀摩，獲得更多的身教與言教的機會；因此，這項功課同時具有宗教儀式與世俗交往的多種功能。

因為回教的兩大聖地：麥加與麥地那，都位於沙烏地阿拉伯王國的境內，因此沙國朝野極為重視朝覲業務，沙國政府專設有「朝覲部」[2]負責管理與朝覲相關的業務。沙國政府更設有跨部會的朝覲事務最高委員會，以協調其他朝野單位以及軍警參與每年的朝覲服務。

透過各種歷史文獻可以明瞭，早年在中國的穆斯林與世界各地的穆斯林一樣，往往必須長年跋涉，歷盡艱辛方能抵達位於阿拉伯半島西南部的麥加。

---

[1] 阿拉伯原文稱為*Ka`abah* الكعبة，原字義是指立方體，又稱為*Baitullah Haraam* بيت الله الحرام「安拉的尊貴殿堂」位於麥加大清真寺。是全世界各地穆斯林祈禱禮拜面對的朝向（*Qiblah* القبلة）。

[2] 沙國政府的朝覲事務主管部會曾有過數度變更，早年曾稱為「朝覲與義產部」，後又單獨稱為「朝覲部」。

十五世紀初期，明朝七下西洋的鄭和即曾經派遣艦隊前往紅海東岸的吉達，然後轉往麥加。根據馬歡著的《瀛涯勝覽》對麥加的描述，馬歡等人應當曾經前往朝覲或副朝。[3]惟對於回教先賢前往麥加朝覲的記述，多僅片段敘述於零星史料中。而依據確實可考的記載，清代雲南的回教宗師馬德新（復初）、馬聯元（致本）等人都曾經前往朝覲。[4]中華民國建立以後，前往朝覲人士逐漸增加，抗戰期間由王曾善先生[5]率領的的中國回教近東訪問團與留學埃及的回教師生，民國28年組團前往麥加朝覲，應當是較具規模的早期我國回教朝覲團體。[6]

中華民國政府早在遷台初期，即與中國回教協會協調派遣官方朝覲團前往沙烏地阿拉伯王國麥加朝覲，透過朝覲活動與地主國朝野、世界各地穆斯林代表們會晤，由於彼此的宗教情誼，倍感親切。我國政府早在上世紀五〇年代即有這種高瞻遠矚的創意外交，更早在對日抗戰初期即在沙國吉達設置領事館，於朝覲季節派遣專人前往服務國人，確是當前倡導之「國民外交」與保護旅外國民、急難救助及保僑護僑等便民服務的先驅。

---

3　〔明〕馬歡，《瀛涯勝覽》，引用自《維基文庫》，https://zh.wikisource.org/zh-hant/%E7%80%9B%E6%B6%AF%E5%8B%9D%E8%A6%BD（2018年9月16日檢索）。天方國：「此國即默伽（مكة麥加）國也。自古里國（Kulkaata كولكاتا加爾各答）開船，投西南申位，船行三個月方到本國馬頭，番名秩達（Jiddah جدة吉達）。有大頭目主守。自秩達往西行一日，到王居之城，名默伽國。奉回回教門，聖人始於此國闡揚教法，至今國人悉遵教規行事，纖毫不敢違犯。其國人物魁偉，體貌紫膛色。男子纏頭，穿長衣，足著皮鞋。婦人俱戴蓋頭，莫能見其面。說阿剌畢言語。國法禁酒。民風和美，無貧難之家。悉遵教規，犯法者少，誠為極樂之界。婚喪之禮皆依教門體例而行。自此再行大半日之程，到天堂禮拜寺，其堂番名愷阿白（天房）…」

4　傅統先，《中國回教史（台一版）》（台北：台灣商務印書館，1969），頁163、164。

5　宇孝先，山東臨清人，民國前7年（1905）生，早年赴土耳其留學，學成歸國後，曾擔任國民政府訓政時期立法委員，抗戰時期曾經奉派率領「中國回教近東訪問團」，後曾擔任新疆省民政廳長。大陸淪陷後，輾轉前往巴基斯坦，後僑居土耳其，民國51年病逝於伊斯坦堡。

6　孫繩武，〈送回教朝聖團出國〉，收入孫繩武，《回教論叢（上編）》（台北：中國文化研究所，1963），頁102；《中國回教近東訪問團日記》中，記載曾經兩度晉謁沙國國王，以及晉見當時沙國財政部長阿布都拉蘇萊曼（`Abdullah as-Sulaimaan عبد الله السليمان）談話，參考：中國文化服務社，《中國回教近東訪問團日記》（台北：中國文化服務社，1943），頁98、99、117-120、125-128。

# 第一節　簡介朝覲

朝覲在回教教規的法學定義是：前往天房完成一定的特殊功課。亦有學者解釋為：前往一定的地點，於一定的時間內進行一定的功課。

一定的地點當然是指「天房」及周圍的清真寺以及「阿拉法」，一定的時間是在回教遷徙曆[7]的10、11與12月（俗稱的朝覲季或朝覲月份）尤其是12月的前十天，大部分朝覲功課皆在此期間完成。教法學家們主張：朝覲的每項細節功課皆有一定的時刻進行，例如在「阿拉法」停留時刻一定是在遷徙曆12月9日的午後至當天夜晚，無法提前或延後。至於一定的行為，則是必須舉意朝覲並且受戒。

大眾學者們認定朝覲是在穆聖遷徙至麥地那的第九年末，遵照《古蘭經》第2章196節「你們應當為安拉完成正朝和副朝…」[8]制定，穆聖並未延後，惟由於這段經文頒降時已經過了朝覲的時期，因此穆聖即在次（遷徙曆第十）年率眾前往麥加朝覲。穆聖終生僅完成這一次主命朝覲。惟根據《聖訓》傳述，可以確定穆聖早在遷徙曆第六年即曾前往麥加副朝。

根據《古蘭經》與《聖訓》，一致主張朝覲是終生一次的主命功課。至於副朝，終生副朝一次是肯定的聖行。賈必爾傳述《聖訓》：「有人向安拉的使者請教：『副朝』是否主命（必須做的）？穆聖回答：不是，但你們去做副朝是好事。」[9]

朝覲與副朝的條件：分為男女通用之一般條件及專為婦女設定之特殊條件。

一般條件：信仰回教、神智與成年、自由、能力。

---

[7]　回教世界通用的曆法，以真主的使者穆罕默德遷徙（*Hijrah* الهجرة）到麥地那當年作為元年，稱為「遷徙曆法」（*Taariikh Hijrii* التاريخ الهجري），是以月出為計算基準的太陰曆，俗稱「回曆」。

[8]　本章各處所引用之《古蘭經》中文譯註，均引用自：謝赫·艾尤卜·宰克里雅翻譯，《明燈（伊本·凱希爾《古蘭經》註（第一冊）（修訂本）》（沙烏地阿拉伯王國：法赫德國王《古蘭經》印製廠，2010），頁117。

[9]　本章作者自行翻譯。提爾米茲，《提爾米茲聖訓集（第二冊）》（黎巴嫩貝魯特：西方伊斯蘭出版社，1998），頁262。（الجامع الكبير – سنن الترمذي، دار الغرب الإسلامي – بيروت لبنان）

1. 回教信仰：未信奉回教的人不須朝覲，亦不能在未皈信的情況下朝覲，因為他不符合交代功課的身分條件。

2. 神智與成年：屬於責任及成敗的條件，因為在神智不清或未成年的情況下，無法負擔責任，也不斷定他們的行為成敗。《聖訓》：「三種人（的行為）不列紀錄，睡眠者直至睡醒，幼童直至成年，神智不清者直至清醒⋯。」[10]又有《聖訓》：「任何孩童隨著家人朝覲，若是趕上成年，必須朝覲。任何奴隸隨著主人朝覲，若中途死亡，其朝覲功課被認可，若是在朝覲期間被釋放，必須朝覲。」[11]基於此項規定，僅有神智清醒與成年者的朝覲是符合規定的功課。

3. 自由：非自由人的奴隸無須朝覲。

4. 能力：包括體力、財力與安全等三方面俱備，可以完成功課者。

5. 體力：凡是身體健康情況堪虞，或受限制、阻礙等緣故無法跋涉前往朝覲者，皆屬於身體無能力者。因此，凡是患病者、久病不癒者、臥床不起者、年邁體衰者、遭監禁者、禁止離境者，均不符合朝覲條件。

6. 財力：距離麥加路途遙遠者必須擁有能夠往返，包括使用必需的旅行工具、路途所需飲食及住宿、裝備的金錢或財務能力。負擔家計者尚須備有留給其負責贍養的家人，足夠在其旅行前往朝覲期間贍養家人的金錢。至於距離麥加不遠（三天以內路程）者，倘能步行朝覲即屬於具有旅行設備者，必須朝覲。

7. 安全：必須路途平安。安全的定義是指一般評估，倘評估結果認為路途危險，無論是人為或是天災，皆無須朝覲。因為保護性命安全更重要，在此情況下，朝覲並非主命。

---

[10] 本章作者自行翻譯。艾布・達伍德，《艾布達伍德聖訓集》（黎巴嫩：現代書局，1975），頁139。（سنن أبي داود، المكتبة العصرية، لبنان）

[11] 本章作者自行翻譯。紹勘尼，《尼里奧塔爾（第四冊）》（黎巴嫩貝魯特：黎巴嫩學術書籍出版社，1983），頁293-294。（نيل الأوطار شرح منتقى الأخبار للشوكاني، دار الكتب العلمية، بيروت）

# 一、朝覲的功課

1. 受戒：[12]包括（1）朝覲或副朝的舉意：「我舉意為了朝覲（或副朝）功課而向真主安拉受戒。」或是替代朝覲或副朝舉意：「我舉意為了替代（某人）從事朝覲（或副朝）功課而向真主安拉受戒。」（2）禮拜：兩拜「受戒拜」。（3）唸應答詞：在禮完受戒的兩拜後，開始唸應答朝覲的讚詞。

2. 進入麥加，然後從「平安門」進入禁寺，開始「抵達繞遊」，以「玄石」[13]角為起點，繞天房遊走七圈。

3. 繞遊天房：阿拉伯文唸作為「託瓦夫（Tawaaf الطواف）」，每次繞遊天房七圈，以身體左側靠近天房，用反時鐘方向遊走。朝覲期間共有三次「繞遊」。第一次在抵達麥加後儘快進行，稱作「抵達繞遊（Tawaaf Quduum طواف القدوم）」。第二次是在從阿拉法山返回米納後的「正朝繞遊Tawaaf Ifaadhah طواف الإفاضة」。第三次為「辭朝繞遊Tawaaf Widaa`i طواف الوداع」，是朝覲者離開麥加前的最後一件功課。大眾學者們主張：辭朝的繞遊是當然功課，在麥加當地的人無須辭朝。

4. 在「娑發（Safaa الصفا）」與「瑪爾沃（Marwah المروة）」兩山間奔走（Sa`i السعي）：在「娑發」與「瑪爾沃」兩山之間往返奔走七次，以「娑發」為起點，每單程算一次，最後以「瑪爾沃」為終點。

5. 進駐阿拉法：朝覲者在遷徙曆12月8日前往米納，在當地停留過夜，按時禮拜。次（9）日清晨日出後出發，前往阿拉法。午後集體在阿拉法營地舉行晌禮與晡禮提前合併的禮拜（類似出外旅行之簡短合併禮拜），眾人於拜後在阿拉法停留祈禱直至黃昏後。

6. 木子大里法過夜：木子大里法（Muzdalifah المزدلفة）位於阿拉法與米納中途，朝覲人士從阿拉法抵達此地後，舉行當天昏禮與宵禮延後合併的禮拜。然後前

---

[12] 受戒：阿拉伯原文Ihraam إحرام，具有禁止的意思，意即要前往麥加朝覲者將進入天房附近的禁區，因此務必保持肅穆與尊重，按照規定有所為亦有所不為，直至完成所有必需的功課以後，再行剃髮開戒。

[13] 又稱為黑石（Hajar Aswad الحجر الأسود），是放置在天房的東南角作為繞遊天房起點的石頭。

往靠近米納，經上稱為「神聖標誌（*Mash`ar Haraam* المشعر الحرام）」的地方祈禱並舉行晨禮，虔誠祈禱，最好在日出前返回米納。

7. 打石（*Ramii Jamaraat* رمي الجمرات）：朝覲者於遷徙曆12月10日（忠孝節第一天，又稱宰牲日）日出約一竿後，前往打石七顆。在米納有三個打石的地方，俗稱大、中、小打石處，第一天須前往做靠近麥加的「大打石處」陸續投擲七顆石子。朝覲者在米納宿營三天，必須連續三天前往打石，第二、三天須於過午至夜間打石二十一顆，首先前往「小打石處」陸續投擲石子七顆，再前往「中打石處」陸續投擲石子七顆，最後前往「大打石處」陸續投擲石子七顆。倘若繼續停留第四天，亦須比照前兩天，同樣進行打石。

8. 剃髮或剪髮：朝覲者必須在完成打石（需要宰牲奉獻者須於宰牲或委託宰牲）後剃髮或剪髮開戒，男士以剃髮開戒為貴，女士僅須剪髮梢約兩公分（約一指節長度）即可，無須剃髮。剪髮或剃髮開戒後，即可前往麥加禁寺，進行主命的正朝功課。

9. 宰牲：先打石後宰牲，惟可先剃髮或剪髮再行宰牲，在日出前宰牲亦可。

## 二、副朝的功課

副朝僅須進行上述的1. 受戒，2. 繞遊天房，3. 在兩山間奔走，4. 剃髮或剪髮開戒等四項功課，無須前往米納、阿拉法或木茲大里法。

朝覲與副朝是敬重天房的表現，屬於「團體天命（*Fardh Kifaa'ii* فرض كفائي）」的主命功課，亦即有部分人士遵照規定完成功課，即已達成天命。尤其是副朝，是全年大部分時間皆可進行的普及功課，絡繹於途與圍繞天房的朝覲與副朝人士已經充分表現了穆斯林群體對真主安拉的敬重與服從。

## 三、穆聖的朝覲

根據聖訓學家們傳述，有一則《聖訓》敘述穆聖朝覲的經過，內容豐碩，學者們從這一則《聖訓》中解析出五十多條法則。我們先詳讀《聖訓》

的記述：[14]

　　根據穆罕默德的兒子賈法傳述他父親的敘述：「我們見到了阿布都拉的
兒子賈必爾，他問了許多人，直到叫到我的名字，我說：『我就是穆罕
默德，我的父親阿里，我的祖父胡笙。』他伸手來摸我的頭，解開了我
的上下鈕扣，把手心放在我的胸膛上，當時我還是個年輕孩子。他說：
『歡迎你，我的姪子，問你要問的吧！』他是個瞎子，到了禮拜的時
間，他站起來拿了件像袍子的上衣披在身上，上衣很小，每當他要把上
衣拉到兩肩，衣服的兩邊就縮回去，而他的外袍就掛在旁邊的衣架上；
他領著我們禮了拜。

　　於是我請他敘述穆聖的朝覲情形，他伸手示意『九』，然後說：『安拉
的使者穆罕默德，祈求安拉賜他平安，九年未曾朝覲，在第十年的時
候，通告眾人，穆聖要去朝覲。』於是許多人湧進了麥地那，尋求追
隨　安拉的使者，要像他一樣去做。於是我們跟著他到了『租勒侯來
法』。歐邁司的女兒艾思瑪生產了，她派人去請教穆聖，該如何處理？
穆聖教導她：『妳清洗大淨，然後使用布帶（包住出血的地方），再舉
意受戒』。

　　穆聖在寺裡禮了（受戒的）拜，然後騎上了他的『格素哇』母駝出發，
到了野外，我放眼望去都是步行或騎乘者，或左或右的前後追隨著安拉
的使者。安拉的使者就在我們之中，《古蘭經》為他頒降，他也知道解
釋的意義，他如何做，我們就追隨他做同樣的事情。於是他開始唸：
『我應答你的召喚，安拉啊！我應答你的召喚。我應答你的召喚，你是
沒有匹配的，我應答你的召喚。的確，一切的感讚、恩惠與權力都歸於
你，你是沒有匹配的。』，眾人跟著唸誦，安拉的使者並沒有回覆，只

---

[14] 本章作者自行翻譯。穆斯林，《穆斯林聖訓集（第八冊）》（黎巴嫩貝魯特：思想出版社，1978年，
第3版），頁170-195。(صحيح مسلم بشرح النووي – دار الفكر بيرون لبنان الطبعة الثالثة)

是自行唸誦（『答應詞』）。賈必爾說：我們都只舉意了朝覲，還不知道副朝。

直到我們追隨他抵達了天房，他起先快步（繞遊）了三圈，再步行了四圈。然後前往易布拉欣聖人站立的地方，他唸誦了『你們要把易布拉欣的立足處作為禮拜的地方…』[15]（《古蘭經》第2章125節），然後在天房與易布拉欣聖人立足地後方禮拜。傳述者說：當時我父親敘述（而我知道他只傳述　安拉的使者的話），他在兩拜裡面唸了『你說，安拉是獨一的…』[16]（《古蘭經》第112章）與『你說，隱昧者們啊！…』[17]（《古蘭經》第109章）。拜後他回到了天房（玄石）的角落，然後他從娑發門出去，當他接近娑發（索法）山時，他朗誦『索法與莫爾臥，確實是安拉的標誌…』[18]（《古蘭經》第2章158節）然後說：我遵照安拉開始的（程序）開始。他從娑發開始，走上（山坡）去，直到看見了天房，於是他面向天房，讚頌　安拉獨一，安拉至大。然後唸道：『安拉是唯一的，別無真神，祂沒有偶伴，所有的權力與感讚都歸於祂，祂對所有的一切都是全能的。安拉是唯一的，別無真神，祂沒有偶伴，祂完成了祂允諾的，支持他的僕人，祂獨自殲敗了敵對的派系。』然後自己祈禱，如此重複了三遍。穆聖接著走向瑪爾沃（莫爾臥），當他走到兩山間的谷地時，開始奔跑至谷地上端，然後繼續走到瑪爾沃；他在瑪爾沃山坡做了類似在娑發山坡的作為。

他（穆聖）說：假如我能從頭到尾通盤考量的話，我將不攜帶犧牲，將這次的功課改成副朝。你們之中未攜帶犧牲的人，可以開戒，再將他的舉意改成副朝。於是朱爾沙穆之孫，馬力克之子蘇拉格說：安拉的使者

---

[15] 謝赫・艾尤卜・宰克里雅翻譯，《明燈（伊本・凱希爾《古蘭經》註（第一冊）（修訂本）》，頁78。
[16] 謝赫・艾尤卜・宰克里雅翻譯，《明燈（伊本・凱希爾《古蘭經》註（第二冊）（修訂本）》，頁1509-1510。
[17] 謝赫・艾尤卜・宰克里雅翻譯，《明燈（伊本・凱希爾《古蘭經》註（第二冊）（修訂本）》，頁1506。
[18] 謝赫・艾尤卜・宰克里雅翻譯，《明燈（伊本・凱希爾《古蘭經》註（第一冊）（修訂本）》，頁97。

呀，這只是在今年？還是以後永遠如此？安拉的使者於是把他的手指互相交纏，先後兩遍說道：『在朝覲月內進行"副朝"，是永遠，永遠如此。』當阿里從葉門攜來安拉的使者的犧牲，見到法圖瑪已經開戒，穿著染色的衣服，也畫了眼影，他質疑她的做法。她說：我父親命令我如此。傳述人說：後來阿里在伊拉克敍述：我於是去見安拉的使者，祈求安拉賜他平安，敍說法圖瑪的錯處，請求安拉的使者裁示我所敍述的事情。穆聖說：『她是誠實的，她是誠實的；當初你舉意朝覲的時候說了什麼？』我說：我說了：安拉呀，我舉意追隨你的使者所呼喚的（舉意）。他說：『我攜帶了犧牲，因此不能開戒。』傳述說：穆聖與阿里為他們從葉門攜帶犧牲的一夥總共是一百人，於是除去穆聖跟這一夥攜帶犧牲的人以外，其他的人們大都開戒並且剪髮。

到了正朝的前一天，大家出發前往米納，呼喚舉意朝覲。安拉的使者騎著（母駝），在米納舉行了晌禮、晡禮、昏禮、宵禮與晨禮，然後等待了少刻，直到日出，他命令在乃米拉搭建了一座羊毛帳篷。於是安拉的使者開始行走，祈求安拉賜他平安。在中途，當年的古來氏族曾在神聖的標誌駐留，安拉的使者則一路直達阿拉法附近。他在乃米拉見到預搭的帳篷，於是暫時逗留，直到接近正午，他命令牽來他的母駝，已經備妥鞍墊，於是他騎駝來到了谷地中間，對人們演講：『你們的性命與錢財對你們彼此都是受禁止的，如同你們今天、這個月、在這個地方一般的受禁止保護。愚昧時代在我腳下的一切都已經寬恕了，愚昧時代的血債也都寬恕了，我要寬恕我們之中第一筆血債，就是哈利斯的孫子，拉比阿的兒子的血債，他是寄放在呼載勒族哺乳，呼載勒族人殺了他。愚昧時期的利息也放棄了，我放棄我們的第一筆利息是阿布都穆他利布的兒子阿拔斯的利息，我全部放棄。你們對婦女當敬畏安拉，你們憑藉安拉的保護獲得了她們，憑藉　安拉的旨意合法的與她們結合，你們可以要求她們，不讓你們憎惡的人來踐踏你們的席毯，假如她們違背了，你們可以輕打她們，你們對她們有供應一般衣食的責任。我已經留給你

們，讓你們以後只要抓緊它，就不會迷誤的：安拉的經典！你們問我，那你們該如何說哪？大家說：我們作證，你已經宣達、做到，也勸告了。於是他舉起食指朝天，再指向眾人：安拉啊，祈求你作證，重複了三遍。』

接著有人喚禮，成班，禮了晌禮，再次成班，禮了晡禮，他並未在兩者之間做其他禮拜。然後，安拉的使者騎乘他的駱駝到了停留的地方，讓他的駝腹接近岩石，眾人在他周圍，朝著天房的方向，他一直站到黃昏，待黃暉逐漸退下直到日落。他讓烏薩瑪同騎，坐在他後面，安拉的使者緊拉著格素哇的韁繩，母駝的頭都接近了駝鞍，他揮動著右手說：『眾人哪，安靜、安靜！』

每當來到一處沙丘，他放鬆母駝的韁繩，讓母駝攀爬。直到木子大里法，在那邊作一次喚禮，兩次成班，禮了昏禮與宵禮，並未在兩次禮拜之間作其他禮拜。稍後，安拉的使者躺到晨禮的時刻，他在喚禮與成班後，禮了晨禮，直到天明。然後騎了格素哇，到達神聖的標誌，他面對天房的朝向祈禱，讚頌安拉至大，獨一，無偶伴；他在那站到天大亮，才繼續前進，在日出前離開，他讓阿拔斯的兒子發多勒同騎，他是個頭髮漂亮、白膚英俊的人。

當安拉的使者前進時，沿途有些載負女子的駝從兩邊經過，發多勒頻頻轉頭看她們，安拉的使者拿手遮蔽發多勒的臉，發多勒就把臉別過去，看另一邊；安拉的使者再轉手從另一邊遮蔽發多勒的臉，讓他不要從另一邊看（她們）。

後來抵達了『姆哈西勒』地方，才稍微移動。再繼續沿著通往擲打大石處的中路前進，一直抵達了樹旁的打石處，他投擲了七顆石子，每投擲一顆石子，就隨著唸誦『安拉至大』，他的石子都像豆粒大小，他從谷

地投擲。接著他來到宰牲的地方，親手屠宰了六十三頭犧牲，然後交給阿里，讓他合作繼續完成宰牲。然後下令從每一頭犧牲拿取一部分，放在鍋裡烹煮，他們兩人吃了肉，也喝了湯。

安拉的使者，祈求安拉賜他平安，接著騎上母駝，結隊前往繞遊天房，在麥加晌禮後，見到阿布都穆塔里布的子孫們從『贊母贊母』打水供人們飲用，於是說道：你們幫著阿布都穆塔里布的子孫們打水，若非擔憂人們誤認此舉是朝覲的儀式，我也會跟你們一起打水。他們把水桶遞給了　安拉的使者，他接過來喝了些水」。

## 朝覲的益處

個人利益：消弭過錯、洗滌內心、昇華信仰，重新與安拉誓約、鍛鍊耐心、感恩惜福、體認安拉的主宰與人類的渺小。穆聖《聖訓》：「副朝可以贖救副朝間（以前）的過錯，完美的朝覲可獲得天園的報償。」[19]「任何人朝覲，不妄語，不為非作歹，將能如同其母新生的嬰兒般脫離其罪過。」[20]學者們主張，重罪大錯必須誠心懺悔，方可獲得　安拉的恕饒。齋拜與金錢債務必須償還，不能以其他方式豁免或替代。

團體利益：《古蘭經》第22章28節明文「以便他們見證他們擁有的許多益處」，[21]說明在朝覲或副朝期間，可以進行多種活動，促進各族群融合、整體政治經濟合作、自由貿易。如同大型國際會議，朝覲與副朝時可以充分感受穆斯林之間不分種族或膚色的情誼。

---

[19] 聖訓學家一致同意的聖訓（متفق عليه）本章作者自行翻譯，布哈里，《布哈里聖訓集（第三冊）》（埃及開羅：撒拉菲出版社，1960），頁597。（فتح الباري شرح صحيح البخاري، مطبعة السلفية و مكتبتها）第1773條。
[20] 本章作者自行翻譯，布哈里，《布哈里聖訓集（第三冊）》第1521條，頁382。
[21] 謝赫‧艾尤卜‧宰克里雅翻譯，《明燈（伊本‧凱希爾《古蘭經》註（第一冊）（修訂本））》，頁848。

# 第二節　中華民國回教朝覲團

沙烏地阿拉伯王國位於亞洲西部，國土面積遼闊，首都利雅德（*Riyaadh* الرياض）位於阿拉伯半島中部內陸，1932年沙國合併統一後，世界各國的使領館延續以前漢志（*Hijaaz* الحجاز）政府慣例，[22]繼續設在吉達，直到二十世紀八〇年代，世界各國駐沙大使館才遷往首都利雅德，入住新規劃建設完工的外交特區。然而，許多國家仍在沙國西部的吉達設置總領事館，這些領事館的任務除去照顧商務僑務，還有辦理朝覲業務。

早在抗戰期間，我國駐埃及大使館當時就在每年朝覲季節開始時，機動派員前往吉達，協助我國每年前往麥加朝覲的穆斯林，提供必要服務，等到朝覲結束，人員才又回到駐埃及大使館上班。[23]等到中華民國政府遷台以後，民國43年開始正式選派回教朝覲團赴沙朝覲，繼續由駐沙大使館配合相關業務。

當年我國駐沙首任馬步芳大使[24]上任後，著手規劃接待中華民國朝覲團的服務工作，因為我國朝覲團前去沙國除了完成宗教功課，還有促進雙邊友好關係的外交任務，並兼帶宣慰旅居當地僑胞。早年朝覲團一開始都先在吉達進行拜會工作，後段才於正朝時前往麥加完成朝覲功課。

早年中華民國朝覲團的規模很大，中華民國政府派出的官方朝覲團，早年

---

[22] 漢志王國：漢志是泛指阿拉伯半島西部地區，包括回教聖地麥加、麥地那。漢志王國係二十世紀初，由聖裔哈希姆家族統治，這個王國在1024年被併入內志（*Najd* نجد），後於1932年統稱為沙烏地阿拉伯王國。

[23] 王世明先生是我國首位被派往吉達服務國人朝覲的外交人員，王大使伉儷曾經在利比亞向留學經生趙錫麟等人面述此事。另見：賈福康，《台灣回教史》，頁210-212。
王世明阿訇原籍天津，早年留學埃及艾茲哈爾大學，畢業後參與外交工作，曾經擔任中華民國駐吉達領事館領事、駐利比亞大使館參事、駐科威特大使、中華民國駐阿拉伯海灣地區巡迴大使等職務，曾兼任台北清真寺教長、國立政治大學阿拉伯語文教授，退休後曾擔任夏威夷清真寺教長。生於民國前2年，西元1910年，民國86年在夏威夷逝世。

[24] 甘肅臨夏（河州）人，曾任青海省主席，民國38年撤退至香港轉赴麥加朝覲，又攜家人前往埃及經商定居，後因埃及承認中國大陸，再舉家遷返沙國。民國46年奉派擔任中華民國駐沙烏地阿拉伯首任大使，長期熱心協助當時先後遷往沙國眾多僑胞定居營生。生於民國前10年（1902年），民國64年逝世於吉達。

是五位，民國64年起，政府核定增加成為十位，[25]再後來又增加更多人，這是為了便利國人與海外各自由地區的華僑們來參加朝覲。沙國當地每年參加朝覲的華僑，規模大到幾乎有一兩百人，往年常有從非洲、歐洲、美國、香港、緬甸、泰國、馬來西亞等地來參團的僑胞。當時他們是從各僑居地各自去申請朝覲簽證，並寫信聯絡中國回教協會，或是向中華民國駐沙烏地阿拉伯大使館報名，表示希望參加朝覲團。而那時的政策是歡迎自由地區的華僑們一同報名參與朝覲團，他們可以先來到台灣跟中華民國朝覲團一起去，也可以直接到沙國報到集合。

駐沙大使館和朝覲團會管理與掌握參加朝覲的人數和人員的登記，還要配合沙烏地當局的衛生檢查、民防安全檢查等訴求，逐漸將這個臨時的朝覲營地工作完善起來，近年來沙國當局已經把朝覲營地統一規劃，提供具備水電等現代設施的露宿營帳設施，將服務朝覲工作發展成非常現代化的體系。

我國政府向例編有專款補助朝覲團，每年均由外交部、內政部，與中國回教協會協調辦理這項業務，後來也從每年五位逐漸放寬參與人數。我國政府派在吉達的駐沙大使館的朝覲服務是相當全面的，陪同服務人員遇到任何問題都必須隨機應變，幫忙解決問題，雖然在他人看來可能都是雞毛蒜皮的零星小事，但在當事人看來就是亟需解決的大事，不可輕忽。例如在當地發生水土不服、迷路找不到自己的營帳、身體不適、遺失證照或財物等等；這些都是近年來我國政府要求駐外單位便民的業務，也就是上述的將心比心，解決旅外國民的燃眉之急。

服務朝覲歷年來遇到的危機處理事件，也是五花八門。從早年經常發生的團員迷路失聯事件、米納營地火災，到後來發生的朝覲期間擁擠踐踏事件。有一年朝覲團從米納營區前往打石子，當時需要經過一條步行隧道。途中就發現前方出現非常狀況，幸好陪同人員即時處置，將團員帶往安全地帶。[26]當朝覲地區發生意外，還要即時向吉達的長官通報，確認我們全體團員平安，以便即時呈報國內，讓團員家屬們安心。至於處理團員身體不適送醫，行李、交通或是旅館定位、餐飲服務等問題，更是家常便飯，皆須即時處理。這些事情，都

---

[25] 《中華民國六十四年度回教朝覲團報告書》（出版機構未載），頁1。

[26] 趙錫麟口述，張中復訪問，《天方學涯：趙錫麟先生訪談錄》（台北：國史館，2014），頁246。

需要用同理心來看待，自然可以順利完成。

歷年來自世界各地的數十萬朝覲客，以至近年來逐漸增加到兩百餘萬的朝覲人士聚集在麥加，使人口密度激增，自然會有突發事件。但是，恰如一位沙國朋友所說：我們是在真主安拉的慈愛之中。許多次的事故都是化險為夷，不是沒有傷亡，而是沙國當局積極採取各種措施，擴建與改善各種公共設施，引進各種先進專業科技，盡量使朝覲人士在安全的環境裡完成他們的功課。我們服務與接待來自台灣的中華民國朝覲團，也是在工作中密切注意，配合沙國當局的規定，更新或改善設備。而更重要的是服務人員對業務的熟悉，與緊急應變措施的規劃與實際可行的演練。能夠針對諸如：從麥加通往郊外米納營區、阿拉法營區、夜宿木子大里法的交通路線、時間的掌控、變更路線的替代方案等，因此沒有發生火警或傷亡。還有往年在宿營米納三天裡的投擲石頭打魔鬼，最容易因擁擠踩踏而造成傷亡，因此我們陪同朝覲團的服務人員都會根據經驗，避開擁擠時段，在往返步行途中，也須機警觀察集迅速應變，避開容易發生事故的一些情況，陪同朝覲團員前往安全地區，最後平安返回營地。服務人員還會與駐處保持緊密聯繫，向駐處回報平安，以利駐吉達辦事處與我駐沙代表處切實確認全團平安。

朝覲的儀式雖然說每年裡只有幾天的時間，但由於早年沙國傳統的朝覲服務簡陋，並不完全符合國人生活習慣，加上天氣經常乾旱高溫，夏日可達攝氏五十度，冬季雖然溫度較低，惟白晝高溫多徘徊在攝氏三十餘度上下；因此，這項服務是一個非常辛苦的過程。

從前沙國朝覲部會盡早開始規劃安排營地，但朝覲營地通常還是要等到接近朝覲的時候，才能夠開會決定如何分配，接著再劃分給各國朝覲團使用。等到營地準備與分配好了，就要趕快完成搭帳篷等營地設備，還要把物資運往營地。而在營地裡必須規劃安置營帳的位置、需求數量，以及包括臨時廚房、淋浴與廁所的基本露營配備，都需要找工人或自己動手丈量挖掘；然後還要放置儲水箱、接電、接發電機，電力不只是照明，還需要安裝適量的水冷式冷氣機。

早期的朝覲服務還包括：因為飲用水與日常用水不夠，必須臨時找水，或

圖6-1　米納朝覲營地景色（攝於2012，趙錫麟提供）

圖6-2　民國101年10月中華民國朝覲團在麥加城內（趙錫麟提供）

是買整部水車的飲用水來補充，這些看起來好像都是可以輕易解決的事，但當時隨機應變的因素非常地大，然後還有一些不確定因素，例如雖然在豔陽下千辛萬苦奔走數公里的路程，再舌戰群商殺價，找到了合意的水車，還要指揮水車進入廣大但擁擠不堪，已經施行車輛交通管制的營地。這些絕對不是我們在現代的文明都市裡面，可以憑空想像的事情。

當然，這是一開始的前置工作，早年我國派駐吉達的大使館同仁，每年從準備朝覲服務，一直到朝覲結束完成事後工作，都得花上幾個月的時間，從行程安排、與沙國朝野相關單位爭取及協調、預訂沙國境內的交通工具和旅館、整理器材設備等。而朝覲團抵達接機，以及陪同拜會、陪同宣慰僑胞等任務都由有限的人力發揮最大的功能。後面還有總務的善後，包括拆除營帳，回填挖掘的坑洞、清潔與恢復營地原狀。最後回到大使館，還要清潔設備與臥具與曝曬營帳，清點設施財產存入大使館倉庫，以備下次使用。

早年朝覲團還會到吉達麥加以外的其他城市宣慰旅沙僑胞，但後來沙國為管理之便，限制朝覲者只能在麥加、麥地那與吉達三地活動，這項行之多年具有卓越功效的活動就只好改變方式進行。朝覲也是一個學習宗教知識的絕佳機會，同時提升教胞的宗教意識，在出發前有必要請台灣每個地區清真寺的教長與老師就地多做宣導與授課，舉辦講習與交流，讓朝覲者擁有更多相關知識與對當地情況的了解。中國回教協會每年自從我國朝覲團從組團開始，就有完整細密的規劃，尤其是全體朝覲團員的行前培訓與講習，可說是相當完整。從朝覲人員受戒程序開始，到在旅途與沙國的食衣住行，以及完整的朝覲功課細節和相關日程都已經事先告知與練習。當然，或許沒有去過麥加朝覲者，仍然難以想像或模擬整個過程，但在陪同人員隨時可以提醒，更可以隨時詢問的情況下，應當算是不錯的講習。

近年來每年的朝覲團都派有隨團阿訇，由台灣各清真寺輪流派遣，隨時指導相關的功課。全團人員從出發至歸國，至少有半個月朝夕相處，參團期間每天都一起禮拜，並且在每次禮拜後都有簡短的宗教知識講習或討論。而朝覲團到達沙國以後，在當地也有許多機會可以身歷其境觀摩實習，每年沙國的朝覲部、伊斯蘭事務部，以及世界回教聯盟等國際組織，都會藉朝覲期間舉辦各種

研討會，這雖然不是針對普羅大眾，但透過朝覲期間的參與、耳聞目濡的觀察影響，還是可以發生許多正面的效應。

　　在朝覲露營的五天裡，大家在營地裡更是集中密集致力於宗教功課，全團人員可以研習許多宗教功課，討論相關的問題。藉由每個回教教胞親身的參與、體會與認知，自身的信仰也會更加堅定與昇華。有些人在出發前對回教教義了解甚淺薄，卻因為參與了朝覲之故，回來後即有所改善；當然，其中有些人可能依然對宗教一知半解，這就必須著重於平時對於宗教知識與素質的提升與養成。

# 第三節　朝覲團的國民外交及成效

　　自從二十世紀七〇年代發生第一次全球石油危機以後，世界各國政府逐漸加強與回教世界的關係，中華民國政府連帶更加重視國內回教事務的政策，這也反映在外交工作上。例如中華民國派駐沙國的大使館，對於前往麥地那伊斯蘭大學（Islamic University in Madina, *Jaami`ah Islaamiyyah bi Madiinah Munawwarah* الجامعة الإسلامية بالمدينة المنورة）留學的經生多所關心；政府也對中國回教協會每年派遣回教朝覲團赴沙國，提供充分的協助，給數十年來同時肩負國民外交多種任務的回教朝覲團，安排許多的交流節目與參訪活動。因為每年的回教朝覲活動，在沙國的麥加與麥地那等地，聚集了來自世界各地的數百萬回教教胞，是一個進行國民外交的好機會，大家都希望能藉機拓展更好、更密切的關係。

　　長遠看來，中華民國政府早期即重視回教的國際關係，借重回教的宗教文化背景與語言的專長，來彌補官方的不足。這確實是一個務實且互利的宏觀做法。當然，這裡面也顯示了我國穆斯林長期建立起來的良好信譽，[27]與政府的良好互動。從早年抗戰時代籌組的「中國回教近東訪問團」[28]與南洋訪問團[29]等便已留下良好的案例。這些選派回教教胞組團出訪的因地制宜措施，普遍獲得當地信仰回教的朝野人士與華僑支持，大幅提升我國在國際間的聲譽，獲得支持我國抗日。

　　後來國民政府於抗戰時期起用通曉阿拉伯語文的穆斯林留學生，發揮他們

---

[27] 回教教胞（穆斯林）因為宗教信仰的因素，注重誠信、清潔、自律與積極進取的良好人生觀念。

[28] 抗戰初始，國民政府委派王曾善先生擔任團長，率團出訪印度、伊朗、埃及、伊拉克、土耳其等國，團員有馬天英、薛文波、張兆理、王世明等四人。由於團員皆為具有回教學術背景，通曉阿拉伯等外國語文，介紹我國國情，說明抗戰原因，普遍獲得中近東國家輿論支持與聲援，收效宏大。

[29] 政府在抗戰初期同時籌組南洋訪問團，委派馬天英先生擔任團長，前往東南亞馬來亞等地訪問，宣傳抗日。參考：孫繩武，〈歡迎馬來回教團〉，收入氏著，《回教論叢（上編）》，頁104。
馬天英先生祖籍山東臨清，民國6年獲選赴法國以勤工儉學方式留學。返國後結交回民學者與有志之士，研討教義，加深了解伊斯蘭。抗戰期間參加立法委員王曾善先生組織之「中國回教中近東訪問團」赴訪印度、埃及、土耳其、伊拉克等國家，爭取各國支持我國抗日。之後再籌組南洋訪問團赴訪馬來亞，獲得當地朝野支持。後為外交部延攬在重慶工作，稍後派駐埃及，抗戰勝利後曾任駐馬來亞怡保領事。民國前12年（1900年）生，民國71年在吉隆坡逝世。

的特殊語文專長。抗戰初期政府促請留學埃及的回教學生團，民國28年首次有二十餘人組團，使用中華民國朝覲團名義，前往麥加朝覲，就充分啟動了國民外交，並且達到非常正面的效益。

民國五〇年代亞非新興國家紛紛獨立，其中有許多回教國家，他們對於世界上其他少數回教族群都很關注，同時中華民國也在積極拓展亞非地區的友好外交關係。因此，每年派遣的朝覲團更是任重道遠，曾經有過團長與部分團員順道赴訪紀錄。而這種訪問是從國民外交的角度出發，善用宗教文化情誼與亞非兩洲的新興回教國家朝野建立密切關係，其效果甚佳且影響久遠。

歷年的朝覲團多有利用搭機往返旅途轉機的機會，赴訪諸如黎巴嫩、約旦、馬來西亞、泰國、新加坡等地的回教團體，並且達成了不少的後續合做事務。早年的知名回教人士諸如：時子周[30]、常子春[31]、白建民[32]、康玉書[33]、孫繩武[34]、定中明[35]、阿不都拉[36]等人也都曾經率領朝覲團於往返行程中順道赴訪一些回教國家，[37]宣揚國情，搭建宗教友誼橋樑，逐年累積的國民外交成果豐碩，影響更是深遠。

---

[30] 天津市人，早年參加同盟會，追隨國父奔走革命，後參與五四運動、抗日。曾任制憲國民大會代表、國民大會代表，政府遷台後曾任國策顧問、中國回教協會理事長。長期熱心獻身回教事務，著有《古蘭經》中文譯解、回教教義一百講。生於清光緒5年（西元1879年，民前33年），民國56年逝世於台北。

[31] 北平市人，為常二爺子萱先生胞弟，教胞熟稱常三爺。自幼學習琢玉技術，與胞兄創辦永寶齋及玉器工廠。熱心穆斯林公益，後當選立憲國大代表。常氏昆仲成立「中國回教文化教育基金會」刊印書籍，弘揚伊斯蘭文化，核發獎學金嘉惠學子。民國前15年（光緒23年，西元1897年）生，民國78年在美國洛杉磯逝世。

[32] 甘肅人，早年畢業於北平財政商業專校，民國36年立憲後獲選為立法委員，曾數次赴訪伊斯蘭國家，長期熱心回教公益事務。清光緒27年（民國前11年，西元1901年）生，民國60年逝世於台北。

[33] 康玉書先生，河北省昌平縣人，早年參加反清革命，後曾任監察委員，熱心回教事務，清光緒18年（民國前20年，西元1892年）生，民國59年在台北逝世。

[34] 孫繩武先生：北平人，北京法政大學畢業，早年倡議創辦北平清真中學，後歷任公職，制憲國民大會代表、國民大會代表。民國52年起擔任參加世界回盟創始理事，為國家與回教貢獻良多。清光緒24年（民國前14年，西元1898年）生，民國64年逝世於台北。

[35] 定中明（Haj Dawood Din Jung Ming الحاج داود دينج جونج مينج）湖南常德人，曾在家鄉接受完整漢文及伊斯蘭經學教育，後進入上海小桃園「伊斯蘭師範」，受業於達浦生、哈德成兩位大阿訇。畢業後前往埃及艾茲哈爾大學阿拉伯語文學院深造。抗戰期間返國加入外交部，曾經派駐黎巴嫩、伊朗、茅利塔尼亞、利比亞服務。曾經擔任台北清真寺教長、國立政治大學阿拉伯語文學系主任、世界回教聯盟創始理事。長期熱心服務回教教務，生於民國2年，民國94年逝世於台北。

[36] 新疆維吾爾族，伊寧人，早年從事文化教育工作，第一屆立法委員。

[37] 賈福康，《台灣回教史》，頁34-39、104、134、162。

諸如民國50年，中國回教協會理事長時子周先生率領朝覲團團員康玉書、白健民、謝松濤、時甲等一行五人，於朝覲完畢後，訪問約旦、土耳其、馬來西亞三國；時理事長率團曾經在約旦晉見約旦的胡笙國王（*Malik Hussain bin Talaal* الملك حسين بن طلال），在土耳其晉見土國總理，訪問馬來亞時曾經晉見馬國總理東姑拉曼。[38]民國43年的朝覲團，由當時新疆省主席堯樂博士[39]率團，即曾經赴訪埃及，[40]並且拜會當時埃及強人納瑟（*Jamaal Abdu Naasir* جمال عبد الناصر）。[41]民國54年立法委員白建民先生，曾率領朝覲團前往沙國朝覲，並先後以「回教中東訪問團」名義，赴訪了亞西與北非的數個回教國家與梵蒂岡教廷。[42]

中華民國朝覲團每年在沙國期間，積極與沙國朝野接觸，上至正式拜會，晉見沙國國王、王儲，應邀出席國王國宴，拜會沙國政府重要官員，會晤來自回教世界的朝野、學者。不但彰顯了中華民國的民主自由與社會寬容共存，更長期累積建立了與廣大回教世界的友誼橋樑。

中華民國政府自民國38年遷到台灣，我國在外交工作上的策略與遠見一直領先，相較於其他東南亞與東北亞國家，我國當時是開拓非洲、亞西這個區塊的新興國家的先驅，後來到了上世紀七〇年代，包括韓國、越南、新加坡等國，都曾經向我國學習與中東回教國家的外交經驗與做法。[43]而隨著沙國的國際地位逐漸提升，與中東地區的複雜政治局勢，世界各國近年來逐漸重視每年在沙國進行的朝覲活動，甚至英國近年都開始派遣官方朝覲團前往麥加，以就近照顧英國的回教朝覲民眾；從此亦可顯見中華民國政府早年的做法確具宏觀與遠見。

因為地緣關係，許多國際性的回教組織都設置在沙國境內，甚至非政府國際組織（NGO）諸如世界回教聯盟[44]（World Musilm League, *Raabitah `Aalim Islaamii*

---

[38] 〈中華民國七十年來之回教〉，收入謝松濤教授論文集編輯小組編，《謝松濤教授論文集》（出版者不詳，1996），頁567。

[39] 新疆哈密人，其中文姓名係維吾爾名*Yulbaars* يولبارس 譯音，曾任新疆省主席，生於清光緒15年（民國前23年，西元1889年），民國60年（1971）病逝於台北。

[40] 賈福康，《台灣回教史》，頁17（照片頁）。

[41] 埃及軍官，生於1918年，秘密組織自由軍官運動，1952年發動軍事政變，推翻埃及當時的法魯克國王，成立共和政權。納瑟先擔任埃及內政部長，後於1954年成為埃及總理，1956年成為埃及總統。任內將蘇彝士運河收歸國有，倡導社會主義，於1970年去世。

[42] 中國回教中東訪問團由白建民先生擔任團長，另有團員康玉書先生、阿布都拉先生、馬煥文先生。

[43] 趙錫麟口述、張中復訪問，《天方學涯：趙錫麟先生訪談錄》，頁210。

[44] 非官方國際組織，係由沙國費瑟國王與回教學者、回教國家領袖倡導設立於民國51年（1962年），

رابطة العالم الإسلامي）與總部設在利雅德的世界回教青年會議組織[45]（World Assemble of Muslim Youth, *Nadwah `Aalimiyyah li Shabaab Islaamii* الندوة العالمية للشباب الإسلامي）也都是透過我國歷年朝覲團的訪問拜會，與中國回教協會維持多年密切合作與互動，也由於慎重挑選合作對象，使中國回教協會免於受到九一一恐怖攻擊事件造成的負面影響。反觀因為反恐政策影響，導致許多回教的宗教服務機構因為涉及不明財務或負面行動而遭到查封，可見慎重選擇國際間的合作對象是必要措施。

世界回教聯盟（以下簡稱回盟）是依據在回教聖地麥加召開的國際性「伊斯蘭大會」（General Islamic Conference, *Mu'tamar Islaamii `Aam* المؤتمر الإسلامي العام）於1962年5月18日決議案成立。秘書處常設在沙國麥加。回盟本身是一個非政府的國際組織，成立宗旨在於闡明與宣揚回教教義，建立有關回教和全人類合作的橋樑。

回盟重視穆斯林世界的各種議題，主要的工作就是在宗教事務上的整合與交流，重視穆斯林少數族群的地位與問題，經常主動與各國往來，幾十年來的運作中發揮了很大的作用。回盟早在成立之初即先後陸續設置了「回教律法研究院」Islamic Fiqh Council, *Majma`u Fiqh Islaamii* مجمع الفقه الإسلامي）、「世界清真寺事務最高委員會」（World Supreme Council for Mosques, *Majlis `A`la `Aalamii li Masaajid* المجلس الأعلى العالمي للمساجد）、「世界救濟與福利、開發總署」（International Organization for Relief, Welfare & Development, *Hai'ah `Aalamiyyah li Ighaathah wa Ri`aayah wa Tanmiyyah* الهيئة العالمية للإغاثة والرعاية و التنمية）、「世界《古蘭經》與聖訓研究院」（International Organization for the Holy Quran & Immaculate Sunnah, *Hai'ah `Aalamiyyah li Kitaab wa Sunnah* الهيئة العالمية للكتاب والسنة）等專門機構或組織，並且對於爭執與糾紛設法調停，也重視各地穆斯林少數族群的發展課題，影響力在國際社會中日益提升。其中的「回教律法研究院」就是回教世界的第一個重視回教律法的專業研究院，注重討論與研究當前的現代新興事物適法性，並將研討結論提供給回教世界朝野作為專業的參考。該組織轄下的世界救濟與福利、開發總署，就在世界各地投入援助工作，包括對於印尼、菲律賓以及非洲國家的協助，在急難救助、災後重建、災民教育、醫療服務等不同項目中努

---

總部設於沙烏地阿拉伯麥加，簡稱「回盟」。

[45] 民國61年（1972年）成立，總部秘書處設於利雅德。

力。中華民國之前就有與其合作，針對巴勒斯坦難民進行援助，這些事情平常在新聞上雖然看不到，卻都是很重要的工作，也發揮了相當的功效。

回盟與中華民國的關係同樣很密切，對我國也是抱著支持的立場，以正面的態度對待台灣穆斯林教胞。而因為經常針對極權國家對穆斯林的打壓與迫害提出抗議，中國大陸對於該組織便抱著抵制的態度。儘管回盟曾經多次主動邀請中國參加活動，前任秘書長等主管也曾數次赴訪中國大陸，但中國政府的態度依然有所保留，中國也沒有理事的席位。當然，並不是每個國家都在回盟有理事的名額，像沙烏地阿拉伯就不止一位。而許多穆斯林世界的知名學者與政治領袖，也是回盟理事會的成員，包括印尼前總統哈比比、加彭、蘇丹、馬爾地夫的國家元首等。

回盟成立後第一任的主席是由沙國大教長賓巴茲（*Shaikh Abdul Aziiz bin Baaz* الشيخ عبد العزيز بن باز）兼任，他長期擔任回盟主席，直到民國88年去世為止。之後就由繼任的沙國大教長阿布都阿濟茲（`*Abdul Aziiz bin `Abdullah Aal ash-Shaikh* عبد العزيز بن عبد الله آل الشيخ）接任至今。回盟早在民國51年成立之初，即與中國回教協會密切往來，主要是由於沙國當局重視世界各地少數穆斯林的權益，也有意團結世界各地穆斯林。中國回教協會常務理事孫繩武先生於民國52年擔任朝覲團團長，當年5月率團赴沙國朝覲，「深受沙王禮遇，膺選世界回教聯盟理事，爾後連年皆往沙國參加會議」。[46]回盟第一任秘書長蘇祿爾（*Muhammad Suruur Sabbaan* محمد سرور الصبان）隨即在同（52）年10月間來台訪問並拜會中國回教協會，開始雙方多年的互動與合作。

第一任蘇祿爾秘書長曾多年擔任沙國費瑟國王的財政大臣，此後接下來的秘書長分別是穆罕默德・哈爾康（*Shaikh Muhammad Harkaan* الشيخ محمد الحركان），他是一位法學家，也當過沙國的大法官。接下來是阿布都拉・歐瑪爾・納西夫（Dr. `*Abdullah Umar an-Nasiif* د. عبد الله عمر النصيف），他是一位地質學家，曾經留學英國，並曾任沙國吉達老王大學的校長，熱衷童軍活動。第四任秘書長是阿罕邁德・穆罕默德・阿里（*Dr. Ahmad Muhammad `Ali* د. أحمد محمد علي），

---

[46] 賈福康，《台灣回教史》，頁134。

他也是一位學者，曾多年擔任伊斯蘭發展銀行總裁；而接下來第五任秘書長是歐貝德（Dr. *Saalih `Abdullah Al-`Ubaid* صالح عبد الله العبيد），曾任麥地那伊斯蘭大學校長，後來又進入沙國內閣擔任教育部長。第六任的秘書長阿布都拉·涂奇（Dr. *`Abdullah bin `Abdul Muhsin at-Turki* عبد الله بن عبد المحسن التركي），曾當過沙國伊斯蘭事務部部長與伊瑪目大學校長，他於2016年8月卸任。上述的六位秘書長都曾經前來中華民國訪問，與中國回教協會關係良好。現任秘書長伊薩（*Muhammad Abdul Kariim `Iisaa* محمد بن عبد الكريم العيسى）曾經擔任沙國司法部長，也是沙國大學者。這幾位秘書長在沙國與回教世界都是知名人士。

世界伊斯蘭聯盟總共有六十位創始理事，不拘國籍限制，也並不是某個國家的理事都有繼位人。根據組織章程，理事的產生是推舉賢達人士，並須通過開會同意，這是一個榮譽職位，不支薪，但也不是終生職。而目前創始理事會已改為最高理事會的編制，每兩年開一次會，平時也有許多活動與相互聯絡的機會。中華民國很榮幸也是回盟的創始理事（後改名為最高理事會），[47]當時是孫繩武先生擔任該職位，而接下來由定中明先生繼任，退休後由趙錫麟先生受聘從民國91年起擔任理事至今。趙錫麟擔任回盟最高理事之後，也在各種事物上儘量努力，爭取該組織與台灣穆斯林的合作與交流，關切與研討回教世界多項事務、不定期參與回盟的各項會議，與秘書長會晤交流，同時也推薦年輕人參加各類活動，開拓國際視野。

回盟與台灣穆斯林保持良好的交流，為推動雙方以及東亞、東南亞區域的對話與學術研討，回盟與中國回教協會密切協調合作，並在中華民國外交部及國立政治大學等朝野與學術、宗教機構鼎力支持下，先後促成於2003年、2011年、2015年三次在台灣召開的國際學術研討會，涂奇秘書長均親自會同多位國內外知名學者出席盛會，台灣的宗教自由，社會寬容也使這些外賓們獲得深刻的印象，也帶動了後續更多的區域性回教教胞互動交流。

我國是一個重視僑務的國家，華僑遍布海外各地，政府也特別設置部會級單位處理僑胞事務。僑胞長年以來與祖國的互動，也是實質體現國家的重要軟

---

[47] 回盟章程經過數次修訂，最新版已將創始理事會名稱改為「最高理事會」並規定理事任期五年，可以續聘。

實力。在回教事務方面，政府在對日抗戰期間就重視與僑胞的互動，並且借重僑胞對當地朝野的影響，配合推動國策。從上述的「中國回教近東訪問團」、「南洋訪問團」即可具體呈現，此處無須贅言。

歷年我國的回教朝覲團也重視與旅居國外的僑胞關係，朝覲團在沙國的行程必有拜會僑社，宣慰在國外工作的僑民；持續的互動，確實可以加強宣示政府政策，凝聚海外人心。旅居沙國的僑胞早年多數聚居在沙國的西部地區，尤其是塔邑府、麥加、麥地那與吉達。這些僑胞的特色是多數因為信奉回教而逃避動亂抵達了沙國定居。旅居沙國僑胞之中有來自西北青海、甘肅、寧夏的所謂「回民」，也就是在語言上已經漢化的信奉回教同胞，雖然他們說帶有西北口音的國語，但是多數是通曉並且受過中文教育。要仔細區分，他們之中不但大多數是回族，還有不少是撒拉族與東鄉族的同胞。這些僑胞因為逃避戰亂而遷離故鄉，定居沙國。其中包括幾位僑領，諸如馬步芳先生、高文遠先生的後人，多已在沙國定居並且獲得沙國國籍，雖然他們在生活環境裡必須學習與使用當地的語言，但難得的是仍有一些年輕僑胞學習中文與國語。

另外，還有一些因為早年新疆動亂和民國28年前後，為逃避戰亂而陸續離開新疆遷往沙國，持用中華民國護照的維吾爾、哈薩克、烏茲別克等族人。由於他們多數並未接受中文教育，因此並不懂中文或國語。但是，他們多數因為逃避共黨赤化而遷離故土，因此仍然對中華民國台灣保持嚮往與支持。

遷往沙國最晚的僑胞們應當是在上世紀六〇年代前後，信仰回教的藏胞，他們還保持著純粹的拉薩藏語，到了民國七〇、八〇年代，我國蒙藏委員會曾有通曉藏語的官員赴訪這些藏胞後，表示旅居沙國的回教藏胞說的是拉薩當地標準的衛藏方言藏語，要比當時一些來台灣的藏傳佛教僧侶們說的藏語更有水準。[48]上述的新疆或西藏僑胞，有不少是經過無比艱辛，曲折逃離中國大陸，再經過印度或巴基斯坦，抵達沙國。

朝覲團早年的宣慰僑胞節目包括專程前往距離吉達約兩百公里的僑胞聚居地塔邑府探視僑胞，傾聽僑胞們的建議，宣導國家的政策，僑胞們更是古道

---

[48] 旅居沙國塔邑府已故藏胞僑領馬建國先生對筆者敘述，馬先生生前曾任我蒙藏委員會聯絡員，並曾協助我多位旅沙藏胞返國升學。

圖6-3　陪同中華民國朝覲團晉見沙國朝覲部長Abdul Wahhab Abdul Wasii（左五），蔡大使維屏（左四）、團長定中明教長（左七）、駐吉達馮總領事冠武（左三）、丁秘書邦國（左八）。（民國75年）

熱腸，發動聚餐招待遠道而來的朝覲團。早年的聚餐地點是在塔邑府的華僑會館，這種親切的互動，收效宏大。此外，早年由於科技尚未達到較高的水準，因此在氣候酷熱下的朝覲服務僅只因陋就簡，無法提升到更舒適的水準。由於中華民國每年選派朝覲團，因此我駐沙大使館到了民國六○、七○年代，每年都協調沙國政府提供適當營地。有了專屬營地，就可以接待隨同朝覲團一起朝覲的僑胞。當時，不但有旅居沙國的僑胞報名參加同朝，更有來自各地的回教僑胞聯絡中國回教協會、駐沙大使館，或透過親友聯絡報名，申請隨同中華民國朝覲團朝覲。同朝的各地教胞有來自美國、加拿大、東南亞各地，更有泰、緬、香港的回教僑胞參加，對於凝聚僑心的力量及凸顯台灣實力，確實有相當的效果。

　　可惜，後來沙國政府鑒於世界各國每年前來朝覲人數逐增，從二十世紀六〇年代的一百萬人，逐漸增加到八〇年代的兩百萬人，使朝覲地區的設施難以同時容納大量人數，並且因為國際局勢複雜，沙國提高了安全顧慮。因此，沙國後來透過「伊斯蘭會議組織」[49]通過法案，每年按照回教國家各國人口比例配給一定的人數額度，大約是每百萬人配給一萬個朝覲許可。[50]沙國本身則規範朝覲人士只能在麥加、麥地那與吉達等範圍內活動，規定朝覲人士不得離開上述範圍前往沙國其他地區。因此，我國的朝覲團後來就改在吉達、麥加、麥地那宣慰僑胞，而不再安排前往塔邑府的行程。

　　依據上述的朝覲許可分配製度限制，許多穆斯林人口眾多的回教國家，諸如印尼、馬來西亞、土耳其、巴基斯坦或孟加拉，申請朝覲人士必須依序分配，但當這些國家的國民前來台灣工作或求學，都可以申請加入我國朝覲團，一同前往聖地朝覲，而不受前述的「配額」限制。此舉不但使這些外籍穆斯林體驗到我國朝覲團的組織與親切的服務，更凸顯了台灣社會近年的多元成果。

　　從以上簡述各點，證明歷年來的中華民國回教朝覲團，確實高度達成了國民外交的使命，凸顯了台灣社會的多元包容，拉近了台灣與廣大回教世界的距離，此舉不但有助於官方往來，更在全世界各地信仰回教的民眾心裡深植了台灣的正面形象。況且無論是旅居各地的回教僑胞，或是透過交往結識的回教國家人士，都可能因此而轉變成支持台灣的助力。

　　中國回教協會累積歷年經驗，在經過多年的協調與規劃，現在每年派遣專人隨團照料，大幅減輕了駐外館處的工作。但是，駐館的少數回教同仁，無論正式派駐的外交人員或是當地聘雇人員，仍然負擔超量的工作。當然，如果我們用當今國內政府公務員應對一些諸如加班法規、審計制度、政府採購法規等的對策，都改採用外包方式。朝覲工作裡面的交通、住宿甚至營地的住宿、

---

[49]　1959年9月25日，第一次伊斯蘭國家領袖會議在摩洛哥通過成立「伊斯蘭會議組織」（Organization of the Islamic Conference, *Munadhamah Mu'tamar Islaamii* منظمة المؤتمر الإسلامي），1970年3月第一次伊斯蘭國家外長會議，籌組該組織常設秘書處，1970年5月27日正式在沙國吉達成立。2008年將組織名稱更改為「伊斯蘭合作組織」（Organization of Islamic Cooperation, *Munadhamah T`aawun Islaamii* منظمة التعاون الإسلامي）。

[50]　此項決議僅限制會員國等擁有多數回教國民的國家，台灣等僅有少數回教族群居住的地區或國家不受配額限制。

伙食等需要大量人力的工作，也都已經遵照政策外包，大幅降低了駐館接待負擔，雖然可能支出較高的成本。如果把其他的一些工作也改採外包，可能會大幅增加經費開銷。況且值得深思的是：外包方式雖然表面上已經減輕了駐外同仁的工作重擔，但這些包含著政府對外關係的細膩工作，是否可以發包交給廠商或公關公司代替經手辦理？

近年沙烏地阿拉伯王國朝野更加注重其形象，也因為國力不斷提升，因此每年均會以國王的名義，邀請世界各國一定數額的教胞前去朝覲或是副朝，全程費用均由沙國招待。因為是國王邀請的，我們為了與「中華民國朝覲團」做區別，就稱之為「國王賓客團」。這種應邀組團的形態也是一種國民外交，我國的回教教胞可藉此與其他國家的朝覲者相互交流，而且他們都受到很好的禮遇，會有更多的時間進行各種交流，展現台灣的優點。

正常的外交關係當然有助於朝覲工作的推展，而朝覲團到訪也是有助於一個國家的外交關係提升。前述的英國逐漸重視朝覲工作，並且派出具有爵位身分的知名人士擔任官方朝覲團長，就是最好的例證。而中華民國因為非常的國際處境，必須靈活運用各種關係，爭取應得的權益，維持正當的地位。由於中沙外交關係的改變，不能忽略在沒有正常外交關係之下，朝覲團一些拜會沙國官方的節目改變。但是，在沙國當局也同意「朝覲係單純宗教功課，無須政治介入」的前提之下，來自中華民國台灣的朝覲團，仍然能夠正常完成朝覲與許多國民外交工作。我國元首近年來逐年接見朝覲返國的回教朝覲團，也更彰顯了政府重視回教朝覲團的國民外交成果。[51]

---

[51] 我國從陳水扁總統開始，歷經馬英九總統、蔡英文總統，都維持每年接見返國的回教朝覲團全體團員的慣例。

# 結論

　　朝覲自古至今受到全體穆斯林的重視，有人在婚書裡註明，將陪同妻子前往聖地朝覲作為結婚聘禮，也有許多人不惜傾其畢生積蓄，長途跋涉經年前往，如今更有許多國家的穆斯林因為每年朝覲名額的限制，必須登記與排隊長達十餘年，方可獲得前往麥加朝覲的配額。這一切，就為了前往聖地履行回教的第五項功課。這種宗教信仰的虔誠精神，確實令人感佩。

　　朝覲的功能並不僅侷限於瞻仰晉謁「天房」或是在固定的幾天內，在麥加的天房與大寺以及麥加近郊，完成幾項必須的功課。而是同時具有促使來自全球各地的穆斯林互相觀摩、磋切，加深彼此情誼，實現「天下穆民皆為兄弟」的實質意義。

　　朝覲功課對台灣的回教教胞而言，可以提升國人的國際宏觀，親眼看到國外與回教世界的情況，也會發現自己的不足，謀求改進。此外這也是一個進行國民外交的好機會，可以提升我國在國際上的能見度，並展現我們的人文經貿等軟實力。

　　中國回教協會近年來逐漸以民主公開的方式，盡力提升朝覲團的服務品質，讓大家花費最少的金額來完成這項功課。具體而言，回教協會每年視情況先行安排協調辦理朝覲團相關事務，而正式出團時隨團也會安排教長與工作人員前往協助；而自民國100年起我國朝覲團也改住在麥加，提供朝覲團更多便利，這些都獲得許多好評。惟今後回教協會仍將繼續努力，無論在團體行程安排、節省開銷各方面，運用等發揮最妥善與最大的功效，負起更多相關事務的統籌規劃。此外也必須持續加強與沙國當地與世界各地回教組織持續保持互動與交流，甚至發展出更多的合作方式，帶動我國與廣大回教世界的各種關係。

# 第七章

## 經堂教育與經生制度成果與評估

趙錫麟

王世明阿訇伉儷與留學生攝於利比亞東部希臘古蹟Shahhat
（Cyrena）（1964年春）

# 前言

　　回教信仰重視知識與學習，《古蘭經》[1]明示知識的重要，首次頒降的第96章內容就是明顯的教誨。此外，還有不少的《古蘭經》經文提示學習與求知的重要，例如：「你說：有知者和無知者相等嗎？只有那些有心的人才會覺悟。」[2]（第39章9節）。穆聖的教誨更將求知與學習提升到必須身體力行的高度：「求學是每個穆民的天命。」[3]使我們了解到，回教早在一千四百年以前就重視求知，倡導教育普及與終生學習的重要。

　　如同眾所周知，回教傳入中土早在隋唐時代，惟早期在中國定居的穆斯林多屬於外籍人士，因此唐、宋史籍上還有「蕃客」的稱呼，其聚居區稱為「蕃坊」。[4]這些外來的穆斯林雖然定居中果並且與中土人士通婚，惟直到明代才在朝野大環境影響下，逐漸建立我國穆斯林特有的宗教教育系統。

　　這種教育稱為「經堂教育」。「經」是指穆斯林遵從的經典《古蘭經》，堂則是禮拜殿堂「清真寺」。因為自從穆聖時代開始，清真寺是穆斯林的重要場所，既是禮拜堂，也是學校、議事會所、仲裁，甚至婚喪都在清真寺辦理相關的事務，因此這個模式在我國流傳至今，也保存了穆斯林的信仰與特殊生活習慣。

---

[1]　本章《古蘭經》之中文譯註均引用自：謝赫・艾尤卜・宰克里雅翻譯，《明燈（伊本・凱希爾《古蘭經》註修訂本）》（沙烏地阿拉伯王國：法赫德國王古蘭經印製廠，2010）。

[2]　謝赫・艾尤卜・宰克里雅翻譯，《明燈（伊本・凱希爾古蘭經註修訂本）（第二冊）》，頁1136

[3]　本文作者自行翻譯，《伊賓馬嘉聖訓集（第一冊）》（開羅：阿拉伯書籍復興出版社，1952），頁8-9，第244條：（سنن ابن ماجه، تحقيق محمد فؤاد عبد الباقي ـ مطبعة دار احياء الكتب العربية، فيصل عيسى البابي الحلبي. القاهرة）

[4]　張中復，「國家與原住民：亞太地區族群歷史研究國際學術研討會」論文〈從「蕃客」到「回族」：泉州地區穆斯林族群意識變遷的歷史省察〉（2005），頁15。亦可參考本書緒論第二節。

# 第一節　回教的知識傳承觀念

　　以信仰為基礎的回教律法仔細區分人類的行為，將一切行為歸納為五類，納入「合法」（*Halaal* حلال）或非「非法」（*Haraam* حرام）的思考，令人隨時自我警惕與反省。回教教義認為人類是大地的代理主宰，造物主在造化人類始祖的時候，就把阿丹定位為「造物主在大地上的代理人（代位者）」，請詳《古蘭經》第2章30節：「當時你的主對天使說：我將在地上設置代位者。他們說：難道你要在其中安置為非作歹的和流血的（人）嗎？而我們在讚你清淨，讚你聖潔。他說：我確實知道你們不知道的。」人類代替造物主經營大地，他們是造物主的「僕人」，代理主宰他們必須有良好的管理營運方式，這就是回教信念的生活方式。

　　由於人類在世界上的身分僅只是「代理人」，所以他們必須對造物主負責，更要為自己的生活負完全責任，可以合理地經營、享受生活，也會獲得合理的報償與累積將來在「後世」需要的善功。人世的享樂，無論是子女或是財帛，都只是今世的裝飾；人們手中的錢財，事實上是造物主的錢財，只是交給人們經管與享用，人們受了真主安拉委託，就必須謹慎小心。

　　回教鼓勵人類發揮人性的光輝，讚揚好的品德與行為；也倡導天賦人權，呼籲人類不分種族、地域、貧富、貴賤，一律平等。極度重視親屬與血緣，尊重生命，注重隱私，關懷社會弱勢族群，倡導社會公正和諧，禁止虐待僕役，保護動物與環境。回教信仰鼓勵人類效忠自己的國家，嚴格規範戰爭不得傷害平民人身、財產、農作物。穆斯林就是歸信回教的人，他們的生活都接受回教教規的指導，喜愛清潔，避免安拉禁止的行為，他們從出生到死亡，一生裡面對於平日生活、飲食、成年、學習、婚禮、喪葬都遵守教規。

　　因為回教重視知識傳承，因此能從宗教信仰逐漸發展到影響全人類長達十個世紀的回教文明，歷史上膾炙人口的許多回教學者，在各種學術上都有高超的造詣。而回教文明流傳於世，仍然繼續傳承至今，與中華文化並存不朽，

且歷來與中華文明深刻交流。因為中華文化裡我們熟悉的「明明德」講究的格物、致知、誠意、正心、修身，以至於親民、止於至善、平等、中庸之道、「民為貴，社稷次之，君為輕」的眾多儒家理論，這些重視人本的主張與回教信仰的理論相符，而我們熟悉的諸如「己所不欲，勿施於人」、「父慈子孝，兄友弟恭」、善待鄰人、體恤孤兒，也都是回教倡導的善功。

綜觀上情，顯見世人對追求社會安定永續發展的邏輯與觀念是一致的，雖然可能因為私欲而扭曲了一些事實，又因為追求當前的利益而使得長期發展起來的文明毀於旦夕。但是，這些先人們的智慧，終究還是需要世代傳承下去。回教的學習概念就是從搖籃到墳坑，終生學習，鼓勵不斷地求知。《古蘭經》教誨：「你們只被賜給少許的知識。」[5]（第17章85節）、「你說：有知者和無知者相等嗎？」（第39章9節），[6]都提醒人類重視知識的傳承。

從真主的使者穆罕默德首次接受天啟，首先頒降的五節《古蘭經》文明確地顯示了「讀寫」的重要，闡明「教導了人們所不知的」，可以說宗旨就是：教育。[7]只有透過教育才能夠學習與了解正確的知識，脫離無知與迷信。回教的教育包括了知識的傳授、品德的培育、正確信仰的傳承，既有知識文化的傳授，又兼顧了品德與精神的陶冶。回教教育最具遠見的特質，就是目前已經是眾所周知的「終生學習」，活到老，學到老。

傳統的回教教育是從清真寺或家庭開始，從它早期的體制來判斷，或許可以稱為宗教教育。不過，回教教育兼顧了培養個人的宗教信仰知識與品德，也造就了具有謀生所需的基本知識，讓受過傳統回教教育的人便於謀生。由家庭開始的傳統教育，讓兒童接受家人啟蒙，透過身教與言教，給予初步基礎知識，下一階段始送請老師教導相關宗教教育。這是由具有師資能力者開班授徒，可能只是教導誦讀《古蘭經》等基本宗教知識，或是較為新式的分成幾個階段授課的學堂。

---

5　《古蘭經》第17章85節，《明燈（伊本・凱希爾《古蘭經》註修訂本）（第一冊）》，頁737。
6　《古蘭經》第39章9節，《明燈（伊本・凱希爾《古蘭經》註修訂本）（第二冊）》，頁1136。
7　《古蘭經》第96章1-5節：「你當奉你的造化主的尊名宣讀：他由血塊造化人。你讀，你的主是最慷慨的，他教人用筆，教人所不曾知道的。」《明燈（伊本・凱希爾《古蘭經》註修訂本）（第二冊）》，頁1487。

　　這方面則必須提到清真寺的功能，「清真寺」或通稱為「安拉的殿堂」（*Baitu-llah* بيت الله），在回教早期，真主的使者穆罕默德在麥地那建立的清真寺具有多種的功能，既是敬拜真主的宗教場所，也是學習知識的學堂，更是具有議事功能的會場，還兼具仲裁、接待、舉辦婚喪以及儲存財物的場所，類似今日的多用途會所。後來當回教社群逐漸擴大，才逐漸把諸如議事會堂、法院或仲裁所、學校、招待所、交易所、金庫等功能轉到清真寺以外的專門場所。時至今日，世界上許多回教地區的清真寺仍然具備這些多元功能；清真寺的場地可以為當地的教胞們提供許多服務。

　　清真寺也是最早的學校，不同階段的學生，可以在不同的時段，由不同的老師傳授不同程度的各種學術科目。這就是早期的中高等學府，在大的清真寺內，延聘有不同的師資，在清真寺殿堂上不同的角落，圍繞圓柱或依靠牆壁傳授各種專業知識，學生圍繞老師聽課學習。這就是最早的「講座」起源。這種學習制度並不限定時間，也不限制學生受教育年齡，直到學習成績獲得授業老師認可，准予結業。

　　由於學習是天職，也就是宗教的義務，鼓勵人們踴躍捐輸興學，以獲取造物主的喜悅，一般都有清真寺當局或私人捐贈「義產」，配合這種學習制度，給予必須的財務支援；包括提供授課老師薪資、交通、膳宿等福利，提供學生所需之膳宿、文具、書籍、衣著、零用等等，可以降低政府的財務負擔。由於回教信仰鼓勵學習，認定傳授知識是榮譽與義務，教師更是因為品德與學識成為典範，具有高尚的社會地位，受到尊崇。這種傳統的回教經學教育，至今仍然存在於伊斯蘭世界，有些已經採取更先進的管理與教學制度，有些仍然維持早期的方式。

# 第二節　我國的傳統回教經生制度

　　依據史籍考證，回教早在唐代即分別從陸路經由中亞，和海路從阿拉伯半島傳入中國。[8]惟在唐宋兩朝代，多數居住在中國的穆斯林，為來自中亞或阿拉伯的外籍僑民，在我國史籍上被稱為「胡賈」或「蕃商」、「蕃客」，[9]設置蕃坊（外僑區）供這些外僑居住。這些信仰回教的外僑居住中國多年，且有通婚繁衍後代。只是因為堅持信仰與保持特殊的生活習慣，因此並未迅速融入當地以漢族為主的中國社會。

　　這種情況一直到了元朝，蒙古人統治中國的時候，引進了大批的外族，統稱為「色目人」，這些外族人士具有商賈或官員的身分，當時的社會地位甚至超越了以北方漢人、契丹人、女真人等「漢人」與原南宋漢族為主的「南人」。元朝的色目人裡面，有不少來自中亞的突厥或西亞阿拉伯、波斯的穆斯林，他們為中國的穆斯林社會注入了新的元素，也由於元朝的多元民族政策，促使中國的穆斯林繼續維持他們的特殊生活方式。

　　朱元璋完成「驅逐韃虜」後，建立了明朝，由於元朝統治對當時中原帶來的創痛，因此明朝一直在積極的推動「漢化政策」，甚至在洪武年間詔令禁止胡服、胡語、胡姓，另外規定凡蒙古、色目人不許「本類自相嫁娶」但准許與中國人通婚的嚴格漢化政策。雖然明朝積極推動境內外族漢化政策，但明朝同時也與回教世界維持密切的政治與經濟、貿易關係，回教世界與中國也在明代進行了深入的文化交流。明代的漢化政策導致居住在中國的穆斯林與漢族通婚，因此回教教育也邁入本土化，開啟了中國穆斯林特有的經堂教育。

　　王靜齋阿訇曾經敘述，回教文化先由波斯傳到中國廣州，「回教文字惟波

---

[8]　傅統先，《中國回教史（台一版）》（台北：台灣商務印書館，1969），頁15。秦惠彬主編，《伊斯蘭文明（第一版）》（福建：福建教育出版社，2008），頁346。

[9]　桑原隲藏著，馮攸譯，《中國阿拉伯海上交通史》（台北：台灣商務印書館，1971），頁58、59、66等多處。李興華、秦惠彬、馮今源、沙秋真等，《中國伊斯蘭教史》（北京：中國社會科學出版社，1998）頁42。

斯來華最早，阿拉伯文的大部典籍入中國還在波斯文以後。印度的『伍爾都』文和土耳其文，在中國從未盛傳」。王阿訇認為中國回教文化早年有陝西與甘肅兩大支流，也詳細敘述了民國二〇年代大陸各地的經學教育淵源。[10]使我們在探討回教經堂教育的研究可以有比較清晰的脈絡。

我國的清真寺在傳統上將寺裡的職司名位區分為「開學」與「不開學」兩種。[11]開學的清真寺，意即辦理經堂教育的清真寺。這是早自明代開始，多年來我國回教的傳統宗教教學制度，支撐了回教在地的傳承與發展；因為這種教育在清真寺裡辦理，因此也稱為寺院教育。這種教育的宗旨是傳授回教經學知識，培養講學經師和從事宣教及率領教胞舉行宗教活動的宗教人才，也就是我們熟悉的經堂教育。

一般的開學清真寺，都由寺裡聘請學德兼望的學者擔任「阿訇」，[12]意即教長，主持寺裡的教務，招收並教導「經生」，又稱為「海里凡」或哈里法；[13]意即尊重學習經典的學生，將他們視同聖賢的繼任人。教師多由各地清真寺按照實際情況聘請一位或多位阿訇，阿訇們除去擔任日常宗教服務以外，還負責招生前來清真寺學習，清真寺視情況提供經生所需之食宿以及學習所需之書籍、文具甚至四季服裝等津貼。[14]按照不同程度進行學習，學習完成後，獲得學習結業資格，授穿綠袍，懸掛布幛慶祝，俗稱為「穿衣掛帳」。

一般的回教教胞多數都是利用生活環境裡現有的機會教育，例如家裡的長輩教導一些信仰回教所應有的基本知識，逐漸知道自己的宗教信仰。這些知識概括唸〈清真言〉、禮拜、齋戒等基本信仰、禮貌與道德規範，與一些婚喪喜慶的儀式。每個星期五，到清真寺做「主麻日」[15]聚禮。事前都會學習清洗大

---

10　王靜齋，〈中國近代回教文化史料〉，收入丁士仁主編，《中國伊斯蘭經堂教育（上冊）》（蘭州：甘肅人民出版社，2014），頁17-30。

11　孫繩武，〈存誠齋隨筆〉，收入氏著，《回教論叢》（台北：中國文化研究所，1963），頁335-336。

12　源自波斯語*Akhond* اخوند 的音譯字，意即回教的經師或教長，又有「阿衡」或「阿洪」的音譯寫法。

13　源自阿拉伯文*Khalifah* الخليفة 音譯字，這個名詞本義是繼承、代理。後成專有名詞「繼聖位者」，作為在使者穆罕默德去世以後，四位大賢繼續領導回教族群發展的領袖名號。用來稱呼經生，是重視他們學習的宗教知識具有繼先聖絕學的意義。

14　傅統先，《中國回教史（台一版）》，頁199。

15　阿拉伯語「星期五」الجمعة 的音譯，羅馬拼音為*Jum`ah*。

小淨，[16]穿著清潔衣服，禮拜誦唸的《古蘭經》文與祈禱詞、教胞彼此見面打招呼應該說什麼樣的字句、見到長輩如何問候，以及一些教胞習慣的特殊用語。

　　回教東來傳入中國以後，直到明朝隨著漢化影響，逐漸結合了中國私塾特色，形成了「經堂教育」。明朝嘉靖年間陝西回教經學家胡登洲，[17]被尊稱為胡太師，「早年學漢語和儒學，後習阿拉伯文、波斯文及回教典籍。曾赴麥加朝覲，歸國後，深感國內回教『經文匱乏，學人寥落』，立志興回教經學。初時，招收學生在家中傳授，後將課堂移至清真寺經堂內進行，從而開創了中國回教經堂教育」。[18]早在清初康熙年間，即有穆斯林學者趙燦撰寫了《經學系傳譜》，[19]記述明清兩朝代中國境內回教經堂教育和回教經師的傳承。從這本傳譜內容可以了解，趙燦是清康熙年代來自江蘇晉陵（今常州武進縣）的經師，師承河南宛丘（今淮陽縣）舍蘊善經師。

　　趙燦在這本傳譜內先詳述了舍蘊善經師收錄門人、授學教徒的辦法，與當時經堂教育的相關情節。趙燦引述他的老師所說「告天下萬事之學者。凡學者之取有五」，即舍蘊善經師主張「五有」：有學、有傳、有德、有言、有守。[20]《中國伊斯蘭教史》認為這是舍蘊善經師從嚴要求門下弟子遵守的「中國回教教育之方針」是偏重於「奉行天道，服從人道」，認為這是與近代王靜齋阿訇說的「天道」是指回教的五功，人道指正心、修身、愛眾、衛國、救世五事，其本質同於王岱輿、劉智等著述中的五功、五典。[21]並且列出了師承自胡太師，以至舍蘊善經師是第四代弟子，趙燦應是第五代弟子與他們再傳弟子的表列〈系傳總圖〉。[22]這個譜系不但記錄了胡太師長途跋涉求學歷程，也臚列了他的門生們把經學教育從陝西長安（今西安市）帶回了他們遍佈在雲南、河南、山東、兩湖、

---

16　清潔是回教的基本教育，穆斯林必須經常保持身體潔淨。經堂語稱清洗全身為大淨，禮拜或誦經前必須具備的局部清洗為小淨。

17　明代著名經師，學者對其名字與籍貫有不同說法。勉維霖主編，《中國回族伊斯蘭宗教制度概論》（銀川：寧夏人民出版社，1997），頁220。李興華、秦惠彬、馮今源、沙秋真，《中國伊斯蘭教史》（北京：中國社會科學出版社，1998），頁505。

18　鄭勉之主編，《伊斯蘭教簡明辭典（第一版）》，（江蘇：江蘇古籍出版社，1993），頁114。

19　〔清〕趙燦，楊永昌、馬繼祖標註，《經學系傳譜》（青海：青海人民出版社，1989）。

20　〔清〕趙燦，楊永昌、馬繼祖標註，《經學系傳譜》，頁6。

21　李興華、秦惠彬、馮今源、沙秋真等，《中國伊斯蘭教史》（北京：中國社會科學出版社，1998），頁508-509。

22　〔清〕趙燦，楊永昌、馬繼祖標註，《經學系傳譜》，頁1-22。

江南、兩廣與西北的家鄉，從明朝到清朝開枝散葉。而更令本章作者讚嘆的是，趙燦的著作同時顯示了當時的回教經師們不但精通源自阿拉伯與波斯的外文學科，更流暢通曉本國的中文，明確顯示了經堂教育的功力，確是傳承回教教門與培育穆斯林的重要途徑。值得我們研究，如何能夠承先啟後的逐漸發揚光大，更不能同意一些諸如「經堂教育落後」或是「不合時宜」的說法。

以下摘錄香港《伊斯蘭之光》刊登專文介紹近代的經堂教育制度：[23]

經堂教育分為兩部制：

1.**小學部**，亦稱經文小學，一般招收六至七歲兒童入學，主要教習初級阿拉伯語拼讀和宗教常識。教師多由寺內「二阿訇」擔任，也有現任開學阿訇擔任的。其課程有：（1）阿拉伯語字母發音及拼讀，由教師將阿文字母表寫在牛肩胛骨上或硬紙片上，稱為「黃本」，學生照此唸誦背記，達到能拼音會讀經文。（2）《凱里邁》（*Kalimah* الكلمة）。即基本宗教信仰，要求反覆拼讀原文，領會老師口譯意思，稱作「編凱里邁」，係對各種拼音方法的綜合運用與對學童進行宗教信條的基本訓練。（3）《亥聽》（*Khatim, Khatim Qur'aan* الختم، ختم القرآن）。即《古蘭經》選讀本，要求達到熟練地背誦，以為禮拜誦唸和為以後誦讀整本《古蘭經》打下基礎。（4）《凱赫甫》（*Suurah Kahf* سورة الكهف）即《古蘭經》第18章，共一百一十節經文，學會帶韻誦讀，供以後參加有關的宗教活動誦唸。（5）《乜帖》（*Niyyah* النية）。係阿拉伯語、波斯語的各種拜中唸詞和禱詞，為初級宗教知識的普及讀物，變稱「雜學」。小學部只進行宗教知識和啟蒙教育，沒有嚴格的管理制度，入學、退學自由，不分班次與級別，也不規定年限，一般須三至四年時間。學習期間年齡大的學生可參加禮拜、封齋，但不參加對外的宗教活動。學完上述

---

23　〈中國伊斯蘭教經堂教育〉，《伊斯蘭之光》2009年2月27日，http://www.norislam.com/e15/e/action/ShowInfo.php?classid=39&id=302（2018年9月17日檢索）。為便利閱讀與查詢，謹冒昧附加註相關的阿拉伯文學術名稱，還請不吝指正。

課程後，自願深造且具備條件者，可升入大學部深造。

2.**大學部**，亦稱經文大學，即進行系統的宗教專業教育和道德陶冶，入學手續較簡便，一般在主麻日的聚禮後，由小學老師及主管鄉老率領學生到開學阿訇面前去「接經」，舉行拜師和開課儀式後即為入學。學生被稱為「海里凡」或「滿拉」，可以取得禮拜纏頭巾資格，享受「供養」（即助學金），參加對外宗教活動，接受穆斯林邀請料理宗教事務，成為經堂教育主要的培養對象，但各地自由擇師「投學」以選攻某門專業課者居多。

經文大學的主要課程有：阿拉伯和波斯兩種語文的經典，學波斯語經典稱為「過法爾西」（*Faarsii* الفارسي）。在全部課程中，波斯語經典課程，因地區不同所佔比重多少不一。開設課程分為基礎課與專業課兩大類，基礎課有阿、波語語法學、修辭學、邏輯學3門，基本上沒有宗教內容。在此期間，學員的宗教知識與修養，主要是通過日常的宗教生活實踐與阿訇的言傳身教去培養。專業課包括《古蘭經》及經注學（`Ilm Tafsiir علم التفسير）、聖訓及聖訓學（`Ilm Hadiith علم الحديث）、凱拉姆學（`Ilm Kalaam علم الكلام）、教法學（`Ilm Fiqh علم الفقه）、蘇菲哲學（*Filasafah* الفلسفة）和古典宗教訓諭性文學（`Ilm Aadaab علم الأداب）等課程，為各地經堂教育的必修課。採用的課本有13種，通稱為「13本經」；（1）《連五本》，共5卷，為阿拉伯語詞法（*Nahwu* النحو）、語法（*Sarf* الصرف）的基礎課本。（2）《遭五・米斯巴哈》（*Misbaah* المصباح），為阿拉伯語中級語法課本，系《連五本》的詮釋。（3）《滿倆》，又名《舍萊哈・卡非耶》（*Sharih Kaafiyyah* شرح الكافية），為阿拉伯語法的理論課本。（4）《白亞尼》（*Bayaan* البيان），系阿拉伯語修辭學課本。（5）《阿戛伊德》，又名《阿戛伊德・奈賽菲》（`Aqaa'id Nasfiyyah العقائد النسفية），為認主學課本，有楊仲明的《教心經注》和馬堅的《教典詮釋》漢譯本。（6）《舍萊哈・偉戛業》（*Sharih Wiqaayyah* شرح الوقاية），係哈乃斐學派的教法著作（共四卷），有王靜齋阿訇的《偉戛業》漢譯本（節

選）。（7）《海瓦依‧米諾哈吉》，波斯語語法學名著，中國學者常志美著。（8）《虎托布》（*Khutub* الخطب），系對40段聖訓的波斯文注釋，側重于宗教道德修養，有李虞宸阿訇的《聖諭詳解》漢譯本。（9）《艾爾白歐》（*Arba`uun* الأربعون）：波斯文本，系對另外40段聖訓的注釋，側重于人生哲理。（10）《古洛司湯》（*Qulistaan* قلسیتان），波斯語文學著作。中國流傳頗廣，有王靜齋的《真境花園》漢譯本。（11）《米爾薩德》（*Mirsaad* المرصاد）：波斯文本，著重講解蘇菲派修身養性，認主、近主之道的哲學著作。有伍遵契的《歸真要道》漢譯本。（12）《艾什阿‧萊麥阿特》，為波斯文的蘇菲主義理論著作，有舍起靈的《昭元秘訣》漢譯本。（13）《古蘭經》，參照各種經注通講全經。現代，有些城鎮的大寺經堂教育還設有漢語和普通文化課程。大學部的修業年限也不固定，一般需要六至七年時間，在學完上述課程後，經講學阿訇鑒定認可、管事鄉老同意，方可「穿衣掛幛」畢業，才有資格應聘到各地清真寺擔任開學阿訇或任教。

經堂教育一貫重視德育，講求「知」、「行」並進，其培養目標，《經學系傳譜》總結為；（1）有學有傳：苦志力學，學有所成，並掌握言傳身教、傳道授業的教育思想與教學方法。（2）有德：潔身自好，循規蹈矩，有較高的品德修養與操守。（3）有言；既能言教，且能著書立說。（4）有守：甘於貧困，堅持純正信仰，致力於宗教教育事業，矢志不渝，富於追求「兩世富貴」的情操。明末清初一批著名的伊斯蘭經師和學者，如馮養吾、海巴巴、常志美、舍起靈以及馬德新、馬伯良等，都是經常教育培養出的傑出人才，他們的學識、德行及貢獻，至今為各地穆斯林所追念。

經堂教育在各地發展演變過程中，逐步形成了各自的中心和特點，早期有：（1）以馮養吾、張少山為代表，以精研細講凱拉姆學、《古蘭經》注為特點的陝西派。（2）以常志美、李延齡、舍起靈等為代表，以講授阿、波文十三本經並注重蘇菲哲學見長的山東派。（3）以馬德

新、馬聯元為代表，以改進經堂教育、主張阿、漢經書並授為特點的
雲南派。（4）清末和民國初期，在西北地方形成了以河州（今甘肅臨
夏）為中心並以通講《戛最古蘭經注》（*Tafsiir Qaadhii* القاضي تفسير）、
《米什卡特・麥薩比哈聖訓集》（*Mishkaat Masaabiih* المصابيح مشكاة）、
《宗教學科的復興》等大部頭經典為特點的河州派。（5）新疆地區的
宗教教育，大多屬小型分散的私塾形式，大清真寺附設有獨立的宗教學
校，在教學形式、講授內容及管理方式上都具有該地區的特點。
　　經堂教育是中國穆斯林創辦的一種帶有中國特色的宗教教育形式，它對
於培養經學人才及宗教教職人員和伊斯蘭教在中國的傳播、發展起了一
定的作用。

《中國回教史》簡述寺院學校（經堂）向有陝西派及山東派之分，並解釋：[24]
「此種分派非學理上之不同，實僅有習慣上之差別而已。此種學校所用之課
本，均係波斯文或阿拉伯文，但陝西派則多專攻阿拉伯文之經籍，山東派則多
阿、波兼授。陝西派之學，重於精而專；山東派之學，則重於博而熟…此外，
尚有雲南派，以馬復初為師，多儒學之士，獨重於翻譯經典，介紹天方學術，
特樹一格。至於中國東部，自王浩然阿訇提倡中、阿兼授以來，河南等處亦隨
之而蜂起…此風所至，乃促成各地現代化之師範學校。」從上面的敘述，或能
使讀者能夠清楚了解回教學術研究的真諦，確實具有兼容並蓄精神，與學術研
究的嚴謹及堅持。

　　關於經堂教育使用的教材「十三本經」事實上也因為早期的經堂教育源自
中亞，而後來受到源自印度的經堂教育體系影響，到了二十世紀初，也出現了
新疆經堂教育與內地經堂教育採用不同教材的差異。[25]丁士仁教授更在他主編
的《中國伊斯蘭經堂教育》裡，精確地製作了〈經堂課本比較圖〉[26]對中國經
堂教育的通用教材與新疆經堂教材、印度經堂教材等做了詳細明確的比較。

　　我國的回教教胞，傳統上擁有很多美德，知道社會是多元的，必須互相尊

---

[24] 傅統先，《中國回教史（台一版）》，頁206-207。
[25] 丁士仁主編，《中國伊斯蘭經堂教育（上冊）》，頁5-10。
[26] 丁士仁主編，《中國伊斯蘭經堂教育（上冊）》，頁331-336。

重，和諧共處。由於回教教胞是社會上的少數族群，必須主動地以身作則，逐漸讓周邊的人們了解回教的信仰、教規與因此衍生的特殊生活習慣，所以鮮少發生誤解或糾紛。家長自幼教導子女檢點自己的行為，以及傳授一些宗教的基本知識。或許因為飲食是每天的事情，所以飲食的規範接觸得最多，必須知道相關的限制或是變通的做法。自幼教導並灌輸回教主要信仰：清真言「作證萬物非主，唯有真主；作證穆罕默德是真主的使者」。

我國回教教胞，身處在與漢族一同生活的大環境裡，他們能夠接觸回教知識的機會便不是那麼普遍。大都是從自己家裡開始他們的傳統宗教教育，有機會就學習一些，經年累月不斷地終生學習，這是回教信仰倡導的原則；也因此維持了族群信仰的傳承，這個動力鼓勵教胞持續學習求知。回教教胞傳統上與清真寺有密切關係；清真寺與教長的地位受到尊重。每年的齋戒月，白天齋戒不能飲食，且必須謹言慎行。在開齋的時候，聚集開齋、祈禱、禮拜，這些都是機會教育。

教胞家庭的宗教與生活教育有其重要性，但少數族群依靠家裡的父母、長輩們的這種傳統教導方式，確實不足，還需要更多的社團互動，以及更專業的知識，來解決迫切的需要。因為有些問題解決不了，有些是可以去清真寺解決，但如果在清真寺都解決不了，就會發生問題；這就是如今少數族群與一般多數民眾在社會裡的不同處境。

在傳統的回教國家，或在回教信仰是社會多數人口的地區，這些宗教與生活上的基礎知識，還有生活上的特殊需求，大都是由政府或社團機構主持。因為大環境的包覆，青少年在同儕之間也可以互相影響與學習，無須家長費盡艱辛地自行負責。甚至政府與社團組織還可以提供更多的社會功能與協助，而在非回教地區的少數穆斯林族群則很容易因此面臨失能，而使得他們在當地的處境逐漸邊緣化。

# 第三節　現代的回教知識的傳承演變及其在台灣的延續

傳統先先生在其著作《中國回教史》簡述民國以來的中國回教教育：今日中國回教之學校可分為三種：「（一）寺院學校：即由各清真寺之教長，招收若干學生，講授回教經籍。（二）回民師範學校：則中文與阿拉伯文同時兼授，以新式之教學方法，講授中國學術以及回教經典，以造就未來之傳教師。（三）普通學校：即回教機關出資所辦之中小學校，與一般學校無異，惟略有宗教知識之灌輸而已。」[27]

辛亥革命前後，中國的回教學者和留日學生提出了「教育普及和宗教改良」的主張，各地在經堂教育基礎上，先後創辦了一批新式宗教學校和師範學校。1909年在北京牛街創辦的京師第一兩等（初等、高等）小學堂，民國14年創辦的成達師範，16年創辦的上海伊斯蘭師範，17年創辦的四川萬縣伊斯蘭師範等學校，為培養具有現代科學文化知識、經書兩通的人才開闢了道路。中國回教教育隨之步入了現代歷程。

中國回教協會在台灣開創的初期，即注重各地清真寺的教學傳承。當時不但有教義與譯經委員會的組織，時子周先生不但積極完成《國語古蘭經譯解》，還親自定期在麗水街清真寺講授教義，後來集結成《回教教義一百講》。後來又有經書刊印活動，將一些重要的回教經書典籍重新刊印，得以重新廣為流傳造福後人。台北清真寺在民國四〇、五〇年代，由曾經留學埃艾資哈爾大學（Al-Azhar University, *Jaami`ah Azhar* جامعة الأزهر）[28]的台北清真寺教長的熊振宗阿訇[29]，每個星期天假日在新生南路清真寺義務教課，教授初級必修的基礎

---

[27] 傳統先，《中國回教史（台一版）》（台北：台灣商務印書館，1969），頁206。

[28] 艾資哈爾大學：創建於西元970年，至今仍然屹立，為世界最早設立的高等學府之一。初期為什葉派的法圖米王朝創建的清真寺，作為發揚回教宗教的學術中心。至西元12世紀，薩拉丁下令將艾資哈爾學程改變為沙非爾法學宗派，迄今仍為伊斯蘭世界的知名學術中心。

[29] （*Shaikh Ibraahiim Shung* الشيخ ابراهيم خيونج）廣州市人，留學埃及艾資哈爾大學，曾任廣州光塔寺教長，民國44年應聘擔任台北清真寺教長，長期在週日開設講習班，教授《古蘭經》、阿拉伯語文與教義。自民國46年起應聘擔任國立政治大學東方語文學系創系主任兼阿拉伯語文及文學史教授。民國3年生，民國51年逝世於台北。

教義，包括阿拉伯文拼讀、背誦《古蘭經》的短章經文，是開放式課程。當時台北清真寺還有柴德林阿訇[30]，他當時是台北清真寺的助理教長，不但兼著為台北地區的教胞日常服務，他也熱心教導青年學子們誦讀《古蘭經》經文與基礎的教義課程，他還會書寫中國式古體阿拉伯文書法，這種古體書法是我們中華地區特有的體例，帶有中文水墨書法的神韻。

後來繼任的王世明阿訇、定中明阿訇、海維諒阿訇[31]、張文達阿訇[32]、馬吉祥阿訇[33]等人，也都曾經積極負起教育的責任。其他如高雄、台中等地的清真寺主持的阿訇們[34]也都盡責地負起教義知識傳承的責任，只是當時物力維艱，能夠注入清真寺的教學資源有限，只能說是一種啟蒙教育。不過由具有留學國外科班出身的阿訇，教導阿拉伯文拼音讀寫和《古蘭經》誦讀，確實奠定了良好的基礎，使台灣的教胞們日後能夠順利與國際接軌。

中國回教協會與台北清真寺在民國50年夏天，正式在新生南路的台北清真寺舉辦第一次暑期教育講習，規模有幾十個穆斯林青少年齊聚一堂，年齡從小學高年級、初中，甚至於高中、大學的學生都有。學習班歷時一週，採取系統性的教學，師資包括許多可敬的前輩，像是王世明阿訇、馬明道阿訇[35]、柴德林阿訇。很有系統地教導正確地洗大小淨、禮拜、喚禮等儀式與基本的回教宗教知識。

這種並非正式科班的經堂教育至今在台灣並未中斷，但事實上，上世紀中葉穆斯林來到台灣後，當時並沒有把大陸那套學習「十三本經」[36]的學習方

---

30　柴德麟阿訇：天津人，家學淵源，自幼隨從父親柴老阿訇學習回教教義，曾經多年服務台北清真寺擔任教長，平日專職教務，熱心服務教親，擅長傳統中國特有之阿拉伯書法。

31　湖南邵陽人，早年留學印度、埃及。服務外交部並曾派駐伊朗、印度、聯合國、利比亞、沙烏地阿拉伯等國，積極從事回教學術研究，有多本著作。

32　山東莒縣人，濟南成達師範畢業，留學埃及，學成後曾經派駐中華民國駐埃及大使館、駐沙烏地阿拉伯大使館、駐利比亞大使館，在台北工作期間曾經兼任台北清真寺教長、國立政治大學阿拉伯語文教授。民國6年生，民國80年病逝於美國德州。

33　寧夏賀蘭人，早年旅居沙國僑胞，沙國大學畢業並曾留學埃及艾資哈爾大學，於民國58至64年應聘擔任台北清真寺教長。

34　謹按此一期間是指民國四〇、五〇年代，當時高雄有馬扶安阿訇、馬賢彬阿訇、台中有虎紹林阿訇，台北文化清真寺有高浩然阿訇等賢達。

35　原籍北平牛街，早年留學土耳其，曾經擔任中華民國駐土耳其、埃及、伊拉克、約旦等國大使館武官，退役後曾任台北清真寺教長、國立政治大學東方語文系主任兼教授。民國前4年（清光緒34年，西元1908年）生，民國80年逝世於台北。

36　資料來自〈中國伊斯蘭教經堂教育〉，《伊斯蘭之光》2009年2月27日，http://www.norislam.com/e15/e/action/ShowInfo.php?classid=39&id=302（2018年9月17日檢索）。十三本經包括《古蘭經》（*Qur'aan*

法完整帶過來,也沒有系統性地延續以往那種培養專業宗教人才的經堂教育制度,而是遇到機會,就直接把年輕的穆斯林以略有回教知識基礎的經生身分,送到國外的伊斯蘭世界去學習。

由於前述的寺院教育或經堂教育系統,是基於回教文化傳入中國歷時千餘年,所長期使用的參雜許多源自阿拉伯、波斯或突厥語文的音譯詞句,也有一些漢化的中文專有名詞,都被通稱為「經堂語」。如同前述的「乜帖、亥帖」,就是直接從阿拉伯文轉借過來的。所謂「乜帖」(*Niyyah* نية)就是決定或打算的意思,經堂語稱為「舉意」,「亥帖」就是指《古蘭經》的首章以及第三十本後面的一些短章(*Khatim* ختم),取自經典有始有終(*Khatim Qur'aan* ختم القرآن)的意思,兩者和中文的「帖」字只是將就原文的字母發音,與單字的原意並無關聯,只是將長久以來就已採用的譯名沿用至今。

中國回教協會於民國50年,在台灣選派第一批留學經生,沙烏地阿拉伯「麥地那伊斯蘭大學」(Islamic University in Madina, *Jaami`ah Islaamiyyah bi Madiinah Munawwarah* الجامعة الإسلامية بالمدينة المنورة)當時招生,給中華民國台灣的回教教胞獎學金共有五名,選派去的學員是馬質彬、丁邦粹、楊貴堂、林榮圖、速泰永。民國52年初,中國回教協會接獲利比亞的伊斯蘭大學提供五名留學獎學金。招考時可能考慮到年紀較小的留學生、經生出國。當時因為國家法規限制,年輕經生出國實在有些困難,要透過政府跨部會協商解決,但這個具有實際前瞻性的方案得到中華民國外交部與內政部、國防部的支持。派遣青年學員出去學習阿拉伯語文回來,對國家的外交、新聞、國防需要確有實質利益,因此特案准許經生出國;是帶有試驗性質的做法。中國回教協會積極與政府及各主管方面協調規劃,當時中華民國政府政策的宏觀與遠見確實令人推崇。

中國回教協會公開招考留學利比亞經生,經過公開筆試、口試選拔,然後

---

*Kariim* القرآن الكريم)、《穆聖聖訓》(*Ahaadiith Nabawiyyah* الأحاديث النبوية)、《古蘭經註解》(`*Ilm Tafasiir* علم التفسير)、《認主學》(`*Ilm Tawhiid* علم التوحيد)、《律法原理》(*Usuul Fiqh* أصول الفقه)、《伊斯蘭律法》(*Fiqh* الفقه)《遺產分配》(`*Ilm Miiraath* علم الميراث)、《修身道德》(`*Ilm Akhlaaq* علم الأخلاق)、《阿拉伯文文法》(`*Ilm Nahwu* علم النحو)、《字法》(`*Ilm Sarf* علم الصرف)、《修辭學》(`*Ilm Balaaghah* علم البلاغة)、《邏輯學》(`*Ilm Mintaq aw `Ilm Kalaam* علم المنطق أو علم الكلام),甚至涉及《觀月天文》(`*Ilm Falak* علم الفلك)與《數學》(`*Ilm Hisaab* علم الحساب)等必備學科與教材。另請參考本章第8頁敘述及附加之阿拉伯文詞彙。

圖7-1　定公使中明侊儼在利比亞貝達寓所招待留學生聚餐（由左至右分別為：定公使、趙錫麟、定正倫、金玉泉、常壽昌、丁邦國、定夫人。（攝於1968年）

錄取丁邦國、常壽昌、金玉泉、趙錫麟、白均五人。當時中國回教協會的負責人都只是在精神上給留學生們灌輸了根深柢固的「承先啟後、百年樹人」的責任與義務觀念，不但是個人的願景，更是國內全體回胞的期望。

　　就相關情況而言，整個回教世界從二十世紀中葉的後殖民時代開始以來，出現很多新興的獨立國家。這些國家不少是從原本沒有資源的情況下，很快地就擁有大量的資源。以沙烏地阿拉伯與利比亞這兩個例子來說，他們原來都是很貧困、財政很有限的國家。後來因為發現石油，情況開始好轉，因此就開始分別建立新式的回教大學，希望藉此機會能夠將傳統的伊斯蘭教育，運用包括聘請各地優秀師資在內的各種新的方法，來展現它的具體效果。所以，就積極提供獎學金，招收世界各地的學生前來學習，而中華民國當時是他們在這方面希望能有所互動的對象。當時這兩個大學聯絡我們的駐外大使館，然後大使館再把消息傳回國內，而政府不但很快地有所呼應，同一時間中國回教協會也主動協助配合。無論是從台灣穆斯林少數族群的本身需求，或是從政府的外交觀

點來看，這些互動與交流都有它的迫切性。

　　首先，中華民國需要與整個廣大的回教世界加強外交上的互動關係；其次就是國內需要培植更多的阿拉伯語文專業人才。以回教教胞的觀點而論，是亟須培養經生，等他們回國以後才能夠回饋自己的社會。由於這種與伊斯蘭世界之間的互動在當時有它長遠重要的意義，因此這對於日後維持經生制度的存續，並提升他們的專業水準而言也都是相當必要的因素。

　　除了沙烏地阿拉伯與利比亞之外，在其他國家部分，早期在民國四〇年代巴基斯坦與中國回教協會曾經有一些互動與交流。但是，隨著中國大陸逐漸加強與巴國的關係，基於當時的觀念與局勢，巴國與中華民國缺乏官方互動，台灣的教胞更無法派遣留學經生。回教前輩曾經有兩批經生獲得埃及官方提供獎學金出國，前往艾資哈爾大學留學深造。這是知名的學府，但由於我國與埃及早在民國45年即斷絕外交關係，因此後來便不再像抗戰前後期間那樣，有機會獲得獎學金，派送經生出國留學。否則若能延續當年馬松亭[37]、龐士謙[38]、馬堅[39]、王世明、定中明、熊振宗等前輩們在艾資哈爾大學的學習精神，勢將改變近代中國回教的宗教教育歷史。

　　因為埃及的艾資哈爾大學在十九世紀到二十世紀，曾經數次大力改革，謀求提升傳統的宗教知識傳授與研究，不但引進了新穎的大學制度，並且增設了許多科系，使這所具有千年歷史的古老大學重生。從二十世紀初至今，許多回教國家將埃及列為派遣學生前往留學的首選，愛資哈爾大學更為各國留學生學習回教宗教知識的第一志願。其中包括二十世紀前半段，兩批從中國遠渡重洋前往留學的經生。為何留學首選埃及？除去上述的大力改革以外，可能艾資哈

---

[37] 北平牛街人，曾於穿衣掛帳後，進入北平「中阿學堂」接受新式回教師範教育，受教於達浦生阿訇、王友三阿訇，曾經受聘在各地擔任教長。後與唐柯三先生等回民先進共同創立程達師範學校。生於清光緒21年（民國前17年，西元1895年），民國81年逝世。

[38] 河南省人，曾任成達師範學校訓育主任，民國27年（1938年）率領留學生團赴埃及艾茲哈爾大學留學。回國後任教並主編《月華》等伊斯蘭刊物，著作與譯作甚多。生於民國前10年（1902年），民國47年病逝於中國大陸。

[39] 雲南省人，自幼接受伊斯蘭經學教育，民國20年（1931年）隨第一屆學生團赴埃及留學，先後在艾資哈爾大學與達魯歐魯姆（Dar `Uluum دار العلوم）學院深造，在埃及期間即致力於將中文典籍翻譯成阿拉伯文。民國28年（1939年）學成歸國，專注完成中文古蘭經譯解。生於民國前6年，民國67年（1978年）逝世於中國大陸。

爾大學提供獎助學金，可使學生減少後顧之憂；加上艾資哈爾的千年學府名聲遠播，而該校的學者確實在二十世紀初年，埃及內憂外患時，積極喚起埃及國民反抗殖民奴役，帶動後來的改革，切實做到先天下之憂而憂的學者角色。而艾資哈爾畢業生散播海內外，也帶動了回教世界各地的復甦運動，這些都是有助於提升埃及學府知名度的原因。

當利比亞於1951年獨立建國後，在百廢待舉的情況下，可以迅速創辦伊斯蘭大學，則是因為在全國各地都有這個系統的伊斯蘭學校，一般稱為伊斯蘭宗教學校。學生進入這些學校以後，校方管食宿，免學雜費，還提供書籍。基本上學生可以從小學、初中讀到高中，當學生完成基礎教育畢業後，就可以申請進入伊斯蘭大學深造。

利比亞還有一種制度化的宗教教育學校，是專門學習頌讀、背誦與學習《古蘭經》的地方，通稱為《古蘭經》誦讀學校（Quran Reciting Institute, M'ahad Qiraa'aat معهد القراءات），有的是和回教宗教學院合在一起，有的是單獨的，所以宗教知識學習系統很完整，基礎也很穩固，因此可以迅速開設伊斯蘭大學。伊斯蘭大學具有回饋回教世界的目標，因此伊斯蘭大學廣泛招收世界各地的學生，使得前往留學的經生們都浸潤在宏觀寬容的環境裡求學與生活，可以直接培養學生的國際觀念。

留學經生的學習制度，第一年有四種和語言有關的課程，其中包括閱讀、聽寫、基礎文學以及書法。其中的書法課開始也不是很正規，後來到了第二年才正式地學習阿拉伯文書法，有專精的老師諄諄善誘的教導。另外就是宗教方面的課程，有一門課叫做「品德」，它是引述一段穆罕默德聖人的《聖訓》[40]，然後教導學生們應當如何去身體力行。當時先教育我們做人要慈愛、有同情心、誠實、孝順、平等、寬容這一類的原則，同時還有禮儀，這些相關內容都集結成課程，有點類似倫理課。

而另一門重要的課就是《古蘭經》的閱讀與背誦，共有六個科目。等到預備班上過了以後，正式的學術科目就比較多了，其中還是有那四種和語言有關的

---

[40] 專指真主的使者穆罕默德的言行或默許，這些言行都是由先知的弟子們傳述，在穆聖歸真後記錄下來，再經過嚴格的篩選考證，纂輯成書；屬於伊斯蘭律法的第二重要法源。

課程,但程度已明顯提高不少。另外的課程則是關於學習如何禮拜、齋戒,與出天課等,這些都屬於回教律法的宗教規範(*Fiqh Islaamii fi `Ibaadaat* الفقه الإسلامي في العبادات)。另外,還有《聖訓》,以及其他和宗教知識相關的學習課程。至於與《聖訓》規範有關的學科訓練則分得較細,除去聖訓的解釋以外,還包括《聖訓》的傳述以及如何辨別聖訓的可靠等級的「聖訓名詞學」、遺產的分配原則等。在語文方面則新增加了一門進階的文學課,其中還要背誦詩詞、散文、演講詞(類似古文言文);然後是阿拉伯文文法學。這種的傳統教學是以培養全才為目標,穩固的使學生打好基礎,等到正式進入大學就讀,學習就有更多的選擇性。

現代沙烏地阿拉伯本身所發展的教育系統,或是宗教學者們所建立的體系,早年似乎分為兩個方向,在利雅德有一個法政專校,是專門培植法務人員的學校,目的是要培養法官,後來這個學校就發展成一個大學,叫做伊瑪目伊斯蘭大學(*Imam Muhammad bin Saud* Islamic University, *Jaami`ah Imaam Muhammad bin Sa`uud Islaamiyyah* جامعة الإمام محمد بن سعود الإسلامية),這是沙國早期有宗教學者背景的沙國王室先祖,也是跟王室合作,一起支撐沙烏地這一片天下的沙國宗教學者的背景系統。

至於在麥加的回教律法學院和其他後來陸續建立的其他回教律法學院,是偏重於伊斯蘭學術研究,從法學院畢業的人可以成為律師或司法人員,包括法官與檢察、監察體系;而另一方面,法學院畢業生基本上可以去一般學校教導伊斯蘭宗教與教法方面的學科,而到了後來這個學術體系才建立得更為專精,畢竟早年並沒有想到後來的發展趨勢產生了不同。

早年會認為學生學出來是一種通才,之後再去做專精的研究;然而,後來發現有人太寬鬆地去解釋東西,又有些人太執著於某些部分,因此這裡面就有一些衝突,造成不好的影響,因為這兩者都遠離了回教的中庸之道。所以,回教世界也在這領域展開研究,設法做出更符合今日社會情形的精密區分。

基本上沙烏地阿拉伯本身的現代教育系統裡,並沒有獨特專設的回教教育系統,因為沙烏地阿拉伯的學制裡,本來從小學開始就加重了回教文化的課程比重,所以是這樣培植起來的,所有學生都必須學習。但是,其他大多數阿拉伯與回教國家,後來就發現到需要加強回教教育,因為他們的現代教育體制是

從非回教的文化體系引用進來的。

　　像埃及就認為這根本是兩種不同教育體系，宗教是一個古老的傳統體系，其他一般教育是另一個現代體系，所以這裡面就有些不同，大家目前仍然在逐漸整合中。像突尼西亞也是，獨立後的親西方政府堅持認為傳統回教宗教對於一些現代政府措施並沒有幫助，所以就把宗教大學整個壓低下去，根本不賦予它現代大學的資格；而利比亞後來則又再設立一個伊斯蘭大學，讓原先的宗教學校體制得以延伸到高等教育；其他的回教國家也有類似的做法。

　　如同在馬來西亞跟巴基斯坦，就設置國際伊斯蘭大學，這就比先前阿拉伯國家的伊斯蘭大學更進一步，學校裡除了回教研究外，還著力把回教教義與其他有關的學科結合，而這等於是回教世界在後殖民時代的反思，或是說回教世界在衰弱時期後復興的一個階段，寄望未來還會推動更新穎有效的整合發展。

　　現代回教學術比較顯著的進展，當是上世紀七〇年代開始，伊斯蘭大學發展出一種新的研究科目：「伊斯蘭經濟」。但是，學者們同時也在討論一個概念，就是每一種東西都要普遍地回教化還是不要過度宗教化？人們可以專門命名諸如：回教服飾、回教飲食或者回教文化，那麼是否還有回教文學、回教商品？有時候就是太執著於回教會宗教，就像「清真」這個專有名詞一樣，到底需不需要這樣的稱呼，一直是很普遍的討論。

　　伊斯蘭其實就是人類的生活典範，每一種東西是否都有必要加上這三個字或兩個字的專有名詞？如果像文學或戲劇都要冠上回教這樣的專有名詞，似乎就過於形式化，太在意地描述這些事物。當人們談論地中海的飲食時，是否需要執著的說某種菜餚是專屬希臘的或是土耳其的，或說它是阿拉伯人的，或是猶太人的？人類的文化會在一個地區甚至在全世界各地流傳，我們不能忽略了人類文明是共同創造普世分享，造福全人類，而逐漸累積下來的人類共同智慧，也有可能會掉入偏激或是無解的「先有蛋，還是先有雞」拜占庭式的邏輯辯論迷思。

　　綜觀前述的回教經學傳承與派遣經生出國留學，雖然途徑坎坷漫長且多有挫折，但這也反映出整個回教世界的演變過程。[41]出國經生中，第一批派往沙

---

[41] 當時趙錫麟首先獲得回教法學博士學位。關於經生正式接受課程學習等相關內容，請詳趙錫麟口述，張中復訪問，《天方學涯：趙錫麟先生訪談錄》（台北：國史館，2014）。

國麥地那伊斯蘭大學的丁邦粹與楊貴堂兩位可惜英年早逝，馬質彬阿訇畢業後前往馬來西亞宣教多年。民國52年派遣前往利比亞求學的第一批經生，以及後來陸續派往沙烏地阿拉伯麥地那伊斯蘭大學、利比亞貝達或班加西大學的多位經生，[42]踏著前輩先進們的足跡，做著繼往開來的傳承工作。其中有金玉泉阿訇曾經繼續在利比亞的宣教學院完成碩士課程，返國後在台北、台中、高雄的清真寺擔任教長，並在國立政治大學作育英才。丁邦國學成後曾經長期服務於中華民國外交部，並兼任國立政治大學阿拉伯語文教職，且協助中國回教協會與台北清真寺工作。馬凱達返國後亦曾服務於國立政治大學等院校教授阿拉伯語文，並協助政府機關擔任翻譯工作，更曾長期擔任「亞太宣教會」中華民國理事。趙錫麟繼續在沙國完成研究所課程，後來服務公職，並兼用餘暇在國內的清真寺長期授課，擔任教長等工作。馬孝棋從利比亞畢業返國後，復前往沙國麥加，在世界回教聯盟的「宣教學院」深造完成課程，長期服務中國回教協會與台北清真寺。張元良、張元川昆仲在利比亞完成學業後，分別從事商業與公職在外交部服務。林楠松、馬應皓、李國光、鮑永中、宗大剛、馬振安、馬紀光、馬景仁、馬子龍、馬良華、胡光中、楊承泰、米牧瑋、米牧珩、洪量、王瑋瑋、徐榮川、麻強生等多人均留學利比亞。

留學沙國麥地那伊斯蘭大學還有劉建華、金玉珠、張治國、江冠霖、金宏明、馬崇清等人，與選派到沙國利雅德紹德國王大學阿拉伯語言專班的楊宏佑、趙元凱、宗健宇、馬希哲、石大衛、蕭偉君、蔡劼甫、于嘉明，前往利雅德伊瑪目大學阿拉伯語言專班的馬文發、陳光旭等人，他們返國後雖多未從事公職，惟經常熱心服務宗教，擔任各地清真寺回教志工，出錢出力，亦有多人擔任清真寺董事長、董監事或教職。胡光中近年在土耳其伊斯坦堡協助慈濟慈善事業基金會在土國救助與安置敘利亞等中東戰亂難民，尤其注重難民兒童教育。王孟陽自費負笈埃及，從艾資哈爾大學畢業後，在台北與香港服務宗教，

---

[42] 早年我國經生均派往利比亞貝達的伊斯蘭大學就讀，惟西元1969年利國革命後，多次將大學院校合併與遷移，伊斯蘭大學亦移往班加西合併，因此我國後期留學利國經生多進入班加西大學（University of Benghazi）就讀。早年利國只有利比亞大學與伊斯蘭大學。班加西大學原係利比亞大學班加西校區，於1973年校區遷移到鄰近班加西的Garyounis地區，並改名為University of Garyounis，直到2011年2月17日革命推翻格達菲政權後，再度恢復校名為「班加西大學」。

目前在香港擔任阿訇。

　　劉安琪在沙國求學期間即熱心服務朝覲教親與僑胞保持良好關係，並曾經協助榮民工程事業管理處在沙國拓展業務，從沙國吉達老王大學（King Abdulaziz University, *Jaami`ah Malik `Abdul Aziiz* جامعة الملك عبد العزيز）畢業後，因侍奉高堂僑居美國，仍然熱心聯繫與服務旅居美國回教教親。張治平從麥地那伊斯蘭大畢業後，返國服務中國回教協會與台北清真寺，後服務外交部公職。馬超遠、馬超賢昆仲均先後畢業於沙國麥地那伊斯蘭大學，並曾繼續深造獲得更高學位。馬超遠多年服務於外交部，並曾先後派駐杜拜、利比亞、沙烏地阿拉伯等國，擔任大使級代表。馬超賢多年服務台北清真寺，曾於民國105年出版《古蘭經暨中文譯解》。馬德威於麥地那伊斯蘭大學畢業返國後，亦曾短期在國立政治大學阿語系服務，目前擔任中國回教協會理事長。畢業於利比亞班加西的楊心怡，曾經擔任外交部亞西司副司長、中華民國駐蒙古代表、駐約旦代表。買睿明從利比亞學成後服務於中華民國外交部，目前擔任中華民國駐約旦王國代表。李宗白從沙國紹德國王大學阿拉伯語專班學成歸國後，熱心創立「伊斯蘭文化苑」，[43]積極宣揚回教教義，並注重歸信教親與教胞的宗教教育，可惜英年早逝。其他多位經生於畢業後，雖未曾擔任政府公職或學校教職，但均熱心服務教親，協助中國回教協會與各地清真寺推動業務，且多位事業有成。留學馬來西亞的錢益玲、梁正坤兩位女士，在返國後全力服務婦女教親與清真寺假日幼教多年，貢獻良多。以上敘述僅略就所知舉例，多有掛一漏萬之處，還請方家不吝指正。

　　宗教的事務與傳承是眾人必須共同負起的責任，回教教胞們多會自認是責無旁貸，有義務去做，從盡義務的角度去做所有的服務。在早年一些教胞長輩們的努力，以及與國外的良好互動，造成了良好的社會形象，使國內的回教族群受到相當的尊重。而有關宗教知識的傳承，確實迫切需要重新檢討與規劃，以期更有效地使這個族群繼續茁壯的邁進。

---

[43] 「伊斯蘭文化苑」創立於民國75年，係由李宗白在台北與原籍敘利亞的馬樂旺合作發起，後來改名為伊斯蘭服務社。

# 第四節　回教教義闡述與認知的差異

　　回教鼓勵知識的傳承與學術的研究，在《古蘭經》與《聖訓》裡都有明確的指示，[44]穆斯林學者們早已奠定「大膽假設，小心求證」等學術規範，也嚴格區別「學術真知」與一般資訊的差異，在學術殿堂裡的辯證，絕非市井大眾的隨興討論。[45]有關宗教知識的傳承，不但需要家庭與周邊環境的培養，更需要個人在成長過程中，自幼到老的終生不斷學習。而知識的傳承與教授，也因為個人的不同素質，產生不同的差距，但每個人都有接受教育的權利和義務，因此才有「因材施教」、「有教無類」的說法。

　　真主頒降經典，派遣使者或聖人、先知，經典裡的教誨是明確的方針，而聖人或使者的行為，成為穆斯林的表率與學習榜樣。但是，每個人學習的認知與仿效，可能會有不同的差距，因此也會產生爭議，這些爭議必須透過學術邏輯找出正確答案。而學者老師們教導門生弟子，也會因此產生學派或宗派，而學術宗派之間的爭議，也是必須透過正確的學術方式尋求答案；因為他們採取了正確的研究方式。惟倘若將市井裡的傳聞，用學術方式加以研究，必將迅速證明其對錯。但是，倘若將學術研究交給市井大眾研判，則很可能造成無解的災難；因為這裡面疏忽了學術研究的倫理。

　　我們稍微回顧一下近代的回教世界歷史，就會發現現代產生對回教的許多謬論傳聞，多是因為罔顧學術倫理而造成的迷思。而迷思的主因，可能與西方近代的觀念有密切的關係。《東方主義》（*Orientalism*）的作者愛德華·薩依德（Edward W. Said）的序文裡提到：

　　　　因此我在書中強調，無論「東方」這個詞語抑或「西方」這個觀念，都不具備任何本體論層面的穩定性，兩者都是由人為的努力構成，是對於

---

[44] 請詳本章「前言」。

[45] 《古蘭經》第10章36節：「他們大部分只遵行猜測，猜測對真理毫無裨益。」經文明確指出：毫無依據或似是而非的臆測，與具有真實證據和理由，是大不相同的。

「他者」（the Other）的斷定與確認。這些最高層虛構容易受到操控，容易被集體熱情組織起來，事例在我們這個時代再明顯不過，鼓動恐懼、仇恨、憎惡、死灰復燃的自尊與傲慢。[46]

總而言之，我現在想強調的是，以「美國」、「西方」、「伊斯蘭」等看似融會貫通，實則不然的標題誤導人們，為實際上天差地別的無數個體虛構出集體的認同，人們對於這些簡化事實的可怕衝突，不能再坐視他們繼續保持強大，而必須與之對抗，大幅降低其邪惡的效力與動員的力量。[47]

無論早期的十字軍東征，或是後來的西方對東方殖民、什葉與遜尼、瓦哈比教義，直至上世紀末年提出的「世俗穆斯林」、「基本教義派」或原教旨主義等說法，倘若我們能夠理智地將這些說法回歸到學術研究的範疇，冷靜地研討，必然會發現這些說法或指控的謬誤。但是，很可惜的是，多數社會人士都是人云亦云，不明就裡地被誤導，甚至成為謬論的傳聲筒。

在穆斯林社群裡面，也同樣會因為欠缺正確教育或資訊，而產生不同程度的誤解。尤其是一般穆斯林大眾對於「教規」和「傳統」或「習俗」的混淆，以下，我們先列舉出幾項教規，然後再列舉傳統或習俗的例子。「教規」是遵照《古蘭經》或《聖訓》等回教教法法源而制定的一些供穆斯林遵循的規範。諸如大家熟悉的見面道安、[48]「五功」、禁食非清真屠宰的家禽、遮蔽羞體、[49]誠實、公正等品德行為，或特殊宗教功課。這些教規都是「必須遵行」的個人責任。

「傳統」或「習俗」，或許可以解釋成：一些因為個人或群眾沿襲下來，

---

[46] 愛德華・薩依德（Edward W. Said），王志弘、王淑燕、莊雅仲、郭菀玲、游美惠、游常山等譯，《東方主義》（台北：立緒文化出版社，2004），頁3。

[47] 愛德華・薩依德（Edward W. Said），王志弘、王淑燕、莊雅仲、郭菀玲、游美惠、游常山等譯，《東方主義》，頁15。

[48] 穆斯林見面互相道安：用阿拉伯文的祝詞，祝福對方平安，也稱為道「賽倆目」。

[49] 「羞體」是規定穆斯林身體不宜暴露的部分，一般男士的規範類似「肚臍與膝蓋之間」的說法，婦女的體態與頭髮都屬於羞體。

反映它的特質和風貌的文化。其中的元素大都依靠口耳相傳沿襲下來，並不一定符合回教的教規，也不見得是學術研究的成果。穆斯林傳統或風俗、習慣的例子很多。諸如：請阿訇開經、炸油香、紀念穆聖誕辰等等。這些教規和傳統習俗的混淆，尚可解釋為穆斯林因為維持群體的特殊性，而強化了傳統或習俗，將這些傳統提升到教規的層次，或是因為欠缺正確教育資訊，而將教規下降到傳統習俗的地位。

但是，在回教宗教教育長期不普及的情況下，穆斯林群體很可能將社會上的謬誤傳聞納入「教規」或「傳統、習俗」進而自圓其說，導致更嚴重的謬誤。以下簡單解說幾項謬誤造成的常見迷思：

一、學術宗派與教派，社會大眾經常將穆斯林區分為不同的教派，最常見的是兩種區分：什葉（Shi`ah الشيعة）與遜尼派。事實上，什葉派是回教早期分裂出來的政治派系，後來才逐漸建立了宗教學術體系。而因為什葉派的出現，只好把其他不屬於什葉穆斯林的大眾歸納為「遜尼」，以做明確區分。至於遜尼這個字的原意，只是單純的解釋為：遵循聖人穆罕默德教導者。[50]我們應當了解的是：在整個穆斯林群體裡僅占少數的什葉穆斯林，和占絕大多數的遜尼穆斯林，彼此之間在過去一千多年來，互相尊重，寬容共存。只有在某些時期，因為政治的因素，而產生對立或打壓。

二、法學宗派的學說並不影響大眾：法學宗派的理論，純屬學術研討的產物，什葉派內部，因為對教義的闡釋不同，而出現了幾個學術宗派。遜尼穆斯林同樣，在早期逐漸發展出發學宗派後，因為弟子們發揚宗師的學說，形成了所謂的四大法學宗派：哈奈菲（Hanafi الحنفي）、莎菲爾（Shaafi`i الشافعي）、馬立克（Maaliki المالكي）、翰百里（Hanbali الحنبلي）。[51]我們應當正本清源地說：這四個法學宗派，是因為學術研

---

[50] 穆罕默德的教導原文是Sunnah السّنّة，遵循穆聖教導者的原文是Sunni السّنّي，就是遜尼這個音譯字的根源。在阿拉伯文裡，將遜尼大眾稱為Ahl Sunnah wal Jamaa`a أهل السّنة والجماعة，意即：遵循穆聖教誨和大眾的群體。

[51] 四個宗派都是依照慣例用宗師的姓名來命名，例如「翰百里」的阿拉伯文原意是：遵循阿哈邁德·

究而產生的學說宗派，並非對教義解釋不同，而分裂的回教「教派」。
這些法學宗派大師們的學說都是依據《古蘭經》與《聖訓》做出了不
同的推論，他們也都謙虛地表示，他們的學說只是個人的推斷與努力
成果，可以虛心接受討論與更好的學說。[52]這種開闊的胸襟，受到世
人的景仰與效法。

　　因為學術研究而產生的不同論述，可能會使的穆斯林大眾在遵行
教義時，有不同的做法，但一般大眾的學習，只是遵循老師的教導，
模仿老師的做法，還沒有達到評比差異，或是提出質疑的水準。倘若
因此而根據片段知識貿然質疑，並不是學術研究的正確途徑，更不是
一般大眾應有的行為。依此，我們不能說外來的穆斯林帶來的做法是
不正確的，更不能說，國內的穆斯林遵照哈奈菲法學宗派的某些做法
是絕對正確的。因為這種說法是明顯的偏頗，而非尊重學術研究的正
確方式。

　　一般傳聞將「瓦哈比」[53]教義形容成食古不化，或是復古的基本
教義主張，事實上，沙國的多數學者們從當時至今都遵從上述四位法
學宗師裡的「翰百里」宗派，而「瓦哈比」教義的宗師，穆罕默德·
賓·阿布都瓦哈布（*Muhammad bin Abdul Wahhaab* محمد بن عبد الوهاب）
的主張，只是倡導穆斯林大眾簡單的回歸使者穆罕默德的正道，堅持

---

賓·翰百里宗師的人。

[52] 哈奈菲法學宗派的大師艾哈尼法說：「這是個人的看法，是個人能力所及的結果，倘有人能帶來
比個人更好的看法，那是比個人更值得推崇的。」：（قولنا هذا رأي، وهو أحسن ما قدرنا عليه، فمن جاءنا بأحسن
من قولنا فهو أولى بالصواب منا）كتاب القول الفصل في شرح الفقه الأكبر للإمام الأعظم أبي حنيفة للمؤلف محمد بن بهاء الدين
العلامة〈圖書〉，《Google》，https://books.google.com.tw/books?id=Zb9KDwAAQBAJ&pg=PA16&lpg
=PA16&dq=（2018年7月18日檢索）。
沙菲爾法學宗派的大師沙菲爾說：「我與任何人討論學術，絕不喜歡對方錯誤，希望個人心裡有的
學識能夠與眾人分享，而不要把這些學識認為是我的。」ما ناظرت أحداً فأحببت أن يخطئ، وما في قلبي من علم
إلا وددت أنه عند كل أحد ولا ينسب إلي）كتاب آداب الشافعي ومناقبه（《islamweb》，http://library.islamweb.net/hadith/
display_hbook.php?bk_no=389&pid=198891&hid=78（2018年7月18日檢索）。

[53] 瓦哈比是指الشيخ محمد بن عبد الوهاب *Shaikh Muhammad bin Abdul Wahhaab*，西元十八世紀生於阿拉伯半島
的回教學者，倡導回教穆斯林大眾放棄生活中違背信仰的陋習，改革異端，回歸正信。
根據*Khairuddin Zarikli*，《阿拉伯與阿拉伯學及東方學名人辭典（第七版）（第六冊）》（貝魯
特：1986），頁257，記載：生於西元1703年，歿1792。（الأعلام قاموس تراجم لأشهر الرجال و النساء من العرب و
المستعربين والمستشرقين）

純化信仰避免習俗中的異端。

　　一般外國來到台灣的穆斯林到清真寺參加「主麻」聚禮時，並不會因為台灣的教長是遵循某個回教法學宗派的規範，而出來質疑教長的做法。同樣地，台灣的穆斯林出國參加任何一個穆斯林群體的「主麻」聚禮，無論如何抬手，也不會因為當地的教長是遵循某個回教法學宗派，而質疑教長的做法。

三、異中求同，同中存異：穆斯林群體必須維持包容共存的做法，才能互相學習，實現《古蘭經》與《聖訓》的教誨，進而提升個人與群體的水準。大家一起參加宗教活動，必定要維持共同的形象，這是異中求同。而每一個人在信仰與求知的過程中，必然會有不同的觀點與看法，但這些不同的觀點與看法，不會影響到整體的共同形象，這就是同中存異，這是寬容社會裡正常的做法。無論個人來自何處、教育程度如何、職業或出身門第怎樣，都齊聚在清真寺裡，沒有種族語言或貧富貴賤之分，共同敬拜真主。

　　倘若有任何與這個觀點不同的行為或做法，必定會偏離回教正信寬容的主旨，或是參雜其他的因素，絕非堅持回教正信的穆斯林應有的態度。若用「世俗」、「本土」、「外來」或「教派」等非回教方式來觀察或評論這些事務，很可能就陷入「個體虛構的集體認同」窠臼。

　　讓我們再說明一些有關回教教規與律法的常見問題：

一、回教法學宗師們會有不同的主張，是因為回教法學家們都是依照《古蘭經》、《聖訓》等立法根源研析創制律法案例，但在依靠推斷而制定的過程，顯示不同主張的主要原因是：（一）阿拉伯語文對字義之不同解釋。（二）《聖訓》文字之不同傳述。（三）採取不同法源主張。（四）法源學的不同理論。（五）使用「類比」創制導致之不同結論。（六）證據比較之不同主張。由以上可知回教學者的研究成果並不等於「安拉頒降給使者的律法」。

二、回教律法屬於最廣義的法律：兼顧了宗教的教規和人類生活所需的法規，關於回教律法與宗教、道德或禮制之區分及關係，則與一般法家學說相似。回教律法雖然與回教宗教信仰關係密切，或可將回教信仰解釋為穆斯林們自動自發，遵奉回教律法的原動力，惟律法學與信仰學是兩種不同領域的學術。源自回教信仰的道德及禮制，雖然與法學關係密切，惟屬於不同的學術研究範疇。回教律法在穆聖時代即與宗教信仰有明確的區分，穆聖曾經任命法官，專責司法。

三、有人形容回教制度「政教合一」，實際的解釋是由於回教信仰帶來的人類生活典範是源自它的宗教信仰，以信仰作為人類一切行為的基礎及根本。惟以學術研究劃分，即可發現其實是政教各有不同的領域，且區分明確，絕不會混淆不清。況且回教自始即明確指導：人類皆可直接向安拉祈禱，對話無須經過第三者或中間人中介。穆聖規定同夥行事必須推舉領袖，類似孔子教導「三人行必有我師」。回教的教長職責是學有專精為群眾「傳道解惑」的學者，且因為他的品德、學識卓越；至於領導群眾禮拜祈福，乃屬一般例行工作。

基於以上簡略的闡述，我們可以了解到，正確知識與學識傳承對於回教教務的重要性，或是學者在穆斯林群體中的重要角色。台灣地區的清真寺教長們，在民國83年即開始在中國回教協會輔導下，定期召開「教長會議」，以加強彼此協調洽商，統一有關宗教服務的做法，並對中國回教協會與各清真寺的董事會提供有關回教教規及律法的諮詢服務。

到民國105年，中國回教協會正式將這個會議作為全台灣穆斯林社群之回教事務諮詢顧問單位，負責回教教義與教規、律法之研究、闡釋、公告及相關促進、督導、諮商與協助規劃回教教育暨培訓事務。寄望能夠在台灣社會逐漸與國際接軌之際，及時提供有關回教事務的正確教義諮詢服務。

# 結論

　　經堂教育奠定了穆斯林在中華文化地區的存在與生根、茁壯發展的基礎，由於經堂教育的廣泛發展，提供了中國穆斯林的宗教啟蒙與一般通識教育，維持了穆斯林大眾的特殊傳統及生活習慣，也經由「講座」方式，培養了回教的特殊宗教人才，奠定並且統一了大中華地區裡兼顧一般漢語學習與阿拉伯語文為主的回教教育基礎。

　　中國與回教世界經過千餘年的交流，對於彼此文化皆有深遠的影響。回教教義與中國的孔孟儒家思想有許多共同的特徵，如忠信、恕道、中庸等思想；文化藝術也開創新猷，從元宋以至明清，世代皆有信仰回教的文藝家為中華文化增添異彩。科技學術方面，無論中土的景泰藍、青花瓷或是醫療、天文、航海甚至於飲食起居都有回教文化的痕跡。

　　阿拉伯名諺「學問雖然遠在中土，也應當前往求取」以及國人並不陌生的「天方」名詞皆可證明文化交流的密切關係。時至今日，回教世界仍對遠東保持友善情誼。回教信仰與中華文化長期的融洽交流，互補相成，對兩個久遠的人類文明都有正面積極的貢獻，可以證實雙方具有許多共同的優點。在中國生活的穆斯林族群帶著他們的文化特色，在中華文化的寬容特色裡傳播發展，生根茁壯，安居樂業。其實，這就是一種早期的、文明的、王道的「全球化」成功範例。

　　這種長遠寬容的文化交流互動，將永存青史，我們也相信還會繼續朝向正面發展。文明的發展是人類共同的成果，發展的階段漫長，並且歷盡艱辛，但是很可能由於誤解或恩怨導致的戰爭，將這些文明的成果摧毀於旦夕，這也說明了人類的共同點，大家具有共同的優點與缺點，讓我們重視學習珍惜與寬容共存的美德。

　　當前我們應當積極發揮傳統教育功能，唯有透過經堂教育的薰陶，才可以逐漸讓穆斯林大眾復甦，喚起傳統的良知，廣泛透過教胞間的對話機制，共同體認自己宗教信仰的價值觀。倡議放棄目前充斥社會的那種不負責任，似示

而非的紛紜說法，不再僅只採取抱怨、憤怒、空談或是採取狹隘粗魯的暴力應對。應當理智的化解歧異，儘量在異中求同，如此方能夠逐漸的凝聚共識，結合穆斯林大眾的才智、資源，尋找出可行的共同目標，全力以赴，接續前人的薪火傳承並且發揚光大，讓我們社會裡不同信仰的族群能夠逐漸更加了解彼此共同的價值觀，更創新猷。

# 第八章

## 宗教生活與禮俗的現代適應及其挑戰

高磊

民國70年台北清真寺開齋節大典（取自《中國回教》177期，民國70年）

# 前言

　　早在明鄭時代，台灣西部沿海城鎮其實已有穆斯林群體定居，但至日據時代，由於台灣的特殊情況（非穆斯林占絕大多數的大環境、不同移民群體間的衝突融合以及兩岸的政治隔絕等），這批穆斯林先民的後代，早已忘卻回教信仰而改宗民間信仰（僅在部分儀式之中保留些許有關「豬」的禁忌）。至於構成今日台灣本土穆斯林的人群，主體則為民國38年前後隨政府遷台的大陸回民及其後裔，這一群體歷經近七十年的發展變化，至今已繁衍了四五代人。其中，第一代移民的宗教生活與禮俗傳統幾乎完全移植了當時中國大陸回教的樣貌。但從第二代移民開始，受兩岸對峙與全面隔絕的影響，台灣回教的教育不得不轉向中東阿拉伯世界，此一轉向，再加之當時政治上對中國大陸的敵意，導致了從二代移民開始，台灣回教社會出現了一種可被稱為「回歸化」[1]或「傳統轉化」[2]的思想與實踐潮流。此與清代中後期西北回民的「遵經革俗」運動雖有不少相似之處，但更受當時兩岸乃至國際政經格局的強大影響，並非純粹的宗教運動。當然，在戒嚴體制下，台灣回教的生存與發展不得不依附於政治，因而其宗教禮俗在基本回教教義的基礎上，亦結合了不少政治性內容，強調對國民黨與中華民國的忠誠和對政治領袖的效忠。隨著與政府高層關係密切、具有黨政軍等背景的教內菁英相繼凋零，加之台灣社會的逐步解嚴與政治鬆綁，導致原有的「政教關係」模式，漸漸淡出了台灣回教的歷史舞台。另方面，隨著國際交流的增多以及東南亞（泰緬、印尼）與南亞等國際穆斯林的大量湧入，台灣穆斯林的宗教生活與禮俗傳統不斷地受到衝擊與挑戰。因此，總體看來，台灣穆斯林社會近七十年來的宗教生活與禮俗的大體發展趨勢仍朝著「回歸化」、「傳統轉化」的方向邁進，這造成了今日兩岸回教生活與禮俗的

---

[1]　提倡回到《古蘭經》去，回到先知穆罕默德的時代去，強調復古的「正統」回教理念。
[2]　認為中國回教中的許多禮俗融入了許多非回教的或非正統派回教的因素，因而應當「遵經革俗」，去除部分與漢文化有關的傳統習俗，恢復「純粹的回教」。

巨大差異。本章擬透過對「回教喪葬禮俗的傳統與變遷」、「政教關係對宗教禮俗之影響」以及「其他禮俗的傳統與變遷」等三大方面內容的考察，試圖釐清台灣穆斯林宗教生活與禮俗的傳統，及其在應對內外環境巨變的情況下，如何適應與轉變的過程。由於篇幅所限，本文著重對回教喪葬禮俗方面的內容進行論述，其他部分則相較簡略，但亦可大致勾勒出台灣回教宗教生活與禮俗的傳統與現代適應，以下則分節具體論述之。

# 第一節　回教喪葬禮俗的傳統與變遷

## 一、《古蘭經》、《聖訓》對喪葬禮俗的規定

　　早在回教興起之時，《古蘭經》、《聖訓》便已對死亡、喪葬等相關議題有了明確的表述，並成為回教喪葬禮俗的理論基礎。本章作者依據「古蘭經漢譯經文查詢」[3]系統檢索發現，《古蘭經》中共有一百一十八節經文論及死亡。一方面，回教認為死亡是每個人的必經之路，正如《古蘭經》（第4章78節）曾言：「你們無論在甚麼地方，死亡總要追及你們，即使你們在高大的堡壘裡。」[4]另方面，回教強調人生擁有兩世：一為今世，一為後世，前者是短暫的現世生活，而後者是死後復活的永恆之世。真主與眾先知曾反覆警醒世人今世的虛妄短暫，以及後世的永恆，因而鼓勵穆斯林應該當認真履行宗教功課、多做善事，以求後世的報償，而不應貪圖今世的功名利祿與一切的享受。正如《古蘭經》（第3章185節）所言：「人人都要嘗死的滋味。在復活日，你們才得享受你們的完全的報酬。誰得遠離火獄，而入樂園，誰已成功。今世的生活，只是虛幻的享受。」

　　基於上述經典，穆斯林形成了對死亡的認知：一方面，認為死亡只是為後世復生所做的準備，是真主給人的考驗，因之並不懼怕死亡；另方面，由於死亡不知於何時會降臨，穆斯林應當時刻警醒，督促自己多做善功，以為後世的報償積極準備。簡單概括之，穆斯林追求「兩世吉慶」，既重視今世的生活，又為後世的復活與審判的報償而努力。

　　當一個穆斯林的生命快要走到盡頭時，他自己或其他人應當做些什麼呢？

---

[3]　參見：〈古蘭經漢譯經文查詢〉，《古蘭經漢譯》，http://www.islam.org.hk/cqse/cqse.asp（2018年2月29日檢索）。

[4]　本章所引用之《古蘭經》版本為：馬堅譯，《古蘭經》（北京：中國社會科學出版社，1981）。故本章以後出現引用《古蘭經》情形，僅於正文中標註（章節），不再另附腳註。

首先，要為臨終者留下遺囑。《古蘭經》（第2章180節）曾說：「你們當中，若有人在臨死的時候，還有遺產，那末，應當為雙親和至親而秉公遺囑。這已成你們的定制，這是敬畏者應盡的義務。」其次，要讚頌真主以強調人死後復歸於主的信仰，正如《古蘭經》（第2章156至157節）所言：「他們遭難的時候，說『我們確是真主所有的，我們必定只歸依他。』這等人，是蒙真主的祐佑和慈恩的；這等人，確是遵循正道的。」

當臨終者已過世後，為他舉行的葬禮主要由四大部分構成，概括為：「洗，穿，站，埋。」首先，要為亡人洗「埋體」（或稱美體），[5]由於其已無法自主，故通常有三人左右同一性別的教胞為其清洗，在《布哈里聖訓實錄全集》中記載到：

【1253】據穆罕默德・本・西林傳述，溫姆・阿騰婭（求真主喜悅她）說，真主使者的女兒去世時，使者進來對我們說：「你們用水涮酸棗樹葉把她清洗三遍或五遍，若有必要，多洗幾遍，最後一次加放些樟腦，你們洗完後告訴我。」我們洗完後就通知了他，他把他的裏裙給了我們，說：「你們用這裏裙包裹她。」[6]

其次，用「卡凡布」[7]（Kafan الكفن）包裹，被稱作「穿衣」，但實際上不是衣服，只是白布，穆罕默德聖人歸真時，曾有如是記載：「【1264】據希沙姆・本・奧爾沃由其父傳述，阿伊莎（求真主喜悅她）說，真主的使者入殮時用了也門蘇呼林亞（按也門的一個地名）產的三塊白棉布，不包括長衫和纏巾。」[8]再者，站「者那則」（Janaazah الجنازة），即殯禮：「先知把殯禮稱為禮拜，但其中卻無鞠躬和叩頭，也不高聲頌唸，而只有太克比爾和賽倆目。」[9]最後

---

5　其清洗程序類似於洗大小淨，方式為：淨下（洗兩便處），洗手至肘，用白布或棉花沾水擦拭口腔、牙齒和鼻孔（代替漱口、嗆鼻）。按從上到下，從右到左的順序從頭至足順序沖洗全身三次，最後擦乾即算完成，亦可再用香料塗抹，如用麝香、樟腦、冰片等。
6　祁學義譯，《布哈里聖訓實錄全集（第一卷）》（北京：宗教文化出版社，2008），頁261。
7　即白色棉布，男子三塊，女子五塊，以包裹亡人埋體。
8　祁學義譯，《布哈里聖訓實錄全集（第一卷）》，頁263。
9　祁學義譯，《布哈里聖訓實錄全集（第一卷）》，頁274。

便是埋葬，通常穆斯林無論與亡者認識與否都會爭先恐後地抬送亡人，亡人則以土葬的形式被埋葬（若是在海上歸真的旅者亦可以海葬處理）。對此，台灣馬孝棋阿訇曾將回教喪葬禮俗更為細緻地概括為：「九大步驟」。[10]

此外，針對整個回教葬禮還有三大必須遵循的重要原則：其一，「節葬」，即葬禮避免一切鋪張浪費，尤其是中國傳統葬禮習俗中的花圈、棺槨、壽衣、紙錢等各種物品，一概全免。因為《古蘭經》（第17章27節）曾說：「揮霍者確是惡魔的朋友，惡魔原是辜負主恩的。」此外，亡人去世，其親屬心力憔悴，本已耗費不少精力與錢財，若再大張旗鼓地講究排場，對於亡人親屬亦是棘手的問題。其二，「速葬」，一般穆斯林從歸真到入土埋葬的整個過程最多不超過三天。而以本章作者身處的北京回教圈為例，坊間經常流傳著「奔土如奔金」的俗語。其三，「土葬」。真主在《古蘭經》（第20章55節）中說：「我從大地創造你們，我使你們復返於大地，我再一次使你們從大地復活。」而又在《古蘭經》（第23章12節）中說：「我確已用泥土的精華創造人。」即真主用土創造了人類，人類死後亦應當復歸於土，因而土葬是人類適當的歸宿。此外，由於回教將人類在後世的永罰之地稱作「火獄」，如《古蘭經》（第2章24節）：「你們當防備火獄，那是用人和石做燃料的，已為不信道的人們預備好了。」所以，穆斯林堅決反對使用火葬。以上即為回教葬禮的核心內容，然而，中國大陸及早期遷台回民卻有著更為複雜的儀式過程，以下則具體探討。

## 二、傳統中國的回民喪葬禮俗

回教在中國傳播已逾一千三百餘年，從唐宋時期的「回教在中國」，經歷了「元時回回遍天下」的大量回教移民湧入，至明代形成了在地化的「中國回教」。由於穆斯林移入中國的時間跨度大、族群多樣、語言思想豐富，加之跨族際通婚，以致其所展現的回教樣貌十分多元。再加上近代的「回教復振運動」與

---

[10] 九大步驟為：「唸、整、洗、穿、站、抬、埋、祈、搭救亡人」，參見：馬孝棋，〈殯葬文化對宗教意識與族群認同的影響──以台灣北部地區穆斯林為例〉（國立政治大學民族學系碩士學位論文，2011），頁62。

「遵經革俗」運動，使得中國回教的宗派化現象十分複雜，其不同派別對喪葬禮俗的主張亦有所差異，主要派別包括「格底木（Qadiim القديم）」、[11]「蘇非門宦」、[12]「伊赫瓦尼（Ikhwaan الإخوان）」[13]與「賽萊菲耶（Salafiyyah السلفية）」[14]等宗派。從遷台回民的宗教傳統而論，絕大多數屬於格底木，僅有少數遷台的西北回民為伊赫瓦尼，故台灣回民早期之宗教實踐基本遵從人口占多數的格底木傳統。而台灣回民大都來源於中國大陸各省，其喪葬禮俗亦承襲自大陸，本文暫就以格底木傳統的回教葬禮儀則進行論述，並結合台灣早期葬禮的具體細則進行佐證。

格底木的喪葬禮俗在回教基本的喪葬禮俗傳統之外，十分重視中國傳統儒家思想中的「孝親」與對「禮」的尊崇，因而將對亡人的追思悼念與回教葬禮的基本儀則相結合，形成了具有在地化特徵的回民喪葬禮俗。清代南京地區的著名穆斯林學者劉智（1669-1739），[15]在其著作《天方典禮擇要解・喪葬篇》中，結合回教教規與儒家禮俗，形成了對傳統回民喪葬禮俗的系統論述與詮釋。因劉氏之思想學說對清代乃至近代回民穆斯林有重要影響，且該書曾被編入《四庫全書總目提要》，對漢人士大夫亦有一定影響，故本文將介紹其對喪葬禮俗之論述，以一窺傳統回民之喪葬禮俗的具體內涵。

劉氏在其《天方典禮擇要解・喪葬篇》中，將喪葬儀則從亡人病危到埋葬的全過程細分為三十五個過程，鉅細靡遺地描述了喪葬的過程，並附有紀念

---

[11] 格底木又稱老教、古行、遵古派等，是中國回教流傳較早、區域較廣、人數較多的主流派別，其思想與實踐部分受到什葉派某些影響，將蘇非視作副功修行，但反對崇拜聖墓、拱北、老人家等行為，在宗教禮俗上亦深受漢文化影響。

[12] 蘇非門宦乃是蘇非教團在中國形成的特殊派別，清代中後期在西北地區快速發展，形成眾多門宦，其中最主要的有四大門宦：虎夫耶、哲合忍耶、嘎的忍耶與庫不忍耶，其各自在蘇非修行上的觀點亦有不少差異，在歷史上亦產生許多對立與衝突，此並非本文重點，故不具體展開，欲深入了解可參考：馬通，《中國伊斯蘭教派與門宦制度史略》（銀川：寧夏人民出版社，2004）。

[13] 伊赫瓦尼，其為阿拉伯文音譯，意譯為兄弟，十九世紀末興起於甘肅河州（今臨夏回族自治州）的東鄉族阿訇馬萬福，他在前往麥加朝覲求學的過程中，深受當時流行的瓦哈比（Wahhaabiyyah الوهابية）思想影響，回國後，力主「憑經立教」「遵經革俗」，強調一切回到《古蘭經》中，因此反對格底木與蘇非門宦，其最核心的改革主張被概括為：「菓園十條」，詳情可參見：高文遠，《菓園哈智（遵經革俗的倡導者）》（台北：中國回教文化教育基金會，1989）。

[14] 賽萊菲耶為阿拉伯文音譯，意譯為尊崇前賢者，為受瓦哈比思潮影響而形成的派別，因禮拜時唸大讚抬手一次，鞠躬前抬手一次，鞠躬後再抬手一次，故又被稱為「三抬」，主張嚴格依據《古蘭經》與《聖訓》，該派思想最早傳播於二十世紀三〇年代至五〇年代的甘肅河州地區，先驅為馬德寶等阿訇，在七〇年代得到快速發展并形成獨立派別，由於該派認為伊赫瓦尼的改革並不徹底，因而遭到伊赫瓦尼的反對。

[15] 參考自：鄭勉之主編，《伊斯蘭教簡明辭典》（南京：江蘇古籍出版社，1993）。

亡人的十二個要點。其論述以回教葬禮之經訓、教規規定為主，輔以儒家孝道與喪葬術語以闡發，試圖使非回教信仰之漢人士大夫知曉回教喪葬之理念與細則。在喪葬方面，一方面，強調唸誦「清真言」[16]：「子男知事者，視於寢次，誦清真言，提覺病者，使心存於道，不繫於世。蓋臨終之時，要緊關頭，得失所繫，莫危於此，故須親切之人，刻刻提醒為要。」[17]另一方面，強調「三日必葬」的速葬原則：「屍以入土為安，停家以三日為限。」[18]

　　作為少數族群的回民散雜居於龐大的漢人社會之中，極易受到漢文化的影響乃至同化，因而，回民先賢們在對喪葬禮俗的詮釋方面，亦十分重視與漢人喪葬文化進行區隔，以增強回民自身的族教認同並防止被漢俗所同化，發展出了回民特有的喪葬詮釋觀。其中最具代表性的文化區隔乃在於回民喪葬為純粹簡單之土葬，不治棺槨，而如此「薄葬」在傳統漢人社會中會被視作「不孝」。對此，乾隆年間曾任翰林院四譯館教習二十餘載的回民學者金天柱（1736-1795）在其《清真釋疑》中解釋道：「萬物土中生，萬物土中埋。…吾教聖人之訓，以人貴於萬物，富貴雖有殊分，死生原同一致。始酌定葬法，勿使富貴有厚葬之侈，而貧者受暴露之慘。」[19]可見，從回教喪葬禮俗出發，強調回教之土葬與簡葬既符合真主之造化，又體現人與人之平等，故而堅持其與漢文化葬俗之區隔。對此，清代雲南回民學者馬注（1640-1711）則進一步反駁漢俗之火葬與厚葬：

> 未動山前土，先觀屋下人。来時土世為身世，去後如何木匣盛？上古掘壞而葬，中古易以棺木，末世更用火焚。若亡者有知，身居束縛之中，膿血骯髒，蛄蛆苦楚，痛徹難堪，死者暝受，生者何忍？若其無知，雖子孫鬻產變業，玉槨金棺，與彼何濟？[20]

---

16　唸清真言（al-Kalimah al Tayyibah），為回教五大功修之首，其內涵在於口舌招認，內心誠信的唸誦：「萬物非主唯有真主，穆罕默德是真主的使者。La illaha ill Allah, Muhammadur Rasul Allah.」，此乃回教最核心的信條。

17　周燮藩、沙秋真主編，《清真大典（第15冊）》（合肥：黃山書社，2005），頁177。

18　周燮藩、沙秋真主編，《清真大典（第15冊）》，頁180。

19　周燮藩、沙秋真主編，《清真大典（第18冊）》，頁19。

20　周燮藩、沙秋真主編，《清真大典（第16冊）》，頁724-725。

可見，馬氏以假設猜想之，若死者死後仍有知覺，則火葬之痛楚難忍，使亡人徒增苦痛。若死者無知覺，則厚葬之棺槨祭品皆無濟於事，僅是徒耗資材而已。

　　雖然，清代回民先賢們在喪葬禮俗方面與漢俗區隔，但在一些喪葬禮儀或觀念上亦不免受到儒家傳統的影響，形成了獨具特色的傳統回民喪葬禮俗，而最能展現此點的儀式便是「提念亡人」（亦稱過乜帖），馬明道曾將該儀式的主要事項總結為七點：「一、禮拜。二、恭誦古蘭。三、贊唸至聖。四、散財濟貧。五、遊墳。六、廣邀親友共作祈禱。七、宴請親友。」[21]以下是本章作者總結出的幾項在喪葬與提念亡人過程中的重要事項。

　　**1.報喪**。格底木因受到中國傳統文化的影響，十分重視傳統儒家禮儀，故於亡人去世後，在告知親朋故舊時，亦非常講究禮節，一定會由亡人子女等至親採用信件、當面告知等方式向亡人的親朋故舊傳達其亡故的消息。若是身處社會上流的回民歸真，更須準備正式的訃聞，其中包含亡人的頭銜、名諱、字號、歸真時間地點以及葬禮的行程安排，最後附上全體親屬的姓名；如亡人具有黨政軍高層背景，則還會成立專門的治喪委員會處理相關事務。

　　**2.開經、圓經**。格底木十分重視請阿訇唸誦《古蘭經》，在喪葬儀式中可謂貫徹始終。傳統上，亡人家屬會請阿訇在清真寺或來家中唸誦，短則一個月，長則唸誦全年（不過，隨著社會節奏的加快與教門的淡化，已很少有人請阿訇如此長時間地唸誦了，但仍會請阿訇唸經，只是長度縮短而已，名之為「平安經」）。在亡人下葬前、下葬過程中，以及隨後的各種忌日如七天、四十天、一百天、一週年等乃至「明紀」[22]都需要請阿訇開經。開經時一定要給阿訇「乜帖」[23]（或稱「海底耶」，即禮金）（北京回教圈傳統上還會以白紙將錢包裹在裡面，以淡化錢款多寡的差異，以示一視同仁）。開經時還需要「跪經」[24]聆聽，如民國52年，台北清真寺為許潤生歸真舉行的喪葬儀式便從

---

21 參見：馬明道，〈提念亡人─過乜帖〉，《中國回教》，178期（1982），頁6-7。
22 即亡人生前的生日，亦可視作誕辰忌日。
23 乜帖（Niyyah），本為舉意、決心、心願之意，此處解釋為穆斯林自願誠心地把財物捐獻給清真寺、阿訇。
24 即以類似於禮拜中跪坐的方式，聆聽或唸誦《古蘭經》，以示對經的尊重。

教胞在殿內跪經開始。[25]開經若是在墳地進行，則眾人圍著亡人的墳頭跪坐。若在宴席上開經，則圍桌而坐即可，不必跪經。開經之後還要圓經，即由一位阿訇唸誦《古蘭經》第一章及第二章前五節，並雙手捧起，帶領大家做「都阿」（祈禱），並雙手抹臉以完成整個唸經過程。通常，還會在開經過程中點燃一至兩炷綠色的清真「芭蘭香」，並以帶有經字的香爐盛之。唸經之後，喪家往往還要炸油香、設宴款待阿訇與來賓。

**3.傳香。**格底木在為亡人清洗（或稱抓水、洗埋體）前以及站殯禮前還會有傳香儀式，即眾人站立圍成一圈，點燃許多炷香（視人數多寡而定）順時針依次傳遞一圈，並口唸讚詞。「有一部分的學者支持是因為『轉香』是熏香氣味，並沒有祭拜神明的意義；另一面是說香味易受天使所喜而遷近，為亡人求恕饒。」[26]但亦有人主張此種做法與非穆斯林的習俗類似，應當禁止。

**4.轉經。**轉經又稱為「伊斯嘎特」（*Isqaat* الاسقاط）、「費達」（*Fiddiyah* الفدية）。「費達」是後輩法學家根據《古蘭經》（2:184、196）兩節經文之精神，對亡人生前因故未能封齋、朝覲等所採取的一種罰贖方式，即以錢財或實物等作為罰贖補償，施捨給窮人。[27]在殯禮之前傳香之後，由亡人親屬代表，雙手捧著托盤中的《古蘭經》，依次走到站成一個半圓隊列的阿訇面前，每位阿訇則拿起《古蘭經》親吻並唸「都阿」，依次傳遞。而伊赫瓦尼派在其創始人馬萬福（1853-1934）等阿訇所設立之「菓園十條」中明確提出：「不以《古蘭經》轉『費底耶』。」具體而言，其意指：

> 反對以《古蘭經》為亡人轉「費達」贖罪，主張以現金或實物折價為亡者轉「費達」。轉「費達」時，先將亡者生前所撒齋拜數，依照有關教法經，計算出相應的罰贖金額，由死者家屬拿出或借來與罰贖金額等值的現金或物品，舉意出散給參加殯禮的人，對方隨即再舉意出散給亡者

---

25 中國回教協會，〈許公潤生老先生歸真紀念專輯〉，《中國回教協會會刊》91期（1963），頁10。

26 馬孝棋，〈殯葬文化對宗教意識與族群認同的影響—以台灣北部地區穆斯林為例〉，頁62。

27 宛耀賓主編，《中國伊斯蘭百科全書》（成都：四川辭書出版社，2007），頁151。

家屬，即還回亡者家屬。[28]

可見，伊赫瓦尼出於對《古蘭經》的尊重，因而反對轉經一事。可能是受到了遵經革俗思想的影響，早期遷台回民在其喪葬禮俗上並未延續轉經之傳統。青海來台的高文遠哈智在其《菓園哈智（遵經革俗的倡導者）》一書中論及馬萬福之各項宗教主張，卻唯獨未提轉經一事。由此可從一個側面反映出轉經禮俗在遷台回民的喪葬禮俗中已不復存在了，至於其消失的原因，本章作者亦只做上述猜想而已。

　　**5.其他。**為了體現有別於廣大非穆斯林民眾的獨特回教信仰，回民男子往往佩戴白色禮拜帽，而許多不戴頭巾的女性亦戴禮拜帽。在北京回教圈，還有用不同標誌的白帽來區分親疏的做法，且十分講究禮拜帽的佩戴方式，更還有不少亡人親屬披麻戴孝，以示其忠孝。此外，由於中國回民的社交圈絕非僅限於回教，尤其是早期遷台穆斯林中不乏黨政軍要員及社會知名人士，其歸真後，各界政要、名流乃至最高領袖都爭相贈送輓聯、花圈，故其喪禮陳設上不免更類似於非穆斯林習俗。

　　上述這些格底木的喪葬禮俗無論是在中國大陸抑或台灣早期回民群體中均普遍存在。然而，不少禮俗歷來便已受到了不少質疑─在伊赫瓦尼和賽萊菲耶看來，上述行為並非《古蘭經》《聖訓》的明確規定，甚至應該嚴禁。隨著時間的流逝，台灣回教喪葬禮俗亦隨著社會與宗教環境的變化而產生了許多明顯的變化，以下詳論之。

## 三、台灣回教喪葬禮俗之轉變

　　雖然早期隨遷台回民大都遵從傳統格底木的回教喪葬禮俗，但其中不少教長、學者等教內菁英經歷了民國早期的回教復興運動、接受了回教改革思想，再加之去埃及、土耳其等地（與中國均為哈奈菲教規學派）留學的影響，早已

---

[28] 王永亮，〈伊赫瓦尼宗教革新思想述略〉，《寧夏社會科學》，43期（1990），頁44。

開始對傳統喪葬禮俗進行一些適當的改革。後來，由於兩岸對峙與台澎金馬戒嚴的政治背景，兩岸回教文化交流中斷，使得台灣穆斯林不得不前往中東回教國家求取宗教知識、接受宗教教育，派出留學之宗教學子，多前往利比亞、沙烏地阿拉伯等國家學習回教律法與教規，故當其學成歸國擔任教長職務時，對傳喪葬禮俗繼續進行改革。加上近二十餘年來國際穆斯林的大量湧入，如今，台灣回教的喪葬禮俗已大為轉變。

以台北清真寺為例，民國38年至民國106年（總計六十八年）的歷任教長中，絕大多數都有留學阿拉伯國家的背景，尤其是曾三度擔任台北清真寺教長、總時間長達三十三年的定中明阿訇，在來台前曾於埃及艾資哈爾大學攻讀阿拉伯語文學學士學位七年之久。不過，身為中國大陸第一代遷台回民，其從小接受的仍是傳統的經堂教育，加之埃及與中國所遵教規學派一致，故其對傳統喪葬禮俗的改革與態度都比較溫和。定教長在其《回憶錄》中曾言：

> 過去大家都認屍體不能被人看到，用塊白布遮蓋起來，我覺得這是不合法和人性的，下葬時不應有遮蓋，而下葬後應將包屍體臉部的白布掀起，讓送殯的人能瞻仰亡人最後一面，這才合乎人情，因此我把他改過來了。[29]

定教長雖對回民喪葬禮俗有所改革，但亦對傳統有不少堅持，尤其是針對伊赫瓦尼等宗派堅持的「吃了不唸，唸了不吃」[30]原則，其持保留態度。而針對禁止提念亡人的觀點，其更為反對：

> 亡人的家屬或是做生日或死忌，做知感，唸經，求恕，這是好的習慣，請親友們到家中共同聽經，共同做堵阿，共同祈禱，撒哇佈（回賜）歸亡人，然後用筵席來招待他們，並且給阿洪封裝黑第葉，…阿洪接受是理所當然之事，因為阿洪為大家唸經，有點酬勞並不是被禁止的。

---

[29] 定中明，《回憶錄》（著者敬贈，2002）。
[30] 此原則即認為，阿訇在為教胞唸《古蘭經》時，不應以任何理由收受錢財或食物。

同為遷台第一代的馬明道，曾於土耳其留學，他對傳統回民教俗改革的觀點則一方面認為，這些教俗的形成與中國特殊的社會歷史環境有關，「完全是先人們應時、應勢、應地、應事、應人的制宜，從權達變的方法」，[31]因而應慎重對待；另方面，針對環境的變化，亦應改革部分內容以適應新的情形，「不過糾正者，要認清了糾正的對象是否不合教規，是不是很重要的事情；並且糾正的時候，態度要和藹，言語要持平，庶乎可免去了無謂的紛爭」。[32]

然而，隨著世代更替，宗教教育傳統的轉變，第二代留學回台的穆斯林教長對於喪葬禮俗的觀點與第一代產生了更為明顯的差異。第二代的留學地點由原來主要是埃及、土耳其等國轉向主要為利比亞、沙烏地阿拉伯等國，較之前者，後者與中國回民的宗教傳統的差異更大。尤其沙烏地阿拉伯的麥地那伊斯蘭大學（Islamic university in Madina）更為強調瓦哈比派（Wahhaabiyyah الوهابية）思想，認為所有宗教實踐應該回歸到先知穆罕默德時代的履行原則，一切都以《古蘭經》與《聖訓》為依歸，因而對已融入許多非穆斯林習俗的中國回民的傳統喪葬禮俗持反對態度，提出應針對這些習俗進行全面改革，因而出現「遵經革俗」的訴求。由此，在這一導向下，台灣回教的喪葬禮俗產生了「回歸化」的轉變，但這也迫使一部分仍堅持原有回民喪葬禮俗的教胞產生質疑，更有一些本來游離於回教邊緣的人在此更為嚴格的回教規習下難以適應，而改以台灣本地習俗祭祀亡人的「同化」現象。

對台灣回教喪葬禮俗有專門研究的馬孝棋阿訇亦對上述情況有深入的觀察：

> 台灣新一代的阿訇們對亡人誦經說法不一。有教親說：「為什麼以前的阿訇可以上墳唸經，現在某位阿訇說不行，也不陪同亡人家屬上墳了呢？」讓許多穆斯林教親不知所措。在找不到協助上墳的情形下，用自己的方式表示孝敬祭拜，反是加速漢化的機會與藉口，脫離與清真寺的互動關係。[33]

---

31 馬希桂編，《馬明道阿訇紀念文集》（北京：藍月出版社，2011），頁110。
32 馬希桂編，《馬明道阿訇紀念文集》，頁110。
33 馬孝棋，〈殯葬文化對宗教意識與族群認同的影響─以台灣北部地區穆斯林為例〉，頁5。

　　本章作者請教現任台北清真寺教長趙錫麟博士，上述喪葬禮俗在教規與習俗的認知差異，事實上對台灣穆斯林而言有一點迷思，究竟是因為教胞們不熟悉教規而不去走墳，還是因為一些主持教務的留學生們堅持改革而導致教胞們不接近清真寺？因為前面所述，留學埃及或土耳其、利比亞或沙烏地阿拉伯，他們學習的回教律法與教規，應該都是一樣地遵從四大伊瑪目的學派。而上面提到的麥地那伊斯蘭大學課程裡的回教律法與教規，應該也是以翰百里（Hanbali 　حنبلي　）學派為主，因為前文裡提到的瓦哈比派事實上也是遵循罕百里學派的主張，並沒有所謂創新或是守舊的問題。我們通常提到的教規與習俗，與真正的回教律法主張或許有些出入，但不同學派的主張，也給教胞們許多遵循不同主張的機會，而不是一種嚴格的限制。

　　由於當今台灣回教中，很少有阿訇再為亡人上墳唸經，但有不少教胞仍沿襲此一習俗，在其需求不能得到滿足而又不清楚其背後的原因時，往往借助於非穆斯林習俗來表達其對亡人的追思，更有甚者請到其他宗教的神職人員去回教公墓為其做祈禱、超渡儀式。以台北清真寺為例，現在只有在每個週五主麻時，為亡人做都阿（祈禱），而不會專門為其唸經，更不會陪同家屬去公墓唸經，雖然還有不少教胞仍在為亡人辦週期性紀念，炸油香免費發放給教胞，但更多的人已不再舉辦此種紀念活動了。總之，隨著宗教教育的「回歸化」，在不斷地改革中，台灣穆斯林社會中從中國大陸帶來的回民傳統喪葬禮俗已逐漸與消逝，愈來愈多人採取喪葬形式與回教喪葬的原初形式愈來愈接近，中國回民傳統的喪葬痕跡很有可能隨著未來的世代更替而消失的無影無蹤。

　　近年來，台灣各地回教公墓出現了墓地飽和、不敷使用的困難。針對上述問題，回協出面進行協調，例如「101年10月本會馬秘書長受聘擔任內政部宗教事務諮詢委員，出席委員會時，提出『請民政司成立專案小組，以協助穆斯林設立回教墓園』之議案，決議通過『該部成立專案小組，協助解決回教喪葬墓園問題』」，[34]經過專案小組的多方調查，最終解決了部分回教公墓的問

---

34　中國回教協會秘書處，《「承先啟後，開創新局」中國回教協會11、12屆會務回顧》（台北：中國回教協會，2017），頁13。

圖8-1　台北市六張犁回教公墓全景（高磊 攝）

題。[35]然而，由於市政規劃的調整，亦出現了政府要求回教公墓遷葬的問題，而遷葬在回教喪葬中並未有相關經訓或教規依據，引來眾多教胞的質疑。其中最典型的案例便是台北市六張犁回教公墓的「墓穴轉移」問題。針對此事，本章作者採訪了回協馬超彥秘書長與北區回教公墓管理委員會（以下簡稱管委會）常務監事召集人馬國昌先生，兩者意見一致，均認為「遷葬」一事並無教規依據，故應慎重考量。

　　本章作者亦請教趙錫麟博士有關「遷葬」，其認為回教強調亡人應入土為安，但因政府規劃及政策考量，配合政府規定亦屬應當，但須審慎處理。可見「遷葬」存在著多元的理解模式，事情結局亦有待後續發展，以觀其變。

---

[35] 有關公墓之問題，可參考：中國回教協會秘書處，《「承先啟後，開創新局」中國回教協會11、12屆會務回顧》，頁12-18。

# 第二節　政教關係對宗教禮俗之影響

## 一、台灣回教政教關係

　　除了宗教教育的傳統轉變對於宗教禮俗有著重大的影響之外，在中國大陸和台灣的絕大多數時間裡，政教關係對宗教禮俗的影響亦十分重要。歷史上，中國穆斯林一直作為少數族群生活於傳統中國社會，面對強大的皇權政治，大多數時間都是與政權妥協以謀求自身的生存與發展。明末清初興起的穆斯林漢文著述運動，便是當時的回民知識菁英試圖於國家正統儒學進行對話的產物，而中國穆斯林的宗教禮俗亦深受政治的影響。尤其到了清代中晚期，西北和雲南多次發生不同背景下的「回民事變」，以及隨後遭致清廷嚴厲的鎮壓措施，都使得穆斯林族群的政治、社會與經濟地位每況愈下，宗教文化發展也受到了嚴重抑制。民國早期，隨著共和體制的確立，以及五四新文化運動的鼓舞，受此影響下所開展的回教文化復興運動，雖然對中國穆斯林的宗教文化改革與復振起到了極大地推動作用，但仍受制於軍閥混戰、抗日戰爭、國共內戰等內憂外患事件的制約。總體而言，在中華民國大陸時期，中國穆斯林的宗教文化雖已展開一定程度的族、教自覺與振興，但仍依然飽受時代性因素的衝擊。

　　自政府遷台以來，由於兩岸對峙與冷戰的大背景，當時政府在台澎金馬地區實施戒嚴，並不斷強化黨國體制對社會生活與民眾思想的主導與控制。因此，台灣回教的發展亦須順應政府指導方針，方能順利進行。因而這一時期的宗教禮俗中，一方面，諸多原有的回教禮俗不得不與政治相結合，發展出一種新形態的實踐模式；另一方面，為了表達對政治的忠誠，台灣穆斯林也會創造出一些新的宗教禮俗來達到上述目的。以下首先從宗教與政治結合的宗教禮俗出發，以白崇禧葬禮作為研究案例，探討台灣回教宗教禮俗與政治的調適。

## 二、國理與教規之爭：白崇禧葬禮

### （一）葬禮過程

　　白崇禧[36]作為國府唯一一位具有回教背景的陸軍一級上將、中國回教協會的創始人之一及首任理事長，無論在回教界還是在全中國乃至國際政治舞台上均有重要地位。民國55年12月2日晨，白崇禧將軍因患冠狀動脈梗塞症不治，歸真於台北市松江路寓所，其遺體當日移送台北清真寺。同年12月4日，台北教胞按回教儀式，為其洗埋體，裹卡凡布後，在晡禮過後為其站殯禮。按通常之喪葬程序，此時應將亡人埋體運往台北市六張犁回教公墓埋葬，然而白故理事長之埋體卻被送至台北市立殯儀館（現台北市立第一殯儀館）安放。

　　究其原因，乃因白係國家重要政治人物，其逝世事關重大，應以國葬規格對待，政府高層不得不給予重視，時任戰略顧問委員會主任委員何應欽上將及白前理事長生前友好、台北清真寺董事會代表與回協代表成立「治喪委員會」，集會商討治喪及善後事宜。會中商議結果為在清真寺殯禮過後，將其遺體運至台北市立殯儀館於12月9日上午八時舉行公祭，並以軍禮覆蓋國旗。其公祭期間，蔣中正總統等黨政軍高層、社會名流紛紛前來悼祭。待公祭完畢再於當日中午十二時送至六張犁回教公墓，按回教儀式進行最後之埋葬。然而，如此，白故理事長的下葬時間距離其歸真已超過六天，遠超出回教教規三天內速葬之規定。

### （二）回教內部之爭論

　　針對上述情形，楊德亮[37]、洪淑惠夫婦等人針對白將軍葬禮並未完全按照回教教規進行產生諸多質疑，尤其針對孫繩武「先行回教殯禮，然後移至殯儀

---

[36] 白崇禧（1893年3月18日－1966年12月2日），字健生，廣西桂林人，先世虔奉回教，詩禮傳家。保定陸軍軍官學校第三期卒業，治軍桂省。曾赴廣州謁見國父孫中山，之後於抗戰初期創建中國回教協會，並擔任理事長二十餘年，為中國回教的發展貢獻良多。有關白氏事蹟亦可參見本書第二章。

[37] 楊德亮（1899-1975），字慧疇，雲南省昭通縣人，陸軍官校第三期畢業，歷任軍長、國防部參議等職，因白崇禧葬禮一事之紛爭，其遺囑不葬入六張犁回教公墓，後葬於高雄市覆鼎金公墓。

館待期再葬」[38]的提議表示反對與抗議，認為其因不遵回教教規已屬「叛教」，故要求罷免孫繩武的一切回教職務。他們進而在《回教文化》會刊上刊載相關批判文章，[39]最終引發孫繩武向法院控訴此事，孫氏支持軍禮的理由如下：

> 當時回教人士主張葬禮應悉遵教規辦理，其遺體並於四十八小時內入土安葬，惟政府官員及教外友好為崇德報功，力主以軍禮謂之，不可草草埋葬，俾使白將軍克享國家之榮典。此時爭執甚烈，全場秩序頻難維持，有人攻擊回教人士為何不遵國禮？政府官員認為對一級上將之喪典，一、二日內實籌備不及。白將軍公子七人中，有四人亟待返回奔喪，此時何上將（按：即何應欽）及多數委員均認為及時須尊重白將軍家屬之意見，而其長子白先道一再表示代表家屬願遵國禮，兼顧人情，稍緩安葬，而亦不違教規，懇求教友諒解。[40]

由此可見，雙方爭論的主要問題在於是否應當延長下葬日期，以及接受非穆斯林致祭是否符合回教教規。其背後的實質則在於「國理」與「教規」之爭。在威權時期，黨政體制所主控的「國理」凌駕於一切之上，而作為少數族群的台灣回民，其「教規」更只局限於穆斯林群體之中，並無任何與政治抗爭的基礎，因此孫氏認為其「盡量平衡國理與教規」的方式才是正確的，而楊氏則堅持宗教禮俗在此處絕不能與「國理」妥協。

## （三）葬禮背後的政治內涵

針對白崇禧葬禮事件的始末，本章作者亦曾訪問現任台北清真寺總幹事馬

---

38 中國回教教胞大會籌備會，「白崇禧將軍喪葬檢討告白書」，《中國回教協會》，11-外交部檔案，檔號：152.11/0008，影像號：11-WAA-00277，00078。
39 參見：中國回教青年會，〈婦女會理事長洪淑惠致函本社〉、〈本社覆洪理事長函〉、〈白崇禧將軍喪葬檢討告白書〉、〈中國回教教胞籌備大會函〉、〈楊德亮聲明啟事〉、〈建議書〉、〈六月十日覆洪淑惠女士書〉、〈覆「第三者」先生文〉、〈覆回教協會時理事長孟子周文〉、〈答中國回教協會九月二十二日之覆文〉、〈敬告穆民兄弟姊妹：堅持宗教信仰，主張人間正義。但願兩世吉慶，遠離惡略魔鬼〉，《回教文化》，39期（1969），頁11-38。
40 孫繩武，「為自訴被告等共同連續誹謗事」，《中國回教協會》，11-外交部檔案，檔號：152.11/0009，影像號：11-WAA-00278，23。

希哲，他是當年親身參與整個葬禮過程的當事人之一（參見附錄），而其父馬明道[41]又是此一事件中的一位重要人物。依據馬希哲的回憶，一方面，蔣中正三次下野都與白崇禧有關，加之白氏在國內外地位亦十分崇高，對蔣中正之統治具有極大潛在危機。另一方面，同為桂系核心人物的李宗仁，於民國54年自美國返回中國大陸倒向中共，使得依靠白氏來牽制其人的政治謀畫宣告失敗。基於上述兩點原因，當時社會風傳白崇禧之死與蔣中正有關，面對如此傳言，如何處理其葬禮隱然已成為一個微妙的政治議題。若將白崇禧按回教喪葬儀式於三日內速葬，恐社會輿論以為如此「草草下葬」（按台灣社會喪葬觀念，三日內下葬十分匆忙），蔣中正恐難以擺脫白氏可能遭其「謀害」的嫌疑。因此，白先義（白崇禧侄子，時為治喪委員會聯絡官）經與馬明道等商議後，最終決定了上述結合回教葬禮與最高軍禮的喪葬形式。故在第二日召開的治喪委員會會議上，便有了如下情形：「白先義就說：『蔣總統三次下野，大家都知道與白崇禧將軍有極大的關係。若將軍的喪禮未能依照體制執行最高的軍禮，海外以及大陸方面會多方猜測，恐對總統的聲望有疑。屆時如何處理？』何老總（按：即何應欽）一聽之下，立即裁決軍禮必須執行。」[42]

可見，白氏之葬禮並非簡單的「教規」與「國理」之爭，其背後具有重要政治意義，處置不當甚至會影響到蔣中正的威望。如此看來，堅持嚴格回教喪葬儀式的穆斯林，或許是因為沒有看到整個事件的「茲事體大」及葬禮背後的政治意涵，所以才會堅持只以「教規」作為唯一的判斷依據。

此外，民國59年10月至民國61年10月曾於台灣調研回民群體的美國學者白培莉（Barbara Pillsbury）在其博士論文"Cohesion and cleavage in a Chinese Muslim minority"[43]一文中，亦論及白崇禧葬禮之紛爭。她認為：「伴隨著白崇禧的埋葬與齋月的結束，台北清真寺管理菁英的內部分裂轉換成了台北兩座清

---

[41] 馬明道於民國51年4月1日至民國55年11月1日曾擔任國防部高參室，上校高參，為重要軍事人員；其妻馬碧雲為白崇禧二姊白德貞之女。同時，馬明道亦是在台回民領袖之一，白崇禧之於馬明道，既是長官，又是舅舅。

[42] 馬希桂編，《馬明道阿訇紀念文集》，頁97。

[43] 參見：Barbara L. K. Pillsbury, "Cohesion and cleavage in a Chinese Muslim community," (Ph.D dissertation, Columbia University, 1973), p. 197.

真寺之間的矛盾。」[44]即是說楊德亮對白崇禧葬禮不合教規之批評在台北市文化清真寺蕭永泰阿訇的推波助瀾下，擴大為其與台北清真寺的公開對立，而這種對立不僅在於對白崇禧葬禮的異議，而更是為了製造矛盾而產生的對立。對此，本章作者認為白培莉之說法雖有一定道理，即白崇禧葬禮的衝突及後續發展顯示出了以中國回教協會代表的台北清真寺與以回教青年會為代表的文化清真寺之對立。但是，根據上文之分析可以看到，此一衝突主要體現了回民社會內部對「教規」與「國理」的認知與詮釋，更並非某方故意地借題發揮以突顯對立，因而白培莉之說未免過於武斷。

### （四）回教葬禮與軍禮的結合

　　既然治喪委員會決定了採用回教葬禮與隆重軍禮結合的喪葬形式，那麼應該如何安排儀式過程，以使兩種不同的喪葬習俗能夠恰當的結合？針對這一問題，馬明道權衡利弊後，設計了一套兩者兼顧的實施辦法。葬禮一共分為三個階段：第一階段，完全按照回教喪葬禮俗在台北清真寺進行「洗、穿、站」三步驟；第二階段，將埋體交與國防部人員，並依政府體制進行軍禮；第三階段，待軍禮及致祭完畢後，由樂儀隊送至六張犁回教公墓山下，由回協運至墳地，按回教儀式完成最後「埋」的儀式，如此既滿足了回教葬禮「洗、穿、站、埋」的儀式，又執行了軍禮，唯一的缺憾便是下葬時間已遠超回教一般規定，但在如此嚴峻的政治環境下，恐怕如此設計，已是最為妥當的選擇了。如若一味堅持回教儀式，恐台灣回教社群將會遭受不小的政治打擊。可見，上述做法既體現了台灣回民社會菁英對時局、利弊之準確分析，亦體現了當時穆斯林族群作為弱勢群體在面對國家權力時的順從與妥協。

---

[44] Barbara L. K. Pillsbury, "Cohesion and cleavage in a Chinese Muslim community," pp. 185-200.

圖8-2　陸軍一級上將周至柔、薛岳、余漢謀及顧祝同為白故上將覆國旗（取自：《陸軍一級上將白公崇禧榮哀錄》[45]）

　　值得一提的是，在儀式過程中，還有一個巧妙的設計環節。前文已述，穆斯林葬禮不穿任何衣服只用卡凡布包裹，但軍禮卻要著戎裝，如何協調兩種不同的著裝方式成了當時棘手的難題。而從馬希哲的訪談中，本章作者得知其親眼所見，為了使兩種著裝方式不衝突，事先將軍服剪開，只將前面部分軍服黏貼於已包裹卡凡布的埋體上，在軍帽內戴一個回民的白色禮拜帽。這樣在軍禮時，對非穆斯林而言，看不出任何與一般軍禮著裝的差異，而當進行回教最後的埋葬過程時，僅須把表面的軍服撕下，便可露出卡凡布順利下葬，如此安排，亦顯現了穆斯林在當時特殊的政治環境下，妥善處理「國」、「教」關係的應變智慧。

---

[45]　白先道編，《陸軍一級上將白公崇禧榮哀錄》（台北：白崇禧上將治喪委員會，1966）。

圖8-3　白崇禧靈堂（取自：《陸軍一級上將白公崇禧榮哀錄》）

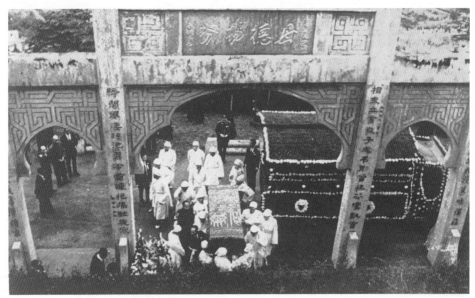

圖8-4　白崇禧埋體送往六張犁回教公墓埋葬（取自：《陸軍一級上將白公崇禧榮哀錄》）

## 三、政治性宗教禮俗的變遷

除了上述葬禮的妥協，戒嚴時期的台灣穆斯林，更多的情況下繼承了一貫對國家、民族的高度忠誠，主動地配合政府政治文化宣傳，並積極地參與相關黨政事件的紀念與宣傳活動。同時還更進一步，還將回教宗教禮俗與政治結合在一起，形成的此一獨特歷史時期的特殊宗教禮俗。不過，這種與政治密切配合，甚至依附於政治以求得宗教生存空間的發展模式，亦隨著台灣社會解嚴及國民黨權威統治的式微而漸漸淡化。以下，就主要與政治相關的台灣穆斯林群體宗教禮俗進行論述。

### （一）國慶紀念

每年雙十慶典（10月10日），回協作為固定宗教團體代表，每年均派員參加以表慶賀；民國65年，更組織了獨具特色的花車隊伍，編入「復興民族文化」梯隊參與遊行。該車隊由定中明教長負責設計，四周以清真寺拱門裝飾，中間以清真寺圓頂裝飾，還附設兩個邦克樓（宣禮塔），極具回教特色。而其標語則寫有「中華民國萬歲」、「三民主義萬歲」等字樣，並以梅花裝飾。在廣播方面則放送阿拉伯音樂與定教長唸誦之記主讚聖經文。而花車隨行男女的著裝亦十分多元，有穿白色長袍配土耳其禮帽的，有穿新疆維吾爾人傳統服飾的，亦有著禮服、校服的，體現了台灣穆斯林的多族群與多元文化樣貌。[46]此種花車遊行，一方面，將回教的裝飾風格與政治標語相融合，起到了配合政治宣傳的效果；另方面，也對向外界傳播回教理念有不少助益。

此後，回協依舊按慣例派員出席雙十慶典，但隨著台灣社會政治解嚴，原有的政治宣傳內容漸漸淡出了歷史舞台，遊行代表以純粹的宗教團體參加活動。近年來，主要參加雙十慶典的多為穆斯林婦女代表，她們戴著統一的粉色頭巾，與之前的多元服飾形成鮮明對比，亦突顯了台灣穆斯林在族群文化樣貌上的轉變。

---

[46] 參見：賈慧，〈回協國慶花車遊行隨車紀實〉，《中國回教》，165期（1977），頁30-31。

## （二）政治人物誕辰紀念

在戒嚴時期，台灣社會對國父孫中山與總統蔣中正的個人崇拜盛極一時，深受當時政治環境影響的台灣穆斯林群體，亦展現其對於國家領袖的尊崇。這些不只反映在回教宣傳報刊上登載領袖的言行事蹟，更在宗教禮俗上，為領袖進行回教形式的紀念與祈禱活動。

民國54年，時值國父孫中山誕辰一百週年紀念，回協與台北清真寺（以下簡稱北寺）為此專設籌備委員會，所有回協常務理監事、北寺常務董監事為籌備委員，回協理事長時子周為主任委員，北寺董事長常子萱為副主任委員。[47]經過近半年緊鑼密鼓的籌備，民國54年11月5日在台北清真寺舉辦祈禱大會，由定中明恭誦祈禱詞，並請上級指導單位、外賓及大會主席發言，主要回顧孫中山的生平大事記、三民主義與回教思想以及其對回民問題的重視。[48]同樣地，中國回教青年會亦舉辦類似的祈禱紀念活動。[49]

民國64年4月5日，蔣中正逝世，4月11日台灣回民在於台北清真寺主麻聚禮之後，為蔣中正進行祈禱，並由定中明發表演說，以示追思。此後，每逢蔣中正誕辰紀念，回教代表亦會前往桃園慈湖陵寢謁陵，或於清真寺內誦經祈禱。民國75年10月31日蔣中正百年誕辰時，亦於聚禮後為其舉辦紀念大會，誦經祈禱規模浩大。針對政治領袖的宗教紀念祈禱活動反映了當時政治對宗教思想與實踐的強烈影響，同時也反映出早期來台的回教前輩執著的愛國思想，及其積極配合反共國策下對於各種身體力行的堅持（請參看本書第二、三章）。同時，在蔣經國總統任內，這種對於當前政治人物崇拜現象的色彩明顯淡化。因此，隨著政治解嚴後的新情勢，台灣回教這種因應特殊時代環境下「寓政於教」的禮俗現象才逐漸走向歷史。

---

[47] 參見：中國回教協會，〈回教協會紀念國父百年誕辰〉，《中國回教協會會刊》，109期（1965），頁1。

[48] 參見：中國回教協會，〈紀念國父百年誕辰回教協會舉行祈禱大會〉，《中國回教協會會刊》，111期（1965），頁4。

[49] 參見：蕭永泰，〈紀念國父百年誕辰〉，《回教文化》，33期（1965），頁3-5。

# 第三節　其他禮俗的傳統與變遷

　　隨著台灣回教社會的宗教傳統向著「純回教化」與「去中國化」方向發展，許多中國大陸原有的宗教生活與禮俗傳統，隨著第一代來台回民的凋謝而漸漸消失，新世代往往認為這些傳統禮俗中雜糅了許多非穆斯林的習俗或是「非正統派」習俗而對其加以改革，進而使這些在當今中國大陸仍十分盛行的習俗在今日台灣回教圈中已難覓其蹤。

## 一、部分消失的傳統禮俗

### （一）聖紀

　　聖紀（*Mawlid an-Nabii* مولد النبي）[50]又稱「聖忌」、「聖會」等，為回教先知穆罕默德誕辰紀念日，由於其出生與歸真均於回曆三月，故每年回曆三月中國穆斯林將兩個紀念日合併慶祝，以示對先知的紀念。在中國大陸，除了伊赫瓦尼與賽萊菲耶不過聖紀，其他絕大多數穆斯林都有過聖紀的傳統。每年回曆三月之內都是舉辦聖紀的時間段，各清真寺、各家各戶都誦唸《古蘭經》讚美聖人，講述先知事蹟並設宴款待來賓，這業已成為中國穆斯林互相交流、相親相愛的重要聚會活動。早期遷台回民延續了大陸時期的過聖紀傳統，以清真寺為中心舉辦該活動。

　　聖紀在台灣以台中清真寺、中壢龍岡清真寺與高雄清真寺舉辦的最為隆重，一般會由寺方負責籌辦，廣邀台灣教胞前來。其中被邀請最多的當屬定中明教長，一般的程序為先由教長唸誦《古蘭經》、讚聖詞，帶領大家一起做都

---

[50] 據阿拉伯史書記載，穆罕默德逝世三百餘年後，什葉派的法蒂瑪王朝（909-1171）首先在埃及舉行聖誕紀念。到了十二世紀，伊拉克的穆斯林也開始在每年3月12日慶祝聖誕。此後，紀念先知誕辰和忌辰的活動便擴展到了其他穆斯林國家地區。參見：宛耀賓主編，《中國伊斯蘭百科全書》，頁500。

阿（祈禱），再發表專題演講，針對穆聖生平、行儀與當今宗教問題等議題進行專題演講，最後一起分享清真美食。[51]此種活動雖為穆聖時代所未有，但在穆斯林人數稀少、居住分散的台灣，此種穆斯林聯誼、分享聖人事蹟的活動對於加強穆斯林兄弟姊妹間的感情與信仰連結有不少助益。不過，現今亦有人認為此種紀念聖人誕辰的活動為聖人時代所無，且過度紀念恐有「個人崇拜」之嫌，因而加以制止。現今台灣各清真寺已鮮有舉行聖紀活動的情況。據本章作者透過對龍岡清真寺馬子誠董事長的訪談得知，自他上任以來，為避免宗教上的質疑，但也為了凝聚教胞、仿效穆聖，他將該寺的聖紀活動改為穆聖生平事蹟的講座，以學術文化交流的形式既避免了「個人崇拜」的質疑，又保留了原有聖紀活動所具有的族群凝聚效果，不失為一種成功的轉型模式。

## （二）回教人物壽誕

中國傳統文化中對於「長壽」十分重視，而回教則認為人的生死壽夭均為真主前定，應當順應造化之主的安排。不過，在中國回民傳統社會中，對長壽十分看重，亦會為壽星舉辦壽辰紀念活動，並將其與回教理念相結合，形成了獨特的節慶禮俗。在此則以常子萱[52]的九秩大壽為例，民國70年1月9日，台灣各地穆斯林均派祝壽團前往台北清真寺參加壽慶，當日主麻聚禮過後，教胞們於北寺大殿內，由定中明教長誦經，全體跪坐聽經，並在定教長的帶領下一起接都阿為壽星祈禱。隨後，眾人前往北寺大禮堂（已佈置成為壽堂）舉行慶祝大會，來賓簽名祝壽並領取祝壽紀念茶杯，席間大家分別贈送鮮花與紀念文字，並與壽星合影留念。[53]可見，上述活動中既有回教的誦經祈禱，又加入了不少非回教的中國傳統祝壽習俗，並以清真寺大殿與禮堂的區域劃分來分別回教習俗與非回教習俗的部分。不過，這種祝壽禮俗隨著回教前輩的相繼過世，加之宗教傳統的轉化，亦漸漸淡出台灣回教的發展舞台。

---

[51] 參見：定中明，《雪泥鴻爪》（台北：定中明，1992），頁189-195。

[52] 常子萱（1892-1983），北京著名回民珠寶玉石商人，創設永寶齋，來台後歷任台北清真寺董事長、回協常務監事、中國回教文化教育基金會名譽理事長等職，為台灣回教早期大老之一。

[53] 參見：〈常子萱先生九秩嵩慶紀盛〉，《中國回教》，176期（1981），頁20-23。

## 二、禮拜的變化

在絕大多數中國回民的傳統中，主麻拜除了要在伊瑪目的帶領下集體禮兩拜主命拜、再各自禮四拜外，還要再禮日常晌禮的十拜（先四拜聖行，再四拜主命，最後兩拜聖行），其依據如下主麻拜的「真正條件」為：「（一）城裡關鄉。（二）以瑪目是國王，或奉命官長，或選舉者。（三）在晌禮時內禮。（四）者媽而台最少須四個人。（五）念虎圖白。（六）給眾人口喚。」[54]

依據上述條件，結合中國的實際情況，身為少數族群的回民，其伊瑪目不可能是國王，亦不可能由國王任命，因為中國的君主本身並非信仰回教之人，而中國各地清真寺的阿訇多為聘任制，並非選舉產生。因此，當時的學者質疑主麻在中國是否成立，為此再禮晌禮十拜，以作為雙重保證；即主麻如果成立，則晌禮十拜為副功拜，若不成立，則晌禮亦不缺失。如此看似聰明的處理方式，卻有一個重要的問題，回教很強調舉意（Niyyah），也就是做事的意願與動機，如果自己都不相信自己的主麻拜成立，那代表所思所行表裡不一，其禮拜如何能夠成立？定中明教長針對上述矛盾，基於其對經訓教規的理解，對此進行改革。[55]本章作者亦就此事請教於趙錫麟博士，其亦認為主麻再禮晌禮之說並無充分合理的依據，故而現今台灣各清真寺已鮮有人在主麻之後再禮晌禮的十拜了。

此外，在格底木傳統中，禮拜時只在第一次唸安拉乎艾克拜勒（真主至大，Allahu Akbar）時抬手一次，隨後雙手交握於肚臍下。而隨著留學國外的經生返台以及國際穆斯林增多，在禮拜開始、鞠躬前後均抬一次手的「三抬」方式增多，雙手也交握於胸口或心臟處。不過，雙方的差異更多源自不同傳述者

---

[54] 楊耀斌校正，〈穆民須知〉，《中阿文乜亥帖》（台北：台北清真寺譯經委員會，未載時間），頁7。

[55] 「主麻只有兩拜主命，四拜聖行，不再禮晌禮，這是一改過去的作風，符合《古蘭經》的精神，過去老阿衛們認為各地方的主麻條件不夠，恐怕不被昂拉（按：即安拉）接受，這是錯誤的觀念，因為《古蘭經》中並沒有規定非要那一個國家，那一個民族，那一個阿洪領拜才算，命令所有穆斯林，所有教胞們主麻這一天禮主麻，只有兩拜，不再有晌禮，所以我把它改革了，還好我們的教胞都能接受。」定中明，《回憶錄》（台北：著者敬贈，2002），頁569-570。

對聖人禮拜動作的描述，是比較細節的部分，並非信仰的核心，故各自遵行即可。此外，格底木傳統亦十分重視禮拜帽，認為戴禮拜帽方可進行禮拜，該習俗的形成一方面受儒家禮制影響，強調衣著冠帶齊全得體，滿足恭敬端莊的要求；另一方面也與中國穆斯林散居於廣大漢人社會有關。因為作為少數族群、卻普遍使用漢語且體貌上又與漢人差異不大的中國回民，透過佩戴禮拜帽來區分我群與他者，並以禮拜帽作為自身族群、宗教認同的象徵符號。而現今於台灣各清真寺戴禮拜帽者已少之又少，或並不在意此事。雖仍有極少數年長教胞向其他教胞宣傳不戴禮拜帽禮拜不成禮等語，但亦無可使人信服的依據，因而收穫甚微。這些教規細節的差異，反映出台灣的回教禮俗，明顯受到各地穆斯林來台的影響而產生改變。

## 三、著裝與宗教用語的轉變

早期的台灣穆斯林多為生於中國大陸的回民，故其穿著均與在大陸時期保持一致，基本上其服裝與主流社會並無任何區分。男士既有西服革履，亦有立領長衫，女士亦多著西式禮服或中式旗袍。只不過男士在來清真寺時會戴一頂白色禮拜帽，女士大多數則只有在禮拜或其他回教儀式時才會戴上頭巾。即便是回教婚禮，男女亦多著西服和西式婚紗。不過，隨著宗教傳統的轉變與隨著國際穆斯林的大量移入，在由「傳統的」回教轉向「多元的」回教的轉變過程中，台灣穆斯林的著裝有了很大的變化。一方面，穆斯林男士的白色禮拜帽除老者外已鮮有人戴，與之相對各種不同形式的纏頭、花帽、船帽的佩戴漸漸增多，顏色形式各異，且不戴任何禮拜帽、纏頭的也大有人在；另一方面，穆斯林女士不僅來清真寺幾乎都戴上了頭巾，且絕大多數在出門在外時亦堅持戴頭巾，體現了對回教教義、教規的嚴格實踐。不過，亦有部分已無穆斯林意識或對教門知之甚少的回民後代，不時穿著短褲、短裙前來參加回教葬禮等宗教儀式，進而與嚴格遵行回教教規的人形成了鮮明對比。

另一個顯著變化是由於宗教傳統的轉變，導致台灣穆斯林由原來以漢語夾雜波斯語、阿拉伯語音譯為主的宗教用語（一般稱經堂語），轉變為以阿拉

圖8-5　早期台灣回教
　　　婚禮（馬希哲
　　　保存）

伯語、英語為主的宗教用語（波斯語的經堂語彙明顯式微）。按回教在中國歷
史的傳播與發展，並非直接移植自阿拉伯地區。一方面，中國與西亞兩地相去
甚遠，很難直接溝通交流；另一方面，中國回民祖源多元，且學界認為主要族
源多為受古波斯文化影響、來自今中亞、伊朗等地的「色目人」，因而其宗教
語言與習俗多受到回教化的波斯文化影響。研究發現，中國回民許多波斯語用
法已有數百年歷史，以至於一些詞彙即便在今日的伊朗也不再被使用，卻仍保
留在中國傳統回民社會中，例如：兩岸回民均沿用波斯文音譯「朵斯提」稱
呼朋友、以「邦克」稱呼宣禮、「朵子海」稱呼火獄、「乃麻子」稱呼禮拜
（Salaat）、「榜答」稱呼晨禮（Fajr）、「撇申」稱呼晌禮（Dhuhr）、「底
蓋爾」稱呼晡禮（`Asr）、「沙目」稱呼昏禮（Maghrib）、「胡夫灘」稱呼
宵禮（`Ishaa）、「阿訇」稱呼教長（Imaam）等等。隨著台灣回教受阿拉伯
直接影響的愈發深入與國際穆斯林的湧入，英文與阿文的表述更易於互相理
解，故宗教用語方式亦有了較大的轉別。

# 結論

　　台灣回教經歷了近七十年的發展演變，其宗教生活與禮俗傳統已大為轉變。在宗教教育傳統上，由傳統的經堂教育轉變為以沙烏地阿拉伯為代表的經生教育。在宗教傳統上，由原來在地化的中國回教（以格底木派為主，強調回教文化與中國禮俗的結合）轉向以沙烏地阿拉伯為主導的「回歸化」回教（提倡「遵經革俗」，強調還原回教的原初狀態）。在政教關係上，由早期原有依附於國民黨黨國體制密切的政教互動關係，近年來隨著民主化的趨勢而轉變為較為開放自由的政治合作，因此政治力對宗教禮俗的影響力大為減弱。在穆斯林的構成上，也由以來自中國大陸的回民為主體的單一固有結構，轉變為包括泰緬、印尼、阿拉伯、中亞、土耳其等各地移民的國際穆斯林與傳統回民共生的新態勢。在穆斯林族群的發展上，一方面，部分回民後代信仰受上述因素影響而明顯加強；另一方面，原具有中國大陸宗教傳統背景、且因世代交替而與信仰逐漸保持距離的穆斯林，因不能與近來新出現的「回歸化」的宗教模式相適應，而放棄回民、穆斯林的身份認同，甚至改宗其他宗教，於是出現了一定程度上被當地主體社會文化所同化的現象。

　　在上述諸多轉變中，台灣回教的宗教生活與禮俗逐漸擺脫政治、非穆斯林習俗等的影響，逐漸與回教基本的宗教生活與禮俗相適應，並應對國際化趨勢而出現各種禮俗多元共存的格局。針對台灣回教生活與禮俗的轉變以及未來發展，本章作者從自身在中國大陸與台灣回教社群中長期生活、觀察與調研的經驗而論，認為宗教禮俗的傳統與現代適應當遵循以下兩點原則：一方面，應當以《古蘭經》、《聖訓》為根本依據，凡與經訓相違背的習俗，應當移風易俗，但轉變的方式並不應是狂風驟雨般地批判與「一刀切」式的單向認定，而應是「潤物細無聲」的漸變式轉化。眾所周知，一種習俗或傳統的形成與存在均有其現實的社會歷史意義，因而要轉變傳統觀念前，務必需要妥善評估其現階段存在的合理性後再做判斷，否則不可輕率改變。對於受傳統觀念影響較深

的教胞，亦應為其條分縷析地闡明改變的原因，不可一味否定所有傳統延續下的事務，更不可不予解釋其取捨緣由，以致產生誤會與衝突。另一方面，針對並不違背回教的基本原則下，凡是因時、因地、因人、因物制宜而產生的宗教禮俗與生活習慣應當予以保留。這種在地化、且經一定時間得以傳承的禮俗，不但能夠維繫穆斯林社群的連結與存續，又能夠展現回教文化的多元與包容，吾等又何樂而不為呢？最後，試舉一例以闡明上述原則，本章作者常感嘆台北清真寺所種植的幾株椰棗樹，雖然其生長得枝葉繁茂、高聳入雲，但卻從不結果。究其原因，蓋熱量、光照不足、土壤不適所致。反觀其中東原產地的椰棗樹，雖並無台北如此繁茂，但卻碩果累累，供人享用，乃在於各種適宜生長之條件俱足，故有此豐產之狀。援此比之台灣回教，亦如是也，回教之所以成為世界性普世宗教，乃在其一方面具有經訓所載之普世價值，為世人所共感；另一方面則因其能在各地因地制宜，包容、吸收各地文化精髓，為其所互用。方如此，才能兼顧「同一性」與「多元性」之間的各種並存關係，在回教大同理念的引導下，綻放出多姿多彩的回教文化！

# 第九章

## 回教知識、語文的教學研究
## 與學術傳承

趙秋蒂

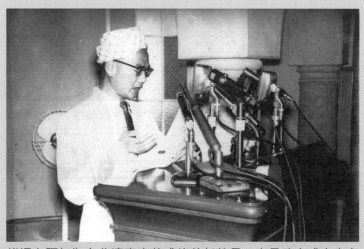

熊振宗阿訇為台北清真寺落成後首任教長，也是政大成立東方
語文學系時第一任系主任（攝於民國49年，趙錫麟提供）

# 前言

在台灣，回教知識教育行之於回教徒之外者，主要在高等教育體系下進行，其中有三個管道，一為因阿拉伯語文、土耳其語文等相關語文學系的教學而隨之展開宗教知識的教育與研究；二為在大學宗教系、所中開設回教課程；三為在公、私立大學「通識課程」或「選修課程」項下開設相關文化與政治課程。

由於從事教學研究者與受教學生大多數是非穆斯林，體會不到「受造感」（numinous）的神聖經驗（holy experience），台灣學術界研究回教，多置之於社會文化或文明體系中予以客觀的詮釋與解析，舉凡語言、歷史、文化、地緣政治、族群關係等等與回教相關的人、事、時、地、物皆為教學與研究的主題，回教知識便在各個主題的教學研究中順利傳承。

本章將分別論述上述三個管道的教學經驗與成果，並以政治大學阿拉伯語文與土耳其語文二系為例討論語言教學中回教知識如何傳承，以及高等教育開設相關課程對回教知識傳授甚至廣及社會教育之貢獻。

# 第一節　國立政治大學東方語文學系的沿革及教學環境

　　國立政治大學是全台灣唯一設有阿拉伯語文學系和土耳其語文學系的大學，以標準阿拉伯語（modern standard Arabic `Arabiyyah Fushah العربية الفصحى）為官方語言的國家有二十三國[1]之多，土耳其語為土耳其共和國官方語言，亦通行於中亞土庫曼、烏茲別克、亞塞拜爾然等國，上述國度皆為回教世界，阿拉伯語和土耳其語的教學中自然與回教知識相連結。

　　阿拉伯語和土耳其語兩系的前身皆為東方語文學系之下所設的語組。政大於民國43年在台復校，東方語文學系成立於民國45年，次年阿拉伯語文組，土耳其語文組於民國47年成立。[2]東語系原隸屬文學院，文學院於民國59年改制為文理學院，又於民國78年將各語文學系分出成立外語學院。阿文組於民國67年升格為學系，土文組則在民國89年升格為學系，成系之初，二系簡稱為「阿語系」和「土語系」，後因應英文名稱以及教學兼顧語言與文化雙面向，阿拉伯語文學系（Department of Arabic Language and Culture）簡稱為「阿文系」；土耳其語文學系（Department of Turkish Language and Culture）簡稱為「土文系」，兩系迄今仍是台灣各大學院校中唯一教授該語種者，為台灣特殊語言專才之培育辛勤耕耘，一甲子的付出已結實纍纍，桃李滿天下。

## 一、教學陣營中的穆斯林師資

　　早期師資礙於人才稀少，多仰賴遷台之回教學者。東方語文系成立第一任系主任便敦請熊振宗（Ibraahiim Shung 1914-1962 ابراهيم خيونج）教長擔任，阿拉伯語文

---

[1]　分別是位於阿拉伯半島與兩河流域的沙烏地、葉門、阿曼、阿拉伯聯合大公國、卡達、巴林、科威特、伊拉克、敘利亞、約旦、黎巴嫩、巴勒斯坦（尚未建國），以及位於北非的埃及、蘇丹、索馬利亞、吉布地、葛摩、阿爾及利亞、突尼西亞、利比亞、摩洛哥、查德、茅利塔尼亞。

[2]　吳興東，〈政大東語系土文組畢業五十週年感言〉，《國立政治大學全球校友服務網》，http://www.alumni.nccu.edu.tw/system/epaper_contentdetail.jsp?sn=114&epapersn=118（2017年10月19日檢索）。

系成立時，第一任系主任由定中明（*Dawood Din Jung Ming*，1912-2005 الحاج داود دينج جونج مينج）教長擔任，兩位回教耆老跨入教育體系，所延攬之師資亦不乏當時在台灣的回教先進，不但將阿拉伯語文和土耳其語文的教學經營得十分紮實，也順勢在語言與文化的教學中融入回教知識。穆斯林專、兼任教師陣容有：土耳其語文組的劉恩霖、馬明道；阿拉伯語文組的任振華、張文達，[3]阿文組升格為系之後丁慰慈加入教學陣營，另聘任自阿拉伯國家留學歸國的經生馬凱達、丁邦國、常壽昌、金玉泉參與語言教學工作。

熊振宗教長執掌東語系系務四年，並負責阿拉伯語文及阿拉伯文學史教學。[4]熊主任逝世後，國內阿拉伯語文師資缺乏，教學幾乎中斷，校方遂決定隔三年招生。[5]民國51年，阿文組畢業生開始出國到約旦、黎巴嫩、法、美各國進修，土文組畢業生也有多人交換至土耳其深造，待出國留學之系友陸續學成，返國後與穆斯林教師並肩擔負起語言與文化教育工作。民國60年，土語系第二屆畢業生吳興東返系任教，民國80年，阿文系畢業生林長寬返系任教，二人在留學期間皈依回教，本國籍穆斯林教師更添生力軍。

## 二、來自阿拉伯與土耳其的穆斯林老師

民國58年，沙烏地阿拉伯王國依「中、沙文化合作協定」派遣沙籍教師到政大教學，初期每年有一位沙籍教師，而後同時有二位教師甚或三位教師在系上任教，陸續來到阿拉伯語文學系授課的沙籍教師有十八位（請見表9-1），熱心支援教學，為學生營造阿語情境，同時也將回教文化融入教學。隨著沙籍教師一起引進了沙烏地紹德國王大學的阿拉伯語教材，像是《生活阿拉伯語》（*al-'Arabiyya li-Haiyyaat* العربية للحياة）、《成人阿拉伯語》（*al-'Arabiyya li-Nnaashi'iin* العربية للناشئين）、以及沙烏地政府出版的《雙手之間阿拉伯語》（*al-*

3　林建財，〈回首來時路，學習阿拉伯文之路〉，《回首來時路：政大畢業50週年感懷》（台北：政治大學，2014），頁26。
4　賈福康編著，《台灣回教史》（台北：伊斯蘭文化服務社，2005），頁216-217。
5　〈關於外文系（國立政大阿拉伯語文學系）〉，《PChome個人新聞台》，2005年9月20日，http://mypaper.pchome.com.tw/winnerboat/post/1251540438（2017年11月12日檢索）。

'*Arabiyya baina Yadaik* العربية بين يديك）等等，課文中不時提及回教信仰、歷史、文化等，宗教知識與阿拉伯語同步教學。

表9-1　政治大學阿拉伯語文學系沙烏地籍教師

| 中文姓名 | 阿拉伯文姓名 | 任教期間 |
|---|---|---|
| 馬吉祥* | Ibrahim Yusef Khan | 1969-1976 |
| 陝邁德* | Ahmed M.S. el-Sin | 1976-1979 |
| 蘇萊曼 | Sulayman al-Khuleifi | 1979-1980 |
| 伊布拉辛 | Ibrahin al-Eed | 1979-1983 |
| 阿不都卡里姆 | Abdul Kareem S.A. al-Kharashi | 1983-1987 |
| 阿不都阿濟茲 | Abdel Aziz M. al-Suhaibani | 1984-1988 |
| 阿哈馬德 | Ahmad Ali S. Al-Ghamdi | 1987-1991 |
| 艾努沙 | Nasser O.H. Einoussah | 1988-1991 |
| 穆加提 | Abdul Muhsin Th. E. Al-Magati | 1991-1993 |
| 哈拉比 | AbduLlah N. Gh.A. al-Harbi | 1991-1994 |
| 馬立琦 | Muhammed Awad el-Maliki | 1995 |
| 亞西里 | Mobasher Zaid M. Moadi al-Assiri | 1996-1997 |
| 哈拉比 | Sulaiman A.K. al-Harbi | 1999-2003 |
| 焦賀夫 | Khalaf al-Joufi | 2004-2007 |
| 阿哈瑪德 | Ahmad Hassan al-Rubh | 2007-2009 |
| 蘇萊曼 | Sulayman | 2007-2010 |
| 歐穆朗 | Umran Nwaihero al-Sobhi | 2009-2010 |
| 哈立德 | Khalid Sulayman al-Rabah | 2009-2010 |

加*星號者為僑居沙國、出身中國大陸西北的穆斯林。

　　沙籍教師多與該系師生維持良好互動，其中1984至1988年任教之阿不都阿濟茲（*Abdel Aziz M. al-Suhaibani*）甚至在返國之後三十年再度來台，和當年的同事以及教過的學生團聚。可惜，這樣的中、沙師生情誼因民國100年協定中斷嘎然而止。當時政大發展政策著重研究與教學並重，沙籍教師專長於語言教學，該系以其研究能量較弱等理由，主動提出停止沙籍教師之派遣，在台教師遂於學期中間離開教席，其中溝通不盡完美，留下遺憾。目前阿拉伯籍師資由該系循正常任聘程序向阿拉伯世界徵才，先後在系任教者分別來自約旦、敘利

圖9-1　沙烏地及馬吉祥老師與民國59年應屆畢業生（攝於民國59年，利傳田提供）

亞、突尼西亞、印度等國家，由過去接受沙烏地阿拉伯贈聘派來的師資轉而向
世界各地徵聘阿語教師。

　　土耳其語文系於民國82年與安卡拉大學（Ankara University）正式締結姊妹
校，[6]此前三年，即民國79開始便以「交換教師」方式，每年都有土耳其籍教
授支援教學，前後來台執教者有37人之多（請見表9-2），不但帶來生活化的
語言學習環境，尚與本國籍教師並肩製作教材、讀本，先後來台的土耳其籍教
師皆與土文系師生互動密切。

---

[6]　〈本系簡介　歷史沿革〉，《國立政治大學土耳其語文學系》，http://turkish.nccu.edu.tw/about/pages.
　　php?ID=about1（2017年11月20日檢索）。

## 表9-2　政治大學土耳其語文學系土耳其籍教師

| 中文姓名 | 土耳其文姓名 | 任教期間 |
|---|---|---|
| 歐凱 | Bülent Okay | 1990-1991 |
| 洪娜 | Ayşe Onat | 1991-1992 |
| 畢利吉 | Kenan Bilici | 1992-1993 |
| 傅瓦特 | Ali Fuat Doğu | 1993-1994 |
| 畢爾根 | Abdülselam Bilgen | 1994-1995 |
| 艾樂 | Rüçhan Arık | 1995-1996 |
| 嘉帕 | Ömer Çapar | 1996-1997 |
| 烏納迪 | Nadir Uzun Engin | 1997-1998 |
| 吉瑞爾 | Abdulkadir Gürer | 1998-1999 |
| 艾姝 | Aysu Atar | 1999-2000 |
| 葉幸 | Yeşim Bakır | |
| 亞曼 | Ahmet Emin Yaman (991) | 2000-2001 |
| 謝突娜 | Candan Şentuna (992) | |
| 吉娜 | Gülhanım Ünsal | |
| 庫畢倈 | Kubilay Aysevener | 2001-2002 |
| 杜爾孫 | Dursun Köse | |
| 穆亞羅 | İsmail Erol Mutlu | 2002-2003 |
| 康艾明 | Aydanur Altaş Özkan | |
| 歐佳 | Serap Kızlıer | 2003-2005 |
| 柯威達 | Vedat Kızlıer | 2003-2004 |
| 白蒂亞 | Bedia Aydoğan | 2004-2005 |
| 李嘉偉 | Halil Çağlar | 2005-2007 |
| 施艾君 | Serap Alakoç | 2005-2006 |
| 法特瑪 | Fatma Çağlar | 2006-2007 |
| 阿里木江* | Alimcan İnayet | 2005-2006 |
| 涂古特 | Turgut Yiğit | 2007-2008 |
| 木萊得 | Murat Küçük | |
| 薇丹 | Vildan Öncül | 2007-2010 |
| 尤婕 | Neşe Munise Yüce | 2008-2009 |
| 歐舒丹 | Neşe Özden | 2009-2010 |
| 阿思嵐 | Nihayet Arslan | 2010-2011 |
| 杜浩 | Abdulhak Malkoc | 2011-2012 |
| 葉樂富 | Mutlu Yılmaz | |

| 中文姓名 | 土耳其文姓名 | 任教期間 |
|---|---|---|
| 古爾漢 | Gürhan Kırilen | 2012-2013 |
| 馬仕強 | Özcan Yılmaz | 2012-2014 |
| 穆思齊 | Mustafa Uyar | 2013-2018 |
| 古雷德 | Ahmet Şamil Gürer | 2014-2018 |
| 徐雅如 | Arzu Ateş | 2015-2016 |

加*號者為出身新疆吐魯番，後至土耳其留學的維吾爾族。

## 三、學生交換至阿拉伯與土耳其國家

　　隨著國內環境的改變，阿拉伯語文學系在校學生赴阿拉伯世界學習的機會愈來愈多。早期出國留學係畢業後經由「公費留學」管道爭取「中東語文」類組的名額，經費由教育部負擔，或是以自費方式進入約旦安曼師範專科學校（M'ahad Mu'alamin 'Ammaan عَمَّان ، معهد المعلمين）就讀，與該校其他當地學生同享免學雜費與膳食費以及若干零用金。[7]自民國86年，政治大學在校學生得於在學期間以交換生身份赴國外姊妹校就讀，阿文系不少學生把握機會到阿拉伯世界進修。目前阿拉伯國家固定提供獎學金予政治大學學生前往進修者有：科威特大學（Kuwait University, Jaami'ah Kuwait جامعة الكويت）每年提供六名全額獎學金，鼓勵初學者赴該校語文中心學習；約旦大學（The University of Jordan, Jaami'ah 'Urdunniyyah الجامعة الأردنية）提供三名獎學金，鼓勵學生繼續修讀碩、博士學位。民國99年起，沙烏地阿拉伯紹德國王大學（King Saud University, Jaami'ah Malik Sa'uud جامعة الملك سعود）提供獎學金二名，給予有志者前往進修阿拉伯語，次年沙烏地阿伯伊瑪目大學（Imam Muhammad bin Saud Islamic University, Jaami'ah Imaam Muhammad bin Sa'uud Islaamiyyah جامعة الإمام محمد بن سعود الإسلامية）亦提供二名獎學金，可惜沙烏地交換生的機會，隨著民國100年「中、沙文化合作協定」終止而結束，雖然如此，現在學生仍可自行上網申請至沙烏地就讀當地數個大學。除此之外，尚有學生以自費方式，前往約旦、突尼西亞、埃及等國修習阿拉伯語文，同時，中華民國政府公費獎學

---

[7] 林建財，〈回首來時路，學習阿拉伯文之路〉，頁27。

金仍提供有志者爭取深造機會。在校學生前往這些國家可依據校規抵免部分學分。

　　土耳其安卡拉大學（Ankara University）提供土耳其語文學系畢業生繼續深造之餘，民國86年起亦提供在校學生交換至該校學習。民國95年起，政大陸續與土耳其畢爾坎特大學（Bilkent University）、卡地爾哈斯大學（Kadir Has University）、科曲大學（Koc University）、伊斯坦堡大學（Istanbul University）、薩班哲大學（Sabanci University）等締結姊妹學校，簽訂學術合作協議，土耳其語文系在校生交換到土耳其的機會更加多元。值得一提的是，迄今交換學生當中，已有張景安、莊容、蔡劼甫、鄭翔等數人因在阿拉伯國家生活、學習接觸到回教文化，進而在該國入教成為回教徒，回國後加入台灣回教的大家庭，積極參與清真寺諸多活動。時至今日，留學土耳其的學生當中，還沒有任何在土國入教成為穆斯林的案例。[8]

---

8　土文系劉實諶同學另於交換至科威特大學語言中心就讀期間入教。

# 第二節　在語言教學中傳承回教知識

　　在語言教學的情境中，文化領域的知識至為重要，阿拉伯文化和土耳其文化皆與回教文化相互影響，課程中無論是語言練習，或是相關文學、歷史，甚至當代政治、經濟、國際關係之研討，皆融入了回教議題，回教知識的傳承便在語言教學中順理成章地進行著。其中，土耳其語言教學之實施，包括課程設計與教材，與回教文化的關聯性較弱一些，[9]阿拉伯語言教學則與回教相關主題緊緊相繫。

## 一、阿拉伯語和回教：阿拉伯民族意識的主軸

　　「標準阿拉伯語」屬亞非語系閃語族（Afro Asiatic-Semitic），今日以「標準阿拉伯語」為國語的二十三個國家全都是「回教國家」。回教創教之初即以阿拉伯人的語言傳佈，阿拉伯語也隨著宗教的傳佈而廣為使用，「回教」與「阿拉伯語」確實是阿拉伯人最重視的文化，阿拉伯語傳遞了回教，並將歷史上伊斯蘭前、後的阿拉伯人聯繫起來；回教為阿拉伯人帶來了新文明與新秩序，傳播的過程中還順道將阿拉伯語帶到世界各地，成為世界性的語言。

　　二十世紀發生的兩次世界大戰，改變與殖民政權的統治過程中，「阿拉伯民族主義」扮演了重要角色，而「阿拉伯語」與「回教」便是民族主義所強調的「阿拉伯民族意識」之所在。儘管在民族學研究的相關領域中，「阿拉伯民族」的概念要比「阿拉伯人」嚴謹許多，若依據「語言」的使用來劃分阿拉

---

9　土耳其共和國共和於1923年10月29日正式成立，穆斯塔法凱末爾阿塔圖克（Mustafa Kemal Atatürk, 1881-1938）建立土耳其共和國之初即進行一連串政治、經濟和文化上的變革，帶領土耳其成為現代化和世俗主義的國家，減少回教對政治及教育的影響，「凱末爾世俗主義」（Kemalist secularism）的開啟係於1928年撤除了1924年立憲之憲法第二條「以伊斯蘭為國教」的條文，再於1937年2月確認世俗主義是為憲法中不可修正的原則。如今「凱末爾式世俗主義」已成為土耳其公民的意識形態（civil ideology）。Umut Azak, *Islam and Secularism in Turkey: Kemalism, Religion and the Nation State* (New York: I.B. Tauris & co., 2010), p. 9; p. xii.

伯民族，[10]足以將現今二十三個阿拉伯國家的阿拉伯人區分為十三個民族。[11]但是，新興阿拉伯國家皆以「標準阿拉伯語」為「國語」；以「回教」為「國教」，人民皆自稱為「阿拉伯人」，討論「阿拉伯民族意識」時，係將上述所稱之「阿拉伯人」視為一整體。

除了「標準阿拉伯語」，二十三個阿拉伯國家境內都流行著數個屬於該國不同民族的「生活阿拉伯語」（local living language, `Arabiyyah 'Aammiyyah العربية العامية），也就是都存在著「雙言現象」（diglossia），[12]他們日常生活中使用的語言呈現出地方屬性（local version），各「生活語」之間彼此不能溝通。政大阿拉伯語文學系所教授之阿拉伯語是「標準阿拉伯語」，所謂「標準阿拉伯語」是經過建構的過程。標準語是某一方言因受到社會因素之提升而標準化（standardization）的產物，標準化的過程要經歷「選擇」（selection）、「建立文法」（codification）、強化正式場合的「使用功能」（elaboration of function）與被大眾「認同」（acceptance）。[13]

「標準阿拉伯語」是先知穆罕默德的故鄉—漢志（*Hijaaz* الحجاز）之地人們日常生活所使用的語言。《古蘭經》透過穆罕默德之口傳述，日後《古蘭經》誦讀的音調、語法都以*Hijaazi*為標準，其他生活阿語的使用者也都以*Hijaazi*誦讀經典，並隨著伊斯蘭的傳播流傳於所有穆斯林世界。阿拉伯語法學者據此編

---

[10] 在某些情況下，把語言的關係對應到民族身上，語言是民族最基本的特徵，用一個語言對應一個民族，利用語言的系譜做分類，在民族學界普遍適用。相關論述參閱林修澈，《原住民的民族認定》（台北：行政院原住民委員會，2001），頁19。林修澈，《原住民身分認定的研究》，（台北：行政院原民會，1999），頁27。黃宣範，《語言、社會與族群意識：台灣語言社會學的研究》（台北：文鶴，1994年），頁170。Maxime Rodinson, Translated by Arthur Guldhammer, *The Arabs* (London: Croom Helm Limited, 1981), p. 5; p. 49.

[11] 現今阿拉伯國家使用的語言包括Afro-Asiatic所屬的Berber、Cushitic、Semitic三個語族，語族的劃分界線與阿拉伯人生存土地的區域分割線，大致吻合。Semitic語族分佈在阿拉伯半島及北非大部分區域，在屬於Semitic語族的阿拉伯語（Standard Arabic Language）之下，尚可區分出Mesopotamian、Levantine、Gulf、Hijazi-Najidi、Arabian Sea、Egyptian、Libyan、Tunisian、Algerian、Moroccan、Hassaniyya、Sudanese、Tigrigna等十三個「話」區，相對劃分出十三個民族，這十三個使用不同「話」的民族，共同組成人們稱為「阿拉伯人」的「阿拉伯民族集團」。相關論述參閱趙秋蒂，〈阿拉伯人的民族認定—對「標準阿拉伯語」（*al-Fus'hah*）與「生活阿拉伯語」（*al-'Amiyyah*）的解析〉，收入《民族學報》，25期（國立政治大學民族學系，2006），頁111-143。

[12] 具有相對穩定的語言地位的兩種變體〔varieties〕在同一語言社區內同時使用，「高標準語」用於正式場合與書面語；「低標準語」用於口頭交談。R.A. Hudson, *Sociolinguistics* (Cambridge: Cambridge University Press, 1980), p. 54.

[13] R.A. Hudson, *Sociolinguistics*, pp. 31-33.

訂語音、文字、語法的規範而成「教養語」，方便語言的學習與傳授，也幫助宗教的傳播。經過標準化的*Hijaazi*，提升為「標準拉伯語」，也成為宗教與正式場合的用語與書寫體例。

## 二、阿拉伯語的宗教性與回教符碼

「標準阿拉伯語」在非使用阿語的穆斯林地區是「宗教語言」，回教所有的儀式皆以之進行，語言只是制式而僵化的表現在宗教儀節及其相關活動上，並不是信徒日常生活的核心，就像天主教的儀式以拉丁語進行，而拉丁語卻與信徒生活毫無關聯，且被稱為「死語」一般。在阿拉伯地區「標準阿拉伯語」是正式的「書寫語言」（Literary Arabic），用於課堂上以及正式場合，人們往往閱讀以「書寫語言」表達的書籍、報章雜誌，再用方言進行相關討論。[14]「標準阿拉伯語」還是使用不同生活語的阿拉伯人之間的溝通語言，[15]更有甚者，虔敬的回教徒為正確誦讀《古蘭經》，戮力學習標準阿拉伯語，阿拉伯語尚成為世界穆斯林的共通語言。

回溯阿拉伯帝國的擴張歷史，回教與阿拉伯語以阿拉伯半島中部為中心，同步向東、西蔓延。向東擴展的腳步，遭遇到歷史悠久，文化昌盛的波斯文明，阿拉伯人結束了波斯政權，回教取代原有宗教信仰，但阿拉伯語僅用於宗教，並未全面取代波斯語。向西的侵略，則是軍事與文化並進，阿拉伯人驅逐了羅馬人在北非的政權並取而代之，北非地區，迅速吸收阿拉伯—回教文明，阿拉伯語不僅用於宗教儀式，也進入人們的日常生活中。

在宗教傳播的過程中，阿拉伯字母較阿拉伯語言及文字更為廣泛有效地被使用。部分伊斯蘭化地區，原本使用之語言並無文字系統，接觸回教之後，藉由「古蘭經的文字」所使用的阿拉伯字母體系，拼寫該地區民族語言之語音而成就其文字，或是原來已有書寫文字及字母系統，受到伊斯蘭化之後，以阿拉伯字母取代原有字母，再創造新的文字。

---

[14] 黃宣範，《語言、社會與族群意識：台灣語言社會學的研究》，頁321。
[15] R.A. Hudson, *Sociolinguistics*, p. 24.

　　迄今使用阿拉伯字母拼寫語音之文字，除了阿拉伯文之外，尚有西亞地區的波斯文（Persian），非洲的史瓦希里文（Swahili Language）、蘇丹文（Sudanese）、柏柏文（Berber Language）、豪薩文（Hausa Language）、馬拉加什文（Malagasy），亞洲的烏爾都文（Urdu Language）、維吾爾文（Uighur Language）、普什圖文（Pashtu Language）等等，都是信仰回教的民族分佈之地。中國回族為主的回教徒運用阿拉伯字母創造了「小兒經」，[16]除了方便不識阿拉伯文的教徒誦讀《古蘭經》，還幫助信徒中不識漢字者，用這套拼音系統拼寫漢語，便於日常生活的彼此溝通。

　　曾經土耳其文（Turkish）、印尼文（Indonesian Language）、馬來文（Jawi）以及亞塞拜然文（Azerbaijani）亦是使用阿拉伯字母作為拼音工具，二十世紀之後才紛紛改用拉丁字母拼音。凱末爾（Mustafa Kemal Ataturk, 1881-1938）建立土耳其共和國以來以西化取代阿拉伯特色，於1928年改革文字，以羅馬拼音系統取代阿拉字母拼音體系，但古典奧斯曼文仍在學術界使用。阿拉伯字母隨著回教的傳播及帝國的擴張而廣為使用，是回教圈（Dar Islam, *Daar Islaam* دار الإسلام）的符碼（code），也是阿拉伯文化圈的標記。

## 三、伴隨語言教學的文化、宗教相關課程

　　語言除了溝通之用，更承載了該民族的文化與歷史，由於阿拉伯文化與回教文化歷經一千四百餘年的涵化（acculturation）和雜糅（hybridization），回教在阿拉伯人為主體的文化、文學以及歷史的議題上有著不可或缺甚至位居核心的地位，政治大學阿拉伯語文學系為學生們設計的語言學習課程，便是以「語言」與「文化」二領域同步進行；土耳其語文學系則是將宗教文化併入語言教學項目之中。

---

[16] 「小兒經」又稱「小經」或「小兒錦」，是一種表音文字，以阿拉伯文字母拼寫「經堂語」，成為綜合阿文、波斯文與漢字三種文字的替代文字，類似國語的注音符號。回教徒阿拉伯文的《古蘭經》為「大經」，故將此拼音系統稱為「小經」，亦取「消化經文」之意而有「消經」之稱。「小經」詞條，收入中國伊斯蘭百科懸殊編輯委員會主編，《中國伊斯蘭百科全書》（成都：四川辭書出版社，2007），頁618。中國回族為主的回教徒運用阿拉伯字母創造了「小兒經」，除了方便不識阿拉伯文的教徒誦讀《古蘭經》，還幫助信徒中不識漢字者，用這套拼音系統拼寫漢語，便於日常生活的彼此溝通。

　　阿文系曾在99學年度實施分組教學,學生於大一、大二學習基礎語言與通史,大三、大四自選「語言組」或「文化組」分組修課,其中文化組的課程包含文化、文學、民族、社會、政治、外交、藝術等與回教相關的課程,以及以回教為主軸的「伊斯蘭文明」、「古蘭經與聖訓」課程。分組教學計畫於104學年度停止,文化相關課程以「群修」方式供學生選讀,「伊斯蘭文明」[17]及「古蘭經與聖訓」[18]二門研討回教議題的課程之開設已將近三十年,目前依然保留,105學年度之前,分別由回教徒教師林長寬與金玉泉二位教師授課,繼林師離職和金師退休後,改由新聘蘇怡文老師任教。有謂《古蘭經》不能翻譯,不能讀古典阿拉伯文原典的人感受不到它的詩性和力量,[19]阿文系高年級同學在教師帶領下以學術研究的方式進入回教的核心,傳承回教知識不遺餘力。

　　除了直接標示宗教研究的課程,阿文系開設課程內容與回教相關者尚有「阿拉伯文史概論」、[20]「阿拉伯文學史」[21]與「現代阿拉伯文藝思潮」[22]三門課程,課程名稱雖不見宗教之名,然阿拉伯人因回教興起而建立起國家,隨著阿拉伯歷朝疆域的擴充以及在國境內實施回教的治理方式,讓「阿拉伯帝國」與「回教帝國」的領域重疊,歷史的推移也同步向前,帝國同步發展,「阿拉伯」與「回教」幾乎成為不可分割的主題,[23]文學與思潮也在相同的平台上展演。

　　另外,與回教藝術相關課程中,金玉泉開設的「阿拉伯藝術書法」課程一直受到學生的喜愛,阿拉伯書法,是以阿拉伯字母為基礎的藝術創作,由於回

---

[17] 〈「伊斯蘭文明」教學大綱〉,《政大教學大綱》,http://newdoc.nccu.edu.tw/teaschm/1062/schmPrv.jsp-yy=106&smt=2&num=502100&gop=00&s=2.html(2018年1月7日檢索)。

[18] 〈「古蘭經與聖訓」教學大綱〉,《政大教學大綱》,http://newdoc.nccu.edu.tw/teaschm/1062/schmPrv.jsp-yy=106&smt=2&num=502095&gop=00&s=2.html(2018年1月7日檢索)。

[19] 卡拉鮑爾著,葉品岑譯,《古蘭似海─用生活見證伊斯蘭聖典的真諦》(台北:八旗文化,2017),頁401。

[20] 〈「阿拉伯文史概論」教學大綱〉,《政大教學大綱》,http://newdoc.nccu.edu.tw/teaschm/1061/schmPrv.jsp-yy=106&smt=1&num=502017&gop=00&s=1.html(2018年1月7日檢索)。

[21] 〈「阿拉伯文學史」教學大綱〉,《政大教學大綱》,http://newdoc.nccu.edu.tw/teaschm/1061/schmPrv.jsp-yy=106&smt=1&num=502099&gop=00&s=1.html(2018年1月7日檢索)。

[22] 〈「現代阿拉伯文藝思潮」教學大綱〉,《政大教學大綱》,http://newdoc.nccu.edu.tw/teaschm/1062/schmPrv.jsp-yy=106&smt=2&num=502097&gop=00&s=2.html(2018年1月7日檢索)。

[23] 趙秋蒂,〈使用「民族」與「國家」尺標檢驗阿拉伯歷史的建構─以History of the Arabs 一書之撰述為核心〉,收入國立政治大學阿拉伯語文學系、政治大學伊斯蘭文明與思想研究中心,《第三、四屆中東與伊斯蘭研討會論文集》(台北:中華民國阿拉伯文化經濟協會,2009),頁51-88。

教禁止描繪人像，在回教藝術中，除了書法之外，花草圖案與幾何圖形等無法直接表達宗教意涵，而阿拉伯書法以抄寫古蘭經文為特點，是表露對真主敬畏的重要渠道。尤其是《古蘭經》中約有一百多處提及書法，書法遂被賦予神聖的宗教色彩。從美學中認識回教，學生從中學習各種阿拉伯書法字體變化之奧妙，[24]也培養學生喜愛阿拉伯藝術書法的興趣。[25]

　　比較弔詭的是，學生從文化歷史的角度深入回教研究，著力甚深，但在語言學習上卻希望單純地學習實用語言，並不願意將《古蘭經》或《聖訓》當作語言學習的「讀本」。當年沙烏地阿拉伯籍教師在語言課課堂中要求學生背誦經文，曾引起學生反彈，讓阿拉伯語文的學習氣氛一度呈現低迷狀態。[26]

　　土耳其語文學系開設之語言課程採取循序漸進的方式，學生進入大三後得於「專業土耳其語」五個領域中選修有興趣的課程，其中「專業土耳其語：宗教與社會」[27]便是將回教知識融入語言課程的授課案例，直接教授回教文化的課程僅有「伊斯蘭世界與土耳其文化」[28]乙門，上述二門課程分別由土耳其籍古雷德老師及慕思齊老師擔任。而屬通論性質的「土耳其文學概論」[29]與「土耳其通論」[30]課程，藉由語言，文化，史地、宗教等不同主題的探討，讓學生

[24] 阿拉伯文書法風格主要分為六種字體，即所謂「六種筆法」（al-'Aqlaam as-Sitta الأقلام الستة），另外也有將「庫法體」一併列入。常見的字體如「庫法體」（Khatt Kuufi الخط الكوفي）、「騰抄體」（Khatt Naskh خطالنسخ）、「學者體」（Khatt Muhaqqaq خطالمحقق）、「雷哈尼體」（Khatt Raihaani الخطالريحاني）、「蘇勒斯體」（Khatt Thuluth خط الثلث）、「盧卡體」（Khatt Ruq'a خطالرقعة）、「公文體」（Khatt Diwaanii الخط الديواني），學生們熱切學習，效果豐富。米廣江，〈阿拉伯文六大書法體及其特點〉，《壹讀》，https://read01.com/zh-tw/K2oQ36.html#.WvaQfi_3XuQ（2018年4月1日檢索）。

[25] 〈「阿拉伯藝術書法」教學大綱〉，《政大教學大綱》，http://newdoc.nccu.edu.tw/teaschm/1061/schmPrv.jsp-yy=106&smt=1&num=502918&gop=00&s=1.html（2018年4月1日檢索）。

[26] 張鎮宏，〈沙烏地式扭曲：導讀《中東心臟》與王國的未來〉，《udn轉角國際》，2018年4月6日，https://global.udn.com/global_vision/story/8664/3070759（2018年5月1日檢索）。該文為作者個人的經驗，對沙籍教師的教學與休閒生活的描述並不全然正確，也未必是大多數同學的看法，至於拒絕授課與離開教席的原因更未經查證即脫稿，造成不必要的困擾。

[27] 〈「專業土耳其語：宗教與社會」教學大綱〉，《政大教學大綱》，http://newdoc.nccu.edu.tw/teaschm/1061/schmPrv.jsp-yy=106&smt=1&num=508064&gop=00&s=1.html（2018年1月7日檢索）。

[28] 「伊斯蘭世界與土耳其文化」教學大綱，《政大教學大綱》，http://newdoc.nccu.edu.tw/teaschm/1062/schmPrv.jsp-yy=106&smt=2&num=508074&gop=00&s=1.html（2018年4月1日檢索）。

[29] 「土耳其文學概論」教學大綱，《政大教學大綱》，http://newdoc.nccu.edu.tw/teaschm/1061/schmPrv.jsp-yy=106&smt=1&num=508059&gop=00&s=1.html（2018年1月7日檢索）。

[30] 〈「土耳其通論」教學大綱〉，《政大教學大綱》，http://newdoc.nccu.edu.tw/teaschm/1061/schmPrv.jsp-yy=106&smt=1&num=508049&gop=00&s=1.html（2018年1月7日檢索）。

對土耳其的各個面向有基礎的認識，更對以後專業科目的學習打下基礎，其中不能免除地涵蓋了回教的議題。

## 四、近年新創波斯語與印尼語的學習管道

回教隨著阿拉伯帝國的擴張而廣為流傳，回教徒商旅的行腳更跨海而來，行遍天下。無論是對外征戰或是商旅，回教徒的遷徙是造成穆斯林遍及世界的原因，伊朗（波斯）在七世紀時被阿拉伯回教勢力直接征服，海上的印尼群島則是典型的由商旅逐漸形成的回教世界，現今皆為重要的回教大國，其語言使用人口眾多，雜揉回教的當地文化豐富多元。政治大學外文中心課程中設有「波斯文」與「印尼文」（馬來文）課程，回教文化的推廣在語言教學環境中進行。

波斯語波斯語屬於印歐語系（Indo-European language family）印度—伊朗語族（Indo-Iranian branch）伊朗語支（Western Iranian language），是一種形成於八至九世紀間的文學語言，流通於伊朗、塔吉克、阿富汗等地，使用人口約有一億之多，波斯文使用阿拉伯字母拼寫，且由於歷史與宗教的原因，現代波斯語中，有近60%的詞彙來自阿伯語。政大「波斯文」課程由伊朗人顧朋老師擔任，授課內容除了基本的波斯語文法、會話，並帶領學生了解波斯語的語言邏輯，以及對伊朗的民族文化的基本認識。[31]使用波斯語的回教徒多屬什葉派，課程中的回教知識亦隨之擴及該派別的特色。

印尼語和馬來語相似，是東南亞群島最流通的語言，馬來西亞、汶萊和新加坡的官方語言都是馬來語，而印尼語來自馬來語，更是印尼的國語，上述幾個國家的人民可以相互溝通，因此，講馬來語和印尼語的人口，總共約二億六千萬人，是東南亞最多人使用的語言，因應當前國家新南向政策，印尼語的學習是當務之急。政大「印尼文」課程由來自馬來西亞的華人王麗蘭[32]老師擔

---

31　〈「大學外文（二）：波斯文」教學大綱〉，《政大教學大綱》，http://newdoc.nccu.edu.tw/teaschm/1062/schmPrv.jsp-yy=106&smt=2&num=599906&gop=00&s=1.html（2018年4月1日檢索）。

32　李修慧，〈未來大人物王麗蘭：馬來西亞華人一心嚮往台灣，台灣人眼裡卻只有歐美日韓〉，《The News Lens關鍵評論》，2017年7月27日，https://www.thenewslens.com/feature/aces2017/71526（2018年4月1日檢索）。

任，授課目標除了聽說讀寫能力的養成，亦培育學生對於文化及風土民情的了解。[33]

除了政大外文中心，政大公企中心、東吳大學推廣部、中原大學應用華語系與推廣教育部、文化大學推廣教育部等都設有教學課程，雖然開課的動機在於增進經濟商貿的交流，但課程核心除了語言本身，對於文化認知、族群互動皆十分重視。

只要有回教徒的地方，便自然形成穆斯林社群（Muslim Ummah الأمة），當新的生存環境適宜，移民的時間夠長，回教便深入當地，吸收廣大的信眾，穆斯林社群甚至可發展為當地的主體民族（Majority）；反之，穆斯林成為移民地的少數民族（Minority），因主體民族的整體政治、社會環境不同而受到不同的待遇，承受不同的壓力，甚或出現再度移民的現象。世界各地的回教發展樣貌各不相同，經由語言與文化的學習，都能一窺各地回教的文化精髓。

從語言及文化教學體系中傳承回教知識，所收到的效果不在於勸服莘莘學子成為回教徒，而是在潛移默化中讓年輕學子全面性地認識回教，在台灣社會播下傳遞回教正確知識的種子。我們看到阿文系、土文系學生，在學期間或是畢業後以所學貢獻社會，無論從事任何職業或身處任何社會團體，當遇到回教相關議題發酵時，其言論不僅不會做出錯誤的人云亦云式的謬行，更經由時下臉書（Facebook）、推特（Twitter）、Instagram等傳播網路，多方發出導正之說明，在宗教的外部護持著回教。

---

[33] 〈「大學外文（二）：印尼文（馬來文）」教學大綱〉，《政大教學大綱》，http://newdoc.nccu.edu.tw/teaschm/1062/schmPrv.jsp-yy=106&smt=2&num=599850&gop=00&s=1.html（2018年4月1日檢索）。

# 第三節　台灣高等教育開設回教知識傳授課程

除了政治大學阿拉伯語文和土耳其語文的教學在課程中傳承回教知識，國內各大學所設立之宗教相關系所，亦紛紛開設回教專業課程，除此之外，各公、私立大學亦以通識或選修課程介紹回教及其相關知識。

## 一、大學宗教系所開設回教課程

台灣設有宗教系所的大學有九所，分別是政治大學（宗教研究所，隸屬文學院）、輔仁大學（宗教學系，隸屬社會科學學院）、中原大學（宗教研究所，隸屬人文與教育學院）、華梵大學（佛教學系，隸屬佛教學院）、南華大學（宗教學研究所，隸屬人文學院）、真理大學（宗教文化與組織管理學系，隸屬人文學院）、慈濟大學（宗教與人文研究所，隸屬人文社會學院）、長榮大學（神學系，隸屬神學院）、玄奘大學（宗教與文化學系，隸屬社會科學學院）以及輔仁聖博敏神學院。其中開設回教關課程者有政大宗教所、輔大宗教系、玄奘宗教與文化系和輔仁聖博敏神學院，課程設計多傾向由宗教外部觀察入門，再循著歷史脈絡做進一步研究。

### （一）政大宗教所

該所碩士班於89學年度成立，96學年度成立博士班。目前針對各宗教開設「歷史與主題」研究，回教領域由蔡源林開設「伊斯蘭教：歷史與主題」供碩、博士班學生選修。課程著重在伊斯蘭傳統的淵源、歷史發展與思想流派的整體性介紹，探索主題包含：穆聖天啟的內涵；伊斯蘭初期哈里發政權的建立；律法學、神哲學與蘇非主義的形成；中世紀以迄近現代西方與伊斯蘭世界

的衝突，以及當代伊斯蘭復興運動的前因後果。[34]目前自該所畢業學生之碩士論文已有六篇以回教為研究主題。[35]

## （二）輔大宗教系

　　該系於81學年度成立，在此之前於77學年度設立碩士班，並於83學年度將系所合一，至92學年度成立宗教系博士班。「伊斯蘭教概論」課程在84學年度開始由本章作者授課，106學年度始，由彭書穎擔綱。因屬概論課程，宗教初興至傳播過程，以及基本信仰與實踐等皆全盤介紹，學期中並帶領學生至台北清真寺或龍岡清真寺參訪，作為了解回教與回教徒的最佳輔助，承蒙清真寺熱情接待，一般青年學子得以與台灣回教界接軌。

## （三）玄奘宗教與文化系

　　該系於86學年度成立研究所碩士班，90學年度設立大學部，回教相關課程原由政大民族系博士鄭月裡負責，鄭老師退休後由政大宗教系碩士劉柏君擔任，共計「伊斯蘭文化與藝術」（一年級必修）與「伊斯蘭教概論」（二年級選修），另開設「伊斯蘭文化與藝術」通識課程供玄奘大學其他科系同學選修。劉老師從靈媒成為回教徒的轉變經驗，[36]為人津津樂道，講述回教知識別具張力，「伊斯蘭文化與藝術」課程講述回教的基本教義與歷史，以及其在世界各地呈現的文化與藝術；「伊斯蘭教概論」課除了認識回教文化，尚帶領學生體驗回教宗教功修與生活用品，以及簡單的宗教用阿拉伯語。[37]

---

[34] 〈「伊斯蘭教：歷史與主題」課程大綱〉，《政大教學大綱》，http://newdoc.nccu.edu.tw/teaschm/1061/schmPrv.jsp-yy=106&smt=1&num=156043&gop=00&s=1.html（2018年1月12日檢索）。

[35] 分別是：劉玉成，〈伊斯蘭的婦女觀：傳統與現代〉（92年）、徐峰堯，〈印尼客工在台宗教認同之研究：以台北文化清真寺為例〉（96年）、葉芳君，〈伊斯蘭靈修儀式之研究：以土耳其卯拉維道團之sama為例探討之〉（99年）、鄭慧儀，〈自由的束縛：伊朗革命前後的政治論述與被建構的穆斯林女性主體〉（99年）、劉柏君，〈伊斯蘭教法社會福利思想之探討：以《古蘭經》和《聖訓》為基礎的詮釋〉（100年）、陳迪華，〈伊斯蘭、軍事與民主統治：以蘇丹為例〉（101年），參考自：〈學術成果　畢業論文〉，《國立政治大學宗教研究所》，https://religion.nccu.edu.tw/per/guide.php（2018年1月12日檢索）。

[36] 〈「劉柏君」〉，《維基百科》，https://zh.wikipedia.org/wiki/%E5%8A%89%E6%9F%8F%E5%90%9B（2018年1月12日檢索）。

[37] 〈「開課資訊查詢」〉，《玄奘大學校務行政系統》，http://affair.hcu.edu.tw/index.html#/course/

圖9-2　輔大宗教系學生參訪台北清真大寺（民國97年12月19日）

### （四）輔仁聖博敏神學院

　　該學院於民國18年設立於上海，41年遷往菲律賓，復於57年遷至新莊，附屬於輔仁大學，自100年脫離輔仁大學直屬於宗座教育部，翌年更名為輔仁聖博敏神學院（Fu Jen Faculty of Theology of St. Robert Bellarmine）。[38]「伊斯蘭教概論」課程於96學年度始由本章作者開使授課，面對以神職人員為主的學生，課程首重回教與基督宗教的對話，在破解一般人對回教的誤解之後，依循回教創立與傳播的歷史將主要信仰、宗教實踐、教義、教法、教派以及復興運動一一介紹，另開闢「恐怖主義」、「以巴問題」、「伊斯蘭美學」以及「中國穆斯林」等專題，讓學生從不同面向認識多元的回教文化。

---

coursestrategy（2018年1月12日檢索）。

[38] 〈歷史沿革〉，《關於我們—輔仁聖博敏神學院》，http://theology.catholic.org.tw/bs/about.php（2018年1月12日檢索）。

## 二、政治大學通識課程與相關系所選修課程中的回教專題

　　通識教育（general education）是一種知識性的教育，是高等教育的一環，高等教育主要在探索專業知識；高等教育中的通識教育，則主要在防止專業知識份子可能產生的專業知識偏執，是以，通識教育是專對「專業知識份子」的「非專業知識教育」。1983年，教育部成立「大學共同科目研究專案小組」，翌年通過「大學通識選修科目實施選修要點」開始在各大學實施。通識教育課程，不但是知識性與學術性之教育課程，而且是一種具有「基礎性與共通性」之知識課程，因此，要擔任某一領域通識教育課程之教師，對該一領域之知識，就必須具備比一般教師更深厚之學養與經驗。[39]

　　政治大學93年成立「通識教育中心」，阿文系與土文系提供了「人文類通識」與「社會科學類通識」師資，曾開設與回教相關之通識課程有土文系的「從土耳其看世界」[40]（熊道天）；阿文系的「認識伊斯蘭」（林長寬）、「阿拉伯民族概況」（本章作者）、「中國穆斯林」（本章作者）、「中東婦女」（劉雅琳）、「阿拉伯社會」（劉雅琳）等，皆獲得全校學生歡迎，修課學生往往超過預設人數而要求教師增加席位，每一個學年上、下學期加總，計有數百名政大學生因此類通識課程而習得回教知識，惜阿文系提供之課程自上述教師離職及退休後皆暫告停止。

　　政治大學另結合阿文系、土文系以及外交學系和俄羅斯研究所的教學能量，設立「中東與中亞研究碩士學程」以培育熟稔中東與中亞事務之專才，課程設計由二位以上不同系所教師聯合作開設，其中「中東與中亞文化史」、「中東與中亞文化專題」與「中亞伊斯蘭與政治發展」等課程皆對回教議題加以研究。其中「中東與中亞文化史」課程由土文系吳世曼與阿文系王經仁擔任，教學目標在培育中東政治、經濟、文化、社會的專業人才；[41]「中東與中

---

[39]　江澄祥，〈通是教育之學術性與嚴肅性〉，《慈濟通識教育學刊》（慈濟大學，2009），頁2-37。
[40]　〈「從土耳其看世界」課程大綱〉，《政大教學大綱》，http://newdoc.nccu.edu.tw/teaschm/1061/schmPrv.jsp-yy=106&smt=1&num=042176&gop=00&s=1.html（2018年1月16日檢索）。
[41]　〈「中東與中亞文化史」課程大綱〉，《政大教學大綱》，http://newdoc.nccu.edu.tw/teaschm/1061/

亞文化專題」課程由土文系曾蘭雅、阿文系薩義夫擔任，從歷史地理、民族、宗教、語文以及民俗的角度探討中亞地區的文化特色及影響；[42]「中亞伊斯蘭與政治發展」課程由民族系趙竹成擔任，主要焦點放在蘇聯解體後，回教在中亞各國的政治互動過程及其與國際伊斯蘭運動之間的連動性。透過歷史研究途徑，討論回教在中亞地區發展過程中與政治體制之間的互動關係。[43]

## 三、政大民族學系：研究中國回教與穆斯林社群的重要園地

政大民族學系是政大學習平台上回教知識得以傳承的傳統教學單位之一。該系於民國44年政大在台復校時即創立，原為「邊政學系」，歷經「民族社會系」（58年）、「邊政研究所」（58年）、「民族研究所」（79年）等更名，迄82年成立「民族學系」，85年系、所合一，90年招收博士生，學士、碩士、博士教育整體一貫。課程在原有悠久的中國邊疆（少數民族）研究的基礎上，關注台灣原住民族多樣性的族群關係與文化的發展趨勢，同時更將關懷層面提昇到當代的兩岸關係，以及國際變局中國家與民族問題之間的各種影響與關聯性。[44]

中國大陸信仰回教的少數民族在中共的「民族識別」下目前有十個之多，[45]在民族學的實證研究中，該系所學生自民國93年起在張中復帶領下對於中國西北以甘肅、寧夏、青海等省區為主的穆斯林社會深耕了十餘年，對於當地各穆斯林民族生活的各個面向進行詳實的田野調查，張中復針對相關議題曾陸續開設之課程包括：「中國穆斯林民族社會文化專題」、「當代中國穆斯林民族研究」、「民族學田野調查」、「中國西北穆斯林宗教與族群研究」、

---

schmPrv.jsp-yy=106&smt=1&num=560002&gop=00&s=1.html（2018年1月16日檢索）。

[42] 〈「中東與中亞文化專題」課程大綱〉，《政大教學大綱》，http://newdoc.nccu.edu.tw/teaschm/1062/schmPrv.jsp-yy=106&smt=2&num=560947&gop=00&s=1.html（2018年1月16日檢索）。

[43] 〈「中亞伊斯蘭與政治發展」課程大綱〉，《政大教學大綱》，http://newdoc.nccu.edu.tw/teaschm/1062/schmPrv.jsp-yy=106&smt=2&num=560941&gop=00&s=1.html（2018年1月16日檢索）。

[44] 〈系所介紹　沿革及介紹〉，《國立政治大學民族學系》，http://www.ethnos.nccu.edu.tw/institute.asp（2018年1月16日檢索）。

[45] 包括：回族、東鄉族、保安族、撒拉族、維吾爾族、哈薩克族、塔吉克族、塔塔爾族、烏茲別克族、柯爾克孜族。

「中國西北穆斯林民族誌書寫專題」等，培育兼具民族學專業與回教知識之碩、博士，在已有新疆研究的基礎，加上上述近十多年來西北回族穆斯林研究的新興領域的出現，迄今該系碩、博士生畢業論文有關回教民族者有二十七篇之多（請見表9-3）。其中蘇怡文寫作〈伊斯蘭教在台灣的發展與變遷〉便是以台灣回教與回教徒為研究對象，指出在台灣整體環境的轉型期，回教必須重視規劃，重整發展藍圖。二本博士論文則追隨指導教授的腳步在101年正式出版，分別是鄭月裡《華人穆斯林在馬來西亞》[46]與本章作者《臨夏宗派：中國穆斯林的宗教民族學》，[47]繼張中復《清代西北回民事變：社會文化適應與民族認同的省思》[48]之後，再次展現台灣學者研究回教文化的能量。在民族系就讀碩士班的馬孝棋與碩、博士學位皆在民族系取得的于嘉明，兩位皆是優秀的穆斯林學者，以穆斯林身份研究穆斯林議題，分別在張中復指導下完成學位論文，研究成果請參看前一章（研究史）之相關內容。

## 表9-3　政治大學民族系與回教民族相關之碩、博士論文

**博士論文**

| 研究生 | 論文題目 | 指導教授 | 畢業年 |
|---|---|---|---|
| 鄭月裡 | 馬華穆斯林的文化變遷與社會適應 | 陳鴻瑜<br>張中復 | 2009 |
| 趙秋蒂 | 中國西北穆斯林宗教派別多元化研究<br>—以臨夏為論述中心 | 張中復 | 2010 |
| 于嘉明 | 多元共生下的當代台灣穆斯林社群 | 張中復 | 2018 |

**碩士論文**

| 研究生 | 論文題目 | 指導教授 | 畢業年 |
|---|---|---|---|
| 林樁東 | 清季新疆回亂之研究 | 李學智 | 1976 |
| 吳瑞麟 | 元代伊斯蘭教徒在華之活動 | 唐屹 | 1979 |

---

[46] 鄭月裡，《華人穆斯林在馬來西亞》（台北：文史哲出版社，2012）。該篇博士論文係與陳鴻瑜教授聯合指導。

[47] 趙秋蒂，《臨夏宗派：中國穆斯林的宗教民族學》（台北：政大出版社，2012）。該書出版後榮獲「第一屆思源人文社會科學博士論文獎」社會學門首獎。

[48] 張中復，《清代西北回民事變：社會文化適應與民族認同的省思》（台北：聯經出版事業有限公司，2001）。

| 研究生 | 論文題目 | 指導教授 | 畢業年 |
|---|---|---|---|
| 賴永寶 | 清乾嘉道三朝治理回疆西四城之研究 | 林恩顯 | 1981 |
| 李生辰 | 清乾嘉道三朝回疆社會發展之研究1760- 1850 | 林恩顯 | 1981 |
| 魏展民 | 清代回疆八城城市發展之研究 | 林恩顯 | 1985 |
| 黃明瓊 | 清乾隆時期回疆社會與伊斯蘭教關係之研究 | 林恩顯 | 1986 |
| 余式恕 | 維吾爾婦女地位之研究 | 劉義棠<br>崔伊蘭 | 1988 |
| 趙秋蒂 | 新疆依襌研究 | 劉義棠 | 1995 |
| 李琅毓 | 就明清穆斯林之漢文著述探討當時中國伊斯蘭思潮 | 林長寬 | 1995 |
| 陽惠貞 | 清同治年間（1862-1873）陝甘穆斯林（回民）起事研究 | 林長寬 | 1997 |
| 鄭月裡 | 清代中期西北穆斯林的新舊教衝突 | 唐屹 | 1997 |
| 趙子瑩 | 明清中國回民的經堂教育 | 唐屹 | 1997 |
| 楊莒妤 | 察合臺汗國的伊斯蘭化 | 劉義棠 | 1998 |
| 蘇怡文 | 伊斯蘭教在台灣的發展與變遷 | 張中復 | 2002 |
| 胡君華 | 北京牛街回族社區的變遷與適應<br>—以1997年「危改」前後為例 | 張中復 | 2006 |
| 王懷璟 | 社會文化變遷與民族經濟發展關係之研究<br>—以青海循化撒拉族鄉鎮企業為例 | 張中復 | 2006 |
| 呂貴香 | 西北穆斯林婦女地位的變遷與調適<br>—以臨夏穆斯林社群為例 | 張中復 | 2007 |
| 劉俐廷 | 明清穆斯林漢文著述中的性別觀 | 張中復 | 2007 |
| 于嘉明 | 在台泰緬雲南籍穆斯林的族群認同 | 張中復 | 2009 |
| 嫣然 | 穆斯林婦女宗教意識的自覺與社會互動<br>—以當代臨夏的宗教女校為例 | 張中復 | 2009 |
| 楊慧娟 | 回族伊斯蘭教育的多元變遷與適應<br>—以當代蘭州「穆斯林文化復振運動」為例 | 張中復 | 2009 |
| 馬孝棋 | 回教殯葬文化對宗教意識與社群認同的影響<br>—以北台灣地區穆斯林為例 | 張中復 | 2011 |
| 周哲安 | 新疆當代的「卡搭恰依」<br>—以喀什市為中心的觀察 | 張中復 | 2011 |
| 徐立真 | 社會變遷與在地認同的多樣性<br>—以青海東部的花兒會為例 | 張中復 | 2013 |

　　值得一提的是，民族系師生進行中國西北回教徒民族田野調查的準備工作是鉅細彌遺的。張中復繼民國93年之後，於民國100年及102年籌畫帶領調查隊深入中國西北進行田野調查，與本章作者共同開設相關課程與進行調查研究工作。針對田野調查之課程設計分三階段進行，包括調查隊出隊之前的專業知識課程、調查隊在田野進行調查期間每天進行的田野討論，以及田野調查結束返校之後的民族誌撰寫課程。行前課程除了完成相關民族志資料的彙整與比較分析，並安排台灣回教社會現象的實際田野訪查，地點集中在台北市清真寺與桃園平鎮龍岡清真寺，讓修課學生先接觸台灣回教徒的宗教生活，透過實際的訪查過程，對於「回教社群」的基本特徵建立具有實證意義的認知，期使同學們進入田野前已有全盤準備。

圖9-3　政大民族學系師生赴中國大陸西北穆斯林地區進行田野調查，與協同指導老師高占福教授合影（民國100年7月）

調查隊師生一行，從出發的一刻起便只能進食清真飲食，進入宗教場域更要求服儀整齊，女學生皆戴上頭巾，生活自律，切實遵守田野倫理。兩次出隊期間，張中復特別延請中國伊斯蘭經學院院長高占福教授（回族）協同指導，民國102年更與青海民族大學副校長馬成俊教授（撒拉族）及其指導學生共同組成調查隊伍，每日師生調研工作一結束，便準時出席田野討論，向兩位知識豐富如同活字典的在地教師提出當日遇到的疑問，同時和老師同學分享工作心得。

學生們對回教知識的嫻熟與生活上的紀律，讓田野調查進行得流暢順利，在既有的基礎上探討問題，意識清晰，收穫豐富。調查隊返校之後次一學期，全員參與「中國西北穆斯林民族誌書寫專題」課程，將田野調查的成果以民族志書寫方式呈現具體內容，並舉行成果發表會，作為學習成果的檢驗。兩次調查隊之參與同學，或以該次調研成果作為碩士論文，或於大學畢業後投入職場，從課堂與田野中習得的回教知識皆感到一生受用無窮。從民國93年以來，這些政大民族學系師生在大陸西北的調查研究，都得到高占福教授等穆斯林學者與朋友們的熱心協助，方能取得一定的成效。這份珍貴的情誼，在海峽兩岸的學術交流中實屬難得。

另外，對於中國少數民族以外之回教文化研究，本章作者在民族系開設「穆斯林民族問題」與「中東民族專題」供大學部及碩士班同學選修，研討主題涉及發生在阿拉伯世界的猶太人與阿拉伯人的紛爭；阿拉伯民族的後殖民議題；與穆斯林相關的恐怖主義及IS國議題；另外亦將關注的焦點放在中國、歐洲、印度、美洲或東南亞地區之穆斯林民族相關問題。[49]

## 四、台灣各大學中的回教相關課程

除了政治大學，回教文化知識在各大學多經由「通識教育」之方式傳授，課程設置計有：交通大學「伊斯蘭文明」（趙錫麟）；台灣大學「伊斯蘭文化

---

[49] 〈「穆斯林民族問題」課程大綱〉，《政大教學大綱》，http://newdoc.nccu.edu.tw/teaschm/1062/schmPrv.jsp-yy=106&smt=2&num=209759&gop=00&s=1.html（2018年1月16日檢索）。〈「中東民族專題」課程大綱〉，《政大教學大綱》，http://newdoc.nccu.edu.tw/teaschm/1061/schmPrv.jsp-yy=106&smt=1&num=209654&gop=00&s=1.html（2018年1月16日檢索）。

與思想」（蔡源林，100學年度、102學年度），「伊斯蘭歷史與文化」（初雅士，100學年度至107學年度），並曾於98學年度邀請日本學者坂井隆開設「亞洲伊斯蘭教與殖民建築」；[50]陽明大學「伊斯蘭文明與思想」（蔡源林）以及世新大學「伊斯蘭文化」（鄭月裡）等。

　　鑑於回教世界之經濟政治地位日益重要，接受高等教育學生確實需要了解回教文明之發展及其對於世界文化之影響，民國102年起，趙錫麟親至交通大學開設「伊斯蘭文明」通識課程，課程設計多元且完整，使學生能透過課程介紹及討論，去了解回教宗教觀、回教文化形成以及逐步發展至影響人類文明，迄今方興未艾之原因；以拓寬學生國際視野，獲得必須之人文涵養，培養在地關懷，學習多元思維，以期能夠與世界文化接軌。[51]

　　蔡源林分別在台灣大學與陽明大學開設「伊斯蘭文化與思想」通識課程，是全面性介紹回教文化與思想的導論課程，期使以正本清源的方式回歸思想與歷史源頭，引導同學重新理解回教傳統的終極關懷，以及在不同的歷史與社會脈絡中發展的分殊之文化形式，並就全球視野與宏觀歷史的途徑來剖析回教與西方世界的衝突，針對回教文明如何回應現代化與世俗化之挑戰、現代伊斯蘭復興運動的流派、當代穆斯林國家的政教關係等面向剖析，特別是釐清有關恐怖主義的問題，矯正大眾媒體對伊斯蘭再現的過度簡化與偏頗的圖像。[52]

　　初雅士為土耳其人，除開設回教課程也在台大外文系開設阿拉伯文與土耳其文。「伊斯蘭歷史與文化」課程除了概括介紹回教文化與穆斯林世界，議討論到當代社會、政治甚至性別、種族以及宗教內部等當代問題。[53]鄭月裡曾任

---

50　〈「亞洲伊斯蘭教與殖民建築」課程大綱〉，《台大通識課程地圖》，https://coursemap.aca.ntu.edu.tw/course_map/details.php?c=141%2010700&cls=&dc=0000&s=98-1&sn=10189&f=16（2018年1月16日檢索）。

51　〈（交大）106學年度　下學期　伊斯蘭文明　課程綱要〉，http://timetable.nctu.edu.tw/?r=main/crsoutline&Acy=106&Sem=2&CrsNo=6367&lang=zh-tw（2018年1月16日檢索）。

52　〈「伊斯蘭文化與思想」課程大綱〉，《台大通識課程地圖》，https://coursemap.aca.ntu.edu.tw/course_map/details.php?c=H01%2003500&cls=&dc=0000&s=100-1&sn=13390&f=86（2018年1月16日檢索）。〈伊斯蘭文明與思想〉，《陽明大學授課進度表管理系統》，https://portal.ym.edu.tw/umchi/CourseSchedule/ViewSchedule.aspx?open_no=0411F01000B04（2018年1月16日檢索）。

53　〈「伊斯蘭歷史與文化」課程大綱〉，《台大通識課程地圖》，https://nol.ntu.edu.tw/nol/coursesearch/print_table.php?course_id=102%2048050&class=&dpt_code=1020&ser_no=41703&semester=107-1（2018年7月16日檢索）。

教於玄奘大學宗教與文化學系，總責回教相關知識之課程，退休後在世新大學開設「伊斯蘭文化」課程，帶領學子悠游於回教文明之旅。[54]林長寬自政大阿文系轉職至成功大學歷史系之後，位於台南的成功大學隨之陸續在歷史學系開設了「伊斯蘭文明導論」、「伊斯蘭：歷史與傳統」、「伊斯蘭傳播史專題研究」、「現代伊斯蘭運動史專題」，以及通識課程「伊斯蘭歷史與文化」，另外，在歷史系開設「初級阿拉伯文」課程，除歷史系外全校學生皆可選修。[55]

2018年起，教授回教相關課程的教師陣容增加了年輕的生力軍，包修平初任政大歷史系專案助理教授，開設「現代中東史導讀」與「現代巴勒斯坦歷史專題」，帶領學生了解中東的基本歷史脈絡並進一步專案研究當今中東相關的歷史性主題，[56]以及探索現代巴勒斯坦的歷史發展脈絡、政治思潮、社會結構和以、巴關係；[57]張景安初任政大阿文系助理教授，開設「中東經濟導論」與「中東衝突專題」，除了講解中東相關經濟背景，亦討論當代各項中東經濟議題；[58]另從衝突理論與殖民主義著手探究中東衝突層出不窮的原因以及衝突對中東的影響。[59]

上述各大學中各個與回教知識相關的授課教師，常常應社會各界之邀請開設講座，或是以系所為支援舉行相關研習營隊與展覽活動，像是政大外語學院於106年10月16日舉行「阿拉伯文化研習營」；[60]成大歷史系在106年1月12日

---

[54] 〈伊斯蘭文化〉，《世新大學Elearn教學平台》，http://elearn.shu.edu.tw/info/10053625?lang=Big5（2018年1月16日檢索）。

[55] 〈成大率先開授阿拉伯語　學阿拉伯語不必去台北〉，《成功大學》，http://news.secr.ncku.edu.tw/files/16-1054-160785.php?Lang=zh-tw（2018年1月16日檢索）。

[56] 〈「現代中東史導讀」課程大綱〉，《政大教學大綱》，http://newdoc.nccu.edu.tw/teaschm/1071/schmPrv.jsp-yy=107&smt=1&num=103791&gop=00&s=1.html（2018年10月10日檢索）。

[57] 〈「現代巴勒斯坦歷史專題」課程大綱〉，《政大教學大綱》，http://newdoc.nccu.edu.tw/teaschm/1071/schmPrv.jsp-yy=107&smt=1&num=153550&gop=00&s=1.html（2018年10月10日檢索）。

[58] 〈「中東經濟導論」課程大綱〉，《政大教學大綱》，http://newdoc.nccu.edu.tw/teaschm/1071/schmPrv.jsp-yy=107&smt=1&num=502096&gop=00&s=1.html（2018年10月10日檢索）。

[59] 〈「中東衝突專題」課程大綱〉，《政大教學大綱》，http://newdoc.nccu.edu.tw/teaschm/1071/schmPrv.jsp-yy=107&smt=1&num=502872&gop=00&s=1.html（2018年10月10日檢索）。

[60] 外語學院訊，〈阿拉伯文化研習營　引領學員走入富饒的沙漠之地〉，《政大校園新聞》，http://www.nccu.edu.tw/zh_tw/news/%E9%98%BF%E6%8B%89%E4%BC%AF%E6%96%87%E5%8C%96%E7%A0%94%E7%BF%92%E7%87%9F-%E5%BC%95%E9%A0%98%E5%AD%B8%E5%93%A1%E8%B5%B0%E5%85%A5%E5%AF%8C%E9%A5%92%E7%9A%84%E6%B2%99%E6%BC%A0%E4%B9%8B%E5%9C%B0-7876803（2018年1月19日檢索）。

至3月12日舉行「遇見伊斯蘭」[61]特展及配合之各工作方活動等等，皆獲得一定的迴響。教師們的研究成果以及各大學相關領域研究生撰寫有關台灣或境外穆斯林的碩士論文，請參看本書第十章相關論述。

　　近年「八旗文化出版社」翻譯出版數本與回教相關書籍，名為「理解伊斯蘭系列」，成書後邀請教授回教相關課程的教師撰文導讀、推薦，將學術研究與一般讀者完美結合。計有趙錫麟導讀《古蘭似海：用生活見證伊斯蘭聖典的真諦》（*If the Oceans Were Ink: An Unlikely Friendship and a Journey to the Heart of the Quran*）[62]、林長寬導讀《先知之後：伊斯蘭千年大分裂的起源》（*After the Prophet: The Epic Story of the Shia-Sunni Split in Islam*）[63]、以及蔡源林導讀《穆罕默德：宣揚謙卑、寬容與和平的先知》（*Muhammad: A Prophet for Our Time*）[64]。另外，聯經出版社發行了《麥加，伊斯蘭千年聖城》（*Mecca The Sacred City*）[65]由張中復導讀，蔡源林及鄧元尉（輔仁大學宗教系助理教授）、鄭仰恩（台灣神學院教會歷史學教授）推薦《聖經與古蘭經：認識猶太教、基督宗教與伊斯蘭教的第一本書》（*Le Bible et le Coran*）[66]等等。八旗出版社主編王家軒經營「說書Speaking of Books」臉書專頁，[67]邀請大學授課教師鄭慧慈、林長寬、彭書穎與本章作者，以及阿文系畢業學生及涉獵回教研究的藝文人士撰寫回教專題，獲得許多讀者迴響，回教知識經由書籍出版與網路傳佈，已從學術殿堂走向台灣一般閱聽人。

---

[61]　〈「遇見伊斯蘭」〉，《國立成功大學歷史學系學術活動》，http://www.his.ncku.edu.tw/chinese/index.php?option=com_content&view=article&id=1214:2017-01-11-03-28-47&catid=34:lecture&Itemid=66（2018年1月19日檢索）。

[62]　卡拉‧鮑爾（Carla Power）著，葉品岑譯，《古蘭似海：用生活見證伊斯蘭聖典的真諦》（台北：八旗出版社，2017）。

[63]　萊思麗海澤爾頓（Lesley Hazleton）著，夏莫譯，《先知之後：伊斯蘭千年大分裂的起源》（台北：八旗出版社，2017）。

[64]　凱倫‧阿姆斯壯（Karan Armstrong）著，黃凱君譯，《穆罕默德：宣揚謙卑、寬容與和平的先知》（台北：八旗出版社，2018）。

[65]　佶亞伍丁‧薩爾達爾（Ziauddin Sardar）著，高平唐譯，《麥加，伊斯蘭千年聖城》（台北：聯經出版社，2017）。

[66]　Serge Lafitte著，孫千淨譯，《聖經與古蘭經：認識猶太教、基督宗教與伊斯蘭教的第一本書》（台北：貓頭鷹出版社，2017）。

[67]　〈認識伊斯蘭〉，《說書》，https://sobooks.tw/category/world-map-of-reading/islam/（2018年4月1日檢索）。

# 結論

　　回教知識在非回教徒之間傳承，無關於信仰是否堅實虔誠與宗教是否徹底實踐，屏除了「在教言教」式的說理，進入教學與研究的論述。我們將「在宗教信仰之外部傳授和研究宗教知識」（對宗教議題傳授教導也算是一種「傳教」）、「在內部教徒之間的教義與教法強化」、與「以信仰為核心向外擴展宣教」三者加以比較，三者「傳教」的方法各異，其作用與意義也完全不同，若考量何者能讓「他者」（the other）容易理解回教，讓「回教觀」進入國人的理解範圍之中，對回教世界不再陌生，更不要再因距離而產生誤解等等面向，在宗教「外部」「傳教」的功能似乎更勝一籌。

　　非回教徒傳播回教知識，施教者與受教者之間沒有「自我」與「他者」的界分，不論討論到回教歷史文化與文明發展的理路建構、回教哲學思潮教義教法的琢磨深究，或是在世界各處因宗教綜攝（synchronism）與在地化（localization）而展演的變遷樣貌，甚至與回教相關的改革衝突征戰等議題皆別具說服力。教育，就像在土壤中播下種子，回教知識透過大學語言和宗教文化專業的教育體系，年復一年地傳遞給年輕學子，植入了他們的知識寶庫，期待修成正果將所學回饋社會，更期許傳承不斷，形成在外部護持回教的堅實力量。

# 第十章

## 國內外研究台灣回教的成果
## 及其討論

張中復

北平成達師範學校教職員學生合影。學校為民國14年由馬松
亭、唐柯三、法靜軒、穆華庭等人創辦，設於山東省濟南市西
關杆石橋穆家車門清真寺內；民國18年遷校至北平東四牌樓清
真寺（攝於民國22年10月，趙錫麟提供）

# 前言

　　檢視有關國內外研究台灣回教的成果，從過去對中國回教與穆斯林在台灣的傳承與延續的解讀，到當代多元化環境變遷中對於此一傳統的變革，以及受到近年來境外回教因素的影響下各種新興現象的觀察，都反映出台灣回教研究已呈現出各種不同的關注面向與趨勢。整體說來，這些研究成可以從以下三個方向來加以分析與評估：（一）傳統微型中國社會觀點下的台灣回教研究，這其中包括以福建泉州穆斯林移民台灣及其在整個閩台發展史上的特色和影響，以及冷戰時期及其結束後，台灣作為外國學界觀察傳統中國社會文化現象的微型案例，這其中來自大陸的回教與穆斯林族群所代表的特殊意義，自然也在詮釋中國伊斯蘭的現象中有其一定的代表性。（二）當代多元形式下台灣回教研究的新興趨勢，這主要有泰緬雲南裔穆斯林自上世紀八〇年代開始陸續遷居台灣，以及來自東南亞與西亞伊斯蘭國家的穆斯林工作者大量在台灣出現，及其所衍生來出的新興社會文化現象。此類現象也伴隨著台灣民主化的社會進程，進而成為不同學科領域視野下，另一種觀察台灣族群文化多元發展態勢與社會包容性的新興指標。（三）台灣穆斯林自身觀點的投入與反思，這其中主要是論述不同世代的台灣穆斯林研究者，在不同社會情境與所學訓練的背景下，基於自身的我群意識，來對回教在台灣所展現的適應機制，及其面對各種挑戰衝擊所產生的認知與反省。這種來自於群體內部的觀察與研究意識，也可視為廣義的中國文化圈中，穆斯林本身知識體系的自我建構，及其族、教認同意識中所顯現的現代性（modernity）的一個值得關注的案例。

# 第一節　傳統微型中國社會觀點下的台灣回教研究

　　回教在台灣的發展，雖然最早可以上溯到明、清時期福建泉州穆斯林來台移墾的歷史，但由於這群早期移民的回教信仰與其相關文化表徵，不斷受到周遭漢人社會的同化影響，以致逐漸融入到傳統在台的閩南族群中。因此，早期清代台灣重要的歷史文獻中，基本上已沒有具體的回教與社群化穆斯林的相關論述與記載，這在本書的第一章第一節中已有詳細的說明。基於此一背景，在日本統治期間，無論是殖民政府為方便統治所主導的舊慣調查，或是日本新興的民族學、人類學對台灣的民族誌實證研究資料中，都沒有具體記載有關泉州穆斯林與其漢化後裔以及台灣本地的回教現象。其中像是明治36年（1903）出版的《臨時台灣舊慣調查會第一部調查第一回報告書》、大正8年（1919）出版關於華南地區地方民情資料《南支ニ於ケル教育及ヒ宗教ノ變遷》，以及「台灣回教研究會」於昭和14年（1939）在台出版《南方回教史》、昭和17年（1942）出版《現下回教の諸問題》等書都已在之前的章節中有所討論。[1]按這些論述雖都論及中國華南各地或世界其他地區的回教，但卻無台灣當地回教或穆斯林相關事務予之參考佐證，由此多少可以看出日本時期，回教文化與穆斯林族群在台灣已無明顯的存在事實。雖然近年來大陸學者范景鵬等人的研究曾將1945年前回教在台灣的發展進行相關文獻的整理和解讀，其中除包括泉州陳埭丁與百崎郭的後裔外，還提及最早鄭和的船隊曾來台，甚至是清代其他省份出身的穆斯林官員來台任職者的記載等。[2]但嚴格說來，這種研究大都為對泉州穆斯林歷史殘留現象的爬梳，即使也涉及外來穆斯林官員的介紹，但都不是一般具有族、教認同群體意識與宗教文化實踐的穆斯林社群的研究。但這類

---

[1]　有關日本時期這些研究資料的詳細內容，已在本書第一章第一節中予以論述。
[2]　范景鵬、馬世英合著之〈1945年之前台灣回教研究〉載於《西北師大學報（社會科學版）》，49卷1期（2012），頁67-73；此外類似相關的論述尚有：范景鵬，〈清末台灣回族知府洪毓琛與近代台灣建設〉，《北方民族大學學報（哲學社會科學版）》，2期（2011）；王曉云〈論台灣穆斯林后裔丁氏與日本殖民者的抗爭〉，《武漢理工大學學報（社會科學版）》，5期（2015）。

資料的整理與論述，也為當前複雜多樣的清代台灣史研究的社會文化論述中，提供一定意義的補強效果。

因此，當民國38年部分大陸各省穆斯林隨著國民政府播遷來台，及其持續發展衍生的穆斯林社群現象出現之後，自此「回教在台灣」或「台灣回教」便開始成為相關人文社會科學領域研究的關注點。在此之前連橫於1920年代在《台灣通史》中便論及，「回教之傳，台灣絕少，其信奉者僅為外省之人，故台灣尚無之清真寺也」，[3]亦可看出在此之前回教在台灣已不具備以清真寺為指標的社群化事實，及其所代表的發展斷裂現象。而這種情況要到上世紀四〇年代中後期人數較多的各省穆斯林群體遷入後，回教與穆斯林社群才在台灣得到新的發展與延續。由於第一代遷台的各省穆斯林中多屬軍公教背景，且其中還有一批經歷過民國前期穆斯林新文化運動與抗戰建國洗禮的穆斯林知識菁英，因此其在台繼續承襲回教與中華文化相結合的傳統使命，並配合當時政府反共抗俄的國策，以發揚「自由中國回教」的愛國精神。所以，就這點而言，五〇年代開始在台灣出現的穆斯林社群，基本上還可被視為民國前期中國回教新興發展現象的另一種延續與轉化。另一方面，隨者全球冷戰局勢的對立與圍堵，海外國家無法對中國大陸進行相關實證化的研究，就此台灣乃成為最具研究代表性的中國社會情境。這種既有傳統中國文化的延續意義，同時在形式與內涵上也兼具「微型中國」的研究特徵，自然在當時也使得在台灣的回教成為觀察現代中國伊斯蘭現象中的重點。

整體說來，在上世紀五〇至七〇年代，除了台灣穆斯林自身的理解與關注之外，台灣學術界基本上並無有系統地對在地回教社群進行研究。其中即使有部分的報導研究，像是第一章中提到陳漢光於民國44年在《台灣風物》上所發表的〈台灣回教與大陸〉，但內容仍不夠全面與深入。相反地，此時國外的英文研究成果中倒是出現一些較為學術性關於台灣回教的文章與專著。民國59年，美國Syracuse大學博士、後到菲律賓傳教並任教於當地Silliman大學的東

---

3　連橫，《台灣通史（下冊）》（台北：黎明文化事業公司，1985），頁558。此處所謂的「外省之人」，應指清代派遣來台任職文官或武官具有穆斯林身份者，詳情請參考本書第一章第一節之相關內容。

南亞史學者Peter Gowing 發表〈伊斯蘭在台灣〉（Islam in Taiwan） 一文。該文頗有系統地將七世紀回教傳入中國的歷史為背景，然後闡述經由十七世紀泉州回民與鄭成功部眾中的穆斯林遷台者為第一波，二十世紀中葉隨國民政府來台定居各省穆斯林為第二波，說明近四百年來的台灣史與大陸中國回教的互動關係。文中較多篇幅還是集中在源於抗戰期間成立的中國回教協會及其在台灣的發展過程，以及有關穆斯林人口與社群、宗教文化與生活，與教規等面向的探討。[4]不過該文中文末亦強調，十七世紀來台的泉州與鄭成功部眾中的回民其回教信仰特徵隨後之所以消失，是因為與大陸中國回教切割所產生的結果。而隨國民政府來台的回民人口較多，且有一定的宗教組織運作和社會機能，但至七〇年代初已與大陸中國的回教母體隔絕近二十年，這種態勢若持續發展下去，可能會循前例讓使台灣回教走入歷史。[5]按此一觀察雖受限於當時的情境，但也點出二十世紀中期以來的台灣回教，無論國際或兩岸局勢如何發展，其和大陸中國的回教間的歷史紐帶既無法切割，但又不能忽視其經歷在地化發展變遷下所產生的各種挑戰與轉機。這些都是在構思二十一世紀台灣回教的主體樣貌及其實質內涵時，所無法避免的主題方向。

　　繼Peter Gowing之後，冷戰時期西方論述中針對台灣回教現象進行更為全面與深入研究成果者，應為美國學者白培莉（Barbara Linné Kroll Pillsbury, 1942-2012）於1973所寫的〈中國穆斯林少數族群的融合與分裂〉（ "Cohesion and Cleavage in a Chinese Muslim Minority"）。[6]該著作為白培莉於1973年於美國哥倫比亞（Columbia）大學人類學系完成的博士論文，之後雖然沒有正式出版，但仍為冷戰期間西方學界關注台灣回教的重要參考資料。按此書的撰述背景除白氏個人關注中國穆斯林現象的興趣外，亦與七〇年代美國行為科學研究風潮的興

---

4　Peter G. Gowing, "Islam in Taiwan," *Saudi Aramco World*, 21:4 (July/August, 1970), pp. 22-27. 參考自：〈Islam in Taiwan〉，《Aramco World》，http://archive.aramcoworld.com/issue/197004/islam.in.taiwan.htm（2018年10月18日檢索）。

　　該文後來翻譯為中文並發表為：彼得・基・高英著，努爾譯，〈伊斯蘭教在台灣〉，《阿拉伯世界》，1986年第4期，頁66-75。

5　Peter G. Gowing, "Islam in Taiwan," p. 27

6　Barbara Linné Kroll Pillsbury, "Cohesion and Cleavage in a Chinese Muslim Minority," (Ph.D dissertation, Columbia University, 1973). PhD dissertation, Columbia University, 1973.

起，及其積極走向海外個案的研究趨勢有關。在處於冷戰對峙的緊張情勢下，對美國學界而言，台灣就是一個典型且理想的微型中國社會。而白培莉運用人類學的田野實證研究取向，基本上將七〇年代初期台灣回教與穆斯林社群現象，以民族志書寫的模式做有系統性的呈現，這也可以說是二次大戰後現代西方人類學視野與方法對於廣義中國回教與穆斯林少數族群開展實證研究的濫觴。

整體說來，《中國穆斯林少數族群的融合與分裂》一書結合中國回教與穆斯林的傳統歷史發展脈絡，與國民政府遷台後此一脈絡在台灣延續近二十年的發展特色這兩個主軸，其間亦涉及台灣早期泉州穆斯林移民及其現象消亡的相關討論。然而，白培莉此一博論雖有其研究領域的開創性，且強調實證研究的觀察視野，但由於缺乏對中國回教歷史的深入理解，以及無法掌握回民穆斯林的社會文化特質與族群屬性在台灣的適應意義，因此使得本書論述不明與矛盾錯誤之處甚多。首先，白培莉想從中國穆斯林的歷史發展脈絡與其特有的族群身份來論及其在中國社會中「融合」的內涵，以及這種現象在台灣的延續性質，卻不梳理與分析自清末至民國前期穆斯林宗教與知識菁英所反思的族、教自覺，及其如何將回民納入到一個現代民族國家並以公民意識為主導的適應範疇中。或許是人類學訓練的學科屬性的局限性以及她本人的中文能力不足，白氏都無法從各種浩繁的中國回教「文本」中，來釐清穆斯林結合傳統中國文化、深究伊斯蘭經典知識與開創經堂教育傳承，以及五四新文化運動所帶動的我群認同觀與愛國思想，才是這個當代「融合」內涵的主導力量。此外，就算是以民族志為主要論述依據的研究取向，白培莉又自創一些缺乏依據、且無法開創後續觀察深度的分類概念。例如她將1949年後的台灣穆斯林分成三類：一是新疆操突厥語的穆斯林，主要是維吾爾與塔塔爾人；二是來自大陸內地各省說漢語、且幾乎與一般漢人無異的回民；三是來自西北省區（主要是甘寧青新）說漢語但族群文化特徵介於前述第一、二類之間的中介回民。而這三種回民都以共同「本地模式」（native model）下的三個標準來界定其身為回民（穆斯林）的依據，其中包括：（一）承襲家族血緣或因婚姻入教者；（二）信仰上堅信「認主獨一」並且不崇拜偶像與祖先；（三）遵循穆斯林的生活模式並

以禁食豬肉的標準來區隔回民與非回民。[7]

　　從上述的台灣回民的分類，可以看出白培莉對於研究對像欠缺本質上的理解。「西北說漢語的中介性質回民」的特殊存在意義，不僅在理解歷史淵源與當代民族志解讀意涵中站不住腳，更無法藉此來釐清當時台灣穆斯林的社會文化特性及其自身意識的形塑過程，反而徒增困擾。至於過度將禁食豬肉來強調穆斯林「我群」與「他者」的界分，基本上也是明顯忽視包括飲食禁忌在內的所有清真範式，乃是千百年來回民在華夏社會裡與非穆斯林生和活互動接觸中，維繫自我族類認同觀中最為重要的核心價值。綜觀全書，作為人類學者的白培莉，對回教在中國的發展適應與台灣穆斯林的族群性有著如此淺薄粗略的認知，這主要是除了大環境下的融合外，她更關注的是在台穆斯林的分裂及其所代表的意義。像是除了提及文化清真寺與台北清真寺基於蔣中正和白崇禧之間權鬥所引發的矛盾外，書中特別強調白崇禧過世後，其家人親友因遵循回教教規所執行的殯禮，與當時「黨國要員」備極哀榮的傳統告別式之間所生的矛盾，將之視為社會—政治展演情境下的衝突（conflict as socio-political drama），最後便引發台灣穆斯林社群內部的分裂。[8]

　　可是令人費解的是，白培莉將台灣穆斯林視為表面融合但內部卻不斷分裂對立的群體的思路，卻是將近代中國西北穆斯林宗派多元化（plural sectarianism）[9]

---

[7]　Barbara Linné Kroll Pillsbury, "Cohesion and Cleavage in a Chinese Muslim Minority," Abstract page 2-3.

[8]　Barbara Linné Kroll Pillsbury, "Cohesion and Cleavage in a Chinese Muslim Minority," pp. 185-200.

[9]　回教自七世紀傳入中國後，一直都屬於政治教派中的遜尼派（Sunni），一般都稱為傳統的格底木（Qadiim，即尊古派）。直到清初，來自西亞與新疆的蘇非神祕主義教團（Sufism Orders, or Tariiqah），在西北甘寧青等地原本屬於格底木的局部基礎上開始傳教，於是形成中國式的蘇非教團（或稱門宦）。到了清末，受到西亞阿拉伯半島現代改革主義（modern reformism）中尊經復古思潮的影響，在西北出現了以改革格底木與門宦為號召的革新運動派別，其自稱為伊赫瓦尼（Ikhwaan）。之後在甘肅又出現以尊崇清代回儒劉智思想為主的新興派別西道堂。至此中國回教從原本以格底木為一體的格局，進入到教派多元化的新興態勢。但此一現象大都集中在西北省區，內地其他地區的回民社群仍多屬於傳統的格底木。在西北一般的社會觀念中，格底木與門宦（主要是嘎的忍耶Qaadiriyyah、虎夫耶Khufiyyah、哲合忍耶Jahriyyah與庫不忍耶Kubriyyah等所謂的四大門宦）是屬於「老教」，伊赫瓦尼及其後來的分支賽萊菲也（Salafiyya）則屬於「老教」。而歷史上新、老教之間為爭取社會資源會不斷出現各種形式的競爭，甚至還引發地方性衝突。參考：馬通，《中國伊斯蘭教派與門宦制度史略》（銀川：寧夏人民出版社，1983）。

當代西方研究中國回教的歷史分期，也都以這種教派多元化的形成來作為主要的依據。其具代表性就是從佛萊徹（Joseph F. Fletcher）以來，美國學者們所提出伊斯蘭在中國歷經的四高潮論（four tides），其為：（一）傳統中國伊斯蘭的格底木制度（Gedimu traditional Chinese Islam）；（二）蘇非教派的形成與系統性的發展（Sufi communities and national networks）；（三）尊經思潮與現

及其所引發的「老教」與「新教」間的教派衝突的現象，[10]鉤勒出一個在台灣持續發展的社會面貌，以作為回民內部矛盾對峙的根源所在。她甚至還提出來自大陸的台灣回教，當時的宗教實踐都是「以新教為依歸」此一難以讓人信服的論點。而且尤其強調蕭永泰阿訇與文化清真寺在這方面的遵循與認知，令人費解。[11]在此很明顯地，白培莉不僅對於近代以來西北穆斯林宗派現象的根源及其發展脈絡一知半解，同時也未正視這七十年來的台灣回教的發展一直都沒有衍生出西北那種宗派多元化的發展格局。從這點便可理解她一開始將台灣穆斯林的分類中硬要區隔出「西北說漢語的中介性質回民」的類別，就是想為擴大渲染西北地區為主的宗派衝突也在台灣持續成為穆斯林對立意識的「事實」，找到地域性與社群性互為表裡的脈絡依據。事實上，近代中國回教宗派多元化現象的歷史背景、思想淵源、內部分支、發展衍生與影響互動等史實，至今始成為有系統的研究與觀察成果，美國學者佛萊徹（Joseph F. Fletcher）與大陸穆斯林學者馬通的開創性貢獻是不容抹煞的。[12]如今從他們二人的論述中可以看到白培莉當年對宗派多元性的解讀觀點，不但充滿著錯誤與不當臆測，而且

---

代主義改革（scripturalist concerns and modernist reforms），以及（四）族國體制時期下的民族主義（ethnic nationalism in an age of nation-state）。其中尊經思潮與現代主義改革即指依赫瓦尼及其衍生支派。參看，Dru C. Gladney, *Muslim Chinese: Ethnic Nationalism in the People's Republic* (Cambridge: Harvard University Press, 1991), pp. 36-63.

[10] 當代中國開創教門宦學研究的重要學者馬通，一直以「教派」一詞來指稱西北伊斯蘭宗教派別多元化的相關事實。國外研究中國伊斯蘭的學者在這方面有許多不同的解讀。像是Michael Dillon直接用sects來指稱教派。杜磊（Dru C. Gladney）則對於馬通與Dillon的用法不以為然，他認為馬通使用的教派應是teaching的概念，且此一名詞比其他相關者如factions、orders、solidarities，與brotherhood等更為妥切。而國內學者如趙秋蒂，則使用「宗派」（denominations）一詞來代替馬通所用的教派或西方學者的sects。參看：馬通，《中國伊斯蘭教派與門宦制度史略》（銀川：寧夏人民出版社，1983），頁101-108；趙秋蒂，《臨夏宗派：中國穆斯林的宗教民族學》（台北：政大出版社，2012），頁5；Michael Dillon, *China's Hui Community: Migration, Settlement and Sects* (London: Curzon Press, 1999), pp. 91-152；Dru C. Gladney, *Dislocation China: Muslims, Minorities, and Other Subaltern Subjects* (Chicago: The University of Chicago Press, 2004), pp. 319-320。本文仍沿用馬通的用法，以教派一詞來涵蓋西北伊斯蘭宗教派別多元化的現象，主要是依據本章作者多年來田野研究的觀察，目前西北穆斯林大多數還是以「教派」一詞的使用最為普遍。

[11] Pillsbury, "Cohesion and Cleavage" , p. 177.

[12] 事實上，早在1971年白培莉來台前後，佛萊徹便在台灣發表他那篇關於清代新、老教爭的著名論文（按清代最早將新傳入並抗清的蘇非派哲合忍耶視為「新教」，以區隔格底木與其他蘇非門宦）：Joseph Fletcher, "Central Asian Sufism and Ma Ming-Hsin's New Teaching," in Ch'en Chieh-hsien ed., *Proceedings of the Fourth East Asian Altaistic Conference 1971* (Tainan: National Ch'engkung University, 1971)。很明顯地白培莉並未參考或引用該文，否則她對新、老教的認知觀點與發展脈絡將有所修正。

還很不適切地把它投射到台灣回民社群這個與傳統西北宗派現象幾乎無關的領域之中，並且刻意強調其間的衝突是台灣回教的社會特色之一，其論學之嚴謹不足實令人警惕。

　　就整體來看，白培莉《中國穆斯林少數族群的融合與分裂》一書為冷戰時期開展西方學界對台灣回教研究雖有其創新性，但她過度將台灣穆斯林社群視為「微型中國回教」，導致想把所有相關因素企圖在台灣找到合理的延續事實。其間還不乏將社會衝突現象渲染誇大，以迎合西方讀者把台灣回教當成中國穆斯林社群中「異例」的獵奇心理。在該書完成後，白培莉還繼續從事台灣與中國大陸穆斯林的研究，[13]但其開創性的貢獻似乎有所局限。不過，等到上世紀後半葉中國大陸開始走向改革開放，台灣亦邁入解嚴後的民主化時期，至此台灣回教研究也開創出更為多樣性與突破性的新興格局。

---

[13]　Barbara Linné Kroll Pillsbury, "No Pigs for the Ancestors: Pigs, Mothers and Filial Piety Among the 'Taiwanese Muslims," Paper at the Symposium on Chinese Folk Religions, University of California, Riverside, 24 April 1974; "Blood Ethnicity: Maintenance of Muslim Identityin Taiwan," Paper at the Conference on Anthropology in Taiwan. Portsmouth, New Hampshire, 19-24 August 1976; "Being female in a Muslim Minority in China," In *Women in the Muslim World*. Ed. Lois Beck and Nikki Keddie (Cambridge: Harvard University Press, 1978), pp. 651-676; "Muslim History in China: A 1300-Year Chronology," *Journal, Institute for Muslim Affairs* 3(2), 1981, pp. 25-28; "The Muslim Population in China According to the 1982 Census," *Journal, Institute for Muslim Affairs* 5(1), 1984, pp. 231-233；"China's Muslims in 1989: Forty Years Under Communism," Paper at the Conference on Muslim Minoruty/Majority Relations, City College of the City University of New York, 24-26 October 1989. 並參考：Dru C. Gladney, *Muslim Chinese: Ethnic Nationalism in the People's Republic,* p. 450。

# 第二節　當代多元形式下台灣回教研究的新興趨勢

　　上世紀七〇年代末期中國大陸結束文革，並進入改革開放時期，自此終止近三十年的鎖國局面。而台灣自八〇年代中期開始走向民主化，加上九〇年代初蘇聯與東歐共產政權解體，並結束冷戰對立、世界新局勢的開展等。在這些歷史機遇中，兩岸關係從過去的隔離對峙，開始走向交流互動，甚至密切往來的新興形勢。而已發展近四十年的台灣回教，亦開始與其原來的主體，即中國大陸的伊斯蘭教與穆斯林社群展開新的接觸與往來。這也使得對台灣回教的觀察與研究，不再成為冷戰時期「微型中國社會」裡的一個特有環節，反而自此進入到一個更為寬廣與多元意義交互影響下的新領域中。甚至在一些西方與中國大陸的研究中，亦開始從「中國伊斯蘭」的整體觀來看台灣回教的區域性格局及其特色。另一方面，隨著近二十年來台灣社會經濟發展的新興趨勢，使得人數眾多的境外穆斯林（主要是東南亞移工）開始在台灣工作與定居。這讓原本以華人性（Chineseness）為單一表徵的台灣回教與穆斯林社群及其社會結構，從此產生更為明顯的變遷與新的適應事實，並重新形塑其宗教文化與族群多樣性的相關內涵。而此一態勢，也使得另一種新視野下的台灣回教與穆斯林社群研究，在跨學科領域的關注與投入下，其研究取向與成果亦值得關注。本節則先以國內外非穆斯林學者與國外穆斯林學者的研究內容為主，下一節則集中論析台灣穆斯林自身的研究成果。

　　在中國大陸改革開放初期，美國人類學者杜磊（Dru C. Gladney）便以中國已具少數民族身份的「回族」[14]來作為其博士論文的主要方向，自此開創三

---

[14] 本章作者在以往發表的研究成果中已指出，「回族」一詞在清末民初已出現，時而成為穆斯林我群自稱的一種語意選項，但其並未具有明確的民族意識，其僅是「回─穆斯林」人群表述個人或群體意涵的名稱之一，與回民、回回、回教徒的使用情況接近。目前一般論及「回族」這個概念，主要是用來指稱現今中國大陸使用漢語並以法定少數民族身份經過識別的穆斯林人群。依據2010年大陸第六次人口普查數據，回族人口已有一千萬人，總數僅次於壯族、滿族，是現在中國人口第三大的少數民族。然而，「回族」此一當代概念是否能全面涵蓋歷史上華夏社會中所有被指稱為「回」的人群，中外學界仍有不少爭議。即使當代台灣的穆斯林，其對於中國大陸「回族」的少數民族族屬

十多年來西方學者在次以中國穆斯林為實證研究對象的先河。本章作者曾指出，杜磊作為上世紀八〇年代初期首批獲准進入田野觀察研究回族的美國學者，其人類學視野原本就有藉回族的案例，來挑戰中共體制下的國族論述及其正當性。他觀察以回族為主體的中國穆斯林社會，便曾提到少數民族化的回族，是中國從傳統帝國邁向民族國家化過程中的產物。他認為傳統中國回回或回民的認同關係是建立在穆斯林式的宗教社群觀上，當代的「回族」身份，是國家重新具體化（objectify）傳統回民的族群屬性與認同意識下的結果。[15]

　　儘管杜磊的回族研究確實有其開創性，而且在研究方法、觀察視野與對回教在中國的發展特色與事實的掌握都明顯地比白培莉要來得嚴謹且紮實，可是從民族誌書寫與研究取向的運用而言，杜磊對於中國回族社群的研究仍有不少爭議。從他 *Muslim Chinese* 一書只以寧夏納家戶、北京牛街、河北常營與福建陳埭等四個地方進行「重點式」的田野觀察經驗，並分別冠以「西北蘇非派的宗教復振」、「都市穆斯林的認同」、「華北農村回民的族內婚制及其特點」與「東南回民宗族與國家主導下的族群再造」這四個聳動的章節標題，就此來推定整個中國回族的認同意識與族群性特徵，這當然是很難鉤勒出以民族誌為基礎的「回族研究」整體論述架及其核心意義。[16]另外，杜磊深受當代西方民族主義理論中的解構論的影響，對於回族這類由國家所賦予的少數民族的身份正當性的質疑與相關的認同論述，一直是他觀察當代中國族群現象的主軸之一。[17]

認定也存在著很大的認知差異。
　有關此一議題的討論，可參看：張中復，〈「華夷兼蓄」下的邊緣游移：論當代中國回族民族屬性中的「少數民族化問題」〉，《國立政治大學民族學報》，24期（2005），頁115-147；張中復，〈民族國家、族群意識與歷史解釋的互動意義：以海峽兩岸「回族」認定為例〉，收入余敏玲主編，《兩岸分治：學術建制、圖像宣傳與族群政治（1945-2000）》（台北：中央研究院近代史研究所，2012），頁395-427；Dru C. Gladney, *Muslim Chinese: Ethnic Nationalism in the People's Republic* (Cambridge: Harvard University Press, 1991)。
[15] 張中復，〈民族國家、族群意識與歷史解釋的互動意義：以海峽兩岸「回族」認定為例〉，頁417。
[16] 當時1980年代初為剛進入改革開放時期，因此杜磊在中國大陸穆斯林地區進行田調時受到官方的限制，因此其博士論文的實證研究無法再涉及雲南、新疆與甘肅等其他重點地區。
[17] 杜氏採用美國學者安德生（Benedict Anderson）詮釋民族和民族主義的「想像的共同體」（imagined community）的概念，以近代西方民族意識的起源與國族化（nationalization）的模式來比對當代回族的出現，同時承認此一國族化的過程是有助於回族的「標籤化」（label Hui），使其能在國家主導下擴大泛回式（pan-Hui）的互動，進而促成回族的內部凝聚力和強化政治覺醒的意識。參看：Dru

　　由於*Muslim Chinese*一書專章中有以福建陳埭為重點的「東南回民宗族與國家主導下的族群再造」主題，因此該書中特別有名為「台灣穆斯林：族群認同與國家政策」一節。按杜磊選擇陳埭丁氏回民及其以祖先崇拜為中心的宗族組織等漢化現象，來作為觀察回民在中國社會發展中的「異例」，並藉此突顯政府規範「回族」身份與建構族群性認同的爭議事實。整體而論，陳埭丁及其鄰近百崎郭等泉州回民後代在台灣早期歷史上的傳說，及其已漢化的後代還保存部分穆斯林祖先的歷史記憶，這些在深入探討視野與資料的運用上，杜磊並未超越白培莉；而且杜氏還認為泉州回民後裔在台灣走向漢化的原因之一，是因為在日本殖民統治下並不鼓勵發展「外國宗教」所導致，[18]而此說又過於武斷。但論及1949年之後的變化，杜磊更重視國民政府不像中共將回民進行民族識別，並界定其為法定少數民族的回族，而讓遷台各省穆斯林的我群意識及其族群性，繼續保持與主體社會平行但又更為多元的認同觀，並且不致出現像上世紀中後期原本已明顯漢化的泉州陳埭丁有被「恢復族籍」變成為回族的突兀之舉。[19]事實上，西方學界在這四十年來重新觀察中國大陸以政治力來管控少數民族事務與民族識別等政策時，回族一直是經常拿來作為討論甚至是批判的案例。其中的關鍵除了回族的漢文化影響面十分明顯與民國以來族、教身份的爭議外，其被當代建構（或被賦予、製造）的身份與認同是帶有明確的政治操作下的產物。這個「回族懷疑論」的思想脈絡，從杜磊的*Muslim Chinese*開始，之後美國著名的西北穆斯林史研究者李普曼（Jonathan N. Lipman）強調回民應視為「華夏穆斯林」（Sino-Muslim），[20]到杜磊博士班同學、台灣人類

---

C. Gladney, *Muslim Chinese: Ethnic Nationalism in the People's Republic,* pp. 96-98；張中復，〈民族國家、族群意識與歷史解釋的互動意義：以海峽兩岸「回族」認定為例〉，頁417-420。

[18] Dru C. Gladney, *Muslim Chinese: Ethnic Nationalism in the People's Republic,* p. 281.

[19] Dru C. Gladney, *Muslim Chinese: Ethnic Nationalism in the People's Republic,* pp. 280-282.

[20] 李普曼始終對於「漢語穆斯林」一詞的概念仍有顧應，所以在1990年代末他重新提出「華夏穆斯林」（Sino-Muslim）這個新名詞，企圖來作為最能兼顧各種現象和學理的整合性概念。按「華夏穆斯林」這個特殊並具有爭議性的名稱，是李普曼嘗試將中國穆斯林─回族予以「外裔─細分化」（hyphenated）的產物。他強調，中國境內的人群，如依地緣或族裔屬性，也可以像西方式的這類「外裔─細分化」的名稱，如猶太裔美國人（JewishAmericans）、亞裔美國人（AsianAmericans）或華裔馬來西亞人（ChineseMalaysians）等「結合式認同」（combined identities）的概念來予以區分。因此，所謂的中國人，亦可分為滿族中國人、廣州中國人、…以及「華夏穆斯林」等千百種不同的認同組合。李普曼用「華夏的」（Sino─按該詞有時亦包括「中國的」、「廣義漢族的」等連結意義

學者謝世忠所沿用的「漢語穆斯林」（Chinese-Speaking Muslim）等，[21]都有其學理依據與論證來否定「回族」群體與個人的存在意義。但這些論述基本上都過度忽視兩個層面，一是「回族」的當代稱謂與國家賦予的身份固然有其學理上的討論或爭議，但近七十年來中國大陸一千萬人口的「回」穆斯林，已在此一建構身份上所產生的社會適應與族群認同的實際存在機制，應該給予其具有民族志意義下的社會事實認知，而不宜一味地用集體稱謂的「正當性」，來認定中國穆斯林族群發展與延續的現象是否為「正確」的主要憑藉。其二，台灣回民與穆斯林社群在這相關的論述中，應該有更多深入的分析與討論，以強調回教的族群與社會屬性在傳統中國文化範疇下的延展機能，其集體身份的稱謂是否合乎學理的思辨並不是真正重點，而是社會政治體制對於穆斯林少數族群是否能提供更為合理、多元且與主體社會互惠的發展選項。關於這一方面的討論，張中復已在其前述之〈民族國家、族群意識與歷史解釋的互動意義：以海峽兩岸「回族」認定為例〉一文中有所闡述。

　　由於上述這種自1990年代以來，對中國回教與穆斯林社群以較為全面、且具有學科整合和民族志實證研究趨勢的出現，連帶也使得台灣回教的研究出現新的視野與成果。其中蘇怡文於民國2001年在國立政治大學民族學系完成的碩士論文〈伊斯蘭教在台灣的發展與變遷〉，為國內學界第一部以全面觀點來檢視台灣回教現象的學位論文。其研究範圍包括穆斯林自中國移居台灣的歷史、宗教生活、穆斯林社團組織架構與運作等，以文獻整理和田野工作的方式，陳述與分析穆斯林社群發展、族群意識與實踐的適應與變遷等現象。[22]由於當時

---

在內，本處暫譯為華夏）來取代「漢語的」穆斯林，主要是因為穆斯林是伊斯蘭教信仰者的統稱，此一宗教現象在當代中國往往是與民族屬性有一定的關係。在面對文化特徵、人數與分佈均與漢族關係密切的回回、回族，以「華夏」一詞來作為與穆斯林概念的結合，既可符合「漢語穆斯林」說漢語以及接受漢族物質文化的事實，並且也可避免使用像是「中國的」或「漢族的」這類詞義過於含混或狹隘的稱謂。同時，「華夏穆斯林」與其他民族中信仰伊斯蘭教的人群，如藏族穆斯林、傣族穆斯林或白族穆斯林等同樣是具有「外裔—細分化」、「結合式認同」等意義之下的共存事實。參看：Jonathan N. Lipman, *Familiar Strangers: A History of Muslims in Northwest China* (Seattle: University of Washington Press, 1997), pp. xvii-xxxvi；pp. xxivxxv。張中復，〈民族國家、族群意識與歷史解釋的互動意義：以海峽兩岸「回族」認定為例〉，頁420-421。

21　謝世忠，〈根本賦予認同與族群政治：中國「漢語穆斯林」的例子〉，收入《陳奇祿院士七秩榮慶論文集》（台北：聯經出版事業公司，1992），頁199-220。

22　參考：于嘉明，〈多元共生下的當代台灣穆斯林社群〉（國立政治大學民族學系博士論文，2018），頁21。

台灣學界已興起全面開展台灣史與相關本土研究的風氣，受此影想下，學位論文中亦出現郭雅瑜所撰述的〈歷史記憶與社群建構─以鹿港郭姓為例〉（國立清華大學人類學研究所2000年碩士論文），與李昭容〈鹿港丁家之研究〉（國立中正大學歷史研究所2001年碩士論文）等兩篇以泉州穆斯林在台灣發展的地方史與區域社群研究的專著。其中郭文以彰化鹿港著名的郭氏家族為主，以民族志的研究方法來對其原泉州祖居地及部分祖先所傳承的回教信仰與穆斯林身份，進行相關變遷性的觀察與評述。其中展現的「百崎郭」與「日湖郭」這兩支宗族以是否承認穆斯林祖先為歷史記憶與自我認同意識的區隔，是該文問題意識與民族志書寫中較有特色的部分之一。[23]而李文於第二章第一節「陳埭丁氏之源流與發展」討論丁氏家族所擁有的阿拉伯人與穆斯林的淵源，並追溯至與元代雲南平章政事賽典赤瞻思丁的關係。另外，亦陳述鹿港丁氏家族遷台的時間、原因與在台居住地，更探討了當時他們的伊斯蘭宗教實踐與意識下滑的原因。同時，高念慈亦寫成〈中壢龍岡清真寺的建立與發展〉（國立台灣師範大學歷史教學2008年碩士論文），詳細說明了龍岡清真寺的建寺史以及當地穆斯林社群的形成；並針對清真寺建起後，清真寺內部組織之運作以及社群的後續發展有更多的描述，可謂目前國內唯一針對國內清真寺進行全面研究的學位論文。[24]除上述學位論文外，之後張中復亦發表〈從「蕃客」到「回族」：泉州地區穆斯林族群意識變遷的歷史省察〉一文，就泉州在中國回教中的歷史地位，以及當代回族身份恢復後陳埭丁與百崎郭這兩個特殊的穆斯林宗族群體的族群性，進行較為全面與整體的評析。[25]

另一方面，隨著這種發展趨勢，改革開放以來的中國大陸學界亦開始關注台灣回教與穆斯林社群的議題，這其中最先還是從泉州回民及其後裔在台發展

---

[23] 依據該論文指導教授多年前告訴本章作者，該論文的研究設計，原本係規劃到泉州惠安與鹿港兩地進行民族志的實證研究。但後因至大陸田調產生困難，所以才改為以台灣本地為重點。

[24] 于嘉明，〈多元共生下的當代台灣穆斯林社群〉，頁20-21。近年來，中國大陸民族學、人類學與宗教學的碩、博士論文以清真寺機能發為研究主題者相當普遍，其中亦有改寫正式出版者。例如：高源，《清真寺的社會功能：蘭州清真寺中的族群認同》（北京：中央民族大學出版社），2013。

[25] 張中復，〈從「蕃客」到「回族」：泉州地區穆斯林族群意識變遷的歷史省察〉，收入洪麗完主編，《國家與原住民：亞太地區族群歷史研究》（台北：中央研究院台灣史研究所，2009），頁283-326。

的集中論述開始。早在1980年初代《泉州伊斯蘭教研究論文選》中就有陳埭與百崎的專屬討論。[26]到1990年代初，《陳埭回族史研究》與《百崎回族研究》則更集中在這兩個閩南回鄉的專題研究上，其中亦有涉及台灣部分的專文。[27]此外，依據于嘉明的整理，這類相關研究尚包括：黃秋潤〈台灣郭氏風俗與百崎回俗關係〉載於《惠安民俗研討會論文集》（1992年）；郭志超〈台灣白奇郭回族及其與大陸祖家的交往〉載於《回族研究》（1996年第2期）；石奕龍〈台灣鹿港郭厝回民郭順直派的福建淵源〉載於《台灣研究》（1999年第4期）；鄭金洪〈福建回族丁渡台〉載於《尋根》（2010年第1期）等文章。[28]此外，隨著兩岸「閩台研究」的合作開展，關於陳埭與百崎現象的研究亦不斷出現新的成果，其中可以莊景輝作為代表。[29]而近年來出身閩南的中國大陸人類學者范可，亦持續研究當代泉州回民的族群化現象與國家體制形塑的互動關係。其論述觀點大都企圖與國際學界對話，而不局限在傳統大陸學界在這類議題所形成的固定框架之中。[30]

　　除了上述中國大陸學界以歷史上閩台互動為投射視野的台灣回教研究外，把台灣回教視為整體中國伊斯蘭發展中的特殊案例亦有不少相關研究成果。包括中國伊斯蘭教協會會刊《中國穆斯林》，或寧夏社會科學院代表性的回族研究刊物　《回族研究》與其他全國性的學術刊物如《阿拉伯世界》等，都不時可以看到有關台灣伊斯蘭或台灣回族的文章。依據于嘉明的整理，其中有：安奴瓦爾・韓克〈台灣伊斯蘭教情況介紹〉，載於《中國穆斯林》（1989年第2

[26] 福建省泉州海外交通史博物館、泉州市泉州歷史研究會編，《泉州伊斯蘭教研究論文選》（福州：福建人民出版社，1983）。

[27] 例如：周立方，〈陳埭丁氏回族與台灣關係初探〉，收入編委會編，《陳埭回族史研究》（北京：中國社會科學出版社，1990），頁321-336；陳國強、陳清發主編，《百崎回族研究》（廈門：廈門大學出版社，1993）。

[28] 于嘉明，〈多元共生下的當代台灣穆斯林社群〉，頁24-25。其中尚有段景鵬等人對清代與日本時期台灣回教之研究論文，其已於本書第一章第一節與本章第一節中討論。于嘉明，〈多元共生下的當代台灣穆斯林社群〉，頁20-21。

[29] 參考：莊景輝，〈陳埭丁氏回族漢化的研究〉，收入莊英章、潘英海編，《台灣與福建社會文化研究論文集》（台北：中央研究院民族學研究所，1994），頁213-234。

[30] Ke Fan, "Maritime Muslims and the Hui Identity: A South Fujian Case." *Journal of Muslim Minority Affairs*, 21(2), 2001, pp. 302-328; Fan Ke, "Ethnic Configuration and State-Making: A Fujian Case," *Modern Asian Studies*, 46 (4), 2012, pp. 919-945. 有關范可較全面關注人類學面向的綜合性研究，可參考：范可，《在野的全球化：流動、信認與認同》（北京：知識產權出版社，2015）。

期）；張志誠〈台灣的穆斯林、清真寺和伊斯蘭教社團〉，載於《阿拉伯世界》（1990年第1期）；馬肇曾〈清治台回人馬大用及其孫馬辰〉，載於《中國穆斯林》（1993年第2期）王鋒、陳冬梅〈台灣的伊斯蘭教與穆斯林述略〉，載於《回族研究》（1995年第6期）；許憲隆〈外聯內聚 順時勵精─世紀末台灣中國回教協會活動評析〉，載於《回族研究》（1999年第1期）；[31]米壽江〈台灣的伊斯蘭教〉，載於《中國宗教》（2003年第12期）；沙啟玉〈台灣伊斯蘭教一瞥〉，載於《中國穆斯林》（2004年第2期）；重陽子〈台灣回族〉，載於《回族文學》（2010年第1期）；何綿山〈試論伊斯蘭教在台灣的傳播與發展〉，載於《福建省社會主義學院學報》（2013年第4期）。其中劉智豪〈近年來台灣伊斯蘭教發展現狀及研究初探〉，載於《回族研究》（2013年第2期），探討了多年來穆斯林在台灣的發展與宗教組織的運作情形，亦統整出台灣學術界對於伊斯蘭相關議題的研究成果，與前述〈台灣伊斯蘭研究綜述1949-2005〉相仿，係提供相關領域研究面向的論文。此外張宇、杜軍〈台灣伊斯蘭教的復興與多元交織〉載於《中國穆斯林》（2014年第6期），以及周晶〈台灣穆斯林的歷史與清真寺〉載於《中國穆斯林》（2015年第5期）等篇。而羅強強於《回族研究》2015年第2期發表的〈認同・迷失・重構─台灣穆斯林文化認同的思考〉，除了現象的陳述，更帶有問題意識與研究取向進行台灣穆斯林的研究，作者以「文化認同」為問題意識焦點，剖析台灣社會的時空環境下穆斯林在台灣面臨傳承困境與文化認同之流失現象的原因。[32]

　　此外，在兩岸學術交流的持續下，中國大陸院校的民族學等專業的研究生亦以台灣回教與穆斯林社群為其學位論文的探討主題。像是北京中央民族大學吳蘭翔的民族學碩士論文〈台灣穆斯林的社會生活〉（2014）、上海社會科學院李彤彤的碩士論文〈台灣伊斯蘭教變遷及其現狀〉（2017）等即為此例。而來台就讀的陸生中亦因地制宜地以同樣主題進行研究。其中崔楠於國立政治

---

[31] 許憲隆主要的代表作品，為其博士論文所改寫關於民國前期西北諸馬家族興衰的歷史論述。其內容修正以往中共史學界對西北諸馬幾乎全面否定負評的立場，而在興辦地方產業、推動教育與參與抗日戰爭等方面給予適度的正面評價。參看：許憲隆，《諸馬軍閥集團與西北穆斯林社會》（銀川：寧夏人民出版社，2001）。

[32] 參考：于嘉明，〈多元共生下的當代台灣穆斯林社群〉，頁24-25。

大學新聞學系的碩士論文〈月隱福爾摩沙—北台灣華語穆斯林紀實攝影專題報導〉（2016），則是結合影像與清真寺意像的創作解讀。該作者為此還在台北舉辦專題影像展，頗有創意。但其使用「華語穆斯林」一詞意涵混淆且在學界與台灣社會中頗有爭議，同時也無法完整並精確地來論述其研究對象的身份與我群認同意識下的社會屬性。

　　除了上述偏向於民族學與民族治的研究外，部分研究台灣回教與穆斯林社群、但屬於音樂學與地理學等特殊相關領域的學位論文亦值得注意。[33]但近年來，影響台灣穆斯林社會結構與族群現象最為明顯的趨勢，應是近三十萬的境外穆斯林人士（大部分為東南亞移工）在台發展的新興現象，因此自然也會成為學界關注的焦點。目前在這方面的研究仍以學位論文為主，並且也成為台灣新興的東南亞研究中的一環，其主題亦涵蓋在跨國適應、全球化、宗教生活及其相關問題意識方面。值得注意的是，這些碩士學位論文除部分是由台灣學生所完成外，[34]其他都是由印尼籍的留學生以其自身經驗與觀察同儕來作為主題，因此既有外部觀察的意義，同時也具備內部反思的價值。其中有Astri Dwijayanti S.（舒麗）於嘉義大學教育學系的碩士論文"International Muslim Students' Experiences in Taiwan: Exploring the Importance of Community"（〈國際學生在台灣經驗：探討穆斯林社群的重要性〉，2011），于麗娜（Yuherina Gusman）於國立中央大學英美語文學系碩士論文"The Spiritual Life of Indonesia

---

[33] 例如：陳靜儀於中國文化大學音樂研究所的碩士論文〈伊斯蘭教儀式與音樂在台灣地區之研究〉（2003）、洪寧徽於國立台南藝術大學民族音樂學研究所的碩士論文〈多元社群下的台灣伊斯蘭宗教儀式唱誦—以高雄清真寺為研究對象〉（2008）、Yu-Chun Hsu（許玉君）於國立台灣大學音樂研究所的碩士論文"Recitation Experience and the Use of Sound in the Ritual and Congregation of Taiwan's Muslim Communities"（〈穆斯林社群在台灣的儀式及聚會中之吟誦經驗與音聲運用〉）（2005），以及陳書偉於台灣師範大學地理學系的碩士論文〈中壢龍岡穆斯林的離散認同與文化地景〉（2011）等皆是。其他尚有傳播學方面的論文，例如：Ying-chih Wang（王穎芝）於國立政治大學國際傳播英語碩士學位學程碩士論文"Identity and Online Performance of Young Taiwanese Muslims on Facebook"（〈社群媒體上台灣青年穆斯林的認同展演〉）（2017），參考：于嘉明，〈多元共生下的當代台灣穆斯林社群〉，頁24-29及其相關評述。

[34] 依完成時間為例，則有：徐峰堯，〈印尼客工之宗教認同—以台北文化清真寺之印尼客工為例〉（國立政治大學宗教研究所碩士論文，2007）；尤成威，〈在台印尼籍穆斯林學生的飲食體驗〉（國立嘉義大學觀光休閒管理研究所碩士論文，2012）；劉淑菁，〈被忽略的過客：在台印尼伊斯蘭教家庭看護工宗教踐行的困境與應對〉（國立暨南國際大學社會政策與社會工作學系碩士論文，2012）；卓玉琳，〈印尼籍穆斯林配偶在台之宗教實踐〉（國立暨南國際大學東南亞研究所碩士論文，2013）等。

Migrant Workers in Taiwan" *(2009-2011)* （2011），以及Retno Widyastuti（孫莉瑋）於國立政治大學亞太研究英語學程碩士論文"Social Adaptation of Muslim Ethnic Minorities in Taiwan: Case Study of Indonesian Muslim and Chinese Muslim"（〈台灣穆斯林少數民族的社會適應：以印尼穆斯林與中國穆斯林為例〉，2014）等都值得參考。于嘉明則分別對這些論文進行系統性的評論。[35]

　　除這些印尼留學生之外，另一位加拿大研究生Robert Pelletier於2014年在Ottawa大學的碩士論文"Becoming Taiwanese Muslims: Ethnic, National, and Religious Identity Transformations in a Muslim Minority"（〈台灣穆斯林的形成：一個穆斯林少數群體的族群、國家與宗教認同變遷〉），則為繼白培莉之後，西方學界所產出關於台灣回教與穆斯林社群的另一本學位論文。在于嘉明看來，該作者以社會學與人類學的學科基礎，梳理穆斯林在台灣的發展脈絡，並討論了回民與民國前期五族共和下的「回」，在台灣穆斯林自我身份認定中的轉變。作者發現如同台灣政治民主化與本土化的經歷，穆斯林在台灣漸漸形成在地認同，從老一輩自認為回民，轉變為第二、第三代的穆斯林形塑自我為台灣穆斯林的意識。[36]就此而言，其相關論述應該比白培莉更為嚴謹與趨於客觀，這也反映出在較為多元與開放的環境下，國外研究者來研究台灣回教現象，是能得到較多的理性共鳴與互信下的認可。另一個值得注意的案例，則是美國Duke大學歷史學系韓國籍的博士生Hyeju Jeong（鄭惠朱）於2016年所發表的 *A Song*

---

[35] 舒麗以來台求學的五位印尼籍學生為主要報導人，探究在全球化背景下國際學生在台的留學經驗，以及他們身為穆斯林，在台灣遇到的各項問題；此外，並點出大學機制，以及印尼穆斯林在台灣成立的社團組織（Formmit），對於外籍穆斯林學生所能提供的幫助與精神支持。該論文亦是目前台灣首本針對外籍穆斯林學生的英文論文；于麗娜藉由擔任在台印尼移工之宗教老師，得以親身接觸觀察她們的日常需求與生活概況，並提供必要之協助。該論文即透過作者的個人經驗，及閱讀相關文學作品，以surface reading的方式了解她們的精神生活，亦表達台灣社會所導致文化與信仰的衝突。值得注意的是，作者以印尼穆斯林移工的文學作品觀察她們的精神生活，這在其他的研究中尚未出現；對於印尼移工所面臨的遭遇以及相關關係人的作為，也運用較具批判性的筆觸，進而提出建議，充分流露對研究對象處境的支持與同情之意；孫莉瑋則分別描述在台灣的本地既有穆斯林以及印尼穆斯林少數族群的社會適應問題。作者利用許多篇幅談論大園清真寺的興建，以及印尼穆斯林民間社團對宗教實踐與凝聚的作用；並強調在台灣的環境中，無論是哪一個背景的穆斯林，均面臨社會適應與被同化的挑戰。上述兩本論文的作者因具有印尼籍穆斯林身份的優勢，得以深入印尼穆斯林的活動空間，並參與他們的社團組織進行觀察與訪查，與報導人的互動也沒有隔閡。參考：于嘉明，〈多元共生下的當代台灣穆斯林社群〉，頁29-30。

[36] 于嘉明，〈多元共生下的當代台灣穆斯林社群〉，頁28。

*of the Red Sea: Communities and Networks of Chinese Muslims in the Hujaz*（《紅海之歌：沙烏地阿拉伯西部的中國穆斯林社群與人群網絡》）。[37]該書主要探討過去七十年來，旅居沙國西部的中國穆斯林僑民社群的發展，及其當代諸多的變遷與適應現象。其中實證研究的案例，則集中在吉達附近的朝觀接待及其相關事務上。按這篇文章的主題應視為台灣回教的海外發展中十分具有研究特色的一個領域，今後應該還需要更多以民族志實證研究，來強化對此一議題的深入理解。

最後則來探討近年來日本學界對於台灣回教與穆斯林社群的研究成果與特色。本章第一節曾提及，太平洋戰爭末期日本曾在台成立台灣回教研究會，但其畢竟是軍國主義擴張下的政治性附屬組織，且研究對象不在台灣而是境外，所以幾乎沒有與台灣回教有關的研究成果。事實上，二次大戰後日本傳統的東洋史研究中，雖然曾出現過像是田坂興道的《中國における回教の傳來とその弘通》這樣重要且具代表性的中國回教通史，[38]但嚴格說來，中國回教與說漢語的回民穆斯林這個領域，早期並未如一般中國史、蒙古學、突厥學、滿洲學、藏學與絲綢之路研究等，在日本傳統的東洋學中占有一定的重要地位。同時，其也沒有在傳統的中東研究或外國「イスラーム」（伊斯蘭）研究領域中受到重視。不過，由於近年來中國大陸的開放政策，讓中國研究得以更為拓展與深化，同時台日互動關係亦日漸頻繁，這些都使得近年來日本學界對於台灣回教與穆斯林社群出現較多新的研究成果。

出身新疆漢族、目前在日本神戶大學任教的王柯教授，其原本在東京大學的博士論文是以近代新疆東突厥斯坦獨立運動為主題。[39]按王氏很早便關注現代中國穆斯林議題，[40]近年來由於多致力於現代中國的國族意識及其發展態

---

[37] Hyeju Jeong, *A Song of the Red Sea: Communities and Networks of Chinese Muslims in the Hijaz* (Riyadh: King Faisal Center for Research and Islamic Studies, 2016), pp. 5-30.

[38] 田坂興道，《中國における回教の傳來とその弘通》（東京：東洋文庫，1964）。按台灣學界早期重要的中國回族史研究的開創者王樹槐教授，其名著《咸同雲南回民事變》（台北：中央研究院近代史研究所，1968）中的〈導論〉，及其對中國回教發展的脈絡性理解，即是受到田坂興道論述的影響。

[39] 王柯，《東トルキスタン共和国研究》（東京：東京大學出版会，1995）；中文改寫本：王柯，《東突厥斯坦獨立運動：1930年代至1940年代》（香港：香港中文大學出版社，2013）。

[40] 包括著名的「留東清真教育會」與五四新文化運動中回民的族、教自覺等主題。參考：王柯，〈「祖

勢的研究，所以身份與地位較具爭議性回民便成為其論述的重點之一。這在其
《20世紀中国の国家建設と「民族」》、[41]與《消失的國民：近代中國的「民
族」話語與少數民族的國家認同》[42]這兩本專著中，都可以看到有關以回民和
回教為主題的章節。尤其在後者中，王柯強調從華南回族的宗族社會組織的發
展延續特色，來說明回教與穆斯林在華夏社會中與漢族的結合紐帶關係，是證
實「回」與傳統中國已成為互為表裡的發展事實，因此不宜過度強調其社會文
化的異質性。此一觀點，對於沒有法定民族身份的台灣穆斯林，及其投射在整
個中國文化圈中所展現的族群性而言，將提供不同觀察與思考的空間。另一方
面，田島大輔對於滿洲國回教的研究，其中涉及張子文阿訇的史實論述亦與日
後台灣回教青年會與文化清真寺的發展淵源亦有一定的參考價值。[43]

　　除上述的研究外，近年來日本青壯年學者來台從事台灣回教與穆斯林社
群的實證研究成果也值得注意。例如畢業於東京大學人類學專業、後任教於東
京經濟大學，一直從事西南地區（主要是雲南）少數民族研究的松本光太郎，
因研究雲南回族及其境外遷徙與商業發展，所以自然也注意到在台灣的雲南裔
泰緬穆斯林。他曾來到龍岡等地進行當地雲南回民社群的田野研究，並出版一
定的研究成果。[44]只可惜他不幸於2010年英年早逝，享年四十八歲。而另一位
任職於大阪國立民族學博物館與立教大學的木村自，他的研究議題則更集中在
台灣回教與穆斯林社群，並經過多年在台的田野研究，觀察清真寺與回民社群
之間互動往來與宗教實踐意義，以及相關衍生出的我群認同意識。就研究的質

　　國」的發現與民族、宗教、傳統文化的再認識：中國穆斯林的五四與新文化運動〉，「五四運動八
　　十週年學術研討會會議論文」，台北：國立政治大學文學院，1999。
[41] 例如〈第四章：國家、民族とイスラーム－ムスリム国民誕生の政治文化〉，收入王柯，《20世紀
　　中国の国家建設と「民族」》（東京：東京大学出版会，2006），頁115-156。
[42] 例如〈第一章：從「穆斯林」到「中國人」—晉江陳埭丁氏宗族的「本土化」過程〉、〈第二章：
　　「回教」與「回民」含義不同—白壽彝與開封的故事〉、〈第七章：「宗族」與「民族」—「民族
　　化」的誘惑與挫折〉、〈第八章：何處是「傳統」？—中國南方「回族」社會的伊斯蘭「回歸」〉，
　　收入王柯，《消失的國民：近代中國的「民族」話語與少數民族的國家認同》（香港：香港中文大
　　學出版社，2017），頁1-38、39-66、201-230、231-254。
[43] 田島大輔，（2009）〈「滿洲国」のムスリム〉，收入堀池信夫編，《中国のイスラーム思想と文
　　化》（東京：勉誠出版，2009），頁146-159。
[44] 松本光太郎，〈雲南ムスリムにおけるイスラーム教育の歴史と発展〉，平成17-19　年度基盤研究
　　（B）科学研究費補助金研究成果報告書《中国ムスリムの宗教的・商業的ネットワークとイスラ
　　ーム復興に関する学際的共同研究》，2008年3月，頁61-72。

與量而言，木村自可以說是日本學界近年來以專注於台灣回教研究的代表性學者。像是日本的中國穆斯林研究會編的《中國穆斯林需知六十章》一書中，便是由他撰寫〈是回教還是回教徒？─台灣穆斯林認同〉的專章，以整體視野來說明來自中國大陸的台灣回民的身份屬性，以及不同世代間的宗教實踐差異與認同變遷。[45]

　　而另一位年輕的歷史學者平山光將，他於日本中央大學完成的博士論文即是以民國前期回教知識份子的社會參與為主題。[46]民國102年起他獲聘為中研院近史所的博士後研究員，訪台四年中他除了繼續關注民國前期的回教與穆斯林社群史外，更以台灣外交部檔案資料來探討穆斯林知識份子對中華民國外交所產生的影響，同時也以實證研究與文獻分析來討論中國回教協會與回教青年會之間的互動關係。[47]就歷史資料的分析與掌握程度而言，平山光將的研究確實相當細緻且深入；他和木村自、松本光太郎以雲南、東南亞回民脈絡為主軸的民族志研究取向，都讓當代台灣回教與穆斯林社群現象在日本學界產生一定

---

[45] 參看：木村自，〈回族か？回教徒か？─台湾回民のアイデンティティ〉，中国ムスリム研究会編，《中国のムスリムを知るための60章》（東京：明石書店，2012），頁327-331。

　　至於木村自其他論著如下：木村自，〈移民と文化変容─台湾回民社会における聖紀祭礼の変遷と回民アイデンティティ〉，《年報人間科学》第24号（2003），頁49-65；〈移民コミュニティにおける宗教実践上の差異と調整─台湾ムスリム社会における泰緬ムスリム／外省人ムスリム間の差異を事例として〉，大阪大学21世紀ＣＯＥプロジェクト「インターフェイスの人文学」編集発行《トランスナショナリティ研究─場を越える流れ》（2003），頁196-208；〈モスクの危機と回民アイデンティティ─在台湾中国系ムスリムのエスニシティと宗教〉《年報人間科学》第25号（2005），頁199-217；〈台湾回民のエスニシティと宗教─中華民国の主体から台湾の移民へ〉《国立民族学博物館調査報告書》83（2009），頁69-88；〈雲南ムスリム移民が取り結ぶ社会関係と宗教実践の変容─台湾への移住者を中心にして〉，塚田誠之編，《中国国境地域の移動と交流─近現代中国の南と北》（東京：有志舎，2010），頁177-205。木村自著、涂華忠譯、姚継德審校，〈雲南穆斯林移民的社會關係及宗教習俗轉型：以旅居台灣的回族同胞為中心〉，《雲南回族研究》6期（2012年6月），頁50-62。

[46] 平山光将，〈中華民国期における政府と回民知識人・回民社会の関係に関する研究〉（中央大学大学院文学研究科博士論文，2013）。

[47] 參考：平山光将，〈延續與斷裂：現代中國回民知識份子的國民外交〉，《民族學界》第34期（2014），頁105-132；平山光将，〈南京国民政府の「宣慰」について─華北・華中の回民社会への「宣慰」を事例に〉，《中国研究月報》（No.775），2012年9月号，頁34-46；〈台湾イスラーム団体の活動と政教関係（1949-1979年）─中国回教協会、中国回教青年会を事例に〉，《中央大学アジア史研究》（No.41），2017年，頁61-82；〈台湾イスラーム教団体の機関誌とその思想─中国回教青年会機関誌《回教文化》を事例に〉，《中国研究月報》（No.846），2018年8月号，頁1-13。

的注意與迴響。[48]

　　此外，日本早稻田大學一直關注中東與東亞回教與穆斯林文化研究，該校人類科學學術院社會學與區域研究中心，於2012至2013年委託台北大學社會學系執行*An Explorative Study on the Taiwanese Muslim for Institute for Asian Muslim Studies*的計畫。該計畫報告由該系郭文般教授執筆，主要基於社會學量化研究方式，針對來自不同國家的穆斯林進行問卷調查，調查他們在台灣的家庭、經濟、工作、教育等各項生活情況，以及在台灣實踐伊斯蘭功修與規範的程度，藉由不同的研究指標與調查而得之數據，分析被研究者各種行為模式與觀念。[49]這在以質性研究為主的台灣回教研究中，是較為少見的以量化研究為主導的成果。

　　與日本學界類似，近年來歐洲一些與台灣有互動、並致力於中國回教與穆斯林研究的年輕學者，其研究成果亦以較為系統與全面的方式，以英語以外的方式向歐洲介紹回教對中國的歷史、族群與社會文化所產生的重要影響。其中任教於波蘭華沙（Warsaw）大學中文系的齊惟慎（Włodzimierz Cieciura），所著的《中國穆斯林：歷史、宗教與認同》（*Muzułmanie Chińscy: Historia, religia, tożsamość*），應該是近代以來第一部全面探討中國回教與穆斯林的波蘭文專著。[50]按齊惟慎多次來台訪學，他最近主要研究民國前期回民知識份子的政治與社會參與，並聚焦在山西的馬君圖[51]這類以往較少被關注的案例，這自然也會與1949年之後的台灣回教產生一定的關係脈絡。而另一位義大利籍的Francesca Rosati（嫣然），之前畢業於國立政治大學民族學系碩士班，目前則在荷蘭萊頓（Leiden）大學攻讀博士學位。她長期關注當代西北穆斯林社會的婦女宗教教育議題，並多次前往甘肅臨夏等地進行深入的田野民族志研究。去

---

[48] 松本光太郎論述東亞回教的區域研究特色，其中包括台灣的部分，參考：小杉泰、林佳世子、東長靖編，《イスラーム世界研究マニュアル》（名古屋：名古屋大学出版会，2007），頁284-288。

[49] 于嘉明，〈多元共生下的當代台灣穆斯林社群〉，頁30。此外，早稻田大學的小島宏教授一向注意東亞回教與穆斯林的當代文化與社會發展，他亦對兩岸回教現象進行比較研究，曾於2013年中國ムスリム研究會第26回定例會，發表〈中国と臺灣のムスリムにおけるイスラーム信仰・実践とその関連要因の比較分析〉一文。

[50] Włodzimierz Cieciura, *Muzułmanie Chińscy: Historia, religia, tożsamość* (Warszawa: Uniwersytet Warszawski, 2014).

[51] 有關馬君圖的生平與重要事蹟，亦請參看本書第二章第二節。

年她用義大利文出版《伊斯蘭在中國：從起源到人民共和國》（*L'islam in Cina: Dalle origini alla Repubblica popolare*）一書，也可說是當代第一本全方位理解中國回教與穆斯林的義大利文專著。[52]由於嫣然對於台灣與中國大陸的穆斯林社會都有長期且深入的接觸，因此其相關視野應該會以更為寬廣且多元的面向，來闡述海峽兩岸回教的異同現象。

---

[52]　Francesca Rosati, *L'islam in Cina: Dalle origini alla Repubblica popolare* (Roma: L'Asino d'oro, 2017).

## 第三節　台灣穆斯林自身觀點的投入與反思

　　在前兩節中所介紹與分析的內容，都為國內非穆斯林研究者與境外穆斯林與非穆斯林研究者的成果。而本節則要探討各世代的台灣穆斯林，對於台灣回教現象以自身觀點所投入的研究觀點及其反思。早期非穆斯林出身的教外人士在研究中國回教的領域中，曾出現如陳垣（援庵）、王日蔚、馬長壽與王樹槐這些重要的學者。[53]但自民國以來到目前的海峽兩岸，各個世代的回族穆斯林學者對於自身族、教現象的詮釋和研究，以及建立學術話語權的努力，已成為當前中國回教研究中相當顯著與重要的現象。事實上，無論中外穆斯林知識份子與社會菁英，不時要面對「伊斯蘭的典範」（Islamic ideals）與「穆斯林的實境」（Muslim realities）這兩種情境互動交融下的認知反思與建立自我詮釋觀，尤其是面對來自非穆斯林環境各種程度不同的挑戰，甚至是衝突時則更為明顯。[54]

　　由於早期來台的許多回教菁英們都受到民國前期穆斯林新文化運動的影響，加上飽經戰爭流離後播遷來台，因此為就地振興教門，回教經典的整理與編印專書等傳統便在台灣得以延續。如民國43年7月成立「台北清真寺譯經委員會」，其最先出版《古蘭經國語譯解》，以及之後的《聖訓之冠》；加之中國回教協會與回教文化教育基金會於民國67年成立的回教經書整印研究社，重印民國前期成達師範、商務印書館、北平清真書報社等重要的回教文獻等，這些努力與貢獻的細節都已在本書第三章第二節中予以詳述。

　　但就在這早期整印編譯經書的過程已邁入歷史之際，居台第二代穆斯林沈遐淮（1937-1998）於民國85年出版其《古蘭經》譯本，名為《清真溪流：古

---

[53] 此四人皆為歷史學者，相關回教代表作為：陳垣，〈回回教入中國史略〉、〈元西域人華化考〉；王日蔚，〈回族回教辯〉；馬長壽，《清代同治年間陝西回民起義調查資料》；以及王樹槐，《咸同雲南回民事變》。

[54] Tomas Gerholm, "Two Muslim intellectuals in the postmodern West: Akbar Ahmed and Ziauddin Sardar," In Akbar S. Ahmed and Hastings Donnan ed., *Islam, Globalization and Postmodernity* (London: Routledge), 1994, p. 192.

蘭經新譯》，[55]卻在兩岸回教界引起不同的討論與爭議。按沈遐淮出身南京回
教世家，其父沈九香為中央通訊社資深新聞人。沈遐淮畢業於成功大學後即進
入台電公司，後於核工處擔任工程師。[56]由於對教門信仰積極，他遂產生翻譯
《古蘭經》的職志，並藉此機會宣揚回教理念。可是沈氏不諳阿語，其所學與
教門正規經堂教育無太大淵源，且其意欲翻譯的《古蘭經》係巴基斯坦之英譯
本，加上此「轉譯」稿本冠上《清真溪流》之主標題，[57]此為以往《古蘭經》
譯本中所未見，故付梓後便引起國內回教界的議論。其中教內前輩雖對沈氏用
心之勤、信仰之真有所肯定（如定中明、丁慰慈等人於該書提序中之言）。但
全書標題突兀，加上附件中增添其個人已發表的文章（包括對於時局的觀點與
對基督教的理解和《聖經》譯文）、[58]並將《古蘭經》首章譯文編成譜曲形式
的〈祈禱歌〉（頁1010）等，即便有創新與熱心傳教之意念，但仍遭致對其如
此處理經文譯本仍屬未盡妥善的指責。[59]而中國大陸著名穆斯林學者、《韻譯
古蘭經》譯者林松教授，在其晚年曾對所有中譯《古蘭經》進行評論，其中亦
包含這部《清真溪流》。按林教授對沈遐淮此一「舉意譯經」的動機予以肯
定，但從專業譯經的角度看來，《清真溪流》的體系風格確實存在著如「關鍵
尊稱，招惹誤會」等諸多不妥當之處。尤其書後「附錄混雜，不倫不類」更為
其所詬病。雖然如此，林教授當年在政治壓力干擾下仍讓這篇評論文章出版在
他那本著名的《古蘭經在中國》一書中，[60]使得沈遐淮對《清真溪流》的努力

---

55　沈遐淮譯，《清真溪流：古蘭經新譯》（台北：新文豐出版公司，1996）。

56　有關沈九香、沈遐淮父子二人的生平傳記，參看：賈福康編著，《台灣回教史》（台北：伊斯蘭文
　　化服務社，2005），頁164-166、277-278。

57　沈氏自題「清淨天方，真實之鄉；溪山永好，流風德長」，應為該書書名之來歷。參看〈清真溪流
　　序〉，沈遐淮譯，《清真溪流》，頁1。

58　例如〈約翰福音新譯含前言〉、〈為民族盡忠孝，為國家爭光榮〉，收入沈遐淮譯，《清真溪流》，
　　頁809-880、947-959。

59　賈福康編著，《台灣回教史》，頁278。

60　林松，〈台灣刊發沈譯本，私作不該混其間：讀沈遐淮先生的《清真溪流：古蘭經新譯》〉，收入
　　氏著，《古蘭經在中國》（銀川：寧夏人民出版社，2007），頁206-223。按本章作者曾於2007年
　　12月於北京中央民族大學拜會林松教授，他提及他這一系列評論《古蘭經》漢譯本的文章，之前
　　有部分都分別發表在《世界宗教研究》上，其中包括這篇〈沈譯本〉。但刊登該文當期的《世界宗
　　教研究》在已印好準備發行之際，被北京某著名回族學者向有關當局舉報，說此一沈遐淮的《古蘭
　　經》譯本不僅內不當，且其附錄更有「反共」文章，故被臨時要求將該文撤下，原當期之期刊被迫
　　重印。但林教授之後在出版《古蘭經在中國》一書時，仍堅持要將這篇沈譯本的評論文章列入。此
　　外，在這本書中林松教授亦有專文評析時子周的《古蘭經國語譯解》，基本上仍給予一定的正面性

在中國回教的《古蘭經》翻譯工作中仍獲得定位。民國87年10月8日，本章作者經業師王樹槐教授介紹，前去拜訪沈遐淮先生。其間他非常關心改革開放後大陸回教各種發展的新趨勢，同時個人也深感於他推動傳播回教正面知識的熱誠，以及對於不同宗教間的理解與寬容。但沒想到隔日，沈先生就不幸以六十一歲壯年歸真，實令人惋嘆。

除了經書翻譯與整印外，早期台灣回教前輩們所留下來的自身論述，亦成為檢視與研究台灣回教史的重要史料。其中由中央研究院近代史研究所進行訪談並出版的《白崇禧先生訪問紀錄》，應該是相當具有代表性的資料。[61]按白將軍為現代中國地位相當重要的國民政府軍政人物，同時也是民國時期回教人士參政並發揮關鍵作用的代表。除開黨政軍經歷外，白將軍亦十分積極參與回教事務，加上身為中國回教協會第一任理事長，因此這本訪問紀錄實質上也可視為當代中國回教工作組織體系化過程的重要見證。[62]民國101年，白將軍哲嗣、著名作家白先勇先生出版《父親與民國：白崇禧將軍身影集》一書，[63]企圖從另一個家、國與時代互動下的背景脈絡來論述白將軍的一生。但由於環境的變遷與白先勇個人的際遇選擇，該書中已無明顯的回教事務與記憶。[64]

然而，第一代來台的回教菁英雖然人數不少，且在教門方面都十分具有影響力，可是除了白崇禧將軍外，都未留下專業且系統性的訪談資料，殊為可惜。直到民國103年在國史館的支持下，出版《天方學涯──趙錫麟先生訪談

---

評價（頁106-127）。

[61] 郭廷以校閱，賈廷詩、馬天綱、陳三井、陳存恭等訪問兼紀錄，《白崇禧先生訪問錄》上、下冊（台北：中央研究院近代史研究所，1989）。依陳存恭所述，該書為近史所訪談國軍將領中唯一的陸軍一級上將，前後訪談一百二十八次，訪談時間從民國52年2月7日至55年11月24日，最後一次訪談的八天後白將軍便不幸歸真。

[62] 例如該書〈第七編，回教事務：中國回教協會〉，下分十二個子題，包括「回教」、「回教協會的組織」、「回教協會的工作」、「台北清真寺的建築」、「反共公約的簽訂」、「中國回協參加世界回教聯盟」、「中國回協參加世界回教青年大會」、「中國回教協會及中國回教青年分會」、「回教國家領袖訪華」、「回教世界概況」、「回教世界與現代政治的趨勢」與「從世界反共略論中東形勢」等，內容十分完備。

[63] 白先勇，《父親與民國：白崇禧將軍身影集（上、下冊）》（台北：時報出版公司，2012）。

[64] 白先勇先生多年前在台灣的報紙副刊上曾寫過一篇文章，提到他在中國大陸開放後，第一次回到他母親馬佩璋女士在廣西桂林的老家聚落探訪，對於當地至今仍保持很完整與傳統的回教風格而頗有感觸。

錄》。[65]此為繼之前《白崇禧先生訪問紀錄》出版後，近二十年來第一本台灣
回教重要人物完整的口述歷史。趙錫麟先生（教胞多尊稱趙博士）民國36年出
生於山東青州的回教世家，為我國最早一批留學利比亞的經生，並於沙烏地阿
拉伯取得台灣首個、也是至今唯一的伊斯蘭律法學博士。學成後進入外交部工
作，曾任我國駐利比亞與沙烏地阿拉伯代表，之後亦曾先後兼任台北清真寺教
長與中國回教協會理事長等職。[66]該書訪問者因深感趙先生之特殊個人背景經
驗，無論是家學、成長、至阿拉伯國家接受正式高等經學教育，以及學成後
在西亞回教地區從事第一線的外交工作，這在海峽兩岸同一世代的穆斯林中都
僅此一例。因此，有必要以完整的生命史形式來留下此一紀錄，為過去七十年
來的中國回教史保存從一個具有代表性且跨越時空的個人案例，來反映出當代
中國回教的文化傳統、西亞回教的知識學習傳承環境，以及台灣穆斯林對外開
創的突破格局等，這三個重要時代背景之間的互動結合關係。書中從趙博士自
身經生學習的經驗與詳細的紀錄，不但能讓人了解一般外人不容易得知四十年
前西亞回教國家的高等經學教育的養成內涵，並且也能感受到當時回教前輩們
在駐節海外的同時，還盡力提攜教內後進的熱忱，以及兼顧相關工作的種種努
力。時至今日，海峽兩岸穆斯林學子們一波又一波地前往西亞回教國家學習，
相關環境的變遷與資訊的發達，已與四十年前不可同日而語。但無論是對書中
的主人公還是有關的人事物，這部《天方學涯》所揭示的不僅是一個歷史過程
的認知，同時也為回教終生求知的精神樹立了「典型在夙昔」的榜樣意義。

　　除此之外，來台第一代的回教前輩們亦在此一特殊的時期中留下一些重
要的論述，例如熊振宗教長的《穆罕默德傳》、[67]王立志先生所撰述之《中國

---

[65] 趙錫麟口述、張中復訪問，《天方學涯—趙錫麟先生訪談錄》（台北：國史館，2014）。按近年來
國史館對於國內各重要宗教人物曾進行多次訪談與並出版紀錄，但唯獨沒有回教人士。而在當時呂
芳上館長的熱心推動與協助之下，才有這本趙博士的訪談錄問世。

[66] 該書前半部分記錄了趙博士的成長、求學與工作過程，不僅反映出趙先生的個人生命史，亦與回教
在台灣的發展歷程環環相扣。後半部分則是陳述結合趙先生個人經驗與針對部分特定議題之詮釋與
想法，包括中沙關係、穆斯林婚姻、旅沙華僑、宗教間的對話、台灣回教的發展與傳承等議題。該
書不僅是一部台灣穆斯林的口述歷史，更充分結合歷史與當代視野，不僅回顧造就今日台灣穆斯林
生存環境的歷史脈絡；同時提供對今日台灣伊斯蘭發展現況與問題的關懷、建議與省思。相較於二
十世紀末葉與二十一世紀初期的相關著述，本書確實體現觀察台灣穆斯林更當代與更全面的問題意
識與剖析方向。參看：于嘉明，〈多元共生下的當代台灣穆斯林社群〉，頁20。

[67] 熊振宗，《穆罕默德傳》（台北：中華文化出版社，1958）。

圖10-1　《天方學涯》一書封面外觀

伊斯蘭的傳統以及將來》；李忠堂先生於1960年在《中國回教協會會報》中發表〈台灣鹿港鎮回教教胞現況〉一文，以作者身為1958年探訪鹿港穆斯林後裔的一員，對於當地穆斯林來台經過、人口、宗教實踐的變遷等第一手採訪記錄，以及作者期盼該些穆斯林回歸信仰的殷切心理，均為此篇文章賦予更具參考性與實證性的意義。蕭永泰阿訇撰寫之〈自由中國回教概觀〉（《台灣風物》1960年第10卷第4期），簡要陳述1947年後穆斯林自中國大陸來台宣教與創立清真寺的過程，以及各主要穆斯林民間組織之運作概況。[68]

　　而在這類論述中比較有系統並將之集中出版的，同時也具有代表性的則有孫繩武的《回教論叢》[69]與定中明的《雪泥鴻爪》。[70]按孫繩武是民國前期回教界重要的活動家與組織者，論述頗豐。而這本民國52年出版的《回教論叢》，大都係為其來台之後所發表文章與講話的匯集之作，內容分成回教理論、中東問題、人物隨筆與附錄。該書出版時正值台灣反攻復國政策的高峰，故其以回教反共的立場甚為鮮明。而其中亦有不少內容論及中國回教協會的籌組與相關

68　參看：于嘉明，〈多元共生下的當代台灣穆斯林社群〉，頁24-25。
69　孫繩武，《回教論叢》（台北：中國文化研究所，1963）。
70　定中明，《雪泥鴻爪》（台北：作者自印，1992）。

活動，孫氏為此一過程的重要參與者，因此其在這方面的史料價值與前述之
《白崇禧先生訪問紀錄》同等重要。

　　《雪泥鴻爪》為定中明教長為感念其八十壽辰而自印之作品集，收錄其
個人生平、伊斯蘭教義、歷史發展等各篇著述。定教長曾於中國傳統經堂教育
學習，再進入上海伊斯蘭師範學校就讀，畢業後被選派赴埃及艾資哈爾大學留
學。後在外交工作上先後派駐黎巴嫩、茅利塔尼亞與利比亞。他在宗教事務中
曾擔任台北清真寺教長近三十年，並接替孫繩武擔任世界回教聯盟創始理事，
學術上更身任政大阿語系創系系主任。[71]在後輩研究者眼中，該書讀者得以從
作者對各項事件第一手且詳細的描述，一窺民國前期穆斯林先輩負笈中東國家
求學之歷程、中華民國政府與中東國家之外交工作內容，以及回教在台灣發展
半世紀的軌跡。[72]除了這部《雪泥鴻爪》外，民國91年適逢定教長九秩誕辰，
他非正式出版其個人《回憶錄》，[73]內容貫穿其一生成長、受教、外交與教育
等各個階段的詳盡紀錄。尤其當時九一一事件發生不久，全球回教時局動盪多
變，書中更可看出定教長對此的憂心與關切。在民國回教史上，從抗戰前到抗
戰期間因緣際會所形成著名的「艾資哈爾世代」，可說是現代中國回教知識份
子中最有代表性的菁英。[74]而這一批後來持續在兩岸發揮重要影響力的穆斯林
學者中，定教長這本《回憶錄》可說是相關人物裡最為詳盡的一份回憶性資
料。另一方面，大陸浙江回族學者郭成美，依據這本《回憶錄》與《雪泥鴻
爪》，以及民國20至24年出版的五期上海《伊斯蘭學生雜志》，於民國97年在

---

[71]　賈福康編著，《台灣回教史》，頁292-293；于嘉明，〈多元共生下的當代台灣穆斯林社群〉，頁19。
[72]　于嘉明，〈多元共生下的當代台灣穆斯林社群〉，頁19。
[73]　定中明，《回憶錄：九秩紀念》（台北：作者自印敬贈本，民91）。
[74]　從民國19年至34年，上海、雲南、北京、新疆等地先後派出六屆四十多名穆斯林學生到埃及愛資哈爾大學留學。其中除本書之前已提到過、後來遷台的熊振宗、定中明、張文達、海維諒與王世明等人之外，民國38年後仍留在大陸較著名者即為馬堅與納忠（均出身雲南）。依據回族學者楊桂萍的研究，馬堅與納忠在外求學期間，將中國的優秀文化介紹到國外，並把回教世界的經典著作譯為中文介紹到國內。如馬堅翻譯《回教真相》、《回教哲學》，把《論語》譯為阿拉伯文在回教世界出版。他還出版阿拉伯文《中國回教概觀》，讓世界穆斯林了解中國回教。而納忠則翻譯《伊斯蘭教》介紹給國人，同時也把中國的新文化、新思想、新作品介紹到回教世界，其中也包括孫中山的生平。參看：楊桂萍，〈中國穆斯林新文化運動〉，《回族研究》，4期（1999），頁34。相關留學埃及等中東學生資料細節，亦請參看本書第二章第二節。

台灣發表〈定中明教長滬上求學時期的佚文佚事〉一文，[75]也為定教長早年的求學事蹟提供了新的觀察與評價。

除以上所提的資料外，由台灣穆斯林所編纂的第一本通論性回教史專著，應該是由賈福康先生所編著之《台灣回教史》。該書最初於民國91年出版，後又於94年出版增修版。全書分為上、下兩篇，上篇為〈台灣回教史〉，包括民國38年前在台的回教先民，以及回協等之後的回教組織、朝覲團、清真寺與留學經生。至於下篇則是全書重點〈台灣回教人物誌〉，依紀傳體方式，作者列舉出民國36年以來在台灣回教史上有所付出與貢獻的穆斯林（非穆斯林一位），並依照出生先後與歸真（七十一位）與健在（六十五歲以上三十一位，以下十八位）進行排列分類，每位均附有簡傳介紹，由筆者親自爬梳資料予以撰寫，或由書中各人物本人或其至親好友提供傳記文稿，可謂目前唯一得以參考台灣穆斯林人物列傳及生平事蹟之重要文獻。[76]

按賈福康先生民國3年出生於江蘇鎮江回教世家，103年在台北以一百零一歲高壽歸真，教胞多尊稱其賈老。抗戰爆發後赴武漢投筆從戎，後進入中央訓練團新聞班。民國28年自該班畢業後，由重慶派赴寧夏十七集團軍馬鴻逵部擔任《掃蕩簡報》社社長，來台後於民國56年自軍中退役。賈老一生雖然沒從事學術專業，也沒有在回協等組織中擔任要職，但卻相當關注我門事務。早在民國81年他即呼籲須保存台灣回教歷史，但外界反應甚微。至民國86年，他始舉意親自編纂一部內容全面的《台灣回教史》。十多年來，經由其本人的悉心投入，並在其哲嗣賈實先生等親友的協助下，該書終於在他八十八歲時付梓問世。[77]按賈老此種至耄耋之年仍為教門無私奉獻的決心與毅力，以及身體力行、一以貫之的真情率性，實為台灣第一代回教前輩中的另一類典範，令人感佩。該書出版後，已成為各界研究台灣回教時的重要參考資料，並且在回教界中亦得到如石永貴先生等人的重視與反響。[78]

---

[75] 郭成美，〈定中明教長滬上求學時期的佚文佚事〉，《中國回教》368期（2018），頁29-33。

[76] 于嘉明，〈多元共生下的當代台灣穆斯林社群〉，頁19-20。

[77] 阿里‧賈平，〈賈公福康哈智事略〉；歐邁爾‧賈實，〈老驥自知夕陽短，不用揚鞭自奮蹄：永遠的追思─憶父親〉，收入《艾布伯克‧賈福康哈智追思紀念集》（台北：賈府自印，2015），頁2-3、19-20。

[78] 就此，于嘉明指出，台灣傳播業巨擘石永貴先生，著有《台灣回教之地位與環境》（台北：中國回

圖10-2　《台灣回教史》一書封面外觀

　　另外，之前任教於政大阿語系的林長寬曾撰寫一篇〈台灣伊斯蘭研究綜述1949-2005〉，[79]此文企圖以全面性的角度來評估五十年來台灣對於回教與穆斯林的研究成果。但由於其取材立場偏頗，加上過度強調其自身教研成效，故有失學術之客觀性。尤其文末結論竟提出台灣實無真正的「伊斯蘭研究」，其訴求與動機令人費解。此外，林氏近年來繼續關注台灣回教與穆斯林議題，分別發表〈台灣伊斯蘭何去何從：中國穆斯林遷徙（Hijrah）之困境〉與〈中華民國伊斯蘭：當代漢語穆斯林社群發展之解析〉兩篇論文。[80]按近年來台灣在兩

教協會，出版時間不詳）一書。該書分為兩大部分，第一部分係〈台灣回教之地位與環境〉，當時適逢《台灣回教史》一書甫出版，石先生即以閱讀賈老《台灣回教史》的心得感想為主幹，搭配其個人對中國與台灣回教史的了解，以及參考其他文獻，所著述的一篇文章。其中三十頁的篇章內容回顧了1949年以降伊斯蘭在台灣發展的數件大事，並對數位穆斯林的事略進行描繪。石先生多年來熟稔台灣穆斯林社群生態與穆斯林社團組織運作，故由其親身的經驗與視野，確實提供讀者探究台灣各項穆斯林事務更深入的見解。至於第二部分則為〈附錄：被誤解的伊斯蘭教〉，超過全書六成的篇幅，共包含〈一手持經一手持劍的荒誕不經〉、〈一位伊斯蘭教徒可以娶四個太太，真的嗎？〉等八篇文章，此為九一一事件後，各界興起對回教的重新認識與了解，因此該系列文章便是石先生應台灣新聞界之請而撰寫，發表於《中華日報》副刊的作品，就回教義教理以及普遍遭人誤解之議題進行闡釋。參看：于嘉明，〈多元共生下的當代台灣穆斯林社群〉，頁19-20。

79　林長寬，〈台灣伊斯蘭研究綜述1949-2005〉，收入魏澤民主編，《台灣宗教研究年鑑2004》（台北：世界宗教博物館，2006），頁269-300。

80　林長寬，〈台灣伊斯蘭何去何從：中國穆斯林遷徙（Hijrah）之困境〉，《新世紀宗教研究》12卷1期（2013），頁1-54；〈中華民國伊斯蘭：當代漢語穆斯林社群發展之解析〉，《文化越界》1卷11

岸開放與全球化影響下，對傳統回教與穆斯林社群現象產生一定的衝擊。這對
於學術界而言，實應為一值得關注的新發展面向。但其中林氏認為「漢語穆斯
林」的語意與及其取代「回」穆斯林的現代意涵，這在國內外學術界都有討論
與爭議，其中在本章第二節中已有論及。可是他在〈台灣伊斯蘭何去何從〉一
文中，對於中國回教協會自兩岸開放後與中國大陸的互動交流現象，竟使用「親
共」這種當前台灣政治觀點對立下貼標籤式的用語來涵蓋之，[81]此不但在一般
穆斯林看來有失公允，並與其自我要求的學術高標準顯然不符。按身為入教穆
斯林，林氏無視於七十年來中國大陸回教輾轉來台生根的歷史本質，以及大多
數台灣穆斯林的族、教意識很難與中國大陸回教一刀切的根基性認同情懷，
以致不能產生信教人應有的相對同理心，確實令人遺憾。而這方面亦有研究指
出，林氏此類突兀性的觀點，實際上係體現出他本人與近幾年來與部分教內組
織運作及教務推動之間存在意見上的歧異所致。[82]

　　至於來台第二代的穆斯林中，出身青海馬家的馬凱南將軍（其祖父為馬
麟、父親為馬步援），在台經歷完整的軍職生涯之際，於上世紀八〇年代前往
美國邁阿密（Miami）大學進修國際關係，並於1988年取得該校博士學位。他
以跨越1949年視野的中沙關係發展歷程為主題的博士論文，[83]就其出身與家世
背景而言，確實有許多值得關注之處。至於當代台灣中、青年穆斯林，對於台
灣回教的研究成果亦頗為豐碩，其中大都亦為學位論文。例如馬孝棋所完成之
〈殯葬文化對宗教意識與族群認同的影響—以台灣北部地區穆斯林為例〉（國
立政治大學民族學系碩士論文，2010）即值得注意。按馬孝棋祖籍南京，早期
曾以經生身份前往利比亞留學，學成歸國後分別於台北清真寺擔任教長與中國
回教協會秘書長。按馬教長繼續選擇以民族學的研究領域來深入探討台灣回教
與穆斯林社群現象，這在台灣回教的宗教專職人物中是很罕見的。也因為他在
任時熱心教務工作，累積了一定的宗教與社會工作經驗，所以他這本探討北台

---

期（2014），頁113-150。
[81] 林長寬，〈台灣伊斯蘭何去何從：中國穆斯林遷徙（Hijrah）之困境〉，頁29。
[82] 于嘉明，〈多元共生下的當代台灣穆斯林社群〉，頁26、184。
[83] Kainan Yusuf Ma, "Foreign relations between the Republic of China and the Kingdom of Saudi Arabia: The process of establishing and sustaining relationships (1936-1986)," (Ph. D. dissertation, University of Miami, 1988).

灣穆斯林殯葬文化、社會變遷與我群意識的碩士論文，不但以自身經歷與田野工作整理出相當珍貴的民族誌書寫資料，同時也結合教規精神與實踐意義下的觀察反思，進而對於台灣回教與穆斯林今後的發展適應處境，提出不少相當剴切且值得教內、外人士繼續關注的視野和心得。

　　此外，出身山東回教世家、屬於第三代穆斯林的于嘉明，他同樣在國立政治大學民族學系所完成其碩士論文〈在台泰緬雲南籍穆斯林的族群認同〉（2009），則是聚焦在祖籍雲南的泰緬地區華僑穆斯林的族群遷徙，以及來台後的社群發展、宗教實踐與我群意識的凝聚等主題上，為近年來台灣回教中同屬於傳統中國穆斯林根基的這個新興現象，提供民族學視角下的深入研究與論述。該論文同時亦展現許多以龍岡與中、永和等地為主的田野調查資料與民族志書寫內容，因此具有一定實證觀察的價值與意義。

　　之後在此碩士論文的基礎上，于嘉明仍以台灣穆斯林當代議題為研究方向，繼續在政大民族學系攻讀博士學位。其間他亦發表〈從華人穆斯林群體的自我省思看伊斯蘭教在台灣的傳承〉（載於《甘肅民族研究》2017年第1期）等文章，並於2018年夏完成其博士論文〈多元共生下的當代台灣穆斯林社群〉。按此著作不僅為台灣第一本以較為全面性的視野，經由歷史發展脈絡與各種新興現象及其挑戰思維，來檢視當代台灣回教與穆斯林社群問題的博士論文。該論文除架構完整、民族志資料詳實，並對台灣回教的研究回顧進行全面性的評估（本章亦多處引用參考）之外，同時還以近年來引起較多關注的「多元共生」（plural symbiosis）論述主軸，來為全球化衝擊下的台灣回教情境，在現有的基礎上所面對的各種挑戰，嘗試提出其得以和其他台灣族群文化之間產生並存共榮的永續意義。而且于嘉明也以教內第三代人的立場，對於當前台灣回教組織內部出現的部分爭議性現象，及其衍生出的各種影響，提出相當深切的針砭自覺與世代反思。

　　同時，在其他領域中，梁紅玉的〈台北漢語穆斯林社群婦女Hijab下的身體經驗〉（私立世新大學性別研究所碩士論文，2011），為台灣第一本結合性別議題與在地穆斯林社群研究的學位論文。該論文深入探討作者本人與部分穆斯林女性披戴頭巾的親身經驗及其現象。梁紅玉雖然身為穆斯林，但並不完全

以宗教規範的角度解讀該項對於穆斯林女性的衣著規定,反而在某些論述脈絡中帶有對教條以及傳統的詮釋採取批判的態度;並充分地運用女性主義、社會學、人類學理論等當代角度加以分析並提出見解。[84]按性別議題在當前穆斯林研究中逐漸受到重視,在梁紅玉這種以性別意義的反思性,來作為觀察台灣回教當前多元發展內涵的開創下,相信日後還會有更多相關的研究產出。另外,馬欣的〈龍岡清真寺社群的形成和其在全球化脈絡下的發展〉(國立交通大學社會與文化研究所碩士論文,2011),是一部以龍岡清真寺及其所代表的「哲瑪提」(穆斯林社群)為中心的民族志觀察論論述。其中她以宏觀的角度,兼論當地雲南籍穆斯林的文化適應與情感認同,以及龍岡地區其他國籍穆斯林的婚配與家庭問題,將觀察視角有雲南籍穆斯林擴展至背景多元的穆斯林群體。[85]

　　值得一提的是,出身來台第三代穆斯林包修平,剛獲得英國埃克塞特(Exeter)大學巴勒斯坦研究博士學位,其專長研究領域為中東問題與以阿衝突。但近年來隨著他在香港中文大學的研究機會,亦開始關注當代中國大陸與台灣的回教與穆斯林社群的歷史。包修平於2016年發表〈「隱身的穆斯林」:伊斯蘭在台灣的發展與變遷簡史(1949-2015)〉一文。[86]文中他提出觀察七十年來台灣回教社會結構的變遷,以及在全球化影響下,無論是何種背景下的在台穆斯林族群,都呈現出以「隱身的穆斯林」的模式來作為身份適應的事實。這其中也讓人思考,無論是來自中國大陸社會傳統的回教因素,還是近年來新興的境外穆斯林現象,在觀察全世界非回教國家中的穆斯林少數族群永續發展的議題時,台灣回教這個特殊的例子,究竟能提供那些值得關注的面向與研究意義?而另一個案例,則是出身陳埭丁、其家族已在雲林縣台西世居數代的丁世宗。他在選擇入教後,開始專注於其祖源的泉州回教研究,並完成其學位論文〈明代泉州地區伊斯蘭文化之研究〉(中央大學歷史研究所碩士論文,2012)。目

---

[84] 該論文之後經改寫出版為專書,參考:梁紅玉,《蓋頭掀不掀?—台灣穆斯林女子的策略與認同》(台北:女書文化,2012)。
[85] 以上兩部論文內容的評論,參考:于嘉明,〈多元共生下的當代台灣穆斯林社群〉,頁21。
[86] 包修平,〈「隱身的穆斯林」:伊斯蘭在台灣的發展與變遷簡史(1949-2015)〉,《回族研究》,3期(2016),頁61-65。

前丁世宗繼續在中正大學歷史系攻讀博士學位，其論文仍以泉州穆斯林社會文化的變遷史為主題，這為在台陳埭丁後裔重新詮釋其祖源的族、教研究提供新的面向與案例，其成果值得關注。

最後，在有關穆斯林自身研究與台灣回教相關者，尚有編纂家譜這類的案例。按編修家（族）譜與建宗祠，一般被視為當代南方回—穆斯林接受漢人宗族社會影響下最典型的同化象徵，也是「去回就漢」的重要標記。但除了西北地區很少出現外，中國內地的回—穆斯林自清代開始，便開始出現編修家譜的現象，只是在南方地區較為普遍，同時偶爾還保留宗祠與其他相關宗族社會的特徵。[87]這其中泉州的陳埭丁與百琦郭這兩系穆斯林社群，就是以典型的宗族社會形態來作為其宗親繁衍存續的主要憑藉，同時也用編纂宗（族）譜來凝聚共同祖源的歷史記憶。尤其當代中國大陸經民族識工作，將泉州穆斯林後裔恢復其「回族」的身份後，重新整理並編纂宗（族）譜便成為其當代身份定位的另一種表徵。按這些現象是整體中國回族社會結構中的特例，也都已在本書第一章第一節中有所討論。也因為台灣早期泉州移民中便有陳埭丁與百琦郭穆斯林的分支，因此近年來重新整修的《陳埭丁氏回族宗譜》[88]與《百琦郭氏回族宗譜》，[89]便成為研究早期台灣回教的重要資料。值得注意的是，原本並不注重家譜編寫的西北穆斯林，近年來卻因在沙烏地阿拉伯已世居的西北馬家後人的努力，於2013年以傳承譜系的架構完成《馬興旺家譜》[90]這份珍貴的資料。近年來，關於西北馬家（以馬海晏為主）家系的新資料不斷出現，[91]加上史學

---

87　張中復，〈論中國南方地區穆斯林宗族社會特徵與當代回族意象建構的互動意義：以漢化論為中心的探討〉，「中国南方ムスリム宗族の社会学的特徴と意義国際学術シンポジウム」論文，神戶：神戶大學（2015年11月18-19日），頁2。

88　莊景輝編校，《陳埭丁氏回族宗譜》（香港：綠葉教育出版社，1996）。

89　重修《百琦郭氏回族宗譜》編委會編，《百琦郭氏回族宗譜（上、中、下三冊）》（未註明出版地點，2000）。

90　馬興旺為馬海晏之父、馬麟與馬麒的祖父、馬步芳的曾祖父，為西北「青馬」勢力的共祖。該家譜以中、阿、英三種文字呈現，主要由馬德倫（其曾祖父為馬庸，庸為馬海瀚之子、馬興旺之孫）整理。參看：馬德倫等，《馬興旺家譜》（利雅德：法赫德國王國家圖書館，2013）。

91　例如2012年在甘肅臨夏馬文丕家中發現一份馬海晏次子馬麟，於1935年為其子女所立的析產（分家）契約，其前言論及先人行狀與家風可視為類似家譜式的風格，並從中得知馬麟共兄弟三人，姊妹七人。其內容如下：「余家世居臨夏西鄉之亂藏，先嚴清庵，府君以農起家，既而立，功戎行閭持大義，守正不阿。晚清之季，效命疆場，國家迭錫殊恩。而臨夏接壤南荒，番幕雜居。先嚴誠信所孚，屠幕貴種、橫刀強族皆感格帖服，解紛排難，人皆德之。生余兄弟三人：長兄譚麒，字

界也以不同的視野來重新評定西北諸馬的歷史事蹟，[92]因此這部涵蓋早期歷史
人物與當代留在沙國發展後裔的《馬興旺家譜》，勢必也將成為日後研究西北
馬家歷史的重要史料。

---

閣臣；季弟諱鳳，字威臣，病歿於清宣統三年臘月十一日，享年僅三十三。姊妹七人，先嚴撫育成
立，而余兄弟又席先嚴之德蔭服官，隴上桑梓父老、蒙番世誼，以追念先嚴之懿德，又移而推重余
兄弟，自先嚴歿，迄今三十餘年矣，風木愴懷，雲胡可忘。余不肖無狀，又承先兄提撕之殷，追隨
步趨，得免大過。先兄于民國二十年八月五日病歿，享年六十有三。余垂老之年，幸見子侄輩皆成
立，長兄子：步青、步芳、步瀛，綰師幹有所樹立；亡弟子：步元，不幸於民國十八年歿湟源匪亂
中，極人生之慟悼；餘子：步榮、步援，亦皆婚冠。今年又為孫：紹援成婚，紹援步元遺孤也，向
平之願，藉以稍慰顧念。先嚴艱難締造，今所望于子侄孫輩之增高繼長，力圖自強，光大門庭者，
正無涯際。」參看：馬廉樸、馬文丕，〈七十七年前馬海晏次子馬麟子女分家契約現臨夏〉，《民
族日報》（臨夏），2012年6月4日。
[92] 例如：本章註34所提到許憲隆所著之《諸馬軍閥集團與西北穆斯林社會》，即為一例。

# 結論

　　台灣早期回教與穆斯林現象雖然與泉州回民社群有著相當直接的發展關係，但隨著在地閩南漢化的趨勢，致使直到日本殖民時期台灣已無明顯的回教與穆斯林社群現象以及相關系統的記載，因此也沒有留下正式的研究資料與成果。直到民國38年國民政府遷台後，大陸各省穆斯林來台定居，並繼續發展教門與形成具體的穆斯林社群，回教與穆斯林便逐漸展現為台灣宗教和社會文化中固定的組成要素之一，並成為中國傳統回民社會在台灣延續的特殊事實。因此，這些背景使得在冷戰期間，台灣回教社群一度成為西方觀察中國傳統穆斯林現象的一個微型案例。這其中美國的白培莉的研究雖有開創性，但由於欠缺嚴謹的研究取向與褊狹的立論觀點，因此成果效應仍然有所局限。但隨著中國大陸後文革時代與改革開放的來臨，中國回教社會與穆斯林少數民族現象開始成為國內、外學界關注的新領域，這自然也會連動影響到對於台灣回教歷史與現況的再檢視和觀察。因此國、內外相關研究成果便紛紛出現，讓台灣回教研究不再隱蔽性的議題。尤其近二十多年來，為數不少的泰緬雲南裔穆斯林來台定居，以及以東南亞移工為主的境外穆斯林大量在台出現，這些都使得民國38年以來以中國大陸穆斯林為主幹的回教社群結構，出現很明顯的變遷與影響。這些新興現象也讓當代的台灣回教研究，出現許多新的視野與深入觀察的多領域成果。而這些成果中，也包括老、中、青三代兼具的台灣穆斯林研究者的自身投入與深切自覺下的省思。

　　從明清以來，直到民國38年以來穆斯林主體社群在台灣的穩定形成與發展，台灣回教在脫胎於中國大陸回教母體的前提下，經由傳統延續、在地化變遷與全球化衝擊這三個具體面向與過程的交互影響，至今已呈現出前所未有的多元與複雜的態勢和格局。這其中無論以何種角度來詮釋，都不可避免地會得到這個共識，那就是台灣回教勢必在解讀台灣的宗教信仰、社會文化與族群多樣性的整體架構下不會缺席。在各個研究領域與學科參與者的努力之下，台灣

回教的經驗及其反思,也一定會為解讀中國回教甚至整個伊斯蘭世界提供其應有的作用與重要性。

# 第十一章

# 泰緬雲南裔穆斯林來台定居發展的特色

于嘉明

泰緬雲南裔穆斯林在近十餘年中華民國朝覲團成員之比重日益增加（攝於民國103年，于嘉明提供）

403

# 前言<sup>*</sup>

　　與中國大陸鄰近的泰國與緬甸，居住著許多祖籍為雲南的穆斯林，他們部分於當地定居已經數個世代，形成一個個自成一格，具中國穆斯林傳統的穆斯林社群；其中亦有一部分因為國共內戰，成為落腳在異域的孤軍。而自二十世紀五〇年代以降，泰緬雲南裔穆斯林之中部分人士陸續移居台灣。隨著軍旅來台並被政府安置於中壢龍岡忠貞新村地區的穆斯林，於六〇年代草創龍岡清真寺，提供當地穆斯林實踐宗教功修的重要場域，亦為泰緬雲南裔穆斯林在台灣的發展奠定了基礎。七〇年代起，愈來愈多僑居泰國與緬甸的雲南裔穆斯林遷徙至台灣，時至目前於全台灣已達約四百戶家庭，中壢龍岡與新北市中、永和地區為其較密集的聚居地，另也零星分布於台北市、台中市、高雄市等其他縣市。移居台灣後，雲南裔穆斯林日常的語言使用與生活習慣漸漸與本地社會融合；經濟生活上部分人從事與僑居地相關的商貿與餐飲事業，此外在各行各業中均可見該群體投入的身影。

　　泰國與緬甸雖然是佛教國家，但雲南裔穆斯林在當地仍建立起穩固的信仰社群，落實宗教功修與規範，並傳承宗教教育。當他們來到台灣後，仍致力於維繫回教信仰，力行「五功」—唸、禮、齋、課、朝；遵守回教飲食、婚姻與喪葬規範，並讓年輕一代從小前往清真寺學習宗教知識。近十餘年，隨著泰緬雲南裔穆斯林遷台人數漸增，並更加融入台灣穆斯林社群，故而積極投入台灣各穆斯林民間組織運作；熱衷參與各地清真寺與穆斯林組織所舉辦的活動，成為穆斯林社群中不容忽視的力量。

　　泰緬雲南裔穆斯林遷徙至台灣後，移民與宗教屬性的少數族群身分，在生活發展上著實遇到諸多問題與挑戰，因此也讓他們必須有所調整以適應環境；相對地，台灣的大環境也讓他們的傳統文化、生活習慣、宗教實踐，乃至族群

---

* 本章撰寫期間，亦值本章作者從事台灣穆斯林社群之博士學位研究，故本章部分內容亦參考引用本章作者博士論文〈多元共生下的當代台灣穆斯林社群〉之相關內容，特此說明。

認同產生變遷。該群體雖然擁有強大的教胞與親屬網絡，且堅守回教信仰、積極參與宗教事務，然而在台灣駐留的時間愈長，其結合中國傳統回教與泰緬僑居地文化的特殊背景，卻逐漸步入被同化的危機。在台灣已繁衍至第四代的泰緬雲南裔穆斯林，在體認上述深切課題的同時，亦開始省思族群與回教信仰在台灣這塊土地發展與延續的前景。

# 第一節　泰緬雲南裔穆斯林的發展<br>以及遷台後的分布與生活概況

## 一、泰緬雲南裔穆斯林的歷史背景與近代發展過程

　　自元代起，來自中亞與西亞的穆斯林較大規模地開始移居雲南，元世祖忽必烈派遣賽典赤·瞻思丁擔任雲南行省平章政事後，即為回教在當地的發展帶來更大的進程，時至明代，仍有許多穆斯林隨軍旅抵達雲南，並於當地落戶，形成多個在當地的穆斯林聚落。然而，十九世紀之後，雲南裔穆斯林開始出現移居鄰近國家的現象，原因包括經濟活動與外逃避禍。由雲貴高原接續到東南亞各國的峻嶺深谷，孕育了雲南馬幫（馬隊）這樣的運輸與貿易隊伍，這是主要由回民經營的交易模式，與鄰近國家互通有無，促進了當地經濟產業發展，也讓貿易路線上逐漸開闢回民移居的聚落。

　　再者，雲南的漢人與回民由於生活習慣不同，或是商貿利益上的衝突，時有不合與糾紛；加上清廷的民族政策對穆斯林不公，出現官吏壓迫百姓之情事，因此民怨四起，最終導致杜文秀領軍的回民抗清事變的爆發。[1]由於清廷強硬鎮壓與屠殺，杜文秀建立的政權與事變運動終遭弭平，部分穆斯林為躲避災禍，便往緬甸、泰國等鄰近國家遷居。時至二十世紀對日抗戰、國共內戰期間，仍有人陸續自雲南出逃。此外，國軍的「雲南反共救國軍」在經歷許多戰事後，部分軍眷即流落於泰緬境內，其中亦包含部分穆斯林。

　　移居至緬甸與泰國的雲南裔穆斯林，在當地分別被稱為「潘泰人」與「秦

---

[1]　清代咸豐、同治年間，雲南大理穆斯林杜文秀為反抗清廷暴政，領導雲南迤西回族和其他各族人民發起反清事變，建立大理政權，最後遭清廷鎮壓平定。參考：蔣中禮，〈杜文秀起義研究綜述〉，《雲南民族學院學報》，第3期（1990），頁66-69。並參見：王樹槐，《咸同雲南回民事變》（台北：中央研究院近代史研究所，1968）；David G. Atwill, *The Chinese Sultanate: Islam, Ethnicity, and the Panthay Rebellion in Southwestern China, 1856-1873* (Stanford: Stanford University Press, 2005).

霍人」。「潘泰」（音Panthay）這個指稱是一個緬甸詞彙，其根源眾說紛紜，而在定義上，即指跟隨雲南馬幫，或是躲避清軍追剿而來到緬甸的雲南裔回民。[2]至於生活在泰國最北部的各少數民族穆斯林中，改信回教的華人，被當地稱之為「秦霍人」（音Chin-Haw），或簡稱「霍」人。他們是在數世紀間從雲南遷徙到鄰國寮國、緬甸及泰國的。事實上「霍」這個詞在泰國北部是對所有滇籍華人移民的普通稱謂，而不論其是否為穆斯林。[3]

　　位於滇緬邊境緬甸佤邦的「班弄」（又稱邦隆），曾經是雲南裔穆斯林聚集的大本營，人數眾多，十分繁華。[4]該地原是杜文秀部將馬靈驥所建立之難民據點，其後許多為躲避清廷迫害之穆斯林紛紛至此，大家搬聚集住在一起，當地就被稱為「搬攏」，後來演變成為「班弄」。至二十世紀初當地人口漸多，發展迅速，甚至成為佤邦的主導力量，班弄人曾自豪地稱班弄為「邦隆」。因此，地名邦隆是班弄人的自稱，而班弄則是周圍族群和中國大陸回民對他們的他稱。然而，因為日本侵占緬甸，加上當地他族的襲擊，班弄當地穆斯林社群遭到破壞，因此其中許多人便輾轉移往緬甸其他城市以及泰國北部。[5]移居至緬甸的雲南裔穆斯林分散於緬甸各地，至今仍有五萬多人在當地生活，[6]其中瓦城（現名曼德勒）、仰光、臘戍、當陽、密支那、抹谷、眉苗、東芝、景棟、大其力等地為聚集人數較多之處。他們仍保持傳統宗教文化，重視宗教在家庭生活中的延續。除了家庭傳承與清真寺傳統教育，亦有頗具規模的教授阿拉伯語與宗教的學校，例如在眉苗設有「真光學校」，培育出多位以阿拉伯語及宗教知識為專長的阿訇。[7]

　　十九世紀九〇年代末，正當雲南裔僑民在一些偏僻的農村地區發展的時

2　何平，〈移居緬甸的雲南回族〉，《民族研究》，1期（1997），頁75。貌貌李，〈緬甸華人穆斯林研究─曼德勒「潘泰」社群的形成〉，《南洋問題研究》，1期（2007），頁50。
3　〔英〕安德魯・D・W・福布斯著，姚繼德摘譯，〈泰國北部的滇籍穆斯林─秦霍人〉，《雲南民族學院學報》，2期（1991），頁85。
4　劉寶軍編著，《世界華人穆斯林概觀》（銀川：寧夏人民出版社，2010），頁83。
5　姚繼德，〈雲南回族向東南亞的遷徙〉，《回族研究》，2期（2003），頁39-40。
6　劉寶軍編著，《世界華人穆斯林概觀》，頁83。
7　于嘉明，〈在台泰緬雲南籍穆斯林的族群認同〉（國立政治大學民族學系碩士論文，2009），頁16-17。

候，在泰國北部的幾個主要中心城鎮（如清邁）建立起了許多以滇籍穆斯林為主體的華人社區。這些居住在城鎮以穆斯林為主體的霍人，在保持了他們與長途馬幫的貿易聯繫的同時，又開拓了別的商貿領域。[8]僑居於泰國的雲南裔穆斯林，大致上他們的根源與移居至緬甸的穆斯林相同，由於馬幫經商之途徑有了些許的落戶，而更大規模的遷徙仍是為躲避回民事變失敗後清廷的屠殺，進而透過商道往南遷移，除了緬甸，也到達了泰國北部清邁與清萊兩省。二十世紀後陸續仍有雲南裔穆斯林越過邊界到達泰國，主要為躲避日本侵華、國共內戰等一連串災禍；亦包括商務貿易之因，商旅往來於雲南、緬甸與泰國，但因中國赤化滯留當地而無法返鄉，另外也有由緬甸遷移過去者，或跟隨國軍游擊隊而遠離家園等。[9]

　　無論因何種原因遷徙至泰國，如同前述這些雲南裔穆斯林大致分布於泰國北部的清邁與清萊兩省，部分攜家帶眷前來，也有與當地非穆斯林華人或泰族婦女結婚的例子，但仍將其後代培養成為穆斯林。早於1917年一座主要提供雲南裔穆斯林禮拜使用的清真寺便在清邁Wiang Phing地區落成，並於清邁各地陸續興建清真寺、經堂學校與泰國穆斯林協會清邁分會，雲南裔穆斯林可說是主導著當地的回教事務。[10]整個泰北地區的穆斯林包含雲南人、緬甸籍、孟加拉籍、馬來籍等不同族群共兩萬餘人，當地共有清真寺二十座，其中雲南裔穆斯林建立的清真寺即占十三座，他們占泰北穆斯林總人口的七成以上。同時雲南裔穆斯林在泰北地區共有十三個聚居社區，包含清邁城的王和街、清邁的萬養村，清萊的清萊市、美斯樂村等。[11]當地雲南裔穆斯林至今仍保持著傳統的宗教屬性、風俗習慣、文化模式，甚至雲南各地的漢語方言。而例如清邁「伊斯蘭敬真學校」、萬養「伊斯蘭美德學校」等雲南裔穆斯林為宗教教育所興辦的學校，教育了當地華人穆斯林下一代完整的阿拉伯語以及宗教知識，並提供華人子弟學習中文的機會。[12]

---

8　〔英〕安德魯・D・W・福布斯著，姚繼德摘譯，〈泰國北部的滇籍穆斯林—秦霍人〉，頁87-88。
9　于嘉明，〈在台泰緬雲南籍穆斯林的族群認同〉，頁17。
10　安德魯・D・W・福布斯著，姚繼德摘譯，〈泰國北部的滇籍穆斯林—秦霍人〉，頁90。
11　姚繼德、李榮昆、張佐，《雲南伊斯蘭教史》（昆明：雲南大學出版社，2005），頁199。
12　于嘉明，〈在台泰緬雲南籍穆斯林的族群認同〉，頁18-19。

圖11-1　由雲南裔穆斯林所興建，位於泰國清邁的王和清真寺。（包修平提供，攝於民國107年）

　　無論因為跟隨軍旅或其他主客觀因素移居泰國或緬甸的雲南裔穆斯林，部分群體成員於1960年以降，再次踏上了遷徙之路，這次的目的地是台灣。首先，在泰緬的雲南反共救國軍之中，不乏信仰回教的回民，這些穆斯林跟隨著軍隊，有撤退到台灣者，也有留在泰北異域奮鬥者，而到台灣的教胞大都聚居在桃園中壢的龍岡眷村中，因而促成了龍岡清真寺的建立。[13]至於其他移居泰緬僑居地之時日更久遠者，雖然在當地得以維持聚居形態，宗教實踐與宗教教育亦無中斷，但由於身為少數族群，以及所處環境的制約，即萌生再度遷徙的念頭。

---

[13]　高念慈，〈中壢龍岡清真寺的建立與發展〉（國立台灣師範大學歷史教學碩士論文，2008），頁24。

　　因此，二十世紀七〇年代之後，新一批的緬甸與泰國雲南裔華僑開始遷移來台，其主要原因為當時緬甸經濟發展貧困，台灣則經濟迅速發展，來台求學、依親，找尋發展機會的緬甸華人愈來愈多，許多人擁有中華民國及緬甸的護照進出台灣。[14]至於在泰國的華僑在經濟環境上雖沒有特別受限，但許多華人被迫生活在難民村，當地生活條件不佳，持難民證的華僑只能在特定範圍內活動，需要辦理通行證才能到別的地區去；而即使生活較為寬裕的人，還是想要尋求更好的發展。故相對而言，台灣的開放環境確實吸引華僑自僑居地遷移過來。[15]而台灣係屬華人社會，穆斯林華僑對於中華民國政權亦有感情與嚮往，也成為他們遷台的原因之一。

　　八〇年代左右，雲南裔穆斯林分批逐次遷徙的情況日益增加，家族成員中在台灣取得了身分，擁有基本經濟能力，其他親人再以依親的方式來台，在僑居地的親友見到來台後果真有所發展，跟進的腳步便不間斷了，大家一住至今也有十到二十餘年；而部分則以僑生名義來台念書，取得身分後進而留下工作，由於二十年前政府對於華僑採開放政策，來台華僑身分取得容易，甚至獲政府頒發「義民證」，但時至今日時代背景不同，後續欲來台的華僑辦理手續便困難得多。[16]而從當時的時空環境觀察，國民政府接收泰緬地區華僑來台，並提供泰緬華僑護照與身分證，似乎也有考量國際外交的作用，為了向回教國家表示友好與鞏固外交關係。[17]總之，泰緬雲南裔穆斯林的遷移，基本上是出於自願。能夠來台的主要原因為通婚、求學，但工作、謀職才是他們最重要的動機。[18]

---

14　高念慈，〈中壢龍岡清真寺的建立與發展〉，頁45。
15　于嘉明，〈在台泰緬雲南籍穆斯林的族群認同〉，頁25。
16　于嘉明，〈在台泰緬雲南籍穆斯林的族群認同〉，頁26。
17　陳書偉，〈中壢龍岡穆斯林的離散認同與文化地景〉（國立台灣師範大學地理學系碩士論文，2012），頁74。
18　馬欣，〈龍岡清真寺社群的形成和其在全球化脈絡下的發展〉（國立交通大學社會與文化研究所碩士論文，2011），頁18。

## 二、遷台後的分布與生活概況

在中壢忠貞等地形成聚落，自泰緬來台的游擊隊軍眷們，由於其中包含穆斯林，而穆斯林需要清真寺做禮拜，前往台北清真寺距離又甚遠，因此便興起興建清真寺的想法。民國52年，由退役軍人馬興之、王文中及軍眷薩李如桂、侯馬美鳳以及忠貞村十餘戶教胞集議，在龍岡地區建築一小型清真寺，以因應需要。乃於民國53年向各地教胞募款購地三百九十二坪，於現今中壢市龍東路216號先建禮拜殿一間，可容一百五十人禮拜，續建客廳、浴廁等。但經過二十餘年後屋瓦鬆動，於民國77年開始第一期重建工程，最終於民國84年完成第二期重建工程。[19]之後包括女拜殿、辦公室、會議室等建築亦經翻修興建，此外中國回教協會又鑑於龍岡當地回教建設發展，應投注更多實質協助，始啟動建設該寺教育活動大樓之計畫，由回協籌集大部分資金，以協助龍岡清真寺興建該大樓。[20]該大樓於民國103年初動工後，已於民國105年10月正式落成啟用。[21]

龍岡清真寺興建完成之後，成為吸引穆斯林群聚的標的，該地多是飲食、語言、文化和生活習性相近的「家鄉人」，若早先已有親友居住於此，後來的移民們也就落腳至此；二來該地鄰近中壢工業區，求職機會多；三來此處房價、物價與台北相較為低，亦得以就近住在清真寺附近，堅守宗教生活和功課，彼此間相互照應之外更可凝聚對宗教的向心力，對宗教的延續有正面的影響。[22]龍岡清真寺的穆斯林社群大約有兩百八十幾戶，登記有案的教胞數量已逾兩千人之譜。[23]聚居於中壢龍岡及山仔頂，以龍岡清真寺為中心而生活的穆斯林，大部分來自緬甸臘戌、當陽以及緬北密支那一帶。[24]

---

[19] 保健臣，〈龍岡清真寺簡介〉，《中國回教》，271期（2001），頁15。
[20] 《中國回教》編輯部，〈龍岡清真寺教育活動大樓的緣起與展望〉，《中國回教》，349期（2014），頁19。
[21] 關於龍岡清真寺的興建與發展過程、硬體設施、內部組織運作等詳細情形，請參閱本書第五章第二節。
[22] 馬欣，〈龍岡清真寺社群的形成和其在全球化脈絡下的發展〉，頁19。
[23] 馬欣，〈龍岡清真寺社群的形成和其在全球化脈絡下的發展〉，頁17。
[24] 高念慈，〈中壢龍岡清真寺的建立與發展〉，頁138。

雲南裔穆斯林在僑居地即多以聚落形式生活在一起，相互照顧與扶持，同時凝聚對宗教的向心力。來到台灣後亦然，除了在中壢忠貞的聚落，在中和華新街、興南路一帶也聚集著大量的緬甸華僑，華新街更素有「緬甸街」之稱。[25]緬華移民們偏好聚居在中和地區，是因為早先已有在台的緬華親友住在中和地區，於是自己來台以後順理成章被親友安排搬遷至此地，以便在人生地不熟的情況下，彼此間能有個照應。[26]其中民國91年曾有資料顯示，中、永和地區的穆斯林約有一百五十戶左右；[27]而據本章作者於民國105年的訪查，雲南裔穆斯林約計有七十戶人家。[28]

雲南裔穆斯林家族間的關係與聯繫十分密切，一來彼此保持良好互動，親戚之間相處愉快，甚至親上加親的情況比比皆是；再者，大家的居住距離並不遠，舉凡中壢與中和均可呈現出一定程度的聚落形態，因此不需等到婚喪喜慶或宗教節日才能相聚，平時即可保有濃厚的感情。對家庭生活以及家族關係的重視與維繫，與他們堅持傳統以及保有回教宗教信仰有著密切的關係。無論原先僑居於緬甸或泰國，許多在台灣的雲南裔穆斯林在僑居地時便已熟識，甚至是親戚，原有的親屬結構與社交圈隨著家族成員遷徙的腳步來到台灣；同時大家大都選擇中壢或中、永和雲南裔穆斯林分布較多的地區居住，親人間的聯繫與感情非但不減，在一個新接觸的環境，更會強化彼此的凝聚，始終維持對家庭生活的重視。

經過多年來的發展，雲南裔穆斯林投入各行各業，不論在美容業、公職、教育、軍官、醫師、護理、工程等方面都有傑出的貢獻，也在社會上漸漸扮演著舉足輕重的角色。[29]某些人從事餐飲業、工程業、珠寶生意、貿易等，其中不乏與在僑居地的經驗相結合，或是與本身的宗教與族群屬性有關。一般在中壢龍岡，或中、永和等雲南裔穆斯林分布較多的地區，以及台北市，皆可見為

---

25 于嘉明，〈在台泰緬雲南籍穆斯林的族群認同〉，頁28。
26 翟振孝，《經驗與認同：中和緬華移民的族群構成》，（台北：財團法人海華文教基金會，2001），頁35。
27 伊斯哈克‧馬，〈開設台北清真寺北縣穆斯林文教活動中心計畫記事〉，《中國回教》，278期（2002），頁29。
28 2016年6月11日，台北，K1訪談紀錄。
29 馬浩龍，〈穆斯林站起來了〉，《中國回教》，293期（2005），頁38。

圖11-2　許多在台泰緬雲南裔穆斯林，於開齋節仍保持前往親友與教親家中拜訪問候的傳統（攝於民國107年，王夢龍先生提供）

數不少由雲南裔穆斯林所開設的清真泰式、緬式，或雲南料理餐廳。依據本章作者的訪查，從事清真泰、緬、雲南式料理的經營者大都在僑居地時，便有學習廚藝或經營餐飲業的經驗，甚至有前往日本經營泰緬料理的例子。

　　在他們遷徙到台灣後，一來台灣的清真餐廳本就有限，穆斯林外出飲食不易；再者，來台的雲南裔穆斯林人數日漸增加，因此該類型的餐廳與小吃店於近二十年內紛紛開設。今日清真泰、緬、雲南式料理已占台灣清真飲食市場的一席之地，經營者本著對宗教的堅持及對家鄉與僑居地飲食文化的延續，在造福台灣穆斯林味蕾，提供在大環境中更方便、多元的選擇；並為台灣豐富飲食文化更添一筆的同時，體現出雲南裔穆斯林藉由餐館的經營，及對自身宗教與族群文化的認同與堅持，在台灣社會中力圖有所發展與延續。

　　此外，亦有部分的雲南裔穆斯林從事珠寶、玉石生意。中國與緬甸自古在生意或文化上的交流，玉石就占了相當程度的地位，至今緬甸的寶石、玉器早已聞名中外，而緬甸的寶石生產地主要分布於以曼德勒為中心的上緬甸地區，其中以抹谷最為出名，自當地遷來的雲南裔穆斯林稱呼這座城市為「藏寶地」。部分在台雲南裔穆斯林，在緬甸時就已接觸與從事寶石生意，來到台灣後繼續經營紅、藍寶石與翡翠等批發及產地直營，經常往返於緬甸與台灣之間，甚至到別的國家進行交易，參加珠寶展售會等，即使也有遇到經濟環境欠佳的時候，但至少憑藉著對原產地的熟悉與長年來的經營，持續此種有悠久歷史且仍具前景的寶石生意。[30]

---

[30]　于嘉明，〈在台泰緬雲南籍穆斯林的族群認同〉，頁31-32。

# 第二節　宗教實踐與穆斯林社群參與

　　穆斯林之間平時的接觸與相處，最主要的場所便是清真寺，在其中實踐宗教功課、學習宗教知識，以及參與婚喪喜慶和慶典活動等。穆斯林在清真寺裡並不是各自獨立的個體，因為親屬的紐帶，以及穆斯林相互視為教胞的情誼，藉由相遇的時分必然有所互動與聯繫。對於早年初來乍到的雲南裔穆斯林而言，清真寺更是成為該族群寄託心靈與投入情感的勝境，在清真寺裡不但能夠實現宗教生活，更可因為結識本地其他穆斯林，希望能夠早日融入台灣穆斯林社群，以及熟悉台灣整個大環境。

　　在雲南裔穆斯林分布較多的台北與中壢地區，該群體便理所當然地選擇前往位於當地的清真寺，以中壢為例，即發展出圍繞龍岡清真寺的穆斯林社群聚落。就人口結構而言，除了近年來移入的外籍穆斯林，中壢地區的穆斯林大都為雲南裔，從建寺初期至今變化的僅為人口的增加，以及因當年隨政府來台以及受政府安排遷台之雲南裔人士逐漸凋零，後期遷台的泰緬穆斯林華僑取而代之，所造成人群結構的變化，但整體而言大家的祖籍均為雲南，無論在清真寺裡或是街頭巷尾，總是能聽到以雲南話彼此交談的人們。

　　至於在台北，由於位居首都，工商業興盛，民國38年前後來台的穆斯林中之軍、公、教人士因地利之便而居於台北，更何況許多原本居住於中南部的人亦北上求學與工作，因此台北在這七十年來均為台灣穆斯林分布最多之地區。居住於中、永和的雲南裔穆斯林，一來因為當地已有該族群（包括非穆斯林之泰緬華僑）落腳，再來便是地處大台北地區，工作機會較多的情況便可有較好的發展。因此，當雲南裔穆斯林前往台北清真寺做禮拜，或是參與其他宗教活動，也就自然會與那些非雲南裔的穆斯林們接觸與交流。[31]

　　由於在家鄉或僑居地即受過相當程度的宗教教育，家庭生活中也以回教

---

[31]　于嘉明，〈在台泰緬雲南籍穆斯林的族群認同〉，頁90。

所要求的規範而為，因此對於宗教功課，雲南裔穆斯林始終遵行。當他們遷徙至台灣後，對於宗教信仰的堅持不減。如同受訪對象普遍地表示，從小在家中就會灌輸下一代宗教信仰的概念，教導孩子們做禮拜、齋戒，維繫信仰的身分認同。當然，有時因為外出求學或工作，在執行宗教功課上沒有那麼完整，不過還是會盡力完成，在信仰層面上有著基本的認知，至少心中知道身為穆斯林應盡的義務。[32]馬欣在其研究中即發現，整體來說，龍岡穆斯林對於自己的宗教，表現出的態度是抗拒世俗化的傾向，不僅相信宗教，而且多數認為無法放棄回教，特別是不會為了現實的生活因素而放棄。[33]

雲南裔穆斯林在僑居地時因為聚居，社群環境中清真寺數量頗多，因此易於落實每天的五次禮拜功修。然而，如今身處於台灣，除了部分穆斯林按時堅守該項功修，許多人因為就學與工作之因，無法準時完成拜功，僅能於回家之後再行補足功修。同理可證，參加各清真寺的星期五主麻聚禮者，均為得以安排出中午空閒時間的穆斯林，例如某些上班族特別向單位主管請假，大學學生避開週五的課程等，以便參與該一週一次的宗教實踐。

在齋戒功課上，雲南裔穆斯林會從孩童小時候即開始訓練他們封齋，從半天、一天慢慢累積，從小擁有相關經驗，到達一定年齡就可適應。綜觀在台灣的雲南裔穆斯林，儘管仍在求學或工作，但大都能守著齋戒這項功課。穆斯林認為齋月是一年中最尊貴的月份，在這個月份中多行善事會得到更好的回報。清真寺每天晚上均會準備開齋飯，供封齋的穆斯林於開齋的時刻享用，包括台北與龍岡清真寺，雲南裔穆斯林不僅於開齋用餐時共襄盛舉，還有許多義工婦女前去清真寺幫忙準備餐點與餐後收拾，甚至許多教胞還會在自家準備菜餚帶去清真寺與大家分享。

至於朝覲功修，早年在僑居地，雲南裔穆斯林想完成這項功課是相當困難的，在來到台灣之後，近年來教胞經濟生活逐漸寬裕，希望能完成朝覲功課者漸增；同時，因為自從民國七〇年代後期，回協放寬朝覲團人數限制，至今每年固定有二十位以上的朝覲團團員前往朝覲，因此近十餘年來中華民國朝覲團

---

32 于嘉明，〈在台泰緬雲南籍穆斯林的族群認同〉，頁38。
33 馬欣，〈龍岡清真寺社群的形成和其在全球化脈絡下的發展〉，頁29。

中雲南裔穆斯林的成員日益增加，自民國90年以降，在台泰緬雲南裔穆斯林的比例往往超過全朝覲團半數。這現象代表著早年在僑居地苦無朝覲機會，今日在台灣各方面有了條件，便當把握住這難得的機會，而這些穆斯林甚至包括平時仍旅居泰緬，但持有我國護照的人，因為從台灣前往朝覲的途徑方便許多，因此便選擇加入中華民國朝覲團。[34]

　　不論古今中外，宗教教育是傳承回教信仰與文化的重要途徑，雲南裔穆斯林在僑居地時雖然必須接受當地正規教育，但依然重視宗教教育。某些家長會請清真寺阿訇來家裡教導下一代宗教知識；多數孩童從四五歲起就會被送去清真寺學習，幾乎風雨無阻，時至今日在台灣的雲南裔穆斯林能堅持宗教，即是當時打下了深厚基礎。當遷徙至台灣後，該群體對宗教依然堅持，希望在信仰維繫與宗教實踐上不僅自身落實，更能延續至後代子孫，因此便出現對宗教教育的需求。對雲南裔穆斯林而言這就包括家庭教育與清真寺的教育。家長在家庭生活中時時教導下一代宗教的觀念，除了信仰與宗教功課的落實，還包括生活中的禮儀與行為準則。若是自身擁有更深厚的阿拉伯語文或宗教知識，一些親友的子女也會利用假日到其家中學習，在親情友情的影響下也間接延續了宗教意識與傳統。[35]

　　至於清真寺所提供的宗教教育，全台各地清真寺皆舉辦回教教義、《古蘭經》以及阿拉伯文課程，師資以各寺教長、阿訇為主，或額外聘請曾留學阿拉伯穆斯林國家，具備宗教與阿拉伯文學識之穆斯林授課。學生對象主要以幼童至青少年間為主，各寺阿文教義班之學生人數反映當地穆斯林社群規模，從個位數至近百位不等，課程時間集中於週日（或週末）上午時段，各清真寺於暑假期間另會開設較為密集之暑期班。分布集中於北部地區的泰緬雲南裔穆斯林，即主要將孩子送往台北、文化與龍岡清真寺學習。

　　本章作者於民國97年前後曾就台北清真寺的週日兒童阿文教義班進行觀察，共分為四級、五個班別授課，師資包含台北清真寺副教長以及曾赴回教國家留學的教胞，授課內容從最基礎的阿拉伯文字母開始，循序漸進至拼音、《古蘭

---

34　于嘉明，〈在台泰緬雲南籍穆斯林的族群認同〉，頁39-41。
35　于嘉明，〈在台泰緬雲南籍穆斯林的族群認同〉，頁44。

經》中較短章節的閱讀與背誦、回教信仰與基本功課、祈禱詞等,在每個班次結束後,進行升等考試,學生再繼續於更高級的班級中學習。就參與學生而言,當時共有八十餘位學生出現在學生名單中,但因學校學業或其餘因素,每週出席週日班的人數大約為六七十位,而所有學生中的大部分為自泰國、緬甸遷徙來台的雲南裔穆斯林之後代。[36]至於現階段台北清真寺週日兒童班的情況,共有四個班別,其中兩班初級班之授課內容為基礎阿拉伯語及基礎宗教知識;兩班高級班則教授《古蘭經》註譯。學生方面據統計達八十五人,然包括雲南裔穆斯林在內的華人背景學生約僅有十位。[37]

至於龍岡清真寺方面,早年經學班的孩童學習經文多靠注音註記死背,該寺現任的柳根榮教長上任後,十餘年來大力推動從阿拉伯文字母開始學習,進而循序漸進誦讀《古蘭經》,並佐以音韻學、教法學等課程,因教學成果斐然,許多家長們心中亦激起想讓孩子在未來能夠繼續出國學習宗教知識的想法。[38]龍岡清真寺經學班的學生亦為八十名左右,共開設七個班次教授。經學班分別由該寺教長、副教長,以及幾位義工老師擔任教職,從基礎字母拼讀、宗教基本常識,到《古蘭經》誦讀、教規、阿拉伯語語法等,由淺入深,到一定段落舉行測驗驗收成績。[39]

高念慈表示,父母親對於子女宗教教育的培養態度相當重要,目前將孩子送到龍岡清真寺經學班學習的,主要是來自泰緬地區的教胞,這群自幼就受到嚴格回教教育的家長,深知環境對延續穆斯林生活的重要。除了選擇鄰近清真寺而居,更積極地帶孩子到清真寺從事宗教活動,生活環境與節日慶典均與清真寺息息相關,讓下一代從小與穆斯林相處,沉浸於宗教的環境中,而經學的教育,更是發揚回教精神的命脈。[40]馬欣亦歸納出,龍岡地區的穆斯林父母送子女上經學班,共有延續宗教教育傳統、希望下一代接受回教教育;學習阿拉伯語以兼顧宗教實踐與增加未來發展潛力等兩項積極理由,以及凝聚穆斯林的

---

36 于嘉明,〈在台泰緬雲南籍穆斯林的族群認同〉,頁45。
37 2018年4月1日,台北,K2訪談紀錄。
38 馬欣,〈龍岡清真寺社群的形成和其在全球化脈絡下的發展〉,頁69。
39 于嘉明,〈在台泰緬雲南籍穆斯林的族群認同〉,頁45。關於台北清真寺與龍岡清真寺的最新經學教育情況,請參閱本書第五章第二節與第七章。
40 高念慈,〈中壢龍岡清真寺的建立與發展〉,頁151。

圖11-3　龍岡清真寺經學班學生於活動中誦讀《古蘭經》經文（攝於民國107年，馬秉華先生提供）

認同，不至於孩子們因為各種原因而脫離這個群體之消極理由。[41]

　　自二十世紀九〇年代以降，全台各清真寺教長因年事已高而退休與凋零，或是因身兼公職、教職而無法長期擔任教長等因素，即產生教務工作上的接班問題。另一方面，部分因經生管道前往阿拉伯國家學習宗教知識與阿拉伯語的穆斯林，回台後大都沒有投入清真寺或穆斯林組織運作等宗教事務相關工作；或是在外擁有正式工作之餘，同時兼任清真寺中的教長、副教長職。就現實生活的考量，宗教工作對某些穆斯林而言無法滿足經濟需求，甚至亦非有興趣的工作。因此，在當時的台灣穆斯林社群中，具備足以擔任教長之宗教知識及專

---

[41]　馬欣，〈龍岡清真寺社群的形成和其在全球化脈絡下的發展〉，頁67-68。

業素養，且願意以其作為工作的人選便十分有限。

　　已故穆斯林耆老賈福康先生在其著述中指出，一位早先遷台的穆斯林華僑馬浩龍先生，因對滇緬、泰國等地阿訇人才相當關心，與當地清真寺多有往來，因此即發掘並推薦至台灣各地清真寺多位教長，包括高雄清真寺陳永武教長、台北清真寺王柱良副教長、台中清真寺閃耀武教長、龍岡清真寺柳根榮教長，以及自麥地那伊斯蘭大學畢業之馬吉盛與保孝廉兩位宣教士。[42]除了馬先生之外，亦有部分穆斯林因曾任職於回協或同樣體察台灣教長人才斷層問題，共同協助與促成自泰緬聘請教長來台之相關事宜。時至今日，上述幾位阿訇均持續在台灣服務，其中王柱良先生現任台北文化清真寺教長、保孝廉先生則為台中清真寺副教長，而馬吉盛先生亦曾任台北清真寺副教長；至於其他教長仍維持初抵台所服務的清真寺教長職務。[43]

　　該些來自泰緬的雲南裔教長，在接受了僑居地的宗教教育啟蒙後，成年後多獲得機會前往利比亞、埃及、沙烏地阿拉伯、敘利亞等中東穆斯林國家學習宗教知識，學成後即受邀來台至各清真寺主持教務工作，其中多位甚至在台灣覓得良緣，建立家庭。因此，在泰緬雲南裔穆斯林遷台者漸增，且欠缺本地教長人才的同時，具有華人身分的教長們來台服務，一來解決清真寺需要教長的燃眉之急，另一方面亦具有發揮領導宗教之功能，讓身處台灣的同鄉們在參與宗教事務與學習教義上獲得更親切與熟悉的感觸。

　　武宦宏先生於民國79年當選中國回教協會第四屆理事長，不僅是來台穆斯林第二、第三代投入回協組織運作的轉捩點，更是泰緬雲南裔穆斯林進入回協理監事名單的起始。[44]自此之後，民國88年與91年產生的中國回教協會第七屆與第八屆理監事會，雲南裔穆斯林的人數分別增加至七位和十一位（全體理監事合計四十六人）。到了民國97年第十屆的選舉結果，泰緬雲南裔穆斯林則囊括二十一位理、監事，理事長亦由曾任龍岡清真寺董事長，自泰國遷台之雲南

---

42 賈福康編著，《台灣回教史》（台北：回教文化服務社，2005年再版），頁412。

43 除了上述幾位阿訇，曾於台灣服務的馬超興阿訇、馬永堅阿訇，以及目前擔任龍岡清真寺副教長的馬秉華阿訇、擔任台南清真寺教長的張志豪阿訇，亦為泰緬雲南裔穆斯林背景。

44 中國回教協會自第三屆理事長許曉初先生任內（民國66至77年），即有祖籍雲南的穆斯林任理監事職，惟其背景並非自泰緬移居台灣，而是1950年前後跟隨國民政府來台者。參考：賈福康編著，《台灣回教史》，頁24-25。

裔穆斯林朱雲清先生榮任，[45]他更擔任民國100年中華民國朝覲團的團長，帶領當年為數三十六人的朝覲團前往麥加完成朝覲功課。至民國100年起回協第十一屆與第十二屆之組織運作亦然，雲南裔穆斯林依然占全體理監事近六成之譜。[46]

　　除了中國回教協會，包括全台各清真寺的董監事會，負責清真食用品認證推廣事務的「台灣清真產業品質保證推廣協會」等，組織工作中亦可見一定組成比重的泰緬雲南裔穆斯林。如此近二十年來的發展情況，相對於之前半世紀的台灣回教史而言，確實是前所未見的事，這說明雲南裔穆斯林於近年來不僅在人口上增加，投入宗教組織服務的人同樣與日俱增，他們在自身群體的廣大支持下得以在綜理本地回教事務的宗教組織中發揮影響力及掌握實質主導權。而另一方面，亦代表民國38年前後來台之本地穆斯林後代，在先輩凋零，第二代以降又逐漸淡出的情勢下，當他們選擇忽視，或是不願涉入宗教組織運作，自然會出現空缺讓更積極的穆斯林加入其中，藉此不僅體現自身對宗教的信仰與認同，亦可達到服務社群的具體功效。

　　此外，雲南裔穆斯林尚自發性地建立穆斯林組織，不定期舉辦聚會及各類活動。其中「穆斯林活動中心」為居住於中、永和的穆斯林於十五年前即有的想法，當時的中、永和地區的穆斯林約有一百五十戶左右，雖然建有緊密的親友網絡，但已意識到身處台灣大環境下教門傳統文化式微的隱憂。因此，即構想以租用或集資購買房舍空間的方式，建立穆斯林文教活動中心作為禮拜、學習宗教知識、舉辦活動之處，並聘請教長與管理人員進駐。[47]直到民國103年6月，「新北市穆斯林活動中心籌備處」正式展開運作，自此經常性地舉辦教義講座、烤肉踏青等活動，其各項活動並不限於泰緬雲南裔穆斯林參加，惟該中心籌備處已於民國106年停止運作。

　　在台北與中壢地區的穆斯林婦女，也以在文化清真寺與龍岡清真寺長期活動的基礎，分別於兩地成立「穆斯林婦女聯誼會」組織，並於民國106年合辦

45　于嘉明，〈在台泰緬雲南籍穆斯林的族群認同〉，頁48。
46　中國回教協會第十二屆理監事中共計二十七位為泰緬雲南裔穆斯林。關於回協的組織運作與各清真寺教長聘任之具體情形，請參見本書第三章第三節，及第七章第四節。
47　伊斯哈克‧馬，〈開設台北清真寺北縣穆斯林文教活動中心計畫記事〉，頁29。

圖11-4 穆斯林婦女聯誼會於台北清真寺召開會員大會後合影（攝於民國106年，馬富翠女士提供）

成立大會。婦女會雖然亦未限制參與對象，但因為所處環境人群背景之因素，以及雲南裔穆斯林人脈網絡的重疊性，因此參與的女性穆斯林仍以雲南裔為多數。而其具體的活動則包括參與教義學習班、支援中國回教協會與清真寺活動之志願工作、探望老弱教胞、聚餐出遊等。該組織的創辦為北台灣為數眾多的穆斯林婦女提供更多參與宗教事務的平台，並藉此凝聚她們的向心力，經由積極參與活動建立對宗教信仰產生更多認同。

　　俟民國107年1月，台灣首個以穆斯林年長者為服務對象之民間機構─「新北市穆斯林老人關懷協會」正式成立，該會宗旨係以關懷及協助新北穆斯林鰥寡孤獨者、家境赤貧者等老人為對象，完善並輔導其身心健康及身後事；並呼籲教友重視台灣穆斯林老人的晚景生活與養老。據悉該會現有基本會員一百八

圖11-5　部分穆斯林婦女聯誼會成員參與雙十國慶典禮（攝於民國106年，馬富翠女士提供）

十七人、榮譽會員八人，發起人與捐助人為一對雲南裔穆斯林夫婦，成立照顧年長者的機構乃其二十年前即有的想法，該會的首要工作即為照顧無親人、子女，家境清貧的孤苦老人，並於民國107年4月在桃園龍潭動工興建老人公寓。上述提到之新北市穆斯林活動中心籌備處雖已結束運作，但其資源與人力已轉移至此老人關懷協會。[48]觀察該會理監事會共十二人之名單，其中十一位係泰緬雲南裔穆斯林，一位為外籍穆斯林，該會目前僅於草創階段，其發展的情況與成員組成的變化，尚待今後持續地觀察。[49]

---

[48]　2018年3月12日，台北，K1訪談紀錄。

[49]　本節後段關於泰緬雲南裔穆斯林獲聘為台灣各清真寺教長，以及雲南裔穆斯林參與和創立穆斯林組織之論述，係參考本章作者博士論文之內容，請參見：于嘉明，〈多元共生下的當代台灣穆斯林社群〉，（國立政治大學民族學系博士論文，2018），頁47-50、179。

# 第三節　在台灣定居發展的適應、變遷與前景

在雲南裔穆斯林遷徙來台少則十年，多則三十年的歲月中，面對與原居地截然不同的社會環境與人群結構，必然產生與移入地相適應的過程，有些人迫於現實情況很快地適應新的環境，但也有人因為宗教信仰的因素至今與社會仍有隔閡。另一方面，隨著駐留台灣時間的增加，雲南裔穆斯林個人的身分認同、宗教實踐、行為模式等亦出現變遷現象；二十世紀八〇年代後在台灣出生的新生代，本地的教育體制與社會氛圍對他們的影響甚至已超過自身特殊族群與宗教文化。該群體今後在台灣的發展走向，面臨的挑戰與前景，均為值得深入探討與分析的議題。

雲南裔穆斯林雖然有僑居泰國和緬甸的經驗，影響其族群文化的樣貌，但並不因此造成與台灣社會過度的差異，回教信仰與文化才是該群體與他者最明顯的不同之處。舉例而言，雲南裔穆斯林雖然平時多以雲南方言，或是泰語、緬語和同屬群體的人對話溝通，但他們對於國語的聽說能力仍能掌握，因此即與社會大眾的溝通無礙。然而，在宗教信仰層面，包括教義中對飲食、婚姻、喪葬的規範，對執行宗教功修的要求等，以遷徙至穆斯林居絕對少數，亦完全不熟悉的環境的穆斯林而言，便有相當程度上，在心理與外在行為的適應與調整空間。

以婚姻為例，由於教規規定穆斯林須與相同信仰者婚配，即使雙方某一人為非穆斯林，也必須於婚前歸信回教，因此宗教信仰即成為眾多穆斯林選擇伴侶時最重要的考量因素。大部分壯年以上的雲南裔穆斯林多在僑居地即已成婚，且以同樣為華人穆斯林的對象為主；至於自幼來台，以及在台灣出生的第二、三代青年，便需要考慮在台灣尋找結婚對象的課題。以該群體目前的婚配情形來看，仍以我群中的相互嫁娶為多數，相同的信仰、文化與生活習慣是婚配的絕佳條件，因此除了在台灣相互尋找對象，亦可能與仍然身處僑居地的雲

南裔教胞結婚。[50]然而，雲南裔穆斯林遇到與本地回民同樣的問題，台灣穆斯林人口稀少，非但不易於雲南人圈子中找到適合對象，甚至與本地穆斯林通婚的比例也不高，對於外籍穆斯林亦較難接受。

　　馬欣在研究中指出，台灣原生穆斯林對不同民族文化的排斥感還是相當強的，顯示出他們在文化上的保守性格，雖然有「天下回回是一家」的口號，但實際上不容易做到。此外，由於許多滇籍穆斯林離開泰、緬的原居地，就是為了追求更好的生活，他們不願意子女降低生活水準，因此對外籍穆斯林（特別是南亞國家來的）有所抗拒，畢竟他們在台灣的經濟狀況並不好，而且從文化來說，不同的語言、宗教習俗亦都被當成排斥外籍穆斯林的理由。[51]因此，當無法或不願於穆斯林社群中尋找婚配對象時，於其他公、私領域等年輕人涉足時間更長、範圍更廣之地，在非穆斯林社交圈中即較易於接觸與結識未來的婚姻對象，故而可能造成族群認同與信仰傳承面臨斷層的危機。

　　當論及族群認同的議題，本章作者認為構成泰緬雲南裔穆斯林的族群認同各項指標或內涵，應包括宗教認同、祖籍認同與國家認同這三個要素。宗教是一種共同的信仰，凝聚力非常強，它影響著個人對他們是誰與他們是什麼的理解。它用信仰的紐帶把信教者聯繫在一起，使他們彼此認同，產生親切感。其認同恰好可以用來處理個體與族群怎樣安身立命，解決如何確認自身身分的方向性定位的問題。[52]穆斯林大都服膺回教教義重視信徒間團結與情感凝聚的精神，視彼此為兄弟姊妹；經典中「穆民皆兄弟」（《古蘭經》第49章10節）的觀念，即影響了上述中國穆斯林社群中盛行「天下回回是一家」的精神與實踐。

　　此外，穆斯林與大部分的主體族群擁有不同的文化與生活方式，從飲食、宗教實踐、婚配選擇等生活各面向，穆斯林族群自成一格，宗教信仰在相當程度上就成為凝聚他們族群意識與認同的重要力量；無論在內部心理或外部顯現的族群化現象，皆催化穆斯林的自我意識與認同程度。穆斯林因為體認穆斯林族群的一體性與凝聚力，便不會認為自己是孤單的，儘管身為社會中的少數群

---

50　于嘉明，〈在台泰緬雲南籍穆斯林的族群認同〉，頁127。
51　馬欣，〈龍岡清真寺社群的形成和其在全球化脈絡下的發展〉，頁60。
52　馬艷，《一個信仰群體的移民實踐：義烏穆斯林社會文化的民族志》（北京：中央民族大學出版社，2012），頁271。

體，仍然會增強自身族群意識與認同心理。[53]因此，前述論及雲南裔穆斯林服膺宗教規範、實踐宗教功修、參與宗教教育等具體作為，便同時代表著他們對信仰的虔誠，以及對信仰身分的認同。

胡正光和馬欣對於龍岡地區雲南裔穆斯林的研究中提到，回教認同成為其群體最重要的凝聚力。不論他們到任何一個國家，不論如何遷徙，「穆斯林」的身分不會改變，那是「自稱」而非「他稱」，不像「中國人」還要分省籍，跨國就有「本國人／外國人」的問題。身為穆斯林，他們就不再是邊緣的少數，他們在世界許多角落都有回教的兄弟姊妹。[54]雲南裔穆斯林自數代先輩即開啟了遷徙的旅程，從很久以前，他們就是一個習慣跨界的民族，所到之處，都可以落地生根。這個到處遷徙、隨遇而安的生活態度，可以說是一種深受宗教影響的人生觀。因此，雲南裔穆斯林被當作外國人也習以為常，或許可以說他們對陌生土地的適應性比較強，跟漢人認同祖先或自己家鄉土地的習慣不一樣，加上他們有「天下回回是一家」的信念，使得他們的「雲南裔穆斯林認同」在消失當中。[55]

然而，依據本章作者的觀察，今日台灣穆斯林社群中，對祖籍保有較鮮明認同者，仍屬泰緬雲南裔穆斯林。二十世紀七〇至八〇年代來台的雲南裔穆斯林已在台生活超過二十年，但對祖籍雲南仍保持認同感，這在語言使用上尤其明顯。雲南話作為他們的母語，使用雲南話增強了他們內部的凝聚力，加深彼此認同感，使社群力量相對穩固。[56]該群體經歷自僑居地再次遷徙的過程，不僅是雲南方言，亦保有飲食習慣、共同歷史記憶、傳統文化等，加上同鄉親屬友人間的緊密關係，因此無論程度高低，祖籍仍然是構成在台泰緬雲南裔穆斯林族群認同的元素。[57]事實上，這種廣義下的華人在境外地區以方言及方言群現象，來作為身處移居地核心的我群意識的認同根基，在東南亞、粵移民背景的華人社會中是最為明顯的。而台灣的泰緬雲南裔穆斯林亦可看作是類似現

---

[53] 于嘉明，〈多元共生下的當代台灣穆斯林社群〉，頁102-103。

[54] 胡正光、馬欣，〈跨界與認同：龍岡清真寺漢語穆斯林的跨國經驗和群體認同〉，「2011年台灣社會學年會」，台北：國立台灣大學，2011年12月10、11日，頁23。

[55] 胡正光、馬欣，〈跨界與認同：龍岡清真寺漢語穆斯林的跨國經驗和群體認同〉，頁28。

[56] 吳蘭翔，《台灣穆斯林的社會生活》（中央民族大學民族學碩士論文，2014），頁48。

[57] 于嘉明，〈在台泰緬雲南籍穆斯林的族群認同〉，頁59。

象的延展。

　　吳蘭翔對此亦表示，很多雲南裔穆斯林第二、第三代在台灣出生成長，對台灣有較強的認同感，同時不遺忘雲南裔穆斯林的身分。雲南裔穆斯林一部分因戰事來台，也有更多因為求學、工作、尋親等原因而來。不同的遷徙原因與過程，勢必造成他們在認同心理上的差異。對於因戰事來台的戰士及眷屬而言，對國民黨的認同與效忠是其遷徙的動力與緣由。但宗教依然是聚合他們的力量，該群體在眷村建立了清真寺，選擇聚居，用祖籍雲南和宗教信仰兩個因素維繫、凝聚群體內部關係，壯大社群力量，為扎根台灣爭取機遇。[58]

　　至於國家認同作為一種意識形態，是在各種社會歷史條件的共同作用下逐漸建構起來的，必然會隨著社會語境的變遷而發生變化。[59]許多雲南裔穆斯林在僑居地時即對中華民國抱有認同與嚮往的心，因此自上世紀八〇年代起，吸引他們前來台灣念書或工作的因素中，本章作者認為亦含有國家認同的成分。除了當時代表中華民國的國民黨政府與該族群的淵源，更重要的是台灣的政治民主化與經濟起飛，對比出僑居地的專制政權與經濟落後，尤其是緬甸。因此，在那個華僑政策較為寬鬆的年代，他們大都懷抱希望前來求學，在取得身分後繼續留在台灣工作，甚至陸續將家人接來。[60]而值得注意的是，雖然已在台灣生活多年，也認同中華民國是自己的國家，但許多雲南裔穆斯林仍強調「泰國華僑」或「緬甸華僑」的身分，這意味身為移民，跟隨在個人身上與群體內部，關乎僑居地各項內隱或外顯的文化底蘊和經驗累積，同樣保存在雲南裔穆斯林的我群意識及身分認同中。[61]

　　誠如胡正光與馬欣的研究，以及雲南裔穆斯林對國家認同的界定，不可諱言，該群體經過多年來的定居，對台灣的歸屬感與在地認同意識仍持續地形塑中。對於初抵台灣的人而言，即便擁有華人背景，雲南裔穆斯林在社會中仍面臨「雙重少數族群」的情境與挑戰，在經歷奮鬥的過程後或許能成功適應且融入社會，但可能面對民族文化與宗教信仰被迫消散的代價。因此以維繫固有的

---

[58] 吳蘭翔，〈台灣穆斯林的社會生活〉，頁48。

[59] 沙勇，〈回族國家認同的建構機制及其特點〉，《回族研究》，4期（2015），頁71-72。

[60] 于嘉明，〈在台泰緬雲南籍穆斯林的族群認同〉，頁79。

[61] 于嘉明，〈多元共生下的當代台灣穆斯林社群〉，頁121。

我群認同，並透過建立人際網絡、力行宗教實踐、參與社群活動等建構整體社群認同的途徑，經過時間的累積和認同感的深植，即可與少數族群身分所導致的失落感與邊緣性進行抗衡。例如愈來愈多的雲南裔穆斯林，無論來台先後，因為在台灣落戶、結婚、發展事業，甚至第三代都已在台灣出世，死後亦於此下葬，這是成長的土地，自然會予以認同，認同自己是台灣穆斯林的一員，也以此作為延續族群的基石。[62]

而那些於幼年即遷台，抑或在台灣出生的中、新生代人群，因台灣為其成長與受教育的環境，甚至於此成家立業，其個人身分認同，即類同第二代以降的本地回民，逐漸以台灣作為認同指標的核心。一個宗教或文化的生根與在地化，會讓新一代的人更加接受它，也轉變著他們的認同心理。從泰緬遷移來的穆斯林，經過幾十年的生根與發展，在台灣大環境的框架中，該族群在某種程度已融入台灣穆斯林社群中，而不僅與台灣本地其他穆斯林，亦與周遭所有台灣人交往漸深。[63]

包修平以「隱身的穆斯林」形容當前在台穆斯林的處境，無論是因為台灣主流社會多元開放，導致穆斯林信仰與文化的消散，或是一般大眾對回教與穆斯林的普遍陌生，台灣的穆斯林社群儘管已在台灣生活了六十多年，但仍不被人所知。[64]雖然泰緬雲南裔穆斯林逐漸融入與適應社會，並對穆斯林整體社群與台灣大環境的歸屬感有所提升，但就前述脈絡所透露的部分跡象顯示，該群體已開始面對族群文化與宗教延續出現斷層的危機。中壢龍岡地區自民國42年撤退來台的部隊穆斯林老兵的境遇與興衰，似乎可謂該斷層現象的一種面向，在軍旅生活中，穆斯林的心境是被壓抑與無奈的；穆斯林的身分是被掩蓋的，某些人在役滿退伍後，才得以重新接觸與回歸信仰。

然而，也有一群人基於隱匿信仰的「方便」，對比於實踐功修、戒律，面對他人異樣眼光等「不便」，便屈服於現實的考量，內心信仰出現鬆動，故而刻意隱藏起穆斯林身分。而隱形化的另一種現象則是某些老兵隻身來台，部

---

[62] 于嘉明，〈在台泰緬雲南籍穆斯林的族群認同〉，頁99。
[63] 于嘉明，〈在台泰緬雲南籍穆斯林的族群認同〉，頁97。
[64] 包修平，〈「隱身的穆斯林」：伊斯蘭在台灣的發展與變遷簡史（1949-2015）〉，《回族研究》，3期（2016），頁64。

分娶了本地的非穆斯林女子，但並未將信仰傳承下去；亦有部分終身未娶，這兩種情況的結果都導致該群體與信仰漸行漸遠。[65]從泰緬撤退來台的第一代穆斯林建立了龍岡清真寺，為當地穆斯林社群發展奠定基礎，然而他們逐漸凋零後，第二代、第三代子孫，對於回教的參與，不像其父母般熱衷，也漸漸遠離了清真寺。[66]

至於二十世紀八〇年代之後陸續遷台者，本章作者發覺該群體成員出現對宗教生活漸趨冷漠的態勢。他們宗教功課的執行情況，雖然大致上仍能恪守五項基本功修，但事實上已出現部分穆斯林因為求學或工作，無暇從事宗教功課的情事，包括無法按時完成每日的五次禮拜、齋戒月時因為工作繁重無體力封齋；因為對天課制度的不熟悉而索性不繳天課等。[67]其中在本地出生、成長的年輕一代身上更顯危機，因為在多元環境長大，故較不重視宗教，不僅在態度上如此，在實踐上亦然。[68]

具體而言，本章作者曾觀察雲南裔穆斯林於齋月期間在台北與龍岡清真寺的宗教實踐情形，傍晚時分，前往清真寺享用開齋飯的人數頗多，然而到了晚間禮拜的時候，留下來禮拜，或是純粹前往禮拜的教胞便減少許多。在台灣工作與求學的壓力很大，平時就很疲累，若遇上齋月可能更沒有體力，需要早點回家休息是可以理解的事。但若正視這問題，可以解讀為一個穆斯林聚居區中的穆斯林普遍有著虔誠信仰，當遇到一年一度的齋月，前去清真寺禮拜的人卻很少時，吾人就必須思考造成這結果的原因。無論是他們對於宗教功課已不那麼重視，抑或真是工作或求學繁忙，似乎都與大環境有關，台灣忙碌的生活，以及受世俗環境的影響，在在壓迫宗教功課實踐的時間。[69]

此外，從泰緬雲南裔穆斯林對於宗教教育的重視程度之下降，亦可顯示該群體的宗教傳承危機。以近三年台北清真寺週日兒童班的情況和本章作者十年前的觀察相比，已明顯呈現出學生數量減少以及學生組成成分大幅更動的兩項

---

[65] 陳書偉，〈中壢龍岡穆斯林的離散認同與文化地景〉，頁65-70。
[66] 高念慈，〈中壢龍岡清真寺的建立與發展〉，頁151。
[67] 于嘉明，〈在台泰緬雲南籍穆斯林的族群認同〉，頁137。
[68] 胡正光、馬欣，〈中壢龍岡清真寺社群的宗教虔誠初探〉，頁29。
[69] 于嘉明，〈在台泰緬雲南籍穆斯林的族群認同〉，頁39-40。

事實，本地背景之學生數量逐漸下滑，而由更覺當前宗教教育具危機感之外籍穆斯林的後裔所取代，這代表雲南裔穆斯林在移居台灣多年之後，逐漸重蹈本地回民信仰流失的覆轍。台灣社會的世俗化程度非常高，穆斯林需要依賴正規的回教教育抵擋此一洪流，宗教教育辦不好，回教很難有所發展，若短期內無法解決該問題，台灣穆斯林信仰流失的問題將持續加劇。[70]

馬欣針對龍岡清真寺宗教教育的情況曾指出，隨著時代不斷進步，知識更新速度日益加快，傳統的經堂教育已漸漸不適應社會發展的需要。以龍岡清真寺中一般自幼時便到寺學習的穆斯林而言，大都只學到二十八個阿拉伯文字母和拼音、單純的背誦經文，以及一些基礎的宗教知識。至於在教材使用、課程安排、師資的培育上尚未有一通盤的規劃與更新，教學方法仍屬單一，老師們大都只強調口誦的訓練，而對聽、說、書寫都沒有特別加以重視。[71]孩童平日前往學校上課，一週僅有數小時至經學班學習，有的人甚至無法保證每週出勤；在日常生活中，很少接觸同齡的穆斯林，所學知識無法相互交流，達到及時鞏固的目的，因此會出現連續兩三年學習同樣課程內容的現象。俟學生進入中學，課業任務繁重，升學壓力增大，便中斷了宗教學習。[72]

然而，台灣回教教育的問題，並不能完全歸咎於清真寺或經學班的制度本身，家長的輔導與監督角色，以及學生對追求宗教知識的態度同樣重要。台灣填鴨式的教學模式與強調功利主義的教育環境，塑造出家長僅重視孩童課業成績與世俗成就的褊狹走勢，扣除經學班上課的一天，家長在一週剩餘的六天中能否陪同孩子複習清真寺所學？平時是否在強調孩子學校課業表現的同時，亦關注他們在清真寺的學習成效？經學班的經營需要家長們的鼓勵與配合，畢竟面臨當今升學主義掛帥的台灣社會，在課餘願意花費更多的時間與精神學習宗教，實屬不易。無可諱言，完善的家庭教育與制度化的經學教育體系是必要的，一方面讓孩子們建立信仰，習得宗教的教誨與規範，另一方面亦培養下一代良好的道德品格與正確的價值觀。[73]

---

[70] 2016年5月29日，台中，K3訪談紀錄。
[71] 馬欣，〈龍岡清真寺社群的形成和其在全球化脈絡下的發展〉，頁70。
[72] 吳蘭翔，〈台灣穆斯林的社會生活〉，頁27。
[73] 沙雷玉，〈傳承正道的腳步刻不容緩〉，《中國回教》，335期（2012），頁17。

再者,年輕一輩的雲南裔穆斯林,與非穆斯林通婚的比例增高,亦為宗教傳承出現斷層的一種表徵。一般而言,族際通婚的直接結果有兩個方面:一是穆斯林融入非穆斯林中,尤其是在代際傳承中族群成員的文化認同會發生根本性的轉變;另一種情況是非穆斯林融入穆斯林群體,成為社群中新的成員。強勢文化總是比弱勢文化更加容易涵化族際通婚中的個體,家庭成員的交往圈和社群之間的聯繫頻率,是婚姻中的穆斯林在涵化中保持優勢地位的基本保證。[74]

在台灣成長的雲南裔穆斯林青少年,缺乏長輩們在僑居地接受回教信仰與文化薰陶的經驗,並處於高度競爭與世俗化的社會,經過同化後宗教意識較為淡薄,加上與身邊的非穆斯林結識的途徑便捷,因此近十餘年來與非穆斯林通婚的現象逐漸增多,其中大多數的非穆斯林會於婚前歸信回教;但並不遵從該規範,或徒具歸信形式,婚後生活與回教漸行漸遠者,已然出現於雲南裔穆斯林群體中。[75]因此,婚姻不僅僅是泰緬雲南裔穆斯林社會適應的一部分,更呈現出穆斯林少數族群因為被周遭非穆斯林族群同化與影響,經過婚配加速其對宗教的疏遠與放棄,而所有自原鄉至僑居地所累積的文化與生活習慣在時空的更迭中將逐漸解構,對自身族群的認同也就隨之游移與改變。[76]

雖然如此,某些正值壯年,作為家族中率先來台的雲南裔穆斯林,對該群體在台灣的前景仍具信心,並抱持持續在台灣發展的想法。這歸因於多數穆斯林依舊熱衷宗教事務,群體成員間的關係穩固;同時已熟悉台灣環境,家人大都已遷台,不想再搬回僑居地。[77]以年屆四十歲以上的中生代宗教實踐與參與相關事務的情況而言,雲南裔穆斯林在台灣穆斯林社群中的確屬於積極的一群人;然而,一個族群若希望永續發展,便必須做好傳承的工作。宗教學校、圍寺而居等僑居地的生活環境所提供的正面條件,並未在台灣複製。因此,對於在台灣社會中新一代的宗教養成與族群認同形塑,以及同時面對大環境的同化

[74] 馬強,《流動的精神社區:人類學視野下的廣州穆斯林哲瑪提研究》(北京:中國社會科學出版社,2006),頁417。
[75] 2016年7月21日,台北,K4訪談紀錄。
[76] 于嘉明,〈在台泰緬雲南籍穆斯林的族群認同〉,頁129-130。
[77] 2017年10月12日,台北,K5訪談紀錄。

挑戰，或許是多數長一輩的雲南裔穆斯林未曾經歷的，但事實上這已是刻不容緩，需要審慎思索並妥善解決的問題。[78]

---

# 結論

　　從上世紀五○至九○年代，部分祖籍雲南，僑居泰國或緬甸的穆斯林華僑陸續因為不同原因前來台灣落戶，於中壢龍岡與新北市中、永和地區形成較具群居形態的聚落。五○年代受政府安排遷台並落腳於中壢龍岡地區的軍旅眷屬，建立了龍岡清真寺，為當地日後形成穆斯林社群奠定基礎。至七○年代起，更多的雲南裔穆斯林自泰、緬遷台，主要為尋求更好的發展與較安定的生活，該群體在遷台後多延續在僑居地的傳統，恪守宗教信條、力行宗教功修，並重視下一代的宗教教育；另一方面，經過與台灣既有穆斯林社群的融合後，亦開始投入各清真寺與中國回教協會的組織工作中，以及因為他們內部的向心力與認同機制、對於回教信仰的實踐，使該群體成為近二十年來台灣穆斯林社群中活動力與影響力較高的一支中堅力量。

　　此外，泰緬雲南裔穆斯林透過求學、工作、廣泛地人際交往等途徑，與台灣大環境的交融與適應亦逐漸增加，但相對地，這也造成該群體被社會同化的情況產生。具體而言，部分雲南裔穆斯林對宗教功修、規範的遵守程度出現下滑，對子女的宗教教育開始鬆懈，年輕人與非穆斯林通婚的情形亦與日俱增。這在在說明該群體雖然擁有在原鄉與僑居地所累積的族群文化特質與宗教認同意識的根基，但今日面對世俗環境的種種挑戰，以及群體內部傳承的斷層危機，皆值得雲南裔穆斯林加以思索並尋求在依然保有文化與信仰的情形下，如何於今後的台灣社會中永續生存與發展。

# 第十二章

# 台灣穆斯林移居海外的現狀與認同變遷

于嘉明

民國73年旅居沙國西區僑民代表歡送薛毓祺大使（中著深色西服者）離任（趙錫麟提供）

# 前言*

　　民國38年隨中華民國政府播遷來台的穆斯林，雖大都在台灣定居落戶，但數十年來，部分家族或個人，因不同的原因而踏上了再遷徙的旅程，移民到其他國家生活。如同世界各地的移民案例，遷徙往往起因於遷出地與移入地的交互作用，以及誘發人們遷移的動機。台灣的穆斯林部分因為宗教信仰的一致性，追尋心靈的依歸與生活的便利，而移居東南亞、西亞等穆斯林國家；同樣地，亦有許多人因為留學、旅外工作，乃至追求更好的生涯發展與下一代就學機會，而移民至歐洲、美國等地區國家。舉凡移居至各國的穆斯林，與台灣的穆斯林社群仍多有互動；而同源的文化背景與親族關係，亦作為他們在異鄉建立人際網絡的基石和紐帶。

　　綜觀具中華民國國籍背景，或自台灣移居海外的穆斯林群體，所在人數最多的兩個國家，分別為沙烏地阿拉伯與美國。嚴格來說，旅居沙國者並不全然擁有自台灣再度移民的經驗，他們的淵源可溯及民國前期即因朝覲、避禍等原因移居沙國的僑民。而中華民國駐沙國首任大使馬步芳先生於國民政府遷台之際，率親族部眾二百餘人前往沙國，實為近六十年來旅沙國人穆斯林與台灣穆斯林社群建立較密切關係之濫觴。之後一批批在當地出生的中生代和新生代，即使至今仍持中華民國護照，並無取得當地國籍，但在社會互動及生活作息中，幾已與當地人無異，僅保留部分家鄉方言與飲食文化。這樣的一群人，當初為何以回教聖地麥加作為遷徙的目的地，「天房情結」是否發酵為「祖國意識」，乃至如何影響至往後世代的自我認同，均為值得探究的議題。

　　至於旅美的台灣穆斯林群體，在身分劃歸上就單純許多。他們幾乎為1949年以後自台灣再次遷出者，前往美國的目的與一般的台灣旅美移民相距不遠，

---

* 本章撰寫期間，亦值本章作者從事台灣穆斯林社群之博士學位研究，故本章部分內容與本章作者博士論文〈多元共生下的當代台灣穆斯林社群〉之第四章第四節〈人口流動與穆斯林社群的國際化〉相關內容有所類同，特此說明。

多半為追求個人、子女或家庭更好的求學、就業與生活環境，希望在新大陸開創一片天地。台灣穆斯林移民遍佈全美，最為集中的區域，仍屬華人較密集的加州、德州與東岸城市，超過一個世代在美國落腳，幾乎均獲得美國合法公民身分，在社會不同領域有所發展。然而，身為族裔與宗教信仰中的少數族群，於美國「大熔爐」的社會結構中如何自處，如何建構我群歸屬與認同，以及面臨九一一事件至川普（Donald Trump）當選總統這十餘年美國政府、社會與回教信仰錯綜複雜的關係，台灣穆斯林移民仍在不斷奮鬥、適應及反思其未來處境。

# 第一節　台灣穆斯林在海外的分布情形與發展態勢

　　依據我國僑務委員會的界定與相關統計工作，海外華人係指兩岸三地以外之所有旅居海外的華人（包含第一代移民及其後代），該會對於海外華人人口之蒐集，係由我國駐外館（處）及該會駐外人員依其管轄區域蒐集最新資料，再參酌美國、加拿大及澳大利亞等國之人口普查資料、各國移民署（局）之移民統計資料、或聯合國所公佈之人口成長資料等，經全面彙整估計而得。至於海外台灣僑民係指從台灣（即台澎金馬）移出之僑民及其後代，僑委會於民國96年初次函請我國各地駐外館（處）及該會駐外人員蒐集並推估台灣僑民人數，經彙整後首次推算民國95年底台灣僑民人數。由於各國人口普查及官方統計並無相關資料得以校正，因此海外台灣僑民人數之統計推估大部分係依據駐外單位之蒐集填報而得。截至民國105年底台僑總計一百九十一萬一千人，較上（民國104）年增加2.12%。[1]

　　因此，若以上述僑委會所定義的兩種人群屬性為立論依據，遍佈全球的華人穆斯林之中，即可歸類出係屬海外華人範疇，亦為本章所聚焦的研究對象，其一具中華民國背景，或與中華民國（台灣）關係較密切者，其二自台灣遷至各國的穆斯林華僑等兩種類別。舉凡東南亞、東北亞、西亞中東、美洲、歐洲、澳洲等不同地區，皆有該些移居海外的穆斯林之蹤跡。以本章作者所悉之穆斯林人士，以及參閱中國回教協會《中國回教》刊物之海外寄送名單，即可具體整理出他們的所在國家，包括東北亞的日本、韓國；東南亞的馬來西亞、印尼、新加坡、泰國、緬甸；西亞中東的沙烏地阿拉伯、約旦、埃及、敘利亞、阿拉伯聯合大公國杜拜、土耳其；美洲的美國、加拿大、阿根廷；歐洲的英國、法國、德國、奧地利，以及澳洲等國家。

　　遷居至海外的穆斯林，不乏於民國前期或政府遷台後，為穆斯林社群發展

---

[1]　中華民國僑務委員會，《中華民國105年僑務統計年報》（台北：僑務委員會，2017），頁10。

貢獻心力者，包括移居馬來西亞的馬天英先生與移民美國的前寧夏省主席馬鴻逵先生等。馬天英先生係於1938年組團出訪的「中國回教近東訪問團」成員之一，前往中東與東南亞十餘國宣傳我國面臨艱苦抗戰的情況。[2]抗戰勝利後馬先生進入外交部工作，俟政府遷台，馬先生遷往新加坡與家人團聚後不久，於1960年受馬來西亞首相東姑拉曼（Tunku Abdul Rahman）之邀，共創馬來西亞回教宣教機構，以演講、電台廣播等方式向當地華人宣揚回教。[3]其後曾任回協理事長之趙明遠先生的二公子趙國治先生，亦於1971年受馬先生之請，舉家自台北移居吉隆坡，協助當地宣教事務。另獲回協派遣赴沙烏地阿拉伯麥地那伊斯蘭大學求學的馬學文阿訇，亦在學成後前往馬來西亞從事華人宣教工作，並於當地定居直至去世。[4]

　　至於其他更多移居海外的穆斯林，遷徙的原因不外乎是個人前往異地求學或工作後，即在當地落腳，抑或隨同家人前往；當然，也有因為其他原因，離開台灣而移民至他國生活。該些穆斯林移民的年代主要介於1960至1990年之間，如今年約五十至六十歲的中、壯年，當時均為大學畢業或已出社會的階段，因此許多人移民的原因即與尋找更好的生存發展環境有關，事實上他們在不同的國家中，也於各個領域開創了新的天地。遷徙至東南亞或西亞中東的穆斯林，因為當地回教氣氛濃厚，因此在宗教的實踐與傳承上即無特別問題；遷至東北亞、歐美等地的人，對宗教的守持仍須視個人宗教意識與當地穆斯林社群發展情況而定。

　　由於移居地點的國情、文化氛圍、民族與社會結構等差異，讓台灣穆斯林在各地傳承固有文化與延續我群意識上出現落差，某種程度也影響他們在當地社會的發展情況。舉例而言，一個國家的歸化政策寬鬆與否，就直接影響移民在其境內所擁有的權利與義務。此外，更值得關注的是，當移民群體在新環境駐留愈久，愈融合當地文化與生活，身為少數族群的孤立感逐漸淡化，卻也慢慢放棄承襲自故土的傳統，這種情況即可解讀為認同心理出現變遷。吾人從族群認同、宗教認同、國家認同等三項指標，便可分析台灣穆斯林海外移民的認同轉變情況。

---

[2]　石永貴，〈十萬里長征的馬天英　中國回教近東訪問團的壯舉〉，《中國回教》，342期（2013），頁33。

[3]　賈福康編著，《台灣回教史》（台北：伊斯蘭文化服務社，2005），頁152。

[4]　賈福康編著，《台灣回教史》，頁234。

## 第二節　遷徙抑或回歸：旅沙華僑穆斯林的案例研究

　　沙烏地阿拉伯尚未建國前，即有許多穆斯林不畏辛勞，跋山涉水前往今日位於沙國境內的聖地麥加執行朝覲功課，或是於當地學習宗教知識。朝覲遊學和追隨域外來華經師學習是建立中國回教宗派門宦的主要方式，大多數宗派門宦對其繼承者有必須完成朝覲任務的規定，因此無論是通過遊學而創建宗派門宦，還是宗派門宦產生之後對遊學的促進，二者都明顯地體現出回回人的「天房」意向。通過宗派門宦這一特殊方式，中國穆斯林一直竭力保持著與「天房」的溝通。[5]

　　整體而言，回—穆斯林的族群認同與發展概念一般都具有特殊的二元性：一方面，在與宗教信仰不相牴觸的前提下，回民對朝廷（國家）、社會階序甚至儒家文化的認識、態度，與漢族並無衝突；另一方面，在宗教世俗化的趨勢下，受「烏瑪」（阿拉伯語ummah الأمة 的音譯，意指穆斯林社群）這個回教傳統觀念與實踐的影響，回—穆斯林仍保持必要的「天房情結」，認定中國是整個回教世界內的「烏瑪」之一。這種以宗教信仰為精神依歸的自我認同，與現世的國家和社會體制並不衝突。[6]縱觀歷史，對於散居於中國各地的穆斯林而言，紅海海濱代表著既真實又想像的目的地。從遠東來看，麥加與麥地那係回教誕生與向東傳播之地，始終被銘記為發源與回歸處。[7]因此，無論向外遷徙係屬自發之意向，或是因故被迫離開原鄉，許多中國穆斯林均以麥加作為其目的地，在沙國正式建立之後，這樣的趨勢亦未停歇。

　　嚴格來說，旅居沙國者並不全然擁有自台灣再度移民的經驗，他們的淵源可溯及民國前期即因朝覲、逃避戰亂等原因移居沙國的僑民。他們之中包括二

---

5　羅彥慧，〈回回人的「天房」意向：中國伊斯蘭教派門宦與游學關係初探〉，《寧夏社會科學》，2期（2014），頁76。

6　張中復，〈穆斯林「辱教案」的歷史回顧與當代反思〉，《文化縱橫》，3期（2017），頁43。

7　Hyeju Jeong, *A Song of the Red Sea: Communities and Networks of Chinese Muslims in the Hijaz* (Riyadh: King Faisal Center for Research and Islamic Studies, 2016), pp. 10-11.

十世紀二〇年代就遷移出來的大量新疆維吾爾族、烏茲別克族，以及少數青海撒拉族和甘肅東鄉族人士，也有一些原本並沒有中華民國國籍的中亞人，時間點大約是1949年間。包括來自烏茲別克、哈薩克、塔吉克等地的人，他們說自己來自新疆，最後取得了我國的護照，就在沙國居留下去，沙方也存有一種默契，承認他們的身分。後來換證，許多人拿的都是英國管轄下的印度護照或是登船證明抵達沙國口岸，再憑著早年由新疆外交專員公署簽發的我國護照，上面的祖籍與隨身攜帶的牲口家當都註明得很清楚。[8]而早年西藏「葛夏政府」對於西藏的穆斯林相當禮遇，他們甚至擁有自己的宗教法官，後來因為西藏抗暴，部分西藏的穆斯林外逃，途經印度而抵達沙烏地，但他們大都沒有取得沙國國籍，還一直是外僑居留的身分，因為他們是去得比較晚的僑胞了。他們也住在麥加、塔邑府等地，到今天人數約有數百人。[9]

　　祖籍雲南的穆斯林也是旅居沙國僑胞的一個人口來源，民國初年，雲南大理人馬安春在沙烏地阿拉伯麥加聖城管理類似雲南同鄉會館，實為接待每年滇籍朝觀人士住宿的館舍，俗稱「哈智館」。其人初係負笈求學於麥加禁寺，卒業後，因懂阿拉伯語文，熟習人事地理，乃由產主當局選他管理該哈智館。[10]民國26年，始有河西人馬春山，民國38及40年來自蒙自的林興智、林向東昆仲，民國42年河西人沐有恆、巍山人馬雲安等先後到達沙國僑居，勤儉為生，成家立業，便長期住下，迄今傳到第三代，而祖國風俗習慣仍多保持，這幾位老華僑到沙以前，即有阿拉伯語文的認識和基礎，同時，且擁有與阿拉伯人同樣的回教信仰，所以與當地人更容易和睦相親，溝通中阿文化。沐有恆之子沐文壽及馬雲安之子馬郁蘇，曾由駐沙大使館選送為中華民國出席參加麥加世界《古蘭經》背誦比賽大會的代表，獲得第二項冠軍及第三項亞軍，並頒授獎金沙幣三萬多元，由麥加總督頒發獎金獎狀，為國家爭光不少。

　　民國38年，雲南最後一屆出來的朝觀團，由滇南名教育家白蓮父率領蒙化幾位鄉紳、昭通馬教長、盤兮納教長及大庄沙甸，回龍鄉賢林向東、馬成林、

---

8　趙錫麟口述、張中復訪問，《天方學涯—趙錫麟先生訪談錄》（台北：國史館，2014），頁254-255。

9　趙錫麟口述、張中復訪問，《天方學涯—趙錫麟先生訪談錄》，頁257-258。

10　滇南子，〈雲南人在沙烏地阿拉伯〉，《雲南文獻》，16期（1986），頁148。

馬耀東等二十餘人前往。此次有兩項特殊收穫：第一，白領隊將麥加當地盛行的五本回教教義書籍攜回，先後譯成中文，其中尤以《朝覲南針》一書，適應迫切需要，中國朝覲人士均爭購閱讀，台北方面的國家朝覲團更盼人手一冊，進行朝功，效用頗大。第二，白先生與麥加老華僑金志元老者協議，重託金府每年對於由各地到沙朝覲之滇籍人士，予以全力接待和協助朝功。三四十年來僑居泰國、緬甸之雲南人，每年男男女女成群結隊踴躍參加麥加朝覲而不感困難者，其原因在此。[11]

據悉漢志（*Hijaaz* الحجاز）最大的中國穆斯林社群係於二十世紀中期所形成，當時許多中國移民以朝覲躲避國內不斷的戰事。最大規模的移民潮出自中國共產黨的勝利，青海省前軍事統治者馬步芳率領兩百餘名親族與政治親信輾轉移居廣東、香港與麥加。身為國民黨重要將領與政治家，馬步芳及其龐大家族在1949年離開大陸前已經與沙國國王阿布都・阿濟茲（`Abdul Aziiz Aal Sa`uud, King of Saudi Arabia الملك عبد العزيز آل سعود）維持友好關係。馬氏家族與沙國的關係可追溯至馬步芳的伯父——馬麟先生，於1937年率團赴麥加朝覲時，馬先生身兼中國當時重要的穆斯林領袖與青海省政府主席，受到阿布都・阿濟茲國王熱烈的歡迎，朝覲期間兩人多次會晤，建立相互尊重之情誼。馬先生於朝覲之行攜帶許多盤纏，原本希望在麥加建立提供中國朝覲者的住所，但見到先前馬鴻逵先生及其父親建立的哈智會館未有妥善維持，故改變主意，將相當於兩千四百盎司純金之錢財，捐贈予當地和各國前去的貧苦穆斯林。此等慷慨之善舉雖然僅為馬麟出於欲完納天課之意念，卻令沙國政府與人民十分感念，贏得對他個人以及對中國之好感與榮譽，自此之後馬氏家族與沙國王室家族的友誼關係即建立起來並持續發展。[12]

馬步芳及其追隨者抵達麥加不久後，一行人移居至埃及開羅並在當地駐留了數年，直到1956年埃及爆發社會主義革命並承認中華人民共和國，遂威脅到馬步芳一行於當地的地位。因此，他們再次前往朝覲，並於擁有山區氣候且

11  滇南子，〈雲南人在沙烏地阿拉伯〉，頁148-150。
12  Kainan Yusuf Ma, "Foreign relations between the Republic of China and the Kingdom of Saudi Arabia: The process of establishing and sustaining relationships (1936-1986)," (Ph. D. dissertation, University of Miami, 1988), pp. 23-25.

適合居住的塔邑府定居下來。除了馬氏一族，亦有部分人士由山東、雲南、四川、西藏獨自前往朝覲，並定居在塔邑府與吉達等地。當時自新疆而來，操突厥語的移民已成為漢志社會的一部分，據悉他們曾協助中國穆斯林安頓。身為新的移民，已經失去與中國大陸或留在當地的親屬直接的連結，中國穆斯林社群適應了新的社會環境並透過香港與台北維持與外界的宗教、政治與商業紐帶關係。[13]

馬步芳於1957年受政府任命為我國駐沙烏地阿拉伯首任大使，其任大使後一直在沙國居住，與該國王室成員交往密切，也促使和幫助一部分青海、新疆與甘肅臨夏籍的回民於沙國僑居。馬步芳於1975年去世，其子馬繼援曾任青海八十二軍副軍長，亦曾任職於國防部，後擔任國大代表。二十世紀三〇年代，寧夏省主席馬鴻逵前去麥加朝覲時，曾在麥加禁寺附近修建了回教義產（Waqaf وقف）性質的「哈智館」，作為中國穆斯林赴麥加朝覲時休息之用。[14]朝覲會館建築的持續使用與擴建，說明了各地離散中國穆斯林間捐獻與朝覲網絡的持久性，該些管道適應了變化的政治情勢。透過建造於麥加與塔邑府的數個會館，中國穆斯林社群在維持團結的同時，亦融入當地社會，並持續地發展與沙國以外的聯絡網絡。[15]

馬鴻逵所購置的哈智館，是各國哈智館中距離禁寺最近的一處，中國哈智和僑胞們都身受其惠。迄1956年，沙國擴建禁寺，麥加中國哈智館劃入禁寺範圍，不久即行拆除，補償沙幣二十六萬一千元，折合美金五萬七千五百餘元，因手續關係，無法向沙國政府交涉領出，重建一處哈智館，所以自此之後中國哈智與僑胞們於朝覲期間及平時便沒有寄居之所了。到1959年西藏抗暴事件爆發後，自中國大陸西北匯集於西藏的志士與義胞中，信仰回教者亦眾，他們在攀越帕米爾逃至印度後，又因心繫回教的發祥地麥加與麥地那，且中華民國與沙烏地阿拉伯邦交敦睦，因此輾轉前去麥加，投奔祖國使館。然而，當時哈智館業已拆除，高文遠、馬崇義等僑胞便於民國53年在僑界發起募款，並撰文經

[13]　Hyeju Jeong, *A Song of the Red Sea: Communities and Networks of Chinese Muslims in the Hijaz*, pp. 11-12.

[14]　劉寶軍編著，《世界華人穆斯林概觀》（銀川：寧夏人民出版社，2010），頁71。

[15]　Hyeju Jeong, *A Song of the Red Sea: Communities and Networks of Chinese Muslims in the Hijaz*, p. 20.

由大使館轉呈中央有關機關，希望政府撥款補助。在隔年中華民國朝覲團團長康玉書監察委員之奔走下，政府與大陸災胞救難總會即核撥經費，加上香港地區亦募集到不少款項，因此購置了新的麥加中國哈智館。[16]

　　沙烏地阿拉伯原有的國籍法，規定父母若具備沙國籍，他們的子女出生即可擁有沙國籍。在早年也有比較寬鬆的做法，如果一個外僑在沙國出生，而且在成年以前沒有離開過沙國，就可以在成年時申請歸化沙國國籍。其實，最早抵達沙國的僑胞，他們的工作面臨很大的挑戰，他們憑著好手藝來賺錢過日子，包括踏針車縫製穆斯林的白帽子；用廢棄油桶的馬口鐵製作筆盒、餐盒或書包，他們都是在很刻苦的環境中謀求生存。此外，也有許多華僑漸漸做小生意當小販，也有僑胞自己炸饊子或製作其他食品販賣，或是在別人的店鋪裡幫忙當夥計，學習生意。也有一些華僑受過較高的教育，通曉英文等外語者，就到西藥行幫忙。

　　俟僑胞們的生活漸漸安定，取得國籍的僑民第二代也開始就學，許多人都念到了大學或是師範學校，更有人獲得沙國政府獎學金出國留學。在職業上有的人進入教育界擔任老師或教授，也有人經營企業、擔任醫師、工程師、管理師、藥劑師，甚至進入政府部門做到相當於部會次長級的位置，到上世紀七〇至八〇年代起，也有人開始從事餐飲生意，第三代則是從事各行各業的人都有。至於沒有獲得沙國國籍的，亦靠自身的專長謀生，大部分都能安居樂業，他們都對中華民國有很強的向心力。在婚姻方面，僑胞早期嫁娶的對象都是自己同胞，後來逐漸開始與當地阿拉伯人通婚，也有人與其他國籍的穆斯林結婚。[17]時至今日沙國新的移民法規與前往當地工作有關，若要取得沙國國籍，新法是採累積點數的方式，須視該申請人有何專長、貢獻或是著作而定，以婚姻的因素要求入籍已不像以前那麼容易。[18]

　　我國朝覲團每年前往朝覲期間，皆利用時機與沙國華僑進行交流，傳達

[16] 高文遠，〈康仲老與麥加中國罕智館〉，《中國回教》，139期（1970），頁13。另依據曾於沙國求學與工作之報導人L1所述，1950年代馬鴻逵先生出資興建的哈智館遭拆除後，麥加當地仍有馬步芳先生購置的哈智館義產大樓，因此當時前往朝覲的中國穆斯林與當地僑胞仍有居所。2018年6月26日，台北，L1訪談紀錄。

[17] 張中復訪問，趙錫麟口述，《天方學涯──趙錫麟先生訪談錄》，頁259-260。

[18] 張中復訪問，趙錫麟口述，《天方學涯──趙錫麟先生訪談錄》，頁262。

圖12-1　中華民國朝覲團宴請部分沙烏地阿拉伯僑胞（攝於2015年，于嘉明提供）

台灣穆斯林的問候。早年朝覲團會特別安排前往塔邑府探望僑胞，後期取消塔邑府行程後，便僅與行程中所造訪吉達、麥加、麥地那等地之僑胞聚首。吉達的穆斯林華僑每個月均會舉辦回教教義座談會活動，輪流於各華僑家庭中舉行。[19]僑胞們亦會利用我國朝覲團於沙國停留期間，辦理該座談會邀請朝覲團員一同參與。部分因朝覲或工作而前往沙國的穆斯林前輩，最終即駐留下來，生養子嗣，乃至歸真並安葬於當地。包括馬子山先生、祁尚勇先生、高文遠先生、隋承禮先生、馬步蔭先生、馬耀宗先生、林興智先生、丁海瀛先生、沐有恆先生與馬少華先生等人，在宗教界、學術界、外交界、商界等不同領域的貢

[19]　2018年1月1日，聖克拉拉（Santa Clara），L2訪談紀錄。

獻，對我國朝覲團的大力服務與協助，以及對僑界的付出等，均讓許多台灣穆斯林津津樂道、由衷感佩。沙國僑胞亦會組織回國致敬團，回台參與雙十國慶等各項慶典，回協與台北清真寺亦曾舉辦茶會歡迎旅居海外的僑胞。[20]

　　1961年，中華民國外交部對居於沙烏地阿拉伯的海外華人做了統計，其中二百四十三人來自甘肅；七十七人來自青海；三十五人來自西藏；十二人來自寧夏；九人來自雲南；五人來自四川；兩人來自新疆，以及一人來自香港。這之中共有一百零九人已取得沙國國籍；一百七十三人獲得永久居留權；而仍有一百一十人兩者皆無（他們中大部分來自西藏、四川與甘肅）。[21]《中華民國100年僑務統計年報》中則指出，沙國華人約兩萬人，[22]至於現階段於沙國持中華民國護照之僑胞約三千人左右，某些赴沙第二代以降的華僑，若能提出出生證明與父母親的中華民國護照，我國駐沙館處仍會核發予中華民國護照。[23]

　　馬步芳任駐沙大使期間，考量到穆斯林僑民子弟入阿拉伯學校，學習阿拉伯語，不識中國漢字，不會講中國話，長此以往，會失掉中華文化之根本，忘記故土，因此他與駐沙使館即積極發展僑民子弟教育，提供學習中華文化的機會和場所。直到1958年「駐沙大使館附設員工子弟學校」在外交部的核准下開始營運，使館辦公人員兼任教師，利用使館場地教授員工子弟們漢字與國文常識等。[24]該校依據學生學習的情況，分設甲、乙兩班教授。甲班專習國文，以適應已就讀於沙國阿文學校之學生，每週來校補習國文數次；乙班則比照台灣學校之課程標準，學習國語、算數、常識等科目，並於每週教授阿文兩小時。[25]該校日後培養出許多優秀人才，至今仍在沙國公私單位服務且頗有貢獻。

　　俟我國駐沙大使館遷至沙國首都利雅德，另在吉達設置總領事館，乃至兩國於1990年中止外交關係後設立「駐沙烏地阿拉伯王國台北經濟文化代表處」與在吉達之分處（駐吉達辦事處），駐外館處之子弟學校即於利雅德與吉達

---

20　西麥，〈記歡迎旅沙教胞及新疆籍教胞回國致敬團茶會〉，《中國回教》，191期（1985），頁27。
21　Hyeju Jeong, *A Song of the Red Sea: Communities and Networks of Chinese Muslims in the Hijaz*, p. 21.
22　中華民國僑務委員會，《中華民國100年僑務統計年報》（台北：中華民國僑務委員會，2012），頁11。
23　2018年3月18日，台北，L3訪談紀錄。
24　馬建春、劉英英，〈沙特阿拉伯回族僑校史輯〉，《北方民族大學學報（哲學社會科學版）》，3期（2014），頁27-28。
25　馬建春、劉英英，〈沙特阿拉伯回族僑校史輯〉，頁30。

兩地分別運作。據旅沙超過三十年，且曾於我國駐吉達辦事處子弟學校服務之當地華僑報導人L2所述，該些教材均為僑委會提供，上述之區分即為「國內版」與「華僑版」兩種教材之異。L2亦表示，子弟學校之學生含括四歲至國中間之孩童與少年，學生最多時達八十人左右，另有十名教師負責教授。2017年辦事處遭政府裁撤後，學校也就停止運作。[26]

　　本章作者於2006至2007年赴沙國求學，以及前往朝觀期間，曾接觸探訪當地穆斯林華僑，明顯發現該群體在語言使用、生活習慣、心理意識等均已「沙烏地化」，孩童自幼即於當地學校就學，語言溝通和人際交往上便已跳脫華人群體的範疇，日漸成長後在社會中幾與當地阿拉伯人無異，就算是持居留身分者，儘管法律上仍為外籍人士，但情感上卻認為自己是沙國人。而因為同樣身為穆斯林，某些華僑與當地人的關係保持得不錯，感覺當地人對於中國人與中華文化亦相當尊重。[27]但也有人認為沙國人對外來人口仍有歧視感，常以輕蔑的言語或態度對待華僑；但年輕一輩者因為對阿拉伯語純熟，這樣的困擾也較少發生了。[28]此外，沙國雖然氣候炎熱，未取得沙國國籍也為生活帶來某些不便，但因為回教兩大聖地以及宗教氛圍，穆斯林華僑仍希望繼續留在當地，這也就呼應了前述穆斯林對天房的感情與鏈結，讓穆斯林產生強烈的認同意識與歸屬感。[29]

　　報導人L5可謂年輕世代旅沙華僑的一種典型個案，他係旅居沙國之第三代，出生不久後即回到沙國，在沙就學期間，因長輩希望兼顧阿拉伯語與英語的學習，遂進入國際學校就讀。其外祖父於馬步芳任青海省主席時，曾在青海化隆擔任縣長，國共內戰時於青海留守到最後一刻才離開赴沙；外祖母則是祖籍西藏的旅沙華僑，在沙國麥地那長大。至於其祖父則於我國駐沙大使館任職多年，退休後與家眷亦繼續留在沙國定居。因為父母均於沙國生長，因此對他來說阿拉伯語是其母語，中文反而是後天學來的。他表示大部分第二代以下的旅沙華僑幾乎已不會說國語，第一代之間，或與第二代仍會使用家鄉話談話；

---

26　2018年1月1日，聖克拉拉，L2訪談紀錄。
27　2018年1月1日，聖克拉拉，L4訪談紀錄。
28　2018年4月23日，台北，L5訪談紀錄。
29　2018年1月1日，聖克拉拉，L2訪談紀錄。

圖12-2　沙烏地阿拉伯麥地那之僑胞宴請中華民國朝觀團（攝於2015年，于嘉明提供）

第二代、第三代以下基本上已完全使用阿拉伯語，事實上第二代也很少講家鄉話了，大都在我國駐外館處舉辦活動，或是僑胞聚會時偶爾使用。

　　據其所知，早年取得沙國國籍較為容易，但沙烏地阿拉伯於四十年前就已取消屬地主義的國籍規定，除了前述累積點數的方式，當地許多第三代僑胞因為屬人主義的做法，許多已取得沙國國籍，持沙國護照，若沒入籍的華人女子部分也嫁給沙烏地當地人。多數僑胞仍以家族的中國姓氏作為阿拉伯姓名中的姓氏，或是直接以「Al-Sini」（中國人）作為姓氏。L5表示，普遍來說較年長的旅沙華僑對中國的情感較深，年輕人則對沙國有較強烈之認同。有些華僑對原鄉與現居地擁有雙重的感情與認同，認為自己仍是中國人，但因為在沙國生長，習慣當地的文化與生活方式，因此也抱持對沙國的認同，以華裔沙烏地人自居；至於亦有另一類人，因為無奈於外界經常對自身身分的詢問與質疑，故一律以沙國人作為回答，不願多做解釋。但無論如何，家中長輩的傳統文化底蘊以及如何灌輸下一代，對於新生代華僑的認同形塑仍相當重要。[30]

---

[30]　2018年4月23日，台北，L5訪談紀錄。

　　以沙烏地阿拉伯的華僑而言，沙化其實是一種歷史潮流，也是必然會經歷的過程，因為當地固有的語文與教育強勢，還有容易被人認同的文化，必然會把後來才加入的華僑們具有的少量特色文化背景成分慢慢稀釋。當然，這種沙化或阿拉伯化傾向會因家庭背景而有差異，依然有僑民重視傳統文化的傳承，例如在阿文名字中加入其家族中文姓氏的一個發音或是一個字。近年來由於社群網站的流行，串起了許多親人與朋友，部分年輕僑胞也興起了尋根的念頭，希望知道自己的祖先來源背景。[31]

　　而無論源自甘肅、西藏、雲南等不同省份，家鄉話的使用以及傳統飲食習慣的維持，像是西北人就喜食八寶茶、饊子、油香等家鄉口味食物，[32]亦體現華僑們對傳統中華與原鄉文化的重視與延續。簡言之，旅沙穆斯林華僑的認同意識具有多元性：他們一方面因回教信仰和社會適應，與居住國居民聯繫密切，互動頻繁，其生活日益受到居住國文化影響，甚或有與當地居民相融合的現象；另一方面則依然表現出，為了保持本民族特徵與強化民族凝聚力，即在其語言文字、文化教育與一些節日習俗上依然具有故國情懷，守護著傳統文化之根本，從而體現對中華文化之高度認同。[33]

---

[31]　趙錫麟口述、張中復訪問，《天方學涯─趙錫麟先生訪談錄》，頁262-263。

[32]　2018年4月23日，台北，L5訪談紀錄。

[33]　馬建春、劉英英，〈沙特阿拉伯回族僑校史輯〉，頁32。

## 第三節　族裔與宗教的雙重少數：
## 台灣旅美穆斯林的案例研究

　　自1965年美國修改移民法案，放寬赴美移民的限制，促使台灣旅美人士逐年提升。上世紀七〇至八〇年代，是台灣人移居美國的高峰期，部分正值青壯的穆斯林亦趕上了此一移外潮流。本章作者曾針對加州舊金山灣區（矽谷地區）的台灣旅美穆斯林進行研究，他們當時赴美的目的多半是為了求學，希望獲取更廣博精深的學識。雖然一開始沒有更長遠的計畫，但卻在求學生涯結束後選擇繼續留在美國生活，甚至取得了美國公民的身分。此外，亦因為資訊與電腦相關科系和職業逐漸興起，擁有該背景的穆斯林即選擇舊金山灣區為工作與定居之所。[34]

　　無論落腳於美國何處，或於美國從事何種職業，介於國共內戰時期至六〇年代間出生，目前年齡約五十至七十歲的台灣旅美穆斯林，當初前往美國的動機大都是前述的留學深造。當時，美國在政治、軍事、經濟、學術等方面，均在國際社會取得領先地位，在移民政策逐步寬鬆的同時，各高等學府以獎學金吸引大量優秀留學生赴美深造，亦開啟此等人才續留當地發展貢獻之機會。[35]多位旅美達三十年的穆斯林皆表示，無論是承續在台灣的專業科目繼續深造，或是轉換跑道開闢新的學習領域，留在美國均擁有充分與良好的就業機會與發展前景。[36]

　　至於台灣不安的政治局勢、美國蓬勃的經濟榮景，以及連帶所影響子女的成長環境等議題，亦是部分民眾移民至美國的因素，而這些因素其實是交織相互影響著的。由於六〇至七〇年代台灣在國際的地位上有了變化，引發了孤

---

[34] 于嘉明，〈遷徙、延續與我群意識建構：美國舊金山灣區華人穆斯林研究〉，《北方民族大學學報（哲學社會科學版）》，6期（2016），頁37。

[35] 于嘉明，〈遷徙、延續與我群意識建構：美國舊金山灣區華人穆斯林研究〉，頁36。

[36] 2016年2月2日，聖克拉拉，L6訪談紀錄。2017年12月24日，達拉斯（Dallas），L7訪談紀錄。2017年12月24日，達拉斯，L8訪談紀錄。

立感造成恐慌，促動了幾波的移民潮，其中以退出聯合國和中美斷交二事為代表。[37]「來來來，來台大；去去去，去美國」是過去台灣社會流行的順口溜，這當中鋪陳當時的社會流動路徑與移民之間的關係。[38]為了尋求更好的發展機會與更安定的生活，美國即成為選擇移民的重要目標。而當一個人在美國穩定下來，進而取得了居留或公民的身分，其家庭成員亦經常會主動或被動地以依親方式赴美。以僑居南加州的報導人L9為例，因其兄長率先赴美發展，隨後整個家族共五個家庭也都前往美國定居。[39]另一位僑居德州的L10則以身為外省人第二代而擔心台海局勢為緣由，希望讓孩子在較為穩定的美國社會環境中成長，並得以接受美式兼顧多元發展的教育方式。[40]

　　依據僑委會2016年的最新統計，美國的台灣僑胞約計有九十六萬四千人，[41]然而在美國2010年的普查數據，於台灣出生的移民約三十五萬八千人，近四十七萬五千人自我定義為來自台灣的離散人群，[42]兩國間數十萬人的統計落差值得加以探究。僑胞散居於全美各地，分布最為密集的區域係加州，占整體僑民的47%，美東的紐約州與新澤西州共有13%，居於德州的僑民占總人數6.2%。[43]至於來自台灣的旅美穆斯林，分布的情況與整體僑民的分布相似，就本章作者統計的資料顯示，定居於加州的旅美穆斯林占總人數的52.6%，在洛杉磯地區者占其中的56%，在舊金山灣區一帶者占44%；另外定居德州者占28.4%，至於其他18.9%的人則分散於美國其他州與城市。[44]

---

37 徐榮崇，〈跨國的移置與鑲嵌─談加拿大臺灣僑民的移民動機與居住地選擇〉，《台北市立教育大學學報》，39卷2期（2008），頁53。

38 徐榮崇計畫主持，僑務委員會編著，《美國臺灣僑民生活適應及發展之研究─以洛杉磯為例》（台北：僑務委員會，2006），頁80。

39 2017年12月30日，洛杉磯（Los Angeles），L9訪談紀錄。

40 2018年1月7日，普萊諾（Plano），L10訪談紀錄。

41 僑務委員會，《中華民國105年僑務統計年報》，頁11。

42 該數據參考自：Kristen McCabe, "Taiwanese Immigrants in the United States," *Migration Policy Institute*，2012年1月31日，https://www.migrationpolicy.org/article/taiwanese-immigrants-united-states#1（2018年1月13日檢索）。

43 該數據參考自：Kristen McCabe, "Taiwanese Immigrants in the United States," *Migration Policy Institute*，2012年1月31日，https://www.migrationpolicy.org/article/taiwanese-immigrants-united-states#1（2018年1月13日檢索）。

44 本章作者就田野訪查、中國回教協會寄送海外教胞會刊名冊等資訊來源，整理出可供研究參考之旅美台灣穆斯林及其後代的人數估計值，共約九十五人。

　　台灣穆斯林選擇居住城市、地域的考量，不外乎以工作領域、人群背景、子女就學學區，以及當地回教發展情況為參考標的。首先，工作的領域與位置常常決定人的住所，多位以電腦科技產業為工作的穆斯林僑民，均以北加州矽谷地區作為定居之處；而無論是北加州地區或是南加州洛杉磯及其周邊城市，因為華人分布集中，易於建立人際網絡，生活機能亦便利，所以吸引較多穆斯林華僑前去居住。至於某些落腳在德州的台灣穆斯林同樣是工作因素使其移居當地，其後並有更多的家族成員因為選擇與親屬就近居住而陸續遷往鄰近地區。[45]此外，就本章作者親身前往加州與德州，當地台灣穆斯林華僑分布較密集之市鎮之觀察，多數穆斯林華僑均會前往當地清真寺和回教學校力行宗教功修、學習宗教知識與參與活動，甚或因為當地穆斯林社群之興盛而持續居住於該環境。[46]

　　如同前述所提，部分台灣穆斯林是在完成赴美進修學業後，續留美國工作與定居的，該群體的工作多半與其專業背景相關，包括電子科技、統計、教育、醫療、商貿，乃至政府公部門等不同領域。至於人口結構方面，近六成屬於自中國大陸遷台的第一代與第二代穆斯林；其餘的係屬在台灣出生之第三代，於成長過程中移民美國者，以及在美國出生的ABC（華裔美國人，America Born Chinese）。該群體因為移居美國的不同原因與經歷，也造成他們身分上的不同，部分穆斯林因為工作或依親而取得「綠卡」（美國永久居留權），而在美國已定居多年者，幾乎均已擁有美國公民的身分，所有在美國出生的世代，則因為美國國籍「屬地主義」的規定，出生即為美國公民（Birthright Citizenship）。前章所論述的泰緬雲南裔穆斯林，亦有部分家族在移居台灣之後，因尋求更佳的生活發展，再遷徙至美國。[47]

　　台灣穆斯林移居美國後，自身對於回教信仰的認知與秉信程度，及新環境的客觀條件等，都影響著他們在新大陸實踐宗教的情況。如同所有的社群，信仰回教的每個子群體擁有其強調文化性的觀念，認定宗教信仰中的何種面向

---

[45]　2017年12月24日，達拉斯，L11訪談紀錄。
[46]　2016年2月2日，聖克拉拉，L6訪談紀錄。
[47]　針對泰緬雲南裔穆斯林在台灣的發展情況，請參見本書第十一章。

最為重要。雖然回教的宗教功修與信條是統一的，但不同的穆斯林族群會比其他人多注重一些事物。[48]依據本章作者的訪查，許多華人穆斯林在宗教實踐中最重視的環節當屬遵守飲食規範，而所謂清真飲食規範，可代表穆斯林生活各層面展現回教文化特質及對回教教規遵循的最鮮明標誌。當穆斯林經歷多次遷徙，對於飲食規範相對注重的特質仍然未變，就算沒有完整落實日常宗教功修的人，依舊強調禁食豬肉，將服膺該項飲食規範作為認定自己是穆斯林的核心指標。[49]

在二十世紀九〇年代前後，由於販售清真肉品的店鋪尚不普及，散居於美國不同城市，或是於求學階段生活在大學城中的台灣穆斯林，在不易取得清真食品的情況下，只能接受某些當下現有的選項。例如有的穆斯林在尚未尋得清真肉品時，幾乎僅食用蔬果與海鮮；而另兩位報導人在得到回教教規學者認可後，曾有一段時間選擇食用當地非清真的牛羊肉品，[50]這是值得一提的案例，突顯出特殊情境下穆斯林的非常考量。隨後因為全美的南亞、阿拉伯等地穆斯林移民的數量漸增，供應清真食材的店鋪（尤其是肉鋪）與清真餐廳便有開展的需求，各色風味的餐廳，乃至由台灣或中國大陸穆斯林開設的中式清真館一應俱全。因此，當穆斯林漸漸熟悉環境且有更多符合清真規範的食材選擇後，飲食方面也就不再是造成生活困擾的難題。

至於旅美台灣穆斯林的其他宗教實踐與宗教事務參與，包含台灣穆斯林移民與八〇年代以後赴美人數漸增的中國大陸穆斯林在內，華人在美國並無興建專屬清真寺。因此，他們皆選擇前往鄰近居住地的清真寺，與其他背景各異的穆斯林一同力行禮拜功修或參加教義講座等活動，台灣穆斯林中不乏積極參與

---

[48] Asma Gull Hasan, *American Muslim: the new generation* (New York: The Continuum International Publishing Group Inc., 2001), p. 130.

[49] 關於「豬」禁忌反映在中國穆斯林的日常生活與思想意識中的樣貌，及其如何形塑與非穆斯林／漢民之間的族群邊界，另可參見哈正利，〈飲食禁忌與回漢關係—從禁食豬肉習俗解讀回漢關係〉，《西北民族第二學院學報》，2期（2002）；張中復，〈穆斯林「辱教案」的歷史回顧與當代反思〉，《文化縱橫》，3期（2017）。以及Barbara Linné Kroll Pillsbury, "Cohesion and Cleavage in a Chinese Muslim Minority," (Ph. D. dissertation, Columbia University, 1973) 等相關論文中之論述。

[50] 2016年2月2日，聖克拉拉，L6訪談紀錄；2017年12月24日，達拉斯，L12訪談紀錄。依據回教教規，猶太教、基督教因為同屬一神信仰，也曾獲造物主啟示經典，故該二宗教之信徒便被稱為「有經人」，而其所屠宰與食用的家禽家畜肉品（當然豬肉除外），亦被允許食用。

清真寺事務者，居住於德州的報導人L12即任當地一座清真寺的委員會委員。此外，亦有人投入美國的回教宣教組織運作，協助教義文宣的正體中文翻譯工作，並於假日市集擺設攤位來宣揚回教信仰與文化。而台灣穆斯林在美國的身後事，亦由當地清真寺協助辦理，亡人安葬於各地已規劃妥善之穆斯林墓園。

藉由參與穆斯林社團組織活動，與其他穆斯林建立交流情感的平台，是台灣穆斯林在美國持續實踐宗教的一種方式。在1988年於洛杉磯地區設立的「南加州華裔穆斯林聯誼會」，已在當地發揮凝聚華人穆斯林的功效達三十年。依據經常參與活動的穆斯林L13表示：

> 南加州華裔穆斯林聯誼會是向加州政府登記有案的社團，每月聚會一次，舉辦教義的研習與討論。我們亦利用手機通信軟體建立聯絡平台，即時地分享有關回教教義、文化的影片、文章等訊息，並作為發送活動通知的管道。此外，我們也不定期舉辦孩童《古蘭經》背誦比賽，組織教胞前去探望病人、老人與殘障人士，去墓園替亡人站殯禮。我們一年兩次在公園辦烤肉活動、在公園禮拜，冬天則辦火鍋宴會。以上各項活動都可凝聚教胞們的向心力。[51]

據本章作者訪查僑居洛杉磯地區的台灣穆斯林，幾乎人人都有參與該社團活動的經驗。由於平時忙碌於個人事務，鮮少與其他教胞聚首，只要有時間就會出席活動；[52]亦有穆斯林指出，定期的聚會讓教胞們得以聯絡感情、學習宗教知識，進而相互協助。[53]除了台灣穆斯林，近幾年也有不少來自中國大陸的穆斯林加入該社團活動，有的穆斯林便希望能透過該社團幫助初抵美國的中國穆斯林。[54]至於在加州舊金山灣區，約二十年前即有台灣穆斯林移民於清真寺租用場地，舉辦每個月一次的聚會活動，活動中針對宗教議題相互分享討論，並提

---

[51] 2017年12月31日，洛杉磯，L13訪談紀錄。
[52] 2017年12月30日，聖蓋伯爾（San Gabriel），L14訪談紀錄。
[53] 2017年12月29日，洛杉磯，L15訪談紀錄。
[54] 2017年12月30日，洛杉磯，L16訪談紀錄。

圖12-3　僑居美國加州洛杉磯地區之台灣穆斯林，參與南加州華裔穆斯林聯誼會活動（攝於2015年，劉安琪先生提供）

供某些在信仰邊緣，或是重新回歸宗教的人接近社群的機會。[55]今日在德州達拉斯地區，也有穆斯林希望成立團聚華人穆斯林的社團組織，但目前仍在構思規劃階段。[56]

　　台灣穆斯林移民儘管能夠適應美國社會，但面對與回教信仰相悖，對宗教的實踐與傳承產生負面影響的事物，仍會加以排拒或採取替代方式因應，這代表該群體在美國當地非但沒有全盤接受社會中所傳達的無形或有形的價值觀與生活方式，反而自覺性地與部分行為保持距離。其中一方面為回教教義所禁止，卻被一般民眾普遍接受的事物。穆斯林移民深切地意識到喪失宗教信仰與實踐的可能性，某些在西方世界被認為體現自由的價值（性觀念開放、性取向自由、吸毒、飲酒等）是與回教相牴觸的，而穆斯林也就會為他們在美國社會

---

[55]　于嘉明，〈遷徙、延續與我群意識建構：美國舊金山灣區華人穆斯林研究〉，頁40。
[56]　2017年12月24日，達拉斯，L12訪談紀錄。

的孩子感到恐懼。[57]台灣穆斯林即因此在居住環境、工作類型、交友圈，以及下一代的學區的選擇上更為謹慎，務求在融入美國社會的同時，阻絕來自大環境與所接觸人事物之種種負面影響。

　　無論從小接受當地教育、適應當地生活，或是長輩刻意鼓勵孩子完全投入美國社會，皆導致在美國生長的第二代華人的心理意識與外顯行為上逐漸拋棄華人傳統特質。而相反地，因為中華傳統文化與回教文化的相容性與相似性，穆斯林不僅著重於力行回教的信德，亦將中華傳統美德吸納進我群意識與文化脈絡中，希望下一代即使身處西方世界，也能具備中華傳統思想與文化特質。因此華人穆斯林持續秉持這種傳承，相較於一般華僑更重視傳統倫理道德的教育，從年輕一輩的身上也看到對中華文化更深的保留與實踐。[58]

　　除了對下一代道德的培育，延續中華文化的最明顯例子即為中文能力的傳承。即使新生代華人穆斯林接受美國當地教育，英語能力極佳，但所有台灣穆斯林家長依然強調學習中文的重要性。多數家長在家中與子女均以國語溝通，甚至要求在美國出生的孫輩與長輩說話必須使用國語。[59]將孩子送往中文學校學習，亦是穆斯林家長們普遍的做法。為配合孩童平常就學作息時間，中文學校的課程通常設置在週六時段，藉由有系統的教學以培育新生代中文聽說讀寫的能力。由於使用機會有異，ABC穆斯林普遍對於國語的聽說能力較強，中文讀寫能力較弱，許多家長與年輕人也不諱言，一週一次的中文課程其實相當有限，等到進大學、出社會，使用中文的機會就更少了。除了在家庭與中文學校打下的基礎，培養出個人的興趣，利用寒暑假赴台灣探親、遊玩，甚至看國語電影、電視劇，都是得以增進中文能力的管道。[60]

　　旅美台灣穆斯林兼具華人與穆斯林兩種身分，無疑地，兩者分別代表了在美國族裔與宗教上的少數群體。經歷了多年的生活，甚至在美國落腳後的第三、四代都已出生，該群體亦已形塑出可由宗教、國家與族群三者加以檢視

---

[57] Aminah Beverly McCloud, "Islam in America: The Mosaic," in Yvonne Yazbeck, Haddad, Jane I. Smith, John L. Esposito, eds., *Religion and Immigration: Christian, Jewish, and Muslim experiences in the United States* (Walnut Creek: Altamira Press, 2003), p. 168.

[58] 于嘉明，〈遷徙、延續與我群意識建構：美國舊金山灣區華人穆斯林研究〉，頁37。

[59] 2017年12月30日，洛杉磯，L16訪談紀錄。

[60] 2016年2月17日，聖克拉拉，L17訪談紀錄；2017年12月27日，伊斯特維爾（Eastvale），L18訪談紀錄。

的自我認同心理。美國是當下生存發展的地方，縱使無法百分之百融入，仍須盡可能地適應生活方式、人際往來、文化背景等不同面向。而從另一個角度來看，對當地生活不甚適應的穆斯林，就算交友圈與生活圈都是宗教或族群背景與自己相同的人群，仍可因為美國多元文化並存的氛圍，自由自在，毫不受限地過兼具中華與回教文化的生活。

　　由於生活在非穆斯林國家，當地世俗化程度相當高，為求子女延續信仰、遵守宗教規範，並建立正確的判斷力與價值觀，家長們無不重視宗教教育的落實，其中最普遍的管道即屬清真寺的假日學經班（Mosque's Sunday School）。大約在孩童四五歲時，穆斯林家長便開始將他們送往清真寺學習阿拉伯語、宗教知識及背誦《古蘭經》。由於一週一次的課程時間有限，因此家長也在課餘陪同孩子們複習所學，並利用童書、影片與在車上播放《古蘭經》等方式培養學習的興趣與習慣，而更重要的則是以身教言教將回教的教導灌輸給下一代；亦經常帶孩子們前往清真寺參加各種活動，使他們對回教建立更強的認同感以及對社群更高的向心力。

　　華人穆斯林在對下一代的教育工作上，面臨著與美國大環境三種向度的拔河，分別是代表當地文化的正規學校教育、中華文化的延續，以及回教信仰的傳承。家長所持的立場，無非是希望子女在美國安居樂業、無縫接軌當地社會的同時，也把家庭中承續先輩的中華文化、倫理道德，以及宗教信仰與實踐延續下去，因此竭盡所能地讓孩子們接受良好的教育，並從小使他們接觸並學習教門知識和文化。然而，這樣的努力拉扯不見得能達到平衡的結果，甚至家長所盼望的結果本來就不只是三種向度形式上的平衡，而可能是偏向某一向度，其中對宗教信仰特別強調的家長，即當期望和要求下一代必須重視宗教意識與實踐。但是，周圍環境的推波助瀾，以及形塑於新生代身上的自我實踐與價值判斷，卻往往讓他們的發展方向不若長輩所希望或掌握。在充滿挑戰與傳承危機的環境，更突顯教育與文化的延續不僅是上對下的灌輸與教化，亦需要由下而上形成認同意識，並將所承接的知識與文化加以實踐，其功效才能徹底落實。[61]

---

[61]　于嘉明，〈遷徙、延續與我群意識建構：美國舊金山灣區華人穆斯林研究〉，頁38-39。

移居美國的華人穆斯林，在婚姻對象的選擇上，除了宗教的因素，還有文化背景的考量。經過本章作者的訪查，發現他們對於自身過往，以及今後下一代的婚配對象，均把是否為「中國人」作為優先考量，不願意找外族，畢竟人對於未知的人事物往往心生恐懼，對婚姻更是不能冒險。[62]由此可見，華人穆斯林即使生長在美國，仍對於華人文化作為我群意識的一環相當重視，反映在婚姻對象選擇上有時甚至超過對宗教的要求。當然，以信仰來評斷婚姻對象也是重要的，但如果夫妻間民族文化與風俗習慣差異過大，便可能導致生活上嚴重的摩擦。

這樣的現象其實並非屬華人穆斯林特有，某些歸信回教的美國白人，在試圖與穆斯林移民女子通婚上是受挫的，原因是女方的家庭不允許。基本上非洲裔美國人、操西班牙語者，以及其他穆斯林少數族群，均傾向與自己同樣群體的人結婚。[63]本章作者認為，華人穆斯林是整體穆斯林社群中的少數，身處於美國主流社會以及以南亞、阿拉伯人為主的穆斯林社群的雙重框架中，他們更需要尋找與其文化和習慣相近的婚配對象，減少彼此適應與融合上的困難，並有助於族群文化的持續發展。換言之，穆斯林族群的內部聯姻，最重要的價值所在便是宗教信仰的延續與族群傳統文化的傳承。[64]然而，今日部分年輕穆斯林因為生長環境的因素，與美國社會接觸的機會與頻率比與穆斯林群體，乃至華人皆多，因此即產生愈來愈多與非華人或非穆斯林通婚的現象。

再者，穆斯林結親的過程經常透過介紹的方式，基於華人穆斯林彼此的熟識，以及透過原鄉親友的人脈網絡，較容易促成同樣族群背景的人成婚。舉例而言，台灣穆斯林移民的第二代與赴美發展的中國大陸回族通婚；或是與在台灣生長的回民第三代聯姻，即使雙方在語言、文化、生活習慣、價值觀等沒有完全一致，但廣義上依舊是相同背景的結合，雙方在宗教實踐與傳統文化並無明顯的差異及隔閡。總之，除了宗教信仰一致，夫妻亦因為族群文化的共通性得以更加融合，華人穆斯林藉由我群意識所產生的凝聚力，投射在婚姻對象的

---

[62] 2016年2月17日，聖克拉拉，L19訪談紀錄。
[63] Jane I. Smith, *Islam in America* (New York: Columbia University Press, 1999), p. 112.
[64] 于嘉明，〈在台泰緬雲南籍穆斯林的族群認同〉（國立政治大學民族學系碩士論文，2009），頁129。

圖12-4　長輩來自台灣，在美出生的第三代華裔穆斯林之結婚典禮（攝於2015年，于嘉明提供）

選擇條件上；相對地，因為婚姻所建構的紐帶關係，更為我群意識提供了穩固的發展平台。[65]

　　對於穆斯林族群而言，與他者不同的族群邊界的形成或許不是刻意建構出來的，然而信仰造成在生活、文化等各層面與大環境的差異與特殊，便會成為我群與他群的區分。在穆斯林國家沒有族群邊界的問題；而在穆斯林具有聚居區的非穆斯林國家，藉由社群有形的凝聚與邊界形塑功能，穆斯林族群屬性得以有所歸屬。至於分散於社會不同角落的散居穆斯林，要建立邊界與外界區分已屬不易，邊界建立後便必須面對維繫的問題。[66]也因此宗教認同作為族群認

[65]　于嘉明，〈遷徙、延續與我群意識建構：美國舊金山灣區華人穆斯林研究〉，頁39-40。
[66]　于嘉明，〈在台泰緬雲南籍穆斯林的族群認同〉，頁70。

同中的重要內涵，華人穆斯林需要將教育傳承、對飲食規範與婚配對象的重視等環節，落實在日常生活中，這不僅是遵守教義的表現，亦代表移民少數族群在大環境中為維持族群邊界與認同所做的努力。

多數旅美穆斯林表示，因出身穆斯林家庭，從小即懂得基本信仰，並跟隨長輩實踐宗教功課、遵守宗教規範等，無論落實程度高低，始終秉持信仰的身分。當來到美國之後，雖然當地的穆斯林有限，但畢竟穆斯林在台灣也是少數族群，因此大環境並沒有對宗教認同造成什麼負面影響。相對地，許多人表示來到美國之後，個人的宗教表現與認同意識反而比在台灣時更為提升，過去在台灣認為宗教信仰是長輩傳下來的，依照宗教規範過生活是一件正常的事；然而，來到美國之後，才發覺自身對於信仰的態度與實踐並不周全。[67]

此外，部分穆斯林以前在台灣可能過度忙碌於世俗生活，沒有多往教門接近；美國穆斯林社群中更濃厚的宗教氣氛，提供更多學習的管道，便把握機會讓自身與家人多多接觸宗教環境。[68]尤其是當新一代在美國出生，為了教育孩子，家長們更加需要學習與實踐宗教，無形中亦增強了對信仰的認同。[69]基本上美國環境開放多元，清真寺與宗教機構皆鼓勵大家學習及參與宗教事務，加上其他族裔的穆斯林，例如印度、巴基斯坦、阿拉伯人等對於教門的積極，也連帶鼓勵與影響華人穆斯林投身宗教事務的情況。[70]當然，個人的經驗與所處環境仍是重要的因素，日常生活中持續落實宗教的實踐與規範，對宗教的認同即能持續維繫。[71]

公民身分對於如第一代台灣穆斯林移民，以及較早取得美國公民身分的多數人而言，代表生活上的便利性。[72]儘管心理歸屬仍脫離不了華人傳統，不覺得自己是「文化上」的美國人，但基於「工具性」因素，則可藉此身分獲得更多法律上的保障與提升權益。若一直在美國生活下去，也就持續保有這個身分。報導人L16即說明，自己身為美國公民，並無雙重國籍，享受美國的健保

[67] 2017年12月24日，達拉斯，L11訪談紀錄。
[68] 2017年12月25日，普萊諾，L20訪談紀錄。
[69] 2017年12月23日，達拉斯，L21訪談紀錄。
[70] 2017年12月30日，聖蓋伯爾，L22訪談紀錄。
[71] 2017年12月29日，洛杉磯，L23訪談紀錄。
[72] 2017年12月24日，達拉斯，L11訪談紀錄。

與退休金等福利，但不使用台灣健保或拿養老基金，不要從兩邊獲利；[73]就連大學甫畢業，擁有美國國籍的L24亦認為，認同自己為美國人較有利益。[74]

　　而將公民身分深化到國家認同的高度，成為了美國公民，卻不必然擁有美國國家認同，不同族群背景的台灣穆斯林對此有不同的態度與主張。移居美國的第一代，幾乎均擁有美國國籍，但年紀較長的幾乎仍視中華民國為自己的國家；年齡較輕的所謂外省第二代，部分對於中華民國（台灣）仍有感情，依舊關心台灣的政治、經濟動態，表示出生在中華民國台灣，目前雖身處海外，但思鄉之情不在話下，依舊熱愛自己出身長大的台灣，但也愛僑居的美國，[75]或是認為中華民國與美國皆為自己的國家；[76]部分穆斯林則抱持對美國較深的認同，基於對當地政治、法律等各種制度，及對英語的熟悉等，[77]也有人很堅決地表示，國家認同是很實際的，沒有理由認為自己不是美國人，亦不允許他人挑戰個人的美國認同。[78]

　　至於在美國出生的第二代或第三代，因為從小對當地環境熟悉，並接受美國的各種價值觀，因此無形中建立愈來愈深的美國國家認同，甚至認為以身為美國人為傲。[79]這其實不是令人意外的現象，在美國出生的台灣穆斯林後裔並沒有跨國遷徙的經驗，長輩們的「祖國」在他們的認知中，已失去政治與國家認同的意義，僅代表文化背景與家族的發源地；加上類似情形的新生代在美國社會的各族群中比比皆是，從出生、求學、工作都在美國，以英語作為主要使用的語言，而且與生俱來擁有美國國籍的條件下，年輕世代穆斯林自然會對美國擁有強烈的國家認同。

　　血緣、外貌等無法改變的既有屬性；加上自己對原鄉民族文化的情感，以及體現在生活中的風俗習慣等，讓移民者無法將原生族群的身分認同抹滅。其實，不只是華人，美國的穆斯林在種族上既不具同質性，在民族上亦非鐵板一

---

73　2017年12月30日，洛杉磯，L16訪談紀錄。
74　2017年12月27日，伊斯特維爾，L24訪談紀錄。
75　2017年12月31日，洛杉磯，L25訪談紀錄。
76　2017年12月29日，洛杉磯，L23訪談紀錄。
77　2017年12月24日，達拉斯，L12訪談紀錄。
78　2017年12月30日，聖蓋伯爾，L22訪談紀錄。
79　2016年2月17日，聖克拉拉，L17訪談紀錄。

塊。個人在美國社會中的認同不僅是由國籍來源與種族相似性所定義,在美國穆斯林之中發展出認同的第三種因素為民族意識,穆斯林社群中的這種民族認同,提供了區別穆斯林移民一種微妙的形式。[80]這也再次印證穆斯林我群意識的形塑,並不單純只是宗教認同,民族與祖國背景所代表的根本性身分屬性更不可加以忽視。

對於在美國的台灣穆斯林而言,國家認同其實與民族(或族群)認同具有某種程度的疊合性,雖說認為自己是否為美國人,與有無美國國籍並無直接的關聯性,因為多數人仍因上述原生性與文化性的因素而自視為中國人。部分已取得公民身分的華人穆斯林,把身分與認同完全切割,並不認為自己是美國人,表示在美國待得再久,也無法否認自己是中國人的事實。[81]而認為自己也是美國人的穆斯林,即因目前的生活環境是美國,習慣當地的生活模式,但由於在原鄉即擁有中國人與穆斯林的身分,對美國的認同是最後才形成的,或是說並不認為自己是百分之百的美國人。而身分認同的問題有時也造成穆斯林的困擾,亦提供研究者思索的空間,報導人L12直言:

> 我自認不是美國人,因為外表看起來就不是;但自認也不是中國人,雖然外表是中國人的面孔,但不懂中華文化,中文也不好。有一段時間我不知道自己所屬為何。[82]

至於在美國出生的ABC對個人身分定義就有不同解讀,除了認同美國是自己的國家,報導人L17認為每個人因為背景不同即有不同的認知,穆斯林、華人與美國人三種身分在她身上同等重要,今天的自己具有三種身分融合一體的特質;如果需要選擇拋棄,最沒有把握能繼續維繫的是對華人的認同,因為自己已是華人第二代,未來下一代如持續待在美國,中華文化的實踐與認同

---

[80] Sulayman S. Nyang, "Convergence and Divergence in an Emergent Community: A Study of Challenges Facing U.S. Muslims," in Yvonne Yazbeck Haddad, *The Muslims of America* (New York: Oxford University Press, 1991), p. 238.

[81] 2017年12月30日,艾爾蒙特(El Monte),L26訪談紀錄。

[82] 2017年12月24日,達拉斯,L12訪談紀錄。

勢必更弱，然而對穆斯林的認同非但不會放棄，反而會極力傳承下去。[83]而其他相同世代的穆斯林，除了認同自己華人的身分，有時更傾向以「亞洲人」（Asians）或「在美國的中國穆斯林」（Chinese Muslim in America）這類更概括性的稱呼來自我定義。[84]

　　自2001年的九一一事件之後，美國社會對於伊斯蘭教可謂既充滿好奇，卻又產生防備，甚至敵意。加上十餘年來美國政府發動的一連串反恐戰爭、國內偶爾發生的恐怖攻擊事件，以及許多因逃避戰禍湧入歐洲各國的西亞穆斯林對當地的文化與社會的影響等，今日的歐美世界似乎都罹患了「伊斯蘭恐懼症」（Islamophobia）。伊斯蘭恐懼症這個詞彙源於西方世界，顧名思義是指非穆斯林對回教產生莫名的恐懼，認為穆斯林移民與其後代將會「伊斯蘭化」西方社會，破壞他們原有的生活價值。[85]伊斯蘭恐懼症不僅是一種個人的信念，亦會嵌入社會結構中，透過正式教育、媒體與法律限制來傳輸，並以特殊的文化與歷史情境中的社會排他機制加以體現。[86]

　　以美國的社會環境與穆斯林的互動為例，社會對穆斯林文化、規範、習俗的陌生，導致容易產生誤解、排拒與恐懼，例如宰牲節、披蓋頭巾、宗教禁忌等。對所有美國穆斯林移民而言，穆斯林宗教、文化意義的日常行為及民俗傳統的表達，一方面使美國穆斯林的傳統文化及習俗得到了強化，同時負面效應也大範圍存在，美國社會對其行為舉止仍心有餘悸，甚或引起恐慌。[87]穆斯林的宗教和族裔身分及其與美國主流社會的差別，不僅使一些穆斯林難以有與其他美國公民完全一樣的自我意識，而且使美國主流社會對穆斯林存有某些偏見和歧視。特別是美國媒體和學術界對回教和阿拉伯世界持有的一些偏激言詞，既影響了穆斯林主動的美國人認同，又影響了美國主流社會對

---

[83] 2016年2月17日，聖克拉拉，L17訪談紀錄。

[84] 2017年12月30日，聖蓋伯爾，L14訪談紀錄。

[85] 包修平，〈導讀‧補充觀點—伊斯蘭化的歐洲〉，收入三井美奈著，李佳蓉譯，《伊斯蘭化的歐洲》（新北：光現出版，2017），頁22。

[86] Eva Kalny, "Anti-Muslim Racism in Comparison: Potentials for Countering Islamophobia in the Classroom," *Islamophobia Studies Journal*, 3:2 (2016), p. 72.

[87] 法瑞婭‧康恩，張麗譯，〈查經班：美國南亞裔女性穆斯林的身份認同〉，《文化遺產》，4期（2016），頁29。

穆斯林的接納性認同。[88]

　　如同前述所提，許多穆斯林以一個新環境的回教氛圍如何、是否有清真寺等作為移居該地的重要考量因素，更廣義的移民者對於移居地的選擇亦然。以美國加州為例，當地多元文化薈萃、民風開放自由，確實是吸引眾多移民的一項決定性原因。從政治局勢與態度的角度觀察，加州多年是民主黨（Democratic Party）的大本營，即與多元文化交融共生的態勢相關，許多身處在該地的台灣穆斯林，也長期受此政治文化與社會環境影響。但據本章作者的觀察，縱使在以共和黨（Republican Party）的支持者居多的德州，或其他地方居住的台灣穆斯林移民，大都仍抱持尊重多元，並希望個人的族群文化與信仰持續在美國得以自由發展的立場。

　　台灣穆斯林由於東方人的身分與外貌，不易被人輕易認為是穆斯林，故較少因為宗教的因素遭當地社會所排擠；而美國大部分擁有一定教育程度的人，也不會因為宗教或種族而歧視他人。[89]身在加州的穆斯林，亦因為當地多元的背景，多半沒有因反恐政策以及社會對於穆斯林的偏見而受到負面的影響。然而，還是有人因為某些恐怖事件而產生陰影，並感到目前因為川普就任美國總統之故，社會上對立與反回教的情況更顯乖張，[90]即有報導人親眼見到穆斯林女性的頭巾當眾被人扯去的景象。[91]因此，有些人便以較低調的作風行事，除了參加節慶活動之外，其他時間較少前往清真寺，甚至不會主動揭露個人的穆斯林身分，以免遭受異樣的眼光。[92]

　　但亦有人以較積極的態度面對社會大眾對回教的偏見與誤解，例如早在九一一事件發生後，南加州華裔穆斯林聯誼會的骨幹們，就決定需要向外宣揚回教不等於恐怖主義的主張，印製介紹回教的傳單，在華人聚居的城市和各大超市、商業區散發。[93]當然，過程中曾遭受其他華人非理性的辱罵，但穆斯林以行動向外界呈現回教真正面貌，以良好的行為舉止待人接物，仍是穆斯林自身

---

[88] 馬莉，《美國穆斯林移民──文化傳統與社會適應》（北京：中央民族大學出版社，2011），頁225。
[89] 2017年12月29日，洛杉磯，L23訪談紀錄。
[90] 2017年12月30日，艾爾蒙特，L26訪談紀錄。
[91] 2017年12月27日，伊斯特維爾，L24訪談紀錄。
[92] 2017年12月30日，聖蓋伯爾，L14訪談紀錄。
[93] 2017年12月31日，洛杉磯，L13訪談紀錄。

應該做到的事。[94]報導人L22甚至強調，回教與穆斯林都是美國社會中的一份子，穆斯林必須與他人和平相處，共同建立屬於所有人的家園；若穆斯林僅是自外於社會，自己的立場無法站穩，外界更不會予以尊重與認同。[95]

---

[94]　2017年12月29日，洛杉磯，L15訪談紀錄。
[95]　2017年12月30日，聖蓋伯爾，L22訪談紀錄。

# 結論

　　穆斯林移居海外的情況，於民國前期即已出現，某些人因為朝覲、躲避戰亂等原因，前往西亞國家，或是東南亞鄰近地區等，進而在當地落戶發展。俟民國38年國民政府播遷來台，部分隨之來台的穆斯林，在台灣駐留一段時間後，踏上「再離散」的旅程，往世界各個國家與地區移民，在當地至少已生活了兩個世代。沙烏地阿拉伯王國與美國，是目前台灣穆斯林華僑，或具中華民國背景者所居最多的兩個國家，初抵當地的第一代，在開創新生活的同時，努力實踐與傳承回教信仰與中華文化；在僑居國生長的新世代，則因為充分融入當地社會環境，生活中的中華文化元素逐漸褪色，族群與國家認同亦呈現游移與改變。而除了世俗生活的同化力量，台灣旅美穆斯林還需要面臨美國社會對於回教的隔閡，以及少數族裔生存的挑戰等課題，因此這些都將影響該群體對於回教信仰的落實與傳承。

# 第十三章

# 外國穆斯林在台灣開展的
# 新趨勢及其影響

包修平

民國105年在台北花博爭艷館所舉辦的「2016印尼開齋節」
（于嘉明提供）

# 前言

今日的台北清真寺宛如一個小型國際村,每逢週五的中午時刻,不同國籍與民族的穆斯林齊聚一堂參與聚禮。拜後,穆斯林不分彼此相互道安與交流。回教倡導的「天下穆斯林皆一家」的精神落實在每週五的聚禮活動中。近年來,外國穆斯林在台灣社會的能見度增加,特別是在台二十多萬的印尼穆斯林移工,彷彿成為台灣穆斯林的代表。平常在公眾場合即可見帶著頭巾的印尼女性僱傭,照料坐在輪椅上的老人家;又或是在開齋節期間,上萬印尼穆斯林移工湧入台北火車站大廳的場景,成為人們茶餘飯後討論的話題。

事實上,除了印尼穆斯林勞工外,還有六千多位印尼穆斯林學生在台灣各大學院校攻讀學位。[1]這些印尼穆斯林學生在校園內成立穆斯林學生組織與舉辦回教活動,提供台灣大眾一個認識回教的管道。與印尼穆斯林相比,另外還有來自中東、南亞、非洲、中亞與其他東南亞地區的外國穆斯林。他們在台灣分別從事貿易、求學或是與台灣本國籍女子結婚而定居台灣。這些在台的外國穆斯林人數遠不如印尼穆斯林,但他們在台各自有專屬的社群,有些在工作與學業閒暇之餘,積極參與回教事務;或是與本地穆斯林合作,維繫清真寺日常運作與協助回教教學。

在蔡英文總統上台後,「新南向政策」成為政府強化與東南亞以及南亞國家雙邊聯繫的重要政策。為了吸引這兩個地區的穆斯林來台觀光與求學,中央、地方政府與民間機構合作,試圖營造一個「穆斯林友善公共空間」。這幾年許多媒體已開始關注在台的外國穆斯林動向,不過尚未描繪外國穆斯林在台發展的整體情況。對此,本章節將介紹外國穆斯林在台的組成結構、發展模式、在台灣遭遇的問題、與本地穆斯林的關係,以及外國穆斯林在台灣的發展趨勢。

---

[1] 請參考〈教育統計簡訊:105年大專校院境外學生概況〉,《教育部統計處》,2017年1月26日,https://goo.gl/NFhbxf(2018年3月5日檢索)。

# 第一節　外國穆斯林在台灣的組成結構

　　今日談到台灣的穆斯林，一般人會認為是來自印尼與其他國家的外國穆斯林。然而，在民國八〇年代以前，在台灣絕大多數的穆斯林為本國籍，即以漢語為母語的穆斯林。有關本國穆斯林早期在台灣的發展，可參見本書第三章〈中國回教協會在台灣的延續與拓展〉。直到民國八〇年代晚期，因台灣缺乏勞動人口與高端技術人才之故，政府逐漸引進外來技術人員與勞工，這其中包含不少外國穆斯林。從此，外國穆斯林開始進入台灣公眾視野。

　　在探討外國穆斯林在台灣的發展及其影響之前，須先對外國穆斯林下個定義。外國穆斯林泛指未持有中華民國國籍的穆斯林，或是歸化為中華民國籍但以非漢語為母語的穆斯林。外國穆斯林的來源地可分為五大區域，分別包含中東（阿拉伯人、波斯人、土耳其人、庫德族人）、中亞、南亞（巴基斯坦人、印度人、緬甸人、孟加拉人、斯里蘭卡人）、東南亞（印尼人、馬來西亞人）與非洲地區。今日外國穆斯林在台灣的人口數量尚未有正式官方統計，本文主要依據外國穆斯林的訪談資料以及彙整教育部、內政部與其他政府網站的統計數據，估算在台外國穆斯林人數大致為二十八萬到三十三萬之間。

表13-1：在台灣的外國穆斯林人口組成與統計估算

| 依照地區分別 | 人口估計（至少） | 百分比 |
|---|---|---|
| 東南亞穆斯林 | 280,000 | 99.61% |
| 中東穆斯林 | 550 | 0.20% |
| 南亞穆斯林 | 300 | 0.11% |
| 非洲穆斯林 | 200 | 0.07% |
| 中亞穆斯林 | 50 | 0.02% |
| 總數 | 281,110 | 100% |

　　從表格中得知，東南亞穆斯林占台灣外國穆斯林人口絕大多數，估計有二十八萬人之多。東南亞穆斯林來自印尼、馬來西亞、汶萊與菲律賓等國，其中又以印尼穆斯林為最大宗。在台灣的印尼穆斯林可區分為兩大類。第一類屬於移工身份，約二十七萬五千人，[2]從事營造業、漁業、家政與照料老人等勞力工作。第二類為學生，依據教育部統計在台灣有六千多名印尼學生，絕大多數為穆斯林身份，領取台灣政府與企業的獎學金攻讀碩博士學位。[3]

　　除了印尼穆斯林之外，另外還有從世界各地來台的穆斯林。中東地區的穆斯林來自阿拉伯國家、伊朗與土耳其。阿拉伯人兩百多人，伊朗人約五十多人，土耳其人約兩百五十人，庫德族人約五十人。南亞地區的穆斯林約三百多位，分別來自巴基斯坦、印度、緬甸與孟加拉等地，多半在台灣從事貿易或是與台灣當地女子通婚。至於非洲地區與中亞地區的穆斯林分別有兩百五十位左右，多半在台灣求學。這些外國穆斯林人數比例遠遠不如印尼穆斯林，然而這些穆斯林在台建立各自的聯繫網絡，或是成立穆斯林組織與台灣社會交流。

---

2　〈產業及社福外籍勞工數─按國籍分〉，《勞動部》，http://statdb.mol.gov.tw/html/mon/212030. htm（2018年3月10日檢索）；2017年9月1日，台北，M1訪談紀錄。

3　〈教育統計簡訊：106年大專校院境外學生概況〉，《教育部統計處》，2017年1月26日，https:// goo.gl/9VTPir（2018年3月10日檢索）；Retno Widyastuti（孫莉瑋）, "Social adaptation of Muslim Ethnic Minorities in Taiwan: Case Study of Indonesian Muslim and Chinese Muslim," Master Thesis, International Master's Program in Asia-Pacific Studies, National Chengchi University, 2015, pp. 2-3.

# 第二節　外國穆斯林在台灣的發展模式

在台灣的外國穆斯林族群多元，包含阿拉伯人、伊朗人、土耳其人、庫德族人、巴基斯坦人、印度人、孟加拉人、印尼人、馬來西亞人、汶萊人與非洲地區的穆斯林。這些族群的穆斯林來台原因不一，有來台灣求學、工作或是與當地人通婚成為台灣「新住民」。由於外國穆斯林散佈全台，並非每一個外國穆斯林都會到清真寺或是與本地的穆斯林以及一般台灣民眾接觸交流，因此無法詳細了解每個外國穆斯林的動態與發展情況。另外，一些從穆斯林國家來台發展的外國人士，他們憑自己的努力，逐漸在台灣打出一片天，也具備一定的社會影響力。不過，這些具有穆斯林身份背景的外國人，平時並未向台灣社會顯現回教認同，也未與本地穆斯林社群建立聯繫關係，因此不在此文的討論範圍內。本文僅從與台灣社會互動最密切的三個外國穆斯林族群為單位，分別為土耳其、巴基斯坦與印尼穆斯林，試圖勾勒出外國穆斯林在台灣的整體發展樣貌。這三個外國穆斯林族群可以說是在台外國穆斯林當中最活躍的族群，各自有專屬的團體、公司與學生組織，除了平日忙碌於工作與學業之外，他們也利用閒暇時間積極投入回教服務事務，並與台灣社會的互動緊密。

## 一、土耳其穆斯林

在台灣的土耳其穆斯林人口估計約兩百五十人左右，占所有外國穆斯林的比例甚小。然而，土耳其穆斯林長期與台灣社會有密切的互動與交流，其中以Hizmet團體最具代表，在台灣估計有七十多人。[4]　Hizmet土耳其文為「服務」之意，在中文譯名為「志願者服務運動」，是一個跨國性的非政府組織。志願者服務運動又稱「葛蘭運動」，因該組織主要是宣揚創始人法土拉・葛蘭

---

[4]　2017年8月25日，台北，M2訪談紀錄。

（Fethullah Gülen）跨宗教與跨文化對話的理念。

葛蘭於1941年出生在土耳其東部的一個村落，從小接受傳統回教教育訓練。從1960年代起，葛蘭有意識推動回教倫理復興與教育活動，逐漸得到中產階級、中小企業商人與大學學生的支持與參與。而1991年蘇聯解體後，葛蘭的追隨者到中亞國家如塔吉克、哈薩克、土庫曼、吉爾吉斯與烏茲別克發展。由於這些中亞國家與土耳其的語言與文化相近，葛蘭運動在中亞一帶發展迅速。自1997年以後，葛蘭運動擴及到世界各地，在美洲、歐洲、非洲與東亞地區皆有葛蘭運動的存在。經過四十多年的發展，今日葛蘭運動已是一個擁有數百萬追隨者、數百個基金會、協會與公司的巨型跨國性組織。[5]

葛蘭運動與台灣的聯繫甚早，民國83年已有一批追隨葛蘭的土耳其人來到台灣。他們來到台灣先學習中文，之後進入大學完成學業。畢業之後，這些土耳其人先後在台成立美語學校與國際中學。另外，他們也成立協會，如民國86年的「伊斯坦堡俱樂部」（Istanbul Club）、民國95年的「安那托利亞—福爾摩沙協會」（Anatolia-Formosa Association）與民國101年的「福爾摩沙學會」（Formosa Institute），從事宗教對話、文化交流與學術活動。

以宗教對話為例，葛蘭運動積極與台灣各大宗教團體對話，強調宗教間的對話與不同宗教間相互尊重與實踐文化相容性的概念，藉此破除已故哈佛大學學者杭廷頓（Samuel Huntington）主張的「文明衝突論」。[6]以文化交流為例，葛蘭運動不定期舉行認識回教與土耳其文化的活動，如開齋節晚宴、阿舒拉日（Aashuuraa' عاشوراء）布丁發送活動，[7]舉辦土耳其彩繪畫展示，以及邀請台灣人到土耳其旅遊等文化活動。以學術活動為例，葛蘭運動在民國93年成立

---

5   Hakan Yavuz, "The Gülen Movement: The Turkish Puritans," in Hakan Yavuz and John Esposito ed., *Turkish Islam and the Secular State: The Gülen Movement* (New York: Syracuse University Press, 2003), pp. 30-31.

6   Zafer Polat-Mete Samci，〈葛蘭對「文明衝突論」不表認同〉，《法土拉・葛網站》，2005年11月24日，http://newmsgr.pct.org.tw/Magazine.aspx?strTID=1&strISID=103&strMAGID=M2008051601487（2018年3月10日檢索）。

7   阿舒拉日發放甜點與土耳其人的習俗有關。據稱先知挪亞在回曆1月10日（阿舒拉日）渡過大洪水的考驗後，將土地上僅存的穀物製作成甜點充飢。土耳其人在每年的阿舒拉日製作甜點或是八寶粥，贈送給親朋好友與窮人。請參見Rumi Club, "Noah's Pudding," *University of Massachusetts*, http://www.umass.edu/gso/rumi/ashura.pdf（2018年10月16日檢索）。

「希泉出版社」，出版一系列有關葛蘭與其資深幹部的中文翻譯著作，如《最後的先知：穆罕默德的生命面貌》、《蘇非思想：伊斯蘭的心靈旅程》、《伊斯蘭與恐怖主義》、《信仰珠璣》、《齋戒指南》、《魯米：生平・思想・餘緒》、《請問伊斯蘭》等書籍。除出版事業外，葛蘭運動舉行國際學術研討會與邀請國外土耳其學者來台演講，並邀請台灣大學教授以及報社主編參與相關的學術交流活動。[8]

　　葛蘭運動在台灣經營二十多年逐漸建立起口碑。[9]此外，葛蘭運動的成員為虔誠的穆斯林，經常參與台灣各清真寺的活動或協助回教基礎教育課程。過去一些年輕的台灣穆斯林受葛蘭運動的影響，遠赴土耳其求學甚至定居於土耳其。另一方面，不少與葛蘭運動互動的台灣知識份子十分讚賞葛蘭運動的理念。不過整體來說，葛蘭運動並沒有與台灣社會建立緊密的連結。葛蘭宗教對話的理念僅吸引少數台灣知識份子與中產階級，絕大多數的台灣人對於葛蘭運動了解不多。再者，發生於2016年7月15日土耳其的軍事政變，影響葛蘭運動在台灣的發展。該軍事政變很快在一日內落幕，土耳其總統埃爾多安（Recep Tayyip Erdoğan）指控葛蘭與其支持者在幕後策畫軍事政變。短短幾個月內，土耳其政府逮捕上萬名疑似與政變有關聯的土耳其人，包含軍人、教師、法官與企業家等，並宣佈葛蘭集團為恐怖組織，沒收葛蘭集團的財產與斷絕資金流向。由於土耳其政府的壓制，在台灣的葛蘭運動缺乏資金運作，目前在台灣沒有公開活動。[10]

　　除了葛蘭集團之外，台灣也有其他土耳其回教組織如Suleymaniye，但這個團體在台灣的人數不多，目前僅知在中和與桃園大園地區教導台灣穆斯林小朋友基礎回教知識。[11]

---

[8]　如民國101年在台灣大學舉辦一場「Hizmet運動和法土拉・葛蘭先生的思想與教導」國際研討會，吸引在地學者、土耳其、日本與美國學者發表與Hizmet相關議題的論文。請參考〈葛蘭運動國際會議台北登場〉，《新唐人》，2012年12月3日，https://tinyurl.com/y8ndyanp（2018年3月10日檢索）。

[9]　莊舒仲，〈高雄市優佳國中：土耳其背景打造全英環境〉，《親子天下》，2015年2月6日，https://tinyurl.com/y8f3r8td（2018年3月10日檢索）。

[10]　2017年8月25日，台北，M2訪談紀錄。

[11]　2018年4月24日，台北，大園清真寺董事長黃金來訪談紀錄。

## 二、巴基斯坦穆斯林

　　相較於在台的土耳其穆斯林，巴基斯坦穆斯林與台灣社會的關係更為緊密。估計有三百多位巴基斯坦穆斯林定居台灣。值得注意的是，在台灣的巴基斯坦人與生活在香港、日本與韓國的巴基斯坦人有許多共同之處。例如他們多半從事貿易與餐飲事業，會說當地的語言並娶當地女性。一些巴基斯坦穆斯林於民國103年，在桃園新屋成立「台灣巴基斯坦社會福利關懷會」。該協會成立宗旨為凝聚在台的巴基斯坦人，提供他們一個尋求援助與依靠的地方。[12]

　　由於巴基斯坦穆斯林與台灣女性通婚的關係而取得國籍，成為台灣社會的一份子。這些新住民近年來已成為台灣明顯成長的少數群體，同時對台灣社會貢獻頗多。例如一對夫婦（巴基斯坦先生與台灣妻子）於民國101年底，在台東開設「益台灣餐廳」，這是台東少有的清真餐廳。不僅如此，這對夫婦具有極高的宣教熱忱，在餐廳內部設置禮拜室、擺設回教書籍、陳列穆斯林服飾與不定期舉行回教文化活動。除此之外，在工作之餘，這對夫婦另外成立「台東愛心餐食服務站」（Halal City Food Bank），每個週末開車到周邊的原住民部落發放披薩與捐贈衣物給原住民老人與小孩。[13]這對夫妻的義舉可反映在兩則《古蘭經》經文中：

> 信道而且行善者，是樂園的居民，他們將永居其中。（第2章82節）[14]
> 你們當為主道而施捨，你們不要自投於滅亡。你們應當行善；真主的確喜愛行善的人。（第2章195節）[15]

---

[12] 李容萍，〈台巴異國婚夫妻組關懷協會助同鄉〉，《自由時報》，2014年9月20日，http://news.ltn.com.tw/news/life/breakingnews/1111501（2018年3月10日檢索）。

[13] 于嘉明，〈一對穆斯林夫婦在台東的社會慈善事業初探〉，「台灣人類學與民族學學會2015年年會」，台北，國立政治大學，2015年10月3、4日，頁2。

[14] 《古蘭經》第3章120節。馬堅（譯），《古蘭經中文譯解》（麥地那：法赫德國王古蘭經印刷局，2002），頁12。

[15] 《古蘭經》第3章120節。馬堅（譯），《古蘭經中文譯解》，頁30。

這對夫婦原本在台北教書，但後來看到東部地區缺乏教育資源，於是便舉家遷移到台東，與當地原住民比鄰而居。基於宣教的理念，這對夫婦身體力行，透過善行幫助當地有需要的老人婦孺。依據于嘉明的研究，這對夫婦每週到原住民部落發放披薩給原住民孩童的目的，不僅是讓這些孩童品嚐平時吃不到的食物，更重要的是透過披薩的發放，讓原住民孩童體驗與他人分享食物的意義。于嘉明解讀這個披薩發放背後帶有宣教目的，雖然夫婦二人在發送披薩時，沒有明顯強調宗教色彩，但巴基斯坦丈夫蓄鬍與台灣妻子穿戴頭巾的樣貌，自然讓當地孩童對穆斯林穿著的服飾感到陌生與好奇。[16] 在台灣的穆斯林援助非穆斯林的案例並不多見，與基督教、佛教、道教及其他宗教相比，在台灣的穆斯林略顯保守，較少從事非回教性質的公益活動。因此，台東這對穆斯林夫婦更顯得其特殊性。

## 三、印尼穆斯林

在台灣的印尼穆斯林可分為兩大群體：從事家政、照顧老人、做工、病老照護、與捕魚的印尼移工，估計有二十七萬人之多；[17]另外一個群體是獲得台灣政府、大學與企業獎學金，來台念書的印尼學生，估計有六千人左右。以下分別介紹印尼穆斯林移工與印尼穆斯林學生在台的整體發展情況。

### （一）印尼穆斯林移工

印尼穆斯林移工可說是台灣能見度最高的穆斯林族群。平常在公眾場合可見穿戴頭巾的女性移工，或是在開齋節期間，超過上萬民印尼移工湧入台北火車站的景象讓人印象深刻。印尼穆斯林移工來到台灣與政府政策的開放有關。民國81年4月，政府以「因應家庭照顧殘障人力短缺暫行措施」為由，開放引進外籍看護工，協助家庭照護問題。[18]今日，在台灣的外籍移工有六十多萬

---

[16] 于嘉明，〈一對穆斯林夫婦在台東的社會慈善事業初探〉，2015年台灣人類學與民族學學會，頁20。

[17] 2017年9月1日，台北，印尼穆斯林M1訪談紀錄。

[18] 劉淑菁，〈被忽略的過客──在台印尼伊斯蘭教家庭看護工宗教踐行的困境與應對〉（國立暨南國際大學社會政策與社會工作學系碩士論文，2012），頁10-11。

人,主要來自印尼、越南、菲律賓與泰國。其中,印尼占外籍移工的四成,是台灣最大移工進口來源國。

　　印尼穆斯林移工最早來台的時間為民國八〇年代,當時僅有六千餘人,但二十年過去,印尼穆斯林移工人數達到二十七萬之多。印尼穆斯林移工來台的數量劇增,可歸納為兩項主要因素。第一,上世紀九〇年代印尼海外輸出勞工是個趨勢。印尼勞工到中東國家、馬來西亞、香港與台灣等地從事勞力密集性的工作。他們在海外賺取的薪水遠比在印尼工作的多。如印尼移工每個月在台灣的薪水約五百四十六到六百一十八美元,然而在印尼國內僅有六十到一百美元。[19]許多印尼移工在台工作一段時間後,便可回家鄉買地蓋房,享有不錯的生活。另外,在1998年金融危機之後,印尼國內工作機會不多,導致大量印尼人離開家鄉,到海外尋找更好的工作機會。第二,台灣逐漸邁入高齡社會,需要看護的需求與比例增加。民國103年老齡人口比例接近12%,六十五歲以上老年人口達二百八十萬八千九百六十人,估計民國114年超過20%,每五個人當中便有一人是老人。高齡社會加速到來,讓台灣的長期照顧需求迫在眉睫。[20]不少台灣人認為印尼移工聽話與配合度高,家庭看護特別需要印尼的女性移工。依據統計,印尼女性移工擔任家庭看護達十七萬之多,居各國之首,是台灣高齡化社會主要的長期照顧人力來源。[21]

　　印尼穆斯林移工多數為女性,年紀約二十出頭,多半來自東爪哇的鄉下地區,來台從事家庭看護與少部分在工廠工作。[22]由於這些印尼穆斯林移工在台灣有履行宗教信仰,以及認識其他在台印尼朋友的心理需求,目前在台灣超過兩百個印尼穆斯林移工組織,提供這方面的服務。其中「宗教學者復興會」(Nahdlatul Ulama,簡稱NU)為台灣最大的印尼穆斯林組織。[23]NU成立於1926

---

[19] Rita Pawestri Setyaningsih, "Job Satisfaction of Indonesian Workers in Taiwan," Master Thesis, International Master Program in Asia Pacific Studies, National Chengchi University, 2011, p. 35.

[20] 呂苡榕,〈照顧長輩,非得剝削移工嗎?〉,《端傳媒》,2016年1月12日,https://theinitium.com/article/20160112-taiwan-elder-care/(2018年3月12日檢索)。

[21] 黃邦平,〈長照人力　勞陣籲擺脫依賴外勞〉,《自由時報》,2014年11月23日,http://news.ltn.com.tw/news/life/paper/832580(2018年3月12日檢索)。

[22] 2017年9月1日,台北,印尼穆斯林M1訪談紀錄。

[23] Retno Widyastuti, "Social adaptation of Muslim Ethnic Minorities in Taiwan: Case Study of Indonesian Muslim and Chinese Muslim," p. 34.

年，成立宗旨為宣揚回教教導與推廣回教教育，是印尼兩大穆斯林組織之一，估計有五千萬會員，在東爪哇與西爪哇鄉村地區有廣大的群眾基礎。

　　NU於2007年在台灣設立據點，在宜蘭、台北、台中、彰化、斗六、屏東東港與澎湖馬公等地設有NU分部。NU座落於火車站附近，方便於成員們聚會。[24]依據印尼研究生Retno Widyastuti（孫莉瑋）的調查，NU在台灣設立四個部門：（一）宣傳部門：負責從事伊斯蘭公共活動、伊斯蘭研究與維繫NU的傳統文化；（二）經濟部門：負責NU在台組織的資金運作，以及與駐台北印尼經濟貿易代表處合作協助印尼移工職業訓練；（三）諮詢與法律部門：提供在台印尼移工諮詢與法律協助；（四）慈善部門：負責收集與散發天課與施捨非天課類別的金錢與物資資源。[25]除此之外，2013年NU在台特別設立「女青年委員會」，專門規劃在台印尼穆斯林女性的回教學習課程、關懷女會員生活以及加強法律與相關知識課程。未來NU計畫設立志工團，讓更多會員們擴大社會服務範圍，關注非穆斯林的女性移工，甚至實際參與台灣社會的公益活動。[26]

　　今日印尼穆斯林移工似乎成為台灣穆斯林的代表。隨著政府與民間人士有意推動多元文化價值，在台的印尼穆斯林移工成為台灣社會能否真正落實多元文化的測試計。印尼穆斯林移工曾經是台灣社會爭議的焦點，特別是每年開齋節（*Eid al-Fitr*）當天，上萬名印尼穆斯林移工湧入台北車站大廳與周邊公共空間的場景，成為各方聚焦討論的話題。這其中又以民國102年台北車站的開齋節事件最具代表。

　　印尼穆斯林移工平時忙於工作，少有時間外出休息。一年一度的開齋節提供這個機會，讓印尼穆斯林移工難得享有悠閒時光，可以與朋友相聚與慶祝。然而，在民國102年開齋節那天，超過三萬名印尼穆斯林移工湧入台北火車站的消息，讓一些人難以接受。一位台南的檢察官在臉書上說：「台北車站已被

---

[24] 〈穆斯林安定的力量印尼NU女青年委員會在台灣〉，《中華民國外交部新南向資訊平台》，2018年3月1日，https://nspp.mofa.gov.tw/nspp/news.php?post=129696（2018年3月15日檢索）。

[25] Retno Widyastuti, "Social adaptation of Muslim Ethnic Minorities in Taiwan: Case Study of Indonesian Muslim and Chinese Muslim," pp. 34-35.

[26] 〈穆斯林安定的力量　印尼NU女青年委員會在台灣〉，《中華民國外交部新南向資訊平台》，2018年3月1日，https://nspp.mofa.gov.tw/nspp/news.php?post=129696（2018年3月15日檢索）。

外勞攻陷，吃飯、睡覺、野餐，擠滿車站，政府再不處理，不僅有礙觀瞻，也會出亂子。」[27]不久，這位檢察官的訊息透過社群媒體的傳播與新聞媒體的大幅報導下，很快成為全國性的話題。

有些人同意這位檢察官的觀點，認為印尼穆斯林不應該占據火車站與阻擋行人的通道。不過，持不同意見的人批評這位檢察官在臉書上的訊息構成對印尼穆斯林的歧視，並表示台灣社會更需要以同理心了解這些在台灣工作的印尼穆斯林。的確，在開齋節當天，大量印尼穆斯林湧入台北火車站是個事實，也可能影響到部分旅客的路權。不過，許多印尼穆斯林移工選擇台北火車站為慶祝開齋節的地點，最主要的理由是台北車站為台灣交通的樞紐，特別是在中南部工作的印尼穆斯林移工趁開齋節那天，搭火車到台北火車站，與朋友們慶祝這個重要的節日。

事實上，不僅印尼穆斯林移工，菲律賓與泰國的移工在假日期間也出沒在公眾場所，如菲律賓移工主要群聚在台北中山北路的天主教堂。台中的第一廣場在假日期間也有許多菲律賓、泰國、越南與印尼等東南亞國家的移工。[28]至於印尼穆斯林比其他東南亞國家的移工更受關注，主要因為在開齋節當天，上萬印尼穆斯林移工頓時湧入台北火車站，引起關注。

民國102年台北火車站的開齋節事件，或許是台灣社會開始關注在台印尼穆斯林移工的分水嶺。無論民眾對於印尼穆斯林有何觀感，至少開始認知台灣社會原來還存在如此數量之多的印尼穆斯林。從民國八〇年代起，台灣已經有印尼穆斯林移工的存在，然而他們無法發聲代表自己，主流媒體也很少報導相關消息。一位在台灣念書的印尼碩士生于麗娜（Yuherina Gusman），在民國98年到100年期間觀察台灣印尼穆斯林移工的整體情況。她指出印尼穆斯林移工長期處於台灣社會的最底層，無力爭取自身最基本的權益，如無法取得清真食物、雇主禁止宗教義務的實踐（禮拜與封齋）、超時地工作、精神虐待與限

27 林楠森，〈台灣印尼外勞車站慶開齋節引議論〉，《BBC中文網》，2013年8月12日，http://www.bbc.co.uk/zhongwen/trad/china/2013/08/130812_taiwan_eid（2018年3月15日檢索）。
28 簡永達，〈第一廣場，移工築起的地下社會〉，《報導者》，2016年6月16日，https://www.twreporter.org/a/taichung-first-square（2018年10月16日檢索）。

制人身自由。[29]例如在民國99年5月，三位印尼穆斯林移工被逼吃豬肉事件，成為台灣媒體甚至一躍登上國際媒體的版面。依據長期關注勞工議題的《苦勞網》報導，由於印尼穆斯林移工溫順恭讓的個性，普遍受到台灣雇主的偏好。然而，一些不肖的外勞仲介業者在穆斯林移工來台前，要求他們簽署「我願意吃豬肉」字眼的同意書，否則無法來台工作賺錢。另外，一些黑心的雇主，除了要求穆斯林移工二十四小時照料年邁多病的父母親外，還必須接受所有家務負擔，禁止從事最基本的宗教實踐（如禮拜、假日上清真寺），甚至逼迫印尼穆斯林拿香拜拜。[30]一位長期研究在台灣外籍移工處境的顧玉玲表示，印尼穆斯林被逼吃豬肉事件，反映台灣人缺乏對多元文化的尊重與理解。政府也沒有辦法保證外籍移工最基本的工作與人權。[31]

　　或許由於民國102年的開齋節事件，近幾年，政府與民間逐漸重視在台印尼穆斯林移工的基本權益。特別在民國105年蔡英文總統上台後，「新南向政策」成為政府的重要對外政策。新南向政策包含經貿合作、人才交流、資源共享與區域連結等四大面向，藉此將台灣與東南亞、南亞及澳紐等國家建立更廣泛的交流與對話機制。[32]為了落實新南向政策，中央政府與地方政府這幾年來與民間機構合作，試圖營造穆斯林友善公共空間，例如在火車站、高鐵站、醫院、博物館與旅遊休息站設置小型禮拜點、鼓勵台灣餐飲業增加清真飲食服務，或是在開齋節期間，特別為印尼穆斯林提供一個大型空間歡度節慶。台北市長柯文哲在民國105年10月接受新聞媒體採訪時曾說，台北市是對回教國家最友善的城市，政府應該花錢蓋更大的清真寺，提供印尼穆斯林移工禮拜的空間。[33]另外，總統蔡英文於民國106年開齋節當天，特地發佈一則恭賀影像，

---

[29]　Yuherina Gusman（于麗娜），"The Spiritual Life of Indonesian Migrant Workers in Taiwan (2009-2011)," Master Thesis, National Central University, 2011, pp. 3-4.

[30]　陳品安，〈印尼家務工被逼吃豬肉　勞團：勞雇不對等難為文化尊重〉，《苦勞網》，2015年5月16日，http://www.coolloud.org.tw/node/52104（2018年3月15日檢索）。

[31]　陳品安，〈印尼家務工被逼吃豬肉　勞團：勞雇不對等　難為文化尊重〉，《苦勞網》，2015年5月16日，http://www.coolloud.org.tw/node/52104（2018年3月15日檢索）。

[32]　〈新南向政策〉，《行政院重要施政成果》，2018年2月5日，https://achievement.ey.gov.tw/cp.aspx?n=53E4AD5EA2AE7FA6（2018年10月18日檢索）。

[33]　〈柯文哲：台灣若要做伊斯蘭友善國家，應花錢蓋大清真寺〉，《The News Lens關鍵評論》，2016年12月2日，https://www.thenewslens.com/article/50450（2018年3月16日檢索）。

這可是中華民國歷史上首度有元首公開表達對穆斯林節慶的祝賀。蔡總統表示為了讓在台灣的每一位穆斯林感受到善意，政府已積極打造穆斯林友善環境，如推動清真食品、穆斯林旅遊服務認證、設置祈禱室、協助辦理穆斯林文化慶典。[34]

　　除了政府部門的支持外，愈來愈多的社會福利組織、人權團體與新聞記者呼籲大眾關注在台印尼穆斯林勞工的處境。這些民間組織經常與印尼穆斯林勞工合作，如從民國103年起舉辦的「移民工文學獎」是個範例。雖然這個文學獎不光是為印尼移工舉辦，還包括越南、菲律賓與泰國來的移工，但仍有不少印尼穆斯林移工藉由參與這個文學獎，書寫他們如何在非穆斯林的工作環境中，憑藉回教信仰克服重重困難的故事。如一位名叫娜妮（Nanik）的印尼穆斯林移工，在〈誠實與順從〉一文中，描述她與雇主家庭之間深厚的情感。在工作之餘，她受到雇主的鼓勵而開始自修英文。另一方面，由於受到印尼宣教士的影響而選擇戴上頭巾。一開始雇主無法接受娜妮的改變，要求娜妮脫掉頭巾。娜妮歷經心理上的掙扎後，在與雇主解釋戴頭巾是真主對穆斯林婦女的命令，也會讓她更專注照顧雇主的父親，最終得到雇主的認可與諒解。[35]另外，一位在台南一間工廠做工的Abdul Mubarok印尼移工，則描述他在炎熱的齋戒月期間，如何受到在印尼家鄉母親的影響，最終完成齋戒的任務。[36]

　　若閱讀印尼穆斯林移工書寫的文章，便可體會到回教信仰是這些移工在台灣工作時最重要的精神支柱。然而，台灣的清真寺數量不多，且分佈在大城市中，平時在工廠與漁港工作的印尼穆斯林移工，不易在鄰近地區找到一個寄託信仰的地方。不過，從民國102年的大園清真寺成立後，印尼穆斯林移工首度有專屬的清真寺。位於桃園大園工業區的大園清真寺與過去台灣的六座清真寺不同之處，在於大園清真寺座落於印尼穆斯林移工工作的區域。[37] 除了大園清

[34] "Tsai thanks Muslims in post to mark Eid al-Fitr," *Taipei Times*, 26 June 2017, http://www.taipeitimes.com/News/taiwan/archives/2017/06/26/2003673325（2018年3月16日檢索）。

[35] Nanik Riyati,〈誠實與順從〉中文版，2014年第一屆移民工文學獎優選，取自：《公益交流站》，2014年12月2日，http://npost.tw/archives/13295（2018年3月16日檢索）。

[36] Abdul Mubarok, "LIR ILIR," 2016年第三屆移民工文學獎評審獎，取自：《獨立評論@天下》，2016年8月30日，https://opinion.cw.com.tw/blog/profile/52/article/4717（2018年3月16日檢索）。

[37] 大園工業區估計有七百位印尼穆斯林男性移工，周邊的觀音大潭工業區則有一千六百位印尼穆斯林

真寺外，今日在屏東東港、宜蘭南方澳與花蓮陸續成立專屬印尼穆斯林移工的清真寺或禮拜場所。這些清真寺或禮拜場所成為印尼穆斯林移工信仰的中心，印尼穆斯林移工在工作後，來到鄰近的清真寺禮拜、誦讀《古蘭經》或與其他鄉親交流。有關印尼穆斯林在大園與東港清真寺的具體活動，可參見本書第五章第三節。由上述可知，即使印尼穆斯林移工在台遇到許多工作與生活的挑戰，但這幾年來，在政府有意推動穆斯林友善環境，以及其他民間組織與印尼穆斯林團體的協助之下，印尼穆斯林移工在台灣的整體處境有顯著的改善。

## （二）印尼穆斯林學生

　　相較於印尼穆斯林移工，印尼穆斯林學生在台灣有更多實踐與宣揚回教信仰的空間。依據教育部在民國106年的統計，在台印尼學生數量為六千四百五十三人，是台灣第六大外國籍學生。[38]在台的印尼學生多半為穆斯林，多數領取獎學金就讀資訊、工程與醫療等相關課程。印尼穆斯林學生可說是台灣外國穆斯林當中，最積極推廣回教信仰的群體。印尼穆斯林學生主要分佈在台灣科技大學、[39]台北醫學大學、[40]交通大學、[41]與成功大學[42]等學校。這些學校皆有穆斯林學生社團，成員以印尼穆斯林學生為多數。在他（她）們積極與校方溝通與協調下，校園內陸續出現清真餐飲與穆斯林禮拜室，提供穆斯林學生們一個友善的學習與生活的環境。

　　以位於台北的台灣科技大學（以下簡稱為台科大）為例，目前約有兩百多位印尼穆斯林學生在此就讀。[43]他們與其他外國穆斯林在校園成立「國際穆斯

---

男性移工與一百多位印尼穆斯林女性看護。2018年4月24日，台北，大園清真寺董事長黃金來訪談紀錄。

[38] 〈教育統計簡訊：106年大專校院境外學生概況〉，《教育部統計處》，2017年1月26日，https://goo.gl/9VTPir（2018年3月17日檢索）。

[39] 〈國立台灣科技大學國際穆斯林學生協會（NTUST-IMSA）〉，https://www.facebook.com/ntustimsa/about/?ref=page_internal（2018年3月17日檢索）。

[40] 2018年4月1日，台北，印尼籍穆斯林M3訪談紀錄。

[41] 〈交通大學伊斯蘭學生社（Muslim Students Club in NCTU）〉，https://www.facebook.com/pg/MSC.Taiwan/about/?ref=page_internal（2018年3月17日檢索）。

[42] 〈Muslim Students Association in NCKU〉，http://msancku15.wixsite.com/msancku（2018年3月17日檢索）。

[43] 張錦弘，〈印尼留學生首選台科大　台大缺了什麼？〉，《聯合報》，2016年12月21日，https://udn.com/news/story/9/2184021（2018年3月17日檢索）。

林學生協會」（International Muslim Student Association），每學期定期舉行回教主題的演講與活動。台科大的印尼穆斯林學生積極在校園內宣揚回教信仰，如民國106年10月25日台科大的國際穆斯林學生會舉行回教文化展覽，向當地台灣學生與社會大眾介紹回教文化、阿拉伯書法、清真美食與試穿戴穆斯林傳統服飾。台科大的印尼穆斯林學生也同樣在校園外宣傳回教資訊，如發放傳單、到小學與電台介紹回教信仰與文化、參與NGO舉辦的活動或是與地方政府合作，將中文文宣翻譯成印尼文。[44]另一方面，台灣科技大學的穆斯林學生響應政府與民間的打造穆斯林友善環境，拿到教育部經費補助成立*Halal TW*的手機應用軟體。[45]近年來，為了推動新南向政策，政府與民間企業十分重視與印尼之間的經貿與文化交流，為了吸引東南亞的穆斯林旅客，打造穆斯林友善環境是極為重要的一環。*Halal TW*是第一個整合全台三百多個有關清真飲食、禮拜點與友善穆斯林餐廳的應用軟體。該應用軟體包含中文、英文與印尼文三種語言介面，來台的穆斯林遊客在旅行途中可用手機下載該軟體，搜尋台灣各地的禮拜點與清真餐廳。[46]

在台的印尼穆斯林學生除了在校園成立穆斯林學生組織外，另外還有跨校園規模的「台灣印尼學生穆斯林論壇」（Indonesia Muslim Students Forum in Taiwan, Formmit）。[47]Formmit是台灣最大的穆斯林學生團體，在台的所有印尼穆斯林學生為該團體的當然會員。Formmit於民國95年成立，其宗旨為加強在台印尼穆斯林學生的聯繫。Formmit的主要任務包含幫助在台印尼穆斯林建立友善的回教環境、在台灣與東亞國家之間建立穆斯林網絡、提升穆斯林學生的能力與鼓勵穆斯林從事慈善活動，以及幫助在台穆斯林移工等任務。[48]今日Formmit在台灣的北部、中壢與新竹、台中、南部與花蓮設有分部，[49]並經常

---

[44] 一位印尼穆斯林博士生幫助高雄市政府Twitter文宣翻譯成中文，參考自：https://twitter.com/KaohsiungCity/status/942633627115851776（2018年3月17日檢索）。

[45] 2017年10月29日，台北，印尼籍穆斯林M4訪談紀錄。

[46] 李侑珊，〈台科大穆斯林生推「清真台灣」APP 獲教育部創業基金〉，《旺報》，2018年3月13日，http://www.chinatimes.com/realtimenews/20180313002558-260405（2018年3月17日檢索）。

[47] 台灣印尼學生穆斯林論壇網址：http://www.formmit.org/（2018年3月18日檢索）。

[48] Astri Dwijayanti（舒麗），"International Muslim Students' Experiences in Taiwan: Exploring the Importance of Community," MA Thesis, Department of Education, National Chiayi University, 2011, pp. 5-6.

[49] Retno Widyastuti, "Social adaptation of Muslim Ethnic Minorities in Taiwan: Case Study of Indonesian

圖13-1　台灣科技大學校園內的穆斯林祈禱室　圖13-2　交通大學校園內的穆斯林祈禱室（趙
　　　　（包修平提供）　　　　　　　　　　　　　　錫麟提供）

在台灣舉辦各式各樣的活動，如舉辦清真食品展、《古蘭經》朗誦活動、教導印尼穆斯林移工回教知識與實務技能。[50]

　　從土耳其、巴基斯坦與印尼穆斯林的例子中，可以看到在台的外國穆斯林對回教的展示相當多元。雖然這些外國穆斯林基於認主獨一（*Tawhid*）的理念在台灣工作與生活，不過由於他們所處的工作環境、身份地位與對回教實踐的理解不同，對台灣社會展現回教的形式也有所不同。例如之前提到的在台灣的一些土耳其穆斯林來自Hizmet團體，他們在台灣積極宣揚該團體創始人葛蘭的理念，並成立相關組織與中學，與台灣本地穆斯林、中產階級、知識份子及不同的宗教團體對話與交流。另外，對於巴基斯坦穆斯林而言，除了少數個案外，這些巴基斯坦穆斯林並沒有特別對外展顯回教的屬性，或是主動向外界介紹回教信仰。他們多半在台灣開餐館、從事貿易活動與當地台灣女性通婚而成為台灣新住民。台灣成為這些巴基斯坦穆斯林的第二個家鄉。至於印尼穆斯林，屬於移工身份的穆斯林對於台灣社會貢獻甚大，照顧許多台灣年長的老人或從事一般台灣人不願做的底層勞力工作。在陌生與艱難的工作環境下，回教

---

Muslim and Chinese Muslim," pp. 33-34.

[50]　如民國107年4月1日，Formmit在台北火車站旁廣場舉辦的「台灣國際清真生活產品展」為例。Formmit邀請台灣從事清真認證的代表們，探討如何在台灣建立「友善的穆斯林環境」。

信仰成為這些印尼穆斯林移工唯一的精神依靠。一般台灣人對於回教形象的認知，主要是來自印尼穆斯林移工這個群體。最後，對於在台的印尼穆斯林學生而言，他們是外國穆斯林當中最活躍的群體，經常向外界介紹回教與籌辦相關活動，同時也配合政府的新南向政策，參與清真產業認證等活動。

　　整體來說，外國穆斯林在台灣的發展相當多元，難以用一個固定的形象套用在不同族群的穆斯林身上。各個族群的穆斯林各有特色，但他們也會基於回教的共同體（ummah الأمة）[51]的理念相互合作與提攜。各大學的穆斯林學生會是最好的例子，不同國家的穆斯林學生齊聚在一起，為了主道積極在校園內外傳播回教訊息，藉此期盼台灣社會大眾對於回教有更進一步的認識與理解。

---

[51] Ummah可以稱為「回教共同體」，即不分種族、性別與身份地位的穆斯林都是一體的，如一個穆斯林的苦難，另外一個穆斯林也能感同深受。Ummah在《古蘭經》中出現六十多處。相關討論請參見 Frederick Mathewson Denny, "The Meaning of 'Ummah' in the Qur'an", *History of Religions*, 15:1 (August 1975), pp. 34-70.

# 第三節　從一元走向多元的穆斯林群體

　　這十多年來，外國穆斯林成為台灣社會關注的焦點。外界對回教相關的信息幾乎都集中在外國穆斯林身上。例如中央與地方政府為穆斯林舉行的活動中，其宣傳重點皆針對外國穆斯林，藉此強調對多元文化價值的重視。[52]相較之下，在台灣生活超過六十多年的本地穆斯林彷彿是隱形與不為人知的群體。除了回協積極推廣清真認證以及各地清真寺接待公家與民間團體參訪等例行性事務外，以漢語為母語的本地穆斯林群體並未如其他外國穆斯林一般，熱切向外界宣揚回教訊息，同時也未受到社會大眾普遍重視。

　　今日，台灣的穆斯林人口組成結構出現根本性的變化。曾研究台灣本地穆斯林的蘇怡文在民國87年觀察那時參加台北清真大寺聚會的人數約兩百人，其中80%為老人，僅有零星的外國人士。[53]然而，二十年後的今天，穆斯林人口組成結構徹底翻轉，參與清真寺聚禮的絕大多數都是外國穆斯林，本地穆斯林不到一成。雖然回協理事會與各地清真寺的董事會成員仍以本地穆斯林為主體，掌握了台灣回教事務的決策權，但本地穆斯林人口銳減、傳承出現斷層或是投入回教事務不如以往。在這背景下，外國穆斯林如何看待本土穆斯林群體的式微？以及這幾年，外國穆斯林建立的新興穆斯林組織對本土穆斯林產生何種影響？

## 一、外國穆斯林如何看待本地穆斯林的傳承危機？

　　一般來說，外國穆斯林與本地穆斯林、清真寺及回協的互動並不密切。的確是有外國穆斯林在清真寺從事環境清潔、提供基礎回教教學、協助穆斯林葬

---

[52] 如民國106年台北市政府的開齋節宣傳與民國107年4月22日新北市政府的「穆斯林文化日暨祈禱室啟用」典禮，對外皆強調穆斯林為外國人與台灣新住民的形象。

[53] 蘇怡文，〈伊斯蘭教在台灣的發展與變遷〉（國立政治大學民族學系碩士論文，2002），頁131。

禮安排以及在齋月期間提供開齋飯服務等庶務性工作。印尼穆斯林學生參與台灣穆斯林青年會舉辦的活動，以及教導台灣穆斯林學習回教相關知識。[54] 至於本地穆斯林組織在開齋節期間與政府合作，幫助印尼穆斯林安排慶祝開齋節的場地，以及處理非法居留的外國穆斯林等問題。不過整體來說，外國穆斯林與本地穆斯林之間的互動並不頻繁，最主要的原因可能在於本地穆斯林平日多半忙碌於工作與生活，又或是語言與文化之間的隔閡，導致本地與外國穆斯林之間難以更進一步交流。[55]

　　這五十年來，本地穆斯林人口不斷銳減，從上世紀五〇年代估計的兩萬人，到今日只剩下幾千人。[56]于嘉明認為本地穆斯林人口減少的原因，在於台灣世俗化的衝擊與宗教教育無法落實。[57]不少長期在台生活也與本地穆斯林互動密切的外國穆斯林也注意此現象。一位在台取得博士學位的印尼穆斯林曾表示，本地穆斯林缺乏足夠回教教育，導致對回教缺乏認同感。反觀在印尼的許多鄉村與城市，印尼穆斯林有許多獲取回教教育的資源，跟穆斯林學者學習回教知識而更接近真主。[58]另一位印尼博士生則從台灣社會環境解讀，他認為台灣年輕一代的穆斯林感受到社會壓力，在非回教的環境中，不敢表達自己的信仰，導致女性穆斯林在外不願意穿戴頭巾。他還觀察到近年來台灣社會的同志運動也影響到台灣年輕穆斯林對回教的認同或是產生價值觀念的混淆。[59]

　　至於從中東地區來台工作的穆斯林，一位伊拉克籍的穆斯林也觀察到本地穆斯林群體的沒落。他對本地穆斯林信仰出現斷層感到惋惜，這種情況在阿拉伯國家不會發生，因為阿拉伯國家畢竟還是以穆斯林人口為多數的國家，即使父母親沒有特別教導小孩回教方面的知識，在上學或是出社會後，仍有許多管

[54] Astri Dwijayanti, "International Muslim Students' Experiences in Taiwan: Exploring the Importance of Community," p. 8
[55] 馬欣，〈龍岡清真寺社群的形成和其在全球化脈絡下的發展〉（國立交通大學社會與文化研究所碩士論文，2011），頁57-59；Astri Dwijayanti, "International Muslim Students' Experiences in Taiwan: Exploring the Importance of Community," pp. 55-56.
[56] 馬孝棋，〈殯葬文化對宗教意識與族群認同的影響—以台灣北部地區穆斯林為例〉（國立政治大學民族系碩士論文，2011），頁47。
[57] 于嘉明，〈從華人穆斯林群體的自我省思看伊斯蘭教在台灣的傳承〉，《甘肅民族研究》，1期（2017），頁56-57。
[58] 2017年9月1日，台北，印尼籍穆斯林M1訪談紀錄。
[59] 2017年10月29日，台北，印尼籍穆斯林M4訪談紀錄。

道認識回教。如這位伊拉克穆斯林就讀高中時，一位高中老師耐心解釋禮拜的重要性，影響到這位穆斯林日後對拜功的堅持。[60]另外一位從土耳其來台定居的穆斯林，他認為台灣本地穆斯林缺乏足夠的回教教育資源與師資。[61]

　　或許上述這些外國穆斯林對台灣穆斯林的觀察是基於本位主義的思考，他們常以自身國家的情況比擬台灣，對於本地穆斯林群體的弱化抱持惋惜的態度。的確，台灣情況難以與穆斯林國家相比，不過本地穆斯林在台灣將近七十年的發展，對於回教事務的關注程度確實不如以往，群體結構也出現鬆動現象。如第一代來台的穆斯林多數成長在大陸的回民聚集區域，從小耳濡目染接觸回民傳統習俗，加上父母親時常提醒信仰傳承的重要性，要求無論在什麼情況下都不能放棄信仰。[62]透過回民傳統的薰陶與家庭教育的灌輸，第一代穆斯林知道自己的群體屬性，即使來台後，仍保留家鄉的習俗與保持回民的基本意識。然而，在台灣出生的第二代穆斯林，沒有經歷過父母親在大陸家鄉的環境，加上雙親忙於生計，無法顧及子女的回教教育，而子女又忙於學業，步入社會後所接觸的對象絕大多數是非穆斯林，甚至連結婚對象也不是來自本地穆斯林群體。[63]當他們在生活上遇到疑問而無法從教義中得到解答時，自然淡化群體意識，逐漸遠離回教信仰。當信仰或是群體意識無法傳承給下一代時，這個群體結構性出現鬆動現象。

　　雖然這幾年來，政府為了加強與東南亞國家間的聯繫，制定有利於穆斯林的政策，建立友善穆斯林環境。一些民間團體也關心在台灣的印尼穆斯林移工的權益。然而，政府與其他民間團體卻無法幫助穆斯林社群的非物質層次。回教對於穆斯林而言乃是一種生活方式與一套價值體系。依據回教的教導，穆斯林並非是一個完全自由、不受拘束與獨善其身的個體，必須與同一個地區的其他穆斯林們建立聯繫，並幫助其他需要協助的穆斯林。因此，穆斯林在台灣作為一個少數群體，在缺乏足夠回教教育資源與公共設施的環境下，如何發展與

---

60　2017年11月14日，台北，阿拉伯籍穆斯林M5訪談紀錄。

61　2017年8月25日，台北，土耳其籍穆斯林M2訪談紀錄。

62　梁紅玉，《蓋頭掀不掀？台灣穆斯林女子的策略與認同》（台北：女書文化，2012）。

63　如1970年代Pillsbury已經發現民國49年穆斯林社群的族內婚傳統已經鬆動。見Barbara Pillsbury, "Cohesion and Cleavage in a Chinese Muslim History," (PhD dissertation, Columbia University, 1973), p. 249.

壯大穆斯林社群，並將信仰傳承給下一代，這是在台灣每一個族群的穆斯林所必須面對的共同問題。若缺乏一個健全的穆斯林機構與穆斯林各族群的攜手合作，只是一味依靠政府的政策與非穆斯林的善意，長期下來穆斯林社群在台灣仍會是一個隱形與無法自我表述的群體。

## 二、在台新興穆斯林組織與對本地穆斯林的影響

這五年來，隨著外國穆斯林在台灣看似蓬勃發展，陸續也有新興穆斯林組織在內政部立案成立，成為外國穆斯林與政府及民間溝通的橋樑。當前在台的新興回教組織以台灣伊斯蘭協會與台灣穆斯林輔導會最具代表。

### （一）台灣伊斯蘭協會

台灣伊斯蘭協會（以下簡稱台伊會）於民國105年4月正式立案成立，是一個依據台灣法律及回教教規設立與非以營利為目的之社會團體，以推動台灣回教教務發展暨改善台灣穆斯林生活環境為宗旨，以提供正確回教知識予台灣社會大眾為方式，以化解一般民眾對回教的誤解為目標。[64]台伊會的創始會員有三十七位，分別來自七個國家。[65]該協會的任務為：[66]

1. 開辦常態性伊斯蘭講座與課程。
2. 敦促政府修改法令以保障穆斯林權益。
3. 辦理清真食品及用品之認證與推廣。
4. 設立伊斯蘭教育機構（幼兒園、小學、中學、大學與研究所）
5. 舉辦國際伊斯蘭交流活動，例如伊斯蘭生活營、穆斯林遊學團、穆斯林參訪團與朝覲團等。

---

[64] 台灣伊斯蘭協會網站：http://www.iat.org.tw/index_files/aboutus.htm（2018年3月18日檢索）。
[65] 台灣伊斯蘭協會簡介，https://www.youtube.com/watch?v=UN_ggi8zU14&t=2s（2018年3月18日檢索）。
[66] 台灣伊斯蘭協會網站，http://www.iat.org.tw/index_files/aboutus.htm（2018年3月18日檢索）。

6. 設立清真寺、兒童及少年福利機構、中途之家、老人福利機構、活動中心及伊斯蘭墓園。

7. 發行伊斯蘭雜誌並開設伊斯蘭廣播電視節目與頻道。

8. 推展伊斯蘭金融系統與產品。

一般本地穆斯林對該協會的所知有限。參與者多為外國穆斯林與皈依穆斯林。[67]從台伊會的網站中，可以發現台伊會的工作重點放在爭取穆斯林權益、回教教育推廣、清真認證與墓地規劃等事項。目前台伊會的組織規模並不大，[68]且關心台灣重要的社會議題，如同性婚姻、多元成家立法與其他重要民生議題。[69]綜觀台伊會的宗旨任務與社會關懷面十分宏大。但在當前現實環境下如何一步一步地有效達成目標，確實需要關注。

### （二）台灣穆斯林輔導協會

台灣穆斯林輔導協會（以下簡稱台穆會）於民國105年4月正式立案成立，亦為一個以非營利為目的之社會團體，以宣揚回教道德，敦睦並樹立互助精神，促進教育及改善生活為宗旨。[70]該會的任務為輔導新住民穆斯林、計畫成立《古蘭經》研究中心、文化教育中心、印尼勞工輔導中心、協助印尼勞工返鄉與無息貸款給在台印尼穆斯林開設小吃店與祈禱室。[71]

台穆會設在桃園的大園清真寺，理事長黃金來為一名歸信的台灣人，妻子為印尼穆斯林。他們透過賣印尼穆斯林移工便當的盈餘與其他印尼穆斯林移工的捐款，在民國102年建立大園清真寺，[72]之後以大園清真寺為根據地成立

---

67　2018年4月29日，台北，于嘉明訪談紀錄。

68　本章作者與台伊會的成員訪談，目前台伊會的成員約六十餘人。2018年4月28日，台北，楊大錡訪談紀錄。

69　〈伊斯蘭對台灣同性婚姻和多元成家立法的看法〉，《台灣伊斯蘭協會》，2016年11月15日，http://www.iat.org.tw/index_files/news4.htm（2018年3月20日檢索）；〈為花蓮大地震罹難者哀悼、倖存者祈福〉，《台灣伊斯蘭協會》，2018年2月12日，http://www.iat.org.tw/index_files/news1.htm（2018年3月20日檢索）。

70　〈關於我們〉，《台灣穆斯林輔導協會》，2018，https://goo.gl/zNnNci（2018年3月20日檢索）。

71　〈關於我們〉，《台灣穆斯林輔導協會》，2018，https://goo.gl/zNnNci（2018年3月20日檢索）。

72　蔡依珍，〈賣便當　蓋清真寺〉，《中國時報》，2013年9月8日，http://www.chinatimes.com/newspapers/20130908000358-260102（2018年3月20日檢索）。

台穆會。截至民國107年4月止，台穆會旗下已有三間清真寺與二十五個辦事處。[73]台穆會組織規模發展迅速，主要是黃金來得到各地印尼穆斯林的協助。黃金來表示，目前台穆會的正職人員僅他一人，各地清真寺與辦事處的建立，主要是由各地印尼穆斯林移工與學生們自籌成立。[74]

　　台穆會的服務對象主要針對在台廣大的印尼移工、學生與嫁到台灣的印尼新住民（絕大多數為女性）。以印尼移工為例，台穆會於每年一度的開齋節之前，發函懇請雇主讓印尼穆斯林移工在開齋節當天放假，以便參與慶典以及與朋友相聚。[75]以印尼穆斯林學生為例，台穆會與他們建立良好互動關係。例如民國107年4月1日，台穆會協助「台灣印尼學生穆斯林論壇」在台北火車站旁廣場舉辦「台灣國際清真生活產品展」。黃金來與其他與會貴賓共同探討如何在台灣建立「友善的穆斯林環境」。[76]以嫁到台灣的印尼新住民為例，台穆會輔導印尼新住民成立印尼式的便利商店，並鼓勵新住民的孩童到清真寺接受回教教育。[77]

　　近年來新的穆斯林組織的出現，對於本地穆斯林事務多少會產生一定的影響。如上述這兩個成立的新興穆斯林組織與回協沒有隸屬關係，但在組織功能與任務規劃皆與回協有許多重疊之處。回協從民國27年成立以來，定位為全國回民的最高機構。民國41年在台復會後，回協仍延續最高代表機構規格與政府協商，代表在台回民辦理各項回教事務，如朝覲業務、協助清真寺建立與規劃墓園等。不過，隨著時間流逝，由於台灣回民人口銳減與這十多年來，外國穆斯林在台灣的迅速發展，回協不再是唯一與政府聯繫的穆斯林組織，如台伊會常以代表全台穆斯林的身份，發文向政府爭取穆斯林權益。這一點顯然是有其希望與傳統回協爭取代表性有關。至於台穆會，雖然資金運作有限，但有充足的印尼穆斯林人力資源，在全台各地建立以印尼穆斯林為主體的根據地。未來

---

73　三間清真寺分別為桃園大園清真寺、屏東東港清真寺、花蓮清真寺。訪問黃金來理事長，桃園，民國107年4月24日。另外二十五個辦事處遍佈全台，設有祈禱室，由當地印尼穆斯林自籌資金，管理辦事處的運作。2018年4月24日，桃園，黃金來訪談紀錄。

74　2018年4月24日，桃園，黃金來訪談紀錄。

75　〈社團法人台灣穆斯林輔導協會函〉，2017年6月8日，https://goo.gl/UtHSKZ（2018年3月20日檢索）。

76　本章作者現場觀察，台北火車站廣場，2018年4月1日。

77　2018年4月24日，桃園，黃金來訪談紀錄。

圖13-3　台穆會參與協助印尼穆斯林學生舉辦「台灣國際清真生活產品展」
　　　　（包修平提供）

圖13-4　下課後回到清真寺禮拜的新住民學童（包修平提供）

台穆會將計畫與台北印尼經濟貿易代表處合作，拜會地方與中央政府為在台印尼穆斯林提供更好的生活環境。[78]

　　這些新興穆斯林組織除了以外國穆斯林為主體外，事實上也有過去參與回協事務的部分本地穆斯林，憑著過去參與回教公共事務的經驗，轉為投入台伊會與台穆會的組織運作，如協助墓地規劃、辦理清真認證與安排回教教育資源等事項。今日在台灣回教進入轉型階段，傳統回民已經不再是台灣主要的穆斯林群體，原本以回協為一元的領導形態，也逐漸轉變為今日不同穆斯林組織的多元形態。至於這些新興穆斯林組織是否未來成為台灣穆斯林與政府及社會溝通的主要橋樑，及其希望達成的各種目標是否能順利落實，值得繼續觀察。

## 三、外國穆斯林在台灣的未來整體發展趨勢

　　依據民國106年11月的新聞報導，行政院為了解決台灣在農業、漁業與長照等產業人力不足的長期問題，已經研擬開放勞動移民，未來計畫給在台工作的東南亞移工身份證，成為中華民國的一份子。[79]若這項政策得以實施，未來估計許多印尼穆斯林移工將在台取得居留權甚至身份證，屆時台灣各地很有可能出現以印尼穆斯林為主體的社群，自然也會有相關印尼穆斯林組織的出現，以維護在台印尼穆斯林的各項權益，例如教育、飲食與喪葬等重要事宜。

　　未來穆斯林在台灣或許走向多元共存的模式，即不同族群的穆斯林在台發展出自己的特色。鄰近的香港或許是台灣未來參考的範例。以香港的穆斯林社群為例，香港的本土穆斯林主要分成華人與南亞裔穆斯林兩大族群，估計各三萬人之多。華人穆斯林來自廣東與中國其他省份；南亞裔穆斯林來自巴基斯坦、孟加拉與印度等地。這兩大族群的穆斯林皆能說流利的廣東話、有專屬的

---

[78] 2018年4月24日，桃園，黃金來訪談紀錄。

[79] 陳煕文，〈勞動移民　擬開放新南向國家〉，《聯合晚報》，2017年11月19日，https://udn.com/news/story/7314/2827514（2018年3月20日檢索）；〈缺才有解？傳政院研議「勞動移民」外國人符資格就發身份證〉，《ETtoday新聞雲》，2017年11月19日，https://www.ettoday.net/news/20171119/1055243.htm（2018年3月20日檢索）。

回教組織與教育機構，香港各行各業都能看到這兩大族群的蹤跡。[80]兩大本土族群之外，香港還有數十萬的外國穆斯林，其中以印尼穆斯林女性移工人數最多（十六萬），在香港的能見度高，平時走在香港的街頭，皆能見到穿戴頭巾的印尼穆斯林移工。[81]

　　過去二十年來，穆斯林在台灣的發展已呈現這種趨勢，不同族群的穆斯林各有專屬的社群與聚會地點聯繫感情，另外也有新興穆斯林團體的出現，維繫穆斯林應有權益。事實上，穆斯林這種多元共存的模式最早來自歐洲國家。第二次世界大戰之後，由於歐洲需要大量與廉價的勞工進行戰後重建工作，從1945年到1960年期間，來自南亞（孟加拉與巴基斯坦）、北非與土耳其的穆斯林移民到英國、法國與德國從事勞動工作。這些穆斯林移工後來得到居留權甚至取得當地國籍。1970年到1980年代，穆斯林已在歐洲社會扎根，許多在歐洲出身的第二代與第三代穆斯林自認是歐洲社會的一部分，於是開始投入社會活動，爭取穆斯林基本權益。[82]雖然當前歐洲瀰漫一股伊斯蘭恐懼症（Islamophobia）的氛圍，但若有機會造訪這些歐洲國家的穆斯林社區，便可發現穆斯林在歐洲打造一個適合於穆斯林居住的環境，如穆斯林的社區附有清真寺、清真餐廳、回教學校、回教銀行甚至還有伊斯蘭法庭。歐洲穆斯林不僅關注社群內部的事務，同樣也與該國的非穆斯林群體合作，共同抵制種族主義對多元文化的傷害。歐洲穆斯林從外來打工者到自認是歐洲的一份子，至少歷經四十年的光陰。未來穆斯林在台灣發展，歐洲穆斯林的多元共存或許是值得借鏡的模式。

[80] 霍揚揚，〈移民—香港伊斯蘭社群發展史（1841至今）：以華人穆斯林社群為研究核心〉（香港中文大學歷史學哲學碩士論文，2015），頁36-40。
[81] Raees Begum Baig and Paul O'Connor, "Hong Kong Muslim representations in Cantonese media: An Oriental Orientalism?" *Asian Anthropology*, 14:1, pp. 68-69.
[82] 有關穆斯林在歐洲的文獻，請參考Tariq Ramadan, *Western Muslims and the Future of Islam* (New York: Oxford University Press, 2005); Tariq Modood, *Multicultural Politics: Racism, Ethnicity, and Muslims in Britain* (Minneapolis: University of Minnesota Press, 2005).

# 結論

　　若從明鄭時期算起，穆斯林在台灣至今已有三百多年的歷史。台灣這塊土地上先後出現不同群體的穆斯林，如明末清初從福建來台開墾的穆斯林、民國38年跟隨政府遷台的中國各省穆斯林、民國七〇年代從泰國與緬甸來台的雲南裔穆斯林，以及民國八〇年代晚期來台的外國穆斯林。這些穆斯林來到台灣似乎都有可追尋的歷史軌跡，如早期來台是外來者的身份，隨著時間變遷，穆斯林群體在無法建構良好的回教環境下，不斷地萎縮，甚至消失在歷史的長河中，由下一批外來的穆斯林取而代之。明末清初在鹿港與台西一帶的泉州穆斯林是一個典型的例子，日據時代已經沒有穆斯林信仰的展現與清真寺的存在。

　　雖然回協在台復會辦理穆斯林事務，各大城市也陸續有清真寺的出現，但回民人口銳減與老化現象已是難以逆轉的趨勢。今日，穆斯林在台灣反以外國穆斯林占絕大多數，他們雖然不是回協與各清真寺的決策者，但積極參與回教公眾活動，經常為社會大眾所注意。之前提到一位研究台灣穆斯林的印尼穆斯林研究生，看到台灣本地穆斯林群體的弱化與多數年輕人不再進入清真寺的現象，認為在台灣的印尼穆斯林可以填補這個空隙，活化回教在台灣的發展。[83]

　　這幾年來，由於政府推廣穆斯林友善政策，以及民間社會對穆斯林議題的廣泛關注，使得外籍穆斯林在台灣有更大的施展空間，並利用機會建立面向較為寬廣的回教環境。若這些外籍穆斯林在台灣定居成為台灣社會的一份子，未來「穆斯林在台灣」（Muslim in Taiwan）的模式將轉換成「新台灣穆斯林」（New Taiwanese Muslim），屆時將由帶有回民色彩的本地穆斯林、台灣本土化的華人穆斯林（皈依穆斯林）與境外多樣性的穆斯林並存共生的新結合形態。穆斯林不再是無法自我表述與「被發現」的群體，而是可以有自信地與其他不同背景的台灣人攜手合作，共同為這塊土地盡一份心力，或許回教不再成為一般台灣人所說只有外國人才會信仰的宗教。

---

[83] Retno Widyastuti, "Social adaptation of Muslim Ethnic Minorities in Taiwan: Case Study of Indonesian Muslim and Chinese Muslim," p. 60.

# 第十四章

## 當代多元宗教事務的發展與創新

于嘉明

民國103年全台穆斯林青少年夏令營（于嘉明提供）

495

# 前言*

　　中國回教協會在台灣復會六十餘年來，組織制度愈加完備，與各清真寺、其他穆斯林組織、學術機構，乃至政府單位的合作亦更加密切。宗教事務不再僅是處理穆斯林日常的功修實踐與婚喪禮俗，涉及的面向日益廣泛，參與的人力與資源亦顯著增加，同時在各種新資訊、新觀念不斷推陳出新的今日，台灣穆斯林社群的多元宗教事務正不斷發展與創新。尤其是十餘年來在全球風行的「清真」（Halal　*Halaal*　حلال 之阿拉伯語音譯）認證與建立穆斯林友善環境，以及新歸信穆斯林與青少年在宗教事務中所扮演的角色，特別需要予以關注。

　　由於回教擁有一套完整的飲食規範，面對各式各樣的天然與加工食材，為確保穆斯林在飲食中符合教規，由具備公信力的機構推行清真認證的做法便應運而生，凡通過認證之產品或商家即可授予核可標章。台灣穆斯林早年即在餐飲業與肉品業中實行該做法，近十餘年來相關規範漸趨嚴謹完善，中國回教協會除了針對穆斯林業者所經營的餐廳授予清真認證，同時更開展了非穆斯林業者「穆斯林友善」餐飲暨餐旅認證的新局。此外與該制度配套而行的，係針對生鮮屠宰肉品和食用品原料的認證，代表從食材的源頭開始把關，讓餐飲業者與消費者均可獲得更安心多元的選擇。

　　基於清真餐飲與食用品認證所帶來的商機，以及為台灣提升國際能見度的加乘作用，台灣產官學各界近年來開始關注這塊領域，並積極與中國回教協會等相關組織進行合作，企圖將台灣打造成一個穆斯林友善環境。其中具體作為包括交通部觀光局輔導回協辦理餐飲暨餐旅認證、穆斯林友善導遊教育訓練等方案；外貿協會每年與回協、「台灣清真產業品質保證推廣協會」（以下簡稱推協）合辦「台北國際清真食用品展」；中央至地方級觀光局處於觀光景點與交通樞紐增設穆斯林祈禱室；台北市政府舉辦開齋節慶祝活動等。故根據上述

---

*　本章撰寫期間，亦值本章作者從事台灣穆斯林社群之博士學位研究，故本章部分內容與本章作者博士論文〈多元共生下的當代台灣穆斯林社群〉之相關內容有所類同，特此說明。

各項實際作為的成果，以及不同主事者、參與者的立場表述，本文將在陳述清真認證的普及化與穆斯林友善環境的打造過程之餘，亦分析其中對台灣穆斯林社群與台灣整體社會所產生的效益與影響。

　　回教在中國大陸的傳承至今雖超過千年，甚至延續到了台灣，但主要的信仰人群，仍是透過家族繁衍進行傳續，穆斯林本身並無積極主動地向外界宣教以吸納他人歸信，以往多數歸信的案例，均因婚姻而改信回教。然而，自九一一事件之後，世人對回教的好奇目光，轉而促使產生興趣並研究，乃至認同、接受的歸信者與日俱增。由於他們是主動接觸並真正認同回教信仰，因此在宗教知識的學習與宗教事務的參與中都充滿熱忱。此外，民國七〇年代以後出生的台灣第三（或第四）代穆斯林，也在青少年活動、教育扎根、組織運作中嶄露頭角，帶入新的思維方式與走向，進而利用各種工具在穆斯林社群內部與社會中宣揚回教信仰與文化。

# 第一節　清真認證的普及化與穆斯林友善環境的打造

「回教」對於穆斯林來說，不僅是信仰，亦是一種遵循教規的生活方式；對於生活中的一切行為，無論是食、衣、住、行、育、樂、婚喪、禮儀、經濟、商業、交易等皆有明確的規範；凡是教規上許可的，稱為Halal，意指「合法」或「許可」，在中國地區，俗稱「清真」，涉及飲食方面的即特指合乎教規，為穆斯林可食用之食品；反義字則是Haram（*Haraam* حرام 之阿拉伯語音譯），意指「不合法」或「禁止」，常被提到的如豬肉、血液、酒類、賭博等事物。為因應食品成分原料與添加物種類繁多，且添加物名稱多為化學或專有名詞，令消費者難以確認其可食性，因此近二十年來，國際食品交易市場上出現「清真認證」之需求，希望藉由穆斯林組織機構結合教規學者與食品、營養、生物、化工、醫藥衛生專業人士來擔負審驗查核之責任。針對通過清真食用品驗證的產品，授權使用標示「清真Halal」之標記，讓穆斯林消費大眾可輕易分辨安心選用。[1]

台灣如同中國傳統農業社會，人們食用牛肉的情況並不普遍，因為他們認為這樣是對提供孩童牛奶、耕地以及運輸的牛隻不合理的冒犯。[2]相對地，易於飼養且價格低廉的豬隻便成為一般民眾主要的肉食來源。第一代回民遷台之際，台灣並沒有清真屠宰業、清真餐飲業與清真食用品業，政府亦不像撤退前在大陸那般重視，因此吃清真的刀口雞、鴨、牛、羊肉就立即成為台灣穆斯林最大的信仰考驗。[3]其中尤以牛羊肉之供應無一專用場所，與其他肉類混合處理，雖有清真牛羊肉店售賣，因其未能澈底遵照教規，教胞們始終存疑。[4]此外，早年政府為了加強農業生產，限制屠宰牛隻，因此准許屠宰的牛隻必須有特殊許可文件，俗稱為「牛票」。穆斯林與政府交涉，爭取到困難的「牛票」

---

[1] 馬超彥，〈國際清真食用品認證推動概況〉，《中國回教》，333期（2012），頁32。
[2] 彼得·基·高英著，努爾譯，〈伊斯蘭教在台灣〉，《阿拉伯世界》，4期（1986），頁74。
[3] 伊斯哈格·馬孝棋，〈清真食品熱〉，《中國回教》，322期（2010），頁8。
[4] 佚名，〈回教屠宰場落成使用〉，《中國回教》，186期（1984），頁29。

得以清真方式宰牛，供應教胞所需的食用肉品。[5]

　　民國70年回協會員代表大會，曾討論台灣肉牛供應不足，是否辦理國外清真肉品進口、教胞自行屠宰、自動屠宰等相關議題；[6]而當時因為我國與世界各穆斯林國家的外交、經貿與文化交流不斷增進，某些駐華使節、留學生與僑商等對我國穆斯林肉食問題迭有反映，建議改善。在與相關政府部門協調並尋求協助，以及教胞出錢出力，提供私有土地的情況下，民國73年在台北市濱江街設立回教專用屠宰場。該場占地二千五百坪，範圍廣闊，規劃為養牛場、拴牛棚及屠宰區（兩處），極具規模。自此所有回民肉食，完全經由該場依教規處理，委託各清真牛肉商店轉售，店內懸掛「清真」肉品售賣證，由回協介派教胞駐店監督，實行嚴格的品質管制。[7]俟民國88年回協第六屆第六次全體理監事聯席會議中，亦通過「中國回教協會伊斯蘭（回教）食品認定暨管理辦法」，針對台灣各縣市之清真餐飲、食品、肉品廠商之屠宰、生產、銷售行為等進行規範化管理。[8]

　　至於清真餐館的經營方面，穆斯林初抵台灣時清真館多未成形，很多人以麵攤子的形式做小生意，後來經濟條件寬裕後始租屋、買房來開店。早年的清真飯館多由祖籍中原各省的北方回民開設，販售牛肉麵、蒸餃、時炒類等餐點。曾有一段時期清真館如雨後春筍般開設，但因為清真牛肉價錢較昂貴，以及房租負擔甚重等原因，該些餐廳的經營大都不能長久。[9]依據民國75年當時的統計，台北縣市共計十三家清真餐館，經營者皆係回民教胞，販售項目多以小吃、筵席、水餃、麵點等中式餐點為主。[10]至民國八〇年代以後至今，中式清真館逐漸式微，全台各地約僅剩五間左右，其中亦有非穆斯林經營者，市場上的清真餐廳多以泰緬雲南裔穆斯林所經營的泰式、緬式料理，以及南亞、中東料理等異國餐館取而代之。

5　趙錫麟口述、張中復訪問，《天方學涯—趙錫麟先生訪談錄》（台北：國史館，2014），頁282-283。
6　袁昌賢，〈（三）回協會員代表大會側寫〉，《中國回教》，175期（1980），頁74。
7　佚名，〈回教屠宰場落成使用〉，頁29。
8　佚名，〈中國回教協會伊斯蘭（回教）食品認定暨管理辦法〉，《中國回教》，262期（1999），頁37-38。
9　展緣，〈紀念穆懷甲教親歸真—兼談台灣清真館的滄桑〉，《中國回教》，300期（2006），頁23-26。
10　佚名，〈台北的清真餐館〉，《中國回教》，192期（1986），頁7。

約自民國八〇年代起，國內食品業者為因應出口需要，開始向各地清真寺請求清真認證。台中清真寺自八〇年代末開始辦理，雖人力單薄，仍持續努力，獲得新加坡與馬來西亞認可；台北清真寺於九〇年代初開始辦理，曾獲新加坡、馬來西亞與印尼之認可，至民國99年3月底終止是項服務；高雄清真寺亦曾辦理清真認證，亦限於人力而中斷；[11]此外，文化清真寺蕭永泰教長自民國五〇年代即曾針對清真肉品與餐館核發許可與清真證書，此概念即與今日清真食品認證雷同，其後該寺亦曾偶而為加工食品商開立清真證書，則是實質的清真認證。文化清真寺於民國99年重修落成後，在張明峻董事長任內，更有系統地開展清真認證事務，並獲得獲馬來西亞、新加坡與印尼等國清真認證機構之認可。[12]

馬來西亞自2001年起大力推廣清真食品認證事務，除設立馬來西亞回教局（JAKIM，或譯為回教發展局）專責機構，致力於設立清真食品規範，並且召開國際研討會、舉辦國際清真食品展，並嚴格要求進口食品必須取得清真認證。台灣的食品業者關注清真食品市場的龐大商機，因此求助於本地之穆斯林組織。台北清真寺依據回協訂定之清真食品管理辦法，於民國94年已成功授予近三十家食品出口工廠或產品「清真食品證明書」，廠商順利地將產品打進馬來西亞市場，並且展望進入更大的中東穆斯林市場。[13]該年台北清真寺亦成立「財團法人台北清真寺基金會」，回協的伊斯蘭Halal食（用）品商標轉由台北清真寺基金會辦理。[14]至民國96年馬來西亞JAKIM與新加坡MUIS（回教事務委員會）來台審核台北清真寺之認證與控管機制，正式發證同意接受核發證明效力，而台北清真寺於該年亦輔導了國內七十家業者取得認證。[15]

民國97年回協向經濟部智慧財產局申請認證商標註冊獲准，同年回協換屆，第十屆理監事會就任，於11月成立委員會，在理監事會議中通過制定統一

---

11　台北清真寺與高雄清真寺近幾年已重新展開清真認證業務。
12　參考自：〈清真驗證簡介〉，《台灣清真產業品質保證推廣協會》，https://www.thida.org/index.php/halal（2018年4月6日檢索）。
13　《中國回教》編輯部，〈從清真食品認證談建立穆斯林的經濟體系〉，《中國回教》，300期（2006），頁2。
14　伊斯哈格‧馬孝棋，〈清真食品熱〉，頁9。按：其後或許有不同之解讀，此處不再贅述。
15　馬超彥，〈進軍國際清真（HALAL）產品市場說明會〉，《中國回教》，311期（2008），頁7。

的「伊斯蘭Halal食（用）品」與「清真Halal」兩項商標之認證管理，並授權龍岡、台中、高雄清真寺辦理認證事務。[16]至於台北清真寺的部分，當時因回協欲收回授權，而重新修改標章，此舉即遭回協狀告至法院，最終雖宣判不起訴，台北清真寺仍於民國99年中止辦理認證事務。[17]

民國100年，「台灣清真產業品質保證推廣協會」（Taiwan Halal Integrity Development Association，THIDA）正式成立，推協為台灣主要推廣清真食（用）品之非營利認證機構之一，整合全台各地清真寺等認證單位，協助台灣外銷業者取得清真食（用）品之認證服務。該會積極參與國際清真認證事務，為台灣獲得馬來西亞政府JAKIM、新加坡MUIS、印尼全國宗教學者會議（MUI）等多國認證單位認可之發證單位，該會亦是國際清真品保聯盟（IHI）及世界清真食品理事會（WHFC）之會員。[18]該會近年來亦獲得阿拉伯聯合大公國「環境水利部」（MOEW）、「沙烏地阿拉伯國際回教清真組織」（IIHO）、「海灣合作委員會認證中心」（GAC）等單位之認可。[19]

推協整合了文化清真寺清真認證團隊，並與中國回教協會協議就清真認證事務分工合作，凡加工食品、生鮮蔬果類之清真認證均由推協負責辦理發證；凡國內餐旅業、屠宰業、肉品供應等服務國內教胞之認證事務，由中國回教協會負責辦理發證。[20]除了辦理認證業務，自民國102年起，推協及回協與外貿協會合辦「台灣國際清真食用品展」（後更名為台灣國際清真產品展），與「台北國際食品展」等四項展覽活動同時舉辦，五年來的展會皆有數十家不等之獲清真認證的廠商前往參展，並吸引許多國內外穆斯林、一般民眾等前往參觀選購。

[16] 伊斯哈格・馬孝棋，〈清真食品熱〉，頁9。
[17] 中國回教協會秘書處，《「承先啟後，開創新局」中國回教協會11、12屆會務回顧》（台北：中國回教協會，2017），頁8。
[18] 參考自：〈清真（Halal）認證〉，《臺灣清真推廣中心》，https://thpc.taiwantrade.com/Certified#a3（2018年10月15日檢索）。
[19] 參考自：〈清真驗證簡介〉，《台灣清真產業品質保證推廣協會》，https://www.thida.org/index.php/halal（2018年4月6日檢索）。
[20] 參考自：〈清真驗證簡介〉，《台灣清真產業品質保證推廣協會》，https://www.thida.org/index.php/halal（2018年4月6日檢索）。現階段外銷之生鮮屠宰相關產品之認證作業已交由推協執行。

圖14-1　民國104年台灣國際清真產品展（于嘉明提供）

　　至於餐廳方面的認證，在中國回教協會第十一屆理監事會就任後出現重大突破，回協將相關程序訂定為標準作業系統，以確保食材、菜餚、料理與用餐空間等是否符合教義規範。為使日益增多的來台穆斯林觀光客食得安心，並提供國內穆斯林出門在外更方便的餐飲選項，回協推出穆斯林友善（Muslim Friendly）餐飲認證措施，凡國內非穆斯林餐飲業者有意申請此項清真認證，並經過審查訓練稽核後，即可獲頒「穆斯林友善餐飲／餐旅」之證書與圖記。[21]

　　具體而言，回協所執行之餐飲認證措施，採「清真穆斯林餐廳」（Muslim Restaurant，簡稱MR）與「穆斯林友善餐飲／餐旅」（Muslim Friendly Restaurant／Tourism，簡稱MFR或MFT）兩種制度並行，通過相關程序認證通過者，回

---

[21]　《中國回教》編輯部，〈Muslim Friendly餐飲認證暨Halal美食推廣記者會後記〉，《中國回教》，334期（2012），頁10。

圖14-2　民國103年台灣穆斯林餐旅授證記者會（于嘉明提供）

　　協即授予證書與認證圖記。其中清真穆斯林餐廳係指由穆斯林所經營的餐廳，
至於穆斯林友善餐飲／餐旅，則為非穆斯林所經營之餐廳或旅館。有鑑於台
灣非穆斯林國家的社會現實，回協特提出以「SALAM」（意指平安）做為
穆斯林友善餐廳／餐旅的裱框圖記設計樣貌。[22]

　　上述認證制度的程序包括業者申請、文件審核、餐廳現場（烹飪區、食材
區、用餐區、洗滌與儲藏區等）勘查、員工教育訓練、簽約發證等步驟。事實
上，該餐飲／餐旅認證項目係回協與政府合作的成果，交通部觀光局委託回協
辦理「台灣穆斯林旅遊接待環境改善案」，主要的目的即為因應近年來日益增
多的穆斯林觀光客，提供遊客們更多符合回教宗教規範之餐飲環境，以及更佳

---

[22]　中國回教協會秘書處，《「承先啟後，開創新局」中國回教協會11、12屆會務回顧》，頁9。

的接待條件。[23]每年觀光局與回協舉辦「台灣穆斯林餐旅授證記者會」，記者會中除了將標章圖記授予該年度通過認證之業者，亦藉此機會向新聞媒體和社會大眾介紹當前國內實行穆斯林餐飲認證之現況與成果。

　　由於欲爭取穆斯林市場的商機，以及執行該認證制度並不困難，因此無論全台各色風味餐廳、五星級連鎖飯店、特色民宿、休閒農場等不同經營形態的業者，皆投入穆斯林餐飲／餐旅認證業務，截至目前為止，經過回協清真認證通過的餐飲／餐旅業者包括三十間穆斯林餐廳（MR）、八十七間穆斯林友善餐廳（MFR）、八十九間穆斯林友善餐旅（MFT），以及四間清真廚房（Halal Kitchen，HK），其中並有多間旅館業者同時取得MFR與MFT雙認證。[24]而因為認證業者數量的提升，世界各地的穆斯林遊客來台觀光旅遊便更為便利，台灣自民國105年起連續兩年得到萬事達卡（Master Card）與清真旅遊專業網站Crescent Rating評比為全世界穆斯林觀光客響往旅遊目的地的第七名，台灣的旅遊業者因此爭取到更多的穆斯林商機。[25]

　　「台灣穆斯林旅遊接待環境改善案」的內容除了涉及餐飲／餐旅認證，亦包括對於穆斯林友善導遊的培訓。若將餐飲與住宿業者的認證定義為穆斯林接待環境在硬體上的改善，那麼導遊的培訓即代表軟體上的改善。畢竟即使餐飲供應已然完備，但導遊在接待穆斯林的常識與細節上若有失當，仍將發生不愉快的情事，旅客也無法得到適當貼心的服務。[26]因此，回協自民國101年7月開始舉辦穆斯林友善導遊教育訓練，基本上維持每季舉辦一次該訓練課程，訓練的對象是現職導遊，且該課程為自費項目，為了慎重起見，課程完畢並通過測驗才能獲頒結業證書。單一旅行社如旗下有五位以上導遊擁有證書，回協將主動向國外穆斯林組織或旅行業推薦其為合格接待穆斯林之本地旅行社，以保障穆斯林觀光客來台旅遊之品質。

　　導遊訓練之課程內容主要包括「回教與穆斯林」、「穆斯林的清真飲食」、

---

[23] 中國回教協會，〈中國回教協會辦理台灣穆斯林旅遊接待環境改善案之現況〉，《中國回教》，340期（2013），頁16。

[24] 獲得回協認證之業者數量係參考自：〈接待穆斯林餐廳及旅館〉，《中華民國交通部觀光局》，https://www.taiwan.net.tw/m1.aspx?sNo=0020118（2018年10月15日檢索）。

[25] 中國回教協會秘書處，《「承先啟後，開創新局」中國回教協會11、12屆會務回顧》，頁10。

[26] 中國回教協會，〈穆斯林來台旅遊之接待嚮導訓練〉，《中國回教》，336期（2013），頁28。

「清真餐廳與穆斯林友善餐旅介紹」、「台灣回教組織介紹」、「回教宗教規範」、「接待禮儀與綜合注意事項」等面向。累計參加研習的導遊已超過四百餘人。[27]而課程舉辦的地點除了在清真寺，亦經常選擇獲得回協認證之餐飲／餐旅業者處，讓導遊與旅遊業者們近距離觀摩該些業者為接待穆斯林旅客所做的準備。參加該訓練課程的導遊們大都肯定舉辦穆斯林導遊培訓的意義，一方面藉此機會認識了以往較陌生的回教信仰與文化，另一方面對於其實務帶團工作上亦有正面的助益。

　　除了前述的中國回教協會與台灣清真產業品質保證推廣協會之外，現階段亦有其他的機構、組織辦理清真食用品或餐飲認證。其中台北清真寺與高雄清真寺並未與回協及推協合作認證事務，獨立從事認證工作，台北清真寺辦理清真食用品、美妝醫療用品、餐旅、屠宰場等認證工作；高雄清真寺則負責餐飲業者的認證。此外，「台灣伊斯蘭協會」、「國際穆斯林觀光產業聯合發展協會暨台灣因哈特清真認證公司」、「心忠管理顧問股份有限公司」、「貝爾國際驗證機構」、「巴勒克清真產業有限公司」等近兩年方成立或投入台灣清真認證市場之組織與公司，亦針對清真食用品、餐旅業者、觀光景點等各項領域進行認證與推廣。[28]

　　據本章作者了解，該些組織或公司的經營者，部分為擁有清真認證與回教事務經驗者；部分則與國外之認證機構具有合作關係。如此百花齊放的現象不外乎代表著近幾年清真認證市場所帶動的龐大商機，以及與我國政府打造穆斯林友善環境相關。因此，吸引愈來愈多人士涉足該領域，而當然這些新興的組織與公司今後的發展與工作成效，仍有待持續觀察。本章作者亦認為，清真認證的目的係為提供穆斯林更多元與安心的商品選擇，並促進相關市場商機的發展。但始料未及的是，如同前述所提，台北清真寺與回協兩個穆斯林組織之間，仍因認證事務而產生矛盾與訴訟，面對當前更為競爭的市場環境，該先例

[27] 中國回教協會秘書處，《「承先啟後，開創新局」中國回教協會11、12屆會務回顧》，頁12。
[28] 參考自：〈清真（Halal）認證〉，《臺灣清真推廣中心》，https://thpc.taiwantrade.com/Certified#a3（2018年10月17日檢索）。此外由回協以外之單位認證之餐飲與餐旅業者名單，請參考：〈接待穆斯林餐廳及旅館〉，《中華民國交通部觀光局》，https://www.taiwan.net.tw/m1.aspx?sNo=0020118（2018年10月15日檢索）。

足以作為眾認證單位之殷鑑。

「新南向政策」是近幾年我國政府的重要政策，也牽動著穆斯林在台灣的發展走勢。過去的南向政策側重在企業投資利益、以傳統的貿易、投資方式進行；而新南向政策則是強調與東南亞、南亞、南太平洋國家建立廣泛連接，創造共同利益。除了經貿領域，近一步涵蓋科技、文化、觀光、教育及民間交流之全面鏈接，最終目標是互惠、互利、共創雙贏，建立區域互信與共同意識，開創更大範疇，以人為本之合作機會。[29]誠如包修平在本書第十三章所言，我國政府在蔡英文總統就任之後，以「新南向政策」作為政府強化與東南亞和南亞國家雙邊關係的重要外交政策，而當前清真認證市場興盛，以及國內穆斯林友善環境的改善，亦可謂受此政策的直接影響。[30]

其實，我國政府自馬英九總統任內已開始推動穆斯林友善環境的營造，俟近兩三年間，各級政府皆更積極地打造友善穆斯林的生活空間。具體而言，觀光局為吸引來自穆斯林國家的觀光旅客，表示將持續與中國回教協會合作辦理接待環境之輔導改善工作，亦將透過各駐外辦事處積極開拓客源、辦理廣告宣傳、旅展推廣，以及製作相關文宣宣傳，令穆斯林旅客安心體驗台灣之美。[31]依據統計，每年約有二十萬穆斯林旅客來台，但部分投入穆斯林友善業務之業者卻表達業績不如預期。對此觀光局前副局長劉喜臨曾指出，雖然目前的帳面數字不佳，但一個市場有時須耕耘十年才有收穫，台灣在經營穆斯林市場上仍處於品牌與產品建構的階段，需要充分地行銷包裝，讓外界知道台灣的旅遊行程，旅客才會進來觀光。[32]由劉前副局長的陳述可以發現，政府對於開闢與經營穆斯林市場的態度仍相當積極，除了投入實質的力量改善旅遊環境，亦鼓勵民間業者持續經營該領域。

所謂穆斯林友善環境改善最具體的表現即是廣為設置的穆斯林祈禱室。禮

---

29　中國回教協會，〈帶路南向與經濟發展〉，《中國回教》，362期（2017），頁2。

30　關於新南向政策和穆斯林友善環境對在台外籍穆斯林與回教相關事務之影響，亦請參見本書第十三章。

31　交通部觀光局，〈2013穆斯林餐旅授證記者會新聞稿〉，《中國回教》，340期（2013），頁19。

32　中央社新聞，〈清真餐旅認證暨穆斯林旅遊相關報導〉，《中國回教》，358期（2016），頁34。該文係《中國回教》編輯部彙整中央社記者陳葦庭所報導之〈穆斯林市場養成非朝夕 台灣形象深植人心〉新聞。

圖14-3　民國105年國道清水服務區穆斯林祈禱室啟用儀式（于嘉明提供）

拜是回教的五項基本功修之一，每日須力行五次，穆斯林即使出門旅行，仍須執行該項功課。多年前身為國家大門的桃園國際機場即設立了祈禱室，讓搭機的穆斯林旅客得以實踐拜功；近幾年我國為吸引更多穆斯林旅客，在台灣主要交通樞紐如台北車站、高雄車站、花蓮車站、高雄機場以及高鐵台中站、國道服務區都設有穆斯林祈禱室，並考量穆斯林飲食與禮拜等生活習慣，規劃穆斯林友善的旅遊行程。營造對穆斯林朋友友善的旅遊環境。[33]

　　此外，包括台北市府大樓、豐原戶政事務所、世貿中心、台北國際會議中心、故宮博物院，以及十三個國家風景區等公家機關、著名觀光景點、商貿據點，皆陸續設置廁所淨下設備、小淨設備或祈禱室等穆斯林友善設施，[34]大大

---

33　引用自：〈穆斯林友善環境〉，《中華民國交通部觀光局》：https://www.taiwan.net.tw/m1.aspx?sNo=0020023（2018年4月22日檢索）。

34　參考自：〈穆斯林友善環境〉，《中華民國交通部觀光局》：https://www.taiwan.net.tw/m1.aspx?sNo=0020119&keyString=%5e%5e&page=1（2018年4月22日檢索）。

提升穆斯林出門在外實踐宗教功課的便利性。以北市府大樓內台北探索館二樓
所設置的穆斯林祈禱室為例，北市府觀光傳播局前局長簡余晏即表示此舉代表
北市府積極營造穆斯林友善環境的示範，希望在台穆斯林國人與國際旅客多加
利用；北市府也將持續朝「提升清真（Halal）認證餐廳數量」、「規劃並增
加穆斯林朝拜空間」、「推廣設置淨下設施」等項目努力，將台北打造成穆斯
林旅客旅遊最佳選擇。[35]

　　至於在清真食品認證以及與國際清真市場的接軌上，也是政府關注的項
目之一。行政院於民國102年成立「穆斯林市場開發推動小組」，責成經濟部
負責相關事務的協調與推動，並將該年訂為「Halal行動年」，辦理展覽、招
商與輔導工作，前述提及的「台灣國際清真食用品展」即由此催生。[36]我國政
府對於清真與穆斯林產業的重視，亦體現在經濟部國際貿易局於民國106年4月
委託外貿協會建置的「臺灣清真推廣中心」，期以專業形象，於國內外協助推
廣台灣清真產業。臺灣清真推廣中心的核心是「以人為本」，建置穆斯林友善
環境，讓國內外的穆斯林能放心選購優質的台灣產品，在台灣生活更加便利；
期盼累積國內清真產業能量，增加海外穆斯林信任程度，拓展穆斯林市場商
機，並且建立台灣清真產業生態系統，與全球接軌。[37]外貿協會亦藉由臺灣清
真推廣中心的成立，促進民間業者投入清真產業市場，具體政策為鼓勵國內廠
商取得國內外清真Halal產品認證，針對廠商辦理清真產品認證及海外推廣具
清真認證產品，得向外貿協會提出相關費用分攤。[38]

　　不僅是各級政府與中國回教協會等有關單位積極辦理清真認證與穆斯林
友善環境打造，業者們也本著服務更多消費者與爭取更多商機的立場，積極配
合相關制度與事務的執行。以台鹽生技公司為例，民國102年5月已成為取得推
協化妝保養品全廠認證的公司，該公司申請清真認證即為了將所屬產品銷售至

---

[35] 佚名，〈台北探索館設置穆斯林祈禱室〉，《中國回教》，359期（2016），頁17。
[36] 《中國回教》編輯部，〈清真食用品展中的見與思〉，《中國回教》，341期（2013），頁2。
[37] 引用自：〈關於我們〉，《臺灣清真推廣中心》，https://thpc.taiwantrade.com/Introduction（2018年4月22日檢索）。
[38] 引用自：〈清真認證〉，《臺灣清真推廣中心》，https://thpc.taiwantrade.com/Certified#a2（2018年4月22日檢索）。

穆斯林國家，為「台灣製造」的品牌開創進軍清真產品藍海市場的新契機。[39]
此外，金煜實業的湯瑪仕肉舖，為提供本地穆斯林更加方便的服務，特別於門
市設置清真專屬廠區與專櫃，業者強調，儘管台灣的穆斯林人口有限，但這項
業務的主要目的即是提供穆斯林消費者最佳的服務；並表示雖然本身不是穆斯
林，但仍希望將具有最好品質的肉品分享至市場上。[40]至於餐飲業者的部分，
老字號的圓山大飯店，也因為看好全球十八億穆斯林的市場，歷經多方勘場與
協商，調整廚房與用餐區器具和布置，於民國105年取得回協的穆斯林友善認
證，該飯店將十樓菁英貴賓廳打造為穆斯林旅客的用餐環境，並於數十間客房
中設置禮拜毯、Qiblah朝向貼紙等方便穆斯林客人禮拜的配備。[41]

---

[39] 台鹽實業，〈清真認證廠商系列報導─台鹽生技〉，《中國回教》，342期（2013），頁40。

[40] 《中國回教》編輯部，〈清真認證廠商介紹─湯瑪仕肉舖〉，《中國回教》，356期（2016），頁42。

[41] 圓山大飯店，〈圓山大飯店獲得中國回教協會認證〉，《中國回教》，360期（2016），頁33-34。

## 第二節　歸信穆斯林的增加及其在宗教事務的投入

　　回教在中國的發展過程中，唐、宋、元時期自陸路或海路來到中國的阿拉伯、波斯、中亞等地之穆斯林，可謂穆斯林在中國的濫觴，他們與當地女子通婚後，定居落戶，繁衍後代，並形成圍清真寺而居的聚落，該群體族群（回民、回族）化的現象逐漸明顯，依靠世襲傳承的方式，將回教信仰代代相傳。因此，除了該些外籍穆斯林所娶的女子因為婚姻而歸信（皈依）回教之外，千百年來中國的穆斯林基本上是一個較內斂的信仰群體，奉行教內婚規範，且因為種種原因甚少向外宣教，因此非穆斯林改信回教的情況便十分有限。

　　中國大陸學者馬強認為，人們歸信的成因是綜合、多元的，很少有單一的原因。根據統計歸信者歸信的因素包含社會交往、宣傳、婚姻、思考、閱讀、學習、接觸、興趣、網絡、好奇等原因。[42]以初抵台灣的穆斯林先輩而言，婚姻是促使非穆斯林人群歸信回教的主要原因，因為宗教信仰一致是穆斯林婚姻的先決條件，否則男女雙方沒有共同理想、語言和精神寄託，終無幸福可言。故此普遍說來，台灣穆斯林絕大多數依照教規，欲與非穆斯林通婚時，非穆斯林必需要先改信回教。[43]

　　隨著國民政府遷台的穆斯林之中，包括許多單身男子，因此娶台灣本地女子為妻便是很常見的現象，該些女性因而歸信回教。民國六〇年代全台灣計有一千萬居民，其中所謂本省籍穆斯林不到二百人，他們皆為近代歸信回教者，多數是因為與來自中國大陸的穆斯林通婚之故。[44]若含括遷台的大陸各省穆斯林，即可統計出更多的歸信者，以中國回教青年會的情形為例，該會成立之後吸引較多青年參與，也為年輕人開班授課，雖然沒有積極宣教以爭取歸信者的

[42] 馬強，〈中國的宗教皈依：對穆斯林與基督徒皈依原因的初步比較〉，收入周偉洲（主編），《西北民族論叢（第九輯）》（北京：中國社會科學出版社，2013），頁255。
[43] 蘇怡文，〈伊斯蘭教在台灣的發展與變遷〉（國立政治大學民族學系碩士論文，2001），頁80-81。
[44] Peter G. Gowing, "Islam in Taiwan," *Saudi Aramco World*, 21:4 (July/August, 1970), pp. 22-27. 參考自：〈Islam in Taiwan〉，《Aramco World》，http://archive.aramcoworld.com/issue/197004/islam.in.taiwan.htm（2018年10月18日檢索）。

加入，但每年仍有些許台灣人歸信，其原因包括與穆斯林結婚，或是與穆斯林接觸後被其信仰所吸引，據統計截至1969年中，中國回教青年會五百六十名成員中，共計五十五名為歸信穆斯林。[45]

　　回協在民國六〇年代後期的《中國回教》刊物中，亦曾指出當時歸信回教人士之情況。資料中顯示全台灣，尤其台北市的非穆斯林皈依回教者，時有所聞，其動機泰半為婚姻關係，然亦吸收新教友，增加新血輪之良途也。[46]此外，民國68年部分就讀或畢業於國立政治大學阿拉伯語文學系的青年，因為考取沙烏地阿拉伯的獎學金，於準備前往沙國入學前夕，自動地前往台北清真寺要求集體入教，這在中國大陸與台灣的回教史上是一件不尋常的事，也給予當時的回民穆斯林新的啟示，就是回教在台灣傳教是可以做而且很有希望的。[47]時至同年的12月，另有三位政大阿語系的學生集體入教，其中一位係即將前往沙國工作，另兩位則希望前往沙國深造。[48]當時回協亦有統計歸信回教的人數，例如在民國67年5月所呈現的資料，即統計出台北市的歸信人士達十七位；[49]時至民國68年1至9月間，新歸信的教友則有十六位之譜。[50]

　　不可諱言，婚姻中歸信方的信仰狀態和程度，與對方的宗教操守、要求和期望有直接的關係。穆斯林一方的宗教操守、品行、道德、敬畏程度等，會給對方一定的示範作用，不僅影響對方的宗教虔信度，也會影響歸信者同原屬血緣、朋友、同事及周圍人的關係。[51]數十年來因為婚姻而歸信的人，不乏信仰虔誠者，但亦有許多案例顯示因為對於教義不甚了解，並未服膺宗教規範，或是身為原生穆斯林的另一半本身即無澈底實踐宗教等因素，導致歸信者對回教的信仰與認同逐漸消散，甚至影響下一代的傳承。

　　多年來投身回教教務的兩位阿訇分別指出，早期遷台的穆斯林因為分散而

---

45　Peter G. Gowing, "Islam in Taiwan," 參考自：〈Islam in Taiwan〉，《Aramco World》，http://archive.aramcoworld.com/issue/197004/islam.in.taiwan.htm（2018年10月18日檢索）。

46　佚名，〈台北市皈依伊斯蘭（回）教人士統計表〉，《中國回教》，168期（1978），頁50。

47　佚名，〈集體入教〉，《中國回教》，172期（1979），頁50。

48　佚名，〈又一次集體入教〉，《中國回教》，173期（1979），頁51。

49　佚名，〈台北市皈依伊斯蘭（回）教人士統計表〉，頁50。

50　佚名，〈中華民國六十八年一至九月份新入教教友姓名錄〉，《中國回教》，172期（1979），頁51。

51　馬強，〈中國的宗教皈依：對穆斯林與基督徒皈依原因的初步比較〉，頁260。

居，彼此少有來往認識，適婚的回民青年不易追求到適婚的回民女子；亦因為女孩子人數較少，故此大都與非穆斯林女子通婚，穆斯林相互結為佳偶者少。即使依照宗教所要求的規範與儀式成婚，但因為早年環境的限制與穆斯林本身缺乏認知，宗教中的結婚條件經常僅流於形式，雙方實質上仍屬不同宗教信仰，因此該種情況組成的家庭，對於下一代的宗教教育更顯複雜，即有人成長後便不再信仰回教。[52]

再者，許多單身的穆斯林，例如像部隊裡的官兵，到了需要組織家庭的時候，卻找不到合適的穆斯林對象，因此族群融合的現象便會在此時發生。穆斯林對於宗教有所堅持，對方一般也都會接受同意，就會歸信回教成為穆斯林，雙方也得以遵照回教儀式結婚建立家庭。但在進入新的環境後，生活條件並不容易，傳統的宗教文化也漸漸被稀釋，如果夫妻都能堅持信仰，宗教在家庭中的傳承便易於延續。然而，當穆斯林的生活逐漸改善，普遍接受國民教育，也在各行各業中發揮專長，對於信仰卻是慢慢疏離，相對弱勢的穆斯林便明顯地被周遭環境所影響。[53]

時至今日，因為婚姻而歸信回教者始終不斷，其婚配對象也因為當代台灣穆斯林社群人口結構的多元共生而產生變化，除了與傳統本地回民，與泰緬雲南裔穆斯林、外籍穆斯林婚配之非穆斯林，大都遵守教義規範於婚前歸信回教。其中許多在台的南亞、阿拉伯，以及土耳其籍穆斯林，因為不同管道與原因結識本地女子後結婚，受其夫婿在宗教實踐、參與宗教活動，以及人際往來的影響下，該些歸信穆斯林對回教亦有較全面的宗教表現與較深的認同感。經常可見於清真寺參與聚眾禮拜、節日慶典、宗教教育課程等活動。另一方面，近幾年來許多本地男子與印尼穆斯林成婚，全台各清真寺經常辦理該些人士的歸信與結婚儀式，某些清真寺也會開設課程，教導新歸信穆斯林教義教律等知識。

隨著資訊普及、網路發達，人們易於接收各種來源的訊息與新知，因此即使台灣社會對回教信仰與文化仍感陌生，但一般民眾依舊能從網際網路、書籍

---

52 馬孝棋，〈殯葬文化對宗教意識與族群認同的影響—以台灣北部地區穆斯林為例〉，（國立政治大學民族學系碩士論文，2010），頁111。
53 趙錫麟口述、張中復訪問，《天方學涯—趙錫麟先生訪談錄》，頁283。

等不同管道窺知一二，甚至深入研究。此外，2001年於美國紐約發生的九一一事件，雖然開啟了十餘年來西方國家的反恐戰爭與激發民眾對回教的誤解與敵視；但相對地，自此亦讓世人對回教更感好奇，從不同取向探討回教與穆斯林群體的研究不斷增加，對回教有興趣，進而歸信的人與日俱增。因此，基於該兩種因由，近十餘年來許多台灣人透過閱讀、旅行、留學、結識穆斯林友人等方式開始接觸回教，探究回教信仰的本質並與其他宗教信仰進行比較，漸漸啟發出對回教的認同，因此決定歸信。

　　儘管近二十年來並未進行台灣穆斯林的人口普查，但依據各清真寺初步的統計，全台每年約有五十人左右歸信回教，除了因婚姻而歸信者，接觸回教後而主動歸信者的比重日益增加。主動歸信者對回教產生自發性的認同，基本上可反映在該群體宗教功修的執行、宗教規範的服膺、宗教教育的實踐，以及宗教活動的參與等不同面向中。首先，在宗教功修實踐上，禮拜是穆斯林每天必須執行五次的功修，歸信穆斯林經過初步的學習後，通常即開始實踐該項功修，就學或工作的穆斯林欲按時完成禮拜功修，往往需要與周遭的人和身處環境相互配合與調適；至於一年一度的齋戒月，歸信穆斯林大都亦按照教義規範履行功課。當然，歸信者在初歸信時可能無法徹底落實該兩項功課，清真寺阿訇與其他教胞也會予以鼓勵，採取循序漸進的方式慢慢將功課做到完備。此外，在朝覲功修方面，自民國八〇年代起我國朝覲團的規模逐漸擴大，部分條件許可的歸信穆斯林獨自，或與配偶、家屬等報名參與的情況也隨之增加。

　　在宗教規範的服膺上，較明顯體現於生活中的便是飲食及女性披戴頭巾的問題。某些歸信穆斯林在飲食上亦經歷如同宗教實踐般「循序漸進」的過程，從僅遵守禁食豬肉，但仍食用非清真的家禽、家畜，到完全按照清真飲食規範；另外，也有人從歸信起就嚴謹遵守飲食戒律，在居家生活與出門在外均刻意要求自我，選用合乎回教規範的食材，甚至因此造成與他人的不愉快。[54]當前的市售食品成分中，多含一般消費者不甚了解的化學與人工添加物，其中包括一些回教教規所禁止的內容物，據本章作者的觀察，許多歸信穆斯林相當重

---

54　2016年4月21日，台北，N1訪談紀錄。

視坊間販售的食用品原料與成分可否食用，甚至經常利用社群網站等管道提醒其他穆斯林教胞多加注意。

梁紅玉針對台灣穆斯林女性披戴頭巾的研究中曾指出，在台灣的社會情境中，婦女在地社會化程度的深淺，以及宗教親近度的強弱，不但具有個別的差異性，身體資本加總後的個別條件，亦影響著頭巾的穿戴意願。[55]歸信穆斯林在披戴頭巾上，某種程度上亦可以此脈絡加以檢視，她們個人歸信的原因與心路歷程，以及如何面對包括原生家庭、社交圈、社會環境等外界的眼光與態度，是影響此舉的基本變因。穆斯林決定於眾人面前披戴頭巾，內心必然會經過一番掙扎與考慮，畢竟外貌是給予外界的第一印象，頭巾所體現的不僅是一個衣著規範，更是代表與非穆斯林及主流社會建立邊界的鮮明旗幟。[56]

具體而言，某些因為婚姻而歸信的女性，當夫妻雙方對宗教規範的服膺程度不高，對該項規範也就不一定會遵循；但相對地，若是因為個人對於信仰是自發性地認同，便認為戴頭巾是一項對信徒的基本要求，既然教義有所規範，就必須予以服膺。因此，當認同披戴頭巾的意義，並無畏於外界的任何眼光，逐漸適應該項服裝上的改變，歸信穆斯林即會加以執行。事實上，當代台灣穆斯林社群中，歸信穆斯林披戴頭巾的人口比重是華人穆斯林群體中最高的。

前述曾經提及，近十餘年來愈來愈多的台灣本地人因為不同的原因接觸了回教，進而產生興趣與認同，最終接受這個信仰。約莫於民國90年前後，台北清真寺阿訇所開設的阿拉伯語文課程，就吸引數位非穆斯林參與，其中即有於日後歸信回教的個案。今日全台各清真寺的阿文教義班，皆不乏歸信穆斯林的身影；或是於歸信初期對教義尚不熟悉時，尋求阿訇們的教導與協助。前往穆斯林國家求學亦是學習宗教的一種途徑，近十餘年內，部分歸信穆斯林獲得機會，赴沙烏地阿拉伯麥地那伊斯蘭大學深造，以及位於馬來西亞的「亞太宣教會」（Regional Islamic Da'wah Council for Southeast Asia and Pacific，RISEAP）進行短期進修，學成歸國後皆以其所學與熱忱服務穆斯林社群。

---

[55] 梁紅玉，〈蓋頭掀不掀？—台灣穆斯林女子的策略與認同〉（台北：女書文化，2012），頁172。

[56] Stefano Allievi, "The Shifting Significance of the Halal/Haram Frontier: Narratives on the Hijab and other Issues" in Karin van Nieuwkerk, eds., *Women Embracing Islam: Gender and Conversion in the West* (Austin: University of Texas Press, 2006), p. 131.

　　此外，歸信穆斯林經常透過網際網路學習宗教知識，許多國外與對岸的穆斯林機構與知名宗教學者，經常於專屬網站、社群媒體或影音網站開設講座與課程，許多穆斯林便針對自身感興趣或符合程度之內容，利用網路加以學習。[57]該種學習形態打破清真寺教育的傳統模式，對學習者而言兼具便利性與選擇上的多樣性，深受使用電腦與通訊設備較頻繁之青壯族群喜愛。目前某些歸信穆斯林成立了個人部落格、社群網站專頁等平台，同樣致力於回教信仰及文化的分享與傳播。

　　歸信穆斯林不僅專注於個人的宗教實踐與學習，也經常參與穆斯林社團組織的運作與活動。中國回教協會於民國八〇年代以後的組織運作逐漸朝向年輕化與多元化的方向發展，中生代穆斯林逐漸獲選為會員代表、理監事，乃至常務理監事；隨著台灣穆斯林社群人口結構的變化，該些職位也不再僅由本地回民擔任。因此，自回協第五屆理監事會以來，每屆的會員代表與理監事名單中，皆有歸信穆斯林名列其中，亦曾有獲選為常務理事之案例；此外，在回協秘書處的工作人員中，自民國97年第十屆理監事會至今第十三屆，皆有聘用歸信穆斯林青年參與會務工作，發揮語言、資訊、文書等不同領域的專才。

　　其實，不僅是回協，歸信穆斯林亦參與各清真寺與其他穆斯林團體的組織運作，如同前述，中國回教青年會於民國四〇年代即吸納許多歸信穆斯林參與；民國105年甫成立的「台灣伊斯蘭協會」，其創始會員亦包含與發起人存有社交關係的歸信穆斯林；同年成立的「台灣穆斯林輔導協會」，發起人（現任理事長）亦為歸信穆斯林。[58]在投身社團組織的會務運作之外，許多歸信穆斯林積極參與各寺、會的各項活動，甚或擔任活動的辦理人員與義工的角色，藉此更加接近宗教事務、增進與其他教胞的情誼，並強化對穆斯林社群的向心力與認同。

　　主動接觸、了解，進而接受回教信仰之歸信穆斯林，因為該信仰是個人所追尋且認同的，因此在宗教的實踐與學習上較為落實與積極，亦珍惜個人所擁有的信仰身分，某些人的宗教表現甚至超過原生穆斯林。至於因為婚姻而歸信

---

的人，其身為原生穆斯林的配偶對信仰的態度與表現便對歸信方帶來莫大的影響。無論如何，歸信穆斯林自七十年前即為台灣穆斯林社群中的一份子，如今該群體的陣容不斷擴大，參與宗教事務的情況亦愈加深入與全面，今後回教在台灣的發展情況，絕不可輕忽歸信穆斯林於其中所扮演的角色。

# 第三節　宣教活動與青少年事務的新契機

　　包括《古蘭經》與先知穆罕默德的訓示中，皆可發現回教教義鼓勵穆斯林向外宣教的事實，先知曾經告誡穆斯林：「你們當替我傳達，即使是一節經文。」[59]由此可知，穆斯林不應僅將回教視為個人的宗教信仰，更應肩負起向外宣揚的責任。《古蘭經》的啟示則對宣教的態度與方式做出了說明，第6章125節中說道：「真主欲使誰遵循正道，就使誰的心胸為回教而敞開；真主欲使誰誤入迷途，就使誰的心胸狹隘，（要他信道），難如登天。真主這樣以刑罰加於不信道的人。」此外，第2章256節則指出：「對於宗教，絕無強迫。」因此，世人是否歸信回教端視造物主的指引與安排，當穆斯林善盡傳達的義務時，他人信仰與否即非自我能力所及，不得以強迫的方式要求他人歸信。

　　古今中外的穆斯林屢屢透過商貿、旅行，以及體現於外的美好德性與言行舉止，讓周遭的人感受、認識，進而接受回教信仰。宣教的方式也隨著時代的演進而有所變化，包括印製教義文宣、設立傳播媒體、利用網際網路，乃至主動走入人群宣達回教信仰與文化的訊息，均為當前穆斯林所採取的各種宣教方式。事實上，回教在中國的發展歷史中，穆斯林幾乎沒有向外宣教，遷徙至台灣後也是同樣的情形，箇中原因有很多，「缺乏專才」被認為是最主要的原因，因此無法從事公開的傳教。[60]至於馬強教授則認為，歷史上當政者因專制而採取的強制同化、箝制信仰和民族歧視等政策，以及回族社會內部因教派矛盾和社會組織結構變遷而發生的負面事端，使回族大多數時候僅抱持維繫自身信仰的態度，無暇亦無心顧及對外宣教，因此長期以來造成回族「固守其俗，終不肯變」的保守心態。[61]

　　時至今日，因為台灣社會對於回教的陌生、好奇，甚至存有誤解，仍使

---

59　祁學義譯，《布哈里聖訓實錄全集（第2卷）》（北京：宗教文化出版社，2008），頁315。
60　佚名，〈集體入教〉，頁50。
61　馬強，〈中國的宗教皈依：對穆斯林與基督徒皈依原因的初步比較〉，頁257。

各清真寺、穆斯林組織，以及部分穆斯林，以不同的方式直接或間接地辦理宣教活動。自民國八〇年代起，各級學校的師生開始因了解異文化、蒐集社會科作業資料等原因前往各清真寺參訪。尤其俟台北清真寺於民國88年被列為台北市市定古蹟後，參訪的民眾更加絡繹不絕。時至今日，平均每週均有二至三個機關學校團體前往台北清真寺參訪，該寺甚至特別安排專業人員，就清真寺建築、功能、回教的教義、文化等進行詳細的介紹。畢竟在不同的歷史階段，清真寺的功能總會出現一些微妙的變化，並衍生出一些新的功能，或是出現某些原有功能的局部強化。清真寺具有歷史與文化的展示功能，並兼具旅遊觀光與休閒功能。[62]

當清真寺敞開大門歡迎社會各界的同時，各清真寺的教長、阿訇，以及穆斯林組織的主事者、會務人員等，亦經常受各級學校、政府部門、機關行號的邀請，前去分享回教信仰與文化等各種面向，普遍獲得極佳的迴響。而當發生與回教事務或國際情勢相關的新聞和事件，媒體亦不再僅邀請相關領域的學者或所謂的「名嘴」前往分析，而開始重視穆斯林本身的立場與觀點為何。無論是主動出擊或是被動受邀，穆斯林在社會中建立話語權是很重要的，以期將正確的資訊與觀念傳遞至社會。

此外，中國回教協會於近十餘年亦從事不同形態的宣教工作，首先，回協定期發行的《中國回教》會刊，以及不定期出版的各類書籍，皆具有推廣宗教教義與文化的功能。另回協於民國103年得到美國穆斯林組織「北美伊斯蘭教圈」（Islamic Circle of North America，ICNA）所屬「WhyIslam專案」之授權，將其一套共十三份的回教教義與相關知識文宣，以正體中文版本於台灣印行。該套文宣包括回教對造物主的信仰、《古蘭經》、先知穆罕默德與耶穌、齋戒功修、死後的世界、婦女地位與頭巾議題，以及回教對恐怖主義的態度等內容。回協除了將其陳列於辦公室提供有興趣的教胞與民眾取閱，並分別寄送至各清真寺與部分清真餐廳；亦作為前述穆斯林友善餐旅認證教育訓練與導遊訓練之補充材料。

---

[62]　馬廣德，〈試論清真寺功能及其演變〉，《寧夏社會科學》，2期（2014），頁81。

圖14-4　民國102年新北市政府與中
　　　　國回教協會合辦「伊斯蘭文
　　　　化節」活動（于嘉明提供）

　　回協透過自行辦理，或是與其他單位合辦回教文化展演活動，也是宣教的一種途徑。台灣博物館於民國103年主辦之「伊斯蘭文化生活展」，係國內首次舉辦回教文化相關的大型展覽，回協即以協辦單位的身分出借多項文物。再者，回協與新北市政府於民國102、103年合辦「新北市伊斯蘭文化節」活動，於新北市政府大樓一樓穿堂空間中設置多個攤位，各攤位分別擺放回教教義與文化相關內容之海報、展出回教宗教文物、提供穆斯林服飾和阿拉伯文書法體驗，並販售清真餐點等，回協特別邀請穆斯林義工現場導覽與介紹。時至民國106年12月回協慶祝成立八十週年之「伊斯蘭文化及清真美食展」活動，亦採取類似之模式，結合宗教、文化、休閒、美食等元素，以輕鬆生動的方式向社會推廣回教。

　　而回協從事的穆斯林友善認證、穆斯林導遊訓練，協助政府改善穆斯林接待環境等工作，其目的不僅是希望造福國內外穆斯林，亦希望發揮宣揚回教的效果。讓社會大眾透過回教飲食文化、觀光景點的穆斯林友善設施，對回教產生初步的了解與興趣。數年來回協走入社會，搭著國際穆斯林商機的風潮，與中央及各地的地方政府建起合作平台，也與不同的產業接軌，除了協助業界取得商機外，亦將回教的教義向外傳遞，透過對於不同產業認證過程及教育訓

練，成功將「清真」的價值觀弘揚於社會。[63]

　　至於穆斯林自發性的宣教活動，可以一群穆斯林於民國102年曾自發之「台灣穆斯林宣教與學習團隊」，以及身處台東，從事結合宣教與社會公益活動的一對穆斯林夫妻為例。台灣穆斯林宣教與學習團隊在號召起一批穆斯林之後，首先辦理學習回教知識以及人際溝通技巧的培訓講座，並製作不同主題之教義文宣，以直接走進人群的方式於街頭發放文宣；其後該團隊中的發起成員將此工作轉移至南部地區，當地部分民眾因此歸信回教，亦曾前往台東至原住民部落、天主教孤兒院等地宣教。[64]

　　在台東的穆斯林夫妻，原於台東市經營清真餐廳，後遷至太麻里。自經營餐廳初期他們即於餐廳內陳列許多回教書籍與文宣品，並舉辦多次回教交流活動。民國102年成立「台東愛心餐食服務站」，以自家餐廳烹飪的窯烤披薩分送當地偏鄉的原住民族小學學童，截至民國105年已有數百名孩童及其家庭受惠，該善舉獲得各地穆斯林響應，以捐獻和實質人力投入予以支持，平時亦經常募集物資協助當地需要幫助的百姓，更計畫有朝一日於當地成立穆斯林社服機構。若探究上述兩個宣教項目的主辦與參與人員，並綜觀一般穆斯林對宣教的態度，即可歸納出歸信穆斯林對於宣教較為積極，一方面本地原生穆斯林承襲傳統，並無實際宣教的經驗與想法；另一方面，歸信者秉持對回教信仰的珍惜與熱愛，加上自身後天歸信的經驗，因此更希望將該信仰分享、傳播予世人。

　　除了歸信穆斯林，部分年輕世代的穆斯林也熱衷於推廣回教信仰與文化。例如國立政治大學與國立台灣大學中皆有回教文化社團，發起人均係當時在學的穆斯林學生，希望藉由社團活動的舉辦，讓校園中的師生認識回教信仰及文化。而國立交通大學、國立台灣科技大學等，則因為大量外籍穆斯林留學生就學，因此也有穆斯林學生社團，結合異國文化與回教元素的活動經常吸引許多本地學生參加。回協即與國立台灣科技大學的穆斯林學生合作開發了「清真‧台灣」（Halal‧Taiwan）APP，在該應用程式上同步更新餐旅信息，以利穆

---

63　中國回教協會秘書處，《「承先啟後，開創新局」中國回教協會11、12屆會務回顧》，頁32。
64　台灣穆斯林宣教與學習團隊，〈台東宣教之旅〉，《中國回教》，340期（2013），頁36-37。

斯林查詢相關資訊。[65]另外，許多穆斯林則利用網路社群媒體來達到宣教的目的，為呈現自我，例如他們主要使用臉書（Facebook）的分享功能，以提供第三方製作的關於回教的新聞與知識，這是為了在非穆斯林的觀眾面前建構穆斯林的全面形象，同時建立他們的自我形象作為呈現正確資訊的來源管道。[66]

　　無論出身於何種背景，民國70年之後出生的新生代穆斯林，近十餘年亦逐漸在台灣穆斯林社群中嶄露頭角，包括辦理各種活動、擔任中國回教協會之會員代表、理事或會務人員、成立穆斯林青年組織、協助清真寺經學班教學工作等。早於民國75年，即在中國回教協會主辦，亞太宣教會贊助下，舉辦了國際回教夏令營；[67]民國77年，亦由台北伊斯蘭文化苑、中華民國穆斯林留利比亞學生會等單位與穆斯林青年義工主辦，世界穆斯林青年會議組織（World Assembly of Muslim Youth，WAMY）與本地教胞贊助下，舉辦了回教夏令營活動。[68]該兩次活動均為吸引逾八十人參加之大型營隊活動。

　　此後類似的青年夏令營活動，或是踏青、烤肉等動態活動、教義講座等靜態活動，亦不時在穆斯林社群中辦理，許多穆斯林青少年報名參與。時至民國90年，在WAMY與回協的通盤合作下，恢復了沉寂數年沒有舉辦的全台性穆斯林青少年夏令營，該次在桃園縣復興鄉青年活動中心舉辦的「全台穆斯林青少年夏令營」，包括青少年學員、輔導老師與阿訇、愛心媽媽等超過七十人參加活動，[69]並開啟日後連續十七年未中斷的青少年夏令營活動之序幕。

　　民國91年後每年舉辦的穆斯林青少年夏令營，大部分的模式與民國90年的情況相似，由回協與WAMY主辦，分別於全台各地清真寺、救國團青年活動中心、通過回協餐旅認證之休閒農場等場地舉辦。招收的學員係在台穆斯林青少年，年齡介於國小至大學在學生不等，視每次活動對年齡區間的設定而定。此外，亦有數年的夏令營活動，由穆斯林青年自行發起舉辦；或是回協與其他

65 中國回教協會秘書處，《「承先啟後，開創新局」中國回教協會11、12屆會務回顧》，頁9。
66 Ying-chih Wang（王穎芝），*Identity and Online Performance of Young Taiwanese Muslims on Facebook*，（國立政治大學國際傳播英語碩士學位學程碩士論文，2017），頁93。
67 石永貴，〈緣起和經過〉，《中國回教》，194期「一九八六國際伊斯蘭青年夏令營特輯」（1986），頁10。
68 瑞達，〈一九八八伊斯蘭夏令營籌辦經過〉，《中國回教》，202期（1988），頁23。
69 伊斯哈克·馬孝棋，〈首次全台穆斯林青少年夏令營〉，《中國回教》，272期（2001），頁18。

圖14-5　民國102年亞洲地區華人穆斯林青年夏令營（于嘉明提供）

圖14-6　近兩年由中壢地區穆斯林青年主辦，龍岡清真寺贊助之籃球賽，吸引許多青壯年穆斯林參加（攝於民國104年，張明光先生提供）

穆斯林組織合作辦理。例如民國96年回協與國立政治大學「伊斯蘭文明與思想研究中心」主辦，亞太宣教會與WAMY贊助之「亞洲地區穆斯林青年（領袖）夏令研習營」，以及民國97年回協與沙烏地阿拉伯宗教事務部合辦之「亞洲地區穆斯林青年教法研習營」，則係近十餘年來最大型的兩次國際性青年營隊活動，除了接受國內穆斯林青年報名，亦邀請來自亞洲各國的穆斯林青年朋友共襄盛舉。

　　論及近十餘年來台灣穆斯林的青少年活動，便需要提及民國94年始成立的「台灣穆斯林青年會」。該會成立的背景係因部分穆斯林青年認為中國回教青年會已不復運作多年；回協舉辦之青少年活動亦相對有限，因此在多位長輩的支持下，遂成立起由青年朋友專責之組織。本章作者於民國94至98年曾任首二任之會長，全台各地約莫八十名青少年朋友加入成為會員，組織運作之全盛期每年可辦理近十個活動，包括動態的籃球賽、出遊活動；以及靜態的讀書會、教義文化講座等，每年回協主辦之夏令營活動，台灣穆斯林青年會亦擔任承辦或協辦單位之角色。

　　時至民國104年左右，回協正式將台灣穆斯林青年會納入運作體系中，部分穆斯林青年參與各項青年與少兒活動之規劃與舉辦。台灣穆斯林青年會成立至今，其會員與工作幹部始終保持身分上的多元，例如組織幹部兼含第三、四代回民以及新生代的泰緬雲南裔穆斯林與歸信穆斯林；而會員與參加活動者自十餘年前即包含甘比亞、印尼、土耳其等各國留學生，近年來則見愈來愈多出身於跨國婚姻家庭之「新台灣之子」熱衷參與活動，直接反映出穆斯林社群結構的變化。

表15-1：自民國90年至今所舉辦之穆斯林青少年夏令營營隊活動列表

| 年度 | 夏令營名稱 | 辦理地點 |
|---|---|---|
| 2001 | 全台穆斯林青少年夏令營 | 桃園復興鄉青年活動中心 |
| 2002 | 全台穆斯林青少年夏令營 | 高雄清真寺 |
| 2003 | 台灣地區穆斯林青年團聚大會 | 高雄澄清湖青年活動中心 |
| 2004 | 穆斯林青年夏令營 | 台北清真寺 |
| 2005 | 全台穆斯林青少年夏令營 | 嘉義阿里山青年活動中心 |
| 2006 | 全台穆斯林青少年夏令營 | 台北清真寺 |
| 2007 | 亞洲地區穆斯林青年（領袖）夏令研習營 | 台北福華國際文教會館 |
| 2008 | 亞洲地區穆斯林青年教法研習營 | 台北福華國際文教會館 |
| 2008 | 全台穆斯林青少年夏令營 | 高雄清真寺 |
| 2009 | 全台穆斯林青少年夏令營 | 國立屏東科技大學 |
| 2010 | 全台穆斯林青少年夏令營 | 宜蘭香格里拉休閒農場 |
| 2011 | 全台穆斯林青少年夏令營 | 宜蘭香格里拉休閒農場 |
| 2012 | 全台穆斯林青少年夏令營 | 台一生態休閒農場 |
| 2013 | 亞洲地區華人穆斯林青年夏令營 | 台北教師會館 |
| 2014 | 全台穆斯林青少年夏令營 | 高雄清真寺 |
| 2015 | 全台穆斯林青少年夏令營 | 台東娜路彎會館、娜路彎大酒店 |
| 2016 | 全台穆斯林青少年夏令營 | 龍岡清真寺、六福村度假村 |
| 2017 | 亞洲地區華人穆斯林青年夏令營 | 龍岡清真寺 |

　　此外，穆斯林青年朋友亦在穆斯林組織運作、清真寺經學教育等面向多所涉入，發揮專才。民國91年回協換屆，新任第八屆理事會中，即出現年僅二十歲之理事當選人，在其後第九屆至今第十三屆，每屆會員代表和理監事會名單中皆包括大學或研究所在學生，或是1980年後出生之青年穆斯林名列其中。於此同時，回協第八屆理監事負責會務期間，秘書處即開始聘用未屆三十歲之青年教胞出任工作人員，自第十屆起年輕世代的工作人員逐漸增加，至第十二屆與第十三屆之會務人員，超過半數係未滿或年約三十歲之青年，代表回協近幾年來逐漸朝向世代交替的方向邁進，鼓勵年輕穆斯林投身宗教事務。再者，如遇各清真寺或穆斯林組織辦理活動時，許多穆斯林青年亦主動或受邀參與協助，以實際行動服務社群；而某些擁有至中東穆斯林國家留學經驗的青年，亦獲清真寺邀請於兒童經學班教授阿拉伯語及宗教教義等課程。

# 結論

　　綜合以上，早年穆斯林在來到台灣後便面臨飲食的問題，清真餐飲與肉品屠宰在篳路藍縷中逐漸有所規模，自上世紀九〇年代起回協針對認證事項開始訂定規範，至本世紀以後，由於東南亞穆斯林國家對清真認證的重視與推動，台灣遂搭上此一列車，更加制度化與系統化地辦理認證業務。隨著時間的推移，國際清真市場與穆斯林觀光旅遊的商機及發展前景，使我國政府與穆斯林社團組織對相關事務更加積極，包括投入清真食用品的認證、建立穆斯林友善餐飲／餐旅制度，打造接待穆斯林之友善環境等，多年來在不同領域皆有明顯的成效與影響；亦吸引許多民間業者投入清真相關之市場，爭取更大的利潤。當然市場上愈來愈多的清真產品，以及穆斯林友善環境的建立，著實讓穆斯林觀光客更感便利與安心；對於生活在台灣的穆斯林而言，同樣因此在飲食與宗教實踐上受益良多，並讓整體社會更加認識回教信仰與文化。

　　此外，在老一輩逐漸凋零與穆斯林社群人口結構產生明顯變化的情況下，歸信穆斯林與年輕世代的穆斯林開始在不同層面接觸宗教事務，無論在宗教組織運作與宗教活動舉辦等方面皆漸有涉入與發揮；而鑑於台灣社會對回教的陌生與隔閡，回教信仰及文化的宣揚推廣工作，也在各寺、會與穆斯林個人的努力下展開。平心而論，回教在台灣的發展正面臨內部傳承出現斷層以及外部挑戰的雙重夾擊，對於青年世代的穆斯林與歸信穆斯林的培育與輔導，以及對宣教事務的推動，勢必需要每位穆斯林與各穆斯林組織共同努力與合作，方能為回教在台灣今後的發展注入活水與動力。

# 世局多變中的台灣回教及其展望

趙錫麟

民國103年台灣博物館舉辦「伊斯蘭文化與生活特展」，館方亦搭配展覽舉辦多場文化講座，增進台灣大眾對伊斯蘭與回教的認識。（趙錫麟提供）

　　當代的科技發達，使我們感受到生活的方便與舒適，同時也感受到因此而衍生的更多訴求與壓力。不少人因此產生了不如歸去的想法，放棄了高薪與舒適便利的都市生活，寧願回歸田園；但還是有不少人為了五斗米而折腰，面對生活的現實，不得不繼續打拚努力。事實上，世局的多變就是自古以來，人類生活的寫照，而如何平衡生活裡的精神與物質訴求，就成為人類文化中的重要基礎。以此而決定人類本身面對多變局面的因應：什麼不變，什麼需要改變，又應當如何改變的抉擇。因此，構成了人類共同的倫理與道德價值觀念。

　　在經過本書各章的作者們努力完成本書以後，相信讀者們已經對最近百年以來台灣穆斯林或是回教在台灣的境況，有了較為具體的觀察。我們會嘆息早期的穆斯林先進們如何渡海來台，辛勤維護信仰。進而探詢：為何清代來台的穆斯林竟然逐漸同化失落。又讚嘆二十世紀中葉因躲避戰亂而渡海來台的穆斯林先進們，如何在艱困的環境裡恢復回教協會運作，維護穆斯林族群的需求，又在幾個城市裡建立清真寺，盡量地穩固回教信仰，滿足穆斯林精神與生活的基本訴求。

　　當我們提到台灣回教狀況時，經常會使用「少數族群」的概念，這是用來觀察或討論社會中的少數群體，或是作為相對於社會主流的稱謂。穆斯林也難免慣用「少數穆斯林」來形容生活在大多數非信仰回教人口，相對比例差距懸殊的非回教地區或國家中的穆斯林。表面上看來，穆斯林生活中面對著「儘速融入當地主流社會？」或是「堅持保留本身特色？」的困難抉擇。這也就是探討台灣回教面對多變的世局與展望未來的核心問題。

　　早期的中國穆斯林先進、早期遷台的穆斯林，或是現代的穆斯林移民定居民主自由的歐美國家，或是歐美國家的民眾選擇了回教信仰，都會面對這個問題。同樣地，當我們回顧一千四百年前，當穆罕默德聖人奉命成為真主的使者，開始宣揚回教信仰的時候，面對著他的親友麥加權貴們的指責與對立，最後遷徙到麥地那。他的內心也在為了離鄉背井而掙扎。我們再看聖人穆罕默德如何堅持信仰，從個人發展成群體，把回教信仰從簡單的宗教信念，逐步融入日常生活，發展成文化，最後提升成為人類歷史上的燦爛文明。我們的穆斯林先進在中國大陸或台灣，也是堅持著穆聖的教誨，播種深耕建立了回教信仰在

中國大陸與台灣的基礎。

　　或許有人會認為：時間的巨輪是一去不返，同樣地我們也不能再回歸到千年以前的生活方式。事實上，回教信仰並不強調「復古」，反而應當勇於從堅固的基礎上發展與躍進。從穆斯林一律朝向麥加祈禱禮拜的最早期王道全球化概念，以至於回教信仰堅持的人類是一個族群的理念，都顯示回教信仰是超越傳統疆域與邊界的。我們常會探討的「反璞歸真」應當是指除去眼前的迷障表象，回歸到真正的信仰「人類生存的價值」：崇敬唯一的造物主，積極正向地生活下去。因為人類是奉真主的命令合法地開創生活，運用資源，發展環境。也就是：負起正常人的責任，維持與造物主的良好關係，同時也要維持與他人之間的良好關係；這也是人類共同的價值觀。

　　回教信仰強調：每個人在日常生活裡的責任，這個原則需要透過教育與實踐來傳承。而因為穆斯林不熟悉這個信念，導致抱殘守缺，誤認為信仰就在遵守某些戒規或是堅持某種儀式，或是因為道聽塗說，或斷章取義，而嚴重地損毀了回教信仰的真理。甚至導致穆斯林群體的彼此攻擊，完全迷失在一些表象裡，而忽略了人類共同維持的倫理。這種的誤解會造成我們彼此之間的離齬，並會逐漸惡化，甚至採取不當手段打擊對方，導致斷絕彼此的友誼，或親屬，甚至血緣關係。然而，穆斯林彼此之間甚至與非穆斯林的關係，其實都應該是和善寬容的。

　　基於上述的論點，台灣的穆斯林群體應當警覺，我們已經面對著重大危機，甚至是存亡的關頭。也就是我們必須面對自己應當負起的責任：是否已經處裡好了我們與真主之間的關係？是否已經處裡好了我們的人際關係？每個穆斯林都應當自我反省，察看缺失，迅速彌補過錯，在我們有生之年亡羊補牢絕不會太晚。因此，我們在發現糾紛之初就設法調停防範；突顯我們群體的正面力量，防範災禍於未然。

　　當我們能夠逐漸從學習與反省中，提升自己的信仰，發現問題所在，就會發現我們還是可以為自己的教門與穆斯林群體發揮力量，做出貢獻。我們要從不同角度查看問題，瞭解回教信仰是整體，而不能斷章取義，每位穆斯林不可執著於某些教規的細節，而忽略了整體與大綱。如何堅定信仰？如何服務教

門？如何與家人親屬相處？如何改善與提升社團的功能？如何遏止當前群體的分裂？如何維護台灣穆斯林的名譽？如何自我反省而不是指責別人？如何以同理心看待他人？等等。而不是迷失在：穆斯林是弱勢群體、台灣的生活環境對穆斯林不友善、台灣的飲食不符合清真規範、我們的社團不作為、社團負責人有汙點、必須透過訴訟逼迫對方下台、台灣無法實行教規等錯誤認知的泥淖裡不見天日。

台灣的穆斯林先進們創下的基礎，到目前我們見證的友善環境，每個清真寺的活動，新住民穆斯林的積極努力，這些成果，都見證了台灣社會寬容共存的寶貴軟實力。謹摘錄《古蘭經》第9章105節，真主的教誨：

你說：你們工作吧！安拉及其使者和信士們將看到你們的工作…

只有我們穆斯林教胞們自我反省，從自己的崗位上負起應負的責任，從而方便回教信仰的發展，促使穆斯林積極參與台灣甚至全人類社會的共存共榮。因此，回教先進們在台灣已經開拓與發展，並且完成了一定的成果。展望台灣回教的將來，就要看當代的台灣穆斯林如何承先啟後，是否能夠完成他們應負起的責任繼往開來。

# 參考文獻

## 中　文

### 一、史料

1. 〔宋〕沈括，《夢溪筆談》，台北：台灣商務印書館，1955。
2. 〔宋〕鄭樵著，何天馬校，《通志略》，台北：里仁書局，1982。
3. 〔元〕陶宗儀，《南村輟耕錄》，北京：中華書局，1958。
4. 〔明〕顧炎武，《原抄本日知錄》，台北：文史出版社，1979。
5. 〔明〕顧炎武，《聖武記》，北京：中華書局，1984。
6. 〔清〕祁韻士，《皇朝藩部要略》，台北：文海出版社，1965。
7. 〔清〕陶保廉，《辛卯侍行記》，台北：中華叢書委員會，1957。
8. 〔清〕劉智，《天方典禮擇要解》，台北：重印未著出版，1953。
9. 〔清〕錢大昕，《十駕齋養新錄》，台北：台灣商務印書館，1978。
10. 〔清〕趙燦，楊永昌、馬繼祖標註，《經學系傳譜》，青海：青海人民出版社，1989。

### 二、檔案

（一）國史館藏

1. 〈白崇禧呈蔣中正處理回教團體經過情形及今後應辦事項文電日報表〉，《蔣中正總統文物》，民國27年10月21日，數位典藏號：002-080200-00503-211。
2. 〈行政院長孔祥熙呈國民政府為遵令設置阿拉伯語文及伊斯蘭文化講座〉，《國民政府》，民國27年11月16日，入藏登錄號：001000006087A。
3. 〈回教寺院及回教徒概況調查表〉，《內政部檔案》，民國29年1月9日，入藏登

錄號：026000012611A。

4. 〈中國回教救國協會呈擬派員來蒐集有關回民材料〉，《內政部檔案》，民國29年3月11日，入藏登錄號：026000013144A。

5. 〈中國回教救國協會呈請取締非法回教民眾組織經定辦法三項〉，《內政部檔案》，民國29年4月24日，入藏登錄號：026000013229A。

6. 〈留埃學生救濟〉，《外交部檔案》，民國32年，入藏登陸號：020-990900-0166。

7. 〈中國回教救國協會案〉，《內政部檔案》，民國36年，入藏登陸號：026000013206A。

8. 〈中國回教協會理事長白崇禧呈國民政府主席蔣中正為擬訂國民大會回民代表及其他各項選舉辦法參考資料〉，《國民政府檔》，民國36年2月8日，數位典藏號：001-01142-00070-007。

9. 〈白崇禧〉，《軍事委員會委員長侍從室檔》，入藏登錄號：129000098581A。

10. 〈提案第一五四號〉，《第一屆國民大會第二次會議提案》，目錄統一編號：050，案卷編號：004-2，典藏號：120000000131A。

11. 〈蕭永泰〉，《總統府人事登記卷》、《國民政府文官處人事登記補充片》，總統府檔案編號：52872，典藏號：129000105907A。

12. 〈白崇禧將軍喪葬檢討告白書〉，《外交部檔案》，檔號：152.11/0008，影像號：11-WAA-00277-00078。

（二）中研院近代史研究所檔案館藏

1. 〈回教朝聖團〉，《外交部檔案》，民國28年，館藏號：11-WAA-00049。

2. 〈平津黨務：天津回教導物〉，《朱家驊檔案》，民國29年3月28日，館藏號：301-01-06-197。

3. 〈三十八年籌組回教國家訪問團事〉，《外交部檔案》，民國38年，檔號：112.21/0001。

4. 〈外交部長葉公超訪問中東〉，《外交部檔案》，民國46年4月至民國47年9月，檔號：112.21/0010、112.21/0011、112.21/0012與112.21/0013。

5. 〈沙烏地國王費瑟訪華〉，《外交部檔案》，民國59年至民國60年，檔號112.22/0024。

6. 〈興建台北清真寺〉，《外交部檔案》，民國46年12月17日，檔號：152.1/002，影像號11-WAA-00275。

7. 〈為自訴被告等共同連續誹謗事〉，《外交部檔案》，檔號：152.11/0009，影像號：11-WAA-00278-23。

（三）中國國民黨文化傳播委員會黨史館藏

1. 〈中國回教近東訪問團建議書〉，《國防檔案》，民國28年5月，館藏號：會5.2/241。

2. 〈三屆一次參政會建議國立各大學添設伊斯蘭文化暨阿拉伯語文講座〉，《國防檔案》，民國31年12月，館藏號：防003/2214。

3. 〈1949年籌組回教國家訪問團事〉，《外交部檔案》，民國38年9月至民國40年6月，檔號：11-04-01-06-02-001。

4. 〈接濟前新疆省民政廳長王曾善〉，《外交部檔案》，民國39年，檔號：11-30-19-04-008。

5. 〈世界回教聯盟〉，《外交部檔案》，民國54年至民國57年，檔號152.11/0044。

## 三、專書

1. 《許故代表曉初先生紀念文集》編輯小組編，《許故代表曉初先生紀念文集》，台北：《許故代表曉初先生紀念文集》編輯小組，1996。

2. 《謝松濤教授論文集》編輯小組編，《謝松濤教授論文集》，台北：《謝松濤教授論文集》編輯小組，1996。

3. 丁士仁主編，《中國伊斯蘭經堂教育》，蘭州：甘肅人民出版社，2013。

4. 丁克家、馬雪峰，《世界視野中的回族》，銀川：寧夏人民出版社，2008。

5. 丁俊，《中國阿拉伯語教育史綱》，北京：中國社會科學出版社，2006。

6. 中國大陸災胞救濟總會，《救總十年》，台北：中國大陸災胞救濟總會編印，1960。

7. 中國回教文化教育基金會，《常子春先生與中國回教》，台北：中國回教文化教育基金會，1990。

8. 中國回教協會，《中國回教協會在台教胞登記名冊》，台北：中國回教協會，1977。

9. 中國回教協會，《中國回教協會章程》，台北：中國回教協會，2001。

10. 中國回教協會，《中華民國六十四年度回教朝覲團報告書》，台北：中國回教協會編印，1975。

11. 中國回教協會，《中華民國高雄、台中、龍岡清真寺落成紀念專輯》，台北：中國回教協會，1992。

12. 中國回教協會秘書處，《「承先啟後，開創新局」中國回教協會11、12屆會務回

顧》，台北：中國回教協會，2017。

13. 中華民國僑務委員會，《中華民國100年僑務統計年報》，台北：中華民國僑務委員會，2012。

14. 中華民國僑務委員會，《中華民國105年僑務統計年報》，台北：中華民國僑務委員會，2017。

15. 中華民國僑務委員會，《美國臺灣僑民生活適應及發展之研究－以洛杉磯為例》，台北：中華民國僑務委員會，2006。

16. 仇德哉主修，《雲林縣志稿》，台北：志文出版社，1983。

17. 元史研究會編，《元史論叢（第四輯）》，北京：中華書局，1992。

18. 卞鳳奎等，《臺北市大安區志》，台北：台北市大安區公所，2011。

19. 氏著，《援庵史學論著選》，台北：木鐸出版社，1982。

20. 王立志，《中國伊斯蘭的傳統以及將來》，台北：中國回教文化教育基金會，1996。

21. 王柯，《中國，從天下到民族國家》，台北：政大出版社，2014。

22. 王柯，《民族主義與近代中日關係：「民族國家」、「邊疆」與歷史認識》，香港：中文大學出版社，2015。

23. 王柯，《東突厥斯坦獨立運動：1930年代至1940年代》，香港：香港中文大學出版社，2013。

24. 王柯，《消失的「國民」：近代中國的「民族」話語與少數民族的國家認同》，香港：香港中文大學出版社，2017。

25. 王飛凌著，王飛凌、劉驥譯校，《中華秩序：中原、世界帝國與中國力量的本質》，台北：八旗文化，2018。

26. 王曾善主編，《中國回教近東訪問團日記》，重慶：中國文化服務社，1943。

27. 王樹槐，《咸同雲南回民事變》，台北：中央研究院近代史研究所，1968。

28. 王靜齋，《回耶辨真》，收入：吳海鷹編，《回族典藏全書（第46冊）》，蘭州・銀川：甘肅文化出版社・寧夏人民出版社，2008，頁123-134。

29. 卡拉・鮑爾（Carla Power）著，葉品岑譯，《古蘭似海：用生活見證伊斯蘭聖典的真諦》（*If The Oceans were Ink: An Unlikely Friendship and Journey to the Heart of the Quran*），台北：八旗文化，2017。

30. 台灣臨時臺灣舊慣調查會編，《臨時台灣舊慣調查會第一部調查第一回報告書》，京都：經濟時報社，1903。

31. 民族問題研究會編，《回回民族問題》，北京：民族出版社，1980。

32. 甘為霖牧師英譯、李雄揮漢譯，《荷蘭時代的福爾摩沙》，台北：前衛出版社，2017。

33. 白先勇，《父親與民國：白崇禧將軍身影集（上下冊）》，台北：時代文化，2012。

34. 白壽彝，《白壽彝民族宗教論集》，北京：北京師範大學出版社，1992。

35. 白壽彝主編，《中國回回民族史》，北京：中華書局，2003。

36. 石永貴，《台灣回教之地位與環境》，台北：中國回教協會，2002。

37. 羽田正著、劉麗嬌、朱莉麗譯，《伊斯蘭世界概念的形成》，上海：上海古籍出版社，2012。

38. 余振貴、楊懷中主編，《中國伊斯蘭歷史報刊萃編》，寧夏：寧夏人民出版社，1993。

39. 呂芳上主編，《中國抗日戰爭史新篇：（六）戰後中國》，台北：國史館，2015。

40. 呂芳上主編，《中國抗日戰爭史新編：（三）全民抗戰》，台北：國史館，2015。

41. 呂芳上主編，《中華民國發展史：教育與文化》，台北：聯經出版事業公司，2011。

42. 李存光、李樹江編選，《馬宗融專集》，銀川：寧夏人民出版社，1992。

43. 李松茂，《回族伊斯蘭教研究》，銀川：寧夏人民出版社，1993。

44. 李興華、秦惠彬、馮今源、沙秋真合著，《中國伊斯蘭教史》，北京：中國社會科學出版社，2007。

45. 李興華、馮今源編，《中國伊斯蘭教史參考資料選編，1911-1949（共二冊）》，銀川：寧夏人民出版社，1985。

46. 汪公紀等著，《中外人物專輯（第一輯）》，台北：中外圖書出版社，1974。

47. 沈遐淮譯，《清真溪流：古蘭經新譯》，台北：新文豐出版公司，1996。

48. 谷風，《馬步芳全傳》，銀川：寧夏人民出版社，2012。

49. 佶亞伍丁·薩爾達爾（Ziauddin Sardar）著，高平唐譯，《麥加，伊斯蘭千年聖城》（*Mecca The Sacred City*）台北：聯經出版事業公司，2017。

50. 周燮藩、沙秋真主編，《清真大典（第十五、十六冊）》，合肥：黃山書社，2005。

51. 定中明，《回憶錄：九秩紀念》，作者自印敬贈本，2002。

52. 定中明，《雪泥鴻爪》，台北：鼎新文具印刷有限公司，1992。

53. 宛耀賓主編，《中國伊斯蘭百科全書》，成都：四川辭書出版社，2007。

54. 林孝庭著、黃中憲譯，《意外的國度：蔣介石、美國、與近代台灣的形塑》，台

北：遠足文化，2017。

55. 林松，《古蘭經在中國》，銀川：寧夏人民出版社，2007。

56. 林金水主編，《台灣基督教史》，北京：九州出版社，2003。

57. 林修澈，《原住民身分認定的研究》，台北：行政院原民會，1999。

58. 林桶法，《1949大撤退》，台北：聯經出版事業公司，2009。

59. 祁學義譯，《布哈里聖訓實錄全集（第一卷）》，北京：宗教文化出版社，2008。

60. 邱樹森主編，《中國回族史》，銀川：寧夏人民出版社，1996。金吉堂，《中國回教史研究》，台北：珪庭出版社，1971。

61. 阿里‧賈平，《艾布伯克‧賈福康哈智追思紀念集》，台北：賈府自印。

62. 勉維霖主編，《中國回族伊斯蘭宗教制度概論》，銀川：寧夏人民出版社，1997。

63. 姚繼德、李榮昆、張佐，《雲南回教史》，昆明：雲南大學出版社，2005。

64. 胡平生，《民國時期的寧夏省1929-1949》，台北：台灣學生書局，1988。

65. 范可，《在野的全球化：流動、信認與認同》，北京：知識產權出版社，2015。

66. 重修《百琦郭氏回族宗譜》編委會編，《百琦郭氏回族宗譜（上中下三冊）》，泉州，2000。

67. 孫繩武，《回教論叢》，台北：中國文化研究所，1963。

68. 時子周譯述，《古蘭經國語譯解》，香港：香港伊斯蘭聯會，1958。

69. 桑原隲藏著，馮攸譯，《中國阿拉伯海上交通史》，台北：台灣商務印書館，1971。

70. 秦惠彬主編，《伊斯蘭文明》，福建：福建教育出版社，2008。

71. 馬希桂編，《馬明道阿訇紀念文集》，北京：藍月出版社，2011。

72. 馬堅譯，《古蘭經》，北京：中國社會科學出版社，1981。

73. 馬堅譯，《古蘭經中文譯解》，麥地那：法赫德國王古蘭經印刷局，2002年。

74. 馬強，《流動的精神社區：人類學視野下的廣州穆斯林哲瑪提研究》，北京：中國社會科學出版社，2006。

75. 馬莉，《美國穆斯林移民：文化傳統與社會適應》，北京：中央民族大學出版社，2011。

76. 馬通，《中國伊斯蘭教派與門宦制度史略》，銀川：寧夏人民出版社，2000。

77. 馬雪峰，《從教門到民族：西南邊地一個少數社群的民族史》，北京：社會科學文獻出版社，2013。

78. 馬博忠、納家瑞、李建工，《歷程：民國留埃回族學生派遣史研究》，銀川：黃

河出版傳媒集團，2011。

79. 馬德倫，《馬興旺家譜》，利雅德：法赫德國王國家圖書館，2013。

80. 馬鴻逵，《馬少雲回憶錄》，香港：文藝書屋，1984。

81. 馬艷，《一個信仰群體的移民實踐：義烏穆斯林社會文化的民族志》，北京：中央民族大學出版社，2012。

82. 高文遠，《菓園哈智（遵經革俗的倡導者）》，台北：中國回教文化教育基金會，1989。

83. 高占福，《西北穆斯林社會問題研究》，蘭州：甘肅民族出版社，1991。

84. 高源，《清真寺的社會功能：蘭州清真寺中的族群認同》，北京：中央民族大學出版社，2013。

85. 國務院法制局編，《中華人民共和國現行法規匯編：教科文衛卷，1949-1985》，北京：人民出版社，1987。

86. 張中復，《清代西北回民事變：社會文化適應與民族認同的省思》，台北：聯經出版事業公司，2001。

87. 張巨齡，《綠苑鉤沉：張巨齡回族史論選》，北京：民族出版社，2001。

88. 張典婉，《太平輪一九四九：航向台灣的故事（增修版）》，台北：商周出版社，2014。

89. 張星烺，《中西交通史料彙編（第三冊：古代中國與阿拉伯之交通）》，台北：世界書局，1983。

90. 梁紅玉，《蓋頭掀不掀：台灣穆斯林女子的策略與認同》，台北：女書文化，2012。

91. 莊景輝編，《陳埭丁氏回族宗譜》，香港：綠葉教育出版社，1996。

92. 許憲隆，《諸馬軍閥集團與西北穆斯林社會》，銀川：寧夏人民出版社，2001。

93. 連橫，《台灣通史》，台北：黎明文化事業公司，1985。

94. 郭廷以校閱，賈廷詩等訪問紀錄，《白崇禧先生訪問紀錄（上下冊）》，台北：中央研究院近代史研究所，1989。

95. 陳克禮譯，《穆罕默德聖訓集》，台北：中國回教青年會，1985。

96. 陳垣，《元史研究》，台北：九思出版社，1977。

97. 陳垣，《援庵史學論著選》，台北：木鐸出版社，1982。

98. 陳援庵，《援庵史學論著選》，台北：木鐸出版社，1982。

99. 傅統先，《中國回教史（台一版）》，台北：台灣商務印書館，1969。

100. 凱倫‧阿姆斯壯（Karan Armstrong）著，黃凱君譯，《穆罕默德：宣揚謙卑、寬容與和平的先知》（*Muhammad: A Prophet for Our Time*），台北：八旗文化，2018。

101. 堯樂博士，《堯樂博士回憶錄》，台北：傳記文學出版社，1993。

102. 程思遠，《白崇禧傳》，台北：曉園出版社，1989。

103. 華濤、姚繼德主編，《回儒文明對話論文選集》，昆明：雲南大學出版社，2017。

104. 萊思麗海澤爾頓（Lesley Hazleton）著，夏莫譯，《先知之後：伊斯蘭千年大分裂的起源》（*After the Prophet: The Epic Story of the Shia-Sunni Split in Islam*），台北：八旗文化，2017。

105. 費德廉‧蘇約翰主編，羅效德‧費德廉中譯，《李仙得台灣記行》，台南：台灣歷史博物館，2013。

106. 馮爾康，《清史史料學》，台北：台灣商務印書館，1993。

107. 黃光學、黃聯朱主編，《中國的民族識別：56個民族的來歷》，北京：民族出版社，2005。

108. 黃自進（編著），《國共關係與中日戰爭》，新北：稻鄉出版社，2016。

109. 黃宣範，《語言、社會與族群意識：台灣語言社會學的研究》，台北：文鶴，1994。

110. 愛德華‧薩依德（Edward W. Said），王志弘、王淑燕、莊雅仲、郭菀玲、游美惠、游常山等譯，《東方主義》（*Orientalism*），台北：立緒文化，2004。

111. 楊文炯，《互動調適與重構：西北城市社區及其文化變遷研究》，北京：民族出版社，2007。

112. 楊啟辰、楊華主編，《中國伊斯蘭教的歷史發展和現況》，銀川：寧夏人民出版社，1999。

113. 楊耀斌校正，《中阿文乜亥帖》，台北：台北清真寺譯經委員會，未載時間。

114. 賈福康編著，《台灣回教史》，新北：伊斯蘭文化服務社，2002。

115. 達飛生原著，陳政三譯註，《福爾摩沙島的過去與現在（上下冊）》，台南：台灣歷史博物館，2014。

116. 熊振宗，《穆罕默德傳》，台北：中華文化出版社，1958。

117. 福建省泉州海外交通史博物館、泉州市泉州歷史研究會編，《泉州伊斯蘭教研究論文選》，福州：福建人民出版社，1983。

118. 翟振孝，《經驗與認同：中和緬華移民的族群構成》，台北：財團法人海華文教

基金會，2001。

119. 趙秋蒂，《臨夏宗派：中國穆斯林的宗教民族學》，台北：政大出版社，2012。

120. 趙錫麟口述、張中復訪問，《天方學涯：趙錫麟先生訪談錄》，台北：國史館，2014。

121. 劉達人等，《中華民國史外交志》，台北：國史館編印，2002。

122. 劉寧顏總纂，《重修台灣省通志》，南投：台灣省文獻委員會，1992。

123. 劉寶軍編著，《世界華人穆斯林概觀》，銀川：寧夏人民出版社，2010。

124. 編輯小組編，《許故代表曉初先生紀念文集》，台北：《許故代表曉初先生紀念文集》編輯小組，1996。

125. 鄭勉之主編，《伊斯蘭教簡明辭典》，南京：江蘇古籍出版社，1993。

126. 蕭永泰編譯，《回教為什麼禁食豬肉》，台北：中國回教青年會，1983。

127. 默利爾・亨斯博格著，崔永紅譯，《馬步芳在青海1931-1949》，西寧：青海人民出版社，1994。

128. 薛文波，《雪嶺重澤》，蘭州：未標出版單位，1999。

129. 謝赫・艾尤卜・宰克里雅翻譯，《明燈（伊本・凱希爾古蘭經註修訂本）》，沙烏地阿拉伯王國：法赫德國王古蘭經印製廠，2010。

130. 羅香林，《蒲壽庚研究》，香港：中國學社，1949。

131. Maulana Muhanmmad 'Ali著，蕭永泰譯，馬品孝校訂，《回教婚姻論》，台北：中國回教青年會，1958。

132. Serge Lafitte著，孫千淨譯，《聖經與古蘭經：認識猶太教、基督宗教與伊斯蘭教的第一本書》（*Le Bible et le Coran*）台北：貓頭鷹出版社，2017。

## 四、論文

1. 丁正熙，〈用中國固有的文化做中國回教運動〉，《突崛》，第二卷，第六期（1935年6月），頁6-8。收入：《突崛（第一冊）》（民國珍稀期刊）（北京：全國圖書館文獻微縮複製中心，2006），頁348-350。

2. 于嘉明，〈一對穆斯林夫婦在台東的社會慈善事業初探〉，「2015年台灣人類學與民族學學會」會議論文，台北，國立政治大學，2015年10月3、4日，頁1-24。

3. 于嘉明，〈在台泰緬雲南籍穆斯林的族群認同〉，台北：國立政治大學民族學系碩士論文，2009。

4.  于嘉明，〈多元共生下的當代台灣穆斯林社群〉，台北：國立政治大學民族學系博士論文，2018。

5.  于嘉明，〈從華人穆斯林群體的自我省思看伊斯蘭教在台灣的傳承〉，《甘肅民族研究》，1期（2017），頁53-61。

6.  于嘉明，〈遷徙、延續與我群意識建構：美國舊金山灣區華人穆斯林研究〉，《北方民族大學學報（哲學社會科學版）》，6期（2016），頁36-41。

7.  尤成威，〈在台印尼籍穆斯林學生的飲食體驗〉，嘉義：國立嘉義大學觀光休閒管理研究所碩士論文，2012。

8.  巴金，〈關於馬宗融、羅世彌、馬小彌、馬少彌的材料〉，《現代中文學刊》，2期（2012），頁29。

9.  木村自著，涂華忠譯、姚繼德審校，〈雲南穆斯林移民的社會關係及宗教習俗轉型：以旅居台灣的回族同胞為中心〉，《雲南回族研究》6期（2012），頁50-62。

10. 王永亮，〈伊赫瓦尼宗教革新思想述略〉，《寧夏社會科學》，43期（1990），頁41-47。

11. 王柯，〈「祖國」的發現與民族、宗教、傳統文化的再認識－中國穆斯林的五四與新文化運動〉，「五四運動八十週年學術研討會」會議論文，台北：國立政治大學文學院，1999年4月，頁1-27。

12. 王柯，〈宗教與戰爭：1930年代日本「回教圈」話語的建構〉，《二十一世紀雙月刊》，154期（2016），頁61-78。

13. 王曉云，〈論台灣穆斯林后裔丁氏與日本殖民者的抗爭〉，《武漢理工大學學報（社會科學版）》，5期（2015），頁1037-1042。

14. 包修平，〈「隱身的穆斯林」：伊斯蘭在台灣的發展與變遷簡史（1949-2015）〉，《回族研究》，3期（2016），頁61-65。

15. 平山光將，〈延續與斷裂－現代中國回民知識份子的國民外交〉，《民族學界》，34期（2014），頁105-132。

16. 平山光將，〈邊政或僑務？中華民國政府遷台後對中東地區西北穆斯林難民的政策〉，中央研究院近代史研究所學術討論會，2014年7月10日。

17. 白崇禧，〈遵守穆聖訓示反抗侵略〉，《回教大眾》，創刊號（1938），頁3。

18. 安德魯・D・W・福布斯著，姚繼德摘譯，〈泰國北部的滇籍穆斯林：秦霍人〉，《雲南民族學院學報》，2期（1991），頁85-91。

19. 江澄祥，〈通識教育之學術性與嚴肅性〉，《慈濟通識教育學刊》，5期（2009），花蓮：慈濟大學，頁2-37。

20. 何平，〈移居緬甸的雲南回族〉，《民族研究》，1期（1997），頁73-80。

21. 吳蘭翔，〈台灣穆斯林的社會生活〉，北京：中央民族大學民族學碩士論文，2014。

22. 李華，〈回漢民族關係論述：基於歷史、民俗互動的視角〉，「伊斯蘭與西北回民社會：歷史人類學視野下的譜系、拱北和清真寺研討會」會議論文，香港中文大學，2016年6月16日，頁73-96。

23. 沈玉水，〈百崎回族的形成和發展〉，收入：陳國強、陳清發主編，《百崎回族研究》，廈門：廈門大學出版社，1993，115-122。

24. 沙勇，〈回族國家認同的建構機制及其特點〉，《回族研究》，4期（2015），頁68-73。

25. 卓玉琳，〈印尼籍穆斯林配偶在台之宗教實踐〉，南投：國立暨南國際大學東南亞研究所碩士論文，2013。

26. 宛磊，〈中國回教救國協會對回族利益之維護：以河南的情況為例證〉，《濮陽職業技術學院學報》，26卷5期（2013），頁65-73。

27. 宛磊，〈回族在河南抗戰事蹟論述〉，《許昌學院學報》，32卷3期（2013），頁87-91。

28. 彼得·基·高英著，努爾譯，〈回教在台灣〉，《阿拉伯世界》，4期（1986），頁66-75。

29. 林孝庭（著）、盧雲（譯），〈共產主義中國之前的國民黨、穆斯林軍閥和「開發大西北」運動〉，《民族社會學研究通訊》，119期（2012），頁27-38。

30. 林長寬，〈中華民國伊斯蘭：當代漢語穆斯林社群發展之解析〉，《文化越界》，1卷11期（2014），頁113-150。

31. 林長寬，〈台灣伊斯蘭何去何從：中國穆斯林遷徙（Hijrah）之困境〉，《新世紀宗教研究》12卷1期（2013），頁1-54。

32. 林長寬，〈台灣伊斯蘭研究綜述1949-2005〉，收入《台灣宗教研究年鑑2004》，台北：世界宗教博物館，2006，頁269-300。

33. 林長寬，〈臺灣伊斯蘭何去何從：現代漢語穆斯林遷徙（Hijrah）之困境〉，《新世紀宗教研究》，12卷1期（2013），頁1-54。

34. 法瑞婭·康恩，張麗譯，〈查經班：美國南亞裔女性穆斯林的身份認同〉，《文

化遺產》，4期（2016），頁28-38。

35. 姚繼德，〈雲南回族向東南亞的遷徙〉，《回族研究》，2期（2003），頁36-46。

36. 胡正光、馬欣，〈跨界與認同：龍岡清真寺漢語穆斯林的跨國經驗和群體認同〉，「2011年台灣社會學年會」會議論文，2011。

37. 范可，〈泉州回民宗族與伊斯蘭：一個歷史與人類學的案例〉，「中国南方ムスリム宗族の社会学的特徴と意義国際学術シンポジウム」會議論文，神戶：神戶大學，2015。

38. 范景鵬，〈清末台灣回族知府洪毓琛與近代台灣建設〉，《北方民族大學學報（哲學社會科學版）》2期（2011），頁23-27。

39. 范景鵬、馬世英合著，〈1945年之前台灣回教研究〉，《西北師大學報（社會科學版）》49卷1期（2012），頁67-73。

40. 徐峰堯，〈來台印尼移工宗教認同之研究：以台北文化清真寺之印尼客工為例〉，台北：國立政治大學宗教研究所碩士論文，2007。

41. 徐榮崇，〈跨國的移置與鑲嵌：談加拿大臺灣僑民的移民動機與居住地選擇〉，《台北市立教育大學學報》，39卷2期（2008），頁39-78。

42. 馬孝棋，〈殯葬文化對宗教意識與族群認同的影響：以臺灣北部地區穆斯林為例〉，台北：政治大學民族系碩士論文，2011。

43. 馬松亭，〈中國回教與成達師範學校〉，《禹貢半月刊》，5卷11期（1936），頁13。

44. 馬欣，〈龍岡清真寺社群的形成和其在全球化脈絡下的發展〉，新竹：國立交通大學社會與文化研究所碩士論文，2011。

45. 馬建春、劉英英，〈沙特阿拉伯回族僑校史輯〉，《北方民族大學學報（哲學社會科學版）》，3期（2014），頁27-32。

46. 馬強，〈中國的宗教皈依：對穆斯林與基督徒皈依原因的初步比較〉，《西北民族論叢（第九輯）》，2013，頁253-270。

47. 馬景，〈民國穆斯林精英與經堂教育改良思想〉，收入丁士仁主編，《中國伊斯蘭經堂教育（上冊）》，蘭州：甘肅人民出版社，2013，頁276-288。

48. 馬壽齡，〈宗教師範教育與理想的阿衡〉，《月華》，2卷20期（1930），第一版，收入余振貴、楊懷中主編，《中國伊斯蘭歷史報刊萃編第二輯》，寧夏：寧夏人民出版社，1993。

49. 馬廣德，〈試論清真寺功能及其演變〉，《寧夏社會科學》，2期（2014），頁78-83。

50. 馬積廉，〈到麥加去：民國時期到中東去的旅行記述研究〉，新加坡：新加坡國立大學中文系碩士學位論文，2012。

51. 高占福，〈民國時期的甘肅回族教育〉，收入高占福，《西北穆斯林社會問題研究》，蘭州：甘肅民族出版社，1991，頁259-279。

52. 高念慈，〈中壢龍岡清真寺的建立與發展〉，台北：國立台灣師範大學歷史教學碩士論文，2008。

53. 張中復，〈「華夷兼蓄」下的邊緣游移：論當代中國回族民族屬性中的「少數民族化問題」〉，《國立政治大學民族學報》，24期（2005），115-147。

54. 張中復，〈民國前期基督教對於回民的宣教成效及其反思：以《友穆季刊》為中心的探討〉，收入《近代中國的宗教發展論文集》，台北：國史館，2015，頁239-274。

55. 張中復，〈回教與抗戰〉，收入呂芳上主編，《中國抗日戰爭史新編：全民抗戰》，台北：國史館，2015，頁516-534。

56. 張中復，〈從「蕃客」到「回族」：泉州地區穆斯林族群意識變遷的歷史省察〉，收入洪麗完主編，《國家與原住民：亞太地區族群歷史研究》（台北：中央研究院台灣史研究所，2009），頁283-326。

57. 張中復，〈論中國南方地區穆斯林宗族社會特徵與當代回族意象建構的互動意義：以漢化論為中心的探討〉，「中国南方ムスリム宗族の社会学的特徴と意義国際学術シンポジウム」會議論文，神戶：神戶大學（2015年11月18-19日）。

58. 張中復，〈論元朝在當代回族形成過程中的地位：以民族史建構為中心的探討〉，收入蕭啟慶主編，《蒙元的歷史與文化：蒙元史學術研討會論文集（下冊）》，台北：學生書局，2001，頁833-865。

59. 張中復，〈論族國體制與少數民族族群意識形塑的互動意義：以海峽兩岸「回族」認定為例的探討〉，「冷戰時期海峽兩岸的社會與文化學術研討會」，中央研究院近代史研究所，2008年6月5-6日，頁1-17。

60. 張中復，〈穆斯林「辱教案」的歷史回顧與當代反思〉，《文化縱橫》，3期（2017），頁42-48。

61. 莊景輝，〈陳埭丁氏回族漢化的研究〉，收入《台灣與福建社會文化研究論文

集》，台北：中央研究院民族學研究所，1994。頁213-234。

62. 許俊雅，〈1946年之後的黎烈文：兼論其翻譯活動〉，《成大中文學報》38期（2012），頁141-176。

63. 郭雅瑜，〈歷史記憶與社群建構：以鹿港郭姓為例〉，新竹：國立清華大學人類學研究所碩士論文，2001。

64. 陳家煌，〈晚清臺灣人李望洋宦遊甘肅的處境及心境〉，《中央大學人文學報》，58期（2014），頁49-89。

65. 陳書偉，〈中壢龍岡穆斯林的離散認同與文化地景〉，台北：國立台灣師範大學地理學系碩士論文，2012。

66. 陳國強、郭家齊，〈泉州惠安百崎回族來源和伊斯蘭教古墓〉，收入陳國強、陳清發主編，《百崎回族研究》，廈門：廈門大學出版社，1993，頁44-56。

67. 陸敬忠，〈近代回族師範教育的發展—月華旬刊之研究（1929-1937）〉，桃園：國立中央大學歷史研究所碩士論文，2008。

68. 湯開健，〈夢溪筆談中回回一詞再釋〉，《民族研究》，1期（1984），頁6974。

69. 楊志玖，〈回回一詞的起源和演變〉，收入氏著，《元史三論》，北京：人民出版社，1985，頁147150

70. 楊桂萍，〈中國穆斯林新文化運動〉，《回族研究》，4期（1999），頁32-36。

71. 楊慧娟，〈回族伊斯蘭教育的多元變遷與適應：以當代蘭州「穆斯林文化復振運動」為例〉，台北，國立政治大學民族學系研究所碩士學位論文，2009。

72. 楊懷中，〈中國歷史上伊斯蘭文化的四次高潮〉，《回族研究》，1期（1994），頁4-19。

73. 滇南子，〈雲南人在沙烏地阿拉伯〉，《雲南文獻》，16期（1986），頁148-151。

74. 貌貌李，〈緬甸華人穆斯林研究：曼德勒「潘泰」社群的形成〉，《南洋問題研究》，1期（2007），頁50-55、84。

75. 趙秋蒂，〈使用「民族」與「國家」尺標檢驗阿拉伯歷史的建構：以*History of the Arabs*一書之撰述為核心〉，收入國立政治大學阿拉伯語文學系、政治大學伊斯蘭文明與思想研究中心，《第三、四屆中東與伊斯蘭研討會論文集》，頁51-88。

76. 趙秋蒂，〈阿拉伯人的民族認定：對「標準阿拉伯語」（al-Fushah）與「生活阿拉伯語」（al-'Amiyyah）的解析〉，《民族學報》25期（2006），頁111-143。

77. 趙振武，〈三十年來之中國回教文化概況〉，《禹貢半月刊》，5卷11期（1936），

頁15。

78. 劉淑菁，〈被忽略的過客：在台印尼伊斯蘭教家庭看護工宗教踐行的困境與應對〉，南投：國立暨南國際大學社會政策與社會工作學系碩士論文，2012。

79. 歐邁爾・賈實，〈老驥自知夕陽短，不用揚鞭自奮蹄：永遠的追思－憶父親〉，《艾布伯克・賈福康哈智追思紀念集》，台北：賈府自印，2015，頁19-20。

80. 蔣中禮，〈杜文秀起義研究綜述〉，《雲南民族學院學報》，3期（1990），頁66-70。

81. 鄭國良，〈中央與地方：國民政府與青海馬家關係研究（1928-1945）〉，台北：政治大學歷史研究所碩士論文，2008。

82. 蕭永泰，〈自由中國回教概觀〉，收入《台灣風物》第十卷第四期，1960年4月，頁5-9。

83. 霍揚揚，〈穆民—香港伊斯蘭社群發展史（1841至今）：以華人穆斯林社群為研究核心〉，香港：香港中文大學歷史學哲學碩士論文，2015。

84. 謝世忠〈根本賦予認同與族群政治：中國「漢語穆斯林」的例子〉，收入《陳奇祿院士七秩榮慶論文集》，台北：聯經出版事業公司，1992。頁199-220。

85. 羅彥慧，〈回回人的「天房」意向：中國回教教派門宦與遊學關係初探〉，《寧夏社會科學》，2期（2014），頁72-77。

86. 蘇怡文，〈伊斯蘭教在台灣的發展與變遷〉，台北：國立政治大學民族學系碩士論文，2002。

## 五、回教刊物專文

1. 丁士奇，〈台南穆民聯誼會概況〉，《中國回教》，180期（1983），頁19。

2. 丁迺忻，〈看過去談清真寺未來的展望〉，《中國回教》，271期（2001年7月），頁4-6。

3. 大丹，〈緊張的鏡頭〉，《清真鐸報》，31期（1947），第九版。

4. 中國回教協會全體理監事，〈中國回教協會發表告大陸回教同胞書〉，《中國回教協會會刊》，119期（1967）。

5. 中國回教協會會刊社，〈高雄清真寺債務糾紛解決的經過〉，《中國回教》，154期（1973），頁31。

6. 中國回教服務處研究組，〈回教朝觀的旨趣〉，《回教文化》47期（1972），頁

24-28。

7. 中國回教服務處研究組，〈教義研究資料（五）宇宙三體位「天」「人」「物」〉，《回教文化》，50期（1974），頁9-17。

8. 文化清真寺董事會，〈財團法人台北市文化清真寺沿革〉，頁50-51。

9. 王文中，〈回協調整後的回顧與展望〉，《中國回教》，167期（1977），頁20。

10. 王立志，〈中國回教協改選〉，《中國回教》，261期（1999），頁41。

11. 王立志，〈豈伊異借昆仲舅甥〉，《中國回教》，289期（2004），頁5-7。

12. 王立志，〈龍岡清真寺前董事長王文中哈志〉，《中國回教》，229期（1994），頁21-22。

13. 王保新，〈參加第二屆東南亞暨太平洋地區回教宣教組織大會經過情形〉，《中國回教》，182期（1983），頁18-19。

14. 王英傑，〈馬來亞穆斯林遠涉重洋來本寺舉行婚禮〉，《回教文化》，71期（1984），頁32-33。

15. 王農村，〈爭取憲法第一百三十五條之經過〉，《中國回教》，185期（1984），頁5-6、14。

16. 仝道雲，〈當前選舉罷免法對我教胞的影響〉，《中國回教》，175期（1980），頁4。

17. 台灣穆斯林宣教與學習團隊，〈台東宣教之旅〉，《中國回教》，340期（2013），頁36-37。

18. 本刊，〈Muslim Friendly餐飲認證暨Halal美食推廣記者會後記〉，《中國回教》，334期（2012），頁10-11。

19. 本刊，〈中國大陸伊斯蘭教協會貴賓初次訪台〉，《中國回教》，289期（2004），頁2-3。

20. 本刊，〈中國回教協會辦理改選理、監事情形〉，《中國回教》，208期（1990），頁2。

21. 本刊，〈世界回教聯盟秘書長阿罕邁德來華訪問中國回教協會武理事長在晚宴上致歡迎詞〉，《中國回教》，237期（1995），頁1。

22. 本刊，〈我們的立場與態度：國內回教界對美國九一一事件的幾點看法〉，《中國回教》，209期（1990），頁2。

23. 本刊，〈從清真食品認證談建立穆斯林的經濟體系〉，《中國回教》，300期

（2006），頁2。

24. 本刊，〈清真食用品展中的見與思〉，《中國回教》，341期（2013），頁2。

25. 本刊，〈清真認證廠商介紹：湯瑪仕肉舖〉，《中國回教》，356期（2016），頁42。

26. 本刊，〈陳總統飛梵蒂岡悼教宗邀馬孝棋阿訇加入代表團同行〉，《中國回教》，294期（2005），頁7。

27. 本刊，〈龍岡清真寺教育活動大樓的緣起與展望〉，《中國回教》，349期（2014），頁19-20。

28. 本會，〈中國回教協會辦理台灣穆斯林旅遊接待環境改善案之現況〉，《中國回教》，340期（2013），頁16-18。

29. 本會，〈回教協會紀念國父百年誕辰〉，《中國回教協會會刊》，109期（1965），頁1。

30. 本會，〈紀念國父百年誕辰回教協會舉行祈禱大會〉，《中國回教協會會刊》，111期（1965），頁4。

31. 本會，〈帶路南向與經濟發展〉，《中國回教》，362期（2017），頁2。

32. 本會，〈許公潤生老先生歸真紀念專輯〉《中國回教協會會刊》，91期（1963），頁10。

33. 本會，〈會務概況報告〉，《中國回教》，167期（1977），頁34。

34. 本會，〈穆斯林來台旅遊之接待嚮導訓練〉，《中國回教》，336期（2013），頁28-29。

35. 白崇禧，〈中國回教今後的展望：在本會第一屆全體會員代表大會席上之講詞〉，《中國回教救國協會會刊》，1期（1939），頁7。

36. 白崇禧，〈回協今後的任務〉，《中國回教協會會刊》，1期（1952年7月）。

37. 白崇禧，〈沙烏地阿拉伯留學生講習會〉，《中國回教協會會報》，86期（1962），頁1。

38. 石永貴，〈「九一一」事件：回協及台北清真寺所作的反應〉，《中國回教》，273期（2001），頁5。

39. 石永貴，〈十萬里長征的馬天英中國回教近東訪問團的壯舉〉，《中國回教》，342期（2013），頁32-36。

40. 石永貴，〈緣起和經過〉，《中國回教》，194期「一九八六國際回教青年夏令營

特輯」（1986），頁10。

41. 交通部觀光局，〈2013穆斯林餐旅授證記者會新聞稿〉，《中國回教》，340期（2013），頁19。

42. 回教文化社，〈台北文化清真寺設立阿文及教義研究會歡迎教胞踴躍參加〉，《回教文化》，2期（1956），頁18-19。

43. 守愚，〈發刊詞〉，《中國回教學會月刊》，1期（1926），頁8。

44. 朱雲峯，〈抗戰時期回教軍官的搖籃地—李家村〉，《中國回教》，192期（1986），頁41-42。

45. 朱雲峯，〈軍校生活回憶：懷念兩位敬愛的回教老師〉，《中國回教》，195期（1986），頁36。

46. 朱雲峰，〈高雄清真寺簡訊〉，《中國回教》，209期（1990），頁36。

47. 艾布白克倫，〈安德馨之死（續）〉，《穆音》，1卷5期（1933），頁16-17。

48. 艾布白克倫，〈安德馨之死〉，《穆音》，1卷4期（1933），頁12-13。

49. 西麥，〈記歡迎旅沙教胞及新疆籍教胞回國致敬團茶會〉，《中國回教》，191期（1985），頁27。

50. 佚名，〈（台北文化清真寺）中華民國回教服務處簡則〉，《回教文化》，46期（1972），頁17-18。

51. 佚名，〈Idd Speech of Imam Ishaque Shiao Yun Tai In the Taipei Wen-hua Mosque〉，《回教文化》，5卷4期（1961），頁1-4。

52. 佚名，〈The Truth about Islam in Communist China (From *The Muslim Digest*)〉，《回教文化》，5卷3期（1960），頁1-5。

53. 佚名，〈一年來的工作報告〉，《中國回教救國協會第一屆全體會員代表大會特刊》，（1939），頁17-20。

54. 佚名，〈十多年來中國回教青年會作了些什麼？〉，《回教文化》，7卷1期（1962），頁3-4。

55. 佚名，〈又一次集體入教〉，《中國回教》，173期（1979），頁51。

56. 佚名，〈三個月以來的伊斯蘭圈子〉，《清真鐸報》，新37期（1948），第二版。

57. 佚名，〈中汶菲日回教代表共同發表協議事項〉，《中國回教協會會報》，73期（1960），一版

58. 佚名，〈中國回民救國協會臨時簡章〉，《中國回民救國協會通告》，第1號

（1938），頁4。

59. 佚名，〈中國回教協會回教（回教）食品認定暨管理辦法〉，《中國回教》，262期（1999），頁37-38。

60. 佚名，〈中國回教青年會第五屆會員大會紀錄〉，《回教文化》，71期（1984），頁34-41。

61. 佚名，〈中國宗教徒聯誼會集會控訴共匪迫害宗教信仰〉，《中國回教協會會報》，94期（1963年8月1日），第一版。

62. 佚名，〈中國穆斯林進行曲〉，《中國回教救國協會會刊》，1卷1期（1939），頁6。

63. 佚名，〈中華民國六十八年一至九月份新入教教友姓名錄〉，《中國回教》，172期（1979），頁51。

64. 佚名，〈中華民國青年團體聯合會之成立〉，《回教文化》，1期（1956），頁24-25。

65. 佚名，〈五千萬回民的呼籲〉，《清真鐸報》，新30期（1947），第四版。

66. 佚名，〈北平市回教同仁追悼安營長德馨記錄（續）〉，《月華》，5卷5期（1933），頁20-21。

67. 佚名，〈北平市回教同仁追悼安營長德馨記錄〉，《月華》，5卷3期（1933），頁18-19。

68. 佚名，〈古蘭精選讀本（*The Qur-an Reader Digest*）〉，《回教文化》，4期（1956），頁31-32。

69. 佚名，〈台北文化清真寺成立董事會〉，《回教文化》，48期（1973），頁25。

70. 佚名，〈台北文化清真寺成立董事會〉，《回教文化》，48期（1973），頁25。

71. 佚名，〈台北文化清真寺禮拜殿改建工程完成〉，《回教文化》，45期（1971），頁13。

72. 佚名，〈台北市皈依伊斯蘭（回）教人士統計表〉，《中國回教》，168期（1978），頁50。

73. 佚名，〈台北的清真餐館〉，《中國回教》，192期（1986），頁7。

74. 佚名，〈台北探索館設置穆斯林祈禱室〉，《中國回教》，359期（2016），頁17。

75. 佚名，〈台北清真大寺新舊任董事長交接典禮：丁迺忻董事長致詞〉，《中國回教》，269期（2001），頁36。

76. 佚名，〈台北清真寺落成六百餘人參加盛典〉，《中國回教協會會報》，73期（1960），二版。

77. 佚名，〈本社覆洪理事長函〉，《回教文化》，39期（1968），頁11。

78. 佚名，〈本會青年部舉行支援西藏抗暴大會〉，《中國回教協會會報》，67期（1959年），第一版。

79. 佚名，〈甘寧青抗敵救國宣傳團告全國回教同胞書〉，《回教大眾》，2期（1938），頁24-29。

80. 佚名，〈白理事長閉幕詞〉，《中國回教協會會報》，8卷1期（1948年6月），頁9。

81. 佚名，〈立法院與教門大會〉，《清真鐸報》，新34期（1947），第一版。

82. 佚名，〈伊斯蘭消息：接受憲法一三五條結果回胞參加普選竟遭拒絕〉，《清真鐸報》，新35期（1947），第十八版。

83. 佚名，〈回教協會健全組織成立補選理監事籌委會〉，《回教文化》，55期（1976），頁29-30。

84. 佚名，〈回教青年會加強回族青年聯繫舉行擴大自強郊遊活動〉，《回教文化》，48期（1973），頁22-24。

85. 佚名，〈回教青年會召開會員大會改選理監事〉，《回教文化》，40期（1969），頁20。

86. 佚名，〈回教青年會自強郊遊活動〉，《回教文化》，67期（1982），頁27。

87. 佚名，〈回教信仰在台受到重視〉，《中國回教》，218期（1992），頁32。

88. 佚名，〈回教為什麼禁食豬肉-編譯者序言〉，《回教文化》，49期（1973），頁1。

89. 佚名，〈回教屠宰場落成使用〉，《中國回教》，186期（1984），頁29。

90. 佚名，〈如何領導全國回民〉，《突崛》，3卷3期（1936），頁6。

91. 佚名，〈行政院第一屆國民大會第三次會議議決案辦理情形〉，《回教文化》，34期（1966），頁14。

92. 佚名，〈社論：法律尊嚴的考驗─兼論台灣省回教會的合法性〉，《回教文化》，2卷2期（1957），頁1-2。

93. 佚名，〈社論：人生、氣節、是非〉，《回教文化》，1期（1956），頁1-2。

94. 佚名，〈社論：八年來的艱苦奮鬥〉，《回教文化》，2卷1期（1957），頁1-2。

95. 佚名，〈社論：千秋正義，肝膽照人〉，《回教文化》，39期（1968），頁1。

96. 佚名，〈社論：今日台灣回教當務之急〉，《回教文化》，2卷4期（1958），頁1-2。

97.　佚名，〈社論：回教復興之契機所在〉，《回教文化》，10期（1957），頁1-4。

98.　佚名，〈社論：宗教界面臨的莊嚴使命〉，《回教文化》，60期（1979），頁1-3。

99.　佚名，〈社論：賀本會顧問馬步芳將軍榮膺駐沙烏地阿拉伯國大使〉，《回教文化》，2卷1期（1957），頁3-4。

100.　佚名，〈社論：慶開齋佳節展望今年朝觀〉，《回教文化》，9期（1957），頁1-2。

101.　佚名，〈青海省國大代表朱文明書面意見如下〉，《回教文化》，58期（1978），頁34。

102.　佚名，〈政府修改宗教團體派員出國進修辦法〉，《回教文化》，40期（1969），頁21。

103.　佚名，〈紀念馬君圖先生專號〉，《中國回教協會會報》，7卷2期（1946），頁1-9。

104.　佚名，〈要聞拾錦：中國回教青年會連任亞盟及青聯會理事〉，《回教文化》，3卷1期（1958），頁27。

105.　佚名，〈要聞拾錦：世界紅十字會台灣省分會來函〉，《回教文化》，10期（1957），頁18-19。

106.　佚名，〈要聞拾錦：台北市回教會已正式成立〉，《回教文化》，4期（1956），頁20-21。

107.　佚名，〈要聞拾錦：台北市回教會奉准立案〉，《回教文化》，5期（1957），頁15。

108.　佚名，〈要聞拾錦：台灣省文獻會重視本省回教之發祥地〉，《回教文化》，2卷4期（1958），頁30。

109.　佚名，〈要聞拾錦：伊拉克王儲菈華訪問蕭永泰等親至機場歡迎〉，《回教文化》，2卷3期（1957），頁28。

110.　佚名，〈要聞拾錦：伊拉穆拉罕拜會回盟及省回教會關懷收復大陸後回教子女教育問題〉，《回教文化》，9期（1957），頁16。

111.　佚名，〈要聞拾錦：回教文化登記奉准〉，《回教文化》，2卷4期（1958），頁29。

112.　佚名，〈要聞拾錦：回盟改組為中國回教青年會已奉准立案〉，《回教文化》，2卷1期（1957），頁19。

113.　佚名，〈要聞拾錦：開齋佳日迎新人龐超群先生進教〉，《回教文化》，10期（1957），頁18。

114.　佚名，〈要聞拾錦：簡覆〉，《回教文化》，10期（1957），頁19。

115.　佚名，〈財團法人台北市文化清真寺公告〉，《回教文化》，66期（1982），頁40。

116. 佚名，〈財團法人台北市文化清真寺承蒙教胞捐助承購地基專用款芳名〉，《回教文化》，60期（1979），頁41-46。

117. 佚名，〈貢獻於西北各位將領〉，《中國回民救國協會通告》，第4號（1938），頁14。

118. 佚名，〈追悼安德馨決議要案六件〉，《月華》，5卷5期（1933），頁24。

119. 佚名，〈馬君圖先生行狀〉，《中國回教協會會報》，7卷2期（1946），頁1-2。

120. 佚名，〈國內教務活動〉，《中國回教》，161期（1975），頁23。

121. 佚名，〈婦女會理事長洪淑惠制函本社〉，《回教文化》，39期（1968），頁11。

122. 佚名，〈常子萱先生九秩嵩慶紀盛〉，《中國回教》，176期（1981），頁20-23。

123. 佚名，〈異鄉飄零應共憐劉滌生教友病逝宜蘭〉，《回教文化》，2卷1期（1957），頁19-20。

124. 佚名，〈第四十次常務理事會議紀錄〉，《中國回教救國協會會報》，6卷3-5期（1944），頁13。

125. 佚名，〈短評〉，《回教文化》，1期（1956），頁3。

126. 佚名，〈集體入教〉，《中國回教》，172期（1979），頁50。

127. 佚名，〈新聞什錦：關心軍中回胞生活一案國民大會決議送請政府確實辦理〉，《回教文化》，4卷3、4期（1960），頁25-27。

128. 佚名，〈新聞拾錦：中華民國回教朝觀團啟程本會顧問許曉初氏任團長常務理事買漢璧等參加盛典〉，《回教文化》，29期（1964），頁10。

129. 佚名，〈新聞拾錦：世界回教書刊展覽青年會代表中國回胞參加〉，《回教文化》，3卷2期（1958），頁24。

130. 佚名，〈新聞拾錦：白克先生覆函〉，《回教文化》，6卷1期（1961），頁24。

131. 佚名，〈新聞拾錦：白克對穆聖之報導不實〉，《回教文化》6卷1期（1961），頁23-24。

132. 佚名，〈新聞拾錦：回教青年會理監事會議〉，《回教文化》，26期（1962），頁21-22。

133. 佚名，〈新聞拾錦：回教青年擴大集會慶祝本年古雷邦節〉，《回教文化》，34期（1966），頁13。

134. 佚名，〈新聞拾錦：復興廣播電台龔台長覆函〉，《回教文化》，6卷1期（1961），頁24。

135. 佚名，〈新聞集錦：中國回教青年會加入回教協會為團體會員〉，《回教文化》，65期（1981），頁30。

136. 佚名，〈新聞集錦：中國回教青年會召開第三屆會員大會〉，《回教文化》，57期（1977），頁19-20。

137. 佚名，〈新聞集錦：中國回教青年會台北文化清真寺成立祝福團〉，《回教文化》，48期（1973），頁26。

138. 佚名，〈新聞集錦：印尼回教復興運動會主席致函蕭理事長呼籲加強聯繫〉，《回教文化》，36期（1967），頁16。

139. 佚名，〈新聞集錦：回教青年會文化清真寺舉辦教義研究會〉，《回教文化》，48期（1973），頁25-26。

140. 佚名，〈新聞集錦：回教青年會舉辦教義研究會〉，《回教文化》，56期（1977），頁27-28。

141. 佚名，〈新聞集錦：沙烏地阿拉伯國王費瑟爾陛下函謝本會理事長蕭永泰阿洪〉，《回教文化》，36期（1967），頁12。

142. 佚名，〈新聞集錦：楊龍江、王英傑代表回教青年會赴美參加美加伊斯蘭學生會議〉，《回教文化》，66期（1982），頁36。

143. 佚名，〈新聞集錦：蕭永泰參加國際回教青年大會〉，《回教文化》，66期（1982），頁36。

144. 佚名，〈新歸信穆斯林列表〉，《回教文化》，66期（1982），頁39。

145. 佚名，〈新疆台灣籌組分支會〉，《中國回教協會會報》，7卷8至12期（1948），頁27。

146. 佚名，〈會務報告：國大代表名額過少，全國回胞深表憤概〉，《中國回教協會會報》，7卷5期（1947），頁3。

147. 佚名，〈會務報告：憲法已明定回民政治權利〉，《中國回教協會會報》，7卷2期（1946），頁14。

148. 佚名，〈臺中清真寺購買寺地鄉老捐款芳名錄〉，《中國回教》，159期（1975），頁35。

149. 佚名，〈論編輯小學教義課程標準及教材〉，《月華》，11卷17期至22期合刊（1939），頁1。

150. 佚名，〈蕭永泰阿衡以代表身份向國民大會第六次會議提案如下〉，《回教文

化》，58期（1978），頁33-34。

151. 克行，〈抗戰四年的回教〉，《中國回教救國協會會報》，3卷9期（1941），頁4。

152. 克禮，〈回教為什麼不吃豬肉〉，《回教文化》，5期，1957年1月，頁30。

153. 希哈倫丁，〈泉州回教徒之今昔觀〉，《月華》，3卷15期（1931），頁12-13。

154. 李如發，〈國大代表常子春先生八秩壽慶大會紀盛〉，《中國回教》，162至163期（1976），頁24。

155. 李廷弼，〈中國回教協會第一次朝覲紀事〉，《中國回教》，191期（1985），頁42。

156. 李廷弼，〈籌組中國回教協會紀略〉，《中國回教》，184期（1984），頁30-32。

157. 李忠堂，〈台灣鹿港鎮回教教胞現況〉，《中國回教協會會報》，74期（1960），第3版。

158. 李松茂，〈「中國回教」在臺灣〉，《中國回教》，241期（1996），頁27-28。

159. 沙啟玉，〈台灣伊斯蘭教一瞥〉，《教史長河攬珍》，2期（2004），頁43。

160. 沙雷玉，〈傳承正道的腳步刻不容緩〉，《中國回教》，335期（2012），頁17。

161. 沙儒誠，〈埃及愛資哈爾大學中國學生部部長沙儒誠敬告中國同教書〉，《月華》，5卷33、34期（1933），頁23-24。

162. 定中明，〈世界宗教徒聯誼會第二屆大會致詞〉，《中國回教》，209期（1990年12月），頁12-13。

163. 定中明，〈沙王訪華側記〉，《中國回教》，157期（1974），頁43。

164. 忠武，〈反攻復國的動力（記馬祖前哨勞軍團）〉，《回教文化》，2卷3期，（1957），頁29-30。

165. 保健臣，〈龍岡清真寺簡介〉，《中國回教》，271期（2001），頁15-16。

166. 唐柯三，〈今日之回教組織〉，《中國回教救國協會會刊》，1卷1期（1939），頁13。

167. 孫繩武，〈寫給回教大眾半月刊：在伊斯蘭教反侵略祈禱大會演講詞〉，《回教大眾》，創刊號（1938），頁6-8。

168. 展緣，〈紀念穆懷甲教親歸真：兼談台灣清真館的滄桑〉，《中國回教》，300期（2006），頁23-26。

169. 息力爾馬，〈回教文化工作之重要性〉，《回教文化》，1期（1956），頁28-30。

170. 時子周，〈回教協會響應總統救濟大陸災胞仁慈號召〉，《中國回教協會會報》，82期（1960），第一版。

171. 袁昌賢，〈（三）回協會員代表大會側寫〉，《中國回教》，175期（1980），頁72-75。

172. 袁昌賢，〈從南京三山街談到台北麗水街：中國天方學人譯經工作紀實〉，《中國回教》，171期（1979），頁38。

173. 閃耀武，〈台中清真寺簡介〉，《中國回教》，270期（2001），頁37。

174. 馬孝棋，〈中國伊斯蘭教協會陳會長廣元大阿訇一行首訪台灣側記〉，《中國回教》，326期（2010）頁22-26。

175. 馬孝棋，〈首次全台穆斯林青少年夏令營〉，《中國回教》，272期（2001），頁18-20。

176. 馬孝棋，〈追憶教宗葬禮側記和平與理性的召喚〉，《中國回教》，294期（2005年5月），頁10。

177. 馬孝棋，〈清真食品熱〉，《中國回教》，322期（2010），頁7-9。

178. 馬孝棋，〈開設台北清真寺北縣穆斯林文教活動中心計畫記事〉，《中國回教》，278期（2002），頁29。

179. 馬孝棋，〈憶龍安國小伊斯蘭文物展〉，《中國回教》，275期（2002），頁28。

180. 馬孝棋，〈歡迎走進台北清真寺〉，《中國回教》，276期（2002），頁34。

181. 馬明道，〈提念亡人：過乜帖〉，《中國回教》，178期（1982），頁6-7。

182. 馬品孝，〈Islam in Free China〉，《回教文化》，2卷2期（1957），頁22-24。

183. 馬品孝，〈教門的根基在教育〉，《回教文化》，50期（1974），頁4-6。

184. 馬品孝譯、Mo. Seepye著，〈伊斯蘭教義上有關聖紀的若干問題（一）〉，《回教文化》45期（1971），頁2-4。

185. 馬品孝譯、Mo. Seepye著，〈伊斯蘭教義上有關聖紀的若干問題（二）〉，《回教文化》46期（1972），頁6-10。

186. 馬品孝譯、Mo. Seepye著，〈伊斯蘭教義上有關聖紀的若干問題（三）〉，《回教文化》47期（1972），頁8-12。

187. 馬浩龍，〈穆斯林站起來了〉，《中國回教》，293期（2005），頁38。

188. 馬凱南，〈大陸探親歸來教胞發抒感懷—記一次意味深長的座談會〉，《中國回教》，204期（1989），頁22-24。

189. 馬智明，〈參訪大陸伊斯蘭宗教之旅略記〉，《中國回教》，285期（1989），頁14-15。

190. 馬超彥,〈大陸訪問札記:觀摩與學習之旅〉,《中國回教》,295期(2005),頁5-8。

191. 馬超彥,〈國際清真食用品認證推動概況〉,《中國回教》,333期(2012),頁32-34。

192. 馬超彥,〈進軍國際清真(Halal)產品市場說明會〉,《中國回教》,311期(2008),頁7-8。

193. 高文遠,〈康仲老與麥加中國罕智館〉,《中國回教》,139期(1970),頁13。

194. 張治平,〈中國回教協會、台北清真大寺簡訊〉,《中國回教》,270期(2001),頁47。

195. 張治平、丁樂生,〈中國回教協會、台北清真大寺、文化教育基金會簡訊〉,《中國回教》,269期(2001),頁47。

196. 脫思鑄,〈黃埔軍校的回族大隊〉,《中國回教》,226期(1993),頁32-33。

197. 許曉初,〈中國回教協會理事監事暨所屬會員代表會議致辭〉,《中國回教》,166期(1977),頁31-35。

198. 許曉初等,〈憲法中的「生活習慣特殊」字句不宜濫用─國民大會代表許曉初等五十人提案糾正〉,《中國回教》,184期(1984),頁2。

199. 郭成美,〈定中明教長滬上求學時期的佚文佚事〉,《中國回教》,368期(2018),頁29-33。

200. 嵐峰,〈受人尊敬的─張德純阿訇〉,收入《回教文化》,1期(1956),頁27-28。

201. 馮同瑜,〈本會召開第九屆第一次會員代表大會及理監事聯席會〉,《中國回教》,296期,(2005),頁2。

202. 圓山大飯店,〈圓山大飯店獲得中國回教協會認證〉,《中國回教》,360期(2016),頁33-34。

203. 瑞達,〈一九八八回教夏令營籌辦經過〉,《中國回教》,202期(1988),頁23-24。

204. 賈福康,〈回協缺額理監事補選:回協全國會員代表大會紀實〉,《中國回教》,166期(1977),頁28。

205. 賈慧,〈回協國慶花車遊行隨車紀實〉,《中國回教》,165期(1977),頁30-31。

206. 達烏德,〈我對「孫科院長所表示」的表示〉,《清真鐸報》,新33期(1947),

第八版。

207. 綠楊，〈復員後回協首次盛會記〉，《中國回教協會會報》，7卷1期（1946），頁4。

208. 劉大可，〈中國回族教育概論〉，《回教文化》，38期（1968），頁44-52。

209. 蕭永泰，〈日本歸來述懷〉，《回教文化》，6卷2期（1962），頁2-4。

210. 蕭永泰，〈紀念國父百年誕辰〉，《回教文化》，33期（1965），頁3-5。

211. 蕭永泰編譯，〈回教為什麼禁食豬肉〉，《回教文化》，49期（1973），頁1-31。

212. 薛文波，〈本會第一屆全體會員代表大會會場特寫〉，《中國回教救國協會會刊》，1卷1期（1939），頁17。

213. 薛文波，〈回族救國〉，《月華》，4卷22、23、24期合刊（1932），頁9-11。

214. 薛文波，〈關於抗日〉，《月華》，4卷6期（1932），頁5-7。

215. 薛文波記錄，〈蔣總裁在招待本會各省代表茶會時訓詞〉，《中國回教救國協會會刊》，1卷1期（1939），頁5。

216. 薛文波記錄，〈蔣總裁開幕典禮訓詞〉，《中國回教救國協會第一屆全體會員代表大會特刊》，（1939），頁5-6。

217. 謝松濤，〈台北清真大寺建寺三十週年抒感〉，《中國回教》，208期（1990），頁8。

# 西　文

## 一、專書

1. Atwill, David G. *The Chinese Sultanate: Islam, Ethnicity, and the Panthay Rebellion in Southwestern China, 1856-1873*. Stanford: Stanford University Press, 2005.

2. Aydin, Cemil. *The Idea of the Muslim World: A Global Intellectual History*, Cambridge: Harvard University Press, 2017.

3. Azak, Umut. *Islam and Secularism in Turkey: Kemalism, Religion and the Nation State*. New York: I.B.Tauris &co.,2010.

4. Benite, Zvi Ben-Dor. *The Dao of Muhammad: A Cultural History of Muslims in Late*

*Imperial China*. Cambridge: Harvard University Asia Center, 2005.

5.  Cieciura, Włodzimierz. Muzułmanie Chińscy: *Historia, religia, tożsamość*. Warszawa: Uniwersytet Warszawski, 2014.

6.  Dawisha, Adeeb. *Arab Nationalism in the Twentieth Century: From Triumph to Despair*, Princeton: Princeton University Press, 2003.

7.  Dillon, Michael. *China's Hui Community: Migration, Settlement and Sects*. London: Curzon Press, 1999.

8.  Erie, Matthew S. China and Islam: The Prophet, the Party, and Law. Cambridge: Cambridge University Press, 2016.

9.  Freedman, Maurice. *Chinese Lineage and Society: Fukien and Kwangtung*. London: The Athlone Press, 1966.

10. Gladney, Dru C. *Dislocation China: Muslims, Minorities, and Other Subaltern Subjects*. Chicago: The University of Chicago Press, 2004.

11. Gladney, Dru C. *Muslim Chinese: Ethnic Nationalism in the People's Republic*, Cambridge: Council on East Asian Studies, Harvard University, 1991.

12. Gross, Jo-Ann ed., *Muslim in Central Asia*, Durham: Duke University Press, 1992.

13. Hakan, Yavuz and Esposito, John ed., *Turkish Islam and the Secular State: The Gülen Movement*, New York: Syracuse University Press, 2003.

14. Hasan, Asma Gull. *American Muslim: the new generation*. New York: The Continuum International Publishing Group Inc., 2001.

15. Hudson, R.A. *Sociolinguistics*, Cambridge: Cambridge University Press, 1980.

16. Jeong, Hyeju. *A Song of the Red Sea: Communities and Networks of Chinese Muslims in the Hijaz*. Riyadh: King Faisal Center for Research and Islamic Studies, 2016.

17. Lipman, Jonathan ed., *Islamic Thought in China: Sino-Muslim Intellectual Evolution from the 17th to the 21st Century*. Edinburgh: Edinburgh University Press, 2016.

18. Millward, James A. *Beyond the Pass: Economy, Ethnicity, and the Empire in Qing Central Asia1759-1864*. Stanford: Stanford University Press, 1998.

19. Modood, Tariq. *Multicultural Politics: Racism, Ethnicity, and Muslims in Britain*. Minneapolis: University of Minnesota Press, 2005.

20. Motadel, David ed., *Islam and the European Empires*, Oxford: Oxford University Press,

2016.

21. Perdue, Peter C. *China Marches West: The Qing Conquest of Central Asia*. Cambridge: The Belknap Press of Harvard University Press, 2005.

22. Ramadan, Tariq. *Western Muslims and the Future of Islam*. New York: Oxford University Press, 2005.

23. Rodinson, Maxime. *Translated by Arthur Gold Hammer, The Arab*s. London: Croom Helm Limited, 1982.

24. Rosati, Francesca. *L'islam in Cina: Dalle origini alla Repubblica popolare*. Roma: L'Asino d'oro, 2017.

25. Runnymede Trust. *Islamophobia: A Challenge for Us All*. London: Runnymede Trust, 1997.

26. Smith, Jane I. *Islam in America*. New York: Columbia University Press, 1999.

## 二、論文

1. Allievi, Stefano. "The Shifting Significance of the Halal/Haram Frontier: Narratives on the Hijab and other Issues," in Karin van Nieuwkerk ed., *Women Embracing Islam: Gender and Conversion in the West*. Austin: University of Texas Press, 2006, pp. 120-150.

2. Aminah, Beverly McCloud. "Islam in America: The Mosaic," in Yvonne Yazbeck, Haddad, Jane I. Smith, John L. Esposito eds., *Religion and Immigration: Christian, Jewish, and Muslim experiences in the United States*,Walnut Creek: Altamira Press, 2003, pp. 159-174.

3. Atsuko, Shimbo."Muslims in Japan and China during the Second Sino-Japanese War," 《早稻田大學大學院教育學研究科紀要》，No.26，March, 2016, pp. 85-93.

4. Chang, Chung-fu. "Is China Islamophobic? A Survey of Historical and Contemporary Perspectives,"in Ma Haiyun, Chai Shaojin and Ngeow Chow Bing eds., *Connecting China and the Muslim World*. Kuala Lumpur: Institute of China Studies, University of Malaysia, 2016, pp. 97-110.

5. Chen, John. "Just Like Old Friends': The Significance of Southeast Asia to Modern Chinese Islam," *Journal of Social Issues in Southeast Asia*, 31：3 (2016), pp.685-742.

6. Dwijayanti, Astri. "International Muslim Students' Experiences in Taiwan: Exploring the Importance of Community," Master thesis, National Chiayi University, 2011.

7. Fan, Ke. "Ethnic Configuration and State-Making: A Fujian Case," *Modern Asian Studies*, 42:4 (2012), pp. 919-945.

8. Fan, Ke. "Maritime Muslims and the Hui Identity: A South Fujian Case," *Journal of Muslim Minority Affairs*, 21:2(2001), pp. 309-333.

9. Fletcher , Joseph. "Central Asian Sufism and Ma Ming-Hsin's New Teaching," in Ch'en Chieh-hsien ed., Proceedings of the Fourth East Asian Altaistic Conference 1971, Tainan: National Ch'engkung University, pp.75-96.

10. Gerholm, Tomas. "Two Muslim intellectuals in the postmodern West: Akbar Ahmed and Ziauddin Sardar," In Akbar S. Ahmed and Hastings Donnan eds., *Islam, Globalization and Postmodernity*. London: Routledge, 1994, pp. 190-212.

11. Gowing, Peter. "Islam in Taiwan," *Saudi Aramco World*, 21:4(1970), pp.22-27.

12. Gusman,Yuherina. "The Spiritual Life of Indonesia Migrant Workers in Taiwan (2009-2011)," Master thesis, National Central University, 2011.

13. Israeli, Raphael. "Established Islam and Marginal Islam in China from Eclecticism to Syncretism," *Journal of the Economic and Social History of the Orient*, 21:1(1978), pp. 99-109.

14. Kalny, Eva. "Anti-Muslim Racism in Comparison: Potentials for Countering Islamophobia in the Classroom," *Islamophobia Studies Journal*, 3:2 (2016), pp. 72-84.

15. Ma, Kainan. "Foreign Relations between Republic of China and the kingdom of Saudi Arabia: The process of establishing and sustaining relationships (1936-1986), " Ph.D dissertation, University of Miami, 1998.

16. Makio, Yamada. "Islam, Energy, and Development: Taiwan and China in Saudi Arabia, 1949-2013," *American Journal of Chinese Studies*, 22:1(2015), p.77-98.

17. Mao, Yufeng. "A Muslim Vision for the Chinese Nation: Chinese Pilgrimage Missions to Mecca during World War II," *The Journal of Asian Studies*, 70: 2(2011), pp.373-395.

18. Matsumoto, Masumi. "Hui Muslims' Attention to Palestinian/Middle Eastern Problems under the Japanese Occupation (1938-1945): An Analysis of the Descriptions from Huijao Zhoubao," in Ma Haiyun, Chai Shaojin and Ngeow Chow Bing, eds., Connecting China

and the Muslim World , Kuala Lumpur: *Institute of China Studies*, 2016, pp.139-145.

19. Millward, James A. and Newby, Laura J. "The Qing and Islam in West Frontier," in Pamela K. Crossley, Helen F. Siu and Donald S. Sutton eds., *Empire at the Margins: Culture, Ethnicity, and Frontier in Early Modern Chin*, Berkeley: University of California Press, 2006, pp. 113-134.

20. Millward, James A. and Perdue, Peter C. " Political and Cultural History of the Xinjiang Region through the Late Nineteenth Century," James A. Millward and Nabijan Tursan, "Political History and Strategies of Control, 1884-1978", in Frederick Starr ed., *Xinjiang: China's Muslim Borderland*, Armonk: M. E. Sharpe, 2004, pp. 27-62, 63-100.

21. Nyang, Sulayman S. "Convergence and Divergence in an Emergent Community: A Study of Challenges Facing U.S. Muslims," in Yvonne Yazbeck Haddad ed., *The Muslims of America*, New York: Oxford University Press, 1991, pp. 236-249.

22. Pelletier, Robert. "Becoming Taiwanese Muslim Ethnic National and Religious Identity," Master thesis, University of Ottawa, 2014.

23. Pillsbury, Barbara Linné Kroll. "Being Female in a Muslim Minority in China," in Beck, Lois and Keddie, Nikki eds, In *Women in the Muslim World*, Cambridge: Harvard University Press, 1978, pp. 651-676.

24. Pillsbury, Barbara Linné Kroll. "Blood Ethnicity: Maintenance of Muslim Identityin Taiwan," Paper at the Conference on Anthropology in Taiwan. Portsmouth, New Hampshire, 19-24 (August, 1976).

25. Pillsbury, Barbara Linné Kroll. "China's Muslims in 1989: Forty Years Under Communism," Paper at the Conference on Muslim Minoruty/Majority Relations, City College of the City University of New York, 24-26 (October, 1989).

26. Pillsbury, Barbara Linné Kroll. "Muslim History in China: A 1300-Year Chronology," *Journal ofMuslim Affairs*, 3:2(1981), pp.10-29.

27. Pillsbury, Barbara Linne Kroll. "No Pigs for the Ancestors: Pigs, Mothers and Filial Piety among the 'Taiwanese Muslims," Paper at the Symposium on Chinese Folk Religions, University of California, Riverside, 24(1974).

28. Pillsbury, Barbara Linné Kroll. "The Muslim Population in China According to the 1982 Census," *Journa lof Muslim Affairs*, 5:1(1984), pp.231-233.

29. Pillsbury, Barbara Linné Kroll. "Cohesion and Cleavage in a Chinese Muslim Community," Ph.D dissertation, Columbia University, 1973.

30. Setyaningsih, Rita Pawestri. "Job Satisfaction of Indonesian Workers in Taiwan," Master thesis, International Master Program in Asia Pacific Studies, National Chengchi University, 2011.

31. Wang,Ying-chih. "Identity and Online Performance of Young Taiwanese Muslims on Facebook," Master thesis, International Master's Program in International Communication Studies, National Chengchi University, 2017.

32. Widyastuti, Retno. "Social Adaptation of Muslim Ethnic Minorities in Taiwan: Case Study of Indonesian Muslim and Chinese Muslim," Master thesis, International Master's Program in Asia-Pacific Studies, NCCU, January 2015.

# 日 文

## 一、專書

1. 小杉泰、林佳世子、東長靖編，《イスラーム世界研究マニュアル》，名古屋：名古屋大学出版会，2007。

2. 王柯，《20世紀中国の国家建設と「民族」》，東京：東京大学出版会，2006。

3. 台灣臨時臺灣舊慣調查會編，《南支ニ於ケル教育及ヒ宗教ノ變遷》，台北：盛文社，1919。

4. 台灣臨時臺灣舊慣調查會編，《臨時台灣舊慣調查會第一部調查第一回報告書（上、下卷附錄參考書）》，京都：經濟時報社，1903。

5. 平山光将，《中華民国期における政府と回民知識人・回民社会の関係に関する研究》，中央大学大学院文学研究科博士論文，東京：中央大学，2013。

6. 田坂興道，《中國における回教の傳來とその弘通》，東京：東洋文庫，1964。

7. 坂本勉編，《日中戦争とイスラーム：満蒙・アジア地域における統治・懷柔政策》，東京：慶応義塾大学出版会，2008。

8. 長野政來編，《現下回教の諸問題》，台北：台灣回教研究會編，1942。

9. 澤井充生編著，《日本の回教工作とムスリム・コミュニティの歴史人類学的研究》，平成25〜27年度科学研究費補助金基盤研究（C）研究成果報告書，2016年。

## 二、論文

1. 小島宏，〈中国と台湾のムスリムにおけるイスラーム信仰・実践とその関連要因の比較分析〉中國ムスリム研究会第26回定例会，大阪：中國ムスリム研究会，2013。

2. 木村自，〈回族か？回教徒か？—台湾回民のアイデンティティ〉，中国ムスリム研究会編，《中国のムスリムを知るための60章》，東京：明石書店，2012，頁327-331。

3. 木村自，〈雲南ムスリム移民が取り結ぶ社会関係と宗教実践の変容—台湾への移住者を中心にして〉，塚田誠之編，《中国国境地域の移動と交流—近現代中国の南と北》，東京：有志舎，2010，頁177-205。

4. 木村自，〈台湾回民のエスニシティと宗教—中華民国の主体から台湾の移民へ〉《国立民族学博物館調査報告書》83（2009），大阪：国立民族学博物館，2009，頁69-88。

5. 木村自，〈モスクの危機と回民アイデンティティ—在台湾中国系ムスリムのエスニシティと宗教〉《年報人間科学》第25号（2005），大阪：大阪大学大学院人間科学研究科社会学・人間学・人類学研究室，2005，頁199-217。

6. 木村自，〈移民と文化変容—台湾回民社会における聖紀祭礼の変遷と回民アイデンティティ〉，《年報人間科学》第24号（2003），大阪：大阪大学大学院人間科学研究科社会学・人間学・人類学研究室，2003，頁49-65。

7. 木村自，〈移民コミュニティにおける宗教実践上の差異と調整—台湾ムスリム社会における泰緬ムスリム／外省人ムスリム間の差異を事例として〉，大阪大学21世紀ＣＯＥプロジェクト「インターフェイスの人文学」編，《トランスナショナリティ研究—場を越える流れ》，大阪：大阪大学21世紀ＣＯＥプロジェクト「インターフェイスの人文学」，2003，頁196-208。

8. 平山光将，〈台湾イスラーム教団体の機関誌とその思想—中国回教青年会機関誌《回教文化》を事例に〉，《中国研究月報》（No.846），2018年8月号，東京：中国研究所，2018，頁1-13。

9. 平山光将，〈台湾イスラーム団体の活動と政教関係（1949年-1979年）—中国回教協会、中国回教青年会を事例に〉，《中央大学アジア史研究》（No.41），東京：中央大学，2017，頁61-82。

10. 平山光将，〈南京国民政府の「宣慰」について—華北・華中の回民社会への「宣慰」を事例に〉，《中国研究月報》（No.775），2012年9月号，東京：中国研究所，2012，頁34-46。

11. 田島大輔，〈「満洲国」のムスリム〉，收入：堀池信夫編，《中国のイスラーム思想と文化》東京：勉誠出版，2009，頁146-159。

12. 安藤潤一郎，〈中華民国期における「中国イスラーム新文化運動」の思想と構造〉，《中国のイスラーム思想と文化》，東京：勉誠出版，2009，頁123-145。

13. 松本光太郎，〈雲南ムスリムにおけるイスラーム教育の歴史と発展〉，平成17—19年度基盤研究（B）科学研究費補助金研究成果報告書《中国ムスリムの宗教的・商業的ネットワークとイスラーム復興に関する学際的共同研究》，東京：東京経済大学，2008，頁61-72。

## 阿拉伯文

1- الأعلام قاموس تراجم لأشهر الرجال و النساء من العرب و المستعربين والمستشرقين، خير الدين الزركلي - دار العلم للملايين بيروت ، طبعة سابعة

（《阿拉伯與阿拉伯學及東方學名人辭典》，Khairuddin Zarikli，貝魯特，百萬人知識出版社，1986）

2- الجامع الكبير – سنن الترمذي ، دار الغرب الإسلامي – بيروت لبنان

（《提爾米茲聖訓集》，黎巴嫩貝魯特，西方伊斯蘭出版社，1998）

3- سنن ابن ماجه ، تحقيق محمد فؤاد عبد الباقي – مطبعة دار احياء الكتب العربية ، فيصل عيسى البابي الحلبي. القاهرة

（《伊賓馬嘉聖訓集》，埃及開羅，阿拉伯書籍復興出版社，1952）

4- سنن أبي داود ، المكتبة العصرية ، لبنان

（《艾布達伍德聖訓集》，黎巴嫩，現代書局，1975。）


5- صحيح مسلم بشرح النووي – دار الفكر بيرون لبنان الطبعة الثالثة

（《穆斯林聖訓集》，黎巴嫩貝魯特，思想出版社，1978）


6- فتح الباري شرح صحيح البخاري، مطبعة السلفية و مكتبتها

（《布哈里聖訓集》，埃及開羅，撒拉菲出版社，1960）


7- نيل الأوطار شرح منتقى الأخبار للشوكاني ، دار الكتب العلمية ، بيروت

（《尼里奧塔爾》，黎巴嫩，學術書籍出版社 1983）

565

# 中文、阿拉伯文、羅馬拼音（或英譯）詞彙對照表*

| 中文 | 阿拉伯文 | 羅馬拼音（或英譯） |
|---|---|---|
| 阿布都・阿濟茲，國王 | الملك عبد العزيز آل سعود | `Abdul Aziiz Aal Sa`uud, King of Saudi Arabia |
| 阿布都阿濟茲・阿勒篩海 | عبد العزيز بن عبد الله آل الشيخ | `Abdul Aziiz bin `Abdullah Aal ash-Shaikh |
| 賓巴茲 | عبد العزيز بن باز | `Abdul Aziiz bin Baaz |
| 阿布都・哈密德二世 | السلطان عبد الحميد الثاني | `Abdul Hamiid II, Sultaan |
| 阿布都拉・歐瑪爾・納西夫 | عبد الله عمر النصيف | `Abdullah `Umar an-Nasiif |
| 阿布都拉・蘇萊曼 | عبد الله السليمان | `Abdullah as-Sulaimaan |
| 阿布都拉・涂奇 | عبد الله بن عبد المحسن التركي | `Abdullah bin `Abdul Muhsin at-Turki |
| 《阿戛伊德》 | العقائد النسفية | `Aqaaid Nasfiyyah |
| 生活阿拉伯語 | العربية العامية | `Arabiyyah `Aammiyyah |
| 標準阿拉伯語 | العربية الفصحى | `Arabiyyah Fushah |
| 忠孝節（宰牲節） | عيد الأضحى | `Iid Adhhaa |
| 開齋節 | عيد الفطر | `Iid Fitr |
| 文學 | علم الآداب | `Ilm Aadaab |
| 修身道德 | علم الأخلاق | `Ilm Akhlaaq |
| 修辭學 | علم البلاغة | `Ilm Balaaghah |
| 《白亞尼》 | علم البيان | `Ilm Bayaan |
| 天文學 | علم الفلك | `Ilm Falak (Astronomy) |
| 哲學 | علم الفلسفة | `Ilm Filsafah (Philosophy) |
| 教法學 | علم الفقه | `Ilm Fiqh |
| 聖訓學 | علم الحديث | `Ilm Hadiith |
| 《聖訓》 | علم الحديث ، الأحاديث النبوية | `Ilm Hadiith, Ahaadiith Nabawiyyah |
| 數學 | علم الحساب | `Ilm Hisaab (Mathematic) |

567

| 中文 | 阿拉伯文 | 羅馬拼音（或英譯） |
|---|---|---|
| 凱拉姆學（邏輯學） | علم الكلام (المنطق) | `Ilm Kalaam (`Ilm Mantiq) |
| 《遺產分配》 | علم الميراث | `Ilm Miiraath |
| 阿拉伯文文法 | علم النحو | `Ilm Nahwu |
| 阿拉伯字字法 | علم الصرف | `Ilm Sarf |
| 經注學 | علم التفسير | `Ilm Tafsiir |
| 認主學 | علم التوحيد | `Ilm Tawhiid |
| 副朝 | العمرة | `Umrah |
| 顏明光 | عبد الهادي | Abdul Haadi |
| 阿不都拉（立法委員） | عبد الله تيمه ن ئيمل ئوغلى | Abdullah Timan Eimil Oghul |
| 阿丹（亞當） | آدم عليه الصلاة و السلام | Adam `Alaihi Salaat wa Salaam |
| 阿罕邁德・穆罕默德・阿里 | أحمد محمد علي | Ahmad Muhammad Ali |
| 阿訇 | اخوند | Akhond |
| 《生活阿拉伯語》 | العربية للحياة | al-`Arabiyya li-Haiyyaat |
| 《成人阿拉伯語》 | العربية للناشئين | al-`Arabiyya li-Nnaashi'iin |
| 六種筆法 | الاقلام الستة | al-'Aqlaam as-Sitta |
| 《雙手之間阿拉伯語》 | العربية بين يديك | al-'Arabiyya baina Yadaik |
| 真主、安拉 | الله جل جلاله | Allah Allah Jalla Jalaalahu |
| 安拉乎艾克拜勒（真主至大） | الله أكبر | Allahu Akbar |
| 阿敏・侯賽尼，大教長 | الشيخ أمين الحسيني | Amiin al-Hussaini, ash-Shaikh |
| 阿拉法 | عرفة | Arafah |
| 《艾爾白歐》 | الأربعون النووية | Arba`uun Nawawiyyah |
| 阿舒拉日 | عاشوراء | Aashuuraa' |
| 艾資哈爾大學 | جامعة الأزهر | Azhar University Jaami`ah Azhar |
| 安拉的尊貴殿堂 | بيت الله الحرام | Baitullah al-Haraam |
| 艾布都伊拉親王，伊拉克王儲 | عبد الإله | Crown Prince Abdul Ilah |
| 達魯歐魯姆學院（埃及） | دار العلوم | Dar `Uluum |

| 中文 | 阿拉伯文 | 羅馬拼音（或英譯） |
| --- | --- | --- |
| 回教圈（日語稱謂） | دار الإسلام | Dar Islam<br>*Daar Islaam* |
| 定中明 | داود دينج جونج مينج | *Dawood Din Jung Ming* |
| 《遭五・米斯巴哈》 | ضوء المصباح | *Dhawu Misbaah* |
| 法爾西（波斯文） | الفارسي | *Faarsi* |
| 個人天命 | فرض عين | *Fardh `Iin* |
| 團體天命 | فرض كفائي | *Fardh Kifaa'ii* |
| 費達 | الفدية | *Fiddiyah* |
| 伊斯蘭律法 | الفقه | *Fiqh* |
| 回教宗教規範 | فقه العبادات | *Fiqh `Ibaadaat* |
| 伊斯蘭大會 | المؤتمر الإسلامي العام | General Islamic Conference<br>*Mu'tamar Islaamii `Aam* |
| 朝覲 | الحج | Haj<br>*Hajj* |
| 玄石 | الحجر الأسود | *Hajar Aswad* |
| 合法（清真） | حلال | *Halaal /Halal* |
| 哈奈菲 | الحنفي | *Hanafi* |
| 翰百里 | الحنبلي | *Hanbali* |
| 非法 | حرام | *Haraam* |
| 哈希姆・阿塔西，敘利亞總統 | هاشم الأتاسي | *Haashim at-Taassi,*<br>President of Syria |
| 漢志 | الحجاز | *Hijaaz* |
| 遷徙 | الهجرة ، هجرة الرسول | *Hijrah, Hijrah Rasuul* |
| 遷徙曆法 | التاريخ الهجري | *Hijri Calendar, Taariikh Hijrii* |
| 伊布拉辛（亞伯拉罕） | ابراهيم عليه الصلاة و السلام | *Ibraahiim `alaihi Salaat wa Salaam* |
| 熊振宗 | ابراهيم خيونج | *Ibraahiim Shung* |
| 受戒 | الاحرام | *Ihraam* |
| 《宗教學科的復興》 | احياء علوم الدين | *Ihyaa'u `Uluum Diin* |
| 伊赫瓦尼 | الإخوان | *Ikhwaan* |

| 中文 | 阿拉伯文 | 羅馬拼音（或英譯） |
|------|---------|------------------|
| 伊瑪目伊斯蘭大學 | جامعة الإمام محمد بن سعود الإسلامية | *Imam Muhammad bin Saud Islamic University* <br> *Jaami`ah Imaam Muhammad bin Sa`uud Islaamiyyah* |
| 世界救濟與福利、開發總署 | الهيئة العالمية للإغاثة والرعاية و التنمية | International Organization for Relief, Welfare & Development <br> *Hai'ah `Aalamiyyah li Ighaathah wa Ri`aayyah wa Tanmiyyah* |
| 世界古蘭經與聖訓研究機構 | الهيئة العالمية للكتاب و السنة | International Organization for the Holy Quran & Immaculate Sunnah <br> *Hai'ah `Aalamiyyah li Kitaab wa Sunnah* |
| 回教律法研究院（回盟） | مجمع الفقه الإسلامي | Islamic Fiqh Council <br> *Majma` Fiqh Islaamii* |
| 麥地那伊斯蘭大學 | الجامعة الإسلامية بالمدينة المنورة | Islamic University in Madina <br> *Jaami`ah Islaamiyyah bi Madiinah Munawwarah* |
| 轉經（伊斯嘎特） | الاسقاط | *Isqaat* |
| 哲合忍耶 | الجهرية | *Jahriyyah* |
| 哲瑪提 | الجماعة | *Jamaa'at* |
| 納瑟 | جمال عبد الناصر | *Jamaal Abdu Naassir* |
| 者那則（殯禮） | الجنازة | *Janaazah* |
| 吉達 | جـدة | Jeddah <br> *Jiddah* |
| 主麻（星期五、聚禮日） | الجمعة | *Jum`ah* |
| 天房 | الكعبة ، بيت الله الحرام | *Ka`abah,* <br> *Baitullah Haraam* |
| 隱昧者 | كافر | *Kaafir* |
| 卡凡布 | الكفن | *Kafan* |

| 中文 | 阿拉伯文 | 羅馬拼音（或英譯） |
|---|---|---|
| 凱里邁 | الكلمة | *Kalimah* |
| 亥聽（亥帖） | الختم ، ختم القرآن | *Khatim,*<br>*Khatim Qur'aan/Quran* |
| 公文體 | الخط الديواني | *Khatt Diwaanii* |
| 庫法體 | الخط الكوفي | *Khatt Kuufi* |
| 學者體 | خط المحقق | *Khatt Muhaqqaq* |
| 騰抄體 | خط النسخ | *Khatt Naskh* |
| 雷哈尼體 | الخط الريحاني | *Khatt Raihaani* |
| 盧卡體 | خط الرقعة | *Khatt Ruq'a* |
| 蘇勒斯體 | خط الثلث | *Khatt Thuluth* |
| 虎夫耶 | الخُفية | *Khufiyyah* |
| 《虎托布》 | الخطب | *Khutab* |
| 沙烏地阿拉伯老王大學 | جامعة الملك عبد العزيز | King Abdulaziz University,<br>*Jaami`ah Malik `Abdul Aziiz* |
| 費瑟，沙烏地阿拉伯國王 | الملك فيصل بن عبد العزيز آل سعود | King *Faisal bin Abdul Aziz*<br>*Aal Sa`uud* |
| 沙烏地阿拉伯紹德國王大學 | جامعة الملك سعود | King Saud University,<br>*Jaami`ah Malik Sa`uud* |
| 庫不忍耶 | الكبرية | *Kubriyyah* |
| 古里國（加爾各答） | كولكاتا | *Kulkaata* |
| 科威特大學 | جامعة الكويت | Kuwait University *Jaami`ah*<br>*Kuwait* |
| 馬立克 | المالكي | *Maaliki* |
| 麥地那 | المدينة المنورة | *Madiinah Munawwarah* |
| 麥加 | مكة المكرمة | *Makkah Mukarramah,*<br>*Mecca* |
| 法魯克一世，國王 | الملك فاروق الأول | *Malik Faaruuk Awal*, King of<br>Egypt |
| 胡笙國王 | الملك حسين بن طلال | *Malik Hussain bin Talaal* ,<br>King of Jordan |
| 瑪爾沃（山） | المروة | *Marwah* |

| 中文 | 阿拉伯文 | 羅馬拼音（或英譯） |
|---|---|---|
| 神聖標誌 | المشعر الحرام | Mash`ar Haraam |
| 聖紀（聖忌、聖會） | مولد النبي | Mawlid an-Nabii |
| 米納 | منى | Minah |
| 《米爾薩德》 | المرصاد | Mirsaad |
| 《米什卡特·麥薩比哈聖訓集》 | مشكاة المصابيح | Mishkaatul Masaabiih |
| 穆罕莫德·李查·巴勒維，伊朗國王 | شاهنشاه محمد رضا بهلوي | Mohammad Reza Pahlavi |
| 陶費克 | محمد عمر توفيق | Muhammad Omar Taufiiq |
| 伊薩 | محمد بن عبد الكريم العيسى | Muhammad bin Abdul Kariim `Issa |
| 穆罕默德·賓·阿布都瓦哈布 | محمد بن عبد الوهاب | Muhammad bin Abdul Wahhaab |
| 穆罕默德·哈爾康 | محمد الحركان | Muhammad Harkaan |
| 穆罕默德（聖人） | محمد (رسول الله ﷺ) | Muhammad Rasuullah (Sallaallahu `Alaihi wa Sallam) |
| 蘇祿爾 | محمد سرور الصبان | Muhammad Suruur Sabbaan |
| 木子大里法 | المزدلفة | Muzdalifah |
| 內志 | نجد | Najd |
| 乜帖、舉意 | النية | Niyyah |
| 副朝 | عمرة | `Umrah |
| 伊斯蘭會議組織（舊名稱） | منظمة المؤتمر الإسلامي | Organization of Islamic Conference Munadhamah Mu'tamar Islaamii |
| 伊斯蘭合作組織（新名稱） | منظمة التعاون الإسلامي | Organization of Islamic Cooperation Munadhamah T`aawun Islaamii |
| 嘎的忍耶 | القادرية | Qaadiriyyah |
| 格底木 | القديم | Qadiim |
| 禮拜朝向 | القبلة | Qiblah |
| 《古洛司湯》 | قلستان | Qulistaan |
| 《古蘭經》 | القرآن الكريم | Qur'aan Kariim |

| 中文 | 阿拉伯文 | 羅馬拼音（或英譯） |
|---|---|---|
| 《古蘭經》誦讀學校 | معهد القراءات | Quran Reciting Institute M`ahad Qiraa'aat |
| 打石 | رمي الجمرات | Ramii Jamaraat |
| 利雅德 | الرياض | Riyaad |
| 兩山之間奔走（跑） | السعي | Sa`i |
| 歐貝德 | صالح عبد الله العبيد | Saalih Abdullah al-`Ubaid |
| 娑發（山） | الصفا | Safaa |
| 《布哈里聖訓集》 | صحيح البخاري | Sahiih al-Bukhaari |
| 《穆斯林聖訓集》 | صحيح مسلم | Sahiih Muslim |
| 晡禮 | صلاة العصر | Salaatu `Asr |
| 宵禮 | صلاة العشاء | Salaatu `Ishaa |
| 晌禮 | صلاة الظهر | Salaatu Dhuhr |
| 晨禮 | صلاة الفجر | Salaatu Fajr |
| 昏禮 | صلاة المغرب | Salaatu Maghrib |
| 賽萊菲耶 | السلفية | Salafiyyah |
| 阿拉伯語詞法 | الصرف | Sarf |
| 莎菲爾 | الشافعي | Shaafi`i |
| 《舍萊哈·卡非耶》 | شرح الكافية | Sharh Kaafiyah |
| 《舍萊哈·偉戛業》 | شرح الوقاية | Sharh Wiqaayah |
| 回教律法 | الشريعة | Sharii`a |
| 什葉派 | الشيعة | Shi`ah |
| 蘇菲派思想 | الصوفية ، التصوف | Suufiyyah, at-Tasawuf Sufism |
| 穆聖的教導 | السنّة | Sunnah |
| 遜尼大眾 | سني (أهل السنة و الجماعة) | Sunni , Ahl Sunnah wa Jamaa`a |
| 凱赫甫（《古蘭經》第18章） | سورة الكهف | Suurah Kahf |
| 《戛最古蘭經注》 | تفسير القاضي | Tafsiir Qaadhii |
| 台思咪 | التسمية | Tasmiyyah |
| 繞遊天房（託瓦夫） | الطواف | Tawaaf |
| 正朝繞遊 | طواف الافاضة | Tawaaf Ifaadhah |

| 中文 | 阿拉伯文 | 羅馬拼音（或英譯） |
|---|---|---|
| 抵達繞遊 | طواف القدوم | *Tawaaf Quduum* |
| 辭朝繞遊 | طواف الوداع | *Tawaaf Widaa`i* |
| 《回耶辨真》<br>《抑祝哈爾漢各》 | اظهار الحق | The Truth Revealed<br>*Izhaarul-Haqq* |
| 約旦大學 | الجامعة الأردنية | The University of Jordan ,<br>*Jaami`ah 'Urdunniyyah* |
| 烏瑪 | الأمة | *Ummah* |
| 律法原理 | أصول الفقه | *Usuul Fiqh* |
| 瓦哈比派 | الوهابية | *Wahhaabiyyah* |
| 回教義產 | الوقف | *Waqaf* |
| 世界回教青年會議組織 | الندوة العالمية للشباب الإسلامي | World Assemble of Muslim Youth<br>*Nadwah `Aalimiyyah li Shabaab Islaamii* |
| 世界回教聯盟 | رابطة العالم الإسلامي | World Muslim League<br>*Raabitah `Aalim Islaamii* |
| 世界清真寺事務最高委員會 | المجلس الأعلى العالمي للمساجد | World Supreme Council for Mosques<br>*Majlis A`lal `Aalamii li Masaajid* |

＊本表所列阿拉伯文詞彙，實際上包含少數使用阿拉伯字母的波斯文與維吾爾文詞彙。

# 索引

## 一、人名

### 2 畫

丁士奇 226, 227

丁邦國 287, 292, 338,

丁邦粹 xxi, 166, 286, 292,

丁衍夏 033, 034

丁海瀛 445

丁迺忻 108, 199, 202

丁慰慈 338, 389

### 3 畫

于正台 126, 127, 216, 218

于勉齋 043

于國棟 145, 154, 166, 216-219

于嘉明 vii, xx, xlvii, 038-040, 043, 133,
134, 176, 292, 357, 358, 377-382, 391-
397, 403, 435, 445, 448, 459, 467, 475,
486, 489, 495, 502, 503, 507, 519, 522

于樂亭 215, 216, 219

### 4 畫

尹光宇 071

巴建國 xiv

巴勒維 228, 229

火光森 204

王文中 111, 222, 223, 411

王世明 xxi, 055, 077, 078, 081, 102,
104, 253, 259, 271, 285, 288, 393

王立志 71, 117, 126, 129, 130, 221,
222, 391

王志強 228

王孟揚 055

王岱輿 010, 278

王春山 117

王柱良 177, 185, 186, 213, 420

王美煥 227

王英傑 146, 154, 177

王浩然 061, 143, 282

王曾善 049-051, 055, 063, 078, 079,
081, 082, 105, 243, 259,

王農村 121, 216

王寬 061, 062, 074

王靜齋 042-045, 054, 055, 057, 062,
063, 076, 084, 093, 098, 130, 145,
158, 180, 194, 195, 276, 277, 278,

# 三、文獻

## 2 畫

## 4 畫

## 5 畫

# 主命的傳承與延續
## ——回教在台灣的發揚和展望

主　　編／趙錫麟、張中復
著　　者／于嘉明、包修平、徐立真、高　磊、
　　　　　張中復、楊慧娟、趙秋蒂、趙錫麟（按姓名筆劃）
執行編輯／徐立真、林淑禎
排版設計／秀威資訊科技股份有限公司

發 行 人／郭明政
發 行 所／國立政治大學
出 版 者／政大出版社
　　　　　地址：11605 臺北市文山區指南路二段64號
　　　　　電話：886-2-29393091#80625
　　　　　傳真：886-2-29387546
　　　　　網址：http://nccupress.nccu.edu.tw
經　　銷／元照出版公司
　　　　　地址：10047 臺北市中正區館前路18號5樓
　　　　　網址：http://www.angle.com.tw
　　　　　電話：886-2-23756688
　　　　　傳真：886-2-23318496
印　　製／秀威資訊科技股份有限公司
　　　　　地址：114 台北市內湖區瑞光路76巷69號2樓
　　　　　電話：886-2-2796-3638
　　　　　傳真：886-2-2796-1377
法律顧問／黃旭田律師　　電話：886-2-23913808

ISBN／9789869735513　　　　GPN／1010800055
出版日期／2019年1月　　　　定價／780元

封面圖片元素：
1. 民國70年台北清真寺開齋節大典（取自：《中國回教》第177期版權頁）
2. 民國107年農曆春節時到台北清真寺做主麻禮拜的人群（民國107年，Siti Juwariyah拍攝）
3. 台中清真寺外觀（民國107年，徐立真拍攝）
4. 熊振宗阿訇（攝於民國49年，趙錫麟提供）
5. 文化清真寺禮拜殿（民國107年，徐立真拍攝）
封面花紋來源：Vecteezy.com
◎本書圖片由中國回教協會等單位及個人提供

**政府出版品展售處**
國家書店松江門市：104臺北市松江路209號1樓
電話：886-2-25180207
五南文化廣場臺中總店：400臺中市中山路6號
電話：886-4-22260330

## 國家圖書館出版品預行編目

主命的傳承與延續：回教在台灣的發揚和展望 / 趙
錫麟, 張中復主編；于嘉明等著 . -- 臺北市：
政大出版社出版：政大發行, 2019.01
　　面；　公分
ISBN 978-986-97355-1-3

1.伊斯蘭教 2.歷史 3.台灣 4.回教 5.中國穆斯林

258.33　　　　　　　　　　　　　　107023346